玄武年鉴 2018

南京市玄武区地方志编纂委员会办公室

方志出版社
Publishing House of Local Records

图书在版编目（CIP）数据

玄武年鉴. 2018 / 南京市玄武区地方志编纂委员会办公室编. —北京：方志出版社，2018. 11
ISBN 978-7-5144-3125-4

Ⅰ. ①玄… Ⅱ. ①南… Ⅲ. ①区（城市）—南京—2018—年鉴 Ⅳ. ①Z525. 34

中国版本图书馆CIP数据核字（2018）第160738号

玄武年鉴（2018）

编　　者：南京市玄武区地方志编纂委员会办公室
责任编辑：徐　宏
出 版 人：冀祥德
出 版 者：方志出版社
地址　北京市朝阳区潘家园东里9号（国家方志馆4层）
邮编　100021
网址　http://www.fzph.org
发　　行：方志出版社发行中心
电话（010）67110500
经　　销：各地新华书店
印　　刷：南京顺和印刷有限责任公司
开　　本：889 × 1194　1/16
印　　张：24.5
字　　数：800千字
版　　次：2018年11月第1版　2018年11月第1次印刷
印　　数：001 ~ 600册
ISBN 978-7-5144-3125-4　定价：200.00元

XUANWU ALMANAC 2018

地址
南京市月苑南路3号
电话
025-83682122
传真
025-83678279
邮编
210028
电子信箱
xwdfzb@163.com

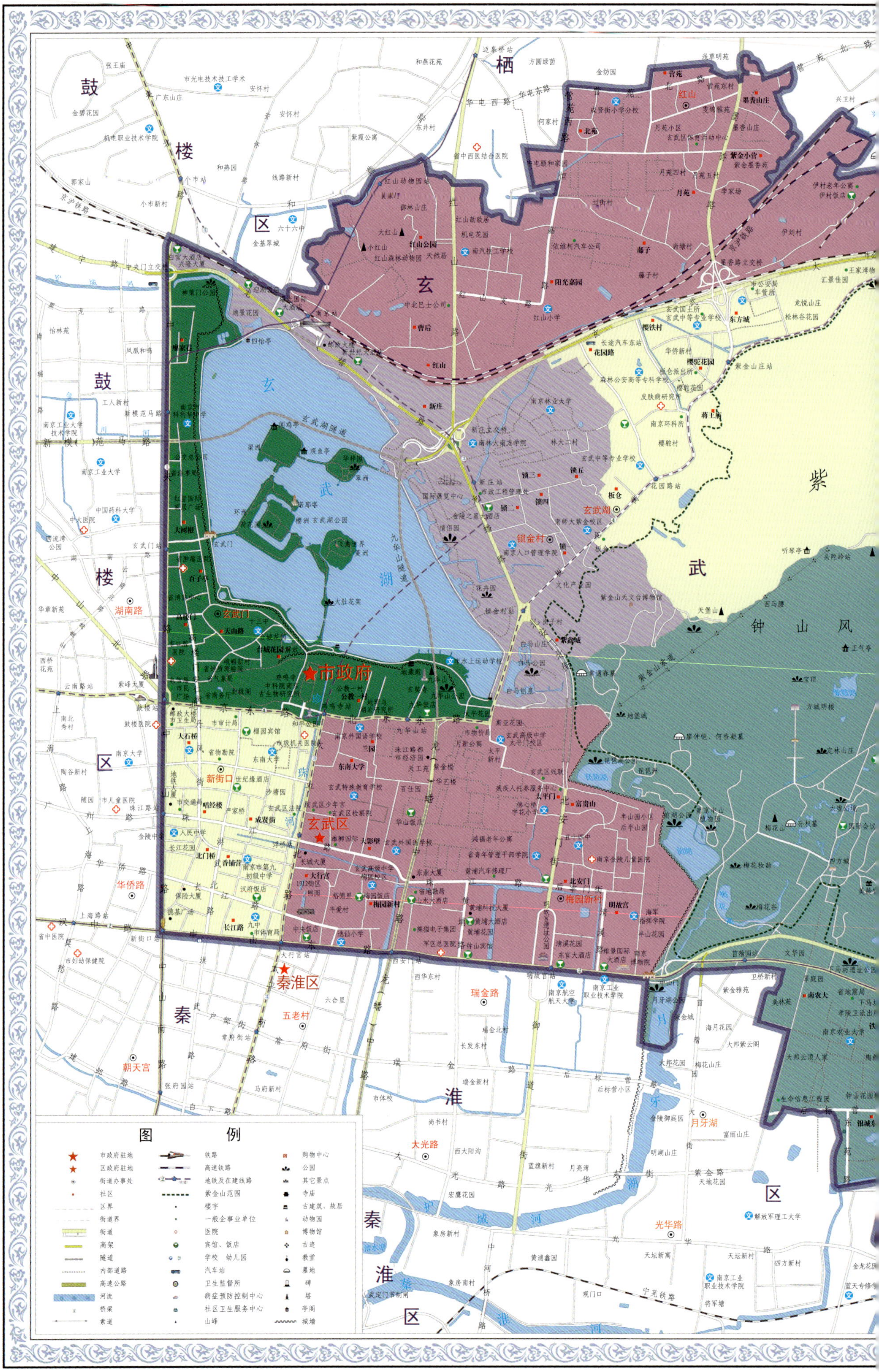

江苏省基础地理信息中心 编 南京市玄武区民政局 监制

玄武区政区图

审图号：苏S（2013）005号　　2013年1月印刷

2月7日，玄武区人民政府与华融资产江苏分公司签署全面战略合作协议仪式在区政府409会议室举行

2月12日，2017年全省重大项目集中开工现场推进会南京市玄武区分会场活动在红山路112号东华汽车原厂区举行。全省集中开工项目玄武区红山支路新建工程、仙鹤门新天地北侧居住社区中心2个项目，以及新增德基丽思卡尔顿酒店、江苏省技术产权交易市场等5个项目参加开工

5月11日，玄武区人民政府与中山陵园管理局举行战略合作协议签约仪式

6月21日，南京市珠江路科技一条街管委会办公室与江苏省未来网络创新研究院举行战略合作签约仪式

7月5日，南京市玄武区人民政府与上海浦发银行南京分行战略合作协议签约仪式

7月13日，中欧创新中心玄武项目创投对接会召开

9月8日，江苏省南京徐庄高新技术产业开发区揭牌暨重大项目集中签约仪式在徐庄软件园二期聚慧园举行

10月31日，苏宁青创园新的社会阶层人士联盟社区成立大会在徐庄高新区举行

4月8日，市委书记吴政隆检查玄武区环境整治工作

6月2日，副省长蓝绍敏调研玄武区河道整治工作

6月13日，水利部“河长制”工作调研组一行到玄武区调研

6月20日，市政协对玄武区黑臭河道整治进行专项民主监督检查

7月3日，省委书记李强到玄武区调研考察城市建设

2月7日，市政府副市长储永宏考察玄武区城市建设

4 月 28 日，区委书记徐曙海、区长穆耕林检查北京东路道路绿化工作

11 月 30 日，区政协委员视察玉带河黑臭河道整治情况

10月21日，由区委、区政府举办的首届南京玄武国际城市休闲旅游节在明城墙上开幕

10月21日，首届南京玄武国际城市休闲旅游节开幕式

3月12日，玄武区“走近樱花，寻访樱洲人文之美”玄武湖樱花节访谈行走活动

5月7日，“旅读玄武”特色旅游活动第二期——循着灵谷寺的钟色去寻访历史遗迹

5月13日，首届玄武春季运动会暨玄武区第十二届运动会开幕式（组图）

首届玄武春季运动会

1月1日，玄武区代表队参加2017南京市第三十五届元旦健身长跑运动会

7月21日，玄武区第十二届运动会乒乓球比赛

8月8日，玄武区全民健身日登山活动

2月22日，省昆剧院《牡丹亭》在1913园区小剧场演出

3月29日，省京剧院《霸王别姬》

1月8日，“聆听春天”玄武区2017新年音乐会

在 1913 园区小剧场演出

6 月 1 日，人偶剧阿拉丁神灯在 1913 园区小剧场演出

10-11 月，原创话剧丹凤街在 1913 园区小剧场演出

5月5日，五十四中应急疏散演练现场，区消防大队教官介绍灭火知识

6月5日，十三中锁金分校举办人防知识公开课

9月18日，“九一八”十三中红山分校防空疏散演练现场

11月30日，玄武区2017年度社区地震科普宣传员暨灾情速报员培训（主席台：南京大学教授张巍）

编辑说明

一、《玄武年鉴》是由玄武区地方志编纂委员会主办，区地方志办公室、区档案局编辑出版的综合性信息资料文献。《玄武年鉴》1985年创刊，逐年编辑出版。

二、《玄武年鉴》坚持辩证唯物主义和历史唯物主义的立场、观点和方法，以马克思列宁主义、毛泽东思想、邓小平理论、“三个代表”重要思想、科学发展观和习近平新时代中国特色社会主义思想为指导，旨在准确、科学、系统地记载玄武区域内自然、政治、经济、文化、社会发展等方面基本情况、重大事件，为社会各界了解和研究玄武提供权威、翔实的信息，为领导决策提供参考和依据，为编修志书积累史料。

三、《玄武年鉴（2018）》采用分类编辑法，主体内容分为类目、分目、条目3个层次，部分分目下设副分目。条目为记述的基本层次。本卷设特载、专记、大事记、概览、党政机关·人民团体、法治、军事、产业经济、商贸·旅游业、财政·税务、经济管理与监督、城建城管·环境保护、教育、科学技术、文化、卫生·体育、人民生活、街道、人物·荣誉、统计资料、附录21个类目。类目标题标于各类目前篇扉页和书眉，标题文字符号均以黄色为基调；分目标题标于各分目的起始处并用黄颜色大标宋字标出，副分目标题字体用黑体字前后加“·”表示；条目标题则用黑体字前后加“【】”表示。

四、《玄武年鉴（2018）》记载2017年度玄武区所发生的事。为提高年鉴的时效性，事件主体发生在2017年度，但其相关内容延伸至2018年初，如先进表彰、科技成果评选结果公布等，予以跨年度记述。部分条目记述时涉及2017年度前的情况，为使记述的事件连续和完整，仍予简略记载。所收录的组织机构负责人名单均以2017年内任职为限，有任免的分别予以注明。文中名称“区”“全区”“区内”“区域”均指玄武区。

五、《玄武年鉴（2018）》所载资料，分别由玄武区各部、委、办、局及各街道和有关单位专人撰写，并经领导（主审人）审阅。年鉴引用的工作报告、文件、讲话和新闻报道均按原件记载。统计资料数据使用法定计量单位，主要数据由玄武区统计局提供，数据时间截至2017年12月31日。所用统计数据，由于统计的来源、口径、方式、方法和时间的不同而有一定的差异，引用时请注意。

六、《玄武年鉴（2018）》装帧设计以玄武地方文化为特色。封面图案为玄武区地图板块的外形，取自世界非物质文化遗产——南京剪纸的意象，内容为玄武区境内玄武湖、紫金山、明城墙、明孝陵、“总统府”、中山植物园等重要地方元素，剪纸图案高度概括并以白描艺术形式刻画玄武区山水城林、人文荟萃的地域特征。

七、为方便检索，在《玄武年鉴（2018）》卷末附有索引。本刊全文电子版（光盘）与纸质年鉴同时出版。“玄武区政区图”由玄武区民政局提供。

9 月 18 日，“九一八” 十三中红山分校防空疏散演练现场

11 月 30 日，玄武区 2017 年度社区地震科普宣传员暨灾情速报员培训（主席台：南京大学教授张巍）

10月20日，玄武区召开既有住宅增设电梯工作法律问题专家研讨会

10月25日，玄武区举办既有住宅增设电梯工作现场说明会

6月26日，玄武区举办“弘扬见义勇为精神，建设平安和谐玄武”表彰会

3月2日，玄武区志愿者协会在大行宫广场开展为民服务活动

编辑说明

一、《玄武年鉴》是由玄武区地方志编纂委员会主办，区地方志办公室、区档案局编辑出版的综合性信息资料文献。《玄武年鉴》1985年创刊，逐年编辑出版。

二、《玄武年鉴》坚持辩证唯物主义和历史唯物主义的立场、观点和方法，以马克思列宁主义、毛泽东思想、邓小平理论、“三个代表”重要思想、科学发展观和习近平新时代中国特色社会主义思想为指导，旨在准确、科学、系统地记载玄武区域内自然、政治、经济、文化、社会发展等方面基本情况、重大事件，为社会各界了解和研究玄武提供权威、翔实的信息，为领导决策提供参考和依据，为编修志书积累史料。

三、《玄武年鉴（2018）》采用分类编辑法，主体内容分为类目、分目、条目3个层次，部分分目下设副分目。条目为记述的基本层次。本卷设特载、专记、大事记、概览、党政机关·人民团体、法治、军事、产业经济、商贸·旅游业、财政·税务、经济管理与监督、城建城管·环境保护、教育、科学技术、文化、卫生·体育、人民生活、街道、人物·荣誉、统计资料、附录21个类目。类目标题标于各类目前篇扉页和书眉，标题文字符号均以黄色为基调；分目标题标于各分目的起始处并用黄颜色大标宋字标出，副分目标题字体用黑体字前后加“·”表示；条目标题则用黑体字前后加“【】”表示。

四、《玄武年鉴（2018）》记载2017年度玄武区所发生的事。为提高年鉴的时效性，事件主体发生在2017年度，但其相关内容延伸至2018年初，如先进表彰、科技成果评选结果公布等，予以跨年度记述。部分条目记述时涉及2017年度前的情况，为使记述的事件连续和完整，仍予简略记载。所收录的组织机构负责人名单均以2017年内任职为限，有任免的分别予以注明。文中名称“区”“全区”“区内”“区域”均指玄武区。

五、《玄武年鉴（2018）》所载资料，分别由玄武区各部、委、办、局及各街道和有关单位专人撰写，并经领导（主审人）审阅。年鉴引用的工作报告、文件、讲话和新闻报道均按原件记载。统计资料数据使用法定计量单位，主要数据由玄武区统计局提供，数据时间截至2017年12月31日。所用统计数据，由于统计的来源、口径、方式、方法和时间的不同而有一定的差异，引用时请注意。

六、《玄武年鉴（2018）》装帧设计以玄武地方文化为特色。封面图案为玄武区地图板块的外形，取自世界非物质文化遗产——南京剪纸的意象，内容为玄武区境内玄武湖、紫金山、明城墙、明孝陵、“总统府”、中山植物园等重要地方元素，剪纸图案高度概括并以白描艺术形式刻画玄武区山水城林、人文荟萃的地域特征。

七、为方便检索，在《玄武年鉴（2018）》卷末附有索引。本刊全文电子版（光盘）与纸质年鉴同时出版。“玄武区政区图”由玄武区民政局提供。

目　录

特　载

专　记

大事记

概　览

党政机关·人民团体

法　　治

产业经济

商贸·旅游业

财政·税务

经济管理与监督

城建城管·环境保护

教育

科学技术

文　化

卫生·体育

街　道

人物·荣誉

统计资料

附　　录

索　　引

Contents

特　载

Special Records

责任编辑　卢永晨

区委常委会工作报告

——在区委十一届四次全会上

徐曙海

2017年12月29日

一、稳中有进、进中向好，全区发展保持又好又快势头

今年是玄武经济社会发展令人难忘的一年。我们以习近平新时代中国特色社会主义思想为指导，坚决贯彻中央、省委、市委的决策部署，提高区委常委会把方向、管大局、作决策、保落实的能力和水平，强化重点、突破难点、系统推进，顺利完成了年度目标任务。目前，全区已经获得全国群众体育先进单位、全省基层党员冬训工作示范区、省平安区等多项省级以上荣誉，各级各单位获得各类国家级荣誉9项。

发展质效稳步提高。我们坚持把稳增长与促转型紧密结合起来，注重项目带动、创新驱动，创出了近年来最好的经济工作成绩。多项综合指标增幅位居全市前列，预计全年实现地区生产总值750亿元，同比增长9%；财政总收入112亿元、一般公共预算收入59.8亿元，直比增长达30.1%和22.3%，收入中税收占比保持高位，房地产等一次性税收占比持续下降；服务业增加值和文化产业增加值占GDP比重达99.4%和13.4%，保持全市第一；发明专利申请量和授权量、万人发明专利拥有量、高层次人才集聚数、优质人才孵化率及发展环境满意度等全市靠前。始终把"一城两街三片区"作为加快发展的主战场，优化功能布局、打造发展高地，铁北红山新城加速由基础建设向功能开发转变，发展框架全面拉开；珠江路创业大街晋级首批省级众创社区备案试点；长江路文化旅游大街功能配套逐步完善、知名度不断提升；徐庄获批筹建省级高新技术产业开发区，获评苏南国家自主创新示范区优秀科技园区，"一区多园"发展架构初步建立；南京CBD核心区、环湖旅游服务区等呈现扩容升级、联动发展的良好格局。始终把项目作为加快发展的"助推器"，提高项目投入量、提升产业集聚度，省技术产权交易市场一期、市众创空间展示中心等有影响力的项目建成运营，星河领创天下、瑞安与阿里巴巴创新中心、缤奇林综合体等特色项目落地建设，百子亭、钟岚里、中央路224号、双拜巷、刘军师桥、珠江饭店地块等多个项目取得突破性进展，苏宁易购、赛特斯等行业龙头入选瞪羚企业，重大项目投资增幅位居全市前列。

城区环境加快美化。我们坚持把集中整治与常态长效紧密结合起来，以前所未有的力度实施城市精细化建设管理“10+9”任务，城市特色更加凸显。塑造精细精致的重点区域环境，以“绣花”功夫推进高品质环境建设，北京东路、玄武大道等12条主次干道综合整治高标准、快节奏完成；自加压力、多措并举，既有住宅增设电梯开工突破260部、竣工超过70部；超额完成100个老旧小区整治任务，新增公共绿地19万平方米，小区外便道整治、屋顶漏雨整治、公厕升级改造等高质量完工。探索高效有序的城区管理机制，突出全面覆盖、动态管理、精细服务，奖惩并举、刚性考核，引入城市治理第三方监管机制，严格执法、疏堵结合，持续开展机动车违停和占道经营集中联合整治“雷霆行动”，大力开展户外广告集中整治，管理的标准化、规范化、智能化程度不断提高。认真落实中央和省环保督察反馈意见整改，深入开展“263”专项行动，实现南汽集团及东华公司黑墨营片区重点企业关停搬迁；完成19条黑臭河道整治，内秦淮河北段岸线全线贯通，环境空气质量保持主城第一。我们的一批民生城建工程，赢得了群众的“点赞”，获得了省市主要领导同志和社会各界的好评，被中央等各级媒体宣传报道。

社会民生持续改善。我们突出优质均衡，注重富民实效，28件为民实事项目高质量完成，全体居民人均可支配收入达60500元，保持省市第一。织密基本民生的“保障网”，围绕群众最基本的现实问题，稳步提升社会保障统筹层次，区级财政民生投入占比接近80%，就业创业工作全市领先，打造“一库一网一号”社保惠民工程，全区五大保险覆盖率稳定在98%以上，实现困境儿童“一人一档”、高危空巢及独居老人安全保障全覆盖。提高社会事业的“水平线”，推动服务标准化、供给多元化、发展优质化，全面推进名校建设、综合医改、居家养老、文化体育等各项事业，教育现代化建设监测评估水平全省领先，中高考成绩保持全市领先，家庭医生签约服务覆盖率不断提高，建成全市首家5A级居家综合护理中心，成功举办首届新春诗会、春季运动会、国际城市休闲旅游节，全区居民综合阅读率全省第一，牵头创作的话剧《南京审判》广受好评。筑牢和谐稳定的“压舱石”，突出稳字当头，把维护社会稳定作为第一责任，深入开展大走访活动，实现居民群众、驻区企业集中走访全覆盖。全力开展社会矛盾和安全隐患大排查大整治行动，认真落实全市信访积案化解攻坚年要求，圆满完成十九大、国家公祭活动安保维稳任务，二维码地址标牌建设成为全国社会管理和公共服务综合标准化试点项目。法治社会建设深入推进，省法治区创建考核名列全市第一。

改革工作彰显特色。我们坚持敢破敢立、创新创优，一批重要领域和关键环节的改革取得显著进展。以“互联网+”为路径，实施社会治理一体化改革。坚持抓源头、重预防、讲法治、靠科技，突出多元主体参与、信息平台建设、队伍协同指挥、研判管理服务“四个一体化”，努力构建基层社会治理“一张网”，建成区级社会治理一体化管理服务中心和云平台，入选2017年度智慧江苏建设重点示范工程，成为全省首批网格化社会治理创新试点。以简政赋权为重点，实施“放管服”改革。以“3550”改革、不见面审批、全科政务服务为核心关键，推动行政审批高效化、政务服务全科化、监管体系科学化、区街联动一体化、群众办事便捷化，设立区企业服务中心、投资建设代办服务中心，在全市率先实现企业开办“一窗受理、全程代办、一日办结”以及企业营业执照、代理记账许可证“证照合发”。以整合管理资源为方向，实施综合行政执法体制改革。突出网格管理、部门挂钩街道、并联执法资源，以街道为单位，建立“责权统一、属地负责、部门联动”的执法管理体制，实现城管与其他行政执法部门的资源整合和优势互补。

党的建设不断加强。我们坚持把从严标准和从实要求紧密结合起来，履行主体责任、全面从严治党，营造了风清气正的良好政治生态。把学习宣传贯彻党的十九大精神作为首要政治任务，推动十九大精神进企业、进机关、进校园、进社区，实现干部培训、宣讲活动、社会宣传“三个全覆盖”。持续推进“两学一做”学习教育常态化制度化，开展“旗帜鲜明讲政治、撸起袖子加油干”专题培训，推动党员干部坚定理想信念、增强“四个意识”。严格落实意识形态责任制，率先将落实情况纳入区委巡察内容。坚持德才兼备、以德为先、注重实绩，完善干部实绩考核评价和综合分析研判制度，充分调动各层次、各年龄段干部积极性，创新推广干部队伍建设“一线工作法”，提拔重用了一批在城建、维稳等一线工作实绩突出的干部。深入推进基层党建创新，打造“两新”组织党建领域“红领”品牌，“赵大姐工作室”入选省级支部书记工作室，“双结对、双促进”工作获评全国机关党建创新成果展示百优案例。持续用力正风肃纪，认真贯彻中央和省委、市委关于营造良好政治生态的决策部署，坚决肃清“杨、季”余毒。开展“4+1”专项行动，完成区委巡察机构设置和定岗定编，开展四轮巡察，在全市首家实现派驻监督全覆盖，推进国家监察体制改革任务落实，注重惩防并举，创新使用“数说勤廉”数据平台，保持了反腐高压态势。

在工作中，我们始终把坚持党对一切工作的领导作为最高政治原则，充分发挥党总揽全局、协调各方的领导核心作用，团结带领全区干部群众，认真学习贯彻习近平新时代中国特色社会主义思想，牢固树立“四个意识”，完善坚持党的领导的体制机制，把贯彻落实中央决策、上级部署和创造性开展工作相结合，有效实施党对各个领域的领导，切实维护党的领导的严肃性和权威性。

区委常委会带头坚决维护习近平总书记领导核心地位，带头严守党的政治纪律和政治规矩，带头贯彻民主集中制，带头加强作风建设，完善区委全会、区委常委会会议规则，普遍设立党组，建立区委法律顾问制度，自身建设不断推进。支持区人大及其常委会开展工作，依法行使监督权、人事任免权和重大事项决定权。支持区政府依法履行职责，抓好重大决策部署贯彻落实，集中精力推动经济社会发展，建设法治政府和服务型政府。支持区政协发挥协商民主重要渠道和专门协商机构作用，履行政治协商、民主监督、参政议政职能。巩固发展爱国统一战线，“新领空间”创成全省唯一的中央统战部新的社会阶层人士统战工作实践创新重点基地。做好党管武装和双拥共建工作，出台加强和改进新形势下国防动员工作的有关意见。积极推进群团组织改革，区总工会、青联、红十字会等完成换届，老干部、党校、民宗、侨台、残联等各项工作取得新的成绩，全区上下聚精会神干事业、同心协力创事业的生动局面不断巩固。

在充分肯定成绩的同时，我们也要看到工作中存在的困难和不足，主要是：土地资源日益紧缺，发展空间局促；科技创新的系统性不强，氛围不浓，成果转化率不高；城市管理存在薄弱环节，精细化程度不足；社会发展水平与群众对美好生活的向往还有差距，创新社会治理、加强基层建设还需不断深化；少数党员干部的担当意识、奋斗精神、创新能力与新形势新任务的要求还有差距。对此，我们要采取更加有力的措施切实加以解决。

二、深刻领会、全面贯彻，以十九大精神引领各项工作

学习贯彻党的十九大精神，是当前和今后一个时期的首要政治任务，全区上下要在前期推进的基础上，把学习贯彻往深处走、往实里挖。要按照“学懂、弄通、做实”的要求，把学习贯彻十九大精神与学习《习近平谈治国理政》第二卷紧密结合起来，与贯彻中央经济工作会议精神特别是习近平新时代中国特色社会主义经济思想紧密结合起来，与贯彻习近平总书记对江苏工作的一系列重要讲话精神紧密结合起来，切实用十九大精神武装头脑、指导实践、推动工作。要深刻领会引领新时代必须有坚强有力的领导核心。把坚定维护习近平总书记在党中央和全党的核心地位作为最重要的政治责任和政治纪律，牢固树立“四个意识”，更加自觉地在思想上政治上行动上同以习近平同志为核心的党中央保持高度一致。要深刻领会习近平新时代中国特色社会主义思想是党必须长期坚持的指导思想。把学习新思想作为理论武装的核心任务，深刻理解“八个明确”，坚决贯彻“十四个坚持”基本方略，在学思践悟中融会贯通，在考验磨砺中提高觉悟，切实用新思想改造主观世界，提高政治能力，增强执政本领。要深刻领会中国特色社会主义进入了新时代、我国社会主要矛盾变化的新特点。牢牢把握新的历史方位和时代坐标，从立足新时代、适应新要求、把握新特点出发，找准分析观察的出发点、把握主攻矛盾的着力点，审视过去、总结经验、展望未来。要深刻领会决胜全面建成小康社会的重大部署和全面建成社会主义现代化强国的奋斗目标。围绕中华民族伟大复兴的时间表、路线图、任务书，立足区情实际和发展实践，学用结合、知行合一，提高工作整体性、开辟发展新境界，奋力推进新时代中国特色社会主义在玄武的生动实践。

*要始终带着追求去引领发展。*对照习近平新时代中国特色社会主义思想，对照区域转型发展的需要，对照人民对美好生活的向往，找准玄武的坐标，体现玄武的作为，做到勇于解放思想、敢于对标找差、善于创新实干，远学广州越秀、近比杭州西湖，坚持不懈地抓重点、补短

板、强弱项，努力推动发展的举措率先、速度争先、质量领先。

要始终带着理性去谋划发展。充分认识到玄武最大的禀赋优势在创新、最强的发展动能也在创新，把创新作为第一动力，把发展的基点放在创新上，紧紧牵住科技创新这个“牛鼻子”，汇各方之智、举全区之力，在更广领域、更大范围内有效配置创新资源，无缝隙对接、全方面融入南京创新名城建设，坚定不移地走以创新驱动为主要特征的发展之路。

要始终带着智慧去加快发展。积极投身区域发展的竞技场，辩证看待玄武发展的优劣势，突出人无我有、人有我优、人优我特，围绕优势做文章、立足优势谋发展，拿出新招数、闯出新路子，集中力量打造彰显玄武特质、体现发展质效、代表未来方向的“拳头产品”，努力形成自身的错位优势和鲜明的个性特征，确保将比较优势转化为发展胜势。

要始终带着责任去推进发展。大力弘扬新时代“四千四万”的创业精神，坚持问题导向、强化吃苦意识、突出重点关键，一件一件抓推进，一项一项抓落实，定了干、马上办、办到底，用扎扎实实的工作、实实在在的成效，推动十九大精神在玄武落地生根、开花结果，在通向玄武更加美好明天的征途上，留下我们勇挑重担、奋斗前行的坚实足迹。

三、聚焦重点、统筹兼顾，推动新玄武事业高质量发展

明年是贯彻党的十九大精神的开局之年，是改革开放40周年，是决胜全面建成小康社会、实施“十三五”规划承上启下的关键一年。做好明年全区工作，要全面贯彻党的十九大精神，以习近平新时代中国特色社会主义思想为指导，按照总书记视察江苏重要讲话要求，根据中央经济工作会议和省委十三届三次全会、市委十四届五次全会部署安排，坚持稳中求进工作总基调，坚持新发展理念，坚持高质量发展，统筹推进“五位一体”总体布局和协调推进“四个全面”战略布局，紧紧围绕省委“两聚一高”“两高两强”和提高城市首位度要求，紧紧围绕市委“一个高水平建成、六个显著”奋斗目标，牢牢坚守“走在最前列、争当排头兵”目标追求，以供给侧结构性改革为主线，统筹做好稳增长、促改革、调结构、惠民生、防风险各项工作，在高水平全面建成小康社会、高质量推进“强富美高”新玄武建设方面取得扎实进展、迈出更大步伐。

综合各方面因素，明年全区经济社会发展的主要指标分为两大类：预期性指标方面，地区生产总值可比增长8.5%，力争10.5%；一般公共预算收入同口径增长7%，力争10%；全社会固定资产投资增长10%，力争20%；高新技术产业投资增长12%；社会消费品零售总额增长10%，力争11%；全体居民人均可支配收入完成市定目标。约束性指标方面，万元GDP能耗下降完成市下达数；空气质量二级标准以上天数达到75%；全区域基本消除黑臭水体。

设定这样的指标，主要是根据十九大和中央经济工作会议精神，以及省委十三届三次全会和市委十四届五次全会部署，多方听取意见、慎重研究决定的。指标的确定坚持了稳中求进、兼顾了质效统一，突出了创新驱动与优化结构并举、富民增收与民生改善并重，在预期性指标方面，既保持了增速合理区间，与全市的经济增长幅度相当，又体现了高质量要求和奋斗性原则，为发展预留了一定空间；在约束性指标方面，呼应群众高度关注和迫切需要解决的问题，对能耗、空气质量、水质量等生态环境目标予以强调。

做好明年工作，要坚持一个根本要求、一个工作总基调，突出三项重要原则：

一是坚持高质量发展。牢牢把握高质量发展这一根本要求，始终坚持不比规模比速度、不比总量比质量，深入推进发展的质量变革、效率变革、动力变革，在经济发展上体现高端高新、城市发展上体现精致精细、社会发展上体现满意幸福，全力做到资源整合更佳、要素配置更优、综合效益更高，努力在高质量发展上走在省市前列。

二是坚持稳中求进。把稳的基调、进的指向贯彻到全区经济社会发展的各个方面，全力夯实稳的基础，做到经济稳步增长、民生稳步改善、社会稳定和谐，坚决防范各类风险，努力增强进的势头，知难而进、勇攀新高，积极抢占新一轮发展的主动权和制高点，推动各项工作既行稳致远，又奋进突破。

三是突出民本化导向。要进一步突出包容度、幸福度，践行以人民为中心的发展思想，根据群众需求作决策，着眼群众感受抓工作，始终做到民生发展优先考虑、民生事项优先落实、民生投入优先保障，扎实推进富民、惠民、安民等各个环节，提高民生工作的标准和质量，增强群众获得感、幸福感、安全感，让群众真切感受到美好生活的新变化。

四是突出科学性思维。要进一步突出全面性、协调性，贯彻落

实新发展理念，更加注重系统思维、创新思维、底线思维，把工作精力向事关根本、事关全局、事关长远的方面倾斜，向解决玄武发展中存在的不平衡不充分问题集中，用创新破解难题、探索新路，牢牢守住稳定底线、安全底线、廉政底线和生态底线，做到统筹谋划、科学配置、协同推进，努力达到“1+1>2”的效果。

五是突出项目化推进。要进一步突出有序性、实效性，坚持用抓项目的思路和方法推动工作，围绕目标全程化、路径明细化、管理规范化，善抓具体、从细求实、由小及大，对于重要任务、重大项目、重点工作，明确目标、明确责任、明确时限，科学策划、定期调度、刚性督查，不断提高各级干部的执行力，确保工作任务落到实处。

围绕上述目标要求，要做好以下五方面重点工作：

一是坚持创新驱动，提升发展动能。始终坚持聚力创新，把科技创新摆在全局发展的突出位置，以推动“两落地一融合”为核心抓手，围绕南京建设具有全球影响力的创新名城，奋力走在前列。构筑全区域协同的创新布局。发挥园区主阵地作用，开拓科技“蓝海”，深耕创新熟地。落实“一个管委会、一套班子、一个平台、一支招商队伍”的要求，定位上突出特色、投入上加大力度、资源上强化整合，以徐庄高新区为引领，统筹建设珠江路创业大街、铁北红山新城、玄武科技金融园、南理工科技创新园，谋划布局一批面向未来的新兴园区，实现“1+4+N”园区架构一体化运转、高效率运作，打造资源共用、人才共引、产业共育、平台共享的“大徐庄”，确保2年“去筹”、5年创成国家级高新区。建设全链条融合的创新平台。发挥平台集聚要素、孵化企业、培育产业的作用，促进更多科技成果和新型研发机构项目化落地，确保全区新型研发机构达5家。提升公共平台功能品质，力争建成南京人工智能研究院、上海交大医学智能研发转化中心等高层次平台；增强企业平台创新能力，精心建设精准医疗百家汇二期等专业化平台；深入推进校地融合发展，支持和对接高校院所研发机构转型，推动环东大、环南理工地区创新优势释放，构造科技创新的“蓄水池”，增强创新发展的吸附力。营造全要素配置的创新生态。坚持市场导向、企业主体、多元支撑，孕育一流创新生态，形成创新综合效应。强化精准聚才理念，实施“创业玄武”人才计划，完善市场化选才、验才、育才机制，优化人才结构，提高人才贡献度；建强科技创新主体，深入实施科技型中小企业梯度培育及成长帮促计划，积极培育瞪羚企业和独角兽企业，确保全年高新技术企业数量大幅增长；强化“造血”功能，科学运作各类创投引导基金，优化布局科技服务中介机构，争创国家级科技金融创新示范区；对接全市建设创新名城的政策措施，研究区级专项政策，积聚创新发展的“场效应”。

二是坚持产业提质，筑强转型筋骨。在全力稳增长的同时，保持投入强度，夯实产业基础，服务实体经济，让发展更有质量、更有效益、更可持续。实施项目带动，增强经济支撑力。把重大项目作为转型的关键力量，以项目推进的多点突破，为发展提供有效的动力源。紧扣省市区重点产业项目，围绕提升项目落地效率和产出水平，加强清单化调度、过程性管理，力促浙大网新区域总部、百子亭商业文化综合体、南京高力六角商业广场等一批影响力大、带动力足的项目早入驻、早竣工、早投用。高度重视重大项目策划、储备和招商，充分利用优质地块资源和存量载体，做到招强引新、选资引税并举，提高项目策划水平，加大项目推介力度，增强招商引资实效，为发展积攒绵绵不绝的后劲。突出高端取向，增强产业竞争力。聚焦全市“4+4+1”产业方向，加快产业升级，促进产业融合，抢占产业发展的制高点。围绕高端商务商贸、文化旅游等主导产业规模发展，积极涵养总部经济、楼宇经济、街区经济，促进业态更新，扩大产业容量，引导形成一批现代服务业集聚区，推动主导产业贡献度进一步提高。围绕新兴产业提升发展，紧扣全市未来产业培育计划要求，尽快壮大软件信息、医药健康、人工智能等产业领域，深入建设军民融合创新示范区，提高区域经济的活跃度。注重服务优化，增强发展保障力。畅通“服务链”、当好“店小二”，培育壮大企业集群，提高发展的运作水平。优化配置信息、物流、资本等高级生产要素市场，设立产业发展基金，健全各类行业协会，加强经济服务政策宣传和指导，着力构建亲、清新型政商关系，优化经济发展环境，用实际行动让企业家“稳心留根”、让企业能有更大发展。

三是坚持民生为先，增进人民福祉。既尽力而为，推进民生实事；又量力而行，不举债搞民生，多些“雪中送炭”、少些“锦上添花”，切实解决群众最关心最直接最现实的利益问题。推动社会保障扩面提标。兜底线、织密网、建机制，构建覆盖面广、精准度高的多层次社会保障体系。把提高居民收入作为硬任务，实施创业引领计划，推动创业带动就业，创建一批省级创业型街道和社区，多元化拓展增收渠道，确保全体居民人均可支配收入保持省市第一。大力推进社会救助、社会福利建设，落实精准帮扶、分类救助政策，深化社保惠民工程，建设一批社区百姓微幸福服务站，实现残疾人居民社会保险补贴全覆盖，让群众享有更高水平的基本生活保障。实现社会事业高位发展。把促进人的全面发展放在重要位置，增加服务供给，优化提供方式，发展优质均衡的社会事业。加快教育现代化，优化教育资源布局，启动新名校培育计划，聚焦教学质量，关注师生成长，促进各类型教育品质提升，办好人民满意的教育。深化医药卫生体制综合改革，整合医疗卫生资源，加快玄武医院新建，施行家庭医生签约标准化服务，建设健康城区。主动顺应人口老龄化趋势，发展养老事业，推动医养融合，建成一批重点养老服务项目。全面推进科普、体育、档案、红十字等工作，实现各项事业总体协调、齐头并进。促进社会环境文明和谐。坚持先进文化引领，强化社会治理支撑，营造崇德向善、稳定有序的社会环境。深入践行社会主义核心价值观，持续巩固文明城市创建成果，广泛开展道德模范推荐和评选，推进公共文化服务均等化建设，组织各类文化惠民活动，创建全域旅游示范区，推动传统文化与现代文明在玄武融合共进。围绕社会化、法治化、智能化、专业化方向，加强社会治理载体、平台和制度建设，推动治理重心下移，以"一治理三提高"为抓手，创建一批社区治理示范小区，固化大走访大排查大整治行动成果，健全区域公共安全体系，深化平安法治玄武建设，打造共建共治共享的社会治理新格局。

四是坚持环境支撑，打造美丽玄武。以提升环境质量为核心，以提高建管水平为重点，美化区域形象，彰显宜居魅力，建设山水城林秀美交融的美丽城区。高起点推进有机更新。在城区环境品质普遍提高的基础上，精致建设城市、精心修补功能。立足改善人居环境、腾挪发展空间，攻坚九华山片区等棚户区改造任务，开展中山门大街等综合治理，统筹实施市政道路、停车泊位、游园绿地建设以及老旧小区标准化整治、城市夜景照明等工程，建立完善既有住宅增设电梯常态化服务机制，更好地满足居民群众的实际需求和城区发展的现实需要。高标准加强城市管理。以全国先进城区管理水平为标杆，转变粗放模式，创新管理手段，推动城市长效治理走在前列。以完善城市管理责任制为抓手，健全市容管理绩效督考机制，对网格人员、监管第三方等定位明责，推动各方责任真覆盖、真落实，稳妥推进保洁领域及绿化、河道等养护市场化改革，实现城市治理长效考核排名显著提升。高品质打造生态家园。把保护生态环境放在优先位置，突出底线约束，守护青山绿水，留住蓝天白云。深入开展"263"专项行动，打好治气、治水等治污"组合拳"，开展餐饮油烟扰民、工地扬尘专项整治，落实"河长制"工作措施，实施内秦淮河东段、珍珠河等河道岸线整治，打造一批水清岸绿的城市客厅水体生态景观，加快低碳节约型城区建设，健全生态环境管理制度，促进城市与生态、人与自然的和谐相融。

五是坚持改革开放，激发区域活力。借改革开放40周年东风，做到改革不停顿、开放不止步，让玄武发展获得机制变革的新动力、融入国际国内的大循环。扎实推进全面深化改革。准确领会中央和省市精神，坚持上下一体、点面结合，紧扣关键领域，注重系统集成，提高改革精准化、精细化水平。以改革推动服务更加便捷，以"放管服"改革为统揽，深化行政审批制度改革，集成化推进"3550"、不见面审批、预审代办制、全科政务等各项改革措施，实现街道便民服务中心服务智能化，企业、个体登记注册事项"网上办、不见面"超过80%，实现新办企业"多证合一"。以改革促进执法更加有力，持续开展综合行政执法体制改革，进一步梳理权力清单，扩大委托执法范围，突出事前规范、事中监督、事后考核，推动执法力量重心下移、责任到底。以改革促进治理高效，强力推进社会治理一体化改革，以区街居三级社会治理综合平台优化升级为抓手，理顺网格职能，夯实基础阵地，实现条块、层级、网上网下资源整合、联动融合，提升社会治理整体效能。着力提升全域开放程度。融入"一带一路"、长江经济带建设等国家战略，做到内外开放相互促进、协调共进，实现区域发展多方合作、互利共赢。推动开放型经济转型升级，提高外资、外贸、外包、服贸工作水平，大力引进国际领先、世界知名的企业、机构、技术和人才，鼓励区内龙头企业开拓国际市场，积极培育一批本土国际化企业。精心塑造国际化的城区环境，推动营商环境、功能环境、生活环境国际化，进一步提高区域配套设施和公共服务国际化、开放化水平，组织和承办一系列科创沙龙、经贸合作、文体交流活动，不断提高玄武的知名度和美誉度。

四、不忘初心、牢记使命，推动管党治党再上新的台阶

要深入学习和全面贯彻党的十九大精神，深刻领会习近平新时代中国特色社会主义思想，坚定不移落实新时代党的建设总要求，不断提高党的建设质量，推动各级党组织真正成为建设“强富美高”新玄武的坚强领导核心、党员干部成为实现玄武高质量发展的领头雁。

一是旗帜鲜明抓政治建设。始终把政治建设摆在首位，牢固树立“四个意识”，增强“四个自信”，坚定执行党的政治路线，严格遵守政治纪律和政治规矩，把忠诚维护习近平总书记领导核心地位作为最大的政治，在政治立场、政治方向、政治原则、政治道路上同以习近平同志为核心的党中央保持高度一致。严格执行新形势下党内政治生活若干准则，严格尊崇党章，认真落实民主集中制各项制度，发展积极健康的党内政治文化，营造风清气正的良好政治生态。加强党员干部特别是领导干部政治担当，对党忠诚、为党分忧、为党尽职，永葆共产党人政治本色。

二是坚持不懈抓思想武装。把学习习近平新时代中国特色社会主义思想作为理论武装的核心任务，丰富中心组、“微宣讲”等学习载体的形式和内涵，教育引导广大党员干部牢记党的宗旨，解决好“总开关”问题。按照中央和省委、市委部署，结合推进“两学一做”学习教育常态化制度化，认真开展“不忘初心、牢记使命”主题教育，深入开展“千支万名大学习大培训”活动，大力弘扬“红船精神”、延安精神、雨花英烈精神、梅园精神，传承区域红色基因，引导党员不断汲取信仰的力量。深入落实意识形态工作责任制，牢牢把握领导权、管理权、话语权，开展责任制落实情况专项巡察和检查，营造互联网时代的良好舆论生态。

三是持续加力抓组织保障。坚持党管干部原则，认真落实20字好干部标准，突出政治标准，注重实干实绩，以对党忠诚选忠诚于党的人、以事业为上选担当干事的人、以扎实作风选作风扎实的人。注重在基层一线和急难险重任务中培养锻炼年轻干部，持续推进“优苗选育”工程，统筹用好各年龄段干部，推动干部队伍结构优化。坚持干部从严管理和激励担当相结合，落实鼓励激励、容错纠错、能上能下“三项机制”。压实基层党建工作责任，强化政治功能，树立“一切工作到支部”的鲜明导向。建立完善“两新”党建工作条块结合、协同推进机制，打造玄武“同心圆”区域化大党建工作品牌。突出抓好基层党组织书记这个龙头，加强基层党员队伍教育管理，落实党内激励、关怀和帮扶制度，增强党员队伍活力。

四是驰而不息抓正风反腐。高标准、严要求巩固拓展作风建设成果，认真落实中央八项规定实施细则和省委、市委具体办法，立足玄武实际制定具体举措，坚决杜绝“四风”问题反弹回潮，以永远在路上的坚韧把作风建设引向深入，让想干事、干成事、低调务实、埋头苦干、勇争一流在全区党员干部中蔚然成风。严格把“两个责任”落到实处，建立健全党建履责记实制度，推动各级党组织把主体责任牢牢抓在手上。强化纪律执行，准确运用监督执纪“四种形态”，强化重点岗位廉政监督，创新开展廉政风险防控“护堤行动”，聚焦权力运行的关键点和群众身边的“微腐败”，加快构建不敢腐、不能腐、不想腐的长效机制。加强监督体系建设，完善巡察监督和派驻监督机制，设立区监察委员会并开展工作，实现对所有行使公权力的公职人员监察全覆盖。

五是全面系统抓能力提升。围绕增强八个方面执政本领要求，强化工作前瞻性、创新性、求实性，全面提升执政能力水平。注重系统性谋划，为全区上下一盘棋做好谋篇布局，抓好各项风险预警和防控，掌握工作主动权。大兴调查研究之风，深入贯彻新理念，善于运用互联网技术和信息化手段开展工作，提高学习、改革创新和科学发展的能力。强化依法执政，抓好群众工作，善于抓住具体，确保中央和省委、市委决策部署落地见效。团结凝聚一切力量，支持区人大及其常委会依法行使职权，支持区政府依法行政，狠抓工作推进和落实，支持区政协依章程履行职能，巩固和发展最广泛的爱国统一战线，深化“新领空间”“青柠盟社区”等品牌建设，进一步加强党管武装，深入开展双拥共建和国防教育，充分发挥群团组织作用，持续掀起岗位建功、青春建功、巾帼建功的热潮，汇聚推动发展的强大合力。

同志们，新时代要有新气象，更要有新作为。让我们更加紧密地团结在以习近平同志为核心的党中央周围，高举习近平新时代中国特色社会主义思想伟大旗帜，在省委、市委的坚强领导下，不忘初心、牢记使命，锐意进取、善作善成，以奋发图强的精神状态不断把“强富美高”新玄武建设事业奋力推向前进！

政府工作报告

区　长　穆耕林

2018 年 1 月 2 日

2017 年工作回顾

过去的一年，全区上下深入学习贯彻习近平新时代中国特色社会主义思想，在市委、市政府的正确领导下和区委的坚强领导下，坚持稳中求进工作总基调，开拓创新，砥砺奋进，顺利完成区第十八届人民代表大会第一次会议确定的各项目标任务，实现了新一届政府工作良好开局。

（一）产业转型强力推进，经济运行稳中向好

坚定不移贯彻新发展理念，以深化改革、调整结构为主线，坚持稳增长与促创新相结合，推动经济健康持续发展。

经济实力稳步攀升。预计全年实现地区生产总值 750 亿元，同比增长 9%；财政总收入迈上百亿台阶，达到 112 亿元，其中一般公共预算收入 59.8 亿元，直比增长 22.3%，同口径增长 10.8%，税收占比达 94.2%；全社会固定资产投资 159 亿元，同比增长 20%；社会消费品零售总额 523 亿元，同比增长 10%；服务业增加值 743 亿元，同比增长 11%；完成服务外包执行额 23.1 亿美元，实际利用外资 2.3 亿美元，外贸出口 210 亿元，服务贸易进出口额 2.9 亿美元。主要指标增速位居全市前列，经济发展势头为近年来最好。

产业质效持续提高。服务业增加值占 GDP 比重达 99.4%，继续列全市首位。金融服务业、软件与信息服务业、商贸流通业、商务服务业增加值占 GDP 比重分别达 19.8%、15.8%、15.8%、8.9%。全年新增注册资金 1000 万元以上企业 391 家，其中 5000 万元以上企业 42 家，亿元以上企业 14 家，哈姆雷斯中国总部等 3 家优质总部企业落户玄武。新增规上企业 104 家，苏宁易购、赛特斯入选苏南国家自主创新示范区瞪羚企业[①]。新增国家级电子商务示范企业 3 家，总数占全省的 1/4，全区电子商务交易总额达 1200 亿元。设立区产业发展引导基金及区长质量奖。新增中国驰名商标 2 件，马德里国际注册商标 2 件，省名牌产品 6 个。扎实推进低效载体“腾笼

换鸟”工程，完成6.2万平方米低效楼宇升级改造。长江路文化旅游大街实施重点支巷业态提升工程，南京烟厂老厂区征收基本完成，成立南京玄武国际城市休闲旅游联盟。

科技创新活力迸发。新集聚国家“千人计划”人才12人、国家“万人计划”人才1人、省“双创计划”人才6人、“创业南京”英才计划人才61人。众创空间新增国家级1家、省级6家，全区拥有市级以上众创空间25家、5.7万平方米，集聚在孵团队超过300个。引进和培育科技型企业超过100家；新增新三板上市企业2家，高新技术企业、省民营科技企业各21家。预计实现专利授权3200件，发明专利授权2000件。徐庄软件园获批筹建江苏省高新技术产业开发区，入选苏南国家自主创新示范区优秀科技园区。珠江路晋级首批江苏省众创社区备案试点，完成未来城B座等重点载体升级改造，江苏省技术产权交易市场一期建成运营，南京市众创空间展示中心建成并试运行。积极推进“两落地一融合”[②]工作，与10余家高校开展深度交流合作，达成75项科技成果转化意向。在全市率先建设网融网投综合金融服务平台，为小微企业提供精准融资服务。

项目载体加速扩容。徐庄研发六区、卫岗产业园、百家汇一期等项目建成投入使用，生物医药园、聚慧园组团基本完成招商。熊猫中央广场21万平方米商务楼宇实现封顶，南农大科技创新研发试验基地主体建成。板仓街9号产业园转型取得实质性重要进展，紫金嘉悦等在建项目快速实施。达明大厦、仙鹤门2号地块社区商业配套项目开工建设。青石街地块挂牌前期工作扎实推进，中央路224号地块完成土地收储和整理，钟岚里地块完成住户搬迁，珠江饭店地块征收过半。铁北红山新城进入快速开发建设阶段，沈阳村地块、华飞2号剩余地块成功出让并启动建设。全区新增载体33万平方米，改造12万平方米，在建103万平方米，新开工35万平方米，为持续发展奠定了坚实基础。

（二）环境整治全力攻坚，老城面貌更加靓丽

聚焦精细精致，全面实施城市精细化建设管理“10+9”行动[③]共235个建设项目，区域功能品质实现新提升。

窗口形象整体提升。精细实施北京东路、珠江路、玄武大道等12条重要道路环境综合整治，沿街建筑立面、景观绿化、灯光亮化同步改造。完成地铁四号线（玄武段）7个站点周边环境整治。内秦淮河北段重现生机，两侧5000米岸线全线贯通，沿线碑刻、石桥等处处体现玄武厚重历史积淀，成为主城又一处“滨水城市客厅”。完成和平公园西园景观提升工程。实施明城墙沿线27万平方米建筑立面整治，高标准打造城市重要国际性景观廊道。

人居环境持续改善。实施9个棚户区改造和3个环境综合整治征收项目，占地38.1万平方米，涉及房屋30.1万平方米。实施100个老旧小区整治工程，总面积112万平方米，新增楼道折叠椅、门卫房卫生间、电动车充电桩、快递云柜等设施，尽显人本理念，“六化”标准[④]全市推广。完成小区楼顶拆违3.3万平方米、治漏11.8万平方米，平整小区外出行道路60条、1万平方米，完成43个小区二次供水改造，21个小区管线下地。结合小区环境整治等工作，新增机动车泊位1459个。完成九华山18号等5处积淹水片区防汛排涝工程。

电梯加装取得突破。应对老城建筑功能缺失与人口老龄化加重的双重压力，积极开展城市功能修补，全面推进既有住宅增设电梯工作。全区共实现签约委托953宗，完成初审855个，取得规划许可证596个，取得施工许可证458个，开工建设304部，预计到春节前可建成160部。对于既有住宅增设电梯这项民生实事中的难事，玄武区的探索，为全国增梯工作提供了可复制的、系统的全流程经验，获得央视《新闻联播》点赞，新增设的电梯真正成了群众幸福的阶梯、社区和谐的阶梯、社会进步的阶梯。

生态建设成效明显。结合玄武实际，强力推进“两减六治三提升”专项行动[⑤]，坚决落实整改中央、省委环保督查反馈问题，生态环境质量明显好转。全面关停煤炭消耗企业和危化品仓储企业。贯彻落实“河长制”[⑥]，完成19条黑臭河道整治工程，34.7公里河道基本消除黑臭水体，玄武湖水质总体保持四类标准。完成梅庵等7个游园绿地建设，新增公共绿地19万平方米。完成124个片区、8.4平方公里的雨污分流工程，并在全市率先对223个片区、15.1平方公里已经实施的雨污分流工程进行全面“回头看”。整治油烟扰民餐饮企业94家，工地扬尘管控率达100%，挥发性有机物污染削减10%以上。全区空气质量优良天数比例达74%，继续保持主城区第一。

城市治理常态长效。以整洁、美观为标准，完成背街小巷整治55条。拆除违法建筑23.4万平方米。强力开展“雷霆行动”[7]专项整治，机动车非法占道经营这一城市管理的顽疾和毒瘤在玄武得到根本性治理，已基本绝迹。加强户外广告管理，拆除违规户外广告127块，面积4898.5平方米。积极应对共享单车管理难题，设置248处“绿毯子”非机动车停放示范点。推进“公厕革命”，以“革命”态度对待民生实事，升级改造公厕60座。成立玄武街巷文化研究中心，在环境综合整治中加强历史文化挖掘和展示，新命名上林苑路等24条道路、京市桥等7座桥梁。

（三）社会事业持续发展，人民生活更加幸福

年度28件民生实事项目全部完成，全体居民人均可支配收入预计达60500元，连续4年居全省首位，群众获得感、幸福感和满意度不断增强。

公共服务更加优质。教育投入持续加大，设立区教育发展促进会及教育发展特别基金，新增省优质幼儿园1所，创成素质教育特色学校15所；省教育现代化建设监测评估全市第一，中考均分全市第一，高考本一达线率全市第一。区公共卫生突发事件应急处置中心大楼主体封顶，新街口社区卫生服务中心被评为“全国优质服务示范社区卫生服务中心”；重点人群家庭医生签约服务率达72%；与一批三甲医院合作建设紧密型医联体。长江路创成省级价格诚信街区。出台《母婴童零售场所服务规范》，通过南京市地方标准认定。建成15个社区综合文化服务中心，举办文化惠民精品演出60场。原创话剧《南京审判》《丹凤街》引起社会良好反响。成功举办首届玄武春季运动会，展现幸福玄武的时代活力。

养老体系逐步建成。新增6个老年人日间照料中心、24个3A级以上居家养老服务中心、4个居家养老服务中心护理站。建成助餐中心和助餐点58个，实际提供助餐超过52万人次。新增养老机构床位420张，养老机构医养融合覆盖率达78.8%。建成高危空巢及独居老人安全保障工程，推进点对点服务；实现75周岁以上独居老人紧急呼叫器安装全覆盖，90周岁以上老人每月3小时生活照料免费服务全覆盖，有需求居家养老服务全覆盖。为全区18667名80周岁以上高龄老人发放补贴1131.7万元。

民生保障更加有力。新增城镇就业2万人，实现再就业9100人，开展各类技能培训、职业鉴定2.2万人次，城镇登记失业率控制在2%以下。培养自主创业2876人，创业带动就业1.8万人，发放高校毕业生住房租赁补贴1624.1万元。建成“一库一网一号”社保惠民工程[8]，全区五大保险及城镇居民基本医疗保险覆盖率均达98%以上，为全区户籍人口购买人身和家庭财产保险。重点保障困难群体、特殊群体和优抚群体，发放各类补助资金7800万元。建成玄武区未成年人保护中心，落实127名困境未成年人一对一结对帮扶。

社会环境保持稳定。扎实开展社会矛盾和安全隐患大排查大整治行动，全年无重大公共安全事件、无重大群体性上访事件、无重特大安全生产事故。着力整改安全生产、信访稳定、劳动关系、金融风险等方面薄弱工作环节，排查生产经营单位8397家次，整改隐患6646处；化解信访积案24件，化解率达92.3%，调处各类矛盾纠纷7396件，成功率达99.4%；受理职工举报投诉立案236件、劳动争议案件483件，结案率达100%；认真贯彻国家、省、市关于非法集资风险处置和互联网金融清理整顿工作部署，摸底排查企业超过2000家次，涉嫌违规金融类企业存量下降75%；安装一体化安防监控摄像头1万个。圆满完成十九大、国家公祭日等重大活动属地保障任务。群众安全感、法治建设满意度进一步提升。

（四）深化改革全面发力，发展活力显著增强

蹄疾步稳推进全面深化改革，着力增强改革系统性、整体性、协同性，重要领域和关键环节改革取得突破性进展。

“放管服”改革[9]扎实开展。围绕“简政放权、放管结合、优化服务”，统筹推进五大类15项改革任务。以“不见面”审批[10]、“3550”[11]、证照联办[12]等改革任务为重点，精简商事登记、投资审批流程，企业注册登记3个工作日内完成，投资建设项目审批50个工作日内完成。成立区投资建设代办服务中心，代办项目32个，总投资达309.5亿元。在全市率先推行区、街两级全科政务[13]，实现政务服务事项“一窗受理”。推进“互联网+政务服务”，省政务服务“一张网”[14]在线办事率达93.6%。实施综合行政执法改革，组建街道综合行政检查执法大队，实现行政执法检查职能和处罚职能相对分离，执法效率进一步提升。

社会治理一体化改革全市领先。积极探索“互联网+社会治理”

路径，将全区细分为516个管理网格，社工、流动人口协管员、消防警辅人员全部配备到网格。建立开放共享的“大数据”平台，打破条块分割，实现公安、民政、人社、市场监管等各方面数据融合共享，全年通过平台办理各类证件1.8万张，出具各类证明3.5万件，出租屋、地下室、车库、桥梁涵洞等区域也全面纳入管控，有效消除社会治理盲点。

开发区体制改革全面启动。按照“一个管委会、一套班子、一个平台、一套招商队伍”的原则，以徐庄高新区为引领，完成铁北红山新城、珠江路创业大街、玄武科技金融园、南理工科技创新园首批四个分园整合，突出产业特色，加大投入力度，强化资源整合，初步建立“一区多园”发展架构。

政府自身建设纵深推进。良好的作风是政府履职的坚强保障。我们认真开展“两学一做”[15]学习教育，深入学习党的十九大精神。扎实开展“大走访”活动[16]，实现居民群众、驻区单位集中走访全覆盖。出台《玄武区人民政府关于行政机关进一步做好党政同责工作事项的若干意见》，就安全生产、生态环境保护等重点工作，进一步强化行政机关直接责任的推动落实。出台《法治政府建设实施方案(2017—2020)》，全面深化、统筹推进依法行政工作，完成区法律专家咨询委员会、行政复议委员会换届，全区重大行政行为规范率达100%，入选省级重大行政决策规范化建设试点区。认真办理领导信箱件1203件，办理“12345”群众热线投诉事项46909件，办结率达100%，综合满意率达87.4%。自觉接受人大法律监督、工作监督和政协民主监督，人大代表建议、政协提案办成率分别达84.2%、82.2%，满意(含基本满意)率均达100%。严格控制公务接待经费支出，从严审批因公出国(境)，压缩公务用车购置及运行经费支出。民族宗教、物价、档案、对台、侨务、人防、人武等工作扎实推进。

各位代表，过去的一年，在市委、市政府的正确领导下和区委的坚强领导下，我们勇于探索，敢于攻坚，推进重点项目的成效前所未有，钟岚里、刘军师桥、双拜巷西侧地块等一批滞缓多年的项目得到了实质性推动；城市建设的任务前所未有，主次干道整治、老旧小区整治、管线下地分别占全市任务的55%、39.5%、32%；治理城市顽疾的决心和力度前所未有，机动车非法占道经营、楼顶违建、黑臭河道等一批很有难度、从未触碰的城市痛点问题得到有效解决；玄武影响力的提升前所未有，全年获6项国家级荣誉[17]，主城核心区深厚历史底蕴得以更多挖掘展示，老旧小区整治标准在全市推广，既有住宅增设电梯工作的探索和突破得到社会广泛关注和好评！

这些成绩的取得，是全区上下团结一心、迎难而上、奋力拼搏的结果。在此，我代表玄武区人民政府，向在各条战线付出辛勤劳动的全区人民，向给予大力支持、有效监督的人大代表、政协委员以及社会各界，向为玄武改革发展稳定作出积极贡献的驻区部队，向长期以来关心和支持玄武建设与发展的朋友们，致以崇高的敬意和衷心的感谢！

在看到成绩的同时，我们也更加清醒地认识到，玄武经济社会建设还存在一些不平衡不充分的问题，主要是：发展质量和效益还不高，产业竞争力、创新力有待增强；城市建设管理还不够精细；民生工作水平与人民日益增长的美好生活需要相比还有较大提升空间；政府自身推动发展的能力、服务群众的意识还需要进一步增强。我们一定直面问题，切实增强忧患意识、责任意识，着力克服玄武发展基础好、只要稍微努力就能走在前列的盲目乐观思想，着力克服玄武主要经济指标较好、就一好百好的片面认识，着力克服传统观念、惯性思维的负面影响，努力在破除瓶颈、补齐短板上取得更大进步。

2018年工作总体要求

党的十九大的胜利召开，为我们做好当前以及今后一个时期工作提供了根本遵循和行动指南。我们要深入学习贯彻党的十九大精神，牢固树立“四个意识”[18]，坚定“四个自信”[19]，始终增强责任意识和担当意识，坚决贯彻落实习近平总书记视察江苏重要讲话精神和省、市、区委全会精神，励精图治、奋发有为，一步一个脚印把美好蓝图变为生动现实。

在新的历史方位和时代坐标下，准确把握玄武的区情实际和阶段性特点，对下一步工作至关重要。当前，玄武人口结构老龄化日趋明显，对政府的应对和保障提出更高要求；城市建筑及设施老旧比例偏高，城市更新和功能修补的任务十分艰巨；产业发展面临诸多挑战，在新城区快速崛起和加快发展的竞争态势下，玄武作为主城核心区对资源要素的吸附力有所弱化；发展空间瓶颈突出，对城市现有空间资源的整合更加迫切。我们要清醒认识到，玄武作为主城核心区，城市化进程较早，遇到城市化进程中出现的问题也较早，要把解决这些矛盾摆在突出位置，拿出有效应对之策，在建设“强富美高”新南京中，找准玄武定位，体现玄武作为，作出玄武贡献。

2018年是贯彻党的十九大精神的开局之年，是改革开放40周年，是决胜全面建成小康社会、实施“十三五”规划承上启下的关键一年。今年政府工作总体要求是，全面贯彻党的十九大精神，以习近平新时代中国特色社会主义思想为指导，按照总书记视察江苏重要讲话要求，根据中央经济工作会议和省、市、区委全会部署安排，坚持稳中求进工作总基调，坚持新发展理念，坚持高质量发展，统筹推进“五位一体”[20]总体布局和协调推进“四个全面”[21]战略布局，紧紧围绕省委“两聚一高”[22]“两高两强”[23]和提高南京城市首位度要求，紧紧围绕市委“一个高水平建成、六个显著”[24]奋斗目标，牢牢坚守“走在最前列、争当排头兵”目标追求，以供给侧结构性改革为主线，统筹做好稳增长、促改革、调结构、惠民生、防风险各项工作，在高水平全面建成小康社会、高质量推进“强富美高”新玄武建设方面取得扎实进展、迈出更大步伐。

综合各方面因素，全区2018年经济社会发展主要目标分为两类：一是预期性指标。地区生产总值可比增长8.5%，力争10.5%；一般公共预算收入同口径增长7%，力争10%；全社会固定资产投资增长10%，力争20%；高新技术产业投资增长12%；社会消费品零售总额增长10%，力争11%；全体居民人均可支配收入完成市定目标。二是约束性指标。万元GDP能耗下降完成市下达数，空气质量二级标准以上天数达到75%，全区域基本消除黑臭水体。

做好今年工作，我们既要认清形势，又要联系实际；既要看到困难，又要保持自信，始终做到五个坚持：一是坚持高质量的发展要求。落实新发展理念，紧紧围绕高质量发展谋划布局经济工作，突出质量第一、效率优先，聚焦现代服务业，着力推动主导产业高新化、生态化、特色化、集聚化发展，加快经济发展质量变革、效率变革、动力变革，不断增强经济创新力和竞争力。二是坚持以人民为中心的发展思想。把人民对美好生活的向往作为奋斗目标，在城市更新、产业更新中补齐民生短板，在幼有所育、学有所教、劳有所得、病有所医、老有所养、住有所居、弱有所扶上不断取得新进展，使人民获得感、幸福感、安全感更加充实、更有保障、更可持续。三是坚持全面深化改革的发展路径。围绕目标导向、问题导向、攻坚导向、变革导向，抓好以补短板为核心的供给侧结构性改革、“放管服”改革等各项改革任务的谋划和落实，用改革的办法解决发展中的问题，把经济管理的权限放到离企业最近的地方，把社会管理的权限放到离百姓最近的地方，推动基层治理体系和治理能力现代化。四是坚持精细化的工作理念。将城市建设领域的精细化理念拓展到经济、民生等各个工作领域，运用系统化思维，找准经济社会各项事业发展的结合点，提升区域发展的全面性、协调性。发扬工匠精神，用足“绣花”功夫，努力做到精准、精细、精致、精美，推进工作落细、落小、落实。五是坚持实干争先的工作追求。全面深入开展对标找差、创新实干工作[25]，在对标中明确方向，在找差中激发动力，在创新中构筑优势，在实干中赢得主动，把雷厉风行和久久为功有机结合起来，勇于攻坚克难，以钉钉子精神狠抓落实，推动玄武各项事业不断迈上新台阶、走在最前列。

2018年工作安排

实现今年经济社会发展目标，要着重做好以下五方面工作：

（一）聚力科技创新，加快动能转换

顺应经济规律和时代要求，聚精会神抓创新，探索主城区创新发展新路径。

推进全面融合发展路径。积极发现培育新增长点，打造产业经济新引擎。深入实施“两落地一融合”，以全球视野谋划校地合作，积极参与南京“综合性国家科学中心”建设。围绕全区战略性新兴产业发展方向，建立技术清单、项目清单、产品清单、企业清单，推动南京人工智能研究院、南师大智能装备产业技术研究院等3家新型研发机构落地运营，实现50项以上科技成果转移转化落地。制定全区军民融合产业发展三年行动计划，实现产业技术“民参军”“军转民”融合渠道双向互通，积极创建国家军民融合示范区。与驻区单位融合发展，成立驻区单位共同发展联盟，促进资源共享、优势互补，高起点、高标准、

高质量打造一批高端产业平台和精品载体。

强化企业创新主体地位。实施高新技术企业培育计划，加大对中小企业创新支持力度，建立初创型、成长型、领军型创新企业培育库，培育一批具有前瞻性、标志性的创新项目。提升企业研发能力，放大先声精准医疗“百家汇”平台、苏宁青创园示范效应，引导、支持更多龙头企业主导或参与协同创新平台建设。支持企业引进高端人才，更加关注并鼓励企业的专利申请。加强科技招商，大力引进科技含量高、市场前景广、成长性好的新项目。力争新增国家、省、市各类高端人才80人以上，高新技术企业数量、产业产值、技术合同登记额实现大幅增长。

构建有机有序创新生态。围绕政策、平台、服务等要素保障，把小微企业创新创业服务落细落实，加快构建更有竞争力的创新生态系统。重点建设珠江路省级众创社区，积极推动科技企业孵化器、众创空间提档升级，新增众创空间6家。用好省产业技术研究院、省技术产权交易市场等一批创新服务平台，建立创新成果转移转化高速高效通道。推动科技、金融深度融合，将科技企业孵化加速和上市辅导相结合，提升企业利用资本市场加快发展的意识，建立拟上市企业储备库。加大财政政策与创新政策的协同性，设置财政专项创新资金3亿元，引导30亿元以上社会资金进入产业创新领域，设立科技类企业专项引导资金。引进20家创业孵化、技术转移、专业中介等科技服务机构，加快建设人才公寓，加强知识产权保护，提供科技创新全链条服务。

（二）突出集聚集约，做强产业优势

立足服务业为主的区情特点，加快生产性服务业竞争力提升和生活性服务业层级提升，构建方向清晰、特色鲜明、开放共享的现代服务业产业体系。

促进产业集聚。出台全区产业发展导则，有效引导产业转型升级。提升现代商务业发展水平，聚焦总部经济，实现惠隆集团总部、特斯联江苏总部项目入驻，完成上海宝冶江苏总部落户、中石化共享中心南京总部改造，推进德乐科技研发总部建设。稳步发展高端商贸业，建设高力六角商业广场等商业综合体。发挥孩子王、汇通达、苏盐生活家等新一批龙头企业品牌示范效应，做强电子商务产业优势，促进传统商贸转型。扩大金融服务业规模，集聚金融总部、金融中介、金融要素市场、外资金融企业等多种金融机构，及消费金融、民生金融、小微金融等多种金融业态，推进玄武科技金融园等载体项目改造，争创国家级科技金融创新示范区。推动文化旅游业特色发展，建设百子亭“南京客厅”项目，筹办玄武国际时装周活动，加强玄武品牌影响力塑造，推进国际化先导城区建设。增强新兴产业发展后劲，瞄准软件信息、人工智能、医药健康等重点行业，鼓励并支持柯菲平、弘景医药等领军企业占据产业链高端环节。超前布局养老产业，建设原市儿童福利院地块、聚宝山地块等近4万平方米养老服务综合体。

推动空间整合。高效利用主城宝贵空间资源，将各功能板块串珠成线、连线成片。做大做强徐庄高新区，构建资源共用、人才共引、产业共育、平台共享的“大徐庄”，实现“1+4+N”园区架构㉖。推动南京野生植物综合利用研究院、东南大学科技园、南京师范大学紫金校区等驻区大单位空间功能转型。建设共享型经济产业园。坚持集约节约利用土地，在铁北红山新城、孝陵卫片区为区内存量优质企业量身定制载体空间，满足企业新发展项目落地的共性需求。实施低效空间升级计划，通过载体回租、回购、置换等方式，腾退低效产能，突出精准选商。鼓励引导低效载体主动转型，以产权集中推动业态重构。针对目前部队全面停止有偿服务的空置载体，根据玄武的产业规划，主动开展招商选资布局。

改善营商环境。健全综合服务体系，不断完善企业健康发展环境。扎实开展第四次全国经济普查，完善全区企业信息库。做实企业服务网格，关注企业运行状况及存在困难，及时协调、解决企业融资、信保、结汇等问题。提升服务精准度，为规上企业、上市企业、高新企业提供一对一专项服务。建立健全一站式办结、全程式服务的重大项目代办绿色通道。与知名中介开展密切合作，培育区域金融、人才、信息等要素市场。加强经济运行分析与服务，对一批细分行业实施“三个一”工程㉗，为产业集聚发展助推加力。规范政府行政执法监管行为，加强企业信用监管，建立有利于市场经济健康发展的监管服务机制，推进质量强区活动，营造良好的市场经济秩序。

（三）提升功能品质，彰显主城风貌

强化系统性思维，统筹城建

和经济、民生工作关系，加快推进老城和新城协调发展，彰显主城核心区的城市特色和品质。

保护更新老城。更加注重将城市建设与民生改善相结合，修补老城宜居功能。将老城环境整治的主战场转入街巷，实施街巷综合整治，全面消除少数街巷无照明、无名称现象。设置街巷城管服务站（志愿者服务站），更多运用APP管理、无人机监控等现代信息技术手段，提升管理绩效。建立街巷差异化管理标准，在管理有序前提下，试点部分街巷设立露水市场和夜市，满足百姓生活需求。继续实施老旧小区整治、既有住宅增设电梯、楼顶拆违、楼顶治漏、积淹水片区改造。实现市政设施养护全覆盖。推广二维码地址标牌设置及信息维护利用。更加注重将城市建设与文化挖掘展示相结合，保护老城历史记忆。实施成贤街—碑亭巷片区、香林寺沟片区环境综合整治，珍珠河、玉带河、内秦淮河东段河道岸线整治，恢复古街巷、古河道生气与活力。更加注重将城市建设与环境保护相结合，修复老城自然生态。深化“河长制”，实施“一河一策”，对百水河等重点河道实施水环境整治再提升工程，确保省市考核断面水质稳定达标。以部队、科研院所等驻区大单位为重点，全面完成雨污分流改造工程，消除水体污染源头。针对群众反映强烈的餐饮油烟扰民问题，开展联合执法，优选并推动餐饮行业油烟净化技术试点。加强垃圾收运监管，积极推进生活垃圾强制分类。更加注重将城市建设与经济发展相结合，助推老城业态升级。加快环东大、环南理工周边环境整治工作，实现城市形象和创新功能同步提升。结合楼宇、街巷、河道岸线整治，调整沿线商铺业态，促进街巷特色经济和管理示范街区同步形成。

建设发展新城。紧抓编制《玄武区发展规划大纲（2017—2035）》的有利契机，优先规划建设铁北红山新城、孝陵卫片区，提升老城周边板块的城市功能、城市形象及城市品质，弥补老城、新城之间的发展“裂缝”。充分发挥铁北红山新城后发优势，高起点规划、高水平建设，按照“产城融合的典范、科技创新的引领”建设目标，深化片区城市设计、地下空间设计、海绵城市设计、智慧城市设计，实施铁北智慧创新社区、铁北国际数码港等项目开发，推动黄家圩地块棚户区改造。引入科技创新资源和成熟商业配套，注入主城教育、卫生等优质公共资源，形成产、城、人良性互动发展态势。启动孝陵卫片区高水平的城市设计，明确建设方向和任务清单，进一步解决孝陵卫片区社区配套设施及教育卫生发展不平衡不充分问题。加大环境综合整治力度，提升功能和形象，无缝衔接老城及钟山风景名胜区等周边板块，扮靓南京主城东大门。

（四）回应群众期盼，持续改善民生

以基本公共服务均等化体系建设为重要抓手，全心全意做好民生服务工作，不断满足人民日益增长的美好生活需要。

提升民生保障水平。把就业作为最大的民生，以创业带动就业，既着力推动以创新为特征的科技创业，也注重推动根植于民间的餐饮、零售等生活服务行业创业，新增城镇就业1.7万人；扩大政府补贴性职业培训范围，开展各类技能培训、职业鉴定2.2万人次，培育和评选新时期“玄武工匠”。实施养老服务扩面行动，建成4个日间照料中心、15个AAA级居家养老服务中心。加大养老护理人员专业培训力度，拓展高危空巢及独居老人安全保障工程服务内容。打好精准脱贫攻坚战，瞄准特定贫困群众精准帮扶，对低收入群体中具备就业条件的人员，优先推荐公益岗位就业。统筹发展福利和慈善事业，设立玄武慈善奖，鼓励社会力量参与助困、助学、助孤、助老。启动紫金华府东侧地块保障房建设。

增加优质服务供给。实施新名校培育计划，建立玄武特色、高位均衡的现代教育体系，优化教育空间布局。配套“两孩”政策，增加学前、义务、高中教育各阶段学位供给。开展中小学幼儿园安全及师德师风专项督导，加强学校安全风险防控体系建设，进一步规范学校基建、餐饮、卫生管理。积极筹建新玄武医院。深入推进家庭医生签约服务。公共场所母婴设施配置率达85%。提高慢病管理水平，高血压、糖尿病规范管理率达75%以上。完成省级健康促进区建设，创建省级人口协调发展先进区。实施农贸市场改造升级及周边环境综合整治工程，增设平价菜直供点。建设10个社区综合性文化服务中心，每万人拥有公共文化设施面积达1500平方米。开展“南京玄武国际城市休闲旅游节”等品牌活动，举办第二届玄武春季运动会。

深化基层社会治理。强力推进社会治理一体化，将居民小区作为基础单元，加强对业委会、管委会及物业管理公司运行的监督和指导，开展小区“一治理三提高”[28]，巩固老旧小区整治成果。重建商品房小区“熟人社会”，促进政府治理和社会调节、居民自治良性互动。加快推进各级、各类国有企业职工家属区“三供一业”[29]分离移交，逐步推动相关驻区大单位职工家属区管理属地化、服务社会化。规范居民房屋出租行为。深化平安玄武建设，建成玄武法检大厦。完善安全生产责任制，健全公共安全体系，坚决遏制重特大安全事故。开展非法集资风险监测预警和联合执法，防控金融风险。

办好民生实事项目。抓住群众最关心最直接最现实的利益问题，一件事情接着一件事情办，一年接着一年干。今年，我们在广泛征求社会民意的基础上，优选并慎重决定推进30件民生实事重点项目，并在年底前对相关项目实施情况开展绩效评估。

1. 实施全区中小学食堂膳食营养标准化工程。

2.启动新名校培育计划，推进6所以上新名校建设。

3.新建铁北红山新城中学、小学各1所，新增幼儿园2所。

4.为85周岁以上老年人提供每月3小时生活照料免费服务。

5.新增养老床位600张。

6.新增停车泊位2000个。

7. 开工建设新孝陵卫社区卫生服务中心。

8. 完成家庭医生签约服务标准化建设，开展中医健康专题惠民宣讲100场，建成名中医工作室6个。

9. 建成医疗机构周边环境静爱示范工程1个。

10.完成农贸市场改造升级及周边环境综合整治工程5个，建成食品安全快速检验室15个，快速检测点20个。

11.建设和提升全区平价蔬菜店，完成平价蔬菜进小区专场活动100场。

12.建立和完善既有住宅增设电梯常态化服务机制，推动建成一批居民住宅电梯。

13.建成特色餐饮油烟整治示范街7条。

14.推进住宅小区“一治理三提高”工程，建成社区治理示范小区14个。

15.建成社区百姓“微幸福”服务站15个。

16.开工建设保障房900套。

17.设立一批街巷城管服务站（志愿者服务站），贴近街面管理服务。

18.建设尧红路400吨容量垃圾中转站。

19.完成老旧小区标准化整治66个。

20.完成片区雨污分流改造工程141个。

21.完成居民住宅供水低压片区设施改造15个。

22. 实施水环境提升暨13条河道劣五类水体消除工程。

23.完成背街小巷综合整治30条，平整小区外出行道路30条。

24. 拆除楼顶违建10000平方米。

25.完成30000平方米老旧小区楼顶漏雨整治。

26. 创成省级创业型街道3个、省级创业型社区21个。

27.完成“残疾人之家”建设10个，实现街道全覆盖。

28.举办精品惠民文化专场演出52场，建成不关灯书房2个。

29.组织群众性体育活动150场次。

30. 发行玄武旅游惠民服务套票。

（五）全面深化改革，提高政府效能

以改革推进政府效能建设，以更高标准、更严要求、更实作风，打造法治政府、实干政府、廉洁政府。

进一步加大改革力度。深入推进“放管服”改革。积极推进行政审批局、行政执法局组建，提升审批执法水平。完成省政务服务“一张网”相关建设任务，实现区、街政务服务事项一网运行。全面推广“3550”“不见面”审批等关键领域改革试点成果。建成“全科政务”服务大厅，开通“玄武政务”微信公众号，让信息多跑路、群众少跑腿。推动综合行政执法改革，做实街道、园区综合行政检查执法队伍，实现公安、城管、市场监管、社区等服务和管理工作“多网合一”，提升基层执法效能。推行政务公开，坚持“以公开为常态，不公开为例外”，推进行政决策公开、执行公开、管理公开和结果公开。积极审慎推进环卫市场化改革，引进市场化专业性主体，提高道路机扫率、垃圾转运效率和街巷保洁效果，实行路面、绿化带、隔离栏一体化保洁。成立玄武城市管理服务有限公司，实行城管协管员队伍的职能由政府管理使用向购买服务转变。完善区属国有企业法人治理结构，对公益性项目和商业性项目实行分类管理和差异化考核。

进一步加强自身建设。深入学习贯彻党的十九大精神，坚持以习近平新时代中国特色社会主义思想为指导，深刻把握十九大报告的方法论，坚持系统性谋划，将政治思维、科学思维、法治思维、社会思维、市场思维更好地与行政思维结合起来,更有针对性地、更有效地解决各种矛盾和问题。深入推进依法行政,严格落实重大行政决策相关制度规定。尊崇法治、敬畏法律、依法办事,提高运用法治思维和法治方法处理复杂问题的能力。主动接受人大法律监督、工作监督和政协民主监督。勇于解放思想,倡导创新实干,打造一支会思考、能做事、精神好、眼界宽的干部队伍,以功成不必在我的胸怀、低调务实不张扬的作风、撸起袖子加油干的劲头,将玄武资源禀赋的比较优势转化为推动发展的竞争优势,坚持把“论文写在大地上”。严格按照从严治党要求,加强作风建设,认真落实主体责任和“一岗双责”㉚,以上率下、层层带动,把作风挺在规矩前面,规矩挺在纪律前面,纪律挺在法律前面。强化审计监督,对公共资金、国有资产、国有资源、领导干部履行经济责任情况及自然资源资产经济责任情况实行审计全覆盖。强调政府行政系统的直接责任,突出抓好党政同责工作事项,加大督查、考核、问责力度。进一步完善和强化对政府行政执法行为的考核监督。严格落实《中央八项规定实施细则》和省委、市委具体办法,认真执行《党政机关办公用房管理办法》《党政机关公务用车管理办法》等规章制度。

各位代表,使命呼唤担当,使命引领未来。让我们紧密团结在以习近平同志为核心的党中央周围,高举习近平新时代中国特色社会主义思想伟大旗帜,在市委、市政府的正确领导下和区委的坚强领导下,不忘初心,牢记使命,主动作为,以时不我待、只争朝夕的精神,全力推进改革发展稳定各项工作,为建设“强富美高”新玄武而不懈奋斗!

名词解释:

①瞪羚企业:是对成长性好、具有跳跃式发展态势的高新技术企业的一种通称。苏南国家自主创新示范区瞪羚企业的评选依据为江苏省苏南国家自主创新示范区建设工作领导小组办公室《关于组织推荐苏南国家自主创新示范区创新载体的通知》(苏南自创区办发〔2017〕9号)。

②“两落地一融合”:即科技成果项目落地、新型研发机构落地、校地融合发展。

③城市精细化管理“10+9”行动:“10”是指全市统一部署开展道路综合整治、建筑立面综合整治、沿河环境整治、老旧小区整治、管线下地改造、绿化景观提升、交通秩序整治、城市亮化提升、城市公厕改造、强化建设管理等10项行动。“9”是指玄武区结合实际,增加兰家庄合围片区整治、棚户区改造、既有住宅增设电梯、明城墙周边环境整治、黑臭河道整治、雨污分流建设、违建拆除管控、市政设施管养、城市长效治理等9个专项行动。

④“六化”标准:即老旧小区整治工作要遵循便利化、适老化、安全化、环保化、美观化、特色化的工作标准。

⑤“两减六治三提升”专项行动:即减少煤炭消费总量、减少化工铸造等行业落后产能,治理太湖及长江流域水环境、治理生活垃圾、治理黑臭水体、治理挥发性有机物和扬尘污染、治理畜禽养殖污染、治理环境隐患,提升生态保护水平、提升环境经济政策调控水平、提升环境执法监督水平。

⑥“河长制”:即由各级党政主要负责人担任“河长”,负责辖区内河流的污染治理。目前河长制“三长”合一,“三长”分别为水质责任河长、水利防洪安全河长、城市河道管理河长。

⑦“雷霆行动”:即玄武区针对机动车违停、占道经营等城市管理相关违法违规行为开展的专项整治行动。

⑧“一库一网一号”社保惠民工程:“一库”为社会保障基础数据库,“一网”为社会保障经办服务网,“一号”为社会保障咨询服务号码。

⑨“放管服”改革:即简政放权、放管结合、优化服务改革。

⑩“不见面”审批:即申请人无需到政府服务窗口面对面办理,只需要通过电脑或手机登录,采取视频对话、人证核对、电子签名、手机验证等“不见面”方式,即可完成事项办理,并可选择快递送达,实现“网上办、集中批、联合审、区域评、代办制、不见面”。

⑪“3550”:即开办企业3个工作日内完成,不动产登记5个工作日内完成,工业建设项目施工许可50个工作日内完成。

⑫证照联办:即将企业营业执照与旅馆经营许可、代理记账机构许可等领域许可证同步登记审批,建立“一并告知、一窗受理、一线流转、一纸审批、一窗发证”工作机制,实现“证照合发”。

⑬全科政务:即前台全科受理、后台同步审批、区街联网通办、照证立等可取,为辖区居民群众提供“全科化”政务服务,实现“进一扇门、办所有事”。

⑭“一张网”:即江苏政务服

务网，是贯通省市县三级的网上政务服务系统。

⑮“两学一做”：即学党章党规、学系列讲话，做合格党员。

⑯“大走访”活动：即党员干部“走千企入万户、助发展促富民”大走访活动。

⑰6项国家级荣誉：区政府获“全国群众体育先进单位”称号，公安玄武分局获“全国优秀公安局”称号，先声精准医疗“百家汇”平台被命名为“中国侨联新侨创新创业基地”，百子亭社区获“全国无邪教示范社区”称号，区国税局获“全国‘营改增’先进单位”称号，区地税局获“全国青年文明号”称号。

⑱“四个意识”：即政治意识、大局意识、核心意识、看齐意识。

⑲“四个自信”：即中国特色社会主义道路自信、理论自信、制度自信、文化自信。

⑳“五位一体”：即经济建设、政治建设、文化建设、社会建设、生态文明建设五位一体。

㉑“四个全面”：即全面建成小康社会、全面深化改革、全面依法治国、全面从严治党。

㉒“两聚一高”：即聚力创新，聚焦富民，高水平全面建成小康社会。

㉓“两高两强”：即将南京建成首位度高的省会城市、影响力强的特大城市、国际化程度高的历史文化名城、幸福感强的宜居宜业城市。

㉔“一个高水平建成、六个显著”：即高水平全面建成小康社会，产业结构显著提升、城乡面貌显著变化、生态环境显著改善、民生福祉显著增加、文化自信显著增强、党的建设显著加强。

㉕对标找差、创新实干工作：即南京为贯彻落实党的十九大精神和习近平新时代中国特色社会主义思想，在全市各部门各板块全面开展对标找差、创新实干工作，以先进地区为参照系，理性看待优势，深入查找差距，勇于争先进位，加快推进“强富美高”新南京建设。

㉖“1+4+N”园区架构：“1”为徐庄高新区，“4”为首批整合的铁北红山新城、珠江路创业大街、玄武科技金融园、南理工科技创新园四个分园，“N”为未来纳入“一区多园”管理的园区。

㉗“三个一”工程：即成立一个行业协会，制定一个行业发展规划，设立一个专项基金。

㉘小区“一治理三提高”：即开展小区社会治理，提高小区物管水平，提高小区环境质量，提高居民和谐程度。

㉙“三供一业”：即国有企业职工家属区供水、供电、供热（供气）及物业管理。

㉚“一岗双责”：即一个领导干部既要对所在岗位应当承担的具体业务工作负责，又要对所在岗位应当承担的党风廉政建设责任制负责。

专　记

Major Events

责任编辑　卢永晨

◎ 玄武区民生实事项目

◎ 开展水清、水流、水活“治水”行动 打造宜居、宜业、宜休生态景观

玄武区民生实事项目

——既有住宅增设电梯

市、区政府工作报告将既有住宅增设电梯列为2017年度重点民生实事项目，要求扎实推进、务求实效，满足群众居住、生活的刚性需求，增强群众的获得感和幸福感。

完成情况评价工作

截至2017年12月31日，玄武区既有住宅增设电梯共收到签约委托953宗，其中完成方案初审855宗，已公示796宗，已取得规划许可证596个，已完成施工许可手续458个，已施工304部，已建成81部。

按照市委、市政府统一部署，2017年全市范围内增设电梯1000部，其中玄武承担700部。但由于增梯工作全市层面没有成熟可行的工作体系及办理流程，2017年4月中旬，市规划局、市建委分别发文明确规划许可和施工许可手续的办理规则和具体流程后，全区增梯工作才真正进入实质阶段，全年有效工作时间不到三个季度。按此折算，玄武区增梯工作年度目标调整为取得规划许可证525个。对照这个目标，玄武区已超额完成年度任务。

实施过程及主要做法

工作理念形成。电梯是出门的第一步，也是回家的最后一步，直接影响居民的生活质量。对于玄武区来说，全力推进增梯工作的必要性、紧迫性来自于人口老龄化的现实压力，来自于老城区建筑、设施老化问题的长期积淀，也来自于群众对美好生活的强烈向往。在实践中，全区增梯工作者逐步认识到，增设电梯的特点和意义可以用“五小五大”来概括：对于高楼层业主而言，增梯是小改造、大幸福；对于低楼层业主而言，增梯是小工程、大影响；对于政府而言，增梯是小项目、大责任；对于社会而言，增梯是小事情、大建设；对于城市文明而言，增梯是小目标、大进步。根据这样的特点，明确“既要有滚钉板的勇气，也要有解奥数题的智慧”的总体要求，以及“把技术的问题交给技术、把法律的问题交给法律、把社会的问题交给社会、把市场的问题交给市场、政府的责任自己要扛起”的工作思路；在工作过程中，始终把握“五个原则”，即政治上正确、道德上高地、法律上权威、逻辑上精准、工作上精细；始终秉持“推动不强迫、代办不包办、依法不生硬、容忍不纵容”的工作方式；始终落实“六个度”，即认识的高度决定工作的力度，工作的深度决定工作的速度，政府工作的精细度决定老百姓的满意度。

良好环境创造。积极改变思路，以供给侧推动的方式来开展公共服务，以供给侧推动方式为增梯工程引路。主动向群众提供增梯保障和支撑，积极回应和满足群众的需求。安全问题。采取“解剖麻雀”的方式，以台城花园2幢4单元为具体案例，专门召开增设电梯安全影响评估论证会，邀请建筑设计和房屋安全权威专家，对设计方案进行集中论证，并最终形成结构性改造，不会影响老楼结构、不会导致房屋沉降、结构改造后通过加固可以保证甚至提高原建筑物抗震性等专家评审意见，打消群众安全顾虑。法律问题。针对增梯是建筑物附属设施的改建还是新建、增梯是否适用《物权法》第76条规定、“双三分之二”业主同意可以申请增设电梯是否合法、增梯所使用土地是否为本单元业主独有、增梯与房屋价值变动的关系等15个焦点法律问题，邀请省人大常委会法制工作委员会、省政府法制办、部分高校等不同领域的法律专家，给出专业权威解答，澄清群众模糊认知。

细节问题。根据不同环节的工作需要，在市里相关指导文件的基础上，补充制定15个相关配套实施细则，包括《关于进一步加强玄武区既有住宅增设电梯施工管理的通知》《关于明确既有住宅增设电梯相关费用分摊方案的意见》《关于明确既有住宅增设电梯管线迁移有关工作的通知》《关于对既有住宅增设电梯工作总牵头单位的管理意见》《关于管线迁移现场踏勘及费用审核的通知》《关于加强对既有住宅增设电梯电梯安全管理的意见》等系列文件，确保增梯各环节可管可控，解除群众后顾之忧。

群众工作第一。自始至终做好群众工作，是增梯工作的基础，也是增梯工作的主要组成部分。注重明确政府、群众的角色定位及责任边界。明确业主是增梯工程的建设方，是责任主体，必须要增强主体意识、履行主体义务、承担主体责任；政府的角色定位是尽可能地做好服务、保障。按照这样的角色定位和责任划分，在实际工作中以不同的原则和方式，有针对性地做好高楼层业主和低楼层业主的群众工作。对于高楼层业主，做到"推动不强迫"，政府以宣传引导为主，关键是群众自愿，增梯必须经本幢或本单元房屋专有部分占建筑物总面积三分之二且总人数三分之二以上的业主同意，方可实施，对未达到条件的单元，政府绝不强行推动；"代办不包办"，政府在增梯前期手续、规划设计、厂家联系、施工管理、后期维护等多方面给予必要的支持和帮助，但责任主体还是业主自身，涉及电梯厂家选择等决策事项还是由业主决定。指挥部给高楼层业主发放一封信，督促他们承担起主体责任，做到主动与其他楼上业主共同协商、主动对一楼业主进行补偿等"九个主动"。另外，还给高楼层业主发放《既有住宅增设电梯建设方义务告知书》，要求高楼层业主在电梯工程施工前必须做到"三个到位、一个公告"，"三个到位"是与低楼层业主要沟通到位有记录、补偿到位有方案、施工组织到位有计划；"一个公告"就是根据依法取得的规划证和施工证，要依法公告施工时间，同时报社区备案。对于低楼层反对住户，做到"依法不生硬"，对反对者适度容忍，允许矛盾有做工作的空间，允许反对者有思想转变的过程；容忍不纵容，在高、低楼层业主无法通过协商达成一致时，回归到法律轨道解决问题。2017年9月，半山花园小区11幢1单元4户业主状告南京市规划局，要求撤销对单元增设电梯许可证，经南京铁路运输法院审理判决，诉讼请求被驳回，理由是该项工程项目符合法定许可条件。注重引导对一楼业主责权的正确认知。一方面，充分尊重一楼业主的权利，针对目前缺少对一楼业主补偿办法的政策空白，从区级层面提出建议补偿标准，强化楼上各层业主强化对一楼业主的补偿意识。另一方面，不赋予一楼业主一票否决权，依据相关法规，"双三分之二"业主同意本就能够申请增梯；而且加装电梯的位置属于本楼栋共有建筑所占用的土地，不是一楼业主独有，所以一楼业主没有一票否决权。

注重建立居民自我协商、自我管理的机制。在做群众工作的过程中，把重点放在为不同楼层业主搭建沟通协商平台上，引导高层业主按照"从高到低"的顺序逐层与其他业主协商沟通，而不是直接介入处理矛盾；为推动一部电梯建设，社区平均要组织召开30次左右的居民议事会进行协商，其他上门个别商谈交流的次数更是不计其数。比如高楼层业主给一层业主的补偿，区级出台的补偿引导性标准为2万元，但重点不在于具体数额，而是为了强化高层业主的补偿意识，并鼓励业主之间通过协商，灵活采取各种合法合规、合情合理的补偿形式。在全区上下深入、细致的群众工作努力下，玄武区的信访件、12345工单件并未因为增梯而显著上升，2017年1~10月份，全区12345工单共43479件，其中涉及增梯375件，占比不到1%。很多小区通过增梯这件事情，邻里间更加熟悉、关系更加紧密。

服务保障措施。精细化落实好各项服务保障措施。围绕"工程任务一单清、紧扣节点不含糊、风险管控全过程、破解难题有担当"的工作要求，把服务保障工作体现在、贯穿于电梯增设工程的各个环节、各个流程。制定和落实优惠政策。根据南京市统一部署，2017年业主申请增设电梯最高可以享受到20万元的资金补贴，市、区两级

玄武区老旧小区加装电梯——承乐园

玄武区老旧小区加装电梯——省农科院宿舍

财政各承担一半。在实际操作中，为了让老百姓尽快拿到补贴，对于市里承担的部分，区财政先行垫付，后期再与市里统一结算。为了节省群众的建设成本，经过与设计单位的积极沟通，单部电梯设计费用被控制在1万~1.5万元范围内。对于电梯增设过程中的管线迁移问题，统一由区里与市电力、水务等部门进行协调解决。一条龙帮助业主代办审批手续。为了让业主少跑腿、尽快取得许可，各街道均安排2~3名专办员，为业主申请增梯所需要的专业性强、又复杂的审批手续，提供代办和一条龙服务。协助做好方案设计。区里联系专业设计单位，帮助业主进行增梯方案设计。在多次研究、多方征求专家意见的基础上，明确“安全、舒适、美观”的六字设计标准，科学组织电梯井及基坑、房屋改造及改造后的装潢、平面调整等方案设计，通过层层把关的合理设计，把电梯工程对采光、噪音等方面的影响控制在最低范围，同时也保证电梯的安全性。对既实施增梯、又实施老旧小区整治的小区，实行二者同步设计、同步推进施工。

严格落实安全责任。根据《江苏省建筑工程五方面责任主体项目负责人质量终身责任追究暂行办法实施细则》，明确电梯的建设单位、勘察单位、设计单位、施工单位、监理单位负责人，在工程设计使用年限内，承担质量终身责任，区建设部门负责监督和落实。在此基础上，实行增梯“一梯一档”制度，实现安全责任可追溯、可追究。精细化做好施工管理。明确由区建设部门负责制定增设电梯施工现场规范，包括如何设置围挡、公示牌、公告等内容；负责对电梯工程进行监督管理，督促施工单位文明施工，施工现场一律实行围挡，并以控制降低噪音粉尘为主，重点解决扰民、防尘等问题，尽可能减轻因施工对居民生活造成的影响。

做好电梯运行后续管理。在集中精力推动增梯工程的同时，也提前谋划后续的运行管理机制。制定《玄武区既有住宅增设电梯安全运行管理办法》，对增设电梯实行统一监管，不仅把电梯建好，更把电梯管好。 （朱　伟）

开展水清、水流、水活“治水”行动
打造宜居、宜业、宜休生态景观

玄武区域内共有1个湖泊和32条河道，河道全长共55.03公里。管养排水窨井、雨水井17447座，雨水管道256公里，片区污水管道371公里，管养泵站2座，排水系统有4大水系。区内河道均为城市中心区域河道，与全市水系紧密关联，牵一发而动全身；其中很多黑臭河道都是历史上的古河道。对此，2017年，玄武区遵循“节水优先、空间均衡、系统治理、两手发力”的新时期治水方针，以生态文明建设为统领，以提升水环境质量为核心，以全面推行河长制为抓手，系统谋划、建管并重、综合施策，打造内秦淮河北段宜居、宜业、宜休的城市客厅生态景观，成为南京市开展河道综合整治的一个典型缩影。

“五位一体”成片规划，立体打造

控源截污一体化。为达到消除黑臭水体目标，在“截、收、清、修、引、管”几个方面同时用力，截——完成16处河道排污口控源截污，并逐一编号、公示信息；收——汇水区域污水收集，完成雨污分流6.99平方公里，新建雨污管网113公里，每天可收集污水9.1万吨；清——清除河道淤泥垃圾约2万立方米；修——生态修复，在重要河段安装3处曝气增氧装置，并增加生态浮岛；引——新建引水补水回流管道，促进局部水循环；管——汇水区范围内10家重点排水户全部办理排水许可。

岸线整治一体化。水路联动，为实现内秦淮河北段与紧邻的珠江路一体化整治，首创“一河一路”整治理念，着重加强河与路在景观上、功能上的相辅相成，设计方案相互对照呼应。对河道岸线环境实施综合整治，拆除违章搭建，退让河道蓝线，建设人行步道，打造游园广场和休闲水品，使河道、道路空间有机衔接，景观风格协调统一。整治工程累计完成拆违1600平方米，征收3300平方米，河道两侧人行步道整治4200米，青石板铺设5000平方米，绿化景观建设6000平方米，照明亮化管线布设8000米，栏杆装设3000米，洞石围墙建设2000米，建筑立面整治3600平方米，强电下地2800米，

内秦淮河北段岸线整治一体化

弱电下地1000米。

产业调整一体化。针对“宜业”实施紧临河道的珠江路创业大街立体式改造，将河岸上杂乱无章、随意排污的小餐饮换成咖啡吧、文化创意店、休闲体验店等轻时尚类商业配套，将珠江路与内秦淮河北段之间水路交汇空间改造为文化广场、路演广场，打造生态、人文、智慧、可持续的“生态办公”众创社区新模式，使内秦淮河北段不仅是一段历史之河、文化之河，更成为一段休闲之河、活力之河。为创业者提供集创业、办公、社交、消费、娱乐、居住为一体的24小时创业办公生活环境。

老旧小区整治一体化。针对“宜居”实施老旧小区整治，对珠江路650号、文德里村20号、太平桥南等沿河7个老旧小区、24幢房屋实施建筑立面及环境整治。同步解决好居民的生活需求，将原来的几个零散独立小区进行区域性整合，实行一体化管理，充分利用拆除的围墙空间进行车棚复建，并引导居民成立业主委员会，聘请物业公司进驻管理，实现老旧小区整治、城区空间整合及社会治理创新的一体化。

历史文化挖掘一体化。古今融合，为揭开内秦淮河北段近2000年历史的神秘面纱，南京市玄武区将环境整治与文化资源挖掘相结合，组织业内专家学者，对整段河道的历史遗存、资料典故作全面、系统、深入梳理，并将研究成果以多种形式加以利用，将文化研究服务于城市建设，在城市建设中体现文化。在内秦淮河沿线，设置多个景墙及石碑，介绍河道、桥梁、码头的名称及相关历史简介，增强往来游客的认知度和周边居民的认同感。

“三化同步”落实长效、精细管理

精细化管理。对已综合整治后的内秦淮河北段等核心区域河道，按照城市客厅和重要风景区的标准提升管理要求。按照河岸区域环卫保洁、停车管理、户外广告、店招标牌、门前三包、行动执法六大管理重点，制定精细化管理方案和具体标准。细化具体管理标准72条，按部门、街道职责分工落实任务，分片分段包干负责管理。

人性化关怀。对沿河420个截流井溢流口安装防异味装置，防蚊蝇、防异味。每天安排河道保洁人员喷洒灭蚊子、灭苍蝇等蚊虫药水，减少截流井溢流口异味及蚊虫对居民漫步河道、休闲生活的影响。

信息化监督。结合河长制工作，构建市、区、街道、社区、志愿者五级河长责任体系，玄武区还在全区河道推行党员河长，充分发挥河道周边党员利用买菜、散步等闲暇时间参与河道管理、监督。同时，做到各级河长都能及时认河、巡河、治河、护河。在全区所有河道设立河长公示牌、排口标示牌，建立微信群、河道管理手机APP、微信公众二维码等信息管理平台，主动接受社会各界监督。

“城市客厅”还民以清，还民以本

紧贴民生实事。结合古河道历史文化，将黑臭河道整治和历史文化挖掘展示相结合，重点实施珍珠河河道岸线整治，打造“河畅、水清、岸绿、景美”的城市客厅，提升老城人居环境。以前经过这里都是捂着鼻子跑过去，现在老百姓每天吃过饭都会来散步，有些附近居民乘车回家，还特意提前一站下车，沿着河边走回家。2017年7月以来，家住裕德里小区的老陈师傅成为珠江路沿线，内秦淮河北段的常客，感触到平时能活动的地方不多，除路边小广场外，河道整治以后，总算在家门口又多一个休闲的地方。不少人在这边跳跳舞，打打牌，河边比以前热闹多了。

引导公众参与。聘请分别来自小区居民、社区社工、私营店主、企业经理及退休干部等各界志愿者53名，参与河道宣传、巡查和协助涉水执法等工作，助推河道整治有序推进。同时，设立排口“身份证”，通过“河长制”公示牌、微信公众二维码等方式主动接受社会各方监督，增强监督效率。2017年，结合世界水日、中国水周等法制宣传，开展“进学校、入社区、访企业”宣讲活动20余次、“河道治理进小区”议事会活动200多场，发放《依法排水排污　重现青山绿水》（致广大市民朋友的一封信）800多封；对沿河居民进行问卷调查5次，发放问卷500余份；《南京日报》《金陵晚报》、玄武发布等平台宣传报道6篇。

加强监督培训。开展人大代表定向定点视察检查活动，邀请人大代表、政协委员现场查看工程实施进展，听取他们的宝贵意见。邀请社区监督员对工程建设进行全程监督、管理。整治全过程接受人大代表、政协委员、社会群众的监督与评议。同时，结合“千名委员、百日推进”河道整治专项民主监督活动，邀请河海大学操家顺教授对86名市区政协委员民主监督员、50多名街道河长（社区河长）和社区巡查员（监督员）进行专题培训，使委员们在河道整治监督工作中更能紧贴现实，做到有的放矢，提出更合理、更有建设性的意见建议，真正推动玄武区的河道整治工作。截至2017年底，各级人大、政协视察检查玄武区河道达9次。

（石业刚）

南京博物院（2017）展览之“走进养心殿——大清的家园天下”（三希堂）

大事记

Chronicles

责任编辑　苏　成

1月

3日

△上午，玄武区召开全区经济工作会议，认真贯彻中央、省市经济会议精神，总结2016年经济工作，分析当前经济形势，对2017年经济工作作出部署和安排。

3—6日

△政协南京市玄武区第十二届委员会第一次会议在玄武中心大厦举行。区政协主席邱小凡代表区政协常委会作工作报告。区政协副主席蒋健作提案工作报告。全体政协委员列席玄武区人大十八届一次会议开幕式，听取并讨论中共玄武区委副书记、代区长穆耕林代表区政府所作的政府工作报告，区2016年国民经济和社会发展计划目标执行情况及2017年国民经济和社会发展计划（草案）报告、区2016年财政预算执行情况和2017年财政预算（草案）、区人民法院、区人民检察院工作报告等。会议选举产生区十二届政协主席、副主席、秘书长和常委。会议期间，区委召开民主党派、界别人士部分委员座谈会，广泛听取和征求民主党派、无党派人士、界别委员对区委、区政府工作的意见和建议。

4日

△上午，南京市玄武区第十八届人民代表大会第一次会议在区机关大楼416会议室隆重开幕。玄武区十七届人大常委会主任张萍主持第一次全体会议。玄武区委副书记、代区长穆耕林代表区人民政府向大会作政府工作报告。

△由江苏省教科院基础教育研究所副所长倪娟带领的省专家组一行5人，到孝陵卫中心小学，进行小学特色文化建设项目的专项视导调研。

7日

△下午，南京市玄武区第十八届人民代表大会第一次会议完成各项议程，在区机关大楼416会议室胜利闭幕。大会宣布各项选举结果，代表们以举手表决的方式通过大会各项决议。当选人员进行宪法宣誓仪式，新当选的区人民政府区长穆耕林、区人大常委会主任杨乐华分别发表任职讲话。区委书记徐曙海出席会议并讲话。

8日

△下午，区十八届人大常委会召开第一次主任会议。

△由玄武区委、区人民政府主办，江苏省演艺集团、玄武区委宣传部、玄武区文化局承办的玄武区2017年文化惠民活动启动仪式暨“聆听春天”新年音乐会在1913园区剧场举行。

12日

△区委常委会召开会议，传达贯彻市委书记吴政隆在市人代会玄武代表团全体会议上的讲话精神。

13日

△下午，在南京市招办召开2016年中招工作总结研讨会上，玄武区招办高中阶段招生考试（中考）、普通高校招生考试（高考）工作目标管理考核均获得优秀奖。

17日

△上午，区政府副区长戴航带领区民宗局、市场监管局、安监局、城管局、公安玄武分局、区消防大队、玄武门办事处、梅园新村办事处等单位依次对毗卢寺、玄奘寺、鸡鸣寺3处区内重点宗教场所安全工作开展情况进行督查。

18日

△上午，区人大与“一府两院”联席会暨区政协高层协商会在区机关大楼409会议室召开。

19日

△下午，区工商联(商会)第八次会员代表大会在玄武中心大厦召开。

23日

△玄武区召开中国共产党玄武区第十一届纪律检查委员会第二次全体会议，全区各党(工)委、党组负责人向区委书记递交2017年党风廉政建设责任书。

△玄武区召开2017年城建城管工作动员大会，总结2016年城建城管工作，动员部署2017年城建城管工作。

24日

△“玄武之春”——2017新春诗会隆重举行。

25日

△区委书记徐曙海、区人大常委会主任杨乐华、区政协主席邱小凡，区委常委、政法委书记许恺，区委常委、副区长滕涛，区人大常委会副主任蒋兆全、李辉，副区长王承江、区政协副主席蒋健、副巡视员傅根辉等领导，分两组到市委警卫局、公安玄武分局、车管所、交警一大队、区环卫所、区法院锁金村法庭、区检察院九华山办案中心、区司法局、环湖办、区行政执法大队、区消防大队、君兆老年服务中心、锁金社区老年照料中心，慰问干警、职工及在养老机构生活的老人。

2月

4日

△玄武区召开全区2016年度综合表彰暨2017年度重点工作责任

状递交大会。

6日

△玄武区召开学习仙林街道党建工作经验暨基层党建工作推进会。

7日

△副市长储永宏带领市、区相关部门城建负责人一行到玄武区进行环境综合整治工作检查，观摩北京东路、玄武大道立面改造项目。

8日

△上午，玄武区召开全区“机动车违停和占道经营”集中联合整治“雷霆行动”总结暨春季“雷霆行动”动员部署大会。

9日

△市委宣传部副部长、市文联党组书记陈炜携市文联协会秘书长等一行5人到玄武区调研基层文联工作。

△上午，玄武区召开2017年全区安全生产暨消防工作会议，总结2016年安全生产和消防工作，部署2017年工作目标和任务。

△下午，中央调研组调研徐庄软件园，实地考察江苏省产业技术研究院、赛特斯信息科技股份有限公司、苏宁云商等重点企业。

12日

△上午，举行2017年全省重大项目集中开工现场推进会南京市玄武区分会场活动。

13日

△下午，区委常委、常务副区长滕涛主持召开全区财税工作例会。

14日

△下午，区总工会召开五届二十三次全委(扩大)会议。

15日

△下午，玄武区为进一步提高省厅人民调解平台的运用成效，提高录入率及准确率，在新街口司法所召开全区省厅人民调解平台管理员工作会议。

20日

△下午，玄武区召开审改工作联席会议，专题研究深化行政审批制度改革加快简政放权激发市场活力重点任务分解工作。

22日

△下午，陕西省委书记娄勤俭率党政代表团考察徐庄软件园，考察园区重点企业江苏省产业技术研究院，省委书记李强等领导陪同。

△下午，市教育局局长孙百军，调研玄武外校。

23日

△共青团玄武区第十七届二次全委(扩大)会在区政府409会议室召开。会议表彰2016年度全区共青团工作先进集体和个人。玄武中专教工团支部因极具特色的志愿活动等出色表现获得全国五四红旗团支部称号；学校团委因品牌活动“你的成长有我陪伴”在全省共青团工作中表现突出，获江苏省五四红旗团委称号。

△下午，区政协召开十二届一次常委会议。

△下午，陕西省商洛市委书记、市人大常委会主任陈俊率商洛市党政代表团一行调研徐庄软件园，实地考察先声药业、苏宁云商、途牛旅游网等园区重点企业。

24日

△玄武区委、区政府召开全区党员干部大走访工作推进暨机关作风建设会议，表彰2016年度“文明科室”“文明中心”“群众满意窗口”和“岗位服务标兵”，部署全区党员干部大走访工作。贯彻落实省、市相关精神，为建设“强富美高”新玄武打下坚实基础，以优异成绩迎接党的十九大胜利召开。

△晚，区长穆耕林，区委常委、常务副区长滕涛参加南京市玄武区与江苏银行合作签约仪式。

27日

△上午，召开区十八届人大常委会第二次主任会议。

△下午，宁夏回族自治区党委书记、人大常委会主任李建华、自治区政府主席咸辉，率宁夏回族自治区党政代表团一行考察徐庄软件园，实地考察先声药业，苏宁控股集团等园区重点企业，江苏省委书记李强等领导陪同。

28日

△上午，召开区十八届人大常委会第一次会议。

3月

1日

△上午，玄武区委、区政府召开城市精细化建设管理动员大会，深入贯彻落实全市城市精细化建设管理动员大会精神，部署全区城市精细化建设管理“10+9”专项行动，进一步提升城市品质、扮靓城市风貌，坚决打赢城市精细化建设管理攻坚战。

△玄武区区域化团建工作推进会在南京体育学院召开。

△下午，2017年度区机关党员干部理论轮训班开班。

1—3日

△来自全省41所职业院校的72名老师在玄武中专参加2017年江苏省职业学校啦啦操教师专项培训。

2日

△上午，省委教育工委副书记潘漫到玄武中专调研安全管理工作。

△下午，全区城市环境综合整治指挥部成立暨动员大会，在区机关大楼409会议室举行。

△下午，玄武区志愿者协会三届二

次理事会在南京图书馆学术报告厅召开，启动“我行动，让玄武更美好”广场志愿服务集中行动。

2—3 日

△区民政局联合区财政局、人社局组成专项检查组，对全区各街道临时救助 2017 年预算安排、2016 年度资金使用及全区 2017 年春节各类救助慰问资金发放、使用等情况进行全面检查。

3 日

△下午，区科技局、科协联合区教育局、南京韩博士青少年综合素质发展中心，在北京东路小学启动校园科普 e 站试点工作。

6 日

△来自区各行各业 280 余名优秀女性代表欢聚一堂，参加“弘扬志愿精神·展示最美风采” 玄武区“三八”主题庆祝活动。

△玄武区召开人才工作动员部署大会，总结 2016 年全区人才工作开展情况，对 2017 年工作进行动员部署。

7 日

△在 2017 年江苏省职业学校技能大赛中，玄武中专 10 名师生参赛，获得“7 金 2 银 1 铜”优异成绩。

10 日

△市地方志办公室主任闫文献、秘书处处长王艳荣一行考察调研玄武区方志工作情况。

11 日

△上午，区环境综合整治指挥部工作推进会议在区机关大楼 409 会议室召开。

12 日

△上午，玄武区召开沿明城墙（富贵山—中山门段）沿线和兰家庄合围片区征收工作动员部署会。

13 日

△下午，在汉府饭店钟山厅召开全区企业家座谈会。

14 日

△下午，玄武区召开深入推进党员干部“走千企入万户、助发展促富民”大走访活动工作部署会。

15 日

△上午，区社会建设工作领导小组召开工作会议，总结年度民生幸福建设满意度测评工作，研究部署 2017 年度全区社会建设重点工作。

△下午，市人大常委会民族宗教侨务外事委员会委员到徐庄软件园进行关于《南京市华侨权益保护条例》贯彻施行情况的执法调研。

16 日

△上午，市编办主任许宏一行到南京市第十三中学，专题调研玄武区教育系统机构编制管理工作。

△召开全区街道人大工委工作例会暨定向定点考察和检查工作部署会。

17 日

△玄武区委、区人大、区政府、区政协联合召开人大代表建议、政协委员提案交办会议。总结区 2016 年度建议、提案办理工作情况，部署 2017 年办理工作任务。

20 日

△南京市玄武中等专业学校收到来自教育部的文件《教育部关于公布 2016 国防教育特色学校名单的通知》，玄武中等专业学校被教育部授予国防教育特色学校称号。

△下午，区十八届人大常委会召开第三次主任会议。

22 日

△下午，区政协在玄武中等专业学校召开十二届一次主席会议。

23 日

△下午，玄武区召开全区党建工作会议。

△市人大常委会主任陈绍泽、副市长华静等一行到玄武区东玉带河整治现场考察黑臭河道综合整治工作。

24 日

△下午，区工商联召开八届一次主席会议。

28 日

△上午，区科技局、南京理工大学科研院联合主办的“军民两用技术成果发布会暨专场对接会”在江苏省技术产权交易市场举行。

△下午，市委常委、政法委书记徐锦辉一行到孝陵卫街道调研政法综治工作，实地察看街道政法综治工作中心软硬件建设，听取工作情况汇报，并与工作人员交流工作中的难点和对策。

4 月

1 日

△玄武区召开“大走访”活动推进部署会，总结提升第一阶段集中走访工作，部署下一步走访举措。

△上午玄武区文物保护会议在区政府会议室召开。

7 日

△下午，市食药监局党组书记、局长唐富春一行到玄武区调研食品药品工作。

8 日

△中共中央统战部八局副巡视员郭焕龙率队到新街口街道，就新的社会阶层人士统战工作开展调研。

10 日

△市人大常委会主任、党组书记陈绍泽一行调研徐庄软件园贯彻执行《南京市华侨权益保护条例》相关情况。

△苏宁青创园在徐庄软件园正式开园。

△杭州市科协率部分区、县科协同志调研玄武区校园科普信息化建设情况，重点考察“省科学教育综合示范学校”—长江路小学。

13 日

△中共中央综治委办公室一室副主任徐龙刚等领导到玄武区佑康家园社区康复站调研。

△下午，玄武区舞蹈家协会第三次会员代表大会在区政府409会议室召开。

14 日

△上午，省城市基层党建工作调研组一行到玄武湖街道的南京市金华商会，调研基层党建工作。

△上午，由省、市、区爱卫会联合举办的“全国第29个爱国卫生月暨江苏省第21个健康宣传月”活动启动仪式在玄武湖公园莲花广场举行。

17 日

△上午，区十八届人大常委会召开第四次主任会议。

△省委党史工作办公室主任张亚青、市委党史工作办公室主任吴秀亮，在玄武区委书记徐曙海、区委常委、组织部长张惠民以及东南大学党委宣传部长毛惠西等陪同下，到著名的红色文化遗址——梅庵，进行党史资源保护和利用工作调研。

20 日

△上午，玄武区召开一季度全区经济分析会。

21 日

△“书香玄武悦享机关”玄武区2017年全民阅读系列活动启动仪式在江苏省美术馆报告厅举行。

23 日

△南京市青少年阳光体育节篮球联赛初中女子组的比赛在金陵中学体育馆举行。玄武外国语学校荣获2017年南京青少年阳光体育节篮球联赛初中女子组冠军。

24 日

△上午，玄武区在区机关大楼409会议室召开2017年全区信访工作会议，总结2016年信访工作，表彰2016年度信访工作先进个人，部署2017年信访工作。

△下午，召开区第十八届人民代表大会常务委员会第二次会议。

△下午，玄武区众创空间建设发展座谈会在江苏省技术产权交易市场召开。

25 日

△在南京国际博览中心举办由玄武区政府主办，区人才办、科技局、人社局、珠管办协办，太库科技承办的第十届中国留学人员南京国际交流与合作大会（留交会）专场活动。柏林工业大学、东南大学、太库科技与玄武区科技局达成创新创业合作，签署《中德创新战略合作框架协议》；中国高校知识产权交易平台、太库科技与玄武区科技局立足中德知识产权发展，签署《知识产权战略合作框架协议》。

△下午，区政协召开十二届二次常委会议。

26 日

△玄武区工会第六次代表大会召开。大会选举产生新一届工会领导班子。

△欧美同学会第十七期“千人计划”专家团一行50人，在欧美同学会（中国留学人员联谊会）副会长、原科技部副部长马颂德团长带领下，到玄武开展创新创业服务行活动。

△区人才办联合区人社局、徐庄管委会举办“圆梦玄武创赢未来——海外人才玄武行”专场活动，活动共对接海外人才300余名，其中近50人达成初步落户意向。

27 日

△上午，玄武区召开全面深化改革领导小组会议。

28 日

△上午，玄武区召开二季度全区城市建设管理工作推进会。

5 月

2 日

△下午，玄武区新青年之家开幕仪式暨五四纪念活动在曼度文化广场举行。开幕仪式上，团市委组织部部长刘璇对珠江路创业大街孵化器集中建团进行授牌。

5 日

△上午，在区政府102会议室召开2017年全区维稳工作会议。

9 日

△下午，以“掌握防灾知识科学自救互救”为主题的玄武区防震减灾综合演练在南京市第十三中学举行。

11 日

△上午，市委组织部人才一处处长王恺率考察团调研徐庄，实地调研园区重点企业。

13 日

△玄武区委、区政府在南京钟山体育公园、南京体育学院举办首届玄武春季运动会。

△玄武区第12届运动会暨第10届社区“玄武怀”中老年人乒乓球交流活动在南京林业大学体育馆举行。

16 日

△上午，玄武区委社建工委主办的筑福玄武——幸福进行时活动启动仪式在锁金村街道科技广场举行。

△下午，区十八届人大常委会召开第五次主任会议。

17 日

△玄武区举办全区纪检监察干部培训班，围绕《监督执纪工作规则》和省纪委“1+N”制度体系开展专题集中培训，全区所有纪检监察干部、区委巡察办(巡察组)干部 80 余人参加培训。

22 日

△下午，玄武区物价局、旅游局在大行宫广场举行“信守价格承诺创建诚信街区”长江路文化旅游价格诚信街区创建广场宣传活动。

△南京市教育局召开的“南京市成人教育学会 2017 年年会暨全市社区教育工作会议”，玄武区获全国“2016 年全民终身学习活动周优秀组织奖”。

△下午，江苏省物价局副局长陈琪宏、南京市物价局副局长王国宝等一行到玄武区专题调研网络交易价格监管工作。

23 日

△省委书记李强调研徐庄互联网企业，实地调研途牛旅游网、苏宁云商等园区重点企业。

△上午，2017 年全国科技活动周、科技工作者日暨玄武区第 29 届科普宣传周开幕式在樱驼花园社区广场启动。

△下午，玄武区委、区政府召开全区教育工作会议。

25 日

△区委召开推进“两学一做”学习教育常态化制度化工作座谈会，认真学习贯彻习近平总书记重要指示精神和中央、省市委工作座谈会要求，对推进“两学一做”学习教育常态化制度化作出部署。

△下午，由江苏省教育厅安全保卫与维护稳定处处长焦伟带领“江苏省平安校园建设示范县（市、区）”现场考核组一行 4 人到玄武区进行现场考核。

△下午，市人大常委会主任陈绍泽率队到区唱经楼社区警务室视察调研。

△下午，南京市人大常委会副主任、党组副书记，市总工会主席臧正金，到玄武区调研工会工作。

26 日

△上午，玄武区青年企业家联合会第二次会长会议在中科健康产业集团召开。

△下午，市档案局局长束建民一行四人，在走访区企业后听取区档案工作汇报。

△区政协召开十二届二次主席会议。

27 日

△下午，玄武区召开“畅享童年·幸福玄武”暨 2017 年玄武区庆“六一”表彰大会。

25—27 日

△举办全区新闻舆论工作培训班。

31 日

△下午，玄武区安委会暨消委会召开全区夏季安全生产暨消防工作会议。

△市领导走访慰问北京东路小学，向孩子们致以节日的祝贺，与孩子们共庆“六一”国际儿童节。

6 月

1 日

△上午，2017 年玄武区科长培训班在区委党校开班。全区 39 名新任科长参加培训。

2 日

△下午，副省长蓝绍敏调研考察玄武内秦淮河北段河道整治工作。

6 日

△玄武区召开民主党派基层组织与街道党工委结对共建暨与政府有关部门对口联系推进会。

△上午，中国青年企业家协会副秘书长郭鹏一行对玄武梦想家青创中心进行调研走访。

△下午，市领导调研考察区铁北地区旧城更新工作，到南汽依维柯老厂区，详细了解铁北红山新城的整体规划，并听取铁北地区旧城更新情况汇报。

7 日

△上午，市政协副主席陈发喜带领市政协人口资环（城市建设）委员会“千名委员、百日推进”河道整治专项民主监督调研组到区进行专题调研。

8 日

△共青团中央基层组织建设部吴博一行对玄武区青年之家工作进行专题调研走访。

9 日

△上午，全区“旗帜鲜明讲政治，撸起袖子加油干”专题轮训班开班。

△全市新的社会阶层人士统战工作实践创新现场观摩推进会在玄武召开。

12 日

△市委统战部副部长、市工商联党组书记毛卫华率市委统一战线工作领导小组第一调研检查组，到区调研检查贯彻落实中央和省市委统一战线一系列重大决策部署情况。

13 日

△玄武区在市委党校举办第二期“旗帜鲜明讲政治，撸起袖子加油干”专题轮训班。

15 日

△下午，区政府召开 2017 年玄武区中央环保督察整改暨“263”专项行动工作推进会。

16 日

△上午，由玄武区安委会主办、锁金村街道承办的玄武区“安全生产月”宣传咨询日启动仪式，在锁金

东路市民休闲广场隆重举行。

20日

△下午，玄武区政府与江苏省美术馆举行了战略合作协议签订仪式。标志着“美术玄武——玄武区美术实践教育基地”正式落户江苏省美术馆。

21日

△玄武区政府与江苏未来网络创新研究院举办战略合作签约仪式。

22日

△上午，江苏省省政府副总督学、省政府办公厅副主任邹宁华率省政府办公厅、省教育厅、人社厅、财政厅等有关部门领导，到南京玄武外国语学校调研义务教育均衡发展工作的落实情况。

△来自美、英、法、德等19个国家71位海外高端人才齐聚玄武区徐庄软件园参加“海外高端人才对接洽谈会”。

26日

△上午，区十八届人大常委会召开第六次主任会议。

△晚，玄武公安风采汇报会在1913园区国民小剧场举行。

29日

△上午，玄武区召开全区深化文明城市创建动员大会。

△下午，区政协召开十二届三次常委会议。

30日

△下午，区十八届人大常委会第三次会议召开。

7月

1日

△上午，玄武区委常委会组织开展“七一”主题党日活动。

3日

△上午，省委书记李强在南京调研城市环境整治工作，视察玄武区北京东路道路综合整治工程。

5日

△上午，省委组织部副部长陆永辉率省城乡社区治理第一调研组全面调研区社区治理工作。

△上午，市政协副主席陈发喜带领市区两级政协委员考察孝陵卫片区河道整治工作。

△下午，玄武区人民政府与浦发银行南京分行举行全面战略合作协议签约仪式。

6日

△上午，省委组织部副部长陆永辉一行莅临玄武门街道台城花园社区调研社区治理工作。

8日

△上午，区委常委会召开会议，传达贯彻省委十三届二次全会精神、省委书记李强专题调研南京城市环境整治工作讲话精神和市委常委会有关精神。

10日

△下午，武汉市武昌区委书记、区人大常委会主任率学习考察团一行考察徐庄，实地调研途牛科技有限公司、苏宁易购等园区重点企业。

12日

△下午，全国人大常委会预算工委调研组调研徐庄，实地考察先声药业有限公司、途牛科技有限公司等园区重点企业。

13日

△下午，市委副书记龙翔带队实地督查玄武区文明城市创建工作。

△下午，市委常委、市委副书记龙翔率队检查南京市第九初级中学未成年人思想道德建设工作。

14日

△上午，玄武区召开二季度全区经济分析会。

15日

△上午，玄武区召开三季度城市建设管理工作推进会。

19日

△上午，国务院第七督查组段学军、谭景辉等对区前半山园棚户区改造征收工作开展情况进行检查。

20日

△上午，区委常委会召开扩大会议，传达学习习近平总书记在全国金融工作会议上的重要讲话精神和市委书记张敬华在市委常委会扩大会议上的讲话精神。

21日

△上午，省委常委、市委书记张敬华在玄武区调研时强调，要充分发挥资源禀赋优势，集中力量抓创新，构建更有竞争力的创新生态系统，探索出一条主城区创新发展的新路径。

22日

△上午，玄武区召开区委常委会(扩大)会议，传达学习贯彻省委常委、市委书记张敬华调研玄武讲话精神。

24日

△下午，区十八届人大常委会召开第七次主任会议

26日

△上午，玄武区召开2017年上半年“一府两院”情况通报会。

△下午，国家发改委规划司副司长岳修虎一行调研徐庄，实地调研江苏先声药业、精准医疗百家汇、鱼跃医疗等园区重点企业。

8月

3日

△上午，副市长储永宏带领市建委、城管局、交通运输局、公安交管局、市政府督查室主要领导，实地检查玄武区锁金村地区背

街小巷整治工作情况。

△下午，省检察院、省司法厅一行5人到玄武区检查指导社区矫正安全稳定工作。

3—5日

△玄武区教育局举办2017年暑期校(园)级领导研修班。全区中小学、幼儿园、直属单位校(园)级领导200余人参加。

4日

△上午，市委常委、统战部部长陈勇到玄武区调研指导“两学一做”学习教育情况。

△市委常委、政法委书记徐锦辉到玄武区调研严重精神障碍患者服务管理工作情况。

8日

△上午，召开区委常委会扩大会议，传达学习习近平总书记在省部级领导干部培训班上的重要讲话精神和市委十四届四次全会精神。

△下午，江苏省证监局副局长凌峰及相关处室负责人实地考察汇通达网络股份有限公司和江苏速度信息科技股份有限公司，并对企业下一步发展提出指导意见。

9日

△上午，玄武区召开区信访联席办专题工作推进会。

10日

△上午，全区稳定和安全生产工作会议召开。

△下午，中共陕西省委常委、西安市委书记王永康，市委副书记、市长上官吉庆率西安市党政代表团一行考察徐庄软件园，实地调研江苏省产业技术研究院和苏宁控股集团等园区重点企业。

11日

△中国共产党南京市玄武区第十一届委员会第三次全体会议举行。全会听取和讨论区委书记徐曙海受区委常委会委托所作的工作报告，听取和讨论区委副书记、区长穆耕林关于全区重大产业项目推进情况的报告。

△上午，工业和信息化部部长苗圩一行调研徐庄软件园，实地考察园区重点企业先声药业精准医疗百家汇。

15日

△下午，省委常委、省政法委书记王立科，省委常委、市委书记张敬华到玄武区调研社区治理一体化工作情况。

15—17日

△区委书记徐曙海带队调研学习广州、深圳创新发展的经验做法。易兵、滕涛、毛银玲、薛剑春、李大海、薛磊及各街道和区有关部门负责人参加调研。

19日

△上午，国家卫生计生委副主任、国家中医药管理局局长王国强到玄武区调研中医药工作开展情况。

22日

△上午，区十八届人大常委会召开第八次主任会议

△省委常委、宣传部部长、统战部部长王燕文，省委常委、市委书记张敬华调研玄武区“新领空间”新的社会阶层人士统一战线工作。

△市政协副主席陈发喜带领市、区部分政协委员，对玄武区蒋王庙沟、东十里长沟、百水河支流、百水河、北岔路口排水沟、王家湾沟6条河道水体整治情况进行专项民主监督。

△下午，市环保局局长包洪新到玄武区调研召开环保垂直管理体制改革工作座谈会。

△区人大常委会副主任薛剑春率执法检查组一行对区贯彻《南京市住宅物业管理条例》开展执法检查。

24日

△上午，玄武区召开全区社会矛盾和安全隐患“大排查大整治行动”整改工作会。

27日

△玄武区召开区委常委(扩大)会议，研究部署全区文明城市创建工作。

28日

△下午，区第十八届人民代表大会常务委员会第四次会议召开。

29日

△上午，玄武区召开纪委派驻机构全覆盖工作会议。

△下午，区人大常委会副主任杨冬梅带领区人大常委会民宗侨台委委员一行对《江苏省保护和促进香港澳门同胞投资条例》《江苏省保护和促进华侨投资条例》《南京市华侨权益保护条例》在玄武区的实施情况进行执法检查。

30日

△上午，市委副书记龙翔检查玄武区黑臭河道整治工作。

31日

△上午，市政协副主席陈发喜带领市政协人口资环(城市建设)委员会领导及市、区两级部分政协委员到玄武区调研河道整治专项民主监督工作，并召开河道整治专项民主监督活动座谈会。

△玄武区召开“放管服”改革推进大会暨综合行政检查执法平台启用仪式，回顾总结全区“放管服”改革工作成效，研究部署下一步改革任务。

9月

1日

△中央统战部八局巡视员许睢宁一行调研玄武区“新领空间”新的社会阶层人士统战工作情况。

5日

△上午，区长穆耕林到南京市第九中学、长江路小学、北京东路小学分别走访慰问一线教师。

△下午，国家教育督导委检查组一行对南京市立贤小学督学相关工作进行专项检查。

△下午，广西壮族自治区教育厅厅长莫诗浦一行在江苏省教育厅副厅长朱卫国陪同下到南京市第十三中学，考察了解优质学校办学与课程基地建设成果。

6日

△下午，玄武区召开争创省级双拥模范区任务部署会。

△南京市副市长冉华率市相关领导一行调研徐庄软件园，实地考察徐庄二期及先声药业、梦想家青创服务中心、苏宁集团、瑞华集团等园区重点企业，并召开座谈会。

7日

△玄武区委、区政府在玄武区中心大厦举行庆祝第33个教师节大会暨玄武区教育发展促进会揭牌仪式。

△下午，省委常委、市委书记张敬华调研中央路小学并慰问教师。

△玄武区举行“金洽会”专场活动新闻发布会。

8日

△上午，2017年南京软博会玄武专场活动在徐庄软件园二期聚慧园召开。获批筹建的江苏省南京徐庄高新技术产业开发区正式揭牌，总投资额近200亿元的一批科技创新类重大项目举行集中签约仪式，签下包括OFO创新研发中心、京东金融智能商业项目、苏宁青创园等在内的15个重大项目。

9日

△上午，玄武区政协、邮储银行南京市分行员工代表携手在玄武门街道举办了“千企万户”惠百名学子爱心捐赠活动。

13日

△下午，玄武区举办“聚焦金融、智汇创新，助力玄武转型升级——2017中国·南京金秋经贸洽谈会玄武专场活动暨首届金融科技高峰论坛”。

△区政府召开迎接党的十九大消防安全保卫攻坚会及重点工作部署会。

15日

△上午，玄武区纪委召开常委扩大会，传达省市纪委有关会议精神并研究派驻机构相关工作规定。

20日

△市人大常委会副主任单景南带领市人大环资城建委委员、市政府相关部门考察香林寺片区综治整治情况。

△晚7时，玄武区在1913国民小剧场举办“喜迎十九大展望新玄武”第十四届长江路文化艺术节开幕式。本次艺术节分为“艺韵、书韵、乐韵”三大系列15场活动。

21日

△2017全国双创周南京（玄武）分会场主题活动“智能网联汽车产业论坛”在太库南京举办。

△下午，区政协召开十二届四次常委会议。

24—25日

△江苏省首届STEM教育大会暨省基础教育前瞻性教学改革重大项目推进会在北京东路小学召开。玄武区北京东路小学等8所学校被命名为“江苏省STEM教育试点校”。

26日

△上午，区十八届人大常委会召开第九次主任会议。

28日

△下午，区委宣传部召开九华山公园免费开放新闻发布会。改造后的九华山公园，于10月1日起免费向市民开放。

29日

△上午，在汉府饭店钟山厅举行玄武区社会治理一体化改革暨云平台启动仪式。

30日

△玄武区委常委会举行“两学一做”学习教育第二次专题学习讨论会，以学习习近平总书记治国理政新理念新思想新战略为主题，结合学习贯彻习近平总书记“7·26”重要讲话精神进行交流研讨。

10月

8—10日

△2017年全国中学篮球教练员培训班在南京市第九中学体育馆开班。

9日

△上午，玄武区召开三季度全区经济分析会。

10日

△上午，玄武区召开四季度城市建设管理工作推进会。

10日、19日、21日

△区长穆耕林陪同市领导分别调研检查南京马拉松赛前准备工作、公共服务均等化工作和安全生产、环保工作。

11日
△市委常委、宣传部部长曹路宝带队调研玄武区文化产业发展工作。
11—12日
△上午，省、市社会矛盾和安全隐患大排查大整治督查组一行五人到玄武区进行第二轮督查。
12日
△国务院发展中心南京调研之义务教育和普通高中专题座谈会专场在南京第十三中学召开。
△下午，玄武区召开全区社会矛盾和安全隐患大排查大整治行动领导小组工作会议。
△区十八届人大常委会召开第十次主任会议。
13日
△上午，江苏省副省长马秋林调研徐庄软件园，实地调研园区重点企业先声药业、途牛旅游网、苏宁云商集团股份有限公司。
△下午，玄武区第七届青年风尚节开幕式暨南京市青联医药卫生界别义诊启动仪式在大行宫广场举行。
16日
△晚，由区总工会、文化局和区委区级机关工委联合主办的“喜迎十九大，团结职工跟党走”职工文艺演出暨长江路文化艺术节闭幕式在1913国民小剧场举行。
17日
△上午，区委书记徐曙海调研南京奶业集团。
△下午，区第十八届人民代表大会常务委员会第五次会议召开。
△区人大常委会主任杨乐华带队专题调研区公安分局社会治理创新及执法规范化建设工作。
△下午，玄武区2017年“三段一体”教学质量管理工作总结表彰大会在南京市弘光中学召开。
18日
△上午，玄武区组织四套班子领导在区机关19楼会议室集中收看党的十九大开幕式，认真聆听习近平同志代表第十八届中央委员会向大会所作的报告。
19日
△下午，区委书记徐曙海带队检查德基广场安全生产情况。
△省食药监局局长莫宗通带队调研徐庄软件园医药重点企业先声药业及国家级众创空间精准医疗百家汇。
21日
△下午，由区委、区政府举办的首届南京玄武国际城市休闲旅游节在明城墙上开幕。开幕式上，南京玄武国际城市休闲旅游联盟正式宣布成立，碑亭巷民国风情街、长江路文旅客厅等一批文化旅游项目签约。本次活动将持续1个月时间，推出“山水城林、人文底蕴、历史寻踪、时尚休闲”四大板块。
24日
△上午，市委常委、组织部部长郭腊军带队到玄武区调研。实地调研先声药业及百家汇精准医疗创业平台、北安门社区党委和“红领·汇杰”楼宇等党建空间。
25日
△上午，玄武区工商联八届二次常委会召开。
△下午，副市长储永宏一行检查红山路190号老旧小区整治工作。
△区政协召开十二届三次主席会议。
27日
△下午，区人大、区委组织部共同召开市人大代表候选人推荐提名部署会，对玄武区的市人大代表候选人推荐提名工作进行部署。
28日
△上午，玄武区召开学习传达党的十九大精神大会。
30日
△副区长戴航带队赴淮安市淮阴区码头镇调研指导对口帮扶工作。
31日
△下午，苏宁青创园新的社会阶层人士联盟社区成立大会举行，省委统战部、市委统战部及全市各区委统战部负责人参加。

11月

1—2日
△区委常委、区纪委书记张望带队赴杭州余杭区、宁波余姚市两地监察委进行监察体制改革试点工作调研。
2日
△下午，副市长、市公安局局长孙建友调研指导玄武区基层社区网格化社会治理工作。
3日
△玄武区纪委召开专题会议讨论监察体制改革相关工作。
△下午，市人大代表玄武二组考察南京农业大学产学研发展情况。
△区政协对区城管局承办的2017年提案办理情况开展民主评议活动。区政协委员考察《关于加强路边机动车停车收费监管的建议》《关于加强我区户外广告管理的建议》和《关于进一步加强城区垃圾分类的建议》等提案办理现场。
3日、9日
△市人大代表玄武二组、三组分别考察调研南京农业大学产学研发展情况和全市全民健身运动推广情况。
4日
△区委常委会围绕学习党的十九大精神，开展“两学一做”学习教

育第三轮专题学习讨论会。

△玄武区新任区管干部培训班在区委党校举行开班式。

6 日

△玄武区召开社区治理和服务体制改革试点工作中期推进会。

△中央宣讲团成员易纲赴先声药业进行党的十九大精神宣讲。

7 日

△下午,召开东南大学——玄武区工作座谈会,落实市委要求,加快推进“两落地、一融合”工作。

8 日

△上午,召开全区社会矛盾和安全隐患大排查大整治行动领导小组工作会议。

△玄武区工商联八届二次主席会暨商会党建工作推进会在福中集团召开。

7 日、9 日

△区长穆耕林分别走访南京大学和南京农业大学。

10 日

△上午,玄武区第五届人大工作理论研究会 2017 年年会召开。

△玄武区机关作风建设领导小组召开区机关作风监督员换聘暨 2017 年度综合评议动员大会。

△下午,区委书记徐曙海调研人民中学。

△区纪委组织 10 名新任区管干部,通过新上线的“玄武区廉洁考试平台”,开展网上廉政知识测试。

11 日

△上午,南京中医药大学党委常委、副校长程革实地考察徐庄软件园区重点企业先声药业。

12 日

△区长穆耕林、区委常委、宣传部部长陈乙华出席人民中学、汇文女子中学 130 周年校庆庆典活动。

13 日

△下午,区人大组织部分市人大玄武团代表及区人大代表,听取市区两级检察工作情况通报。

14 日

△下午,召开《玄武区发展规划大纲》编制工作进展情况推进会。

△召开一年一度的“慈善一日捐,济困送温暖”工作动员部署会。

△区委书记徐曙海陪同全国政协原主席贾庆林调研徐庄软件园苏宁易购。

△中国军民融合发展研究院院长袁羽钧一行考察徐庄高新区“军民融合”工作,实地参观苏宁易购、江苏省产业技术研究院、誉葆科技等园区重点企业,并召开座谈会。

16 日

△下午,玄武区召开南京师范大学——玄武区工作座谈会,落实市委要求,加快推进“两落地、一融合”工作。

17 日

△下午,玄武区举办深入学习贯彻党的十九大精神第一期轮训班专题辅导报告会。

△召开南京理工大学——玄武区工作座谈会。

19 日

△玄武区委组织部赴沪参加“合作共赢、共创未来”江苏·上海人才交流合作对接洽谈会,玄武区共有“江苏先声医药创新信息平台建设”“英语流利说项目落户”2 个项目通过省、市、区三级筛选进入到现场签约环节。

21 日

△下午,区政协召开十二届四次主席会议。

23 日

△上午,在徐庄软件园苏宁青创园,区委书记徐曙海陪同省委统战部部长练月琴、市委统战部部长陈勇参加全省新的社会阶层人士统战工作现场会。

24 日

△上午,区十八届人大常委会召开第十一次主任会议。

28 日

△下午,区十八届人民代表大会常务委员会第六次会议召开。

△江苏省物价局检查分局局长万学群一行 6 人到玄武区,就长江路文化旅游大街省级价格诚信创建工作开展情况进行考核验收。

△《中国教育报》主编汪瑞林、《人民教育》主编施久铭、教育部基础教育课程改革专家成尚荣、南京市教研室主任严必友、南京市小班化教研所主任杨健一行五人到南京市小营小学进行小班化教育研讨。

29 日

△上午,在徐庄软件园召开全区科技创新工作推进会,实地调研园区重点企业南京人工智能研究院、苏宁青创园。

30 日

△上午,区政协组织 2017 年下半年政协委员大考察,委员们集中考察红山路老旧小区标准化整治、农科院既有住宅增设电梯、玉带河黑臭河道整治等区重点建设项目。

△玄武区人大组织全体区人大代表对年初人代会确定的部分项目进行集中考察。

25 日—12 月 2 日

△副区长戴航在北京参加农工党第十六次全国代表大会。

12 月

6 日

△“中国梦·法治路·社区行”法治南京建设走基层玄武专场活动在红山街道区文化体育中心广场举行。

7 日

△上午，市委常委、政法委书记徐锦辉，市委政法委副书记、市综治办主任曹谦荣一行到玄武区调研指导网格化社会治理工作。

△下午，召开全区社会矛盾和安全隐患大排查大整治行动领导小组工作会议。

8 日

△上午，区委书记徐曙海先后到北极阁、太平门、西洼子村、仙鹤门4处侵华日军南京大屠杀遇难同胞丛葬地，实地检查公祭活动准备工作情况。

△玄武区纪委开展第二批新任区管干部廉政谈话，全区45名新任领导干部参加。

△玄武区青年联合会第四届委员会第一次全体会议召开。

11 日

△上午，贵州省委副书记、代省长谌贻琴一行考察徐庄软件园，实地调研江苏省产业技术研究院、苏宁云商等园区重点企业。

12 日

△下午，玄武区在驻区某部举行四套班子领导军事日暨区委常委议军会。

13 日

△玄武区在辖区内南京大屠杀遇难同胞北极阁、东郊、太平门、仙鹤门丛葬地和紫鑫城社区举行南京大屠杀死难者悼念活动。

△下午，省委常委、市委书记张敬华调研玄武区科技园区整合工作。

14 日

△上午，南京市人大常委会原副主任、市计划生育协会会长陈礼勤到玄武区调研计生工作。

15 日

△上午，区纪委召开全区派驻纪检组工作务虚会。

18 日

△上午，"12岁以前的语文"两岸和香港教育研讨会在北京东路小学召开。

△下午，北安门社区"民意直通车"——区人大代表与选民面对面见面会在社区二楼会议室召开。

19 日

△下午，区委书记徐曙海、区长穆耕林参加市委中心组法治讲座暨南京市2017年度"百名法学家百场报告会"。随后，参加全市领导干部警示教育大会。

20 日

△下午，区十八届人大常委会召开第十二次主任会议。

21 日

△上午，上海市长宁区副区长徐静一行到玄武区考察养老工作。

△玄武区召开十一届区委第四轮巡察工作动员部署会。

22 日

△上午，区委理论学习中心组(扩大)学习会召开。

△全区爱卫会全委扩大会暨建设省健康促进区和慢性病综合防控示范区动员推进大会召开。

25 日

△上午南京市卫计委王安琴副主任带领市卫计委考评组一行6人，对玄武区2017年计划生育目标管理责任制工作落实情况进行考评。

△下午，区十八届人民代表大会常务委员会第七次会议召开。

△区委巡察工作领导小组组织召开整改落实情况检查专题部署会。

26 日

△下午，区政协召开十二届五次常委会议。

△区长穆耕林主持召开《政府工作报告》征求区人大代表意见座谈会。

27 日

△区长穆耕林主持召开《政府工作报告》征求区政协委员、社会基层代表意见座谈会。

△下午，玄武区委宣传部主办，南京师范大学附属小学协办，在南京人民大会堂举行"花儿向阳、童心向党"德育儿童剧展演。

29 日

△根据区机构编制委员会《关于明确南京徐庄高新技术产业开发区职能机构设置和人员编制事项的通知》(玄编字〔2017〕30号)，在南京徐庄软件园党工委、管委会基础上，设立中共南京市玄武区委南京徐庄高新技术产业开发区工作委员会、南京徐庄高新技术产业开发区管理委员会（简称南京徐庄高新区党工委、管委会)，为区委、区政府派出机构，市副局级建制，与南京徐庄软件园党工委、管委会两块牌子一套班子。设立南京市铁北红山新城管理委员会、玄武科技金融园管理委员会、南理工科技创新园管理委员会，为南京徐庄高新区党工委、管委会直属机构，规格均为正处级。珠江路创业大街园区相关具体事务由南京市珠江路科技一条街管理办公室负责，列入南京徐庄高新区管理范畴。

△玄武区贲友林老师入选第三批国家"万人计划"领军人才人选拟入选名单，是南京市中小学教师中唯一的入选者。

概　览

Overview

责任编辑　顾　坚

基础情况

【自然地理】 玄武区位于南京市区东北部，是南京市的中心城区之一，也是中共南京市委、市人大常委会、市政府、市政协机关所在地。东、北与栖霞区相接，南与秦淮区为邻，西北与鼓楼区接壤，东南与江宁区交界。域内面积75.46平方公里，户籍人口47.75万人。

地势 山峦起伏，丘陵环抱，山川形胜，气势恢宏。多种多样的地貌形成“十山八河十二湖”，与蜿蜒而过的明城墙交相辉映，构成集山、水、城、林于一体的园林风光。

地貌 低山、丘陵、岗地、平原交错分布，林木葱郁，植被良好。大部分岗地、平原用于城市建设开发。域内中山陵园风景区是重要的城市绿地和森林公园。

气候 属北亚热带湿润气候，冬寒、夏热、春温、秋暖，四季分明。年平均气温15.4℃~16.6℃。冬季以东北风为主，1月平均最低温度为-1.6℃；夏季以东南风为主，7月份平均最高温度为30.6℃。常年平均降雨117天，年平均降雨量1106.5毫米，相对湿度76%，无霜期237天。6月下旬到7月上旬为梅雨季节。

自然资源 铁矿分布在红山森林动物园；煤矿分布在灵谷景区；硫磺矿分布在钟山北麓岔路口；黄铜矿分布在钟山西北蒋王庙，至今留有20世纪50年代开掘的矿井。钟山植被，陆地面积2930.7公顷，水域面积78.1公顷。有维管植物157科506属1217种，特、稀、危植物50余种；鸟类生物14目42科140种；昆虫1200多种；蝶类9科73属120种，其中虎凤蝶缘起紫金山，是比猿人更为古老的生物，有活化石之称；真菌类生物246种。

【人口状况】 2017年，玄武区常住人口551428人，其中户籍人口477468人，户籍人口中男性239209人、女性238259人，性别比为100.40∶100。流动人口73960人，与上年相比，人口总量减少2799人。

2017年户籍人口中，18岁以下人口66209人，占总人口比重13.87%；18~35岁125691人，占26.32%；35~60岁181557人，占38.03%；60岁以上104011人，占21.78%。全区新出生人口4886人，出生率10.23‰，其中男性2541人，女性2345人，性别比为108∶100；死亡人数2764人，死亡率5.79‰，人口自然增长率4.44‰，计划生育率100%。全区总人口中育龄妇女158315人，比上年同期增加1321人，占总人口28.62%；已婚育龄妇女114090人，比上年同期增加951人，占总人口20.69%。

【名胜古迹】 六朝宫阙、明初紫禁城、太平天国天王府、孙中山临时大总统府和国民政府总统府均坐落区内。钟山风景名胜区以雄伟壮丽的钟山与碧波千顷的玄武湖为核心，山水相依，雄秀兼具，在新评出的“金陵四十八景”中就占有10席。境内拥有5座城门、总长9.37公里的明城墙，是南京市现存明城墙的主要部分，其两侧聚集甚多名山、名水、名胜。丰富厚重的历史人文资源和钟灵毓秀的山水生态风光，描就玄武精美而又独特的都市画卷。

【文化遗产】 区内有南京市唯一一处世界文化遗产——明孝陵，有国家、省、市、区各级各类不可移动文物220处244个点，其中全国重点文物保护单位18处33个点，省级文物保护单位18处18个点，市级文物保护单位55处64个点，区级文物保护单位56处56个点，不可移动文物73处。有区级以上非物质文化遗产项目23项，其中国家级非物质文化遗产1项、省级8项、市级5项、区级9项；区非物质文化遗产保护基地4个，分别是南京剪纸传承保护基地、金陵竹刻保护展示基地、苏作小木家具制作技艺传承保护基地、鸡鸣寺素食制作技艺传承保护基地；区级以上非物质文化遗产代表性传承人46人，其中国家级1人、省级5人、市级22人、区级18人。

【区域沿革】 6000多年前，玄武湖畔有原始村落。战国时，为金陵邑辖地。秦、汉时，南部属秣陵县，北部属江乘县，后又隶属会稽郡、鄣郡、丹阳郡。东汉建安十七年(212)改秣陵为建业县，区境南部属之，区境北部改设典农都尉。

西晋太康元年(280)，复改建业为秣陵县。太康二年(281)，以淮水为界北置建业(次年改称建邺)，南为秣陵县，恢复江乘县建置。建兴元年(313)，愍帝司马邺即位，为避帝讳，改建邺为建康，直至陈朝末年。

隋朝统一南北后，建康、江乘、秣陵县并为江宁县，区境隶属蒋州。唐上元二年(761)，改江宁为上元县，至清末，区境均属上元县。

民国元年(1912)，临时政府废上元、江宁两县，建置南京府，区境属南京府。民国2年(1913)，撤南京府，以旧上元、江宁两县复置江宁县。民国16年(1927),改江宁县城区为南京市,区境城内部分属南京市。

民国22年(1933)3月,建区之始。中山路以东,中山门以西,九华山以南,中山东路以北范围为南京第一区。

民国23年(1934)9月,今孝陵卫街道地区和玄武湖街道的仙鹤门行政村(仙鹤乡)属孝陵区,中山陵园区域属国民政府直接管辖,今锁金村街道、玄武湖街道(仙鹤门除外)和红山街道地区属燕子矶区。

民国27年(1938)1月,原一区改为第三区。民国34年(1945)9月,恢复抗日战争前第一区建置,辖区则向中山东路以南、逸仙桥以东一带扩展。

1949年6月,沿用第一区建置称谓设第一区人民政府。1950年6月,以第一区为基础,中山东路以南地区划出,建为新一区。今红山、锁金村街道地区和玄武湖街道部分地区改属新八区,今孝陵卫街道地区和玄武湖街道部分地区改属中山陵园区。

1955年6月,第一区人民政府改称第一区人民委员会。同年8月,第一区改称玄武区,今境内分属玄武区、燕子矶区和中山陵园区管辖。1960年5月,成立玄武人民公社。1962年8月,玄武人民公社名称撤销,恢复玄武区人民委员会。

1967年3月,玄武区改称要武区,实行军管,设南京市军事管制委员会要武分会。1968年3月,成立要武区革命委员会;1973年11月,改称玄武区革命委员会。

1980年9月,玄武区革命委员会复称玄武区人民政府,至今。

【区划调整】 1951年5月,建立居民委员会。1955年9月,设立新街口、大行宫、香铺营、四牌楼、丹凤街、玄武门、太平门、太平桥8个街道办事处。1957年10月,香铺营街道办事处撤销。1960年4月,街道办事处合并并改建为新街口、丹凤街、梅园新村3个人民公社分社。5月,市级机关及周围单位成立北极阁分社,65个居民委员会合并为19个街道委员会。1961年,新街口、丹凤街、梅园新村3个分社改为3个街道办事处,19个街道委员会调整为54个居委会。1962年8月,人民公社、分社撤销,恢复新街口、香铺营、梅园新村(原大行宫)、太平门、丹凤街、四牌楼、玄武门7个街道办事处。

1967年1月,各街道实行军管。1968年3月,街道成立革命委员会。同年8月,7个街道革委会合并为长江路、梅园新村、丹凤街、太平门、要武门5个街道革委会。1978年9月至10月,撤销街道革委会,恢复7个街道办事处。

1980年12月,因后宰门住宅小区人口增加,原太平门街道办事处撤销,改为后宰门和兰园2个街道办事处。1984年2月,锁金村地区划归玄武区管辖,增设锁金村街道办事处,全区街道办事处增至9个。

1987年12月,新街口与香铺营办事处合并为新街口街道办事处,丹凤街与四牌楼街道办事处合并为丹凤街街道办事处。

1995年4月,全市区划调整,栖霞区的孝陵卫、玄武湖2个镇及小营、藤子、红山3个行政村和原属鼓楼区管辖的玄武门路以北、中央路以东、沿城墙以西地带划归玄武区。1996年3月,设立红山街道办事处,管辖小营、藤子、红山3个行政村。同年12月,撤销孝陵卫镇、玄武湖镇建置,改设孝陵卫街道办事处和玄武湖街道办事处。

2000年,社区管理体制改革,原有的居民委员会和家属委员会调整组合为86个社区居民委员会。2001年,在孝陵卫街道办事处辖区内增设卫岗街道。全区共有11个街道、84个社区、12个行政村。2005年,丹凤街街道、兰园街道、卫岗街道分别与新街口街道、梅园新村街道、孝陵卫街道合并,全区调整为8个街道、75个社区、11个行政村。2007年调整为8个街道、64个社区、6个行政村,2009年调整为8个街道、63个社区、4个行政村,2011年调整为8个街道、62个社区、4个行政村。因城市建设发展,2011年由市民政局地名办对区内13处地名进行了命名、更名和调整。地名每年调整变化情况在附录中列表。

2012年,将梅园新村街道办事处北京东路以北的公教一村社区和后宰门街道办事处龙蟠路以北以西部分(太平花园小区)划归玄武门街道办事处。将调整后的梅园新村街道办事处与后宰门街道办事处合并,成立新的梅园新村街道办事处。至2012年年底,全区有7个街道、58个社区。2013年,新增红山街道紫金小营社区。至2017年底,全区有7个街道、59个社区。

【经济社会发展】 2017年,全区围绕建设"强富美高"新玄武的奋斗目标,系统分析并把握新形势、新挑战、新常态,积极探索引领发展的新战略、新路径、新措施,聚焦项目扩投入、优化布局拓空间、紧扣改革增动能、改善民生促和谐,区十八届人大一次会议通过的国民经济和社会发展126条目标全部完成。

经济运行稳中有进。全区积极应对复杂严峻的国内外经济形势，不断调整应对措施，促进经济提质增效升级。全年地区生产总值完成745亿元，同比增长9%，其中服务业增加值完成737亿元，同比增长11%。一般公共预算收入59.8亿元，直比增长22.3%，同口径增长10.8%。社会消费品零售总额完成523亿元，同比增长10%。全社会固定资产投资完成159亿元，同比增长20%。服务贸易进出口总额完成2.06亿美元。外贸出口完成223亿元。

项目推进成效显著。全年市、区重大项目固定资产投入达超序时进度。载体支撑显著增强。完成卫岗产业园、南京金谷秐家文创园、熊猫中央广场商务楼宇、紫金华府配套商业等33万平方米产业载体建设；完成同仁西街7号、未来城B座、东华汽车生活广场等12万平方米载体改造，集聚了一批优质双创企业。征收建设双管齐下。实现晏山居、大发融悦、奥克斯钟山府、紫金华府等71万平方米房地产项目建设和销售；沈阳村地块、华飞2号剩余地块、达明大厦等11个项目开工建设；顺利推进珠江饭店、小顾家营等征收拆迁项目；中央路224号地块、钟岚里地块、王家湾总部经济园等一批涉军和涉及大单位项目取得突破，正在加快前期手续办理。

产业升级步伐加快。文化产业增加值占GDP比重达13.4%；软件和信息服务业销售收入630亿元，同比增长18.9%，增幅位列全市第一。优质企业稳步增多。新增新三板上市企业2家，高新技术企业、省民营科技企业各21家；全年新增注册资金1000万元以上企业391家。编制玄武区产业导则，实施众创空间提升工程、高新技术企业培育和科技企业创新能力提升计划。扎实推进低效载体腾笼换鸟工程，完成6.2万平方米低效楼宇升级改造；南京烟厂老厂区征收基本完成。鼓励企业用活用足国家政策，培育企业做大做强。协助86家企业申报省市软件、物联网等项目82个、获扶持资金5431万元；建设网融网投综合金融服务平台；加强信用体系建设，成功申报市级信用管理贯标示范企业2家、省级信用管理示范企业1家；组织开展不同形式的价格诚信宣传教育活动，顺利创成长江路文化旅游省级价格诚信街区。

科技创新充满活力。新集聚国家“千人计划”人才12人、国家“万人计划”人才1人、省“双创计划”人才6人、“创业南京”英才计划人才61人。众创空间新增国家级1家、省级6家，全区拥有市级以上众创空间25家、5.7万平方米，集聚在孵团队超过300个。人才企业优质孵化率全市第一，发展环境满意度全市第二。完成江苏省技术产权交易市场一期建设、未来城B座转型升级、同仁西街7号项目改造。徐庄E电园小镇成功列入市级特色小镇培育名单，同时成为第一批申报贴息成功的特色小镇，签约企业26家，引进宜电慧创、爱泊瑞森等注册资金千万元以上规模企业10家。珠江路创业大街建成开业优客工场4000平方米；引进36氪、未来网络创新协同应用研究中心、南创研究院、中科招商云投汇等企业签约入驻同仁西街7号园区，累计盘整出38400平方米可转型的资源载体。至年底，玄武区有星级公共服务平台6个，省、市级小企业创业基地5个、小企业公共服务平台3个、技术服务平台1个。

人居环境不断优化。基础设施建设提速。完成红山支路改造工程并通车使用；建成盛和家园公共停车场，新增机动车泊位1459个；区公共卫生突发事件应急处置中心大楼主体封顶。综合整治成效明显。北京东路和珠江路道路综合环境整治圆满完成，玄武大道立面整治工程全部完工，完成100个共计112万平方米老旧小区整治。生态环境持续改善。完成19条共34.7公里黑臭河道整治工程，并建成河道两侧5米蓝线景观步道5公里；整治油烟扰民餐饮企业94家。民生诸事温暖人心。全面推进既有住宅增设电梯工作，注重增梯工作和社会治理工作同步推进，获得居民百姓和社会各方高度认可。完成60个小区出行便道平整化整治；拆除楼顶违建10000平方米；完成10000平方米老旧小区住宅楼顶漏雨整治；完成60座公厕出新改造；完成仙居雅苑等5个住宅集中区积淹水的管网改造；完成38个片区342幢楼的二次供水改造。

富民增收惠及百姓。实现全体居民人均可支配收入60500元，连续4年居全省首位，群众获得感、幸福感和满意度不断增强。社会保障逐步完善。新增城镇就业2万人、再就业9100人，培养自主创业2876人，扶持大学生创业597人，开展各类技能培训、职业鉴定2.2万人次。发放救助、优抚、福利等各类补助资金约7800万元。家庭经济困难学生资助审核通过1008人，资助金额93.26万元。养老服务体系更加健全。新建6个老年人日间照料中心、58个老年助餐中心及助餐点；建成高危空巢及独居老人安全保障工程，与1099名空巢独居老人签订服务协议，投放智能物联设备694件；为2196名75周岁以上的独居老人提供紧急呼叫终端安装补贴。群众安全感进一步提升。区财政投入98万元，为全区近50万户籍居民免费办理了人身及家庭财产保险。安装一体化安防监控摄像头10000个；建成5家农贸市场食品快检室，实现农副产品快速检测并将结果实时公示。公共服务更加优质。打造文化惠民品牌，举办文化惠民精品演出60场；推进城市社区"10分钟体育健身圈"建设，成功举办首届玄武春季运动会；重点人群家庭医生签约服务率达72%。教育资源配置更加均衡。成功创建十三中红山分校等3所"智慧校园"示范校、北京东路小学阳光分校"园林式"校园，新增省优质幼儿园1所，创成素质教育特色学校15所。28件为民办实事项目全面完成。（韩雨芳）

【功能片区与重点项目】 空间布局始终把"一城两街三片区"作为加快发展的主战场，优化功能布局、打造发展高地。

铁北红山新城 铁北红山新城加速由基础建设向功能开发转变，发展框架全面拉开。重点开展专项设计，为统筹建筑风貌、空间布局、地块互联，整体提升片区品质，启动地下空间设计、海绵城市设计、智慧城市设计、城市体育公园设计，及修改控制性详细规划城市设计。加快构建新城路网，提前完成红山支路改造工程，顺利完成恒嘉路南延工程，加快推进尧红路（玄武段）建设工程，全力推动北苑东路南延工程。突出项目推进，沈阳村地块项目、华飞二号剩余地块分别由莱蒙国际和星河控股集团摘牌，建设有序推进。

珠江路创业大街 珠江路创业大街2017年成为晋级首批省级众创社区备案试点。完成江苏省技术产权交易市场项目建设、未来城B座转型升级、同仁西街7号项目改造工作。建成开业优客工场4000平方米；引进36氪、未来网络创新协同应用研究中心、南创研究院、中科招商云投汇等企业签约入驻同仁西街7号园区，累计盘整出38400平方米可转型的资源载体。

长江路文化旅游大街 长江路文化旅游大街功能配套逐步完善、知名度不断提升。建设"智慧长江路"旅游平台，完成长江路旅游地理信息系统服务基础数据库组建，实现游客实时获取长江路及驻区单位的旅游文化信息。实施碑亭巷全线品质提升，梳理沿街载体资源，通过收购与租赁相结合的手段，推进周边业态提升，引进总部类、创意类企业入驻，提升长江路重点支巷的文化功能品位，力争在全市做出典范。建设长江路文旅客厅，完成美术大厦立面出新工程，实施文旅客厅设计与工程招标。文旅客厅的设立是集旅游咨询、文创展示、特色轻餐、美术版画等于一体的综合性长江路文化旅游大街功能配套。

南京CBD核心区 南京CBD核心区持续扩容升级。项目建设按序推进，新街口东北角地

百家汇玄武创新药物孵化基地

下空间项目计划打通珠江一号至德基广场的地下通道，2017年，人民中学操场配套人防工程建设完成，长江路过街通道正按序建设。德基二期丽思卡尔顿酒店进行装修。青石街地块完成文物考古，进入新一轮城市设计方案修改；刘军师桥地块征收工作启动。低效楼宇转型成效明显，天时商贸已累计完成转型7600平方米，引进永达理保险、万和天宜体育、沐鑫企业管理和平安保险等企业入驻；优客工场4、5楼共3500平方米，引进江苏峰青文化发展有限公司、江苏天角蚁网络科技有限公司等18家企业入驻。

依山科技创新区　徐庄获批筹建省级高新技术产业开发区，获评苏南国家自主创新示范区优秀科技园区，“一区多园”发展架构初步建立。徐庄E电园小镇成功列入市级特色小镇培育名单，同时成为第一批申报贴息成功的特色小镇，签约企业26家，引进宜电慧创、爱泊瑞森等注册资金千万元以上规模企业10家。

环湖旅游服务区　积极做好旅游服务配套，项目建设稳步推进，呈现联动发展的良好格局。百子亭民国历史风貌区完成第二批民国建筑修缮工作，确定项目运营投资对象；高力商业综合体项目已领取规划许可证；文化产业园正在推进园区内企业清理调整并拟制改造升级方案；国展中心地下商业广场项目正在进行地下主体结构封顶；南京金谷耘家文创园于3月完成建设并投入使用；玄武湖菱洲儿童生态乐园项目获国家文物局审批通过文保方案，现正积极办理规划许可证；中央路224号地块完成土地整理；中央路300号地块低效用地再开

百家汇精准医疗控股集团总部

发项目已启动。

梅园片区项目　位于中山东路以北、汉府街以东、毗卢寺以西，总占地面积约4公顷。拟通过对片区整体改造，将逸仙小学迁建至汉府新村地块，对片区内民国建筑进行修缮和保护，并开发建设相关旅游配套设施，提升整个梅园地区品质，改善长江路旅游结构，在中山东路民国历史轴线上形成一个连续的界面，提升区域空间景观品质，进一步完善旅游配套设施，并新建高端旅游服务配套，从而增加和完善长江路文化旅游大街功能。2017年，推进钟岚里地块住户搬迁，推进逸仙桥小学建设工程；制定项目规划方案。

熊猫中央广场　位于中山东路301号，占地12.6万平方米，包含A、B、C、D四个子地块，分期建设，地上部分建筑面积38万平方米，地下部分约20万平方米，拟打造成为集研发、办公等为一体，定位高端的总部型、综合性区域。其中A地块拟建2幢总部商务大楼；B地块地上建筑面积约20万平方米，包含商业、办公、酒店、酒店式公寓等业态；C地块坐落有民国保护建筑，将进行保护性开发；D地块近珠江路，计划建设3万平方米高档住宅。至2017年底，A地块完成二幢商务楼封顶；D地块完成主体竣工验收，内部装修完成。

卫岗奶业西区健康产业园项目　位于童卫路5号，占地面积约4.6万平方米，规划建设面积约11.6万平方米，由南京奶业(集团)有限公司负责运营，总投资约3.5亿元。2017年，完成建设和园区招商的50%。

钟鼎山庄商业配套(二期)项目　位于中山门大街299号，占地面积2万平方米，规划建筑面积约6.2万平方米，其中地上3.02万平方米、地下3.17万平方米。项目总投资4.5亿元，投资主体为南京中冶盛和置业有限公司，现由兴元控股集团有限公司负责运作。2017年底完成主体结构工程。

百家汇玄武创新药物孵化基地　项目位于南京市玄武区徐庄软件园内，土地使用面积209736.9平方米，项目新建建筑面积约227800平方米，其中研发实验室约38500平方米、研发办公约154800

平方米、配套辅助用房约34500平方米，计划投资17亿元，所需资金由南京百家汇科技创业社区有限公司自筹。百家汇作为一个开放式的创新创业平台，开创由制药企业主导、境内外科研机构、全球投资基金共同孵化培育药物创新的模式，在南京打造一个汇聚全球智慧的生物“硅谷”。2017年，一期项目投入使用。

苏宁312国道南侧商业金融综合体　项目位于南京市玄武区徐庄软件园北部，紧邻玄武大道，占地面积50082.41平方米，总建筑面积209716.41平方米，其中地上135416.41平方米，地下约74300平方米，建筑自西向东由3个部分组成，建筑高度依次为50米、23.5米、18米。一层为商业，二层及以上为商办混合用房。2017年主体建设完成90%。

德基二期丽思卡尔顿酒店建设项目　位于中山路18号德基广场二期38~61层，占地面积2.2万平方米，建筑面积约4万平方米，拟打造高端酒店。运营主体南京新宇房地产开发有限公司。2017年完成主体建设。　（路　冠）

组织机构及负责人

【中共南京市玄武区委员会】

书　记：徐曙海
副书记：穆耕林
　　　　易　兵
常　委：许　恺
　　　　滕　涛
　　　　张　望
　　　　毛银玲
　　　　陈乙华
　　　　张惠民
　　　　朱天龙
　　　　顾学栋
副巡视员：顾建华

【南京市玄武区人民代表大会常务委员会】

主　任：张　萍（1月免）
　　　　杨乐华（1月任）
党组副书记：蒋兆全（1月任）
副主任：刘显平（1月免）
　　　　蒋兆全（1月任）
　　　　杨冬梅
　　　　李　辉
　　　　薛剑春（1月任）

【南京市玄武区人民政府】

区　长：穆耕林
副区长：滕　涛
　　　　毛银玲
　　　　戴　航
　　　　王承江
　　　　蒋兆全（1月免）
　　　　黄文聪（1月免）
　　　　马千山（1月任）
　　　　李大海（1月任）
副巡视员：傅根辉（2月免）
　　　　凌立玉

【中国人民政治协商会议南京市玄武区委员会】

党组书记：邱小凡（1月任）
主　席：邱小凡
副主席：王敬玲
　　　　蒋　健
　　　　王连安（不驻会，1月免）
　　　　冯小仙（不驻会，1月免）
　　　　贾民平（不驻会，1月免）
　　　　孙国林（不驻会，1月任）
　　　　赵剑锋（不驻会，1月任）

【中共南京市玄武区纪律检查委员会】

书　记：张　望
副书记：邱　健（11月免）
　　　　张训宝（11月任）
　　　　黄燕明
常　委：李静勤
　　　　濮素晖
　　　　朱　妍
　　　　陈安林

【南京市玄武区人民武装部】

部　长：顾学栋
政　委：刘　诚（6月任）

【南京市玄武区人民法院】

院　长：沈　湧（1月任）
代院长：沈　湧（1月免）
党组副书记：张　赟
副院长：张　赟
　　　　高　伟
　　　　吴小晗
　　　　时　超
　　　　庞晓庆（6月任）
政治处主任：庞晓庆
纪检组长：齐　玥（8月免）
审委会专职委员：薛亚萍（3月免）
　　　　王翔飞（6月任）
副处级审判员：王海城
　　　　杨　荣（9月免）
　　　　王　萍
　　　　武圣祥
　　　　王　慎
调研员：郭　强（7月免）
副调研员：孙郇中
　　　　陈新娣
　　　　薛亚萍（3月任）
　　　　齐　玥（8月任）

【南京市玄武区人民检察院】

检察长：倪一斌（1月任）
代检察长：倪一斌（1月免）
党组副书记：王卫东
副检察长：王卫东
　　　　涂　彪
　　　　张　前
　　　　蔡　宁
政治处主任：程强然

纪检组长：王成艳（3月任、8月免）
检委会专职委员：郑　炜（3月任、11月免）
副处级检察员：朱家明
　　胡炳辉
　　缪亚云
调研员：彭庆安（11月免）
副调研员：樊　凌
　　张天松

【区委工作机构】

区委办公室

主　任：李大海（1月免）
副主任：朱锡刚
　　徐远帆（3月免）
　　曹　芳（6月任）
副调研员：韩　琦
　　曹　芳（6月免）
　　张广兴（6月任）

区委研究室

主　任：朱锡刚
副主任：袁　源
副调研员：张　媛（3月任）

区委保密办（机要局）

主　任：曹　芳（11月任）

巡察工作领导小组办公室

主　任：黄燕明（兼，9月免）
　　吴桂红（9月任）
副主任：吴桂红（兼，9月免）
　　吴春峰（9月任）
巡察组组长：王冬梅（兼）
　　张　赟（兼，9月免）
　　刘秀娟（兼）
　　王彦兴（兼，11月免）
　　李　安（6月任）
　　刘　密（6月任）
巡察组副组长：杨秀泉
　　陆海燕
　　管　兵（9月任）
　　王　刚（9月任）

组织部

部　长：张惠民
副部长：王颖川
　　丁　锴
　　杨初兰

组织员办公室

主　任：丁　锴
副主任：赵　虎（3月任）

人才工作办公室

主　任：王颖川
副主任：姬　智（6月任）

两新工委

副书记：杨初兰

离退休工委（12月以后）

书　记：张　栩（12月任）

党史工作办公室

主　任：钱钦民
调研员：宋洪兵

老干部局

局　长：张　栩
副局长：周跃洪
调研员：陈秀芝
副调研员：周　励
　　李　红
　　邬红生（3月任）

宣传部

部　长：陈乙华
副部长：高　洁（11月免）
　　杜宏亮（3月免）
　　韩春云（3月任）
　　汪拥政（11月任）
副调研员：刘永进

精神文明建设委员会办公室

主　任：高　洁（11月免）
　　汪拥政（11月任）
副主任：杜宏亮（3月免）

统战部

部　长：朱天龙
副部长：钟文舟
调研员：蒋　俊
　　甄再跃
副调研员：张　晖
　　刘好华（3月任）

台湾工作办公室（侨务办公室）

主　任：钟文舟
副主任：唐希忠（11月免）
副调研员：沈向荣（6月任）
　　唐希忠（11月任）

政法委

书　记：许　恺
副书记：杨　杰
　　陈玲伟（6月免）
　　杨玉林（6月任）
　　赵杉春
　　陈　正（挂职）
副调研员：王大志
　　朱　劲
保留待遇：罗志方

社会管理综合治理委员会办公室

主　任：杨　杰
副主任：翟晓军

国家安全领导小组办公室

主　任：陈玲伟（6月免）
　　杨玉林（6月任）

法学会

专职副会长：周　萍

维稳办

主　任：宋建军（6月任）

防范和处理邪教问题领导小组办公室

主　任：杨玉林（6月免）
　　　　王光明（6月任）
副主任：解芳君
副调研员：刘秀泽
　　　　　杨长伦

机构编制委员会办公室

主　任：王　莉
副主任：周　师（11月任）
副调研员：袁敏生
　　　　　周　师（11月免）

机关工作委员会

书　记：夏桂萍
副书记：何宏炉
副调研员：蒋　庆
　　　　　周　辉
　　　　　陈振昌（6月任）

信访局

党组书记：陈玉荣（1月任、3月免）
　　　　　高　炜（3月任）
局　长：陈玉荣（3月免）
　　　　高　炜（3月任）
副局长：陈　东
　　　　李联民
信访督查专员：解　军
　　　　　　　张泽洪
副调研员：李国庆
　　　　　刘　纲（1月任）
　　　　　成吉和（12月任）

党　校

校　长：易　兵（兼）
常务副校长：曾　艳
副校长：李后方
副调研员：窦唐进（8月免）
保留待遇：李正云

【区人大工作机构】

人大办公室

主　任：刘　康
副主任：杨宇峰（兼）
　　　　李和华
副调研员：刘　虹

人大研究室

主　任：杨宇峰
副主任：黄洁云（11月任）

【区人大各专门委员会及工作部门】

法制委员会（1月以后）

主任委员：刘必军（1月任）

财政经济委员会（1月以后）

主任委员：刘全庆（1月任）

内务司法工作委员会

主　任：刘必军
副主任：曹　刚

预算工作委员会

主　任：陈小玲（6月免）
　　　　刘全庆（11月任）
副主任：刘全庆（11月免）

教科文卫委员会

主　任：肖　红
副主任：李　宇

环资城建委员会

主　任：杨承龙
副主任：顾　冰

人事代表联络委员会

主　任：沈　阳
副主任：姚宇军

民族宗教侨务台湾事务委员会

主　任：郭志芹

【区政府工作机构】

办公室

主　任：石　磊（2月免）
　　　　陶　祥（11月任）
副主任：陈玉荣（3月免）
　　　　陶　祥（11月免）
　　　　金　晖
　　　　高　炜（3月任）
　　　　王　磊（3月任）
副调研员：孙祥希
　　　　　刘明伟（9月免）

发展和改革局

党组书记：胡全康（1月任）
局　长：胡全康
副局长：吴义杰（11月免）
　　　　徐　锴（6月免）
　　　　鲁　琳（3月免）
　　　　路　冠（6月任）
副调研员：王建国（5月免）
　　　　　孙西沛
　　　　　路　冠（6月免）
　　　　　邢四清
　　　　　钮玉华
　　　　　朱　伟（6月任）
　　　　　陈如祥（11月免）

经济和信息化建设局

主　任：吴义杰（11月免）

建设房产和交通局

党组书记：章　凯（1月任）
局　长：章　凯（1月任）
党组副书记：陈玉荣（3月任）
副局长：章　凯（1月免）
　　　　龚志勇
　　　　巢庆芳
　　　　高保峻（3月任）
总工程师：王继宁
工委书记：章　凯（1月免）
　　　　　陈玉荣（3月任）
纪工委书记：王育民（8月免）
调研员：赵深泉（7月免）

吴士建
副调研员：胡国清
林光亮
张建春
王平权
黄学安
高保峻(3月免)
谈洪璋
唐修来
金谊仕
刘春风(7月免)
杨志群
张地宝
常本华
孙　林(3月任)
郑岚涛(6月任)
李　鹏(11月任)

征收办公室

主　任：章　凯

老城改造建设办公室(6月以前)

主　任：李　安(6月免)

科技局

党组书记：刘　云(1月任)
局　长：刘　云
副局长：卢　洪(1月免)
戚　军
周　正(3月免)
张瑞宏(11月任)
调研员：徐劲松
副调研员：张瑞宏(11月免)
张玲玲
沈　超
保留待遇：卢　洪(1月以后)

科学技术协会

副主席：杨　华

教育局

党组书记：陈发山(1月任)
局　长：陈发山
党组副书记：吴　丹(11月任)
副局长：沈　峰
吴锦友(7月免)
戴继根
周　波(7月任)
工委书记：陈发山
工委副书记：易　红(8月免)
吴　丹(11月任)
纪工委书记：易　红(8月免)
调研员：陈　燕(3月免)
吴锦友(11月任)
副调研员：章芳华
高前进(7月免)
陈克俊
刘春风(7月任)

监察局

局　长：邱　健(11月免)
张训宝(11月任)
副局长：刘凌峰

民政局

党组书记：汪风华(1月任)
局　长：汪风华
党组副书记：刘艳军(1月任)
副局长：吴成林
汪拥政(11月免)
工委书记：张家华(1月免)
刘艳军(1月任)
工委副书记：汪风华
纪工委书记：张家华(1月免)
刘艳军(1月任、8月免)
调研员：马静波(3月免)
张家华(1月任)
副调研员：刘盘铭(1月任)
夏剑涛(1月任)
保留待遇：马静波(3月任)

老龄委办公室

副主任：马静波(3月免)
刘盘铭(1月免)

司法局

党组书记：汤　政(1月任)
局　长：汤　政
副局长：高　炜(3月免)
工　坚(3月任)
茅晓春(3月任)
副调研员：张鉴富
储荣根
周艳红
茅晓春(3月免)
戴　健
汪传东(1月免)

财政局

党组书记：王冬梅(1月任)
局　长：王冬梅
副局长：余莉萍(1月免)
李海沅(6月任)
调研员：陈小玲(6月任)
副调研员：田冬娥
李海沅(6月免)
缪　琰(3月任)

经济发展办公室

主　任：余莉萍(1月免)

人力资源和社会保障局

党组书记：袁　芳(1月免)
局　长：袁　芳
副局长：张训宝(11月免)
苏　勤
李志平
崔雯鸿
副调研员：李　勇
李　军(6月任)

公务员局

局　长：张训宝(11月免)

环境保护局

党组书记：王培军(1月任)
局　长：王培军
总工程师：钱厚宁

副局长：艾才银
赵　伟
副调研员：周　强
洪　俭
邵启勇
钱丽明

审计局

党组书记：龚庆亚(1月任)
局　长：龚庆亚
副局长：张正国
张　焰(6月任)
调研员：杨发宝(3月免)
副调研员：冯　旭
张　焰(6月免)

统计局

党组书记：张兴保(1月任)
局　长：张兴保
副局长：秦丽华(6月免)
调研员：陈　瑞
副调研员：刘成斌
方向武

物价局

党组书记：王　莉(1月任)
局　长：王　莉
副局长：蔡保国
梅　雪
调研员：闫海燕
林　宁
副调研员：苏立军
琚琦瑾
李运湘(3月免)

市场监督管理局

党组书记：顾建华(兼，1月任)
局　长：顾建华
党组副书记：朱海峰(1月任)
副局长：刘革新
魏德华
孔祥盛
孙德飞
孙　强(3月免)
工委书记：朱海峰
纪工委书记：傅光义(8月免)
调研员：聂　猛
孔祥建(4月免)
陆　辉
陈　贵
副调研员：陈晋勇(11月免)
谷杭习
杜　梅
刘贤发
王　虹
张　恺
金道林(11月免)
毛建新
郝志坚(1月免)
郭益民
张秀红
刘　宁
孙　强(3月任)
傅光义(8月任)

食品药品监督管理局

局　长：顾建华

安全生产监督管理局

党组书记：吕　俊(1月任)
局　长：吕　俊
副局长：沈　原(11月免)
申留昌(5月任)
副调研员：张　坤
张　涌
杨艳婷
李坚明
孙粉华(6月任)
郝丽君(11月任)

金融发展办公室

党组书记：杜景南(1月任)
主　任：杜景南
副主任：李东辉(6月任)
徐　欣(12月任)
杨　迅(挂职，3月任)

城市管理局

党组书记：姚晓晖(1月任、11月免)
邱　健(11月任)
局　长：姚晓晖(11月免)
邱　健(11月任)
党组副书记：陶志龙(1月任、11月免)
副局长：陶志龙(11月免)
万　军
李传林
工委书记：陶志龙(11月免)
邱　健(11月任)
工委副书记：姚晓晖(11月免)
纪工委书记：陶志龙(8月免)
工委委员：于永斌
赵　宁
副调研员：赵仁斌
陈江山
杨四新
周光银
王文伟(6月任)
戴　祥(6月任)
周建国(12月免)

城市治理委员会办公室

副主任：陶志龙(11月免)

水务局

局　长：于永斌
调研员：李明辉
副调研员：石元元(6月任)

商务局

党组书记：刘秀娟(1月任、3月免)
王颖娟(11月任)
局　长：薛剑春(2月免)
王颖娟(11月任)
党组副书记：王颖娟(3月任、11月免)
副局长：王颖娟(3月任、11月免)
赵　俊(11月免)
江　洁
张　静(3月免)
钟　成(11月任)
工委书记：刘秀娟(3月免)

王颖娟(11 月任)
纪工委书记:单伯平(3 月免)
调研员:张丽娜(5 月免)
周长俊(12 月免)
刘秀娟(3 月任)
副调研员:李业明
李晓青
杨慧娟
刘建明
袁胜宁
管 兵(9 月免)
钟 成(11 月免)
万荣华(1 月免)
田文明(2 月免)
赵 俊(11 月任)

文化局

党组书记:陈 静(1 月任)
局 长:陈 静
副局长:樊姝玉
葛 勤
调研员:鲁 中
副调研员:刘 勇
张朝学

旅游局

党组书记:魏 超(1 月任)
局 长:魏 超
副局长:张 震、唐思恩

卫生和计划生育局

党组书记:王礼铭(1 月任)
局 长:王礼铭
党组副书记:王 荣(1 月任、6 月免)
宗在卿(6 月任)
工委书记:王 荣(6 月免)
宗在卿(6 月任)
工委副书记:王礼铭
纪工委书记:孙丽萍(8 月免)
副局长:奚建彬
叶冬梅
徐正海
调研员:黄云霞
徐力跃
副调研员:周晓光
张建国
孙拥军
钱 立
姜凤梅(12 月免)

民宗局

党组书记:胡圆圆(1 月任)
局 长:胡圆圆
副局长:乙维清(1 月免)
副调研员:周 勇(3 月任)
保留待遇:乙维清(1 月任)

人民防空办公室

党组书记:张金贵(1 月任)
主 任:张金贵
副主任:沈 原(11 月任)
调研员:陈宁伟
副调研员:李建新
陶瑞和
沈金华

法制办公室

党组书记:郭 镰(1 月任)
主 任:郭 镰
副主任:乔明达(6 月免)
严仪兵(3 月任)
副调研员:梁宏起
王 刚(9 月免)
乔明达(6 月任)

区国有资产监督管理办公室

党组书记:曹承桂(1 月任、6 月免)
陈玲伟(6 月任)
主 任:曹承桂(6 月免)
陈玲伟(6 月任)
副主任:张培友
调研员:黄跃峰
副调研员:王聿南

体育局

党组书记:叶 丽(1 月任、11 月免)
陶志龙(11 月任)
局 长:叶 丽(11 月免)
陶志龙(11 月任)
副局长:顾云超
卢艳岗
王 坚(3 月免)
调研员:张义斌
黄大志

档案局

党组书记:张 军(1 月任)
局 长:张 军
副局长:秦丽华(6 月任)
副调研员:苏 成
袁茵茵
刘心林(3 月任)
谈桂华(6 月任)

地方志编纂委员会办公室

主 任:张 军

政务办

党组书记:李 莹(1 月任)
主 任:李 莹
副主任:张 斌
副调研员:王 炎
刘 瑾(3 月任)

南京徐庄软件园管理委员会

工委书记:薛 磊(12 月免)
李大海(兼,12 月任)
主 任:吴开芬
工委副书记:吴开芬
陈若谷(8 月免)
姚晓晖(11 月任)
副主任:周 正(3 月任)
费莉莉(3 月任)
姚晓晖(11 月任)
纪工委书记:陈若谷(8 月免)
综合部部长:陈 放(3 月任)
财务部部长:费莉莉(3 月任)
综合部副部长:陈 放(3 月免)
经济发展部副部长:

孙　力
郭　骞(3月免)
张　静(3月任)
建设管理部副部长:胥晓斌
谭学忠
财务部副部长:费莉莉(3月免)
调研员:罗　军
吴义杰(11月任)
副调研员:陈　宝
黄　斌
吕　巍(6月任)

铁北红山新城管委会

工委书记:陈乙华(兼,6月任)
主　任:蒋　健(兼,6月免)
李大海(兼,6月任)
工委副书记:蒋　健(兼,6月免)
李大海(兼,6月任)
副主任:李　安(6月免)
唐承武(兼,9月任)
徐远帆(3月任)
吕梦旦
李　欣(挂职、3月任)
华　宁(挂职、12月任)
综合财务部部长:李　安(6月免)
调研员:李正才
副调研员:耿　德(1月任)
戴　凌(3月任)
张明亚(6月任)

珠江路科技街管理委员会办公室

党组书记:孙　兵(1月任)
主　任:孙　兵
党组副书记:梁　静(1月任)
工委书记:梁　静
副主任:汪小文
调研员:姚　雁
副调研员:何建民
吴苡静
周　军(3月任)

玄武湖周边地区综合管理办公室

党组书记:马千山(1月任)
主　任:马千山(12月免)
薛　磊(12月任)
副主任:徐力行
陈建志
综合处副处长:周秋云
封　炜
监管处处长:马云翊
监管处副处长:孙红梅
许　可(11月任)
法规处副处长:严义兵(3月免)
市政管养中心副主任:徐　俊
副调研员:樊昱明(1月任)

【区政协工作机构】

政协办公室

秘书长:王玉兰
主　任:杜宏亮(3月任)
副主任:曹　萍(3月免)
徐喜求(6月免)
俞　杰(3月任)
调研员:夏洁城(5月免)
吴雄雄(9月任)
付传年(3月任)
副调研员:杨发国(4月免)
庞永华
姜　武
胡学芳(6月任)

【区政协各专门委员会及工作部门】

学习文史委员会

主　任:付传年(3月免)
副主任:胡学芳(6月免)

提案法制委员会

主　任:吴锦友(11月免)

经济科技委员会

主　任:单伯平(3月任)

社会事业委员会

主　任:薛惠艳

祖国统一委员会

副主任:俞　杰(3月免)
曹　萍(3月任)

人口资源环境委员会

主　任:粟　红

【区纪委工作机构】

办公室

主　任:朱　妍

信访室

主　任:吴桂红(9月免)

案件审理室

主　任:李静勤(8月任、11月免)
郑　炜(11月任)

党风政风室

主　任:濮素晖

纪检监察一室

主　任:陈安林

纪检监察二室

主　任:陈其响

纪检监察干部管理监督室

主　任:王同洋(11月任)
调研员:林　朗
副调研员:吕秀兰
王同洋(11月免)
杨晓强
刘天树

第一纪检监察工作室(8月以前)

主　任:朱　妍(8月免)
副主任:郑　慎(1月免)

第二纪检监察工作室(8月以前)

主　任:李静勤(8月免)

第三纪检监察工作室(8月以前)

主　任:濮素晖(8月免)

第四纪检监察工作室(8月以前)

主　任:陈安林(6月任、8月免)

派驻第一纪检组(8月以后)

组　长:孙丽萍(8月任)

派驻第二纪检组(8月以后)

组　长:王成艳(8月任)

派驻第三纪检组(8月以后)

组　长:陈若谷(8月任)

派驻第四纪检组(8月以后)

组　长:易　红(8月任)

派驻第五纪检组(8月以后)

组　长:王育民(8月任)

【南京市玄武区各群众团体】

总工会

党组书记:杨冬梅(1月任、4月免)
蒋兆全(4月任)
主　席:杨冬梅(兼,4月免)
蒋兆全(兼,4月任)
党组副书记:尹　征(1月任)
常务副主席:尹　征(4月任)
副主席:尹　征(4月免)
盛　莉(3月任)
梁　菁(3月任)
刘晋美(挂职,4月任)
王修小(兼职,4月任)
副调研员:颜焕琪(11月免)
胡　静
杨　超
卢裕朋(11月任)

团区委

书　记:吴　丹(11月免)
郭　骞(11月任)
副书记:郭　骞(3月任、11月免)
吴媚卿(6月免)
徐忠建(兼职)
程　雯(兼职)
韩　旭(挂职)

妇　联

党组书记:方志秀(1月任、6月免)
王　荣(6月任)
主　席:方志秀(6月免)
王　荣(6月任)
副主席:经　莉
曹晓莉
戴　晨(党外兼职)
徐　蔚(挂职、8月任)
副调研员:刘永玲(1月免)
潘丽云

工商联

党组书记:汤　浩(1月任)
主　席:吴铁民(兼)
常务副主席:汤　浩
调研员:张海宁

残疾人联合会执行理事会

党组书记:卢卫东(1月任、11月免)
高　洁(11月任)
理事长:卢卫东(11月免)
高　洁(11月任)
副理事长:汤晓滨
吴　敏(1月免)
副调研员:刘有禄(11月免)
王向东(11月免)
吴　敏(1月任)
保留待遇:卢卫东(11月任)

红十字会

会　长:蒋兆全(兼,7月免)
滕　涛(兼,7月任)
常务副会长:奚建彬
副会长:颜晓民

【南京市玄武区各街道】

新街口街道

工委书记:张　杰
工委副书记:吴　恒
马义兵
纪工委书记:黄爱华
组织员:潘　翔(11月免)
统战员:邹玲华(3月免)
陈伏海(6月任)
宣传员:卢　君(3月任)
人大工委主任:丁晓祥
办事处主任:吴　恒
办事处副主任:陈吉亮
叶海阳(1月免)
庞　敏
蒋书余
邹玲华(3月任)
政协工委主任:郑宏伟
人武部长:凌志军
调研员:陶巧明
杨春宝
副调研员:陈金玉
杨晓文
蔡　华
赵会欣
王中彦
张志成(3月免)
张锦南
叶海阳(1月任)
潘　翔(11月任)

玄武门街道

工委书记:庄佳峰
工委副书记:刘艳军(1月免)
余莉萍(1月任)
邹德勇
纪工委书记:李晓宁
组织员:沈　斌
统战员:吴　民
宣传员:刘俊斌(3月任)
人大工委主任:刘鲁卫
人大工委副主任:王汛生
办事处主任:刘艳军(1月免)
余莉萍(1月任)
办事处副主任:王颖娟(3月免)

冯　亮
周晓蓬
刘德贤
卞雨华(6月任)
政协工委主任:施时萍
人武部长:卞雨华(6月免)
单　斌(6月任)
调研员:陈竞赛
副调研员:张玉增
韩　峰
吴　萍
贺晓春
彭家全
靳祥运
毕荣光(1月任)
薛卫国(12月任)

梅园新村街道

工委书记:王　涛
工委副书记:史庆锋
王　茜
纪工委书记:陶　勇
组织员:周红军
统战员:方　强(6月免)
芮　利(6月任)
宣传员:朱　红(3月任)
人大工委主任:卢　惠
人大工委副主任:陆　中
办事处主任:史庆锋
办事处副主任:张丽霞
李希平
魏冠正
许　可(11月免)
金道林(11月任)
倪建军
政协工委主任:杨耀灿
人武部长:陆生兰
调研员:王鲁威(1月免)
徐宝富
陈贵永(1月任)
副调研员:严小平
张忠义
何全庆
蒋林德
潘兴华
马绪彪(3月免)
梁兴贵
臧中平
方　强(6月任)

锁金村街道

工委书记:郭建军
工委副书记:左　斌
盛　莉(3月免)
张　浩(3月任)
纪工委书记:苏国梁
统战员:卢建华(3月任)
宣传员:李佳瑛(3月任)
人大工委主任:刘　密(6月免)
方志秀(6月任)
办事处主任:左　斌
办事处副主任:赵　军
宋兴平
张　建
郑宁兵
人武部长:王宝麟(1月免)
竹军波(1月任)
调研员:张志荣
副调研员:唐德明
赵　辉
杨永平
张国祥
徐长春
王海鹰
朱国宾
王宝麟(1月任)

孝陵卫街道

工委书记:朱明勇
工委副书记:方明城
但加成
纪工委书记:贺国华
组织员:陈玉梅(3月免)
马世辉(3月任)
统战员:张学应(11月免)
宣传员:严　炎(3月任)
人大工委主任:邓志林
人大工委副主任:
郝洛元(3月任)
办事处主任:方明城
办事处副主任:单　善
郝洛元(3月免)
陈玉梅(3月任)
樊六龙
李　军
王　宁(挂职,12月任)
政协工委主任:潘毓洁
人武部长:丁江新(3月任)
调研员:程永才(1月免)
卢爱民(8月免)
陈锦国
郭永强(1月任)
副调研员:戴伟华
阙道富
赵红梅
沈国红
侯和平
王守祥(5月免)
陈晓君
张学应(11月任)

玄武湖街道

工委书记:张　巍
工委副书记:孙　荟
王　丽
纪工委书记:郭　锋
组织员:曹效仲(3月任)
统战员:姚长青
宣传员:徐卫清(3月任)
人大工委主任:王彦兴(11月免)
叶　丽(11月任)
人大工委副主任:陆丛林(6月免)
办事处主任:孙　荟
办事处副主任:余挺婷
张　浩(3月免)
姚成军(3月任)
朱剑飞(3月任)
徐　鹏(12月免)

周晓东(12月任)
政协工委主任:任　钰(1月免)
人武部长:王　志
调研员:张可道(3月免)
张　瑜(5月免)
杨　宁
徐龙海
池宝平
任　钰(1月任)
王彦兴(11月任)
副调研员:陆建新
谢福明
宗岳奇
穆顺明
黎　斌
杨东勇
丁毓萍
赵良华(9月免)
陆丛林(6月任)
孟令华(12月任)

红山街道

工委书记:唐承武
工委副书记:宗在卿(3月免)
韩春云(3月免)
徐　锴(6月免)
纪工委书记:汤永锦
组织员:谢登梅
统战员:夏济天(3月任)
宣传员:任　航(3月任)
人大工委主任:刘立青
人大工委副主任:雷修强(3月免)
办事处副主任:宗在卿(3月免,主持工作)
徐　锴(6月任,主持工作)
陈红飞
秦　洁
姚成军(3月免)
张志成(3月任)
黄　巍
徐　超(挂职,12月任)
人武部长:蒋晓红(6月任)
调研员:杨　健
梁建东
王昌荣
副调研员:包进堂
赵东林
徐其和
胡兰萍
姚业飞
张　军(1月任)
雷修强(3月任)

【区直属企事业单位】

钟山集团公司

党委书记:刘　青
党委副书记:史文广(11月任)
纪委书记:史文广(11月任)
董事长:刘　青
董　事:徐　姝
史文广
邱　峰(11月任)
刘　楠(11月任)
周永波(11月任)
总经理:徐　姝
副总经理:史文广(11月免)
邱　峰(3月任)

新街口社区卫生服务中心

主　任:王　河
总支书记:杨龙海

玄武区城市管理行政执法大队

大队长:苏　晓
政　委:王文伟(6月免)
许　峰(6月任)

【垂直管理部门】

公安玄武分局

局　长:冯　甦
政　委:卢　伟
副局长:王光明
宋建军
徐群武
监察室主任:匡宇清
区维稳办副主任:徐影秋(2月任)

国税局

局　长:李维贵(10月免)
张予田(10月任)
副局长:王礼根(调研员)
严　铀
葛菲菲
纪检组长:戚光连
副调研员:赵小文

地税局

局　长:曾　翀
副局长:吕　艳(6月任)
洪　斌
许晓燕(6月任)
沈永惠(6月免)
虞　华(6月免)
调研员:林　斌
汪临清(6月任)
副调研员:王　玲
步劲柏
魏　玮
王小洪

(刘　啸)

党政机关·人民团体

Party Committee, Government, Mass Group

责任编辑　卢永晨

◎ 中国共产党南京市玄武区委员会
◎ 南京市玄武区人民代表大会
◎ 南京市玄武区人民政府
◎ 中国人民政治协商会议南京市玄武区委员会
◎ 中国共产党南京市玄武区纪律检查委员会
◎ 民主党派·工商联
◎ 人民团体

中国共产党南京市玄武区委员会

【全区党员干部“大走访”工作推进暨机关作风建设会议】 2月24日召开。会议总结2016年机关作风建设情况，部署2017年工作任务。会议要求做到“三个到位”：一是要齐抓共管，确保工作组织到位；二是要严明责任，确保督查考评到位；三是要加强宣传，确保氛围营造到位。深入贯彻省市区委各项部署要求，以作风建设成效推进“强富美高”新玄武建设，以优异成绩迎接党的十九大胜利召开。区机关作风建设领导小组组长、副组长，各街道、园区、区机关各部门及相关单位作风建设分管负责人及联络员，区机关作风建设监督员参加会议。

【全区党建工作会议】 3月23日召开。会议深入学习贯彻习近平总书记系列重要讲话和省市有关会议精神，回顾总结全区组织、宣传、统战、政法工作，对2017年全区党建工作进行部署。会议明确2017年全区党建工作总要求是：深入贯彻习近平总书记系列重要讲话精神，以迎接党的十九大召开和学习贯彻党的十九大精神为主线，以服务“两聚一高”和“一个高水平建成、六个显著”为目标，以“走在最前列、争当排头兵”为追求，坚持改革创新、突出品牌创建、强化担当作为，全面加强党的思想、组织、作风、反腐倡廉和制度建设，为实现省市区党代会确定目标任务而努力奋斗。

【区委十一届三次全体会议】 8月11日召开。区委书记徐曙海代表区委常委会作工作报告，总结上半年工作，明确下半年工作总体要求是：高举中国特色社会主义伟大旗帜，深入学习贯彻习近平总书记系列重要讲话精神和治国理政新理念新思想新战略，认真落实习近平总书记在省部级主要领导干部专题研讨班上的重要讲话精神，统筹推进“五位一体”总体布局，协调推进“四个全面”战略布局，围绕省委“两聚一高”主题和对南京提出的“两高两强”要求，紧扣市委“一个高水平建成、六个显著”奋斗目标，坚守区委“走在最前列、争当排头兵”奋斗追求，坚持稳中求进工作总基调，以推进供给侧结构性改革为主线，以强烈的政治责任感，扎实做好改革发展稳定和党的建设各项工作，完成全年目标任务，在建设“强富美高”新玄武征程上迈出更大步伐，以优异成绩迎接党的十九大胜利召开。区四套班子全体领导，区委委员、候补委员，区纪委委员，各街道党工委、办事处、人大工委、政协工委负责人，机关各部门主要负责人，区属国有企业主要负责人，人大、政协各委主任等参加会议。

【区委十一届四次全体会议】 12月29日召开。会议总结2017年工作，部署2018年任务。区委书记徐曙海代表区委常委会作工作报告。2018年全区工作的总体要求是：全面贯彻党的十九大精神，以习近平新时代中国特色社会主义思想为指导，按照总书记视察江苏重要讲话要求，根据中央经济工作会议和省委十三届三次全会、市委十四届五次全会部署安排，坚持稳中求进工作总基调，坚持新发展理念，坚持高质量发展，统筹推进“五位一体”总体布局和协调推进“四个全面”战略布局，围绕省委“两聚一高”“两高两强”和提高城市首位度要求，围绕市委“一个高水平建成、六个显著”奋斗目标，牢牢坚守“走在最前列、争当排头兵”目标追求，以供给侧结构性改革为主线，统筹做好稳增长、促改革、调结构、惠民生、防风险各项工作，在高水平全面建成小康社会、高质量推进“强富美高”新玄武建设方面迈出更大步伐。区四套班子全体领导，区委委员、候补委员，区纪委委员，各街道党工委、办事处、人大工委、政协工委负责人，机关各部门主要负责人，区属国有企业主要负责人，人大、政协各委主任等参加会议。

【督查工作】 2017年，区委督查室围绕常态督查和专项督查，全年办理各级督办件92件，完成督查专报40篇，下发督查通知单51份。 （杨 隽）

·组 织·

【概况】 至2017年12月31日，全区建立党组织1296个，其中党委63个，党总支75个，党支部1158个，区委所属党（工）委20个，党组40个。全区共有党员29543名，较上年增加1046名，其中，男党员17043名，占党员总数的58%；女党员12500名，占总数的42%。2017年，玄武区发展党员126名。其中，女人69人，占比54.8%；少数民族4人，占比3.2%；35岁以下76人，占比60.3%；具有大专及以上学历116人，占比92.1%；在非公企业中发展62人，占比49.2%；在社会组织中发展4人，占比3.2%；在国有企业中发展4人，占比3.2%。

【“两学一做”学习教育常态化制度化】 制定《关于推进“两学一做”学习教育常态化制度化的实施方案》,印发2017年工作安排,下发《“两学一做”学习教育常态化制度化五个责任清单》,召开推进全区“两学一做”常态化制度化座谈会,集中开展三次“两学一做”大讨论,进一步深化学习效果。在基层党组织和党员中开展“喜迎十九大 深化学与做”“千支万名”大学习大培训、争当“两聚一高”等主题活动。申报“繁星·党员微故事”,北安门社区党委等3个基层党组织,江苏速度科技信息有限公司董事长徐忠建等2名党员被评为全市践行“两学一做”好典型,相关事迹在《南京日报》专版刊登。

【基层党组织建设】 完善玄武区党支部“8+4+X”制度体系,开发使用“三会E课”管理系统,实现党支部“三会一课”工作计划、完成情况实时记录和过程管控。坚持分类施策,针对不同类型党支部特点建立机关、社区、“两新”党组织关键绩效指标,推进各类支部标准化建设。开展两新组织“百日攻坚行动”,集中组建17家党支部,撤销9家长期没有党员的党支部。党建工作要求写入国企、民办学校章程。在苏州、杭州等地分别举办社区、“两新”党组织书记培训班,提升基层党组织书记履职能力。举办第二期、第三期“小社区大舞台”社区书记论坛,6名社区书记登台交流讨论。编印《玄武区党支部书记工作手册》,下发全区各党支部书记。

【特色党建品牌打造】 在全区社区范围内,重点打造“老王工作室”和“赵大姐工作室”,发挥优秀“老”社区书记示范作用,吸纳关心社区、乐于奉献的党员和居民骨干进入工作室,组团式服务群众。在全区非公领域,重点打造“红领·汇杰”“红领·徐庄”“红领·华海”等玄武“红领+”党建品牌和阵地,通过整合国企、街区、园区资源,打破“两新”党建缺阵地、缺载体的困境,建成品质高、有内容、立体式党群服务站,有力推动楼宇、街区、园区党建工作发展。

【全区“大走访”活动】 2017年,组织全区党员干部开展“走千企入万户、助发展促富民”大走访活动,走访企业14566家、居民家庭167553户、众创空间17个、基层站所8个,收集并解决改革发展、民生服务、社会治理等各类问题3315个。

【庆祝建党96周年系列活动】 2017年,组织开展纪念建党96周年系列活动,评选表彰一批优秀社区书记。举办区委常委会“七一”主题党日活动。开展“我的电影党课”红色电影展播活动。组织各级党员领导干部集中开展“七一”走访慰问活动,慰问老党员、生活困难党员400余人。

【高端人才引育】 2017年,首次申报南京市“科技顶尖专家A类”并通过资格审核1人,首次申报国家“外专千人”并通过资格审核3人,国家“千人计划”进入终审5人,“万人计划”1人、省“双创计划”6人、市“高端人才团队”2个、市“创新型企业家”4人、市“高层次创业人才”21人,市“高端人才团队”2个,总分列全市第三。玄武区南京师范大学附属小学贲友林老师上榜第三批国家“万人计划”领军人才教学名师公示名单。

【“中德创新合作之旅”玄武专场活动】 4月25日,“中德创新合作之旅”玄武专场活动在南京国际博览中心举行。玄武区、东南大学相关领导及德国商会代表、德国和国内创新创业人才70余人参加本次活动,现场重点对玄武区的政策环境进行推介,请德国创新创业人才进行项目路演。玄武区科技局与柏林工业大学、东南大学、太库科技签署《中德创新战略合作框架协议》,与中国高校知识产权交易平台、太库科技签署《知识产权战略合作框架协议》。 (韩静玮)

·宣　　传·

【概况】 2017年,全区宣传工作围绕“两学一做”、党的十九大精神、十八届五中全会精神、“十三五”规划实施以及区委区政府中心工作等开展形势宣传、典型宣传、主题宣传。聚焦玄武加快转型升级等中心工作,整合各级各类新闻单位及微博、微信等全媒体资源,对玄武区的重点工作和重大活动、重要项目以及创新发展的特色成果等,进行多视角、多层面深入报道。

【重大宣传活动】 2017年,开展学习贯彻落实十九大精神系列宣传。围绕区两会重要决策,开展建设“强富美高”新玄武专题宣传。围绕区委十一届三次全会深入贯彻落实市委全会精神研究部署,制作可视化解读、小视频等全媒体产品,开展“集中力量抓创新 聚焦重点抓富民”专题宣传。围绕玄武28件民生实事、党员干部“走千企入万户、助发展促富民”大走访活动、城市精细化建设管理、“263”专项行动、既有住宅增设电梯、“放管服”改革、社会治理一体化平台建设等重点工作，聚焦民生、医养、教育、环境、惠民新政等热点话题，及时宣传，深入解读，互动回应。围绕重大项目开工、江苏发展大会、软博会、金洽会、首届春季运动会、首届国际城市休闲旅游节、城建和双创成果摄影采风等活动，联络各级媒体及时发布消息。全区有4000余篇重要稿件(信息)见报见台见网，其中21篇重要报道在《南京日报》头版发布。在《新华日报》《南京日报》《金陵晚报》等主流媒体进行14个专版宣传，全面展示玄武区奋力建设“强富美高”新玄武的成就。

【纪念日活动】 2017年，结合国家公祭日、香港回归中国20周年纪念日、抗日战争爆发80周年纪念日等重大活动，宣扬爱国主义精神，凝心聚力，激发民众的爱国热情。组织第四个国家公祭日悼念活动，全区4个丛葬地、1个社区、一个爱国主义教育基地均开展公祭日悼念活动。组织新婚夫妇参加向革命烈士献花活动，继承革命的优良传统和优秀品格，弘扬伟大长征精神，增强民众的社会责任感、使命感和忧患意识。

【全媒体矩阵建设】 2017年，借助传统媒体、“两微一网”平台和紫金山新闻客户端等新媒体，重点宣传党的十九大精神、城市精细化建设管理和既有住宅增设电梯工作。党的十九大期间，邀请市级媒体集中采访区委书记徐曙海。组织7000余人参观“砥砺奋进的江苏”大型主题图片展并发放宣传画1500余张。组织张贴十九大宣传挂图1600余张。组织摄影家采风，展示玄武五年发展成果。市两会期间，区长穆耕林走进龙虎网进行“大力度办好民生实事 增进人民获得感和幸福感”访谈。制作7期“幸福的阶梯”专版《金陵晚报》，1期《民声》和16期《法治现场》系列报道，深入解读增梯政策法规，及时有效回应民众关切。策划制作《风尚玄武》季刊杂志，完成投放工作。拍摄玄武形象宣传片。大力宣传首届玄武春季运动会，制作画册、H5，全方位多角度记录区内50家企事业单位友好交流、踊跃参赛精彩瞬间。制作反映内秦淮河环境整治成果的H5。在省市多项重要活动中，向上级部门报送展现玄武资源禀赋和发展成果的图片约240张。加强微博矩阵建设，全区各单位共发布微博2万余条。“玄武发布”微博以图文并茂、视听并举形式即时发布热点消息，起到很好宣传效果。“玄武发布”微博粉丝数总数约10.4万，量净增约800，发布4800余条微博，微博在全市排名稳步上升。

【舆论环境保障】 全年举行文化惠民演出、区两会、28件民生实事、全区重大项目开工、城市精细化建设管理工作、“放管服”改革、金洽会等重点工作的各类新闻发布会、通气会共15次。在全区各街道发放宣传画3000余张，参加全区宣传保障活动300余次，拍摄图片约9000余张。 (卓怡杉)

·统　　战·

【概况】 2017年，玄武统一战线围绕区委中心工作，深化“玄武统战同心汇”品牌建设，先后被省委统战部、市委统战部授予实践创新成果奖等荣誉。建立区委常委列名联系新的社会阶层代表人士制度。新的社会阶层人士统战工作实践创新取得重点突破，“新领空间”“青柠盟社区”分别获评全国第一批、第二批新阶层人士统战工作实践创新重点项目。落实多党合作制度务求实效，支持民主党派玄武基层组织以“扎根玄武、深耕基层”为目标，深入推进与街道(园区)“一对一”结对共建活动。加强党外人士思想引领，先后举办两期玄武区

9月30日，新婚夫妇向革命烈士献花活动

党外人士井冈山革命传统教育培训班。圆满完成区工商联换届工作，再度荣获全国县级“五好工商联”称号。以宗教场所星级规范化建设为抓手，创成2家五星级、1家四星级、2家三星级规范化建设宗教场所。先声药业百家汇精准医疗控股公司获批“中国侨联创新创业基地”，全国侨联主席万立俊专程现场调研考察。

【侨台工作政策落实】 3月15日，市人大常委会民宗侨外委主任朱晓煜、副主任皇海澄、市侨办副主任谈德荣调研玄武区贯彻执行《南京市华侨权益保护条例》情况；6月4日玄武区锁金村街道锁三社区开展系列侨法宣传活动；开展“大走访”活动，走访驻区台商台企，现场解决困难。8月23日，南京市台办副主任李芬琴、联络处处长胡晋梅一行到玄武区走访调研台资企业；在城市拆迁改造中，涉台祖屋拆迁和祖坟迁移政策得到较好落实，台胞台属切身利益得到较好保护。

【侨台工作交流】 2017年，玄武区因公赴台7个团组，出访团组包括教育交流、文化交流、招商引资、养老服务等多个领域。6月24日，接待台湾新北市邱烽尧议员率中和区里长团一行48人参访玄武区锁金村街道。7月12日，以台湾中小学教师为主要成员的参访团对博爱梅园社会组织服务园区的社会组织培育发展情况进行考察调研。8月承办“宁台大学生寻访中山足迹”夏令营，47名台湾大学生到玄武区交流访问。10月21日，台湾“立委”林德福办公室主任黄立人率新北市永和区社区参访团一行31人来到玄武区参观交流。5月26日，区委统战部、区侨联、台联在樱驼花社区广场举办一场主题为“艾香端午侨台情 老少同乐一家亲”的大型广场活动。6月16日，组织22名侨眷参观南京博物院，全区范围内组织多场侨法知识宣传活动。

【侨台工作服务】 3月，协调处理台资企业喜多屋餐饮公司与出租方南京纬思武德实业公司房屋租赁司法纠纷，5月，协助解决东南大学台籍教师林哲元之女就近入学问题。协调处理唐宁机械厂搬迁、元祖门店消防整改等事宜。2017年共办理2名华侨子女中考“三侨考生”身份认定工作。 （宋 龙）

·文明城区建设·

【概况】 玄武区全面梳理下发文明城市创建三级责任体系，建立横向到边、纵向到底的责任网络机制。坚持定期督查通报点评，抓好突出问题的治理，开展专项督查、专项整改。2017年，共下发《督查专报》42期，发现问题341条，明确要求责任单位及时整改、逐条回复。全区顺利迎接国家、省、市城市文明指数测评，确保南京蝉联“全国文明城市”荣誉称号。

【群众性精神文明创建活动】 持续推进文明单位、文明社区、文明校园创建活动，深化文明单位结对帮扶活动。2017年，辅导培养参评全国文明单位1家、省级文明单位（社区）27家、市级文明单位（社区）86家。弘扬优秀传统文化，开展春节、元宵节、清明节、端午节、中秋节等“我们的节日”各级各类主题活动295场。策划推动南京市民文明规范深入社区、深入家庭、深入人心，成立“八个不”志愿者队伍，组织开展“八个不”知识竞赛，培育选树10家社区参加践行市民文明规范“八个不”示范社区评选，成立“八个不”宣传队编排舞蹈、快板书等文艺节目参加市评。

【玄武特色社会主义核心价值观公益广告宣传发布】 2017年，围绕全国文明城市创建、喜迎十九大等主题，在全区范围内主次干道、公交车站台、公共自行车租赁点、工地围挡、LED大屏等处，设计发布具有玄武文化特色的公益广告作品。在32块户外电子显示屏、35所学校电子大屏滚动播放公益广告5万多次；在20多条主次干道、5个公园景区广场制作公益广告道旗400多组；在全区59个社区共发布公益广告海报3000多幅；设计核心价值观工地围挡广告6版，在全区15个工地制作上墙3280平方米；在辖区重点路段公交车站台、自行车租赁点发布灯箱公益广告200余份；打造3个核心价值观“景观小品”。

【“我推荐、我评议身边好人”活动】 2017年，开展“玄武好人”“最美家庭”“文明职工”“南京好市民”等推荐评选活动，依托“南京好人365”平台，对先进典型的选树开展电台、电视台、微信、微博、APP、报纸等全方位的宣传。全年共选树推荐江苏好人1名，南京好人8名，南京市道德模范2名，南京市十大孝老爱亲人物1名。

【道德讲堂建设】 2017年，定期举办道德讲堂活动，依托“网上道德讲堂”宣传平台，推动道德讲堂在省、市级文明单位、文明社区、文明校园全面覆盖，全区共开展各类主题道德讲堂59期，各具特色的道德讲堂遍地开花，各行各业积极争当文明人、争做文明事、争创文明城，玄武的道德讲堂已真正成为文明城市建设的前沿阵地，提高公民道德素质的有效平台。（王 丽）

·政策研究与改革·

【概况】 2017年，加强政策研究，完成区委综合性重要文件、重要会议等文稿起草工作；发挥改革协调作用，一手抓市定改革任务全面落实，一手抓区级改革试点形成特色；发挥社会建设职能作用，推进民生幸福建设评价指标体系建设，发挥区社会建设工作领导小组办公室职能作用，建立社会建设目标管理制度。2017年，玄武区2个项目被评为公共空间"微更新"试点项目、2个案例获评"南京市社会建设创新优秀案例"。

【全面深化改革领导小组会议】 4月27日上午，玄武区召开全面深化改革领导小组会，区委书记徐曙海主持会议并讲话。区四套班子有关领导，区委全面深化改革领导小组六个专项小组成员单位及改革任务承担单位主要负责人出席会议。区委改革办对上年全区改革工作总体情况及下一步打算及各送审材料编制情况进行汇报，六个专项小组分别汇报工作开展情况及下一步工作打算。会议审议区委改革办起草的《中共玄武区委全面深化改革领导小组2017年工作要点（讨论稿）》《区委全面深化改革领导小组工作规则(讨论稿)》《区委全面深化改革领导小组专项小组工作规则（讨论稿)》和《区委全面深化改革领导小组办公室工作细则(讨论稿)》。

【微更新试点项目启动】 2017年，由市委社建工委等部门策划的南京市首批11个公共空间"微更新"项目5月启动，用小而美的改造，为居民带来身边的"微幸福"，玄武湖街道板仓社区的"庭院文化伴我行"和玄武门街道天山路社区的"西家大塘16-44号小区微更新改造"入选。5月南京市委社建工委、玄武区委社建工委以及街道试点项目负责人组团赴上海调研"微更新"项目成功经验。6月各设计团队开始考察项目现场，10月相关专家会同社区和居民代表评审出较好的项目设计方案，对试点项目进行"微更新"。

4月27日上午，玄武区召开全面深化改革领导小组会，区委书记徐曙海主持会议并讲话

【筑福玄武——幸福进行时活动启动仪式】 5月16日上午，玄武区委社建工委主办的筑福玄武——幸福进行时活动启动仪式在锁金村街道科技广场举行。市委社建工委副书记张援农、区委副书记易兵出席仪式，各街道和相关部门负责人、社区居民参加活动。张援农肯定玄武携手共建幸福家园的和谐氛围；易兵强调筑福玄武没有完成时，要推动玄武现代化与居民幸福感同频共振。此项活动通过每月一场在不同社区开展八类便民志愿服务，配合在各街道中心广场开展集中的宣传活动，收集居民群众的意见和建议，提高群众满意度、扩大群众参与度。

【社会建设创新案例点评会】 7月3日上午，区委社建工委在唱经楼社区召开点评会，邀请市委研究室副书记史锦平、相关处室副主任以及社会建设领域专家，对全区社会建设创新案例进行调研与指导。新街口街道唱经楼社区、孝陵卫街道小卫街社区、红山街道北苑社区、新街口街道大石桥社区、新街口街道长江路社区、区民政局、区法院(南京玄武维宁工作室)、区卫计局和红山街道墨香山庄社区等9家创新案例申报单位负责人参加会议。在听取各参评单位情况汇报后，有关专家和史书记分别对案例进行点评，并提出下一步发展建议。

【两案例获评市社建创新案例】 9月4日，2017南京市社会建设创新案例现场评审暨颁奖大会举行。此次征集推选由南京市社会建设工作领导小组主办，市委社建工委、市民政局承办，南京报业传媒集团(龙虎网)协办，在230个案例中评选出10个“南京市社会建设创新十佳案例”、6个“典型案例”和20个“优秀案例”。玄武区新街口街道长江路社区“充分挖掘各类资源 打造精品文化社区”和区民政局“社区协商在城市社区治理中的探索与实践”案例被评为“南京市社会建设创新优秀案例”。

【社建工作领导小组会议】 3月15日上午，社会建设工作领导小组召开工作会议，总结2016年度民生幸福建设满意度测评工作，研究部署2017年全区社会建设重点工作，各责任单位分管负责人参加会议。11月17日再次召开领导小组会议，通报2017年度全市民生幸福建设群众满意度测评迎查工作，区委副书记就民生幸福建设评价指标体系测评工作提出要求，一是要在年内指标排名中打好翻身仗，二是要提高社会民生建设的成效。 (刘晓艺)

·党史研究·

【概况】 2017年，区委党史办以服务玄武区委中心工作为重点，以玄武地方史和历史沿革为主线。编纂完成涵盖玄武区政治、经济、文化、社会事业等方面《中共南京市玄武区历史 (1978年-2002年)》(三卷本)。为向建党100年献礼，区委党史办正式启动《红色玄武三十年》一书编撰的前期调研和征集整理资料工作，把1919年五四运动至1949年南京解放这一段历史时期，玄武区区域内党群组织的建立、组织活动以及人民群众在党的领导下开展各项革命运动，作为历史文献保存下来。“大走访”活动以“走千企入万户、助发展促富民”为载体，扎实推进“两学一做”学习教育常态化制度化，撰写《试论“两学一做”里程碑意义》一文入选全省党史系统迎接党的十九大理论研讨会。组织开展形式多样的党史宣传教育活动，充分发挥党史工作“存史、资政、育人”社会职能。

4月17日，省委党史工办主任张亚青(前右一)、南京市委党史工办主任吴秀亮(前左二)、区委书记徐署海、区委组织部部长张惠民等到东南大学四牌楼校区，就加强保护利用红色文化遗址——梅庵进行实地调研和指导

【党史编撰】 3月，完成《2016年中共南京历史纪事玄武篇》，编写稿件约5000字，反映玄武区有关重大活动照片30幅。10月，完成《中共南京市玄武区历史(1978—2002)》(三卷本)编撰，该书审定工作完成，具体出版时间由中央党史研究室安排。

【红色文化遗址遗迹利用】 4月17日，省委党史工作办公室主任张亚青在市委党史工作办公室主任吴秀亮、玄武区委书记徐曙海、区委常委、组织部部长张惠民陪同下，到著名红色文化遗址梅庵进行调研，进一步推动党史资源保护利用和调研工作。7月，区委党史办在区委党校开办“玄武区红色文化资源开发与利用” 专题讲座。12月，《关于梅庵红色文化遗址挖掘保护的调研》刊登在江苏省《党史资料与研究》第4期；同时《南京红色遗址遗迹通览玄武篇》编撰完成。

【党史宣传教育活动】 2017年，区委党史办把党史宣传教育与“大走访”活动相结合，组织开展党史成果进机关、进院校、进企业、进军营、进社区、进乡村“六进”活动。在区机关相关部门以及结对共建社区党支部开设“组织工作业务中的数字”“读史、明理、谈血性”“从雄关漫道往长风破浪”党课，在第五十四中学、第九中学开设党史国史专题讲座。6月，开展“传承红色基因，弘扬红色文化”赠书进街道入社区的党员活动，选送《中国共产党历史》《信仰的力量》《中共南京市玄武区地方史》《中共南京市玄武区委执政实录》等一批党史类、红色文化类图书600册到全区7个街道及59个社区。 (万 斌)

·党　校·

【概况】　按照《中共南京市委办公厅转发〈市委组织部、市委党校关于提升全市党校系统整体办学水平的实施意见〉通知》，区委党校完成增挂“市委党校玄武分校”牌子任务，实行“两块牌子、一套班子”管理体制，分校人员编制、隶属关系、财政保障和工作职能保持不变，受区委直接领导，业务工作接受市委党校指导。

【“两学一做”宣讲活动】　通过专家授课、专题讨论、党日活动等形式，学中央精神、学系列讲话、学党纪党规。结合“大走访”活动，发挥职能优势，重点聚焦习近平总书记“7·26”讲话精神、十九大精神、《准则》、《条例》等专题，到玄武湖街道、唱经楼社区、宇花小学、中行玄武支行、金华商会等单位，向1400名基层党员开展巡回宣讲。

【党校培训】　2017年，区委党校与有关部门协力合作，举办27期培训班，培训学员计2600余人次。

【专题轮训班】　6月9—13日，玄武区举办各级党组织书记“旗帜鲜明讲政治，撸起袖子加油干”专题轮训班。轮训班主要面向全区三级党组织书记，区四套班子全体领导、全区各单位党政“一把手”、所有社区党组织书记、部分“两新”党组织书记和各街道、系统工委、国企党建工作分管领导参加轮训。区委书记徐曙海和区委副书记、区长穆耕林为学员上党课，市建委主任周金良、市委党校副校长刘喜发等分别作工作辅导和专题讲座。区委副书记、党校校长易兵参加第一期轮训并主持开班式。区委常委、组织部长张惠民作轮训班总结。

6月9—13日，玄武区举办各级党组织书记“旗帜鲜明讲政治，撸起袖子加油干”专题轮训班

【十九大精神轮训班】　11月17日，区管干部学习贯彻党的十九大精神轮训班在区机关大楼416会议室开班，区委书记徐曙海作专题宣讲报告，区委副书记、区长穆耕林主持开班式。全体区管干部参加轮训班学习。学员们通过集中学习和个人专题调研形式，学习党的十九大精神、习近平新时代中国特色社会主义思想、建设现代化经济体系、创新社会治理、全面从严治党等专题。12月1日，轮训班举行结业式，区委副书记、区长穆耕林作专题宣讲报告，区委副书记、党校校长易兵主持。

【课题调研】　坚持领导带头、重点突破原则，采用“三个一”模式，即“一个调研课题、一个课题小组、一个主稿人”。2017年结项省市课题3个，“基层公务员心理契约问题研究—以玄武区为例”“新医改前后社区卫生资源配置效率研究—以南京部分地区为例”和“互联网模式下城区特色化党建的研究与探索—以玄武区社区、街区、园区党建工作为例”。“机关干部意识形态状况调查与思考——以南京玄武区为例”“高举党的旗帜　坚持党校姓党”等课题参加市社科系统和市委党校系统评选并获奖。

（江　飞）

·老干部工作·

【概况】　2017年，区委老干部局认真学习贯彻党的十九大以及习近平新时代关于老干部工作的讲话精神，以“让党放心、让老干部满意”为标准，以“为党的事业增添正能量”和主动服务管理老干部为重点，全面落实离退休老干部政治待遇和生活待遇，完成全年目标任务。至2017年12月31日，全区有老干部176人，其中市管退休干部30人。年内有10名老干部因病去世。

【政治学习】　结合老干部身体状况和政治需求，采取自学、集中学习等形式，引导广大老干部认真学习党的十九大和习近平新时代中国特色社会主义思想精神，学习省、市、区重要会议精神，及时传达党和国家的大政方针，及时通报区委、区政府重大事项的决策部署及重要会议精神。坚持送学上门，向每位老干部发放习总书记《决胜全面建成小康社会 夺取新时代中国特色社会主义伟大胜利》和党员新党章、2017年度老干部理论学习自学计划等，为全区老干部征订《南京日报》《中国老年报》和《银潮》杂志520份。

【落实老干部政治待遇】 坚持老干部情况通报、走访慰问和参观考察制度。2月，召开全区老干部情况通报会，通报2016年全区经济、社会发展情况及2017年工作目标。8月，召开原四套班子领导情况通报会，通报全区上半年经济和社会发展情况及下半年重点工作任务。坚持走访慰问和领导干部联系老干部制度，贯彻执行“六必访”，全面实现走访慰问离退休干部工作制度化、常态化。在夏季高温和元旦、春节两节期间，区委主要领导率老干部局工作人员走访慰问四套班子退休老领导和机关离休干部，街道和系统领导对所属单位的离休老干部也进行走访慰问。全年组织老干部参观考察“南京新农村建设”活动两次；4月下旬，组织区机关离退休干部开展党课主题教育并赴浙江长兴学习考察，10月，组织机关离退休老干部赴广西北海开展爱国主义教育。坚持重大会议、重要活动邀请老干部参加制度。全年举办专题讲座和报告会3次，组织外出参观考察4次。

【落实老干部生活待遇】 不断完善离休费保障机制，按时审核发放离休干部生活补贴、房贴等专项经费。2017年，配合区人社局、财政局等部门，调整退休干部的基本工资、住房公积金基数和提租补贴比例、基数；调整补发玄武区军队安置离休干部离休费和护理费。在生活补贴、医疗制度等改革中尽力做到适度优待。全年补办3名老干部优待证和7名老干部医疗证、乘车证。关心生活上有特殊困难的老干部及其遗属，对老干部提出的合理要求，本着特事特办的原则，尽最大努力给予照顾。坚持日常走访、生日祝寿、住院探视、去世送葬等制度，重点看望生病住院的老干部；妥善处理10名老干部身后事。认真做好易地安置老干部管理服务工作，加强与易地安置老干部原单位沟通。做好老干部信访工作。做好全区老干部健康体检工作，9月下旬，为96名老干部进行健康体检，对体检报告有异常的老干部逐个通知复查和治疗，完善老干部健康档案。

【走访老干部活动】 根据离休干部“双高”期特点，采取集中走访与经常走访方式，走访离休干部85人，困难群众23户。梳理“大走访”问题8个，解决问题8个。

【组织退休干部系列活动】 根据老干部性格、兴趣特点和身体状况，采取支部小组为单位赴南京周围特色乡镇参观小范围活动和支部集体大活动方法。组织退休老干部参加由市老干部局举办的“老干部喜迎十九大召开”文艺会演；组织玄武老干部书画协会离退休老干部创作一批优秀书画摄影作品参加南京市“喜迎十九大，永远跟党走”全市老干部书画摄影集邮作品展；先后举办区老干部喜迎十九大书画展、玄武区老干部棋牌邀请赛、“玄武杯”老干部门球赛等。

【离退休干部党支部作用】 组织离退休党支部干部理论学习活动。邀请老干部列席区人大和政协两会，聘请老干部为党风、行风监督员，反映社情民意。2017年，为溧水白马中学贫困学生捐资，此项助学18年从未间断，老干部共捐资16万余元，帮助革命老区40多名品学兼优的贫困学子。

【建设老干部服务网络】 依托社区资源优势，以老干部生活圈子为半径，形成区、街、社委会三级服务

1月19日，玄武区离退休党支部到溧水白马中学捐资助学

网络，全方位开展为老干部服务工作，融老干部文化娱乐、医疗保健、生活照料、精神慰藉等活动和服务为一体，形成比较完善的社区老干部服务网络。2017年玄武门街道台城花园社区做好离退休干部服务的方法，获省、市老干部局领导充分肯定，并通过省级示范点验收。

【结对帮扶】 2017年，开展结对帮扶困难群众和党员义工服务活动。遴选台城花园社区4户困难家庭作为局机关干部联系点，坚持定期走访，帮助他们解决困难。全年5次慰问社区困难群众、帮扶贫困学子、看望社区工作者和指导社区老干部服务工作，投入帮扶困难户资金3000元。在“慈善一日捐，济困送温暖”等捐助活动中，党员干部捐资2800元。 （金晓静）

·机关党建·

【概况】 2017年，机关工委认真抓好机关党建工作主体责任落实，全面贯彻从严治党要求，围绕迎接党的十九大胜利召开为主线，以开展“支部建设年”为抓手，深入推进“两学一做”学习教育常态化制度化和党员干部“大走访”活动。机关开展“个十百千万”行动打造结对共建活动品牌经验总结，被人民网——中国共产党新闻网刊载；机关“双结对、双促进，打造有温度的机关党建”获全国机关党建创新成果百优案例。

10月18日上午，组织机关党员干部1800人收看收听中国共产党第十九次全国代表大会开幕式。

【全国机关党建创新成果现场展示暨表彰会】 11月16日，全国机关党建创新成果现场展示暨表彰会在深圳市举行，玄武区“‘双结对、双促进’、打造有温度的机关党建”创新案例，荣获全国机关“党建创新成果展示”百优案例。区机关党建创新案例，从双向服务结对子，延伸机关党建的“长度”、组团服务办实事，提升机关党建的“力度”、多元服务促发展，拓展机关党建的“广度”、常态服务优作风，挖掘机关党建的“深度”四个方面，总结一年来开展“在职党员奉献社区、服务群众”和“党员八小时以外树形象”等活动经验，推进和推广结对共建在服务基层、服务民生、服务发展中打造优秀工作品牌，进一步推动基层党建创新发展。

12月，玄武区机关工委举办3期区机关党员干部学习贯彻党的十九大精神轮训班

【党员干部学习贯彻党的十九大精神轮训班】 12月，区机关工委举办3期区机关党员干部学习贯彻党的十九大精神轮训班。区机关55个党组织的书记、党务干部、党员以及离退休老干部，共500余人参加集中培训学习。在轮训班上，区委宣讲团成员、区委副书记易兵以“不忘初心、方得始终”为主题，为全体学员作十九大精神专题辅导报告。省委、市委党校教授分别以“新时代坚定不移全面从严治党”“党的根本大法的与时俱进”“学习十九大报告，担负新时代使命”“遵循新时代党的建设的总要求，推进全面从严治党”和“学习新党章、牢记新使命”为主题，进行十九大精神的系列宣讲。机关党组织代表对本轮学习贯彻党的十九大精神进行支部工作经验交流，部分党员代表交流学习体会。

【区机关召开党建工作会议】 3月30日，玄武区召开2017年区机关党建工作会议，区委副书记易兵出席会议并讲话。会上传达学习全市机关党的会议及区党建会议精神，通报2016年度机关党建工作考核及支部书记述职评议情况，部署2017年机关党建工作，与机关各党组织书记签订《机关党建工作目标责任书》。3位党总支书记现场进行党建工作述职，接受现场测评。

【“五四”表彰暨党员干部“大走访”主题演讲比赛】 5月4日，区机关工委、机关团工委举办“五四”表彰暨党员干部“大走访”主题演讲比赛，纪念中国共产主义青年团成立95周年，大会表彰2016—2017年度玄武区“机关好青年”，并举行党员干部“大走访”主题演讲比赛。区委副书记易兵代表区委对机关广大青年提出殷切希望，区委常委、纪委书记张望、区委常委、组织部部长张惠民出席活动。区机关各党组织书记、组织委员，青年委员，区机关团支部书记及机关青年党团员代表160余人参加活动。

【庆祝建党96周年表彰会暨“E+大走访，点亮微心愿”主题党日活动】 6月29日，玄武区机关组织召开庆祝建党96周年表彰会暨“E+大走访，点亮微心愿”主题党日活动。表彰2016—2017年度机关优秀共产党员和优秀党务工作者，观看“三会一课”微动漫党课，现场展示区机关广大党员干部以“走千企入万户、助发展促富民”为主题的“大走访”民情日记。区委副书记易兵、区委“两学一做”督导三组组长施时萍出席活动。区机关各党组织书记、副书记、组织委员以及受表彰的先进个人参加活动。全体党员重温入党誓词，观看“大走访”活动主题图片展。

【机关党务干部培训班】 9月22—29日，区机关工委举办2017年区级机关党务干部培训班，区机关各党委、总支、支部书记或副书记、组织委员等80余人参加培训。特邀南京市委党校教授为全体党务干部解读《中国共产党党内监督条例》《关于新形势下党内政治生活的若干准则》；特邀省级机关工委副书记，就“两学一做”学习教育常态化制度化工作作专题辅导，区委副书记易兵就深入学习“7·26”重要讲话精神作专题辅导。全体学员赴革命老区金寨县开展体验式学习，参观刘邓大军前线指挥部和金寨县革命博物馆，向革命烈士纪念塔敬献花篮，重温入党誓词、重走红军路，体验刘邓大军千里跃进大别山的艰苦历程，聆听金寨县党校教授《传承红色基因坚守忠诚品格》课程。

【“喜迎十九大、深化学与做”主题党日活动】 10月17日，区机关开展“喜迎十九大、深化学与做”主题党日活动。区委常委、区纪委书记张望，区委常委、组织部部长张惠民出席活动。活动以传颂红色经典为第一篇章，配乐诗朗诵《时代》作为主题党日活动的序曲，通过热播剧《人民的名义》中老党员陈岩石入党经历回答“为什么入党”，给全体党员上一堂主题党课。在学与做篇章中，通过小视频，回顾中国共产党走过的96年辉煌历程，重温党的历史。区检察院年轻党员检察官周颖介绍她在本职岗位上履职尽责，讲述一名党员10年来学与做的故事。在喜迎十九大篇章中，现场播放征集到的“喜迎十九大、说说心里话”视频或微信。党日活动在全体党员干部高唱《妈妈教我一支歌》和《没有共产党就没有新中国》的歌声中结束。

6月29日，玄武区机关组织召开庆祝建党96周年表彰会暨“E+大走访，点亮微心愿”主题党日活动

【机关作风建设监督员换聘暨2017年度综合评议动员大会】 11月10日，区机关作风建设领导小组召开区机关作风监督员换聘暨2017年度综合评议动员大会。对作风监督工作、2017年度作风综合评议以及“文明科室”“群众满意窗口”和“满意服务先锋”评比表彰工作作动员和部署；举行监督员换聘仪式，向新任监督员代表颁发聘书。区委副书记、机关作风建设领导小组组长易兵出席会议并讲话。

【“机关先锋讲坛”活动及启动仪式】 12月6日，区机关工委举办“机关先锋讲坛”活动及启动仪式。区委副书记易兵为“机关先锋讲坛”揭幕。“机关先锋讲坛”是为继续深化“千支万名先锋行动”，进一步抓紧做实党员干部学习培训，搭建的学习交流平台。通过开展交流学习微心得，讲述党员微故事，展示支部微典型，分享党务微经验，打造党建微课堂。

【“颂歌献给党、喜迎十九大”书画大赛】 区机关工委举办“颂歌献给党、喜迎十九大”书画大赛。大赛收到书画作品200余件，遴选优秀作品103件在区机关进行展出。

【区机关工会联合会召开第二次会员代表大会】 2月24日，区机关工会联合会召开第二次会员代表大会，审议并通过上届工会工作报告，通过大会选举办法，选举产生新一届工会领导机构。会议选举出工会主席，副主席兼秘书长及9名工会委员会委员，并进行分工。选举3名人组成女职工委员会。为工会工作需要，机关工会下设青年工作部和文体工作部2个工作部。

（郑文周）

·关心下一代工作·

【概况】 至2017年底，玄武区各级关工委组织219个。其中，区关工委1个，街道7个，社区59个，机关系统7个，中小学校36个，干休所7个，公检法司4个，民企98个。经常参加关心下一代工作的“五老”（老干部、老战士、老教师、老专家、老模范）志愿者4000多人。

2017年，区、街道、社区、学校、民企开展相关主题教育活动400余场，有2.4万人次参加。全区校外辅导站科技活动1506场次，参加青少年有3.97万人次。孝陵卫街道校外教育辅导中心站获“全省校外教育工作示范辅导站”称号，玄武门街道公交一村社区校外教育辅导站获“全省校外教育工作优秀辅导站”称号。锁金村街道“五老”薛兴梁人获“全省校外教育辅导站工作先进个人”称号。区关工委获玄武区妇女儿童工作先进集体称号。

【新时期关心下一代工作理论研讨会】 5月，全区各街道、系统和社区、企业关工委，开展新时期关心下一代工作理论研讨。会议收集汇总各级关工委理论调研文章68篇，其中28篇优秀论文汇编成册，供学习交流参考。市关工委执行副主任盛金隆出席。

8月，参加全市“喜迎十九大，童心永向党”老少同台演讲比赛喜获一等奖，区关工委全体人员与小选手合影

【组织中小学生演讲比赛】 7月，举办区第二十一届正人杯“喜迎十九大，童心永向党”中小学生演讲比赛，全区7个街道，28名中小学生选手和老少组合选手进行比赛，市关工委副主任钱继红到场并给予高度评价。8月，参加市关工委组织的“喜迎十九大，童心永向党”老少同台演讲比赛，玄武区报送的《红领巾日记》《站在祖国地图前》分获一、二等奖。

【宣讲活动进校园】 区关工委讲师团《军歌背后的故事》等14个优秀课题课件进校园。在北京东路小学举行“玄武区青少年思想道德教育启动仪式”，由区思想道德宣讲团成员、海军指挥学院退休军官班海滨教授开讲《谁是最可爱的人》第一课，全年区思想道德宣讲团成员进校宣讲19场次，现场辅导中小学生6000余人次。

【主题教育实践活动】 各街道、系统关工委结合建党95周年、红军长征胜利80周年，多渠道多形式开展主题教育实践活动。参加市《强富美高·新南京》新春网络寄语活动，征集寄语2.3万余条，位列城区第二，获最佳组织奖。玄武门街道关工委开展“重温历史，铭记责任”主题教育活动，梅园新村街道关工委开展“文博场馆行”“我是小小图书管理员”和“燕归来”活动，锁金村街道关工委举办《为我们伟大祖国钢铁长城点赞》公开课，红山街道关工委开展“红领巾心系十九大”活动，孝陵卫街道组织学生参观南农大“中华农业文化博物馆”、南京理工大兵器博物馆、省农科院10年创新科技成果展。

【开展科技活动】 6月，区关工委联动省农科院六合基地，成功挂牌“玄武区青少年科技活动实践基地”，市关工委领导和省农科院领导揭牌，首批参加活动的孝陵卫中心小学师生近百名。区关工委参加“全省校外辅导站优秀活动推广项目和特色活动品牌”评选活动，孝陵卫街道报送《谁是最可爱人》《乐享家庭阳台“家田”》分获省特等奖、二等奖。

【"四个一"竞赛活动】 在全区中小学中继续开展"中国梦·我的科技梦""四个一"竞赛活动。6月，举办"玄武区第四届中小学生校外辅导站电子阅览室电子报竞赛"，有15位选手分获一、二等奖。其中14位选手入选全市竞赛，区关工委获最佳组织奖。 （仲 华）

南京市玄武区人民代表大会

【概况】 2017年年末，玄武区现有区第十八届人民代表大会代表237名，有省十二届人大代表3名，市十五届人大代表45名。区十八届人大常委会组成人员有35名，机构设置有区人民代表大会法制委员会、区人民代表大会财政经济委员会、办公室、研究室、教育科学文化卫生委员会、环境资源城市建设委员会、民族宗教侨务台湾事务委员会、人事代表联络委员会、内务司法工作委员会(与区人民代表大会法制委员会合署办公)、预算工作委员会(与区人民代表大会财政经济委员会合署办公)，派出工作机构有7个街道工作委员会。

区人大常委会在中共玄武区委的领导下，认真学习贯彻党的十九大精神，以习近平新时代中国特色社会主义思想为指导，坚持围绕中心、服务大局，按照区委决策部署，着眼全区发展大局谋划好人大工作，紧贴全区中心工作落实好人大任务，切实维护人民群众根本利益，完成区十八届人大一次会议确定的目标任务，新一届区人大工作实现良好开局。 （黄洁云）

【街道人大工作】 2017年，各街道人大工委组织市、区代表开展专题调研、专项工作监督、定向定点视察检查活动，拓宽代表履职的深度和广度，提高代表活动的针对性、实效性。组织代表活动，促进代表围绕区委、政府决策部署，围绕选民所思所盼，广泛凝聚发展共识，收集社情民意，化解社会矛盾。组织代表对街道安全生产工作、社区治安工作进行视察评议，促进街道行政工作更加依法有序、科学民主。

发挥街道人大代表之家、社区人大代表工作室的平台作用，开展代表接待选民、联系群众活动；积极推进街道"人大代表之家"建设，认真开展定向定点视察和检查，以项目建设为重点，加大代表视察力度。积极配合区人大相关工委做好有关调研、执法检查的各项工作及区人大常委会安排的相关工作。以"两学一做"常态化制度化学习教育为抓手，加强街道自身建设，深入学习相关法律法规，不断提高街道人大工作水平。 （陆秋颖）

【人大代表工作】 2017年，针对换届后新代表多的特点，分层次多形式开展学习培训，做到常委会、各专委、街道人大工委和代表的培训交替进行，实现人大培训全覆盖。有计划地邀请代表列席常委会，参加调研、视察、执法检查等活动，进一步畅通代表知情知政渠道。制定印发《关于2017年区人大代表闭会期间开展活动的意见》，丰富代表闭会期间的履职内容和形式。修订《关于进一步加强街道"人大代表之家"和社区"人大代表工作室"建设的意见》，定期组织代表进"家"入"室"，构建以人大代表为渠道的民意表达整合机制。高度重视闭会期间代表接待选民提出的意见建议，分区、街、社区三个层面逐级反馈办理，为基层群众办实事、解难事、做好事。区十八届人大一次会议收到127件代表建议已全部办结，办成107件，办成率84.25%，满意率94.49%，基本满意率5.51%，一批事关经济社会发展和民生改善的突出问题得到有效解决。 （沈 雷）

【各委员会工作】 2017年，区人大常委会内务司法工委、预算工委、教科文卫委、环资城建委、民宗侨台委、人代联委，根据区人大常委会年度工作要点及议题安排，认真组织开展调研、视察、执法检查等工作，依法履职尽责，积极推促民生改善，进一步强化人大监督实效。各委员会除对常委会、主任会会议议题、省市人大交办的议题进行调研外，内务司法工委围绕区公安分局社会治理创新及执法规范化建设情况、预算工委围绕区政府债务情况、教科文卫委围绕区政府文物保护工作情况、环资城建委围绕区政府积极推行网格化环境监管执法工作情况、民宗侨台委围绕玄武区宗教慈善力量公益服务情况、人代联委围绕如何提高人大代表履职能力进行专题调研，为常委会审议和科学决策提供有效保障。 （赵 晖）

·重要会议·

【概况】 2017年，区十八届人大常委会举行会议7次，开展视察调研31次，执法检查4次，听取审议区"一府两院"专项工作报告17项，作出决议决定9项，发出审议意见书9份，任免国家机关工作人员46人次，开展政府部门负责人履职评议4人。

【区人大常委会会议】 2月28日上午，区十八届人大常委会举行第一次会议，会议主要议题1.审议有关人事任职事项。2.听取市十五届人大8名代表述职报告，并进行测评。3.听取区人大常委会办公室主任刘康通报区十八届人大常委会2017年工作要点及议题安排。

4月24日下午，区十八届人大常委会举行第二次会议，会议主要议题1.听取和审议区人民法院院长沈湧所作的关于民事审判工作情况的报告；2.听取和审议区人民政府副区长马千山所作的关于实施《宗教事务条例》，加强宗教场所星级建设与规范化管理情况的报告，3.有关人事任免事项。会议以举手表决和无记名投票的方式通过区人大常委会主任会议、区人民检察院检察长倪一斌提请的有关人事任免议案。

6月30日下午，区十八届人大常委会举行第三次会议，会议主要议题1.听取和审议区人大常委会副主任、执法检查组组长李辉所作的关于检查区政府实施《江苏省学前教育条例》工作情况的报告；2.听取和审议区人民检察院检察长倪一斌所作的关于刑事检察工作情况的报告；3.审议有关人事任免事项。会议以举手表决和无记名投票表决的方式通过区人大常委会主任会议、区人民政府区长穆耕林、区人民法院院长沈湧提请的有关人事任免议案。

8月28日上午，区十八届人大常委会举行第四次会议，会议主要议题1.审议有关人民陪审员任命事项。会议以举手表决方式通过区人民法院院长沈湧提请的有关人民陪审员任命议案。2.听取和审议区财政局局长王冬梅受区政府委托所作的《关于玄武区2016年财政决算草案的报告》、区审计局局长龚庆亚受区政府委托所作的《关于玄武区2016年度财政预算执行和其他财政收支的审计工作报告》和《关于玄武区2017年审计全覆盖推进情况的报告》。3.听取和审议区政府常务副区长滕涛所作的《区政府关于2017年上半年国民经济和社会发展计划及财政预算执行情况的报告》。4.听取和审议区财政局局长王冬梅所作的《玄武区2017年省转贷新增地方政府债券安排及区级预算调整方案(草案)的报告》。会议以举手表决的方式通过《南京市玄武区人民代表大会常务委员会关于批准玄武区2017年省转贷新增地方政府债券安排及区级预算调整方案的决议》。

10月17日下午，区十八届人大常委会举行第五次会议，会议主要议题1.听取和审议区政府相关工作部门主要负责人向区人大常委会报告履职情况并进行测评。2.听取和审议区十八届人大一次会议代表建议办理及督办情况的报告。3.听取和审议区人大常委会执法检查组关于检查《南京市住宅物业管理条例》实施情况的报告。4.听取和审议相关规章制度修订、制定事项。以举手表决的方式通过《南京市玄武区人民代表大会常务委员会关于讨论、决定重大事项的规定（修订案草案)》《南京市玄武区人民代表大会常务委员会关于街道财政预算审查监督办法（草案)》《南京市玄武区人民代表大会常务委员会关于修改<南京市玄武区人大常委会组成人员守则>等十五个制度的决定（草案)》《南京市玄武区人大常务委员会关于相关试行、暂行规章制度正式实施的决定(草案)》。会议以举手表决的方式通过《关于召开南京市玄武区第十八届人民代表大会第二次会议的决定(草案)》。

11月28日下午，区十八届人大常委会举行第六次会议，会议议题1.审议有关人事任免事项。以举手表决和无记名投票的方式通过区人大常委会主任会议、区人民政府区长穆耕林提请的有关人事任免议案，现场组织新任命人员进行宪法宣誓。2.听取和审议《关于接受刘艳军等三名人辞去南京市玄武区第十八届人民代表大会代表职务请求的决定(草案)》，并以举手表决方式通过该草案。

12月25日下午，区十八届人大常委会举行第七次会议。会议主要议题1.听取和审议区发改局局长胡全康关于玄武区2017年国民经济和社会发展计划执行情况与2018年国民经济和社会发展计划草案初步方案报告的说明，并对2018年国民经济和社会发展计划草案初步方案进行审查。2.听取和审议区审计局局长龚庆亚所做的《区政府关于2016年度财政预算执行和其他财政收支审计查出问题整改情况的报告》。3.听取和审议区财政局局长王冬梅所作的《关于玄武区2017年财政预算调整方案(草案)的报告》。会议以举手表决的方式通过《关于批准玄武区2017年财政预算调整方案的决议》。听取区财政局局长王冬梅关于玄武区2017年财政预算执行情况和2018年财政预算草案初步方案报告的说明，并对2018年财政预算草案初步方案进行审查。会议同意将报告提交区十八届人大二次会议审议。4.听取区人大常委会副主任、代表资格审查委员会主任委员杨冬梅所作的《关于补选代表的代表资格审查报告》。会议以举手表决的方式通过该报告。5.听取区委组织部副部长丁锴关于区十八届人民代表大会第二次会议各项建议名单的情况说明。会议以举手表决的方式通过区十八届人民代表大会第二次会议列席人员名单。6.听取区人大常委会副主任蒋兆全所作的关于区十八届人民代表大会第二次会议筹备工作情况的报告,决定提交区十八届人民代表大会第二次会议预备会议通过。7. 听取区人大常委会研究室主任杨宇峰对区十八届人民代表大会第二次会议常务委员会工作报告所作的有关说明。讨论通过区十八届人民代表大会第二次会议常务委员会工作报告(送审稿),决定提交区十八届人民代表大会第二次会议审议。（柏富强）

【区人大常委会主任会议】 2017年区十八届人大常委会共召开主任会议12次，其中预审常委会议题6次，听取区政府和区法院、检察院专题汇报6次。内容主要包括:听取区十八届人大一次会议代表建议基本情况的汇报;实地视察并听取区政府关于档案新馆运行使用及服务利用工作情况及玄武湖地区综合执法能力的工作情况的报告;听取区政府关于国有资产管理情况的汇报;听取区政府关于行政复议及行政应诉工作情况的汇报；听取百脑汇珠江路店打造“海峡两岸青年创业基地”项目情况的汇报;实地视察并听取关于区政府2017年为民办实事项目进展情况的汇报。

·重要活动·

【代表定向定点视察检查】 2017年,7个街道代表组围绕规范执法、工地扬尘管控、黑臭河道整治、科普宣传教育、市场监管、卫生和计划生育管理服务、政务服务等工作,对检察院及6个政府部门开展视察检查活动。（赵　晖）

【人大任命人员履职评议】 为进一步提高人大任命干部的履职能力和工作水平,促进“一府两院”依法行政、公正司法,按照《南京市玄武区人民代表大会常务委员会关于区政府组成人员和区法院副院长、区检察院副检察长向区人大常委会报告履职情况的实施办法》和《南京市玄武区人大常委会关于区政府组成人员和区法院副院长、区检察院副检察长向区人大常委会报告履职情况工作流程》，区人大常委会组织委员结合听取和审议专项工作报告,对区金融办主任杜景南、区城管局局长姚晓晖、区文化局局长陈静、区政府法制办主任郭镰的履职情况进行评议,并将评议结果向社会公布。

【区人大理论研究工作年会】 11月10日，玄武区第五届人大工作理论研究会2017年年会在玄武中心大厦401会议室举行,区人大常委会党组书记、主任杨乐华,区人大常委会副主任杨冬梅、李辉,区人大工作理论研究会会长刘显平,以及区人大工作理论研究会理事、常务理事、各团体会员单位成员共61人出席会议。会议由区人大常委会副主任杨冬梅主持。会议听取区人大工作理论研究会会长刘显平所做的2017年工作报告。区人大代表、玄武湖街道党工委书记张巍，区人大工作理论研究会理事、区建设局局长章凯,区人大常委会组成人员、区人大财政经济委员会主任委员刘全庆,区人大常委会组成人员、南京林业大学风景园林学院副院长张青萍4人在会上进行论文交流发言。本次年会共收到论文66篇。区人大财经委主任委员刘全庆人撰写的《推进预算绩效评价、强化人大预算监督》一文获省人大理论研究一等奖。区人大理论研究会把论文汇编成册印发给各理事、常务理事、团体会员单位及各街道代表组,并将评选出的优秀论文发布于玄武人大网站上。（钱　晨）

【区人大信访工作】 2017年接待来访群众35人(次),督促办理信访22件，保障人民群众的合法权益维护、化解社会矛盾、维护社会稳定。（陆秋颖）

9月12日,市人大代表视察香林寺沟

【人大学习交流和友好往来】 2017年，区人大共接待大连市甘井子区人大等单位到访9次，组织区人大常委会全体组成人员及人大机关全体人员赴杭州市委党校学习培训5天。省、市人大组织外出学习6次。（陆秋颖）

【宣传信息工作】 2017年，区人大在市级以上刊物、网站发表图片、信息301条，文章2篇。（钱　晨）

【常委会自身建设】 2017年，组织常委会组成人员和机关干部学习传达、贯彻落实党的十九大精神，深刻领会习近平新时代中国特色社会主义思想，始终在思想上、政治上、行动上与以习近平为核心的党中央保持高度一致。中央和省、市、区委作出重大决策部署，均及时召开会议学习贯彻，提升把握大局、服务大局的能力和水平。扎实开展“两学一做”学习教育和“大走访”活动，自觉用政治理论武装头脑、指导实践、推动工作。根据新形势新要求，在集中修改完善的基础上，形成《玄武区人大工作制度汇编》，涵盖12项法律法规、24项工作制度、8项工作规程以及6项附属文件，提升人大工作规范性。改版区人大网站，优化代表建议网上办理系统，设置优秀建议栏目，提高人大工作的互动性、透明度和执行率。坚持不懈抓作风建设，贯彻落实全面从严治党要求，提高拒腐防变的意识和能力，严格执行会议纪律和出勤纪律，营造风清气正、务实为民的良好氛围。人大机关自觉接受派驻纪检组监督，认真抓好问题整改，各工作机构认真敬业、依法履职，保证人大整体工作质量。区人大机关、新街口街道人大工委、锁金村街道人大工委被评为全市人大机关系统先进单位，共有6名人被评为省、市人大工作先进个人。（杨宇峰）

【“两学一做”专题教育活动】 活动开展以来，区人大常委会领导以普通党员的身份带头参加支部学习、小组讨论、支部党日活动。抓住玄武区“送课到基层”的契机，邀请区党史办主任钱钦民、公教一村社区党委书记王其生来支部上党课。在杭州培训期间，组织支部党员干部参观“五四宪法”陈列馆，进一步丰富党史知识，增强宪法意识。广泛开展大走访活动。区人大党组牵头，深入企业，了解企业发展难题，为企业发展献计献策；有计划有步骤地走访社区、走进困难家庭，了解群众困难，及时分忧解难；定期回访选区，解答选民问题，给选民上交满意答卷。通过整合支部资源，开展“联学联建”活动，区人大机关党支部、公教一村党支部与中国电信玄武区局党支部签订支部共建协议，三个支部定期组织学习交流活动，互通有无，联学联建，共同促进支部建设和支部党员干部业务水平的提升。（柏富强）

链接

人大代表建议办理结果选编

关于加强对全区中小学生素质教育的改革建议

此建议由龚军代表提出，区教育局主办。办理情况如下：

素质教育，是以全面提高人的基本素质为根本目的，以尊重人的主体性和主动精神，以人为的性格为基础，注重开发人的智慧潜能，注重形成人的健全个性为根本特征的教育。玄武教育坚持以“高质量实施素质教育，高水平实现教育现代化”为发展目标，聚焦素质教育内涵、推进课程规划建设、开展课堂教学研究、优化教师队伍建设，不断促进中小学生综合素质全面发展。玄武区先后荣获省素质教育实验区、省义务教育均衡发展先进区、省教育现代化建设先进区等省级荣誉。

大力实施提升课程领导力行动研究。“十二五”以来，全区各中小学着力实施课程规划，在学校课程规划的引领下，学校课程设计始终坚持以“人的发展”为核心价值追求，各学校系统梳理各学科课程、开展学科课堂教学改革、规划学科组教师专业发展、构建学生学科质量的保障措施，有力的推进学校课程规划的具体落实，满足学生个性发展的需求。目前，全区每一所学校均形成彰显学校文化的课程规划及实践案例，实现“一校一品”的特色发展。南师附小、北京东路小学、成贤街小学的“学校课程校本化的建设”研究成果在江苏省首届基础教育教学成果评选中获特等奖和一等奖；弘光中学确立“让每一个梦想都精彩”课程理念，研发文化寻访、科技创新、电子书包等特色课程，影响力辐射至全国各地；十三中“树魂课程”引领的课程基地建设全面促进教与学的方式的转型，“语文课程学习基地”获批江苏省首批课程基地。通过课程规划的不断深入，完善全区各校素质教育推进的顶层设计。

精心打造高素质学校教师队伍。全面加强教师培养，提高教师素质，通过课题引领、骨干教师“签约培养”、“名师工作室”建设，努力打造一支“仁爱、博学、优雅、善思”的玄武教师队伍，着力提高业务能力和整体素质。依托区教师发展中心积极开展业务培训，通过教师讲坛、专家讲座、学科行动、校本研修等形式，不断提升全区教师“理解学生、支持学习、提升学力”课堂教学的认识和水平。目前，全区拥有首批基础教育专家4人（全市16人），享受国务院政府工作津贴1名，首届全国教书育人楷模1人，全国劳模1人，全国模范教师3名，省市劳模9名，在职特级教师32人、市级学科带头人79人，国家、省、市“师德标兵”13名，市“斯霞奖”5名，“斯霞式人民教师”91名。通过教师队伍建设，全面保障素质教育的实施质量和水平。

努力营造学生健康成长的家庭和社会氛围。引导全区各学校以素质教育为核心，以提高教育质量为目标，积极构建学校、家庭、社会紧密协作的教育网络，开设“家长学堂”、“社区学堂”，努力提高家长育儿能力和水平，提升家长与学校配合促进学生全面发展的责任意识。各中小学充分挖掘学校、家庭、社会教育资源，定期邀请校外教育专家、优秀家长、骨干教师举办“家长学堂”和“社区学堂”，开展学生学习习惯养成、父母陪伴教育、家校沟通合作等课程讲座，同时充分利用学校“微博”、“微信公众号”等现代媒介，科学引导家长主动的学习和掌握教育子女的科学知识和方法，促进家长参与教育改革，争取家长对学校教育的理解与支持，形成全面实施素质教育的合力。

全面开展区域素质教育特色学校评估。全区各中小学不断开拓办学新路，提升教育质量，日益赢得“品牌效应”，业已形成校有特色、班有特点、生有特长的生动活泼的局面。为进一步推进素质教育，推动学校内涵特色发展，不断提升学校优质办学质量，从2017年开始利用三年时间，将对全区中小学开展素质教育特色学校评估认定，在全区范围内打造一批办学有思想、文化有特色、质量有提升的素质教育优质特色学校。目前，已制定《玄武区“阳光体育”特色学校评估认定标准》、《玄武区“艺术团”特色项目学校评估认定标准》、《玄武区“星光计划”特色项目学校评估认定标准》，通过创建、考核、评估，努力创设与打造一批优质特色学校，辐射和带动全区每一所学校素质教育质量的全面提升。

精心组织丰富多彩的学生展演竞赛活动。开展全区中小学“阳光足球校际联赛”，玄武区学校连续2届获市校园足球联赛冠军；组织全区中小学生“阳光体育运动会”和篮球、排球、田径联赛，在市青少年阳光体育系列赛中，成为唯一小学、初中、高中三个组别均获一等奖的区县，梅园中学男排、九中男篮多次代表国家参加世界中学排球和篮球比赛，获世界冠军；举办全区中小学生小器乐、合唱、集体舞比赛和艺术展演，长江路小学、第九初级中学、第九中学代表江苏省参加全国中小学生艺术展演获得优异成绩；组织学生参加各级科技创新大赛、“四个一”科技活动，参赛作品和获奖等级名列全市前茅。通过参加丰富多彩的展演竞赛活动，既为学生搭建个性发展的舞台，也促进广大学生综合素质全面发展。

区教育局将结合您的建议，进一步丰富课堂教学中素质教育的内涵，着力提升教师专业素养，积极推进学生素质评价改革，广泛开展学生特色活动，不断促进学生全面发展。

增设养老机构，适应老龄化社会需求

此建议由苏德军代表提出，区民政局主办。办理情况如下：

玄武区是从上个世纪80年代跨入老龄化社会，是全市较早进入老龄化社会的区。初步统计，全区老年人每年以5%的增幅增加，目前户籍老人数已达97517，占全区户籍人口的20.37%，80周岁以上老人已达17787人。老龄化程度较高。老年人对养老机构需求较大。目前，全区共有养老机构11家，床位数1700余张，护理型床位300张，已远远不能满足老人的入驻需求。

为满足老年人对养老机构的迫切需求，从2016年起，区委区政府积极筹措，加大力度推进养老院建设。主要做法：

坚持“统筹”规划，破解“稀缺”难题。在当前主城区土地、房屋资源稀缺的情况下，应大力加强统筹规划。首先规划、发改部门在新开发、待开发小区规划设置养老机构，配套建设机构用房，这应作为发展养老机构的主要途径；其次结合危旧房、城中村等改造项目规划配建出养老机构用房，这应作为发展养老机构的重要途径；最后在老城区内通过购置或租赁等方式补足养老机构用房面积，作为发展养老机构的补充途径。年初以来，结合南京市儿童福利院搬迁时机，向市政府积极争取载体资源，目前市政府已同意将儿福院地块划拨至玄武区，用于养老机构建设；利用国家关于养老市场若干意见的文件精神，积极整合精艺印刷有限公司地块，目前规划用地性质变更已取得市规划部门审批，目前正在积极对接养老机构建设事宜。年底前力争建成。新增养老床位1000张。积极与区国资钟山集团对接，进一步加快聚宝山公园地块建设。

坚持“差别”培训，破解“专业”难题。第一，要加大对管理者队伍的培育力度，依托相关高校和机构，建立养老管理人才培训基地，有计划地对养老服务行政管理、专业技术管理等人员进行专业知识、专业技能培训，以及专业学历进修，提升养老服务管理人员的专业水平，打造专业化的养老管理人才队伍。第二，要稳定护工队伍并加强队伍素质和业务培训。对养老机构在护理员的工资待遇、保险养老、教育培训方面的投入加大监管力度，鼓励引导养老机构招聘年轻化、专业化、职业化的生活护理人员。第三，针对志愿服务带有随意性和非职业化的特点，要采取向南京各大专院校招募社工专业的学生、老师志愿者或利用民政社工人才队伍的储备力量，在尚无条件配备专职社会工作者的养老机构中设立社工实习教育基地，整合资源引入社工专业人才，转变养老机构的服务理念，提升服务水平，缓解入住老人精神关爱等专业服务的不足。并有计划地培育医疗保健、精神慰藉、文化教育等方面专业化的志愿者，提倡低龄老年人为高龄老年人服务的互助志愿服务，研究建立并推广“时间银行”制度，调动其提供志愿服务的积极性，让服务者积累服务时间以便需要时支取。

坚持“行业”监管，破解“诚信”难题。要充分发挥“玄武区老年事业发展促进会”的作用，引导养老机构开展行风建设，诚信自律，规范运营，不断提高为老服务的理念、服务标准，提升机构自身形象，拓展为老服务方式，推进养老服务质量的再提升。发改、民政、安监等部门要以“促落实、抓监管”为核心，狠抓项目、服务、安全、环境、资金方面的监管，主要指标要实行通报制度。民政部门要建立评估机制，依据养老机构为社会提供公益性服务的数量、质量和其运作状况来提供差额式的扶持与资助。并要建立养老诚信体系，对违规失信的将限期整改、停业整顿、扣发补贴、实施罚款、吊销许可证等处罚，督促养老机构诚信运营。

关于建立和完善社区图书室等文化设施丰富群众精神文化生活的建议

此建议由李爱国代表提出，区文化局主办。办理情况如下：

近年来，区文化局深入贯彻党的十八届六中全会以及省、市、区各级党代会精神，紧紧围绕区委、区政府的“文化玄武”战略，进一步提高文化自觉，提升文化服务效能，努力将玄武建设成为文化基础设施完善、公共文化服务体系完备的文化示范区，让玄武群众享受到优质的公共文化服务。

围绕文化为民，推进文化阵地建设。近年来，区文化局着眼于示范区建设，不断完善区级文化馆、图书馆、街道文化站、社区综合文化服务中心。目前全区范围内已建成3个省级公共文化服务示范街道，5个市级文化示范站，5家金陵图书馆街道分馆，15个社区综合性公共文化服务中心，在全市率先实现社区共享工程基层点全覆盖。今年还要打造15个社区综合性公共文化服务中心。区文化馆活动中心全面对群众免费开放，每年开展春季和秋季两次公益性文化培训，得到省市文化主管部门的认可；区少儿图书馆连续4次获得国家一级馆称号，2014年开设低幼亲子阅览室，新增数字图书等一些特色服务，完善图书查询功能，并在基层建有2个图书馆分馆，14个图书流动点。

围绕文化乐民，丰富群众文化生活。全区每年开展1000余场文化惠民活动，形成好戏连台、精彩不断的文化活动氛围，让社区居民在家门口就能够享受文化、参与文化。“玄武之春”被评为南京市文化惠民活动品牌，“玄武文化行”被江苏省委宣传部评为江苏省优秀文化活动品牌，“书香玄武”也成家喻户晓的文化阅读品牌。

2016年为鼓励更多的单位和广大干部群众要以先进为榜样，多读书、读好书，4月15日在区全民阅读活动启动仪式上表彰一批书香社区、书香家庭、书香校园、书香机关、书香企业和阅读之星。

2017年4月21日“书香玄武悦享机关”玄武区2017年全民阅读系列活动启动仪式在江苏省美术馆报告厅隆重举行，同时对5个“读书驿站”和“机关诗词社”、“机关读书会”进行授牌。区全民阅读所有成员单位每年通过“书香玄武”系列活动的开展，为社区居民提供讲座、阅读分享、文学沙龙、文化行走等不同方式，吸引不同年龄段的居民参与，满足不同层次居民的阅读需要，真正形成齐参与、广受益、全覆盖的浓厚文化氛围。每年为社区居民开展各类文化阅读活动200多场，受众度达3万多人次。

2017年玄武区政府采取政府购买公共文化服务的形式，采购省演艺集团60场文化惠民精品演出。演出时间固定在每周三晚7:30。每场演出都有国家一级演员参与。凡是玄武的居民，只要通过“玄武区文化馆”的微信公众号加关注和分享，获验认证码后，即可获取门票，观看演出。对演出的质量，我们通过现场观众评价和微信测评两种方式对每一场演出进行满意度测评，不断提高演出服务水平，群众的满意率高达95%。

围绕文化惠民，充分整合社会

资源。玄武区文化场馆众多，文化资源丰富，文化设施齐全。区域内有2个公共图书馆面积达74600平方米，10所高校的图书馆面积达157440平方米，36所中小学的图书馆面积达9714平方米，10个阅读空间面积达3810平方米，阅读资源十分丰富、氛围非常浓厚。我们将充分整合利用好这些辖区资源，尽可能多地让这些场馆为老百姓开放，提供服务，真正让辖区居民能够充分享受到书籍的快乐、阅读的乐趣。

学习永远在路上。玄武区将通过多种形式、不同方式开展各类阅读活动，提供众多场所保障阅读阵地，完善服务体系，鼓励全民阅读、支持终身学习，为打造"强富美高"新玄武提供文化支撑。

关于鼓励建设立体车库的建议

此建议由陈翀代表提出，区建设局主办。办理情况如下：

近年来，随着经济的快速发展和居民生活水平的提高，私家车拥有量迅猛剧增。玄武区作为主城区之一，较多小区建成投用时间较早，当初的停车位配置已经无法满足现在的需求，"车多位少"、"停车难、乱停车"的情况愈演愈烈，导致部分城市道路出行高峰时段拥堵，公共停车设施的建设势在必行。

根据《南京市停车场建设和管理办法》建设项目停车设施配建标准由市规划行政主管部门会同市住房和城乡建设、城市管理、公安机关交通管理部门制定，报市人民政府批准后实施。玄武区近些年也积极适应城市发展的要求，利用学校资源进行公共停车场的建设。目前，人民中学操场地下两层停车场，占地面积13500m2，共计新增车位300个，预计今年下半年建成并对社会开放。小营小学地下停车场建设也在方案论证中。

2017年玄武区还结合环境综合整治，选取兰家庄20号作为立体车库建设地点，初步设计方案停车库占地面积约为600m2、车位数为27个，待该地块拆迁征收后，计划2017年底开工建设；同时通过对老旧小区环境整治，拆除违章搭建，计划建设小型停车场，目前，经各街道努力，已统计共计新增459个停车位，以缓解老旧小区停车难的问题。

关于玄武区东箭道垃圾中转站环境改造的建议

此建议由邱敏等五位代表提出，区城管局主办。办理情况如下：

东箭道垃圾中转站每日承担着梅园地区十分庞大的垃圾量，对周边垃圾处理发挥着重要的作用，由于东箭道垃圾中转站距离居民区、旅游景点非常近，对周边环境也存在一定的影响，我局也经常接到居民的反映，您们在区十八届人大一次会议提出"关于玄武区东箭道垃圾中转站环境改造的建议"的相关建议非常好，我们真诚感谢。针对将垃圾站规划为室内作业的问题，我局领导高度重视，但由于该站在总统府后门是文物地段，地块狭小，周边条件限制，无法做到垃圾转运入场入室要求。

下一步区城管局、区环卫所将采取下面五个步骤加强垃圾中转站的管理，加强中转站周边卫生的保洁，使其能更好的为社会服务。一是加大考核、检查力度，对垃圾中转站定期进行消毒、冲洗，确保清洁、有序；二是加强整治，做好保洁管理，专人负责；三是箱体在垃圾压缩作业完毕等待转运前，管理人员及时清洗箱体，确保在转运过程中不会对路面产生污染；四是结合各片区雨污分流工程，将各站点的污水纳入污水管网。五是结合今年南京市生活垃圾转运站整治工作的要求，全面提升中转站的基础设施以及周边环境面貌。

（沈　雷）

南京市玄武区人民政府

【概况】 2017年，全区上下深入学习贯彻习近平新时代中国特色社会主义思想，在市委、市政府和区委的坚强领导下，坚持稳中求进工作总基调，以深化改革、调整结构为主线，坚持稳增长与促创新相结合，经济社会各项工作取得新进展，顺利完成区第十八届人民代表大会第一次会议确定的各项目标任务，实现新一届政府工作良好开局。

【经济项目推进】 2017年，项目载体完成加速扩容，徐庄研发六区、卫岗产业园、百家汇一期等项目建成投入使用，生物医药园、聚慧园组团基本完成招商，熊猫中央广场实现封顶，南农大科技创新研发试验基地主体建成，板仓街9号产业园转型取得实质性重要进展，紫金嘉悦等在建项目快速实施。达明大厦、仙鹤门2号地块社区商业配套项目开工建设。青石街、中央路224号、钟岚里、珠江饭店地块项目扎实推进。铁北红山新城进入快速开发建设阶段，沈阳村地块、华飞2号剩余地块成功出让并启动建设。全区新增载体33万平方米，改造12万平方米，在建103万平方米，新开工35万平方米。

【经济结构优化】 2017年，科技创新活力迸发，新集聚国家“千人计划”人才12人、国家“万人计划”人才1人、省“双创计划”人才6人、“创业南京”英才计划人才61人。新增国家级众创空间1家、省级众创空间6家，全区拥有市级以上众创空间25家，集聚在孵团队超过300个。引进和培育科技型企业超过100家；新增新三板上市企业2家，高新技术企业、省民营科技企业各21家。实现专利授权3200件，发明专利授权2000件。徐庄软件园获批筹建江苏省高新技术产业开发区，入选苏南国家自主创新示范区优秀科技园区。珠江路晋级首批江苏省众创社区备案试点。推进“两落地一融合”工作，达成75项科技成果转化意向。产业质效持续提高，新增注册资金1000万元以上企业391家，其中5000万元以上企业42家，亿元以上企业14家，哈姆雷斯中国总部等3家优质总部企业落户。新增规上企业104家，苏宁易购、赛特斯入选苏南国家自主创新示范区瞪羚企业。新增国家级电子商务示范企业3家，全区电子商务交易总额达1200亿元。新增中国驰名商标2件，马德里国际注册商标2件，省名牌产品6个。服务业增加值占GDP比重达99.4%，继续列全市首位。金融服务业、软件与信息服务业、商贸流通业、商务服务业增加值占GDP比重分别为19.8%、15.8%、15.8%、8.9%。

【环境品质提升】 2017年，聚焦精细精致，全面实施城市精细化建设管理“10+9”行动，共235个建设项目，区域功能品质实现新提升。提升窗口地区形象，实施北京东路、珠江路、玄武大道等12条重要道路环境综合整治，完成地铁四号线（玄武段）7个站点周边环境整治，内秦淮河北段两侧5000米岸线全线贯通，实施明城墙沿线27万平方米建筑立面整治。持续改善人居环境，实施9个棚户区改造和3个环境综合整治征收项目、100个老旧小区整治工程，“便利化、适老化、安全化、环保化、美观化、特色化”标准在全市推广。在全市率先启动全面推行既有住宅增设电梯工作，全年共实现签约委托953宗，完成初审855个，取得规划许可证596个，取得施工许可证458个，开工建设304部。完成小区楼顶拆违3.3万平方米，平整小区外出行道路60条，完成43个小区二次供水改造，21个小区管线下地，新增机动车泊位1459个。完成九华山18号等5处积淹水片区防汛排涝工程。加强生态环境建设，推进“两减六治三提升”专项行动，贯彻落实“河长制”，完成19条黑臭河道整治工程、124个片区雨污分流工程，并在全市率先对223个片区已经实施的雨污分流工程全面“回头看”。整治油烟扰民餐饮企业94家，工地扬尘管控率达100%，挥发性有机物污染削减10%以上。全区空气质量优良天数比例达74%，继续保持主城区第一。完成背街小巷整治55条，拆除违法建筑23.4万平方米。开展“雷霆行动”专项整治，机动车非法占道经营得到根本性治理。拆除违规户外广告127块，面积4898.5平方米。积极应对共享单车管理难题，设置248处“绿毯子”非机动车停放示范点。推进“公厕革命”，升级改造公厕60座。成立玄武街巷文化研究中心，在环境综合整治中加强历史文化挖掘和展示，新命名上林苑路等24条道路、京市桥等7座桥梁。

【社会事业发展】 2017年，全力加强就业和社会保障。新增城镇就业2万人，实现再就业9100人，培养自主创业2876人，创业带动就业1.8万人，发放高校毕业生住房租赁补贴1624.1万元，重点保障困难群体、特殊群体和优抚群体，发放各类补助资金7800万元。推动公共服务优质均衡发展。省教育现代化建设监测评估全市第一，中考均分全市第一，高考本一达线率全市第一，新增省优质幼儿园1所，创成素质教育特色学校15所。区公共卫生突发事件应急处置中心大楼主体封顶；重点人群家庭医生签约服务率达72%。新增老年人日间照料中心6个、3A级以上居家养老服务中心24个、居家养老服务中心护理站4个，建成助餐中心和助餐点58个，新增养老机构床位420张，养老机构医养融合覆盖率达78.8%。建成高危空巢及独居老人安全保障工程，实现75周岁以上独居老人紧急呼叫器安装全覆盖，90周岁以上老人每月3小时生活照料免费服务全覆盖，为全区18667名80周岁以上高龄老人发放补贴1131.7万元。优化社会管理和服务。开展社会矛盾和安全隐患大排查大整治行动，着力整改安全生产、信访稳定、劳动关系、金融风险等方面薄弱工作环节，排查生产经营单位8397家次，整改隐患6646处；化解信访积案24件，调处各类矛盾纠纷7396件，安装一体化安防监控摄像头1万个。建成15个社区综合文化服务中心，举办文化惠民精品演出60场，成功举办首届春季运动会。

【改革创新推进】 “放管服”改革扎实开展。统筹推进五大类15项改革任务，以“不见面”审批、“3550”、证照联办等改革任务为重点，精简商事登记、投资审批流程，企业注册登记3个工作日内完成，投资建设项目审批50个工作日内完成。成立区投资建设代办服务中心，代办项目32个，总投资达309.5亿元。在全市率先推行区、街两级全科政务，实现政务服务事项“一窗受理”。推进“互联网+政务服务”，省政务服务“一张网”在线办事率达93.6%。实施综合行政执法改革，组建街道综合行政检查执法大队。开展社会治理一体化改革。探索“互联网+社会治理”路径，将全区细分为516个管理网格，建立开放共享的“大数据”平台，打破条块分割，实现各方面数据融合共享，全年通过平台办理各类证件1.8万张、出具各类证明3.5万件，出租屋、地下室、车库、桥梁涵洞等区域也全面纳入管控，有效消除社会治理盲点。全面启动开发区体制改革。按照“一个管委会、一套班子、一个平台、一套招商队伍”原则，以徐庄高新区为引领，完成铁北红山新城、珠江路创业大街、玄武科技金融园、南理工科技创新园首批四个分园整合，突出产业特色，加大投入力度，强化资源整合，初步建立“一区多园”发展架构。

【信息化建设】 加强信息系统安全防护，增加堡垒机、下一代防火墙等设备以及服务器安全加固软件，全面加强网络信息安全防护能力，全年未出现影响工作的网络中断事故。建设完成“智慧玄武中心”暨“玄武区社会治理(网格化)管理服务中心”硬件平台，完成社会治理一体化云平台的开发建设。完成OA办公平台优化升级，增加工作圈、文件转发、故障报修、消息检索等功能，进一步提升移动办公实用性，易用性。

【提案建议办理】 认真办理建议提案，全年区政府系统共承办区人大代表建议120件、区政协提案135件、省市建议提案16件，全部按时办结。其中区建议提案满意(含基本满意)率达100%，人大代表建议、政协提案办成率分别达84.2%、82.2%。

【区政府常务会】 2017年1月7日下午，召开玄武区人民政府第1次常务会议，研究余粮保障房项目贷款三方协议修改事宜及区口腔病防治所置换所涉民营资本事宜。

1月19日晚，召开玄武区人民政府第2次常务会议，研究《玄武区“两减六治三提升”专项行动实施方案》、2017年一般公共预算收入指标任务分解、设立玄武区首批城市发展基金、设立教育发展特别基金、区公益性项目融资等事宜。

1月22日上午，召开玄武区人民政府第3次常务会议研究2016年度全区重点工作先进单位表彰名单。

2月14日晚，召开玄武区人民政府第4次常务会议，研究“河长制”责任分工。

2月24日下午，召开玄武区人民政府第5次常务会议，研究全区深化行政审批改革加快简政放权激发市场活力重点任务分解、《南京市玄武区教育发展特别基金管理办法》(草案)及《南京市玄武教育促进会章程》(草案)等事宜。

3月9日下午，召开玄武区人民政府第6次常务会议，研究《玄武区违法建设专项治理实施方案》、对2016年重点税源企业主要负责人进行奖励并召开重点税源企业座谈会等事宜。

4月13日下午，召开玄武区人民政府第7次常务会议，研究铁北红山新城政府投资项目、板仓街9号文化产业园项目、《玄武区区属共有房屋出租管理暂行办法》《深化区管企业负责人薪酬制度改革实施意见》《玄武区城市规划建设领导小组工作规则》《关于实施<宗教事务条例>，加强宗教场所星级建设与规范化管理情况的报告》、国有资产清查阶段性工作、南京市玄武区国有资产投资管理控股(集团)有限公司新增授信事宜、上缴2017年对口援建资金等事宜。

4月27日下午，召开玄武区人民政府第8次常务会议，研究明城墙(梅园段)和兰园合围片区征收补偿实施细则及考核奖励办法，区政府与市中山陵园管理局签订战略合作协议，春季运动会筹备工作，“十三五”妇女儿童发展规划，《法治政府建设实施方案(2017—2020年)》，区政府行政执法监督员、法律咨询委员会委员、行政复议委员会委员调整事宜，《玄武区实行审计全覆盖的实施意见》，审计机关人财物管理改革工作，《玄武区教育事业十三五发展规划》，《玄武区教育现代化建设三年行动计划 (2017—2020年)》，《关于深入推进教育现代化建设努力办好人民满意教育的实施意见》，玄武门街道部分社区设施及区划调整事宜，“3·21”机械伤害死亡事故相关工作等事宜。

5月11日上午，召开玄武区人民政府第9次常务会议，研究区招商引强奖励实施办法、招强引新促进产业升级实施意见，区教育现代化建设三年行动计划，丹凤街、进香河路、成贤街—碑亭巷产业发展导则，兰园集贸市场升级改造涉及经营户搬迁政策等事宜。

6月15日上午，召开玄武区人民政府第10次常务会议，研究《玄武区城市管理第三方绩效监督实施办法》、《玄武区产业发展引导基金管理办法》，梅园地块（钟岚里、逸仙村）综合整治项目搬迁奖励地方配套政策，精艺印刷有限公司搬迁等事宜。

7月31日下午，召开玄武区人民政府第11次常务会议，研究《关于全面推行玄武区“河长制”的实施意见》《玄武区关于深化推进人民防空改革发展的实施意见》《玄武区政府投资建设项目管理办法》、《玄武区青少年科技创新区长奖实施方案》《玄武区小顾家营征收集体土地及房屋补偿有关政策标准实施细则》《玄武区国有土地上房屋征收补偿补助奖励项目和标准》，红山街道办公大楼权属变更事宜，“5.22”、“5.27”高处坠落死亡事故调查、区城建项目安排等事宜。

8月18日下午，召开玄武区人民政府第12次常务会议，研究《玄武区国有企业职工家属区“三供一业”分离移交工作方案》《玄武区区级部门随机抽查事项清单》《玄武区区级部门公共服务事项清单》《玄武区国家保密工作局行政权力事项目录清单》，徐庄独立研发区拟挂牌地块托底协议，《关于玄武区2016年财政决算草案的报告》《关于玄武区2017年上半年财政预算执行情况的报告》《关于玄武区2017年省转贷新增地方政府债券安排及区级财政预算调整方案（草案）的报告》《关于玄武区2016年度财政预算执行和其他财政收支的审计工作报告》《关于玄武区2017年审计全覆盖推进情况的报告》，首批玄武城市发展基金使用等事宜。

9月21日下午，召开玄武区人民政府第13次常务会议，研究《聚焦富民持续提高城市居民收入水平的实施意见》、全区政府性债务有关情况、《玄武区政府投资建设项目管理办法（试行）》，珠江饭店地块棚户区改造项目、《玄武区区长质量奖评定管理办法》、街道公务员继续执行职务与职级并行政策等事宜。

10月13日上午，召开玄武区人民政府第14次常务会议，研究区体育中心产权划转至玄武城建投资发展有限公司、紫金科创公司股权结构调整、南京钟山资产经营管理集团有限公司股东变更、《玄武区关于奖励省市名牌产品和著名商标企业的意见》、“8.19”触电死亡事故调查、2017年四季度工作要点等事宜。

11月8日下午，召开玄武区人民政府第15次常务会议，研究《玄武区2018年城建计划》、调整2017年度部分城建任务及完成时间、《关于2016年全区环境状况和环境保护目标完成情况的报告》《行政机关进一步做好党政同责工作事项若干意见》《玄武区债务化解方案》《玄武区推行公职律师制度的实施方案》《玄武区公职律师管理办法》、引进英伟达技术创新中心项目等事宜。

11月24日上午，召开玄武区人民政府第16次常务会议，研究新伊汽配商城有限公司等五家被拆违企业遗留问题处理事宜等事宜。

11月24日上午，召开玄武区人民政府第17次常务会议，审议《玄武区迎接省环境保护督查工作情况报告》《玄武区2017年“两减六治三提升”专项行动工作完成情况报告》。

11月24日上午，召开玄武区人民政府第18次常务会议，研究全区下半年经济情况。

12月11日上午，召开玄武区人民政府第19次常务会议，研究审议《玄武区既有住宅增设电梯安全管理办法（试行）》、仙鹤门004号地块、仙鹤门新天地北侧地块土地出让金收入和支出有关情况、拨付2017年度智慧玄武建设专项资金、拨付2016年度税收任务超额奖励经费、拨付检察经费、拨付燃气自动报警装置安装项目经费等事宜。

12月21日上午，召开玄武区人民政府第20次常务会议，研究《全面推进政务公开工作实施方案》、《玄武区2018年国民经济和社会发展计划》编制情况、2017年全区考核工作情况、《关于南京市玄武区2017年国民经济和社会发展计划执行情况与2018年国民经济和社会发展计划草案初步方案的报告》、《关于南京市玄武区2017年财政预算执行情况和2018年财政预算草案的报告》与《关于玄武区2017年财政预算调整方案（草案）的报告》、进香河农贸市场和后宰门农贸市场划转相关事宜、《玄武区残疾居民社会保险补贴暂行办法》、产业发展引导基金组建子基金相关事宜，区环境综合整治指挥部、“两落地一融合”工作推进指挥部相关事宜，《玄武区贯彻实施全面两孩政策改革完善计划生育服务管理工作方案》、恒嘉路以西A、B地块挂牌出让条件设置建议和投资建设协议、《玄武区政府关于2016年度财政预算执行和其他财政收支审计查出问题整改情况的报告》等事宜。（杜　超）

·机构编制·

【概况】 2017年，区编办深入开展"两学一做"学习教育活动和"走千企入万户、助发展促富民"大走访活动，稳步推进区政府职能转变和机构改革、行政审批制度改革和行政管理体制改革，不断加强机构编制管理，完成区委、区政府和区编委赋予的各项任务，为建设"强富美高"新玄武和全区经济社会实现转型发展、跨越发展提供有力的体制机制保障。

【党政机构设置调整】 2017年，区编办加强机关各部门"三定"规定和优化调整方案执行情况的监督检查，科学调整、完善部门工作职责、内设机构和人员编制事项，优化部门设置，固化改革成果，为区委、区政府各项中心工作提供体制机制保障。

调整区纪委、区监委机关内设机构设置。按照内设机构综合设置的工作要求，调整后区纪委、区监委内设机构共10个，分别为：办公室（宣传教育室）、干部管理监督室、党风政风监督室、信访室、案件监督管理室、第一至第四纪检监察室、案件审理室。同时，划转区检察院政法专项编制19名、派驻纪检组行政编制4名至区纪委、区监委。调整后区纪委、区监委行政、政法专项编制43名。区纪委领导班子职数为7名，区监委领导班子职数为7名，其中书记兼主任1名、副书记兼副主任2名，除主任、副主任外的4名监委委员中，由纪委常委兼任2名、监委专职委员2名。区纪委、区监委机关内设室主任10名，副主任16名。

调整区委巡察机构。经区委常委会、区编委会议研究同意，将区委巡察工作办公室列入区委职能部门，设在区纪委。区委巡察办设主任（正处级）1名、副主任（副处级）1名。4个区委巡察组各设组长（正处级）1名、副组长（副处级）1名。核定区委巡察工作办公室、各巡察组行政编制共17名，在全区行政编制总量内调剂解决。

调整部门内设机构及内设机构领导职数。经区委常委会、区编委会议研究决定如下：区委老干部局增设关工委办公室，履行相关职责；核增区委老干部局科长（副科长）职数1名。区委政法委增设政工科，履行相关职责；核增区委政法委科长（副科长）职数1名。区委区级机关工委组织宣传科更名为组织科；区委区级机关工委增设宣传科，履行相关职责；核增区委区级机关工委科长（副科长）职数1名。区工商联设立综合科，承担相应职责；核定区工商联科长（副科长）职数1名。增设区总工会财务科，承担相关职责；核增区总工会科长（副科长）职数1名。设置南京市玄武区人民检察院驻看守所检察室，在监所检察科挂牌。核定驻所检察室主任职数1名，在已核定的区人民检察院领导职数内调剂使用。整合工商、质监、食药监服务热线，在区市场监管局综合科挂区市场监管投诉举报受理中心牌子。同时根据《2017年南京市食品安全工作和国家食品安全城市创建试点工作综合考核评价细则》有关要求，在区市场监督管理局食品安全监督管理科增挂食品安全综合协调科牌子，履行相关职责。在区委老干部局增挂区委离退休干部工作委员会牌子，主要职责为：指导基层离退休干部党组织和党员队伍建设；督促落实中央和省委、市委、区委关于离退休干部党建工作各项政策规定；组织引导离退休干部发挥作用，为党的事业增添正能量，宣传表彰离退休干部党组织和党员先进典型；教育处理离退休党员干部违反党纪事宜；指导做好党的建设其他工作。核增领导职数：离退休干部党工委书记1名（由区委老干部局局长兼任）、专职副书记1名。在各街道办事处和徐庄软件园管委会建设管理部增设安全生产监督管理办公室，履行相关职责，其他内（下）设机构职责作相应调整。核增各街道办事处、徐管委安监办主任（正科级）领导职数1名。撤销区法院内设机构审判管理办公室、研究室，其职能并入办公室；核销区法院科长职数2名。增设区法院内设机构速裁一庭、速裁二庭，负责全区简单民事案例的审理工作；核增区法院科长职数2名。区法院内设机构行政审判庭更名为金融审判庭，负责金融案件的审理工作。核增区国资办用于委派国有企业监事会人员的领导职数2名，其中监事会主席（副处职）1名、专职监事（正科职）1名。核增区审计局副局长领导职数1名。于2017年度先期增加区市场监管局编外人员员额14名，用于协助食品药品安全执法，以弥补基层执法力量不足。增加区统计局编外人员员额9名，其中各街道使用7名、区统计局使用2名，专门用于全区基本单位名录库的更新维护上报工作。增加区审计局编外人员员额4名，协助全局各项工作的开展，切实缓解审计任务繁重与人手不足的矛盾。

【事业单位设置优化调整】 整合市场监督管理局所属事业单位：2017年5月，根据市编办《关于同意调整玄武区市场监督管理局所属事业单位机构编制事项的批复》(宁编办字〔2017〕86号)文件精神,将玄武区12315消费者申诉举报受理中心整建制并入区市场监管综合行政执法大队,调整后,区市场监管综合行政执法大队合计全额拨款事业编制46名。

整合工商、质监、食药监服务热线,在区市场监督管理局相关科室增挂区市场监管投诉举报受理中心牌子。组建区水务设施养护管理所:经研究决定,组建南京市玄武区水务设施养护管理所,承担全区水务设施养护管理相关职责,为玄武区城市管理局(区水务局)所属公益一类事业单位,机构规格相当于正科级。

设立各街道(园区)综合行政检查执法大队。根据玄武区综合行政执法体制改革工作安排,经玄武区委、区政府研究同意,设立新街口街道综合行政检查执法大队、玄武门街道综合行政检查执法大队、梅园新村街道综合行政检查执法大队、锁金村街道综合行政检查执法大队、孝陵卫街道综合行政检查执法大队、玄武湖街道综合行政检查执法大队、红山街道综合行政检查执法大队、徐庄软件园综合行政检查执法大队,为各街道(园区)所属全额拨款事业单位,规格相当于副处级,具体承担街道(园区)综合行政检查执法任务。

调整文化综合执法队伍建设。玄武区文化综合执法大队整建制划入"南京市文化市场综合执法大队",不再保留区文化综合执法大队,同步划转区文化综合执法大队编制6名。

调整区市政设施养护管理所隶属关系。区市政设施综合养护管理所主管部门由区城市管理局调整为区建设房产和交通局,承担辖区内市政设施行业管理、养护考核、设施养护招投标、市政设施综合养护管理(水务设施除外)及城市绿化管理等事务性工作职责。调整后该所全额拨款事业编制21名,核定领导职数:所长1名、副所长2名。

调整教育系统部分所属事业单位机构编制情况。玄武区自学考试办公室职责整合并入玄武区招生委员会办公室,南京市玄武区招生委员会办公室增挂南京市玄武区自学考试办公室牌子。原区自学考试办公室更名为南京市玄武区教育财务资产管理中心,为区教育局所属公益一类事业单位,机构规格相当于正科级,承担全区教育系统基本建设、装备建设、固定资产的统一管理工作。

【"放管服"改革】 2017年5月,根据上级部署,将"3550"改革、不见面审批、全科政务服务等纳入全区重点改革任务,设立企业服务中心、区投资建设代办服务中心,保障改革落地见效。根据区委、区政府要求,区编办提出以"行政审批高效化、政务服务全科化、监管体系科学化、区街联动一体化、群众办事便捷化"五个方面15项改革任务为主要内容的全区"放管服"改革工作方案。全市首家实现企业开办"一窗受理、全程代办、一日办结",已有20余起一日内办结案例,省、市多家媒体进行报道。全市首家实现企业营业执照和代理记账许可证、旅馆业特种行业许可证"证照合发",审批时间提速7倍。通过公示环节体外循环,实现环评手续一日办结。稳步推进综合执法改革,召开动员大会并研究制定实施细则和大队组建方案,实现人、财、物和责、权、利相统一。

区编办牵头编制完成随机抽查事项清单、公共服务事项清单、街道综合检查事项清单及检查流程。6月,第一批"不见面"审批(服务)事项清单向社会公布,实现对清单的动态管理。9月,成立玄武区"放管服"改革工作领导小组,加强与市、区相关部门的沟通协调,及时协调解决各类问题。建立改革进度月报制度,及时了解改革动态、掌握改革进展。

【机构编制管理】 2017年,继续推进机构编制实名制管理。依托实名制管理系统建立常态管理机制,实现全区机构编制的动态管理,即时管理,使机构、编制和实有在编人员一一对应。规范机构编制管理工作流程。主要从严格控制机构编制、强化科级职数使用审批、健全信息调整和入、出编管理制度入手,规范进人核编程序,依托机构编制实名制管理严格进人程序,从源头上控制财政供养人员的无序增长。全年完成全区共117家事业单位年度报告公示,14家事业单位办理变更登记、1家事业单位办理注销登记,并按要求对登记管理机关审查通过后的事业单位的年度报告书及相关登记材料在玄武区政府网站公示公告栏进行公示。

【全区事业单位信用等级评价】 2017年,各单位经过事业单位自评、举办单位评分、监管部门评分、等级初定、申请异议、结果公示、信用修复等环节已最终确定信用等级。全区共有117家事业单位参加事业单位信用等级评价工作,117家事业单位都达到90分及以上,确定等级为A级。 (胡思宇)

·信　　访·

【概况】 2017年，区信访局接待群众来访907批1974人次，集体访34批707人次，初访70批253人次，重复访837批1721人次，编写各类信访信息周报48期、专报26期，向领导提供全区信访信息动态、重大信访问题及有关建议。办理和谐信访信息系统信件370件，办理市长信箱信件682件，办理区委书记信箱信件275件。代表区政府受理信访复查17件，办理国家信访局督办件3件，其他督办件3件。

【领导干部接访】 2017年，按照省市关于领导干部“三访”(接访、下访、约访)要求，区四套班子领导，各街道、部门单位领导“三访”工作和党员干部“大走访”活动。全年区领导接访248批326人次，解决群众反映的问题174件。

【基层基础建设】 2017年，开展争创“群众满意接访窗口”活动。提升接访软环境，规章制度上墙，文明用语上口，《信访条例》上屏，接访群众上心，信访事件上网，疑难信访上报。加强业务培训，组织街道、相关部门信访专(兼)职人员业务培训2次，规范程序，推动信访工作制度化、规范化、科学化和法制化建设。

【信访积案化解】 2017年，成立由区委、区政府分管领导为组长的信访积案化解攻坚工作领导小组。区四套班子领导全员参与积案化解工作，对上级交办38件案件全部列入领导包案。落实责任，所有积案全部实行事发单位和稳控属地“双向交办”，共同担责，各街道和事发单位党政“一把手”分别与区委、区政府主要领导签订工作“责任状”。坚持例会制度，区委、区政府分管领导每周召开一次工作例会，听取各单位案件化解推进情况汇报，指导事发单位梳理解决思路，研究化解方案。坚持会办制度，包案领导亲自主持，全年召开会办会52次。全年化解上级交办信访积案24件，化解区自查信访积案10件。

(成吉和)

10月16日，区领导接待信访群众

·政务服务管理·

【概况】 2017年，区政务办紧扣“两聚一高”目标定位，以“放管服”改革为抓手，以“互联网+政务服务”为重点，统筹推进区政务服务中心建设，切实提升12345政务热线办理质效。全年，区政务服务中心(含分中心)受理办结各类行政事项和便民服务事项89792件，街道便民服务中心受理办结各类服务事项91496件。区政务服务中心被评为2017年度玄武区十佳“群众满意窗口”，被共青团南京市委授予市级“青年文明号”称号。

【“互联网+政务服务”工作推进】 2017年，围绕“简政放权、放管结合、优化服务”目标，借助互联网，解决政务服务过程存在的“堵点”、“疼点”和“盲点”问题。按照“三级四同”(省市县三级行政权力名称、编码、类型、依据相同)工作要求，做好江苏政务服务“一张网”推广宣传工作，完成APP下载量101219人次，用户注册量21952人次，实名认证量10182人次。全面推行审批结果EMS快递送达服务，设立财政专项资金为群众快递服务买单，打通“不见面”审批的“最后节点”，2017年度完成审批结果EMS送达3691件。

【区街服务中心建设】 2017年，对区政务服务中心排队叫号系统进行升级，实现市民卡和二代身份证同时取号，办事信息自动记录，极大方便窗口使用政务系统叫号和办理事项，提高服务效率，方便办事群众。出台《玄武区街道便民服务中心业务管理考评细则（试行)》，从内部管理、事项管理、工作纪律、业务量、数据质量、服务评价、宣传报道、监督检查8个方面对街道便民服务中心工作进行规范化管理。

【投资项目代办服务】 2017年，区政务办根据三定方案，完成区投资建设代办服务中心岗位设置和人员配置，制定《玄武区关于推进投资建设项目代办服务工作的实施意见(试行)》，对代办范围、代办内容、代办流程等进行明确和规范。主要对项目投资建设单位确立阶段所涉及的注册登记、行业许可等行政许可审批和公共服务事项，以及投资建设项目在立项、用地、规划、施工、竣工等五个阶段中所涉及的行政许可审批和公共服务事项，进行全程代办或部分代办。按照“二级机构、三级功能”要求，建立全区代办员组织体系，明确各街道(园区)专职代办员12名、相关职能部门代办服务联络员24名，按计划组织开展业务培训。年内，开展代办项目32个(富贵山养老项目、中央路224号地段开发项目、高力新庄商业综合体项目、中铁24局江苏大厦项目、恒嘉路南延工程项目等)，涉及资金309.49亿元。

【“民意110”开通运行】 2017年，区政务办开通运行“民意110”系统，实时监测“12345”政务热线事项办理情况，提高“12345”政务热线服务效能和群众满意度。对结果不满意工单，启动民意跟踪监测工作机制，由区“12345”政务热线管理平台派发至区相关承办单位进行二次办理。仍不满意的，由区履职界定部门对承办单位是否履职进行界定，未履职的将进行三次办理。2017年，全区办理“民意110”工单7414件，现场核实工单317件，解决一批群众反映的热点难点问题，各职能部门履职能力得到进一步提高。

【“12345”政务热线】 2017年，受理“12345”政务热线投诉事项55106件，办结率100%。完成“12345”政务热线考核分析系统建设，实现区、街(园区)、部门数据的及时提取、统计和分析。针对办理时效、综合评价两个关键指标，采取限时办结、不满意问责、督查督办等办法，推动成员单位快办快处，切实为群众解决实际问题，办理时效与去年相比有较大提高。对全区成员单位办单人员进行专题培训12次，结合“大走访”活动，深入成员单位开展业务培训11场次，培训人员近500人次。坚持现场核处，安排专人到现场核实工单255件次，配合市政务办现场核实工单2件次，通过区领导批办工单48件，有效促进玄武区“12345”政务热线工单办理的力度。

(孙　敏)

中国人民政治协商会议南京市玄武区委员会

【概况】 政协南京市玄武区第十二届委员会有218名委员，列席人员40人，其中主席1名，副主席4名，秘书长1名，常务委员28名。区政协内设办公室(下设秘书科、提案科、行政科、委员工作科4个科)和提案法制、学习文史、经济科技、人口资源环境(城市建设)、社会事业、祖国统一6个专门工作委员会；下设新街口、玄武门、梅园新村、锁金村、玄武湖、红山、孝陵卫7个街道政协工委。2017年，在中共玄武区委的领导下，区政协常委会牢牢把握团结和民主两大主题，围绕全区工作大局，认真履行政治协商、民主监督、参政议政职能，广泛凝聚智慧服务玄武发展，充分发挥优势助推民生改善，积极协调关系促进社会和谐，为促进玄武经济、政治、文化、社会和生态文明建设做出积极贡献。

【区政协十二届一次会议】 1月3—6日，政协南京市玄武区第十二届委员会第一次会议在区机关大楼举行。区四套班子全体领导，全体政协委员、列席人员，区政协历届原正职领导和区机关有关部门负责人近400人出席大会。中共玄武区委书记徐曙海在开幕式作重要讲话。区政协主席邱小凡代表区政协常委会作工作报告。区政协副主席蒋健作提案工作报告。全体政协委员列席玄武区人大十八届一次会议开幕式，听取并讨论中共玄武区委副书记、区长穆耕林代表区政府所作的政府工作报告，区2016年国民经济和社会发展计划目标执行情况及2017年国民经济和社会发展计划(草案)报告、区2016年财政预算执行情况和2017年财政预算(草案)，以及区人民法院、区人民检察院工作报告等。会议期间举行献计献策大会，邀请区委、区人大、区政府领导和有关部门及街道负责人出席会议，听取区政协一年来的重点调研成果。会议期间，区委还召开民主党派、界别人士部分委员座谈会，广泛听取和征求民主党派、无党派人士、界别委员对区委、区政府工作的意见和建议。

【区政协常委会议】 2017年区十二届政协共召开5次常委会议。

2月23日，区政协召开十二届一次常委会议，会议协商通过2017年区政协常委会工作要点、常委会议题安排、主席会议题安排、调研课题安排和主要活动安排，听取区政协十二届一次会议提案立案情况报告和区政协相关人事安排，提出意见建议。区政协主席邱小凡，副主席王敬玲、蒋健、孙国林，秘书长王玉兰出席会议。区政府副巡视员凌立玉应邀列席会议，列席会议的还有区政协办公室、专委会和政协街道工委负责人。会议由王敬玲副主席主持。

4月25日，区政协召开十二届二次常委会议。协商讨论社区治理一体化信息平台建设情况。会议听取玄武公安分局政委卢伟所作的《关于社区治理一体化信息平台建设情况》的通报。区政协提案法制委汇报前期调研情况。会议还协商通过区政协相关人事安排。区政协主席邱小凡，区政协副主席王敬玲、赵剑锋、孙国林，秘书长王玉兰出席会议。玄武公安分局局长冯甦、政委卢伟、副局长陈坚列席会议。列席会议的还有区政协办公室、相关专委会负责人。会议由王敬玲副主席主持。

6月29日，区政协召开十二届三次常委会议。协商讨论玄武区黑臭河道整治情况和既有住宅增设电梯推进情况。会议听取区水务局和增梯办所作的情况通报。区政协人口资源环境委汇报前期调研情况。区政协主席邱小凡，区政协副主席王敬玲、孙国林，秘书长王玉兰出席会议。区政府副区长王承江应邀列席会议，列席会议的还有区政协办公室、专委会和政协街道工委负责人。会议由王敬玲副主席主持。

9月21日，区政协召开十二届四次常委会议。协商讨论珠江路创业大街和长江路文化旅游大街建设推进情况。会议听取区珠管办主任孙兵人受区政府委托所作的《关于珠江路创业大街建设推进情况》和区旅游局局长魏超人受区政府委托所作的《关于长江路文化旅游大街建设情况》的通报。区政协经济科技委和学习文史委分别汇报前期调研情况。区政协主席邱小凡，区政协副主席王敬玲、蒋健、孙国林出席会议。区委常委、区政府副区长毛银玲，区人大副主任李辉、区政府副区长马千山应邀列席会议，列席会议的还有区政协办公室、专委会和政协街道工委负责人。会议由王敬玲副主席主持。

12月26日，区政协召开十二届五次常委会议。协商讨论区政府关于2017年国民经济和社会发展计划执行情况及2018年国民经济和社会发展计划（草案）制定情况的报告、关于2017年财政预算执行情况及2018年财政预算（草案）的报告，听取全区2017年政治建设工作目标完成情况及2018年全区政治建设工作目标制定情况、2017年文化建设工作目标完成情况及2018年全区文化建设工作目标制定情况，协商通过区政协常委会工作报告、提案工作报告，协商确定区政协常委会工作报告和提案工作报告的报告人及关于召开区政协十二届二次会议有关事项。会议先后听取区发改局局长胡全康、区财政局局长王冬梅、区委办公室副主任朱锡刚及区委宣传部副部长、文明办主任汪拥政所作的情况通报，并进行协商讨论。会议协商通过区政协常委会工作报告和提案工作报告，区政协常委会工作报告和提案工作报告的报告人及关于召开区政协十二届二次会议有关事项。区政协主席邱小凡，区政协副主席王敬玲、蒋健、孙国林，秘书长王玉兰出席会议。区政府副区长戴航应邀列席会议，列席会议的还有区政协办公室、专委会和政协街道工委负责人。会议由蒋健副主席主持。

【区政协主席会议】 2017年区十二届政协共召开4次主席会议。

3月22日，区政协召开十二届一次主席会议。协商讨论玄武区职业教育（玄武中专）发展情况和公共卫生事业建设情况。会议听取区教育局和区卫计局所作的情况通报，玄武中专的情况介绍，以及区政协社会事业委调研情况的汇报。区政协主席邱小凡，副主席王敬玲、蒋健、赵剑锋、孙国林，秘书长王玉兰出席会议。会议由蒋健副主席主持。

5月27日，区政协召开十二届二次主席会议。协商讨论玄武区民国建筑保护和社区治理改革试点情况。会议听取区文化局局长陈静、区民政局局长汪风华所作的相关情况通报，区政协学习文史委、社会事业委汇报调研情况。区政协主席邱小凡，副主席王敬玲、蒋健、赵剑锋、孙国林出席会议；区政府副区长马千山应邀列席会议；列席会议还有区政协办公室、专委会领导以及部分政协委员。会议由蒋健副主席主持。

10月25日，区政协召开十二届三次主席会议。协商讨论区法院劳动争议案件审理情况、区检察院刑事执行检察工作情况和区政府提案办理情况。会议听取区法院院长沈湧、区检察院检察长倪一斌和区政府办副主任陶祥所作的相关情况通报，区政协提案法制委汇报调研情况。区政协主席邱小凡，副主席蒋健、孙国林,秘书长王玉兰出席会议;区委常委、区政府常务副区长滕涛应邀列席会议;列席会议还有区政协办公室、专委会领导以及部分政协委员。会议由区政协蒋健副主席主持。

11月21日,区政协召开十二届四次主席会议。协商讨论全区低效楼宇转型升级情况和区机关作风建设情况。会议听取区商务局局长王颖娟、区机关工委书记夏桂萍所作的相关情况通报,区政协经济科技委、祖国统一委汇报调研情况。区政协主席邱小凡,副主席王敬玲、蒋健、孙国林出席会议;区委常委、区政府副区长毛银玲应邀列席会议;列席会议还有区政协办公室、专委会领导以及部分政协委员。会议由区政协王敬玲副主席主持。

【区政协高层协商会】 1月18日上午,区委在区机关大楼409会议室,召开区人大与"一府两院"联席会暨区政协高层协商会。会议由区委副书记易兵主持,区人大、区政府、区政协及法检两院领导出席会议。区政协副主席蒋健就2017年工作要点及相关工作安排(草案)作通报,区政协主席邱小凡作讲话。

【调研视察走访】 3月1日下午,区政协主席邱小凡调研走访新街口街道汇杰广场、幸福蓝海集团、中国邮政储蓄银行股份有限公司南京市分行等企业。区政协秘书长王玉兰、区财政局局长王冬梅、新街口街道政协工委主任郑宏伟等参加调研。

3月3日上午,区政协副主席王敬玲走访南京极购新媒体科技有限公司并召开座谈会。

3月14日下午,区政协副主席蒋健走访调研同仁街社区卫生服务中心。

3月14日下午,区政协主席邱小凡、副主席蒋健等率区政协教育界别组、卫生界别组委员,集中视察仙鹤门社区卫生服务中心和南京玄武外国语学校附属小学。

6月9日下午,区政协学习文史组组织委员在区政协副主席孙国林的带领下,前往太平南路宝庆银楼实验工厂和南京玄武九洲残疾人文化艺术中心参观调研。

6月12日下午,区政协主席邱小凡、副主席王敬玲带领财经组委员,参观视察江苏永衡昭辉律师事务所。

9月20日上午,梅园新村街道政协工委组织辖区政协委员开展"委员进社区"工作,走进北安门社区参观视察社区邻里中心。区政协副主席王敬玲参加活动。

9月25日下午,区政协经济科技委开展委员组活动,参观视察南京曼度广场。区政协主席邱小凡、副主席王敬玲参加活动。

11月8日下午,区政协医卫组委员视察南京红十字血液中心和科普教育基地,区政协副主席蒋健参加活动。

11月30日上午,区政协组织政协委员开展2017年大视察活动,委员们分别视察红山路老旧小区标准化整治、农科院既有住宅增设电梯、玉带河黑臭河道整治等区重点建设项目。

12月7日下午,区政协学习文史组委员调研视察近代史博物馆。区政协副主席王敬玲、副主席孙国林参加调研。

【提案工作】 3月17日,玄武区委、区人大、区政府、区政协联合召开人大代表建议、政协委员提案交办会议。区委副书记易兵,区委常委、区政府常务副区长滕涛,区人大副主任杨冬梅,区政协副主席蒋健出席建议提案交办会。会议由区政协副主席蒋健主持。

11月3日,区政协对区城管局承办的2017年提案办理情况开展民主评议活动。提案评议组成员对2017年区城管局承办的提案办理情况现场视察和民主评议。区政协副主席蒋健参加评议活动。

【学习培训】 3月16日下午,区政协举办十二届政协委员学习报告会,邀请南京市政协原副秘书

11月30日,区政协委员视察红山路十字街小区标准化整治等区重点建设项目

长、研究室主任缪端作辅导报告。区政协全体政协委员、列席人员，政协街道工委成员，区机关干部参加学习培训。报告会由区政协副主席孙国林主持。

6月15日下午，区政协举办学习报告会，邀请解放军南京陆军指挥学院教授大校张政文作“我国安全战略形势”的学习讲座。区政协主席邱小凡，副主席王敬玲、孙国林出席报告会。报告会由区政协副主席赵剑锋主持。

9月13日下午，区政协举办学习报告会，邀请南京大学历史学院院长张生作“民国范的历史真实”的辅导报告。区政协委员、列席人员，政协街道工委成员和政协机关干部参加学习报告会。报告会由区政协副主席孙国林主持。

11月9日下午，区政协举办学习党的十九大精神报告会，邀请江苏省委党校教授布成良作专题辅导讲座。区政协副主席王敬玲、孙国林，秘书长王玉兰出席报告会。报告会由区政协副主席蒋健主持。

【河道整治专项民主监督】 6月7日上午，市政协副主席陈发喜带领市政协人口资环（城市建设）委员会“千名委员、百日推进”河道整治专项民主监督调研组到玄武区进行专题调研。区政协主席邱小凡、副主席王敬玲一同参加调研。6月28日下午，区政协召开河道整治专项民主监督动员会，区政协副主席王敬玲作动员部署，区政协人资环委主任粟红宣布《玄武区河道整治专项民主监督活动实施方案》，86名市区政协委员民主监督员、50多名街道河长（社区河长）和社区巡查员（监督员）参加会议。会议由区政协秘书长王玉兰主持。7月5日上午，市政协副主席陈发喜带领市区两级政协委员视察孝陵卫片区河道整治工作。区政协主席邱小凡、区政府副区长王承江、区政协副主席蒋健一同参加视察调研。7月19日上午，市政协人资环委（城建）主任黄敏带领市、区部分政协委员到玄武区调研视察，对清溪河、南十里长沟、老季亭沟、香料厂沟等4条河道水体整治情况进行专项民主监督。区政协副主席王敬玲一同参加视察调研。8月22日上午，市政协副主席陈发喜带领市区两级政协委员视察全区河道整治工作。区政府副区长王承江、区政协副主席王敬玲一同参加视察调研。8月31日上午，市政协副主席陈发喜带领市政协人口资环（城市建设）委员会领导及市、区两级部分政协委员到玄武区调研河道整治专项民主监督工作，并召开河道整治专项民主监督活动座谈会。区政协主席邱小凡，副主席王敬玲一同参加调研座谈。

【知情明政】 7月26日上午，玄武区2017年上半年“一府两院”工作情况通报会在区机关大楼召开。全体区政协委员听取区委副书记、区长穆耕林关于区政府2017年上半年工作情况的通报，以及区法院、检察院2017年上半年的工作情况通报。会议由区人大常委会主任杨乐华主持。会后，全体区政协委员集中视察南京农业生物高新技术创业中心二期、紫金东郡幼儿园和北京东路环境综合整治三个区重点建设项目，并听取项目负责人的有关情况介绍。

（戴　倜）

链接

区政协委员提案选编

关于既有住宅增设电梯后电梯安全监管工作的建议

区政协委员　车　前

答复情况：

根据您提的三个问题，现答复如下：

1.关于“电梯安全监管行政主管部门对既有住宅增设的电梯建立有针对性的长效管理机制，建立工作责任网络，加大宣传力度，提高居民的安全意识，定期对增设的电梯进行安全监督管理”：玄武区市场监管局是电梯安全监管行政主管部门。根据区政府要求，2017年3月，我局已派驻3人到区政府成立的既有住宅增设电梯指挥部，负责全区既有住宅增设电梯的监管、督查、首检、技术指导等工作。电梯成功办理使用登记后，由我局特种设备科进行日常监管。截至目前，我局已组织2次进社区宣传电梯使用安全活动。

2. 关于“加强对维保单位的管理，制定考核办法，确保增设电梯后的维保及时到位”：按照法律法规，每15天就要对电梯进行一次维护保养。我局特种设备科将联合各分局对此项工作进行抽查，确保责任到人。

3.关于“建立既有住宅增设电梯数据库，便于及时掌握增设电梯的维护保养和和运行情况，发现问题及时责令改正，并确保年检制度落实到位”：电梯办理使用登记后，相关数据将自行上传至市局、区局数据库。我局特种设备科将联合各分局和即将成立的行政综合执法大队定期开展抽查，分级管理，发现问题及时责令改正，并确保年检制度落实到位。

关于加强黑臭河道整治的建议

区政协委员　游　磊

答复情况：

您提出的关于"加强黑臭河道整治"的建议收悉，现答复如下。

根据国务院印发实施的《水污染防治行动计划》明确提出"到2017年底，直辖市、省会城市、计划单列市建成区基本消除黑臭水体；到2020年，地级及以上城市建成区黑臭水体均控制在10%以内"的目标，今年计划实施19条黑臭河道整治工程。

通过规范排水行为、控源截污、河道清淤、引流补水、生态修复、长效管护等措施，先解决治标问题，同时以治本为终极目标，依从水系脉络，协调处理好上游与下游、岸上与水下等关系，实施流域性治理，有序推进规划目标的实现。具体来看，将从"拆、截、清、修、引、测、管"七个环节入手，全方位落实治理举措。

今年黑臭河道整治工作将按照四个时段组织推进，具体工作安排如下：

第一阶段（2016年12月—2017年2月）：重点开展有关工程项目的前期工作，基本完成各项前期手续的办理。

第二阶段(2017年3月—2017年6月)：抢抓汛前有限的工作时间，加快实施河道整治工程，重点实施排口整治、河道清淤工作，完成河道内源治理。

第三阶段(2017年7月—2017年9月)：按照全市防汛工作的统一调度和部署，统筹处理好防汛排涝与河道整治的关系，重点开展引流补水、排口整治、规范排水行为等岸上工作，并做好河道水质监测。同时，对于汇水范围不大、排水防涝影响较小的河道，择机实施河道内作业事项。

第四阶段（2017年10月—2017年12月)：完成所有工程项目，编制完善整治工作台账，做好第三方评估等迎查工作，同时，持续做好水质监测，针对薄弱环节进行整改提高，并组织市级考核验收。

感谢您们对玄武城市建设的支持和关心，也请您们对我们的工作给予监督。

关于提高群众"舌尖上的安全"的建议

区政协委员　余莉萍

答复情况：

非常感谢您对玄武食品安全监管工作的关心和关注，您提出的《关于提高群众"舌尖上的安全"建议》已收悉，经区政府办交由我局承办。自2015年9月正式启动创建省级食品安全区暨国家食品安全城市活动以来，一直努力集全区之力严格按照省市创建标准和时间节点保质保量推进创建任务，在食品安全监管各个方面取得较大进步。2016年，食品安全质量抽检达3137批次，合格率为98.8%，安全形势总体平稳可控。

针对您所提出的四个建议，我们回复如下：

1.加强源头监管，食品安全监管触角盖边到底

一是注重源头排查。我局联合各街道开展"小微餐饮排查行动"，从基础数据抓起、从一店一户规范起，为全面掌握全区食品经营主体基本底数和经营实情提供支撑。目前，全区共有持证食品生产经营主体7861家，其中生产企业6家、食品销售经营者4357户、餐饮服务经营者3498户。二是加强环节监管。在食用农产品环节，大力推进食用农产品销售质量安全管理，及时配备快检设备，督促农贸市场和商场超市落实快速检测机制。在生产环节，开展食品生产企业安全管理水平提升行动，组织4家生产企业参加示范创建。在流通环节，以商场超市、食杂店、农贸市场三类业态创建为重点，确定中山陵商业街10家食杂店、进香河农贸市场作为示范样板。在餐饮环节，实施"餐饮业明厨亮灶工程"和"学校食堂提升工程"，全区餐饮企业量化分级管理率和公示率达95%，1912街区食品安全工作站被评为全市首批示范站，每年我局还要完成省市两会等20余次重大活动的餐饮服务食品安全保障工作。三是强化应急处置。修订完善《玄武区食品安全事故应急预案》，区市场监管局、卫计局、教育局等部门在长江路小学联合开展食物中毒事故应急演练，邀请省电视台全程跟拍、刻录和推广学习。根据上级通报和自主监测做好突发事件应急处置，坚持主动发声、积极沟通，及时应对民众关注热点，妥善处理食品安全突发事件5次，全区无重大食品安全事故发生。

2.织密"防护网"，食品安全技防与人防相结合

在技术防范上，按照4批次/千人的抽检标准，下达年度抽检任务，对粮食加工品、肉制品、水产品、餐饮食品等31类食品抽检3137批次，合格率98.8%，形势总体平稳。同时我们将食品快检体系建设作为为民办实事项目，争取政策支持，在进香河建成主城区第一家农贸市场快检中心，副省长马秋林等上级领导视察时给予肯定。该快检中心已投入运营，年内将实现年均3万批次的目标，同时为周边3家农贸市场提供快速检测服务。在该中心探索建立的"1托N"建

设方式，得到市食药监局的认可。

在人员防范上，加强执法监管，严厉打击餐饮食品违法违规行为。去年我局开展“利剑”行动等专项整治20余次，联合区食药环大队、区法检两院开展含铝添加剂专项整治，在快速检测基础上对56家涉嫌非法添加的面点店进行抽检，对抽检结果不合格涉嫌犯罪的11家经营户由公安部门立案查处。

3.信息透明公开，持续加强社会协同共治

一是加大食品安全新闻科普宣传。我局自主拍摄微电影《网络外卖的背后》，定期编发《玄武食品安全监管》专刊，进一步提升59个社区科普站的宣传阵地效应，密切与南京农业大学食品科技学院、环保部有机食品发展中心等专业机构的联系。结合区市场监管局成立两周年、春节前夕节日市场检查、“315”国际消费者权益日等加大宣传力度，《新闻联播》等中央及省市媒体先后对零号线网络订餐平台、进香河食品快检中心、餐饮企业明厨亮灶建设等工作进行集中报道。二是公开抽检信息。3月10日召开年度首场新闻发布会，公开发布2016年食品安全抽检质量报告。三是积极推行明厨亮灶工程。今年的建设目标是：大型以上餐饮企业和学校食堂明厨亮灶的推进率为80%。通过明厨亮灶的概念深入人心，将社会大众的监督引入食品安全管理，有效加强企业自律性。四是建设食品安全工作站。玄武区作为主城区，有许多餐饮聚集区。2012年，我局首先探索建立在聚集区建立食品安全工作站。至今，共建立中山陵、1912、德基广场、艾尚天地等8家食品安全工作站。工作站采用政府和物业公司、管委会等聚集区共建的模式，对餐饮企业进行零距离管理，通过社会力量的加入，增加监管合力。

最后，感谢您提出的宝贵建议，我们将继续做好食品安全工作，争取今年食品安全城市创建成功，从根本上提升食品安全管理能力，捍卫区域百姓“舌尖上的安全”。

关于加强养老服务精准化的建议

区政协委员　李越峰

答复情况：

你提出的《关于加强养老服务精准化的建设》(054号)提案已收悉。衷心感谢你对老龄工作的关心、关注。对你提出的建议，经我局研究，现答复如下：

玄武区老年人口2016年底达9.75万人，占户籍人口的20.37%，其中80岁以上老年人17787人。针对目前养老服务体系发展现状，为破解养老服务供给与需求日益凸显的矛盾，迫切需要政府职能部门依据实际，从老年群体实际需求制定精准化养老服务流程体系。

1.有效精准收集服务需求。对于玄武区重点帮扶的老人信息，设定参数进行自理能力与服务需求的评估，确定老人服务需要并进行服务对接，全面收集低保老人、空巢老人、高龄老人信息，并为这些老人建立服务档案和信息化管理平台，进行个案管理；通过定期走访和电话联系，在了解这些老人的基本情况和服务需求后，社区工作人员帮助老人申请居家养老服务，养老社工除了定期追踪老人居家养老服务情况外，还要定期上门探视这些老人，为他们提供精神陪护服务。通过上述服务实现精准帮扶。

2.精准分析信息数据。评估机构为全面、准确、动态跟进并了解街道辖区老人信息，在常规跟进社区老人信息的基础上，进行持续评估，不断收集老人更为细化的需求数据和服务使用数据，并将这些汇总数据定期反馈到养老服务中心，为养老服务中心统筹开展居家养老服务提供重要的参考信息。养老服务中心通过精准分析数据，从而能够结合不同社区实际情况和老人个性化需求，通过设计，为社区老人提供家政、精神慰藉、医疗陪诊、外出购物、政策咨询、送餐等多项服务，确保服务输送及时、有效，提高社区居家养老服务质量。

3.精准有效购买服务。政府购买评估机构对社区老人先评估，建档，根据评估出来的老人自理能力状况与需求，根据服务需求有效对接有相应服务能力的社会服务机构，通过政府购买服务方式，为社区失独老人、低保老人等开展服务；另外通过政府购买服务的方式，引入社会组织和专职社工，结合社区老人需求，依托社区服务场所，开展居家养老服务，在购买服务时建立完善的评估机制，服务过程评估，服务结果评估，确保老人享受真实有效的服务。

4.精准整合社会资源。全面推进居家养老服务是一个系统工程，在充分发挥政府职能的基础上，还需不断整合社区资源如专业社工机构、医疗、志愿者服务机构、微型养老院、企业、辖区共建单位等多元社会资源，形成资源闭环，实现资源互补，优势整合，高效对接。通过整合各种社会资源，拓展居家养老服务内容，深化居家养老服务的质量和社会影响力。

以创建国家食品安全城市为契机，打造食品安全玄武

区政协委员　孙宇彤

答复情况：

非常感谢您对玄武食品安全

监管工作的关心和关注，您提出的“以创建国家食品安全城市为契机，打造食品安全玄武”的提案收悉，经区政府办交由我局承办。自2015年9月正式启动创建省级食品安全区暨国家食品安全城市活动以来，一直努力集全区之力严格按照省市创建标准和时间节点保质保量推进创建任务，在食品安全监管各个方面取得较大进步。针对您所提出的三个方面问题，我们答复如下：

1.加强源头监管

抓好食用农产品种植、养殖环节的监管衔接，守住外地生猪、蔬菜来宁的“东大门”，解决农贸市场蔬菜农药残留检测问题。

建设南京市主城区第一家农贸市场快检中心——进香河农贸市场快检中心。该快检中心能实现农副产品及部分预包装食品的农兽药残留、食品添加物、非食品添加物、微生物等的快速筛查、常见掺假的鉴别及重金属、部分食品添加剂的快速检测。其中除常规的农兽药残留外，瘦肉精（克伦特罗）、苏丹红、三聚氰胺、罂粟壳（粉）、孔雀石绿、防腐剂（苯甲酸）、膨松剂等众多食品安全热点检测项目都可以在该快检中心检测，从根本上改善食品安全监管的技术手段。

该农贸市场快检中心委托南京工业大学负责建设和运行管理，南京工业大学同时拥有具有法定检测资质的国家轻工业食品质量监督检测南京站。对不合格样品可以实现在2小时内送至该检测站进行相关法定检测，最大限度地保证不合格样品的锁定，为处罚等后续处理奠定扎实的法律基础。进香河农贸市场快检中心年检测量可达3万批次，检测项目也非常齐全，如果仅仅为一个农贸市场服务，是资源的极大浪费，所以在建设之初，我局就考虑采取“一托N”的快检模式，以进香河农贸市场快检中心为“一”，辐射周边符合条件的“N”个农贸市场，充分发挥此快检中心作用，实现资源的合理配置，最大限度地避免重复建设。目前，进香河农贸市场快检中心承担周边东箭道、香铺营和后宰门3家农贸市场的快检任务，由我局牵头部署，由这3家农贸市场每日按抽检计划送检测样品至进香河农贸市场快检中心，检测结果出来后，数据上传至这3家农贸市场的显示屏，向公众滚动播放。

2017年，还将继续在辖区内农贸市场建设快检室。在梅园新村街道，将结合兰园农贸市场的提档升级改造，建设一家快检室；在孝陵卫街道，将采取“一托N”模式，在孝陵卫农贸市场建设快检室，辐射周边的银城东苑农贸市场和小卫街农贸市场；在红山街道，将在小营村农贸市场建设快检室。我局已经与上述街道、农贸市场管理方进行初步接洽，基本选定地点准备开工建设。

2.突出重点领域监管

按照《江苏省食品小作坊和食品摊贩管理条例》，做好食品小作坊和食品摊贩的监管，加强对面广量大、城郊结合部的小作坊、小餐饮、小摊点的全方位监管。

按照“产品分类、单位分级、监管分等”三分监管要求，2016年以来，我局开展四小专项整治、无证无照小餐饮专项排查、网络平台非法外卖专项整治、居民楼宇餐饮服务场所大检查、国家卫生城市迎复审六小行业专项整治等多项专项行动，对小微餐饮进行全覆盖式的拉网排查，规范一部分单位，掌握基本情况，并且由各分局将全体餐饮单位（不论是否有证照）都纳入日常监管，发放食品安全监管信息公示牌，开展各种食品安全宣传培训，确保食品安全监管无死角。

至于小作坊，目前没有发现，但我们也按照《江苏省食品小作坊和食品摊贩管理条例》的要求，发布《南京市玄武区食品生产加工小作坊食品品种目录（2017版）》通告，积极引导有意向申请此类许可的从业人员按目录标准要求进行申报。而对小摊点的监管，目前因为市级层面还在就具体监管方案进行协调，所以暂时还没有开展此方面的工作。

3. 严厉打击食品安全违法犯罪行为

修订后的《中华人民共和国食品安全法》号称“史上最严”，即最严谨的标准、最严格的监管、最严厉的处罚和最严肃的问责，贯彻实施食品安全法，需要食品安全监管相关部门严厉打击食品安全违法犯罪行为。

在打击食品安全违法犯罪行为方面，一直采取多部门联动模式，组织相关职能部门联合执法。仅2016年一年，我局就完成打击网络非法外卖销售、打击非法制售和使用注射用透明质酸钠专项行动、打击危害食品药品安全犯罪“利剑”行动等专项整治30余个，办理涉食涉药行政案件20余起，与各办事处联合取缔无证无照餐饮服务单位40余家。区公安分局食药环大队在2015年办理20件涉食涉药案件的基础上，继续加大打击力度，共办理59起涉食涉药案件，其中49人被提交公诉，在全市名列前茅，并且办理3起国家公安部督办案件。2016年8月，区公安分局的食药环大队和区市场监管局还联合区检察院、区法院在全市率先开展含铝添加剂专项整治行动，对玄武区所有面点店进行快速检测，在此基础上有针对性地对56家疑似使用含铝添加剂的面点店进行抽检，检出不合格11家，全部立案处理。

最后，感谢您提出的宝贵建议，我们将继续做好食品安全工作，争取今年食品安全城市创建成功，打造食品安全玄武。

中国共产党南京市玄武区纪律检查委员会

【概况】 2017年，落实全面从严治党的监督责任，持续推进巡察机构改革，实现派驻机构全覆盖，以"四个专项行动"为抓手，聚焦主责主业，坚持正风肃纪，坚定不移惩腐败，全区党风廉政建设和反腐败工作取得明显成效。

【第十一届纪律检查委员会第二次全体会议】 1月23日，玄武区召开中国共产党玄武区第十一届纪律检查委员会第二次全体会议，区委、区人大、区政府、区政协主要领导，全体常委以及区纪委委员，各街道、系统、园区、区机关各部门党政主要负责人，社区党组织书记，"两员"代表，非公企业纪律监督组织负责人代表，全区纪检监察干部共350人参加会议。区委常委、纪委书记张望向全会作题为《强化监督执纪，勇于履责担当，全力推进玄武全面从严治党向纵深发展》的工作报告。

【十一届区委首轮巡察工作动员部署会】 2月11日，玄武区召开十一届区委首轮巡察工作动员部署会。区委书记徐曙海、区纪委书记张望、组织部部长张惠民，以及区委巡察工作领导小组成员；区委巡察组组长、副组长；区委巡察办、巡察组全体成员；区纪委监察局全体干部；区委巡察组"三库"所有人员参加会议。

【集体廉政教育活动】 5月5日，玄武区纪委在"心廉心"广场开展集体廉政教育活动，38名新任区管干部参加活动。区委常委、纪委书记张望对新任干部作集体廉政谈话，对新任区管干部提要求。

【纪检监察干部业务培训】 5月14日，根据"打铁还需自身硬"专项行动计划安排，组织全区全体纪检监察干部开展为期一天的监督执纪工作培训。

【主题党课活动】 6月30日，举办"旗帜鲜明讲政治"主题党课活动。区纪委书记、街道党工委书记、街道、部门纪工委书记、区委巡察组副组长、区纪委干部、社区党委书记、社区党员等9名不同领域、不同岗位的党员代表，从不同角度、不同层面探讨对"旗帜鲜明讲政治"的认识和体会。全区纪检监察干部和玄武门街道全体党员干部以及社区党员代表等近200人参加党课。

【纪检监察系统上半年工作座谈会】 7月20日，召开全区纪检监察系统上半年工作座谈会，总结上半年工作，研究部署下半年工作的思路和举措。全区7个街道纪工委、3家部门纪工委、区委巡察办和委局机关作交流发言。纪委常委、监察局副局长；各街道、园区、有关部门纪工委全体干部，法检两院纪检组、监察室负责人；区委巡察办、巡察组有关人员和委局机关全体成员参加会议。

【实现派驻机构全覆盖】 2017年，制定《关于全面落实区纪委向区一级党和国家机关派驻纪检机构的方案》《关于加强区纪委派驻机构建设的意见》，实现派驻机构全覆盖。8月29日，召开玄武区派驻机构全覆盖会议，在南京市首家完成派驻机构改革，成立6个派驻纪检组，对55家单位实现派驻监督全覆盖。制定《玄武区纪委派驻机构工作规定(试行)》等系列文件，对派驻纪检机构工作进

6月30日，区纪委在玄武门街道举办"旗帜鲜明讲政治"主题党课活动

行定位和规范，组织全体派驻人员业务培训，努力提升派驻人员履职能力，派驻监督工作平稳有序开展。

【十九大精神集中宣讲会】 11月30日，玄武区开展纪检监察系统学习贯彻党的十九大精神集中宣讲会，区委宣讲团成员、区委常委、区纪委书记张望人作宣讲报告，全区纪检监察系统全体干部近70人参加宣讲会议。

【党风廉政建设】 2017年，督促各级党组织、纪检监察组织切实强化“两个责任”，推动全面从严治党责任落到实处。完善机制建设，制定区落实“两个责任”检查考核办法及细则，建立“五个一”督导机制。实行菜单式月报制度，强化“一案双查”，加大问责力度。开展3轮监督检查，覆盖62家单位，发现问题72个，完成整改53个，对5名领导干部和2个党组织进行党内问责。录入履职记实平台监督责任部分135条。筑牢廉政堤坝，开展廉政风险防控“护堤行动”试点工作，围绕经济发展、民生服务、社会管理等重点领域，首批选取区民政局、区发改局等15家单位为试点对象，从每家单位业务职责中确定2—3项权力相对集中、廉政风险较大的工作内容作为防控项目，对发现作风问题隐瞒不报、袒护包庇、弄虚作假的单位，严肃追究主体责任、监督责任和领导责任。加强“数说勤廉”数据平台使用管理，有效强化“四种形态”尤其是第一种形态的结果运用。

【巡察工作】 2017年，对全区20家单位开展3轮巡察，发放调查问卷734份，查阅财务账册3008册，个别谈话902人次，开展明察暗访7次。发现部分被巡察单位党的领导弱化、党的建设缺失、全面从严治党不力等问题236个，移交问题线索47条，立案8件17人；谈话函询28人次，责成有关单位作出说明4份；反馈整改意见106条，督促被巡察单位立行立改问题25个，制定整改措施401项，完善相关制度130项；向区人社、财政、国资等有关职能部门提出22项工作建议，巡察治本作用初见成效。对十三届省委巡视发现问题认真整改落实，针对省委首轮巡视发现的28个问题，细化整改措施100条；针对省委第二轮巡视发现的突出问题，自查出44个问题，制定整改措施114条。

【监督执纪】 坚持有腐必惩，有贪必肃，严格执行《工作规则》，规范问题线索的移送，努力提升纪律审查质效。全年收到信访举报177件次，处置问题线索241件，立案110件。采取审查措施的1件1人，立案后移送司法机关依法处理的3人。专项行动成效显著，在重点领域行动中，收集相关问题线索106件，谈话函询64件次，立案审查38件。在“三防”行动中，巩固作风建设长效机制，开展常态化监督检查，通报曝光5起11人，完成上级交办的作风建设类督办件9件。在群众身边腐败专项治理中，开展全区惠民领域专项检查，立案3件3人，查纠问题15项。“四种形态”运用得当，全年运用第一种形态处置102人，第二种形态56人，第三种形态10人，第四种形态20人，谈话函询118人。安全意识显著增强，严格落实安全工作责任制；开展急症处理和心肺复苏知识讲座并进行实战演练；提档升级建设九华山谈话点，督促3个涉农街道建成一般性审查谈话室。

【监察体制改革】 2017年，与区检察院赴杭州余杭和宁波余姚两个监察改革试点地区学习先进经验和做法，到检察院开展多轮工作调研和对接，纪委书记与转隶人员进行一对一谈话，了解转隶人员思想动态，保证转隶平稳，确保顺利选出监委会主任，成立区级监察委员会。（汪　杨）

民主党派·工商联

·民主党派·

【概况】 至2017年12月，玄武区民主党派有8个，设总支8个，支部65个，成员共计1440人，其中：民革总支1个，支部9个，190人；民盟总支1个，支部12个，302人；民建总支1个，支部5个，166人；民进基层委员会总支3个，支部26个，468人；农工党总支1个，支部8个，174人；致公党总支1个，支部3个，71人；九三学社玄武支社1个，49人；台盟玄武支部1个，20人。

2017年，做好市、区人大、政协换届中党外代表、委员人选人事安排工作。及时掌握换届中党外人士思想动态和诉求，并有针对性地做好党外人士思想工作，保证换届工作顺利完成。

【结对共建与落实多党合作】 支持引导玄武区民主党派基层组织

和各街道党工委、区政府有关部门结对共建、对口联系，实现“深耕基层、扎根玄武、服务大众”目标。年内，联合致公党市委在徐庄软件园成功举办第八届“引凤工程”，致公党玄武总支在为结对的红山街道短时间内募集2000多册图书，民革玄武总支9个支部与孝陵卫街道9个社区一对一结对共建开展助学扶困工作。

5月26日上午，玄武区青年企业家联合会第二次会长会议在中科健康产业集团召开

【党外代表人士队伍建设】 2017年，拍摄6集微动漫宣传统战方针政策。5月，区社会组织党外人士联谊会，新媒体党外人士联谊会组织部分会员赴金寨革命老区参观学习。7月、9月，联合区社会主义学校举办两期党外代表人士井冈山革命传统教育培训班，60余名党外人士参加培训。培训通过访谈学习、体验学习、情景学习、现场学习、专题学习、互动教学等多种方式，使党外代表人士重温革命历史，从多角度、多渠道解和感受井冈山斗争及红军发展壮大的历程。

【新的社会阶层人士统战工作】 联合新街口街道党工委，依托中山路国际名品街区党委，面向街区内35幢高层商务楼宇、70多个两新党组织、近千家企业中约7万多新的社会阶层人士，按照“一中心四平台五板块”的运作模式，精心打造城市白领阶层统战工作品牌——“新领空间”，实现统战工作基层实践创新示范点突破，代表南京乃至江苏跻身全国首批新阶层人士统战工作15个重点实践创新项目之一。联合徐庄软件园党工委依托苏宁控股集团党委，立足苏宁青创园，面向苏宁集团、徐庄软件园乃至玄武行政区域范围广大新的社会阶层人士，以“凝心聚力，园筑梦想，共同打造新的社会阶层人士共同家园”为目标，按照“一主多辅、双线运作、四轮驱动、五圈融合”的总体构架，创设“青柠盟社区”统战平台，有效整合园区、苏宁及多方资源。自2017年10月底成立以来，成功举办40多场活动，参与人员总数1万多人次，并获中国青年电商联盟年度贡献奖等称号，同时入选全国新的社会阶层人士统战工作实践创新第二批重点项目。

【民主党派特约检察员工作】 3月22日，组织赴江宁区南京515艺术公社参加跨界交流活动。7月20日，组织参观南京图书馆公共文化服务建设，听取区检察院关于上半年工作开展情况通报。

（闵 捷）

·工商联·

【概况】 2017年，玄武区工商联有各类商会35家。其中街道商会7家，行业商会7家，异地商会3家，社区商会12家，园区和街区等其他商会5家，楼宇商会1家。会员1758名，副主席、副会长28名，执委80名。12月8日，玄武区工商联获“2017年全国‘五好’县级工商联”称号。

【玄武区工商联（商会）第八次会员代表大会】 1月19日下午召开。南京市委统战部副部长、工商联党组书记毛卫华、玄武区委书记徐曙海出席会议并讲话。大会选举产生区工商联第八届执委会、常委会及领导班子。德基广场有限公司总经理吴铁民当选为玄武区工商联第八届执委会主席。

【青年企业家联合会第二次会长会议】 5月26日上午，玄武区青年企业家联合会第二次会长会议在中科健康产业集团召开。区委常委、统战部部长朱天龙出席会议并讲话。区工商联党组书记、常务副主席汤浩，青企会会长、副会长、秘书长及部分理事代表参加会议。

【会员发展及商会组建工作】 制定《2017年度玄武区工商联会员发展目标》，明确区工商联机关新发展会员不少于110家，团体会员不少于1家；各街道、园区商会新发展会员不少于30—50家；各直属商会新发展会员不少于10家。

（张 晖）

人民团体

·玄武区总工会·

【概况】 至2017年10月,玄武区有工会组织927家、会员112389人,全年新增工会组织63家、会员2200人。区总工会拍摄的《城市美容师——我的父亲高日余》获中国梦·劳动美第四届全国职工微影视大赛铜奖。区总工会获全省推动厂务公开民主管理工作先进单位称号,经费审查工作被市总工会评为特等奖。区总工会在全市民营企业工会工作现场推进会上作题为《做好新时代民企工会工作,努力为民企腾飞助力》交流发言。

【"工会常伴·贴心送暖"两节送温暖活动】 1月19日,玄武区人大常委会副主任、区总工会主席杨冬梅来到锁金村街道板仓街5号困难职工万女士家进行走访慰问,了解家庭情况并送上慰问金、慰问品,拉开2017年度区总工会"工会常伴·贴心送暖"为主题的两节送温暖活动帷幕。2017年区总筹集26.3万元资金,对市、区两级和企业临时困难职工214人进行走访慰问。

【区总工会五届二十三次全委(扩大)会】 2月14日,区总工会三委会全体委员以及街道、系统、直属工会主席、副主席、秘书长、工会干事等60余人参加会议。区人大常委会副主任、总工会党组书记、总工会主席杨冬梅作《服务大局,创新实干,奋力开创玄武工会工作新局面》工作报告,并对2017年玄武区工会工作提出新要求。

【玄武区工会第六次代表大会】 4月26日召开。区委书记徐曙海,市总工会党组书记、常务副主席孙强出席大会并讲话,区委副书记、区长穆耕林宣读表彰决定。区委、区人大、区政协主要领导出席大会。大会选举产生新一届工会领导班子,蒋兆全当选区工会第六届委员会主席,尹征、盛莉、梁菁、刘晋美(挂职)、王修小(兼职)当选副主席。大会表彰50个工会工作先进集体和66名工会工作先进个人,259人出席大会。

【市总工会领导到玄武区调研】 5月25日,市人大常委会副主任、党组副书记,市总工会主席臧正金到玄武区调研,区委副书记易兵,区人大常委会副主任、党组副书记,区总工会主席蒋兆全陪同。臧正金对玄武工会工作给予高度评价和充分肯定,对区工会换届工作中,玄武区工会在全市甚至在全省率先配备挂、兼职副主席,并在街道选配由律师、大企业工会主席、人力资源保障协理员、劳动模范为兼职副主席等强基层、增活力的做法表示赞赏,并对下一步工作提出具体要求。

【护士节走访慰问】 5月10日,区人大常委会副主任、区总工会主席蒋兆全来到孝陵卫社区卫生服务中心(二部)慰问护士们;到红山社区卫生服务中心,了解该中心在为本地区居民提供基本医疗、基本公共卫生服务以及开展中医特色医疗等工作情况。蒋兆全分别为两家社区服务中心的护士们送去慰问金,为区261名护士送去护士节日礼物。区卫计局书记、工会主席干荣参加慰问活动。

【"安全生产月"广场咨询活动】 6月16日,区总工会在锁金东路市民休闲广场举办玄武区"安全生产月"活动启动仪式及开展广场咨询活动,活动现场区总工会接受咨询58人次,发放《江苏省安全生产条例》等法律法规为主要内容的《江苏省"一办法七条例"法规汇编》300本。

【慰问高温下作业一线职工】 7月,区总工会深入开展以"清凉一夏、幸福安康"为主题的送清凉、送安全、送法律活动,筹措10万元资金,走访慰问高温天气仍工作在一线的环卫职工、园林职工、城管协管队员、河道清洁工人、社区社工近1500人,指导本单位做好职工劳动保护工作,共同维护好广大职工的合法权益,以实际行动保障职工身体健康和夏季安全生产。

【职工文艺演出暨长江路文化艺术节闭幕式】 10月16日晚,由区总工会、区文化局和区级机关工委联合主办的"喜迎十九大,团结职工跟党走"职工文艺演出暨长江路文化艺术节闭幕式在1913国民小剧场举行。全区劳动模范、文明职工代表等230人出席活动。活动中20名区首届文明职工受到表彰。市总工会党组书记、常务副主席孙强,市总工会副主席焦勇,区委常委、区委宣传部部长陈乙华,区人大常委会副主任、区总工会主席蒋

10月16日，由区总工会、文化局和区级机关工委联合主办的“喜迎十九大，团结职工跟党走”职工文艺演出暨长江路文化艺术节闭幕式在1913国民小剧场举行

兆全，区政府副区长马千山等观看演出。

【全总督查调研组实地考察锁金村街道总工会】 11月7日，全总督查调研组在全总改革试点工作领导小组综合协调组副组长尤立新率领下，到锁金村街道实地考察街道总工会成立及工会工作开展情况。省总副主席马永青、市总副主席闻庆武、锁金村街道党工委书记郭建军等陪同。督查调研组一行首先实地考察街道总工会组织建设、阵地建设情况，随后参观走访锁五社区工会联合会。

【玄武区节目入选全国首届职工春节联欢晚会】 区文化馆选送的《幸福就在梦里》，玄武中专校选送的“自豪的建设者”等节目，入选“放歌新时代”全国首届职工春节联欢晚会，并于2018年正月初五晚上在中央电视台七频道播放。

【区首届文明职工评选活动】 2017年，区委宣传部、区文明办、区总工会联合开展玄武区首届文明职工评选活动，评选出区级文明职工20人，其中南京市第十三中学副校长杨维风获市十佳文明职工、市五一劳动奖章，区城市管理综合行政执法大队新街口街道中队副指导员庞乔，区孝陵卫卫生服务中心主治医师胡小霞2人获市文明职工称号。

【读书征文获“网络好职工”读书征文全省一等奖】 新街口街道总工会协理员郁春红在江苏省总工会和省委网信办联合开展“网聚职工正能量，争做中国好网民”主题活动中获“网络好职工”读书征文全省唯一的一等奖。

【微视频获第四届全国职工微影视大赛铜奖】 区总工会拍摄的劳模事迹微视频《城市美容师——我的父亲高日余》获“中国梦·劳动美”第四届全国职工微影视大赛铜奖。

【法律帮扶】 针对辖区非公小微企业众多的特点，区总工会开展“把脉行动”，关口前移、重心下移，改事后法律帮扶为事前法律服务，指导企业规章制度的制订，规范企业职代会，依法审议企业规章，指导和帮助职工签订劳动合同，推进建立现代企业制度，构建和谐劳动关系。设立“以案说法”巡回课堂7次，对120余家企业进行劳动法律培训。

（王跃群）

·中国共产主义青年团南京市玄武区委员会·

【概况】 至2017年底，全区直属团组织32个(含7个街道团工委、1个园区团工委、7个系统团工委、14个中学团委、3个企业团组织)，团员14042名；少先队大队组织34家(其中小学23家，九年一贯制1家，初中10家)，少先队员29333名。

【寒假托管班开班】 1月18日，寒假儿童托管班在区少年宫开班。本次托管班是玄武团区委申报江苏团省委、南京团市委创新项目，解决困难家庭子女假期托管难问题的开端。

【共青团玄武区第十七届二次全委(扩大)会】 2月23日召开。区委副书记易兵出席会议并讲话，区政府副区长马千山，团区委委员、候补委员，直属团组织分管领导及负责人，社区团支部负责人参加此次会议。会议表彰2016年度全区共青团工作先进集体和个人。区教育局团工委、珠江路科技街团工委、中国联通南京分公司团委作交流发言。

【区域化团建推进会】 3月1日，区域化团建工作推进会在南京体育学院召开。团市委青工部部长吕晨，团区委书记吴丹，副书记吴媚卿、韩旭以及相关高校团委书记、区域内双报到团工委负责人等近30人出席此次会议。团区委书记吴丹介绍2017年结合团省委10100创新创优工程所梳理的13个项目特色工作。交流发言中，参会人员分别从自身工作实际情况出发，就工作难点、团建联建意向以及进一步需求等问题进行互动。

【区社区团支部书记培训班】 4月12日，玄武区社区团支部书记培训班在江苏省体育局训练中心开班。街道团工委书记、社区团支部书记和团区委的工作人员共60余人参加培训。同时组织社区团支部书记去南京师范大学新媒体中心参观，进行素质拓展训练，参加凝聚力建设讲座、头脑风暴等多个环节培训。

【新青年之家开幕仪式暨五四纪念活动】 5月2日，新青年之家开幕仪式暨五四98周年纪念活动在曼度“新青年之家”举行。区委副书记易兵、团市委副书记王慧、各级团组织主要负责人、各界青年代表等100余人参加会议。易兵、王慧讲话，并对珠江路创业大街孵化器集中建团授牌。

【志愿服务暨婚恋交友活动】 5月21日下午，“当袋子遇上夹子”志愿服务暨婚恋交友第10期活动在玄武区曼度广场的新青年之家举办。本期活动以“书卷多情似故人”为主题，吸引80多位单身青年报名参加，青年们一边捐书做公益，一边寻找着自己的甜蜜之约。

【青海团省委一行到玄武区调研“青年之家”】 5月22日下午，青海团省委副书记冉清，青海省青少年活动中心主任、团西宁市委书记王晓云，团海南州委副书记项秀等一行到玄武调研“青年之家”建设工作。团省、市、区委负责人陪同参观调研。在梅园新村34号新青年堂，街道团工委书记朱源介绍“青年之家”运作情况。

【“城墙宝宝说历史故事”决赛在南京理工大学实验小学举行】 5月26日下午，“城墙宝宝说历史故事”决赛在南京理工大学实验小学报告厅举行。团市委副书记王慧、团市委学少部长朱薇薇、团区委书记吴丹、南理工实小校长李子贵、区少先队总辅导员查育辉应邀出席并担任比赛评委。10名少先队大队委作为大众评委参与评判打分。比赛分为低年级组和高年级组。经过前期的学校推荐、预赛2个阶段后，共有来自12所小学的少先队员小选手进入决赛。

【青年文明号号长培训暨“六一欢乐送”活动】 5月26日，在南京理工大学实验小学举办2017年青年文明号号长培训暨“六一欢乐送”活动。各街道团工委书记、全区54家青年文明号集体、青年文明号创建单位和区内30名困难学生参加活动。

【主题队日示范活动】 6月1日下午，由南京团市委、市教育局、市少工委主办，玄武团区委、区教育局、区少工委承办的“红领巾喜迎十九大·我向习爷爷说句心里话”主题队日示范活动在樱花小学举行。团市委书记林武平、区委副书记易兵、市教育局和区教育局有关领导出席此次活动，来自樱花小学部分师生约200人参加现场活动。团市委书记林武平向全市首个“向日葵中队”进行授旗。

【团中央调研玄武区“青年之家”】 6月8日，团中央基层组织建设部吴博一行对区“青年之家”工作进行专题调研走访。团省委组织部副部长董悦，团区委书记吴丹，副书记吴媚卿等陪同调研，参观新青年之家，到梅园新村街道小红梅·新青年堂调研。

【区域化团建高校专场座谈会】 6月26日下午，团区委在新青年之家召开区域化团建高校专场座谈会。共青团江苏省委组织部部长陈鹏、副部长董悦，来自东南大学、南京航空航天大学、南京理工大学、河海大学、南京农业大学、南京师范大学、南京林业大学、南京体育学院、南京艺术学院等多所高校的团委负责人以及玄武团区委全体班子成员参加座谈会。

【区域化团建交流活动】 7月7日下午，团区委组织玄武区区域化团建成员单位团委负责人及少先队员代表赴南京炼油厂和南京四桥高速公路监控中心，开展暑期区域化团建暨雏鹰假日小队活动。

【区第13届城墙宝宝暑期公益夏令营】 7月26日，区第13届城墙宝宝暑期公益夏令营在南京市博物院火热开营。本次夏令营以

7月26日，玄武区第13届暑期公益夏令营在南京博物院开营

"感受历史文化　快乐南博之旅"为主题，来自7个街道的近70名困难家庭子女参加夏令营活动。

【区"城墙宝宝"暑期托管班】 8月1—18日，玄武区"城墙宝宝"暑期托管班开班，来自全区52名学生参加为期3周的托管。团区委采取联合政府资源、整合社会资源的模式，与江苏学信职业教育学校、课后三点半机构合作，形成专业的管理和教学团队，开设14门特色课程，陪伴孩子们度过欢乐假期。

【团中央调研玄武区共青团工作】 8月5日，团中央书记处书记徐晓一行在团省委副书记司勇、团市委副书记王慧、区委副书记易兵陪同下，在小红梅青年之家实地调研玄武区共青团工作。团中央组织部干部二处副处长潘昊、团中央社会联络部副处长高伟、团中央基层组织建设部干部林智随同调研。

【新工集团工美专场活动】 9月28日下午，团区委在工艺美术总公司举行区域化团建工作走进新工集团工美专场活动。玄武区各区域化团建成员单位团委、"双报到"工作成员单位团委、驻区部分高校团委、各街道团工委负责人以及团区委工作人员30余人参加活动。

【区第七届青年风尚节开幕式暨南京市青联医药卫生界别义诊启动仪式】 10月13日下午，区第七届青年风尚节开幕式暨南京市青联医药卫生界别义诊启动仪式在大行宫广场拉开帷幕。活动以"喜迎十九大　公益在行动"为主题，区政府副区长马千山出席开幕式并致辞。现场开展"义演、义卖、义诊"活动。

【玄武区青年联合会第四届委员会第一次全体会议】 12月8—9日召开。区委书记徐曙海向大会发来贺信。区委副书记易兵、市青联副主席王慧、区人大副主任李辉、区政府副区长马千山、区政协副主席蒋健出席开幕式。团区委班子成员、区青年商会代表、各直属团组织分管领导以及来自全区各族各界127名青联委员参加大会。区委常委、统战部长朱天龙出席闭幕式并讲话。会议选举产生区青联第四届常委会，选举郭骞为新一届区青联主席。（丁冬冬）

·玄武区妇女联合会·

【概况】 2017年，区各级妇联组织深入学习贯彻党的十八届六中全会和党的十九大精神，贯彻各级群团工作会议精神，推进妇联改革，服务大局、服务妇女，团结带领广大妇女为加快建设"强富美高"新玄武发挥半边天作用。全区单位、个人获市以上各类荣誉34个，其中，锁金村街道劳保所获"全国巾帼文明岗"、锁金村街道紫鑫城社区汤小霞家庭，被全国妇联授予"全国最美家庭"称号。

【区"三八"国际劳动妇女节表彰大会】 3月6日下午，在玄武大厦416会议室举办"弘扬志愿精神·展示最美风采"庆"三八"国际劳动妇女节表彰大会。区280余名优秀女性代表参加会议。会上表彰一批在志愿服务活动和服务妇女儿童工作中表现突出的优秀志愿个人、团队和项目，授予王洁等10名巾帼志愿者为玄武区"最美巾帼志愿者"，授予玄武地税炫彩巾帼志愿服务队等5支队伍为玄武区"最优巾帼志愿服务团队"，授予玄武区少儿图书馆亲子阅览项目等5个项目为玄武区"最佳妇女儿童服务项目"。交流分享环节，5位获奖代表分别就各自开展的爱心行动和志愿服务做精彩展示。

【迎新春年夜饭活动】 1月15日，区妇联携手区人大代表和同舟知识产权事务所主任周兵等爱

1月15日，区妇联携手区人大代表及爱心人士，在明湖美景饭店会议厅举办"携手爱TA，共迎新春"关爱单亲贫困母亲家庭年夜饭活动

心人士共筹措资金10万余元，为来自全区91户203名单亲贫困母亲及其子女举办"携手爱TA，共迎新春"关爱单亲贫困母亲家庭年夜饭活动。活动现场为每户家庭赠送一床温暖羊毛被、给孩子们发放压岁红包以及好运抽奖。区妇联对因故未能参加年夜饭的55户单亲贫困母亲家庭，安排妇联干部结对上门挨家挨户走访慰问。

【区第14届邻里文化节】 第14届邻里文化节由孝陵卫街道承接，以寻找"最美家庭"为主线，分别开展"树清廉家风，创最美家庭""扬师德正气，建最美家庭""传优良家训，做最美家庭"等活动。在闭幕式上区妇联表彰60户最美家庭，3个"最美家庭"代表分享自己的家庭故事，12户家庭获南京市"最美家庭"称号。汤小霞家庭获全国"最美家庭"称号。

【巾帼再就业平台】 2017年，联合区人社局举办"春风送岗"女性专场招聘会，吸引80余家用人单位，提供销售员、客服、保洁、总经理助理等各类就业岗位800余个，成功介绍女性就业75人次，其中农村妇女5人，发放宣传资料1000份。组织妇女参加职业技能培训423人次，参加创业培训25人次，自主创业成功女性125人次，其中外地来宁农村妇女10人。为11名女性发放妇女小额担保贷款220万元，其中女大学生1人，女性领办的小微企业3人，带动75名妇女就业。锁金村街道劳动和社会保障所获"全国巾帼文明岗"称号。

【妇女儿童权益保障】 以"爱TA护家、共享和谐"为主题，区、街和社区三级联动，在孝陵卫地铁站广场举办广场法律宣传活动，现场向居民提供法律咨询，发放各种法律宣传资料2000余份。打造"幸福家庭讲堂"进社区活动品牌，并用以案说法的形式举办3期"幸福家庭讲堂"。依托"妇儿之家""母亲学堂"等阵地开展公益课堂，举办5场"法律知识进社区"公益讲座。参与全区"6·26"禁毒宣传活动。在全区开展省直律师志愿者和社区结对共建暨"法治宣传月"活动。"六一"儿童节期间发放慰问款项2.45万元。举办"真情手拉手·爱心献春蕾"——"七彩梦"公益夏令营，现场为受助的36名困难儿童发放"春雷助学金"，3.6万元。会同区禁毒办、尚大姐工作室等一行23人，赴省女子强制隔离戒毒所开展玄武区戒毒人员帮教座谈会；参与家事诉讼纠纷矛盾化解工作。至2017年底，区妇联接待信访案件42起，调处率100%。为50名单亲贫困母亲购买为期3年的互助互济"康乐保险"和价值280元的健康体检卡；为5000名已婚妇女提供"两癌"免费筛查体检。

【区妇女儿童工作会议】 8月30日，召开全区妇女儿童工作会议，总结全区"十二五"期间妇女儿童工作，部署新一轮全区妇女儿童工作，实施2017—2018年玄武区妇女儿童10件实事。区人大、区政协、区妇儿工委成员单位及受表彰的先进单位、先进个人，共110余人参加会议。

【基层妇联组织换届】 2017年，按照南京市妇联部署的妇联组织区域化建设工作要求，对全区5个系统、7个街道、1个园区召开专题工作部署会议，进行零距离辅导、答疑。至10月底，全区7个街道、1个园区妇联顺利完成换届。此次基层妇联换届，共选举产生8名妇联主席，8名专职副主席、25名兼职副主席，214名执委。执委中半数以上来自辖区企业、学校、社会组织、巾帼志愿者等优秀女性代表。

（邓小琳）

法　治

Government by Law

责任编辑　苏　成

社会治安和综合治理

【概况】 2017年，区委政法委（综治办）贯彻落实中央和省市政法综治工作会议精神，以建设更高水平的平安玄武为目标，以提升群众安全感满意度为着力点，组织开展社会矛盾和安全隐患大排查大整治行动，推进维护社会稳定、矛盾纠纷化解、社会治安防控、公共安全监管、综合管理服务、应急处突机制等各项工作。全区未发生重大有影响的安全生产事故、食品安全事故和恶性刑事案件，未发生重大有影响的群体性事件和进京集访事件，为党的十九大胜利召开和“12·13”国家公祭活动顺利举办，建设“强富美高”新玄武创造和谐稳定的社会环境。玄武区被省综治委表彰为“2017年度平安区（县）”。

【社会稳定维护】 2017年，区委政法委（综治办）开展反渗透、反分裂、反颠覆斗争，严密防范和严厉打击境内外敌对势力的渗透破坏活动，加强对政治敏感目标、重大经济目标、民生设施目标、人员密集场所和驻区高校的重点护卫，强化反恐实战演练，提高反恐处突能力，防止各类暴力事件发生。发挥专门机关职能作用和专群结合优势，推进国家安全人民防线建设，建立健全政治安全专项工作机制，按照“保核心、保要害”的工作要求，加强涉稳情报信息的综合收集和分析研判，密切掌控各类涉稳基础信息和动向动态，强化管理控制、分化瓦解和教育转化，切实消除现实危害。全区完成顺天大街改造、老旧小区电梯安装等50个项目的社会稳定风险评估工作，妥善处置事改企、蓝莓、易租宝等事件。紧盯涉军、金融、征地拆迁、事改企、易肇事肇祸精神病患者等重点领域、重点群体，强化应急处突预案的完善和演练，管控措施落到实处，确保辖区和谐稳定。开展“非法集资及互联网金融风险隐患大排查”“比特币等虚拟货币清理”等6项专项清理活动，实地核查企业310多家次，下发整改通知书42份，立案侦查19家。完善组织领导机制，落实维稳工作责任，圆满完成省市区两会、“5·20”江苏发展大会、“12·13”国家公祭活动，以及十九大召开等重大活动和敏感节点期间全区社会面安全稳定保障工作。

【社会安全感增强】 2017年，区委政法委（综治办）把群众安全感建设和政法队伍满意度列入全区经济社会发展和现代化考核指标，强化责任目标考核，提高各街道和政法部门的工作积极性主动性。建立健全群众安全感和政法队伍满意度调查测评机制，邀请省社情民意调查中心对各街道群众安全感建设和政法队伍满意度情况开展电话调查活动，摸清居民群众真实感受，以民意为导向，落实工作责任，采取针对性措施。建立分析研判通报制度，每季度对全区社会治安和社会稳定工作进行分析研判，重点将入室盗窃、非机动车盗窃、扒窃、电信诈骗等可防性案件进行分析研判，及时通报、落实整改。开展打击侵财性案件专项整治行动和治安重点地区排查整治工作，围绕侵财性案件多发、暂住人口密集、营运秩序混乱等易发案部位，从群众反映强烈、社会普遍关注的治安热点问题入手，持续加强重点部位综合治理。积极实施人身和家庭财产保险，区财政投入100万元，为全区50万居民和14.5万家庭实施人身和财产保险，对见义勇为行为、家庭被偷盗财产、自然灾害、居民意外伤害等实施赔付。组织开展政法综治宣传月和平安法治进社区、进企业（单位）、进校园、进园区（楼宇）“四进”活动，区委政法委（综治办）牵头7个街道及公安玄武分局、区人民检察院、区人民法院、区司法局等职能部门，通过广场宣传、文艺汇演、“走千家进万户”等形式，制作发放20万份平安宣传袋、平安宣传品、致居民一封信等资料。在新街口、珠江路、长江路等人员密集场所，利用户外电子显示屏滚动播放平安法治宣传标语，营造平安建设良好氛围。运用现代传媒拓展综治和平安建设宣传内容和形式，强化网站、微博、微信、微电影、手机客户端等新媒体应用，提升人民群众对综治和平安建设知晓率、参与率，传播政法综治工作“正能量”。

【社会治安防控体系】 2017年，区委政法委（综治办）强化社会治安重点地区排查整治活动，精心组织开展“三打一整治”等专项行动，紧盯新街口商圈、1912街区、南京火车站等人员密集区域，加强街面武装巡逻和盘查，相继破获“谢某某故意伤害命案积案”“乔某等人寻衅滋事案件”等一批案件。发挥信息员、治保会、治安巡逻队等群防群治组织作用，以每个社区50—80人核心力量为基准，建立全区35000人的平安志愿者队伍，开展看楼护院、邻里守望、联户联防、平安小喇叭等多种形式群防群治活动。严格寄递行业和危化品监管，全区寄递企业19家、115个网点、1200余名从业人员，逐家签订安全责任书。查处校园周边及公共娱乐场所259家次，停业整顿5家，关停11家，其中刑事处罚5家，行政拘留2人，收缴赌博游戏机106台，校园周边治安环境得到净化。推动"雪亮工程"建设，加快推进社会面公共安全监控视频建设联网运用，构建涵盖区、街道、社区的三级公共安全视频监控联网应用体系，实现视频全覆盖、监控无盲区。全区公共安全监控视频共享平台已建成，一类、二类2000路监控实现联网共享，推进1万台监控摄录一体机安装，逐步形成以联网监控为主，小区为基础、沿街店铺为补充、街面为延伸的监控格局。

【大排查大整治行动】 2017年，区委政法委（综治办）按照省、市大排查大整治行动总体部署，围绕五个方面的整治内容和三个阶段的工作要求，强化思想认识，科学统筹安排，细化工作措施，严格责任落实，狠抓问题整改，开展"拉网式""滚动式"排查，着力将风险隐患发现在小、处理在早，确保全区实现"三个不发生"的目标。即：不发生重大公共安全事件、确保不发生重特大安全生产事故、确保不发生重大群体性上访事件。制定《关于在全区开展社会矛盾和安全隐患大排查大整治行动实施方案》《全区出租房屋安全隐患集中整治工作方案》等"1+27"工作方案。成立大排查大整治行动领导小组，并下设综合组、信息组、督查组。召开4次全区大排查大整治行动领导小组会议，研究推动落实全区大排查大整治工作。按照省、市关于大排查大整治行动方案，将专项整治行动五大工作任务，细化成23项78条责任清单，落实到相关部门和各街道。全区涉及安全稳定工作34个部门及街道，共梳理出问题、隐患431件，及时编印工作简报8篇，强化通报整改。9月30日起，全区启动十九大安保维稳战时工作机制，实行"零报告"和24小时值班备勤，区委政法委（综治办）成立7个专项督查组深入街道（园区）开展督查指导，每晚召开各街道和相关部门分析研判会议，并组织发动近万名平安志愿者在91个公共场所和109公交地铁站点等重点区域进行巡防守护，努力营造群防群治良好氛围。

【综治与平安建设】 2017年，区综治委制定印发《全区综治工作（平安建设）考核细则分解表》，组织开展综治业务培训活动，分解目标落实责任。召开综治五部门联席会议，加大明察暗访工作力度，及时通报存在的问题和薄弱环节，确保年度目标任务完成。加大区综治委各专项领导小组工作推进力度，发挥系列平安创建和挂钩联系街道牵头部门的职能作用，深化平安社区、平安家庭和平安铁路区等系列平安创建活动，开展区综治委成员单位结对帮扶街道、社区平安创建工作，及时帮助基层解决工作中遇到的实际问题。强化校园及周边治安综合治理，全区配备112名校园专职保安，安装视频监控探头3912个实现联网运行，校园"九小件"等安保措施落实到位，全区所有中小学、幼儿园全部创成市级以上平安校园。

【平安玄武建设】 2017年，区委政法委（综治办）围绕"品质玄武"战略目标，各街道、各部门结合本地区、本部门实际，培育和打造平安建设特色亮点，形成平安玄武建设品牌百花齐放的良好局面。推动社会治理一体化改革，探索打造社会治理一体化云平台，提升全区社会治理社会化、法治化、智能化、专业化水平，开启大数据时代云治理序幕。投入1500余万元用于区社会治理一体化（网格化）管理服务中心改造和区社会治理一体化云平台研发，玄武区社区治理一体化信息平台等网格化社会治理试点工作经验做法在省市推广。9月29日上午，玄武区举行社会治理一体化改革暨云平台启动仪式，标志着玄武区社会治理一体化改革翻开加速推进、全面实施的崭新篇章。加强社会组织扶持培育，打造出梅园新村街道"佑康家园"、红山街道"尚大姐工作室"、锁金村街道"维宁工作室"等社会治理类社会组织，充分发挥其在基层平安创建工作促进作用。 （谢 波）

法治玄武建设

【概况】 2017年，全区依法治区工作坚持以习近平新时代中国特色社会主义思想为指导，按照习近平总书记依法治国"16字方针"要求，全面落实省市区委决策部署，以创建法治建设示范区为目标，以维护区域稳定大局、促进社会公平正义、保障人民安居乐业为使命，以提升法治建设满意度为抓手，强化党的领导、坚持改革创新、狠抓工作落实，深入推进依法行政、公正司法、法治文化、依法治理等重点工作，突出问题和需求导向，实现年度全区法治建设满意度98%，让法治真正成为玄武核心竞争力的重要标志，为高水平全面建成小康社会、高质量建设“强富美高”新玄武提供和谐稳定的社会环境和公平正义的法治环境。

【依法治区】 落实重大行政决策前广泛听取社会各方意见、听证论证、合法性审查、集体研究决定等制度。组建新一届区专家咨询委员会、行政执法监督员、行政复议委员会，依托3个工作平台认真采纳社会各界建设性的意见建议，发挥行政执法监督的专业工作优势，及时发现并纠正行政决策中可能存在的问题，减少决策失误。紧扣全区社会经济发展主题，为重大区域发展提供法律支撑，努力发挥好参谋助手作用。全年审查各类文件58件，出具法律审查意见书37份。收到各部门重大行政行为报备件32件。举办“执法案件集中评查活动”，邀请55名区“三大监督平台”的社会监督员，对全区行政许可、处罚、强制、征收等各类行政执法案件进行集中评查。采取各执法部门法律顾问互查、区咨询委员会委员参与评查、区行政执法监督员全程参与并监督的评查方式，对各部门上报的各类48卷案件材料质量进行综合评判，保证案件评查结果的公平、公正。2017年是江苏省行政执法证件的换发年，组织全区行政执法人员换领新的行政执法证和行政执法监督证而组织的一次集中考查，凡未通过考试的人员将无法申领新的行政执法(监督)证件。

【司法改革】 区法院开展以落实主审法官办案责任制为核心、建立审判团队管理模式为基础、改进院庭长监督指导方式为保障的审判权运行机制改革。员额法官全部到审判一线办案，非员额法官不再独立办案，全部分配给院庭长当助理。院庭长带头办案，提高配备高级助理的院长分案系数至100%，院长收结案数显著提高。制订《审判委员会议事规则》，建立符合审判规律的审委会工作机制。制订《专业法官会议工作规定》，规范专业法官会议的召集程序、议案流程等。借力借智消化矛盾纠纷，全力压降案件数，召开金融机构座谈会，发送司法建议。家事庭尝试与公证处建立协同机制，将部分案件交由公证处协调解决并以公证形式确认效力。区检察院完成人员分类管理，做到符合司改要求。对原7部1局进行调整，整合为“6部1局1组”。全院共设置20个办案组织形式。拟定《检察官、检察辅助人员以及司法行政人员考评办法（试行）》以及《检察官司法档案管理实施办法(试行)》。全面铺开刑事案件认罪认罚从宽制度试点，对可能判处有期徒刑一年以下刑罚的案件，采用表格式审查报告，对可能判处有期徒刑三年以下刑罚的案件，采用简化版审查报告，极大地提高了工作效率。通过与法院沟通协商，促成认罪认罚案件的集中审理，节约了诉讼资源。试点以来，认罪认罚从宽处理制度适用198件226人，占同期起诉案件量54.39%。有效推进公益诉讼制度改革。

【法治宣传教育】 3月，为确保“七五”普法规划全面落实，出台《玄武区领导干部法治教育和国家工作人员学法用法工作实施方案》，制发《玄武区国家机关“谁执法谁普法”工作计划》，组织59名拟提拔区管干部开展任前法律知识考试，开展10场以“谁执法谁普法”为主题的法治广场活动，在区公检法和行政执法部门中遴选人员组建“以案释法”宣讲团，收集整理50篇典型案例，在机关部门和街道共组织开展14起法治宣讲活动，提高全区领导干部和国家工作人员运用法治思维和法治方式开展工作、解决问题、推动发展的能力。开展“法律六进”，先后组织“法润南京·2017春风行动”“平安玄武法治玄武宣传月”“农民工学法周”等专题活动，开展“国家安全”“反家庭暴力”系列宣讲以及“学雷锋，践行社会主义核心价值观”法治宣传志愿服务等活动，组织法治宣传广场活动36场次，发放宣传资料近万份，向近5000人次推广“12348”、玄武司法行政微博微信，受益面近8万人次。

【基层民主法治建设】 开展居民公约等自治章程的法律体检活动，指导社区因地制宜开展特色法治文化建设，加强法治文化阵地建设，在全区各机关部门遴选培育优秀法治文化宣传基地，提升区基层民主法治创建工作水平。区司法局通过进一步规范行政审批工作流程，加大服务保障和扶持力度，提升律师服务管理工作水平，吸引优秀人才到玄武区创办律师事务所；利用各种资源加大走访和沟通力度，新设立6家律师事务所，全区有律师事务所32家，律师488名。明确各司法所、各社区结对律师事务所和律师，通过“所所对接”“社所对接”，明确服务的标准、内容、管理和相关保障机制，规范和拓展“一社区一法律顾问”制度，社区居民得到更加便利、优质的公益法律服务。在区公共法律服务中心增设律师值班接待窗口，规范律师派驻值班制度。先后组织成立同心律师服务团、“12348”法律服务队和“法企同行”17个专业服务律师团，为区域群众和企业提供广泛的法律咨询等服务。

（胡晓伟）

依法行政

【概况】 2017年，区政府法制办深入学习党的十九大会议精神，紧紧围绕区委、区政府重点工作，精心谋划、创新发展，政府法制工作取得了明显成效，有力地推进全区依法行政工作进程，完成法治政府建设的阶段性目标任务，为建设“强、富、美、高”新玄武提供有力的法律服务和保障。全年审查各类文件58件，出具法律审查意见书37份。收到各部门重大行政行为报备件84件。玄武区被省政府法制办确定为“省级重大行政决策规范化管理示范区”。

【法治政府建设建章立制】 组织起草区政府《法治政府建设实施方案（2017—2020）》《关于在全区推行法律顾问制度和区属国有企事业单位律师制度的实施意见》，以优化执法力量为重点，探索建立区、街两级综合行政执法新模式，为稳步实施综合执法体制改革建言献策。认真贯彻落实“双随机一公开”工作、行政权力下放事项的合法性审查工作；推进街道行政执法中心的深化完善工作。

【行政争议案件处置】 建立行政复议与信访、司法、法院有效衔接机制，形成化解行政争议的工作合力，妥善处理一批历史遗留问题，维护了社会稳定。行政复议工作受到省、市法制办的高度评价。2017年共受理向区政府申请的行政复议案件35件，召开行政复议案审会3次，共结案27件，其中维持8件，确认违法2件，撤回5件，驳回4件，撤销、责令重作4件，其他处理4件；中止审理2件，未结案6件。办理区政府被诉行政诉讼案件18件。建成并投入使用区行政复议听证室、政府法律顾问办公室等硬件设施。

【重大行政处罚备案审查】 要求各行政执法部门建立健全并严格落实重大行政处罚案件集体讨论决定、备案审查反馈以及案件备案审查案卷归档等制度，规范自由裁量权行使。在加强重大行政处罚纸质文书备案审查的基础上，充分利用重大行政处罚网上备案登记系统，对全区所有行政处罚案件进行网上报备，实施全方位立体监控。全年全区备案重大行政处罚案件17件，优良率达100%。

【执法信息互联】 构建“两法衔接”信息共享平台，按照市“两法衔接”办公室的工作部署，将平台对接工作作为2017年上半年的一项重点工作。全区有25家单位需接入两法衔接平台，区政府大楼内13家单位通过市政务内网接入两法衔接平台，区政府大楼外12家单位因省、市有要求不允许再接通市政务内网，未能直接连接。为解决区政府大楼外12家单位接入两法衔接平台问题，区法制办协调区信息中心设置2台专用电脑通过市政务内网接入两法衔接平台，保障这12家单位能集中登录两法衔接平台。明确分管领导和责任部门，并指定专人具体负责和保管平台登录密钥，防止涉密信息泄露。

【行政执法换证】 2017年是江苏省行政执法证件换发年，换证前培训考试是对全区行政执法人员换领新行政执法（监督）证件而组织的一次集中考查。区政府法制办从强化行政执法人员法律意识、提高执法水平角度出发，制定详细的换证领证、培训和考试工作规程，按照“以学促考”的要求组织考前培训。依照省政府法制办的规定，凡未通过考试的人员将无法申领新的行政执法（监督）证件。1月6日下午是市政府法制办确定的玄武区2016年度行政执法（监督）人员证件换发法律知识网上考试的时间，区政府法制办组织安排全区依法行政法律知识考试工作，33家行政执法单位的近800名行政执法（监督）人员在规定的时间段内参加考试。区政府法制办工作人员对部分单位考场进行巡考。

【执法案件评查】 2017年面向全区各行政执法单位举办2次“执法案件集中评查活动”。评查分别在2月和7月开展。区法制办邀请区政府法律咨询委员、行政执法监督员、各部门法律顾问、“两法衔接”工作联席会议成员单位专家21人次及相关行政执法单位的业务骨干20人次组成评委会参评。整个评查采取区法制办初查,各执法部门业务骨干、法律顾问和法律咨询委员等交叉评查,评查结束后所有评委会人员进行交流反馈评查意见。评查内容包括,行政执法主体是否适当、执法方式是否规范、程序是否严谨、时限是否合规、认定事实依据是否充分、适用法律法规是否准确、执行自由裁量权基准是否恰当、执法文书制作是否精细、卷宗装订是否符合要求等9个方面,以确保评查效果的全面、准确与公正。对各部门上报的共计各类64卷案件材料质量进行综合评判,保证案件评查结果的公平、公正。案卷评查情况向区政府做专题报告,对各单位存在问题进行点对点反馈与当面个性化指导。

【法治政府建设】 6月16日下午,玄武区举行区政府第二届行政复议委员会、第四届法律咨询委员会和第四届行政执法监督员集中聘任仪式,区委常委、常务副区长滕涛,55名新一届受聘委员和监督员参加仪式。新一届聘任委员和监督员分别来自市、区人大代表、政协委员、高校专家学者、律师界、新闻媒体、驻区企事业单位以及相关社区,聘请范围更广,群众代表性更强,专业素质更好。区政府法制办主任郭镰宣读区政府关于聘请新一届区政府行政复议委员会、法律咨询委员会委员和行政执法监督员的决定;副主任乔明达回顾上一届行政复议委员会、律咨询委员会和行政执法监督员工作,提出深化新一届员会和行政执法监督员建设及工作的思路;区委常委、常务副区长滕涛向受聘的委员(监督员)代表颁发聘书;区人大代表、南京同舟知识产权事务所主任周兵,北京大成(南京)律师事务所执行主任、中华全国律师协会行政法专业委员会委员李晨,北京市高朋(南京)律师事务所律师陈烈先后代表新一届委员会和行政执法监督员发言,以表达对受聘担任委员的自豪感和责任感,表示将充分发挥专长和智慧,认真履行好职责,为玄武区推进依法行政,建设法治政府工作贡献出一份力量。

【市法制办对区法治政府建设开展年中督查】 8月25日下午,市政府法制办主任鲍陈、副主任朱宜平、综合处处长王兰一行到区开展法治政府建设年中督查。区长穆耕林、常务副区长滕涛参加督查活动。穆耕林、滕涛分别汇报区政府2017年以来法治政府建设、“放管服”改革及依法行政工作的推进进度情况,就法治政府建设工作中的热点、难点问题进行了深度交流剖析。市政府法制办对玄武区开展的各项政府法制工作以及在法治政府建设中取得的成绩给予高度评价。

【法律顾问咨询日活动】 12月6日上午,区政府法制办公室按照既定工作计划安排,首次在区政府0118区政府法律顾问办公室开展“法律顾问咨询日”活动。区政府法律顾问刘洪律师团队3名律师和区政府公职律师一起全程参加,对区征收办等单位的涉法事务咨询一一作出解答,活动取得预期效果。开展政府法律顾问咨询活动是区政府法制办服务全区经济社会发展的一项重要举措。此后每周三上午,区政府法制办都轮流安排政府法律顾问团队集中时间、固定地点,为政府各部门提交的具体法律事务解答疑惑。冀望通过法律顾问对具体问题的法律释明,梳理和规范各单位行政行为,培养自身法律人才储备,提升与增强玄武区公职律师的业务水平。

【区行政执法监督员工作】 12月8日下午,区政府法制办组织21名区行政执法监督员对区市场监管局进行专项行政执法督查,并实地检查区“放管服”改革工作开展情况。南京市人大代表、江苏省科技情报研究所副所长金福兰,区人大代表、南京新华海科技产业集团行政人事部经理周选娣,区人大代表、江苏昌禾律师事务所主任戴晨等先后发言,他们对区市场监管局深入推进“放管服”改革,在“不见面”审批改革和事中事后监管及依法行政工作上给予充分肯定,并就网络经济监管理念与方式、服务型政府建设、行政执法宣传教育等方面提出建设性的意见和建议。区行政执法监督员参观该局网监分局投诉举报处理中心、区政务服务中心,现场观摩市场监管部门日常工作的全流程。检查结束后,区政府法制办召开“2017年度区行政执法监督员年会”,向区行政执法监督员征求对《玄武区深化行政执法监督员制度改革方案》的修改意见。

(曹丽娟)

公　安

【概况】 2017年,公安玄武分局践行“对党忠诚、服务人民、执法公正、纪律严明”总要求,以党的十九大等系列重大安保维稳任务为主线，以深化“五大导向”为牵引，以大数据建设应用为支撑，以改革创新、执法规范化和队伍正规化为保障，突出现代化、立体化、信息化社会治安防控体系和警务实战化“双轮驱动”，各项工作取得显著成效，群众满意度持续攀升。切实肩负起促一方发展、保一方平安的政治责任，有效应对各类风险挑战和严峻考验，圆满完成党的十九大、国家公祭日、省市“两会”等一批重大安保任务，并在十九大安保中荣立了集体二等功。5月，公安玄武分局被评为“全国优秀公安局”。倡导互联网思维，首建“社区治理一体化平台”，引领创新网格化社会治理；创建以路牌为龙头的四级二维码系列地址标牌体系，被“国标委”列为标准化试点项目，在全国推广；率先将分享经济模式融入警务，创建“滴滴警务”平台，推动警务工作“供给侧改革”；探索建设一体化、智能化执法办案管理中心，成为全市执法办案规范化、集约化、智能化的样板工程。攻坚克难能力明显提升，成功破获2起历年命案，百名民警公诉数达140人，打击效能全省一流、全市最高。首次以购置方式获得后宰门派出所办公用房，并完成玄武门、新街口、孝陵卫等派出所办公用房全面提档升级。连续三年获得全局绩效考评总成绩、分县局机关作风评议、全区行风评议“三个第一”，在全市1700余家处室中以总分第一名的成绩获评2017年度南京市机关作风建设“标兵处室（单位）”，被授予2017年度全市公安机关绩效考核优胜单位和2017年度全市公安机关“作风建设先进单位”。全面落实全员考核机制，加班考核经费全额保障，办证中心获全国青年文明号。全年涌现出江苏省模范公务员张骑、第三届“群众最喜爱的人民警察”李克俭、全省优秀人民警察丁旭、王炜等一批先进典型。

【治安风险管控】 以“社区治理一体化信息平台”为载体强化风险防控，通过网格划分形成以专职社工网格员为主体的“1+N”全要素网格。引导网格员开展网格巡查11.5万件次，采集地下室、车库、桥梁、涵洞等非标地址1300余条。开展流动人口和群租房的排查整治，累计复核、新登基础数据69万余条，排查社会矛盾2.4万余起，消防安全隐患3.3万余处。做好危化品、寄递、旅馆等重点行业的监管，消除一批安全隐患。破获全国易制爆危险化学品和寄递物流专项整治行动“21号督办案件”，“5·9”非法收购、运输、出售珍贵、濒危野生动物案等2起公安部督办案件，以及“6·30”跨省网络贩枪案。以最硬措施强化战时勤务，在打防一体中服务安保全局。按照高于平时、快于平时、严于平时的要求，以显性用警增强巡防震慑，启动一级加强勤务，有效提高见警率、威慑力和控制力。以严打高压应对反恐处突，

5月19日，公安玄武分局被评为“全国优秀公安局”，系全市公安系统唯一获此殊荣的集体

对重点目标单位和人员密集场所，逐一落实反暴恐责任，尤其对全区校园强化"护学岗"设置，落实警力在师生在校和早晚上下学期间进行着装守护。以合成高效深化打击整治，快速侦破"10·18"抢夺银行取款人、"10·22"抢劫案等一批有影响的案件。

【治安秩序维护】 2017年4起命案全部侦破，在紧盯大要恶性案件的同时，把更多精力投向盗窃、扒窃、诈骗等多发性侵财小案，有力维护百姓民生。精心开展打击"盗抢骗"专项行动，通过"即破即奖"、绩效考核等手段引导全局进一步加大打击力度，全区刑事案件立案同比下降24.7%，其中，侵财案件立案同比下降25.9%。大力推进风险收押，看守所收押高血压、糖尿病、腹中有异物等病患嫌疑人34名，有力打击了违法犯罪人员的嚣张气焰。聚焦热点难点推进专项打击。精心组织治安问题百日整治、清水蓝天、扫毒"安宁""猎狐"、打黑除恶、冬季攻势等专项行动，着力打造平安高地。严防有组织犯罪落地生根，摧毁黑社会性质组织1个。深挖毒品源头，摧毁贩毒团伙网络，破获毒品案件109起，打击处理涉毒犯罪嫌疑人169人，破获公斤以上跨区域特大贩毒案2起，缴获各类毒品10.7公斤。完善专案专办模式，破获经济犯罪案件60起、挽回经济损失1.8亿余元。其中，破获非法集资案件12起，打掉1个以"1040阳光工程"为诱饵的特大传销团伙，抓获区境外逃犯3名。加大对食品、药品、环境犯罪的打击力度，破获公安部督办案件7起，守卫舌尖上的安全。常态整治营造良好环境。按照什么问题突出就重点整治什么的思路，注重动态整治与日常管理相结合，健全完善长效机制。深入查禁黄赌娼违法行为，共查处涉赌人员80人，收缴赌博机、电路板350余台(块)。组织缉枪治爆专项整治，收缴各类枪支107支，各类子弹99发、管制刀具8把，收缴爆炸、剧毒等废弃危险物品0.1吨。深入推进养犬管理，开展全区性专项整治，新办理养犬登记证2200余张、捕捉收容流浪犬1800余条。

【巡防改革】 以警务工作服务站建设为重点，不断完善屯警街面、动态防控、快速处置、服务前置的新型巡防勤务模式，最大限度将警力投向街面，让群众时刻感受到警察就在身旁，平安就在身边。巡防改革实现防控全覆盖。围绕现代化立体化信息化社会治安防控体系建设，在巡特警大队统筹下，将全区支街背巷划分为26个巡区，明确11家派出所的巡防责任，整合派出所30名民警、156名特勤参与巡防，实行"三班两运转"勤务模式，实现全区支街背巷全覆盖，违法犯罪打击无死角。自5月11日"一体化"专业巡防正式启动以来，辖区支街背巷的发案率同比下降35%。动态管控实现防控全要素。在正常开展武巡、电动车巡、步巡以及电瓶车巡的基础上，为解决支街背巷和交通拥堵时四轮警车反应不及时的难题，购置6辆专业摩托车，成立由15人组成的特勤巡逻处突队，队员2人一组，在德基商贸圈、鼓楼广场等重点区域巡逻，并与南北片区的2辆应急指挥驰援车相呼应，共同支援处置重大或疑难复杂案事件，打通全区巡防"最后一米"。综合治理实现防控全领域。全力发动平安志愿者、社区网格员投身支街背巷、社区网格的巡逻防范，全区群防群治力量扩大到3万余人。在各主要路口累计投放28把警务巡防伞，伞下安放警用装备箱，内置防暴盾、辣椒水、T字棍、灭火器，使警务巡防伞不仅成为街面巡防力量签到、停靠与值守的新阵地，也成为平安志愿者守望岗和警民联动群防群治的新窗口。科技支撑实现防控全监管。为确保民警和特勤真正巡起来、动起来、防起来，以全区147个街面路牌二维码、7万多个门牌二维码以及28个警务巡防伞二维码为基础，在分局微信企业号增设巡逻勤务模块建立二维码扫码、打卡勤务模式，实行巡防线路点位打卡制度，严格规定重要部位立岗20分钟。每天通过网上巡查、视频巡查、GPS轨迹巡查和实地明察暗访，对巡防力量在岗在位、巡逻路线、履职情况进行动态监管、实时通报，倒逼巡防勤务高效运转。

【创新强警】 推进"创新强警"战略，利用"互联网+"技术，服务实战、破解难题；探索警务供给侧结构性改革，打造警务工作新质态；走融合共享之路，打造共建共治共享的社会治理格局，使人民获得感、幸福感、安全感更加充实、更有保障、更可持续。应用社区治理一体化信息平台。将所有社区划分成522个网格，形成基础信息一体化采集、数据资源一张网共享、智能应用一站式服务。依托平台把信息采集与管理服务有机结合起来，努力使群众支持社区治理、参与社区治理。网格员下社区登记走访单位1.4万余家，收集社区民意5000余条；组织社教、科普、关工委、群团等活动1500余次，开展贫困帮扶、宣传教育、矛盾调解等工作1.3万余次；同步上门为社区居民办理生育服务、犬证等各类证件1.8万余张，出具各类核验、证明服务3.5万余件。系统建设二维码系列地址标牌。将道路、单位、社区、警务、人文等信息都收录在二维码中，形成了以路牌为龙头的四级二维码地址标牌体系。群众既能以路门牌号为坐标，增强对地理位置的直观感受，进行“点对点”的精确导航，还能实现网上精准报警定位、申请办事等民生服务。对全区2800余块大中门牌、28万余块单元室号牌进行补齐理顺，换装二维码门牌、室号牌7.3万余块，换装区属养护二维码路牌602块。打造“滴滴警务”平台。将分享经济模式融入警务，着手研发“滴滴警务”平台，用互联网思维推动警务工作“供给侧改革”。撬动社会管理资源进入社会价值创新的全新领域。通过整合分享众多的社会资源和警务内部资源，加速资源要素的流动，搭建联动融合、开放共治的移动互联网警务资源平台。平台首度连接整合技能、知识、装备、力量等分散或闲置的社会资源和警务资源；首破传统接报警机制，大胆尝试“网约车”式报警、抢单模式；首创业务需求与警力个人意愿精准衔接。平台已经汇集灾害事故、复杂警情、侦查办案等8大类236名专家，平台运行以来共发起专家会诊45场次，有效提升警务实战效能。接受群众“滴滴”报警1456件，群众满意率达99.2%。组织发布景区安保、专项加强巡逻、警务无人机飞行、涉外警情翻译等警务任务3000余件，抢单响应警力达5000余人次。

【公安玄武分局获“全国优秀公安局”称号】 2017年5月19日上午，全国公安系统英雄模范立功集体表彰大会在人民大会堂举行。会上，公安玄武分局获评“全国优秀公安局”，系全市公安系统唯一获此殊荣的集体。

【“二维码系列地址标牌”被国标委立项推广】 分局探索建立以标准化地址为应用根，以社会治理大数据为支撑，以管理服务线上应用为核心，以路牌为龙头的四级二维码地址系列标牌体系。全区围绕8条主干道、5条景观路，制作安装“二维码路牌”176块，为全区楼宇、居民小区共安装“二维码门牌”11.5万块。全区成立了由公安玄武分局、建设、民政、文化等部门组成的专班，制定了《玄武区二维码地址标牌设置管理办法》。2017年，二维码路门牌的扫码访问量达23万余次，分别用于网格化社会治理、网上服务、开展警务工作等。同时依托智慧城市建设，开展社会管理和公共服务综合标准化试点，2017年5月17日被国标委确定为全国社会管理和公共服务综合标准化试点项目。7月14日，省公安厅刊发简报予以报道。8月3日，公安部深化改革办公室刊发简报予以宣传推广。

【执法办案管理中心建成】 2017年分局根据公安部、省厅、市局对深化执法规范化建设的部署，按照“严格规范、公正文明、融合共享、智能高效”的思路，探索建设“空间集中、功能齐全、衔接流畅、管理集约”的一体化智能化执法办案管理中心。中心建筑面积8408平方米，核心区包括执法办案、案件管理、涉案财物管理3个中心，内有讯（询）问室、候问（等待）室等26间，中心民警（特勤）住宿办公用房16间，共享办公用房12间，配套侦查指挥、视频监控、通案会议、警体健身等功能用房，单日最大审查人员数可达40人。协调区检察院、法院、司法局派驻中心检察室、刑事速裁法庭和法律援助室，引入未成年人保护工作室、（尚大姐）戒毒康复工作室、价格鉴定室，设置了律师会见室。实现案件集中侦办、警种合成作战、财物案卷集中保管、警情案件统一监督。

【刑警大队成功破获2起历年命案】 2016年12月21日，分局在省厅、市局相关部门的指导下，通过刑侦基础工作，利用指纹比对明确嫌疑人身份，在郑州将赵恩（男，37岁，郑州人）、樊军杰（男，35岁，郑州人）抓获，一举侦破19年前陆家里抢劫邮票杀人案。2017年5月25日，分局在市局相关部门的大力支持下，成功运用人像比对技术，在浙江义乌锁定并抓获已“漂白”身份潜逃21年的命案潜逃嫌疑人谢宜华（男，43岁，江苏宿迁人），成功破获玄武“1996.8.15”故意伤害致人死亡案。

【办证中心获全国青年文明号】 4月25日，共青团中央、最高人民法院、国家发展和改革委员会、公安部等22家单位联合发文《关于命名2015—2016年度全国青年文明号的决定》，分局办证服务中被评为“2015—2016年度全国青年文明号”，系全市公安系统唯一获评集体。分局办证服务中心现有民警21人、文员43人，35周岁以下青年占比64.1%。中心承担着全区76万人口的户籍、身份证和出入境证件办理工作。设有四类21个窗口，年接待群众20余万人。近年来，中心坚持民意导向，以争创“青年文明号”为推动，创优服务品质、丰富服务内涵。先后荣获省市各级荣誉称号35项，连续6年被市局评为“五星级文明窗口”、3次荣立集体三等功，累计收到群众赠送的锦旗260余面、感谢信180余封。

【后宰门派出所办公用房以购置方式获得】 2017年通过拍卖购置后宰门西村74号约5300平方米的原交通银行仓储用房，这是新中国成立后南京首个以购买形式增设的派出所办公用房，现已有经侦、国保、内保、反恐、维稳办5家单位入驻。 （沈晓霞）

【交通管理】 2017年，交警一大队圆满完成党的十九大、国家公祭、首届江苏发展大会、南京马拉松、轮滑世锦赛等大型活动道路交通安保工作。获“全省优秀公安基层单位”，并荣立“集体二等功”；北京东路小学护学岗被省厅评为“文明执法窗口”。

2017年，交警一大队定期深入客运、渣土运输、危险品运输、校车等重点企业及交通违法、事故多发路段，深入查隐患、查制度和措施落实，推动整治行动深入开展。排查道路隐患1处(红山路护栏设置)，落实整改1处；对相关企业共排查货运单位23家、场站1处(长途汽车东站)，驾驶人882名，签订责任书3200份，发放整改通知书23份，改善了道路通行环境，交通事故主要指标显著下降。

全年现场处罚各类交通违法行为213547起，其中行人17512起，非机动车96718起，机动车99317起；查处酒后474起，其中饮酒274起，醉酒190起，酒后拘留10起；查处渣土车违法2749起；机动车违停现场处罚2076起，非现场处罚39696起，监控抓拍28687起，拖移机动车1737起；查处机动车不按规定使用号牌216起；查处违鸣5881起；查处不系安全带469起；查处违法变道2076起；处罚货车闯禁区1632起；查处不礼让斑马线12011起；查处不按规定使用灯光632起；查处开车打手机241起；查扣高危机动车484起；处罚非机动车违法行为96056起，查处三轮车493起，查处残疾车违法25起，查处助力车违法144起；及其他违章256起。 （黄晶晶）

检　　察

【概况】 2017年，区人民检察院忠实履行检察职能。严厉打击严重刑事犯罪，受理提请逮捕案件460件659人，审查起诉案件897件1474人，批准逮捕392件551人，提起公诉795件1230人。依法查办和预防职务犯罪，查处贪污贿赂案件8件15人，渎职侵权案件3件7人，同比分别上升150%和75%。抓获在逃的职务犯罪嫌疑人2人。办理的朱某涉嫌贪污、受贿、介绍贿赂、伪造居民身份证罪一案，被评为全省十佳优质反贪案件。查办的孙某等人滥用职权等系列窝串案，推动全市人社系统“职介补贴”专项行动。突出监督特性，督促公安机关立案3件3人，撤案4件5人，移送职务犯罪线索9件11人，纠正漏捕漏诉8人，提出书面纠正违法8件次，监督撤案3件4人。接受行政执法机关案件咨询11件，建议移送案件3件。对刑事执行监管工作中存在的安全隐患提出意见28次，书面检察建议5件，发出纠正违法通知书1份，办理羁押必要性审查变更强制措施44人，帮助落实拘役人员回家探视权59人次，集中清理33名判处实刑未交付执行刑罚罪犯投送监狱，开展社区矫正专项检察26次，驻所检察室被最高检评为“一级规范化检察室”。加强民事行政案件监督，审查办理案件22件，提出执行、行政监督检察建议分别为6件和7件，审查虚假诉讼案件4件。开展优秀司法文书评比活动，6个理论研究课题分获省市院立项，撰写的论文获第29届“全国副省级城市法治论坛”一等奖。全年共有集体10项、个人37次获得各级表彰奖励。

【检务公开】 深化检务公开，打造阳光检察。自觉接受人大监督及社会各界的监督，坚持人大建议案专人负责、主动联络、上门反馈，2件建议案全部办结并回复，认真办理提案1件，推进案件信息公开，依托“两微一端”，公开案件程序性信息1270条，法律文书611份，发布重要案件信息62条，举办“宣传举报周”“检察开放日”活动，邀请市民走进检察机关零距离互动。

【检察服务区域经济发展】 服务创新驱动战略，突出惩治侵犯知识产权等犯罪，起诉68人。针对环境建设的热点问题，在辖区内牵头组织开展打击影像废液排放污染环境等专项行动，针对媒体反映的垃圾堆放等问题，先后向有关单位提出督促履职检察建议。着力防范金融风险，突出惩治非法集资等涉众型经济犯罪和互联网金融犯罪，起诉集资诈骗等犯罪122人。加强产权司法保护，对涉及非公企业案件，坚持提前介入、引导侦查取证，起诉侵犯非公企业和非公经济人士合法权益犯罪27人。开展“远离回扣，廉洁从医”专项活动，深化拓展预防质效，通过制发检察建议书、召开案例剖析会等方式，推动案发单位形成或完善多项内部规章制度。

【法律服务进社区】 参与全区平安、法治“四进”暨政法综治宣传月及法治文化巡回大讲坛等活动，推进社区检察官制度，全年送法进社区22场次，发放《法律服务指南》《检务公开》等宣传资料500余份，收集群众意见和建议20条。严惩人民群众深恶痛绝的多发性、侵财性案件，起诉盗窃等犯罪857人，对88件存有信访风险隐患的案件建立档案，有效稳控各类人员9人。以“大走访”活动推进作风建设，共走访57户贫困居民，16家企业，解决问题17个，覆盖全区7个街道1个园区。开展刑事司法救助，发放救助金4万元，首次对未成年犯罪嫌疑人实施救助，控申接待室连续第四次荣获全国“文明接待示范窗口”称号。

【司法责任制改革】 推进司法责任制改革，将检察人员明确划分为检察官、检察辅助人员、司法行政人员三类。建立领导干部带头办理重大疑难复杂和新类型案件制度，全年共办理案件251件。在全省率先建立检察官、检察官助理司法档案，出台检察官、检察辅助人员和司法行政人员绩效考评办法，完善案件监督管理动态报告机制，将司法责任制落到实处，改革后办案力量增加8%，办案质效提升。

6月21日，玄武区人民检察院“社区法治文化巡回大讲坛”活动

【刑事诉讼制度改革】 推进以审判为中心的刑事诉讼制度改革，因证据不足决定不批捕45人，不起诉5人。注重检察机关审前主导和过滤作用，利用庭前会议解决程序性争议，提高庭审实效和当庭指控犯罪能力。开展保障律师执业权益专项检查，主动向律师推送案件进展信息，为律师阅卷刻录光盘415张。加大认罪认罚从宽处理制度改革，探索重罪案件中适用认罪认罚程序，实现量刑区间全覆盖，共办理认罪认罚案件498件608人，占同期起诉案件总数的58.9%。

【公益诉讼改革试点】 推进公益诉讼改革试点工作。贯彻落实中央决定和上级院部署要求，建立内外线索共享移送机制，对内及时梳理汇总全院各部门案件，评估公益诉讼价值；对外定期走访调研相关行政机关，加强交流沟通，营造良好的衔接机制。全年排查案件线索5件，启动公益诉讼诉前程序4件，对王某污染环境案提起全省首起刑事附带民事公益诉讼。

【特殊人群服务管理】 深化未检“协作式”办案，实现未检办案专业化，在全区中小学广泛开展“法治进校园”系列巡讲，全市首创与公益组织合作，实现涉罪未成年人社会调查、心理救助、帮教考察以及就业指导等检察办案与专业机构的有机结合。根据合作协议开展社会调查2次，心理测评1次，对1名附条件被不起诉人完成就业指导，帮助完成就业培训。全市首例建议区法院对未成年被告人适用禁止令获支持。

（韩立勇）

法　院

【概况】 2017年，区人民法院忠实履行审判职责，稳步推进司法体制改革，加快审判现代化建设。新收各类案件17042件，同比上升20.16%。审结各类案件13438件，同比上升20.62%，诉讼和执行案件结案标的总额分别为45.44亿元、30.98亿元。10月11日玄武区人民法院与南京公证处签订诉讼与公证对接协议。区人民法院被省人民法院记集体二等功，被市政府妇女工作委员会评为南京市妇女儿童工作先进集体。

10月11日，玄武区人民法院与南京公证处签订诉讼与公证对接协议

【刑事审判】 审结刑事案件769件，判处罪犯1119人。依法审结贪污贿赂等案件9件11人，保障反腐败斗争深入推进。严惩涉众经济犯罪，审结集资诈骗等犯罪案件11件26人，挽回群众损失8000余万元。坚持“教育、感化、挽救”原则，审结未成年人犯罪案件10件15人，封存犯罪记录。审结涉外刑事案件4件，彰显司法主权。坚持宽严相济的刑事政策，对23人判处5年以上较重刑罚的同时，对具有法定从轻情节的被告人适用拘役、缓刑等109人，免予处罚1人。

【民事审判】 审结民事案件4391件，调撤率为66.51%。保护老幼妇残群体的合法权益，审结婚姻、赡养、继承等家事案件671件，发出人身安全保护令7份，促进个人品德、家庭美德、社会公德的养成，审结一起残疾人异地平权案件，被评为全省维护残疾人合法权益十大典型案例之首。审结房地产纠纷案件511件，对因房价上涨引发的恶意悔卖行为作出否定性评价，保障房地产市场调控政策落地见效。

【商事审判】 审结商事案件4806件，涉案标的38.79亿元，同比分别上升69.23%和17.78%。审结金融借款、民间借贷案件2187件，涉案标的额25.54亿元，同比分别上升39.9%和5.46%，对高息行为予以规制，引导融资市场健康发展。审结票据、保险等案件1758件，防范化解风险，助力打造区域金融中心。审结知识产权案件267件，依法制裁侵犯知识产权和制售假冒伪劣商品行为，强化知识产权保护。受理破产、强制清算案件9件，同比上升350%，设立“僵尸企业”破产处置绿色通道，切实服务供给侧结构性改革，促进产业优化升级。

【审判执行】 执结案件2986件，同比上升8.69%。深入推进破解执行难，成立专项工作领导小组，形成1个指挥中心、5个执行团队的执行拳状格局。区委、区政府联合出台文件支持执行工作，会同区检察院、公安玄武分局建立联动机制，协调保险公司推出执行悬赏保险。纳失2172人、限高919人、边控69人。执行指挥中心实体化运行，通过网络查控系统进行财产保全2187件4174次，有效控制财产10.44亿元。开设网店，网拍成交169件5.14亿元，节省佣金2381.14万元。13个执行节点信息自动推送当事人，执行文书100%上网。

【审判繁简分流】 承担简单案件审理的锁金村、孝陵卫两个法庭全年结案3657件，占全院诉讼案件的35%，法官人均结案数超500件。针对案件数量大、法律关系单一的简易案件，在送达、调解、庭审等各环节采用集约化模式开展工作。2017年，共受理速裁案件1511件，审结1394件。制定办案手册优化办案程序，寻找提升效率途径。适用认罪认罚从宽程序审结案件488件，当庭宣判率96.65%，平均审理天数5.87天，服判息诉率97.82%。

【家事纠纷多元化解机制】 探索家事纠纷多元化解机制，在全市率先开展诉讼与公证对接合作试点工作，将部分家事纠纷交由公证机构通过非裁判的方式予以化解，并充分利用公证在身份确认、证据固定等方面的优势，实现案件审判的提质提效，该项工作被评为全市人民法院司法改革优秀案例。继续与玄武维宁工作室等社会组织结对，共同参与社会影响大、对立情绪强的家事案件的调解，该项工作入围南京市社会建设创新案例。

【人民陪审员换届选任】 根据全国人大常委会《关于完善人民陪审员制度的决定》和上级法院关于人民陪审员选任工作要求，因区人民法院上届人民陪审员任期至2017年8月底届满，于2017年7月起开展新一届人民陪审员重新选任工作。在区人大常委会指导下，制定《关于人民陪审员重新选任工作的实施方案》，根据区人民法院员额法官的数量，按照员额法官与人民陪审员1:2的比例，确定此次选任人民陪审员84名，报名采用公民自愿报名与单位、组织推荐相结合的方式进行，圆满完成人民陪审员换届选任工作，新当选的84名人民陪审员就岗履职。

【司法责任制落实】 在2016年试点基础上，增补4名员额法官。员额法官全部到审判一线办案，人均结案320件。院庭长带头办理疑难复杂案件，参与随机分案。2017年，院长庭长共受理案件9431件，审结案件7357件，分别占全院的55.34%和54.77%。完善审判权运行机制，确立法官办案主体地位，除经审委会讨论决定的23件案件外，均由主审法官和合议庭自行定案。改进审委会制度、跨部门专业法官会议制度，在不干预法官独立行使审判权的同时，避免法官个体局限可能造成的裁判偏差。

【司法能力提升】 开展员额法官轮训、审判条线专训、专业岗位特训，提升审判业务能力。鼓励干警参与各级各类学术研讨，16篇论文在国家、省市级刊物上发表，2项课题获市级优秀课题，3篇案例被省人民法院《公报》刊登，6篇案例被评为典型案例。建立科学的法官业绩考核评价机制，并建立对司法辅助人员、司法行政人员、书记员的考核管理配套机制。引入第三方评查机制，聘请人大代表、学者对发改案件开展专项评查。严格终本结案标准，在全市大评查中终本案件合格率全市第一。

【司法便民惠民】 推行司法便民惠民举措，回应群众多元司法需求。全面严格落实立案登记制，当场登记立案率100%。构建实体和网上诉讼服务中心、12368服务热线、自助立案系统为一体的诉讼服务体系，为当事人提供一站式、综合性、智能化的诉讼服务；网上立案4906件，成功率92.3%。配备法律咨询服务智能机器人，设立律师服务工作站，诉讼档案实现网上电子借阅，不断提升诉讼服务体验满意度。运用远程视频系统及微信平台，审理当事人出庭困难的案件。为541人办理52256元诉讼费的减免缓手续，救助执行申请人11人次，金额46.38万元。

【参与法治建设】 派出资深法官为人民调解员授课，常态化开设"幸福家庭讲堂"、开展"送法进社区"，打造无讼社区、和谐社区、幸福社区。推进法治进校园，通过"法律伴我成长""庭审进高校""法官职业体验课"等活动，让大中小学生零距离感受司法。开展关心下一代工作，以立德树人为重点，开展"正苗工程"，一对一帮扶4名未成年人早日重返社会。发挥基层立法联系点的作用，先后参与《南京市排水条例》《南京市献血条例》等地方性法规的讨论制定。

【司法公开】 听取律师、人民陪审员等社会各界意见建议。开展"万名群众进法院""12·4"公众开放日等活动，先后接待各界群众、高校学生等12000余人次到院旁听庭审。召开了5场新闻发布会，邀请新闻媒体和社会各界共同见证、广为宣传。裁判文书上网6924篇、网络庭审直播451场、网络邀约385次。完善自媒体建设，发布微信146篇，微博75篇。

【接受监督】 邀请人大代表旁听庭审、参与执行、见证摇号、评议作风、评查案件700余人次。先后向区人大常委会作半年工作汇报，报告民事审判工作，接受代表审议。重视代表建议，落实专办制度，及时办理及时回复，办结率与办结满意度均为100%。健全接受政协和各民主党派、工商联、无党派人士监督机制，邀请区政协委员开展调研座谈、旁听评议案件庭审，向区政协主席会通报劳动争议审判工作情况，办结政协委员提案2件。支持、配合检察机关依法履行法律监督职能，畅通法律监督渠道。

2017年各类案件收结案情况

单位：件

	2016年旧存	新收案件	已结案件	未结案件	结收案比(%)
刑事案件	45	784	769	62	98.09
民商事案件	2173	9239	9231	2181	99.91
行政非诉审查及执行案件	3	25	26	2	104
民商事执行案件	778	3456	2931	1303	84.81
申诉复查、再审、监外执行案件	14	275	265	24	96.36
其他案件	25	225	228	22	101.33

（高　飞）

司法行政

4月7日，玄武区司法局在孝陵卫街道盛和家园小区开展“法治惠民‘12348’在行动”专题宣传活动。图为发放宣传资料、展示宣传板报、悬挂横幅、解答法律咨询活动现场

【概况】 2017年，区司法局深入贯彻党的十八大、十八届历届全会和十九大精神，推进“两学一做”学习教育、开展“大走访”活动，积极转变作风，奋力开拓，各项工作取得新进展和新成效，为区域经济发展和社会和谐稳定提供了法治保障。全年组织法治宣传广场活动100余场，发放宣传资料近5万份，向近万人次推广12348、玄武司法行政微博微信。为全区7个街道、59个社区结对聘请专职法律顾问。组建12348法律服务队和17个“法企同行”专业律师团，参加“大走访”和各种法治广场活动，为区域群众和企业提供广泛的法律咨询等服务。玄武公证处办理各类公证1068件，其中国内公证615件，涉外公证453件，收费近100万元。各级调解组织共组织纠纷排查741次，受理矛盾纠纷7668件，直接调处矛盾纠纷7668件，调解成功7662件，成功率99.92%，维护地区的和谐稳定。将开展“大走访”活动作为“两学一做”的实践载体和加强作风建设的重要抓手，严格按照活动方案有序推进。班子成员共完成走访任务53天，6名处级干部完成走访任务109天，22名其他党员干部完成走访85天，共走访结对企业1个、社区42个、基层站所45个、基层群众22户47人次，共梳理问题33个，已解决问题33个。针对全区律师事务所自身建设和党建工作上存在的8大类196个具体问题，逐一提出指导意见和解决方案，促进全区法律服务业规范化建设。

【法治宣传教育】 坚持区委中心组（扩大）学习及干部任前法律知识考试制度，先后组织59名拟提拔区管干部开展任前法律知识考试。严格落实“谁执法谁普法”工作要求，在区公检法和行政执法部门中遴选人员组建“以案释法”宣讲团，收集整理典型案例并汇编成册，联合多部门先后开展19场以“谁执法谁普法”为主题的法治广场活动，在机关部门和街道组织开展涉密人员保密法专题培训、法治讲坛进机关等21场法治宣讲活动。

【法治文化建设】 开展“法律六进”，先后组织“法润南京春风行动”“农民工学法周”“宪法进高校”等专题活动。制作《宪法伴我行》微视频，参加司法部“我与宪法”优秀微视频作品征集展播。以迎接党的十九大胜利召开为主题，举办“喜迎十九大，送法进社区”法治讲座和党员义工专题活动。开展“民主法治社区”创建，明故宫、月苑、晏公庙 3 社区分别通过省、市验收考核，区地税局“阳光税务”法治文化教育基地通过省级考核，提升区基层民主法治工作水平。

【特色法治宣传教育】 重点围绕农民工、中小学生、驻区部队等重点人群开展活动。3 月，针对农民工大规模集中返城，在孝陵卫街道开展“聚焦富民·法护打工路”法治宣传活动；针对中小学生法治教育需求，向社会组织购买服务，编创《少儿学法背后那些事》漫画读本，与区教育局联合在全区中小学生中开展“快乐成长，法伴我行”法治书画大赛以及“学宪法讲宪法”演讲比赛等活动。开展宪法宣传月系列活动，携手南京林业大学共同举办“宪法日”法律知识竞赛。为玄武区青少年法治宣传教育中心增配汽车驾驶模拟设备，拓展中心功能。8 月，走进东部战区空军某电子对抗旅，开展送法进军营系列活动。

【区公共法律服务体系建设】 采取扎实有效措施，努力推动公共法律服务体系和平台建设，全力打通服务群众最后一公里。在区公共法律服务中心增设律师值班窗口，规范法援律师在“12348”热线、区法院、看守所等单位驻点值班制度。在区信访局分别建立访调对接工作室，派驻专职调解员参与信访案件调解。对全区 59 个社区司法行政服务站建设情况进行梳理，健全运行管理制度。加强与区法制办协调配合，推进区法律顾问和两公律师管理制度建设。推进普遍建立法律顾问制度，做实所所对接，为全区 7 个街道、59 个社区结对聘请专职法律顾问。组建“12348”法律服务队和 17 个“法企同行”专业律师团，组织“大走访”和各种法治广场活动，为区域群众和企业提供法律咨询等服务。

【法律服务业规模提升】 为弥补区法律服务人才队伍规模小、影响力弱的短板，规范行政审批工作流程，吸引优秀人才，抢抓市属律师事务所调整管理权限的机遇，经过努力，全年共新设立 6 家律师事务所，成功争取到 10 家市属律师事务所落户玄武区，2017 年底玄武区律师事务所共 32 家，执业律师共 488 名，全区法律服务业总收入约 1.8 亿元，较上年同期增加 100%以上，法律服务业规模和影响力均列居全市第一梯队。

【公证服务】 玄武公证处把保障政府重点项目作为中心，积极介入梅园新村、明城墙等国有土地征收项目，在拆迁现场设点服务，保障重大建设项目的顺利实施。参与区信访局积案化解工作，坚持为区信访案件提供公证服务。先后为珠江路出新工程、南京市公车改革车辆拍卖活动等进行证据保全和现场监督公证，有效预防国有资产流失。根据区“放管服”工作要求，玄武公证处推行“一站式服务”和“最多跑一次”等便民服务举措。

【法援窗口建设】 针对来访来电法律咨询群众数量增多，电话繁忙的情况，区公共法律服务中心采取设置电话席位 AB 岗、增加律师接待窗口的办法，有效缩短来访群众等待时间，提高热线电话接听率。遴选 1 家枢纽型社会组织，将“12348”热线平台进行外包服务，形成行政人员集中精力组

12 月 3 日，玄武区司法局在南京林业大学校区开展趣味法律知识竞赛

织协调和指导监管，社会组织具体实施的工作模式。

【认罪认罚试点工作】 区司法局加强与公、检、法的协调联动，发挥法律援助在认罪认罚中的职能作用。将速裁适用范围扩大到可能判处3年有期徒刑的案件，对于可能判处3年以上有期徒刑的认罪认罚的案件适用简易审判程序。在区法院、检察院、看守所安排律师驻点值班，为认罪认罚的犯罪嫌疑人、被告人提供法律咨询和各种精准法律帮助，切实保障其合法权益，打造具有玄武特色的创新工作模式。

【法律援助范围扩大】 2017年，落实市委市政府《关于完善全市法律援助制度的实施意见》，进一步降低法律援助门槛，将经济困难标准放宽到最低生活保障标准2倍以下，对低保等6类特困人群不再限定受案范围限制，对文件明确受案范围内的当事人做到应援尽援，全年完成法律援助案件712起，发放案件补贴35.97万元，援助困难群众712人。

【社区矫正日常监管与教育转化】 根据社区服刑人员个性特点，制定针对性矫正方案，加强法律法规宣传及行为规范教育，组织社区矫正工作者与青少年社区服刑人员结成帮扶对子，开展帮学、帮教、帮困“三帮”活动，提高教育矫正的效果。严格落实“双八”制度及各项监管制度，每月开展安全风险分析研判，加大信息化监管力度，投入7万余元，对“矫务通”进行全面升级换代，扩大手机定位监管范围，全区社区服刑人员手机定位率90%以上。对4名违规社区服刑人员予以警告处分，对1名严重违规人员提请收监。全区在册社区服刑人员136名，在矫秩序良好。

【安置帮教与后续照管】 每月与监所、戒毒机关主动对接，及时核查和掌握刑满释放人员和解除强制戒毒的后续照管人员信息，杜绝人员脱管、漏管，落实“必接必送”措施，确保人员回归社会后能及时衔接。及时建档管理，落实帮教措施，对特困人员按照相关规定和要求，协调解决低保、临时救助等帮扶救助措施，帮助他们重新适应和融入社会，促进社会和谐与稳定。全区在册帮教的回归社会刑满释放人员752人，在管解除强制戒毒后续照管人员43人，全部建档列管。

【社区矫正中心建设】 为扭转区原矫正中心建设不达标、功能不全面、连年考核被扣分的不利局面，2017年启动新矫正中心建设项目，严格按照规定完成立项、租房、招标、施工、验收等流程，新中心已正式使用。新中心严格按照省厅标准设计，设有监管办公室、信息登记室、监控指挥室、宣告教育室等10个功能室，可有效开展特殊人群管理教育和帮扶救助等服务。12月13日，司法部及省厅、市局领导到区矫正中心进行考察，对新中心建设水平给予肯定。

【社会矛盾和安全隐患排查整治】 以省、市、区关于开展社会矛盾纠纷和安全隐患大排查大整治行动有关文件和会议精神为指导，组织矛盾纠纷排查476次，受理调处矛盾纠纷1746件，成功率99.7%，全区无因调解不及时或不到位引发的重大矛盾纠纷和群体性事件的发生。

【基层人民调解组织建设】 开展基层调委会规范化达标活动，全区114个基层人民调解组织达到省级规范化建设标准，与区人社局、公安交警一大队等单位密切沟通，对劳动争议以及交通事故等转业调解工作室进行规范。加大经费投入，提高调解成功案件“以奖代补”标准，把社会组织调解成功案件一并列入“以奖代补”范围，充分调动基层调解人员的工作积极性。全年社会组织参与调解事件3825起，成为全区人民调解体系的重要补充。

【司法所规范化建设】 2017年，根据省厅《司法所建设导则》文件要求，结合司法所自身建设现状，各单位严格落实，在年底前全部落实司法所标识更新工作计划，孝陵卫、锁金村、红山、新街口、玄武湖5家司法所更新完毕，玄武门、梅园新村也逐步推进中。严格按照星级司法所规范化创建标准，推进基层司法所规范化建设。全区6家司法所达三星级，2家司法所被市局评为四星级，全区司法所整体建设得到提升。

（唐小松）

军　　事

Military

责任编辑　苏　成

◎ 人民武装

◎ 人民防空

◎ 消防

人民武装

【概况】 2017年，玄武区人武部党委深入学习贯彻习近平强军思想，坚决落实南京警备区党委和区委的决策部署，始终以强军目标为统领，着力举旗铸魂，聚力练兵备战，全力拥护改革，努力夯实基础，全面建设水平稳步提升。区人武部获江苏省军区安全管理先进单位、南京警备区征兵工作先进单位；新街口街道武装部长凌志军被江苏省军区评为基层武装工作先进个人；梅园新村街道武装部、玄武湖街道武装部、东南大学成贤学院武装部、南京体育学院武装部分别被南京警备区评为先进基层武装部；区人武部4名干部职工立功受奖，5名专武干部分别被南京警备区评为优秀专武干部。

【主题教育】 2017年，区人武部以迎接学习贯彻党的十九大精神为主线，党的十九大前，深入学习贯彻习主席“7·26”重要讲话，组织干部职工重温入党誓词，组织观看《辉煌中国》等大型专题片；十九大召开后，学习研读党的十九大报告、党章等重要文件，加深对党的十九大精神全面理解、整体把握。第一时间制作悬挂党的十九大精神宣传展板，指导各街道武装部组织学习贯彻，联系挂钩高校在大学生中开展形式多样的教育宣传活动。区人武部学习贯彻的经验做法，由中央军委国防动员部转发。深入开展“两学一做”学习教育和“维护核心、听从指挥”主题教育，坚持每季度组织党员围绕学习内容开展专题讨论，人人撰写心得体会；召开专题组织生活会；扎实开展党员承诺践诺活动，坚定理想信念，坚定四个意识，提高大家的政治敏感性和鉴别力。

【党管武装】 坚持把思想政治建设摆在武装工作首位，坚持完善双重领导、党政领导干部过“军事日”制度，推动党管武装工作制度化、规范化，有效形成地方党政干部爱武装、管武装、建武装、兴武装的思想共识和行动自觉。协调邀请国防大学军事战略专家王宝付教授为全区科级以上领导干部作“国际军事形势与我国周边安全”专题讲座，组织区四套班子领导过“军事日”、召开区委常委议军会，在全市率先出台《关于加强和改进新形势下国防动员工作的意见》。从严落实专武干部任前考察和备案考核制度，做到按编配备、质优精干，坚持给新任武装部政治教导员颁发任职命令，对各街道、园区武委会第一主任履职情况进行讲评，有效提高各级党管武装工作的能力与水平。

【战备工作】 2017年，紧紧围绕可能担负的任务，以信息备战为指导，以系统完备、齐全配套、快速反应为基本目标，抓紧抓实战备工作。学习贯彻上级战备工作有关规定，巩固深化战备规范化建设成果。抓好重大节日、敏感时段，特别是党的十九大期间战备值班，常态落实指挥系统联调联试、战备值班检查等制度机制。修订完善民兵抗洪抢险、森林防火、应急维稳、扫雪防冻等15套民事行动方案和5套重要目标防卫方案。重要节日、重大活动组织民兵分队拉动演练和值班备勤。

【军事训练】 着眼战时，参加跨区联训。全年组织5批40人参加警备区组织的通信、高炮、防化救援等民兵骨干进行实战化训练。着眼应急，抓维稳训练。重大节日前均组织民兵应急排为期一周的应急维稳课目训练，在南京警备区“五一”组织的维稳训练课目评比中名列第一。着眼平时，抓民事行动训练。组织民兵骨干参加抗洪、森林防火训练，6月，民兵骨干30余人参加全市抗洪训练课目演示活动，部队作风好、士气高。

【民兵工作】 深化民兵组织调整改革，优化民兵队伍组织结构，圆满民兵编组任务。抓好潜力核查，认真组织人员编组，严格落实集结点验，部领导带队采取逐家过的形式逐个街道点验民兵分队，检查物资器材，核对台账资料。结合民兵整组和训练，组织民兵进行爱国主义教育、爱党爱军教育，打牢民兵队伍的思想基础。党的十九大召开后，组织民兵党员骨干到梅园新村纪念馆向党旗宣誓，教育引导民兵党员骨干时刻牢记党的宗旨，切实增强党员意识，以崭新的精神风貌，饱满的工作热情，投入到学习宣传贯彻党的十九大精神活动中。

【征兵工作】 围绕提升“五率”得分，按“定量评估，过程控制，突出重点”的思路，开展征兵工作。认真抓好兵役登记，2月底，组织辖区内高三年级和中专毕业班班主任进行网上兵役登记业务培训，高校大学生集中补登，针对户口在玄武、在外地上学的适龄青年组织兵役登记。发放征兵宣传册6000余份，悬挂横幅26条，建立征兵QQ群、微信群，做到征兵宣传进宿舍、进教室、进食堂、进操场、进网络。精准宣传，瞄准学生中党员、骨干、家庭困难、学业困难等学生群体，要求辅导员一对一宣传，效果明显。高标准组织政治考核，分两批次组织公安、高校、街道相关人员政治考核过堂。按照省、市统一部署，分别组织即将入伍新战士到南京火车站、南京工程学院参加省、市新兵入伍欢送仪式。2017年高标准完成兵员征集任务，大学生比例达到96%，继续位居全省前列。

【双拥共建】 开展扶贫帮困工作，支持近10万元帮助锁金村街道2个社区安装路灯、建文化墙、扶持社区温馨艺术团、走访慰问老党员、生活困难群众。继续慰问梅园新村街道太平门社区和锁金村街道锁一社区贫困户家庭。做好“双百双建”工作，与徐州市睢宁县李集镇李潘圩村结对子，2017年又投入10万元，前后投入30万元，改变该村贫困现状。全力协助做好驻区部队停止有偿服务工作，在区委区政府的大力支持下，协调区法院、发改局、商务局及街道等单位与有关部队共同努力，持续推进部队停止有偿服务工作。

【国防教育】 第17个全民国防教育日期间，区人武部围绕“赞颂辉煌成就、赓续红色基因、支持改革强军”主题，发挥挂钩高校、街道、协调军地等优势，开展国防教育月活动。组织挂钩高校大学生和街道适龄青年制作强军主题微电影、观看军事题材电影、制作军事题材电影绘本、组织撰写家书寄语参加“国防万映·家书载梦”活动，强化家国情怀。组织退役军人积极参加江苏省“百名退役军人创业之星评选”活动，玄武区有4名人员获奖，为全省获奖人数最多的区县。在参加由国家国防教育办公室、国家新闻出版广电总局主办，中国电影基金会承办的2017年度“全民国防教育万映计划”活动中，区国防教育办公室获优秀组织奖，区小营小学、海英小学获活力创新奖，区人武部拍摄制作的微电影《玄武子弟的血性担当》获二等奖，南京外国语学校拍摄制作的微电影《南京外国语学校军事微视频》获优秀奖。

（赵　杰）

人民防空

【概况】 2017年，玄武区人防工作全面学习贯彻第七次全国人防会议和省、市人防会议精神。围绕区委、区政府中心工作及市人防办下达的目标任务，统筹谋划，凝心聚力，咬定目标，扎扎实实抓好各项工作落实及重点工作推进；有效履行战时防空、平时服务、应急支援使命任务；进一步推进人民防空事业改革发展。

【防空警报网布局】 2017年对全区警报器进行普查，完成新增4台警报器选址安装工作，完成“9·18”警报器试鸣放和“12·13”警报器鸣放工作，鸣响率100%。

【人防专业队整组训练】 2017年对全区人防专业队重新进行整组，制定人防专业队训练计划。积极落实《人民防空训练与考核大纲》要求，5月组织人防办全体机关干部和街道人防干部集训；10月组织全区医疗救护暨心理防护专业队集中驻训，11月组织人防通信专业队，全区人防志愿者、社区居民代表、人防办机关干部近200人进行应急指挥及模拟战时人口疏散演练。

【人防应急指挥通信互联互通】 把信息系统维护管理作为一项常态性工作，坚持定期与上级人防部门信息通信系统联机测试，始终保持应急指挥视频会议系统与上级指挥中心互联互通，完成省国防动员委员会到南京专题调研期间的市区两级视频联调联测工作。

【人防基本指挥所维护管理】 强化值班值守，先后对发动机组通风吸潮设备进行维护保养，确保指挥所处于良好安全的使用状态。

【人防工程使用管理】 协助市人防办完成全区地下空间普查工作。对全区人防工程进行年审备案及抽查，完善安全管理台账。人防工程维护管理合格率90%、优良率80%，平战结合率95%以上。开展“安全月”活动，完成2017年安全生产目标责任书和辖区人防工程维护管理单位责任书的签订，签订率100%，人防工程全年安全无事故。根据“条块管理”原则，分别在街道组织7场人防志愿者和人防工程维护管理人员培训讲座。组建街道社区人防志愿者队伍，探索人防工程管理机制，通过街道社区志愿者延伸人防工程安全管理链，实现全覆盖无盲区。在社区建立人防工程管理信息员制度，在社区设立人防工程管理信息员，定期开展巡查，实时报送安全信息。

【人防知识教育宣传】 利用重要宣传节点，有针对性地开展各类宣传教育、防灾减灾技能培训、防空防灾应急疏散演练。为推进人防社区行“橄榄枝在行动”工作，提升品牌形象和宣传效果，2017年，在玄武门街道、红山街道、梅园新村街道和孝陵卫街道组织开展主题为“逐梦人防，践行志愿”的大型人防专项宣传和演练活动。向广大青少年宣传人防知识和技能、应急救护知识和人防应急救援包使用等。按市人防办要求，配合南京电视台新闻综合频道，组织街道社区开展综合演练，完成人防应急演练和知识竞赛视频制作工作。

【人防宣传阵地建设】 2017年3月，组织全市社区人防工作会议全体代表参观明故宫社区人防教育馆参观。5月，省民防局在玄武区调研人防工作时，观摩教育馆。市地震局、市人防办代表和人防工作观摩团等多批省内外人防调研、参观团先后观摩梅园街道防空防灾科普教育馆。为增强互动体验内容，教育馆添置一台VR灾害和地震体验设备，设备的强大功能和逼真的体验效果，吸引了众多居民、中小学生到教育馆参观体验，取得较好的教育效果。据统计，教育馆接待居民和中小学生参观体验40多批次。充分利用区政府门户网站、市人防办信息网及官方微博等平台宣传人防。全年区政府门户网站采用玄武人防信息10条、市人防信息网采用玄武人防信息22条，微博转发量460余条。

【人防宣传教育进学校】 2017年，玄武区承办在第十三中锁金分校举行的全市初级中学民防知识展示课教研活动，市人防办、各区人防办代表及部分学校民防老师观摩课程展示。为全区11所初级中学配备人防教学柜；完成2017年中小学人防知识教材读本的征订工作。结合"5·12"和"9·18"宣传节点分别在第十三中学和第十三中学红山分校组织防空袭应急疏散演练，《南京日报》刊登应急疏散演练图片，南京电视台少儿频道魅力校园栏目进行宣传报道。11月9日下午，"橄榄枝在行动 玄武人防校园行""我心中的人防"百米长卷创作活动在红山小学操场进行，中国新闻网和南京电视台均进行报道。12月13日，区人防办与南京林业大学主办主题为"遥祭历史，诗以咏志"的国家公祭日大型朗诵会在南京林业大学举行，南京电视台新闻综合频道进行采访报道。

【人防工作贴近百姓生活】 2017年对全区7个街道老小区停车情况进行全面摸底。为更好发挥人防工程为民服务的功能，缓解老小区停车难的问题，争取市人防办支持，确定在月苑片区建设人防工程地下停车场，并推荐将严家桥人防工程改建成小区地下停车场。按照全市统一部署，夏季开放如意里人防工程，给市民营造舒适的纳凉环境。9月，通过摇号给全区居民发放人防应急救援包18000个。认真办理"12345"、政风热线及各类信访诉求15件，办结率100%。协助做好人民中学操场人防工程、长江路过街通道人防工程建设的维稳工作。 （徐美英）

消　　防·

【概况】 2017年，玄武区消防大队坚持稳中求进总基调，提升灭火救援实战打赢能力。全年出动消防官兵9675人次，扑救火灾410起，抢险救援235起，抢救疏散被困群众600余人，保护财产价值约3600万元，检查社会单位1.2万家，督促整改火灾隐患4.8万处。推进整改重大火灾隐患单位3家，完成党的十九大、江苏发展大会、国家公祭日等重大活动以及重要节日的消防安保任务。2017年，区消防大队被江苏省消防总队评为党的十九大消防安保工作先进大队和基层建设先进大队，被南京市消防支队评为大队级"好班子"，4人荣立三等功、10人获得嘉奖称号、8人获得"优秀党员"称号。在有关部门的支持配合下，实现全区火灾形势稳中再降、队伍管理稳中向好的良好局面。

【社会消防安全管理标准化建设】 把专项治理与系统治理、综合治理、源头治理结合起来，杜绝重特大亡人火灾，遏制较大火灾，减少一般火灾。推进"六个一批"专项行动，执法数据大幅度攀升，火灾四项指数实现下降。开展高层建筑、易燃易爆单位、燃气使用场所等专项整治，推进消防安全管理标准化，3家重大火灾隐患全部整改销案。社区微型消防站全部建成，推广安装独立式感烟探测报警、简易喷淋和电气火灾监控系统，建设电动车集中充电停放点。推进消防行政审批改革，细化出台便民服务措施，配合区政府开展不见面审批，推广建设工程电子审图系统。深化消防宣传"七进"工作，组织新生开展消防军训，所有重点单位均落实"三提示"，培养社会单位消防安全"明白人" （薛玲玲）

5月9日，南京市人防办考察洪武北路小学地震馆

产业经济

Industrial Economy

责任编辑　卢永晨

◎ 综述

◎ 软件与信息服务业·工业

综　述

【概况】 2017年，玄武区战略性新兴产业实现主营业务收入320亿元，同比增长6.7%。其中，生物医药产业实现主营业务收入72亿元，同比增长9.1%；利税10亿元，同比增长9.53%。

2017年，玄武区软件和信息服务业实现主营业务收入630亿元，同比增长18.9%，增速玄武市排名第一。其中，软件业务收入355亿元，同比增长19.1%。

2017年，区经信局为企业申报战略性新兴产业项目、省级工业和信息产业转型升级专项资金项目、市软件和信息服务业发展专项、市新兴产业引导专项等各类专项扶持资金项目近100个，其中为赛特斯信息科技股份有限公司的基于SDN技术的工业互联网解决方案及应用、南京途牛科技有限公司的线上线下融合的旅游电子商务服务技术研发及应用、江苏新创光电通信有限公司的智能工业联网通信技术的研发与产业化等近80家企业争取到各类扶持和奖励资金5036.445万元。

江苏新创光电通信有限公司的数字多业务光端机、南京国铁电气有限责任公司的KT90RS智能测控装置等10家企业的13个新产品通过认定并列入2017年度《南京市新兴产业重点推广应用的新产品目录》，企业数和新产品数均创近年新高，企业数同比增长100%，新产品数同比增长85.7%。

【工业互联网研究院项目】 2017年，该项目由赛特斯信息科技股份有限公司投资建设，起止时间2016—2017年，总投资1亿元，2017年完成投资0.8亿元。项目采用政产学研合作模式，打造一流的智能制造技术研究平台以及面向智能制造的复杂产品协同创新平台。平台基于HLA联邦模型，采用层次与分布结合的体系架构，开展基于Web Service的HLA扩展研究，具备在广域网环境下运行的能力，提供仿真运行支撑服务，有效解决传统RTI不能很好支持多层联邦运行、难以跨越局域网等不足，进而提高基于HLA的复杂产品协同仿真平台的实用性，使制造企业玄武面实现智能化发展。

【孩子王互联网及大数据平台建设项目（一期）】 由孩子王儿童用品（中国）有限公司投资建设。项目起止时间2015—2016年，总投资5000万元。该项目围绕孩子王提升顾客满意度及企业内部互联化改造开展具体工作，包括成立跨组织互联网技术中心玄武面协同推动集团互联网转型；优化现有玄武渠道购销平台顾客服务体验；研发店内智慧购物及“孩子王身边”O2O产品；尝试跨境电商、互联网金融产品落地。

【苏宁公有云服务平台建设项目】 由南京苏宁电子信息技术有限公司投资建设。项目起止时间2014—2017年，总投资1.01亿元，2017年完成投资0.28亿元。项目致力于打造世界级的云服务平台，为上下游供应商及中小企业开放苏宁零售行业云服务，提供零售企业玄武方位的云产品和云服务综合解决方案。项目研发包含云商城及SaaS服务（软件即服务）、PaaS服务（平台即服务）、IaaS服务（基础设施即服务）、云数据中心等内容。项目围绕苏宁集团核心优势资源打造开放式云服务交易市场，优化硬件设施资源配置，将苏宁IT能力通过云服务平台对外输出，构筑玄武面的苏宁云生态圈。同时通过引进业内知名软件服务商、咨询公司、系统集成商，快速拓展品类和SKU，形成集聚化的客户群体，为企业找到新的赢利点。

【全国农村电商智慧交易与服务平台】 由汇通达网络股份有限公司投资建设。项目起止时间：2016—2017。总投资0.6243亿元，2017年完成投资0.25亿元。项目拟购置服务器、交换机、防火墙等共计638套硬件和SAP系统等软件，开发新商城、金融服务、智慧门店等九大系统32个模块，搭建面向全国农村的智慧电子商务交易与服务平台，实现商品交易、金融支持、数据分析等功能。

【百家汇玄武创新药物孵化平台】 由江苏先声药业有限公司投资建设。总投资17亿，2017年完成投资1.2亿元。新建建筑面积约227800平方米，其中：研发实验室约38500平方米，研发办公室约154800平方米，配套辅助用房约34500平方米，容积率1.3。项目分期建设，建成后主要用于创新企业研发办公、项目孵化及成果转化。　（吴宗玉）

·徐庄软件园·

【概况】 2017年8月，经省政府批复，徐庄软件园正式迈入省级高新区筹建序列。2017年12月，根据南京市委、市政府关于园区整合的相关要求，区委、区政府决定将珠江路创业大街、铁北红山新城、玄武科技金融园、南理工科技创新园等4个科技园区纳入徐庄高新区范围，形成“一区四园”发展格局，整合后的徐庄高新区占地面积扩展至5.87平方公里。园区综合经济实力稳步提升，2017年完成全口径税收13.56亿元，一般公共预算收入6.49亿元，同比增长21.7%；实现软件和信息服务业收入600亿元，同比增长20%；服务外包执行额69050万美元，服务外包离岸额29440万美元，实际利用外资4000万美元，完成外贸出口20000万元，服务贸易进出口11400万美元，社会消费品零售额25.5亿元，各项经济指标均保持良好的增长势头。园区先后获江苏省生产性服务业集聚示范区、苏南国家自主创新示范区——优秀园区、品牌培育基地等一批省级以上荣誉。

【产业培育】 围绕做大做强软件信息和医药健康两大主导产业规模，园区将2017年作为全员招商年，建立全员招商工作机制，实施“专业招商、产业招商、委托招商、以商引商”等多种形式招商活动，把全部力量用于招引最具创新潜能和上市势能的企业。9月，成功举办软博会玄武专场暨徐庄高新区揭牌仪式。年度新增注册企业共261家，引进宜电慧创、爱泊瑞森等注册资金千万元以上规模企业60家，与南京市政设计院、上海宝冶集团、基蛋生物等行业龙头企业达成合作协议，2018年完成招商落户，实现企业入驻。徐庄二期聚慧园组团招商成果丰硕，招商进度62%，签约企业24家，为提升主导产业集聚度奠定坚实基础。

【科技创新】 2017年，园区深入贯彻南京市“两落地、一融合”创新发展战略，成功引进南京人工智能研究院项目并进入南京市第一批新型研发机构签约序列，完成工商注册、办公场所、研发人员“三个到位”；与南京智能装备产业研究院达成正式合作意向。创新人才资源加快集聚，2017年完成高层次创业人才项目申报166个，入选区级项目37个，入选市级项目16个。高层次创业人才初创项目成长性得到提升，初创成活率87.8%。培育创新型企业家2人，入选南京市高端团队2个，入选江苏省双创人才4人。新增高新技术企业7家、发明专利申请291件，培育自主品牌数4家、省市著名商标3家，组织园区企业近百家申报各类政府扶持项目62项，有60家企业获各类扶持资金6784万元。

9月8日，徐庄高新技术产业开发区揭牌暨重大项目集中签约仪式

【重点产业项目】 2017年，徐庄软件园承担市、区重点产业项目3个，总投资近33亿元。苏宁312国道商业金融综合体项目完成外立面施工，户内精装修工程量过半，并同步开展室外管网、景观绿化工程施工。先声精准医疗“百家汇”项目一期完成验收投入使用，二期项目进行设计方案论证调整。紫金山仓库地块搬迁工作取得突破性成果，与惠隆集团达成铁路专用线及其附属物拆迁补偿协议，完成铁路专用线及其附属物的拆除工作。

【非公企业构建大党建格局】 打造独具徐庄特色红色引擎。2017年，新成立4个区域化联合党委和6个联合支部，建立“1+4+N”党建综合服务阵地，推动联合党委、联合支部标准化建设，实现园区基层党组织、党员和党建活动“全覆盖”。改版升级“红旗飘飘”党建服务APP、微信公众号，增设微视频党课、党费管理、线上“三会一课”、党员生活等新功能，打造互联网+党建新平台。把党建引领与提升园区活力相结合，苏宁青创园“青柠盟”社区获批全国新的社会阶层人士统战工作实践创新基地，“百家汇”被命名为“中国侨联新侨创新创业基地”。

【江苏君英天达人工智能研究院有限公司成立】 主要依托美国西北大学工学院自动驾驶研究中心、北卡罗来纳大学人工智能研究中心和英伟达核心技术共建，成立“江苏君英天达人工智能研究院有限公司”，注册资金1000万元，建筑面积约30000平方米。计划在人工智能、可视化、虚拟现实技术领域进行联合研究和开发，推动GPU高性能计算、人工智能和视频图像处理等领域研究开发及成果产业化，衍生、孵化和聚集一批上下游企业。项目建成后负责承接英伟达产品的技术服务、智慧城市与智能制造相关产品的研发和系统集成以及运营“南京人工智能国际研发园(拟)”，建设和运营世界一流的图像处理、人工智能、虚拟现实技术和系统的规划、设计、研发、体验、展示和培训的公共服务平台。快速集聚起一个以人工智能、大数据、虚拟现实和图像处理为核心的世界级产业集群，并定期共同举办“世界GPU大会”、专业论坛和创业大赛等，打造基于GPU技术的产业链。南京人工智能国际产业园，计划未来3—5年内，引进和孵化项目30—50家。

【苏宁青创园项目】 是苏宁集团面向青年创业者打造的，主要由苏宁青创园、苏宁青创营、苏宁青创联盟、苏宁青创学院、苏宁青创基金、文创实验室等构成，以文化创意+青年电商为核心内容，集创业孵化、产业加速、众创空间于一体，重点孵化培育电子商务、游戏、动漫、影视、智能硬件、互联网+等创新创业项目，形成苏宁专属的展现青年时尚艺术生活方式的创业生态。4月10日，苏宁青创园一期正式开园运营，总面积约9000平方米。园区划分为独立办公区、配套服务区、休闲娱乐区、成果展示区、艺术展览区等多个承载不同功能的区域，同时配套相应的运营服务及资源链接服务，以满足孵化项目的多种需求。2017年，苏宁青创园被授予“中国青年创业就业基金会青年创业社区苏宁站”“共青团中央全国青年电商培训基地”。 （陈建彦）

·珠江路科技街·

【概况】 2017年，珠江路科技街以“大众创业、万众创新”为主线，以西至中山路，东至龙蟠中路，全长约2公里区间范围，重点建设珠江路创业大街，并取得明显成效。2017年，珠江路创业大街深入贯彻落实区委、区政府“两聚一高”发展战略，加快珠江路转型升级。至2017年底，珠江路创业大街引进和培育20个众创空间，众创空间总面积达4.7万平方米。现有在孵团队500多个，获融资团队160多个，融资总额2.4亿元。珠江路创业大街街区环境、产业结构和发展布局有明显转变和提升。2017年11月，珠江路创业大街被江苏省科技厅认定为江苏省首批众创社区备案试点单位。

6月29日晚，珠江路科技街工委根据“七一”系列活动计划安排，组织珠江路非公企业党员召开纪念建党96周年表彰大会，130名非公企业党员参会，6个先进基层支部和32名优秀个人受到表彰。

【省、市领导视察科技园区】 12月13日下午，省委常委、市委书记张敬华调研玄武区科技园区整合工作。市委常委、市委秘书长杨学鹏，副市长蒋跃建，区委书记徐曙海，区委副书记、区长穆耕林，区委常委、副区长毛银玲，副区长李大海等参加调研。张敬华先后来到市众创空间展示中心和未来城，仔细听取区委书记徐曙海有关区科技园区整合推进情况的汇报，详细了解玄武高新园区布局和珠江路创业大街空间利用情况，实地考察氪空间、太库和互联网孵化器项目。要求充分发挥政府主导作用，对接创新要素、吸引优秀人才、孵化新型企业，提高珠江路创业大街的“含金量”，打造玄武乃至南京创新创业标杆。

【重点项目建设】 2017年，大力推进珠江路创业大街重点众创载体项目建设。同仁西街7号装修改造项目和未来城B座一至四层外立面幕墙工程施工完毕；位于同仁西街7号的南京市众创空间展示中心项目建成，并投入试运行；未来城A座和过街廊桥改造项目设计完成。未来城A座负1层至3层

6月29日，珠江路科技街工委召开非公企业党员纪念建党96周年表彰大会

1.1万平方米的租赁谈判工作接近尾声；完成未来城A座外立面改造项目方案设计工作。

【珠江路创业大街为省首批众创社区备案试点单位】 经过市级筛选、答辩，现场评估、公示等环节，珠江路创业大街最终以江苏省第一的成绩被省科技厅认定为首批江苏省众创社区备案试点单位，并于2017年11月24日下文《关于公布首批江苏省众创社区备案试点名单的通知》(苏科高发〔2017〕337号)公布。

【未来城B座打造创新创业标杆项目】 区政府通过整体租赁方式获得位于珠江路498号的未来城B座地下一层至地上三层1.7万平方米的合法经营权，并对项目进行升级改造。12月27日下午，南京市珠江路科技一条街管委会办公室与上海瑞安集团正式签约，由瑞安集团整体运营未来城B座项目，引入阿里巴巴集团，打造Innospace+Alibaba联合创新中心，构建产业发展平台，汇聚国内外优势资源及全方位服务，建设产学研结合的创新创业样板区，打造功能完备的创新生态链，使之成为南京乃至江苏最具有活力和产业影响力的众创空间及示范性创业街区。

【同仁西街7号建成众创园区】 园区建成1.2万平方米载体，引入全国知名众创空间——氪空间旗舰店、未来网络创新协同应用研究中心、清创中心等项目，上海交大医学智能研发转化中心、云投汇以及双创公共服务平台——企运网等落户。

【珠江路科技街党建管理系统运行】 珠江路科技街党工委自主开发“珠江路科技街工委党建管理系统”，将工委下辖的50个基层党组织和670名党员及关联的企业信息录入系统，实现对党员基础信息和动态信息实时掌控。通过扎实开展“党组织和党员基础信息采集”工作，对党组织和党员信息进行再次核对。并以基础信息采集为契机，深入开展党员组织关系排查，努力使每名“失联党员”“口袋党员”回归组织，让“空挂党员”及时找到组织，参加学习教育，强化党员意识。 (尹有田)

软件与信息服务业·工业

·软件与信息服务业·

【概况】 2017年，玄武区软件和信息服务业实现主营业务收入630亿元，同比增长18.9%，增速排名市第一。其中，软件业务收入355亿元，同比增长19.1%。玄武区获2016年度高标准建设中国软件名城先进单位二等奖中第一名，全市排名第二；徐庄软件园获软件产业集聚区类二等奖。3月，途牛CEO于敦德、汇通达总裁徐秀贤被评为江苏省首届互联网风云人物，玄武占江苏省40%(江苏省共5人)；猎宝CEO薛利、特易有信CEO周建分别获得互联网杰出贡献奖(江苏省共6人)和突出表现奖(江苏省共6人)。6月，南京建策科技股份有限公司被评定为首批江苏省互联网产业人才培训基地，等级为四星级。8月，途牛入选“2017年中国互联网企业100强”榜单，苏宁易购、苏宁金融、苏宁文创、途牛旅游等入选“2017年中国互联网企业100强”榜单主要品牌。9月，途牛N-booking供应链管理系统软件V1.0被省版权局、省新闻出版广电局、省经信委共同认定为江苏省优秀版权作品（软件类）。12月，江苏鸿信系统集成有限公司的鸿信外勤助手软件V1.0被评为第十五届江苏省优秀软件产品金慧奖。

【市第13届软博会玄武专场活动】 9月6—9日，第13届中国(南京)国际软件产品和信息服务博览会在南京国际博览中心举行。玄武区按照市政府要求，完成企业参展、项目签约等工作任务。组织途牛、苏宁、赛特斯、投石、福中、国瑞信安、汇通达等企业参加软博会会展；组织浙大网新-珠江路创业大街战略合作项目等5个项目参加软博会重大项目签约，总投资475000万元。9月9日，在南京市第13届软博会重大项目签约仪式上，徐庄管委会与南京拜克洛克科技有限公司(筹)签订总投资2亿元的OFO玄武球创新中心项目，金鹰国际集团与水晶石数字科技有限公司签订总投资5000万元的虚拟现实文化体验项目。

9月8日，第13届南京软博会玄武专场活动——江苏省南京徐庄高新技术产业开发区揭牌暨重大项目集中签约仪式在徐庄软件园(二期)聚慧园举行。玄武区委副书记、区长穆耕林致辞，南京市委副书记龙翔出席会议并讲话。省、市、区相关领导，苏宁控股集团董事长张近东、江苏惠隆集团总经理周明勇、途牛旅游网CEO于敦德及OFO联合创始人杨品杰及部分企业家代表出席会议。徐庄软件园分三个类别进行签约。签约创新研发类项目5个，投资额10.2亿元，基金和融资规模突破100亿元；签约总部类项目5个，投资额10.4亿元，总营业收入达到60亿元；签约电子商务类项目5个，投资额6.7亿元，融资规模达到20亿元。出席会议的省市区领导为徐庄省级高新区揭牌。

【信息化与工业化融合】 1月，江苏先声药业有限公司首席信息官(CIO)王宾被认定为江苏省第三届企业优秀首席信息官（南京市共3人）。6月，江苏先声药业有限公司和江苏省金思维信息技术有限公司2家企业被认定为2017年江苏省两化深度融合创新(互联网与工业融合创新)示范企业；南京博兰得电子科技有限公司和先声再康江苏药业有限公司2家企业被认定为2017年江苏省两化深度融合创新(互联网与工业融合创新)试点企业。6月，江苏先声药业有限公司的百家汇创新药物孵化平台被评为2016年江苏省重点骨干企业“双创”平台示范工程项目，平台类型为新模式新业态孵化类平台。6月，江苏省鸿信系统集成有限公司、江苏省生产力促进中心2家单位被评定为2016年江苏省企业互联网化优秀服务机构。7月，南京市公安局玄武分局的基于互联网的社区智慧治理综合服务云平台被评为2017年度省信息化示范工程；宏图三胞高科技术有限公司的红色快车“修好了”服务被评定为2017年度省信息消费示范工程。8月，南京东大智能化系统有限公司被工信部确定为国家级两化融合管理体系贯标试点企业。10月，南京博兰得电子科技有限公司、南京依维柯汽车有限公司2家企业被认定为2017年玄武省工业互联网“企企通”建设试点企业。 （吴宗玉）

·工　业·

【概况】 2017年，玄武区实现规模以上工业总产值34.78亿元，同比增长1.5%，增速比全年回落1.7个百分点；主营业务收入23.77亿元，同比下降22.1%；利润总额2.93亿元，同比增长2.0%；利税3.74亿元，同比下降5.5%。分行业看，2017年，玄武区规上工业涉及的5人行业中类产值“三升两降”。造纸和纸制品业完成产值1.82亿元，同比增长3.9%；印刷和记录媒介复制业实现产值1.39亿元，同比增长13.5%；计算机、通信和其他电子设备制造业完成产值7.94亿元，同比下降2.6%；仪器仪表制造业完成产值1.49亿元，同比下降2.7%；燃气生产和供应业完成产值22.13亿元，同比增长2.4%。2017年，玄武区规上工业综合能源消费量为2007.21吨标准煤，同比下降1.9%，电力消费合计为1466.66万千瓦时，同比下降5.6%，其中：工业生产电力消费为873.25万千瓦时，同比下降7.1%。

【产业转型升级服务】 把握国家、省市产业政策最新动态，2017年，对符合产业政策的企业，积极组织申报各类专项扶持资金，为企业发展和创新升级提供支持。2017年有85家企业申报省级工业和信息产业转型升级专项资金、市新兴产业引导专项资金，获补助资金5300万元。中科院南京天文仪器有限公司技术中心被认定为省级企业技术中心，南京福中医疗高科有限公司技术中心、南京大汉网络有限公司被认定为市级企业技术中心。南京常荣声学股份有限公司声学振动节能环保工程研究中心、江苏省建筑工程质量检测中心城市轨道交通质量安全测试技术工程研究中心被认定为市级工程研究中心。各类技术中心资质的获得，提高企业研发水平和创新能力，同时提升本区整体创新能力和水平。

【海洋经济调查】 2017年，海洋经济调查是一项重大的国情国力调查，根据《南京市开展海洋经济调查工作实施方案》和南京市海洋经济调查工小领导小组要求，2017年9—12月底，按照省、市海洋经济调查工作部署，开展玄武区海洋经济调查工作。9月11日，成立玄武区海洋经济调查领导小组，办公室设在区发改局。组织编制玄武区海洋经济调查工作实施方案，成立相应领导小组和海洋经济调查机构，对玄武区1827家底册数据范围内企业入户清查，初步完成第一阶段和第二阶段产业调查工作。

【中小企业服务平台建设】 中小企业创业基地打造的创业服务平台，是基地建设和完善服务创新体系的重要内容及支撑力量。玄武区各类公共服务平台、中小企业创业基地建设，取得良好的成效。服务平台在政策指导、企业培训、金融服务等方面为中小企业发展作了大量工作，有效地推动玄武区中小企业的健康发展。2017年南京百家汇科技创业社区被认定为省小型微型企业创业创新示范基地，南京福中高科技产业园被认定为市级中小企业公共服务平台。2017年，南京德磊科技有限公司等22家企业被认定为2017年江苏省科技型中小企业，南京标杆科技有限公司认定为南京市“专精特新”中小企业入库企业。 （王　慧）

商贸·旅游业

Commerce and Trade, Tourism

责任编辑　卢永晨

◎ 商贸

◎ 旅游业

商　贸

·概　　述·

【概况】 2017年，全区主要经济指标：社会零售总额完成523.6亿元，增幅10.2%，同比排名全市第五，完成目标进度100.1%；外贸出口额完成222.87亿元，增幅为19.28%，完成目标进度117.9%；新增实际利用外资2亿美元，同比下降9%，完成目标进度102.8%，进度排名全市第三，完成外资质量目标(引入跨国功能性机构1个)，引入跨国企业全国总部哈姆雷斯中国。全区完成服务贸易额3.18亿美元，完成目标进度109.8%；完成服务外包执行额24亿美元，增幅为12%，完成目标进度100.2%，其中离岸外包执行额9亿美元，增幅为8.7%，完成目标进度104.9%。全区完成电子商务720亿元，增幅为30%，完成目标进度100%。全区新增千万元以上企业381个，其中5000万至亿元有26个，亿元以上13个，重点项目共38个，主要集中在科技服务、软件信息、商务商贸等产业；紧密跟踪在谈项目148个，已达成初步合作意向98个。

【商务安全工作】 2017年，玄武区成立餐饮场所安全生产专项整治领导小组，针对全区餐饮场所数量多、覆盖广，安全生产压力大的特点，强化部门监管责任和企业主体责任的落实，结合开展“大走访、大落实”和“四查四防”“餐饮场所安全生产专项集中整治”等行动，会同有关部门抓好商务领域安全生产大检查、大排查、大整治，全面摸排全区餐饮场所和大型商贸综合体等人员密集场所安全隐患情况及行业领域稳定工作责任的落实情况，全区共排查餐饮场所隐患3753处，已整改3579处，整改率达95%，做到事事有整改、件件有落实，使检查、整改、销号形成完整的闭合管理。坚决把各类隐患消除在萌芽状态，确保全区商务领域工作平稳有序。

【商业模式创新】 实体零售企业以新一代信息技术为支撑，创新商业模式，提高经营效率和管理水平。苏宁易购全面融合线上和线下各形态门店，从连锁经营商成功转型为互联网贸易商，成为全国零售业创新转型的标杆；江苏华顶数码全渠道打造新商业模式，依托互联网、物联网、移动支付等技术，开设线上线下体验门店，向消费者提供人性化便捷服务。

5月27日，玄武区举办区外贸企业座谈会

·市场管理·

【概况】 2017年，全区投资890余万元，完成3家农贸市场升级提档工作。完成香铺营、进香河、后宰门、红山小营、味州5家农贸市场市级绿色市场创建工作，其中香铺营、进香河、后宰门、红山小营被市评为示范农贸市场。

【农贸市场改造】 2017年，兰园农贸市场的局部改造被列入当年市场改造计划，工程总投资为770余万元，改造主要内容包括：市场外立面出新、新建电子显示屏、居民活动区等，年底按计划全部完成，改造后的兰园农贸市场软硬件环境得到较大提升。按照“精准定位、设计先行、严格管理”的要求，新兰园农贸市场打造成为新型邻里生活服务中心。

【市级绿色市场创建】 为全面提升农贸市场管理水平，促进农贸市场长效管理机制形成，实现市场内部管理的科学化、规范化、制度化，2017年全区组织8家农贸市场参加市场市级绿色市场创建，香铺营、进香河、后宰门、红山小营、味州5家农贸市场通过评审验收。

【肉类蔬菜追溯系统建设】 2017年，农贸市场肉类蔬菜追溯系统建成后，已经形成肉菜流通信息来源可追溯、去向可查找、责任可追究的质量安全链条，变“点监管”为“链监管”，既发挥监管部门职能，又加强部门之间的执法协作，实现肉菜安全的全过程无缝监管。全区19个农贸市场建立了肉蔬追溯系统。

【单用途预付卡管理】 按商务部9号令要求，对区内从事零售业、住宿和餐饮业、居民服务业的企业法人在中华人民共和国境内开展单用途商业预付卡业务企业进行监督管理，7月1日省消费者权益保护法规定，个体工商户也纳入商务局管理范畴，全年共计处理各类投诉460余起。

·开放型经济·

【概况】 2017年，区商务局针对企业发展现状、转型中遇到的困难和问题，力所能及帮助企业解决问题。对跨境交易千万美元以上的重点企业，苏美达集团、孩子王、途牛等企业坚持局领导一对一服务，从服务存量项目中挖掘扩充跨境交易新业务，及时掌握企业的业务发展需求，组织区外贸企业就企业发展进行座谈，不断为开放型指标储备新项目。

【品牌质量提升】 鼓励支持外贸企业转型升级，扶持3家企业入选南京市国际知名品牌，2家企业入选省国际知名品牌；指导帮助中国国投国际贸易南京有限公司成功打造“投天下”外贸综合服务平台；引入外资功能性机构，百年英国玩具公司哈姆雷斯(中国)成功注册玄武区。定期召开外向型企业座谈会，积极组织企业申报省市外向型经济发展专项资金。通过网络、微信、电话、传真等方法联系企业，宣传文件政策，答疑解惑，全年共计帮助企业申报省市级传统外贸稳增长资金、跨境电商专项资金、服务外包(服务贸易)、外资总部等各类扶持资金近千万元。

【外资项目引进】 先后引进和储备哈姆雷斯全国总部项目、米袋汽车融资租赁项目、魔方中国D轮融资项目、江苏开汇商业保理增资项目、南京银行增资等一大批外资项目，同时，做好全区160家外资企业网上联合申报和工作，完成企业网上变更备案33件，严格执行市场准入“负面清单”制度，为“引进来”企业持续做好专业服务。

·内贸流通·

【概况】 2017年，全区紧紧抓住开展内贸流通体制改革发展综合试点契机，激发内生动力，优化外部环境，建立精准服务机制，形成实体零售“融、汇、贯、通”四个转型升级模式。

【实体零售企业转型】 积极引导实体零售企业向新零售转型，实现线上与线下互通，内贸与外贸互促，自营与体验互动，服务与渠道互联。德基广场面向高端消费注重主题营销、不断优化消费者对购物的体验感，在全国率先启用儿童防走失系统，体现人文关怀；孩子王满足准妈妈和儿童消费服务需求，深度经营顾客关系，创新打造服务型零售商；汇通达以农村家电消费为切入点，融合商品、金融、信息和营销等供应链服务，会员店超过7.5万家，覆盖全国15省1.5万个乡镇。

【商贸流通监管】 制定现代服务业产业导则，加大限下转限上力度，并通过电话、短信、网络等多种形式，强化监测预警工作，根据商务部《单用途预付卡管理规定》，加大对区内从事零售、住宿和餐饮、居民服务三大行业的企业预付卡的监管。

·招商引资·

【概况】 2017年，围绕全区主导产业，准确把握市场走势，实施精准招商，培育经济新的增长点，提升地区综合实力和竞争力，增强招商引资效率，出台《玄武区关于招强引新促进产业升级的实施意见》和《玄武区招强引新奖励实施办法》，设立专项招商基金，全力打造玄武招商升级版。全年共组织赴北京、上海、广州、深圳、杭州、武汉等多个地区，开展招商主题推介会、现代服务业、服务外包、电子商务等各类招商活动39场次。在2017中国·南京金秋经贸洽谈会玄武专场活动中，签约总部、科技金融等重点产业类项目18个，投资金额331亿元。

【重大招商项目引进】 围绕一城两街三片区空间产业布局的打造，2017年共计接洽恒隆地产、奥地利AST公司、香港名店街地下空间开发集团、中能华启投资集团、阿尔达集团等重点客商136批次，曹操专车、创纪云、福中农业研究所、信创乘网络科技有限公司、江苏电小二能源科技公司等企业已经落户玄武区；浙大网新、香港瑞安集团、英伟达、徕卡等国内外知名企业已就珠江路创业大街、百子亭、铁北新城和智能研究院等项目达成深度合作意向。

【2017 中国·南京金秋经贸洽谈会玄武专场活动】 9 月 13 日，2017 中国·南京金秋经贸洽谈会玄武专场活动“聚焦金融、智汇创新，助力玄武转型升级 2017 中国·南京金秋经贸洽谈会玄武专场活动暨首届金融科技高峰论坛”在汉府饭店隆重举行。活动分上下半场举行。上半场“金洽会”玄武专场活动，由区政府主办。下半场“中国·南京首届金融科技高峰论坛”，由市金融办、区政府联办。活动共邀请企业 140 余家，到场嘉宾超过 180 人。上会项目 18 个，投资总额约 331.07 亿元。活动有效汇聚各方资源，通过专家、学者及各界翘楚描绘玄武未来发展蓝图，通过合作和联盟等形式，为玄武转型发展注入新动能。

【招商载体升级改造】 2017 年，对全区 52 栋商务面积在 2000 平方米以上的楼宇园区进行梳理，将低效楼宇转型升级作为重点工作纳入全区现代化考核目标。推动 7 栋低效楼宇(园区)转型升级工作，完成 1.1 万平方米载体升级改造，超人代会指标 10%，税收总量同比增加 58%，转型工作取得一定成效。制作完成玄武区招商资源管理系统平台建设，通过手机 APP 软件和 PC 端管理系统，实时查询招商载体空置情况和 3D 全景图像，足不出户便可掌握意向载体信息。

·电子商务·

【概况】 2017 年，玄武区逐步形成“政府推动、示范带动、园区联动”的电子商务发展布局，全区电子商务产业规模不断壮大，支撑体系和发展环境持续优化，有力助推全区经济转型升级。全区电子商务交易总额突破 1200 亿元，其中实现电子商务零售额达到 700 亿元以上。年交易额 100 亿元以上的电商企业 3 家，交易额超 50 亿元的 2 家。全区有国家级电子示范基地 1 家，省级电子示范基地 1 家；国家级电子商务示范企业 5 家，省级电子商务示范企业 9 家，市级电子商务示范企业 9 家。据统计，电子商务交易额前十位企业所实现的交易规模约占全区总交易规模的 95%以上。

【电子商务企业聚集】 2017 年，徐庄软件园国家电子商务基地示范引领作用持续深化，园区内聚集约 40 家电子商务企业，其中包括“苏宁易购”“途牛旅游”“苏盐生活家”3 家国家级电子商务示范企业；南京邮政跨境电商创业基地引进 Wish、Paypal 等 5 家大型国际跨境电商平台入驻，逐步形成集人才培养、企业孵化、项目研发、运营、客服、仓储、物流于一体的邮政跨境电子商务综合服务体系，全年收寄的跨境包裹超过 6012 万件，每天近 18 万件包裹通过金陵海关驻邮办的安检机，平均每 2 秒就有一件中国商品通过南京邮政寄往国外消费者手中；其中 9610 的日均走件量保持在 1500 件。

【电子商务应用】 玄武区企业电子商务应用普及率大幅度提高，电子商务应用创新水平不断提升，如：“孩子王” 自 2015 年开始互联网化转型，成立了企业互联网技术中心，先后引进京东、上海易迅管理团队，全力开拓企业线上渠道，先后上线 B2C 商城、微信商城、孩子王 APP、跨境电商等电子商务平台，不断开拓新的购物体验平台如 APP、WX、官网等，为客户拓展更宽的购物渠道。到 2017 年底，孩子王网上商城 SKU 已经超过 5 万件，并实现了与 APP、微信、线下实体店会员、促销、商品、价格、物流的统 ，实现了真正意义的全渠道、同品类、同服务的跨新电子商务发展模式。 （东景瑶）

旅游业

【概况】 2017 年，玄武区旅游接待稳步增长，实现旅游总收入 172 亿元，同比增长 12.35%，累计接待游客 3700 万人次，同比增长 6.2%。打造精彩纷呈节庆活动。举办首届南京·玄武国际城市休闲旅游节，牵头承办首届南京·玄武国际城市休闲旅游节开幕式。策划举办“2017 玄武湖樱花节”主题节庆活动。推出樱花生活市集、樱花文化行走、《玄武赏花地图》发布等近 20 项主题活动，深受游客与市民欢迎。联合途牛旅游网举办玄武摄影大赛、旅游口号征集等活动，策划多条精品旅游线路。实现旅游产业融合发展。推进长江路文化旅游大街建设。建设“智慧长江路”旅游平台，实施碑亭巷全线品质提升，完成南京卷烟厂项目征收，美术大厦立面出新并建设长江路文旅客厅，实现长江路文化旅游大街全方位立体化升级。联合区物价局、长江路文化旅游街区主要单位开展省级价格诚信创建活动，长江路文化旅游大街被评为省级价格诚信示范街区。完成《玄武区全域旅游发展战略规划》和《长江路旅游产业导则》编制工作。成立由区域内景区、文博场所、星级宾馆、旅行社、休闲文旅、相关媒体等 70 家单位组成的南京·玄武国际城市休闲旅游联盟。与中山陵园管理局、江苏省美术馆等单位多轮接触，签订战略合作框架协议，就共赢发展进行深度合作。牵头制作玄武区18条道路二维码地址信息编制工作，玄武区二维码地址标牌建设成为全国社会管理和公共服务综合标准化试点项目。开展旅游执法检查和投诉受理，规范旅游市场秩序。扎实开展“不合理低价游”“一日游”、春季专项执法检查等专项整治工作。推动旅游企业(单位)标准化建设工作。完成2家高星级旅行社和12家旅游星级饭店的评定及复核工作。办理旅行社分社及服务网点备案23家，完成3家新设旅行社的审核工作。高效处理各类旅游投诉，全年受理旅游投诉347件，办结347件，其中受理“12345”投诉平台167件，办结率为100%，受理国家旅游局及市旅游委转办单180件，办结率100%，共组织现场调解12场，群众综合满意率97.01%。

10月11日，市委常委宣传部长曹路宝考察长江路文化旅游工作

【首届南京·玄武国际城市休闲旅游节】 10月21日，由区委、区政府举办的首届南京·玄武国际城市休闲旅游节在明城墙上开幕。市委、市政府有关领导，区委、区政府全体领导，新华日报社等媒体领导，市旅游委、市文广新局、中山陵园管理局等领导，全区部门街道主要领导，70多家联盟成员单位主要领导，来自21个国家的国际友人代表等，近300人参加了开幕式活动。开幕式上，南京·玄武国际城市休闲旅游联盟正式宣布成立，碑亭巷民国风情街、长江路文旅客厅等一批文化旅游项目正式签约。市委常委、市委宣传部部长曹路宝，副市长胡万进，区委书记徐曙海，区委副书记、区长穆耕林出席。穆耕林代表区委、区政府在开幕式上致辞，联盟的宗旨是把散落旅游文化资源串珠成链，通过优势互补、强强联合，推动全区从景点旅游向全域旅游转变，把国际城市休闲塑造成玄武的独特品牌，满足大众游客需求，多利俱存，从而真正实现“休闲让城市更美好”。旅游节活动持续1个月时间，采取“1+4+X”的模式组织实施。开幕式主题活动当天内容丰富，精彩分呈。发布了具有玄武元素的主题歌曲《千年之约》、推广211行动计划、玄武旅游推广大使受聘、一批文化旅游项目的签约。旅游节活动期间，推出“山水城林、人文底蕴、历史寻踪、时尚休闲”四大板块18个分项活动，由驻区几十家单位承办，山水城林板块有“灵谷桂花节、假日音乐会、金秋菊展、旅读城墙”，人文底蕴板块有“潘玉良作品展、红楼梦文创展、城市休闲文化讲座、名家书画精品展”，历史寻踪板块有“历史光影中的人民大会堂、24节气茶之霜色茶糕体验”，时尚休闲板块有途牛外国游踩线、曼度耘集市集等特色项目。举办活动充分整合驻区文旅资源，加快形成玄武特色旅游品牌，带动和促进“全域旅游”发展水平迈上新台阶。

【玄武区与多家单位签订战略合作协议】 2017年，玄武区与中山陵、江苏省美术馆等单位多轮接触，签订战略合作框架协议，明确年度主要工作内容，就共赢发展达成共识，就旅游线路整合、文化活动植入、载体空间利用等多方面内容进行深度合作。5月15日，玄武区与中山陵园管理局举行战略合作协议签约仪式。区委副书记、区长穆耕林和中山陵园管理局局长李真代表双方签署协议。区委书记徐曙海强调，双方将以本次签约为起点，以“共建共享，共商共管”为原则，实现玄武区和钟山风景区一体化发展、融合发展，在项目共同开发，环境联合整治，文化统筹保护等方面开展深入合作。7月17日，区长穆耕林、副区长马千山带领区旅游局、区文化局等相关部门接待江苏省美术馆到访，交流长江路文旅客厅建设情况。文旅客厅的设立是集旅游咨询、文创展示、特色轻餐、美术版画等于一体的综合性长江路文化旅游大街功能配套。会议由区旅游局介绍美术大厦外立面出新及载体合作相关情况，由省美术馆介绍“亨利摩尔展”相关情况，并开展相互交流。

【“智慧长江路”旅游平台建设】 根据《智慧玄武建设三年行动计划(2016—2018年)》安排，依托全市智慧旅游平台，为游客提供订制化服务，提高管理水平，优化游客体验。2017年玄武区完成长江路旅游地理信息系统服务基础数据库组建及上线，实现游客实时获取长江路及驻区单位的旅游文化信息(文字、图片、视频)，延伸阅读相关故事，延展周边景点、美食、娱乐、购物等，与玄武旅游官方微信无缝对接，并启动相关小程序研发工作。同时强化与新媒体合作，紧密与途牛旅游网开发玄武旅游频道，利用受众面广的特点，将玄武旅游景点、旅游产品推向全国。

【碑亭巷旅游品质提升】 2017年，梳理沿街载体资源，通过收购与租赁相结合的手段，推进周边业态提升，引进总部类、创意类企业入驻，提升长江路重点支巷的文化功能品位。以碑亭巷民国风情街区为主题，分成南、中、北三段分步实施：先行启动碑亭巷石婆婆庵喇叭口中段，打造成文化创意示范区；碑亭巷南段(长江路以南)，打造成文化风情体验区；碑亭巷北段，打造成原真生活展示区。

【长江路文化旅游大街获江苏省价格诚信街区称号】 2017年，在区物价局业务指导下，区旅游局联合区商务局、区教育局、区市场监管局、新街口街道办事处、梅园新村街道办事处等多个单位，共同推动开展价格诚信街区创建工作。通过发放宣传资料、举办广场活动、加大培训指导、联合检查巡查等组织工作，逐步形成政府主导、商家协同、优势互补、齐抓共管的良好创建工作格局，成效显著。驻街百余家企事业单位、商户积极响应，20余家单位获得区以上价格诚信先进单位称号，街区全年无旅游、价格投诉发生，街区服务质量得到显著提升，社会反响热烈。江苏省物价局通过严格考核，命名玄武区长江路文化旅游大街“省级价格诚信街区”称号，位列全省33个受表彰区域第一位。

【“旅读玄武”特色旅游活动】 2017年，玄武区创新打造“旅读玄武”活动品牌，将旅游与阅读、沙龙、互动体验结合起来，设计极富趣味和文化内涵的旅读路线，引导市民及游客进行文化深度游，获得很好的社会反响，被市旅委确定为“旅读南京玄武站活动”空间。全年成功举办两期“旅读玄武”特色旅游活动，受到广大市民和粉丝的青睐。5月7日举办第一期“寻访长江路上著名的民国建筑”，90多名体验者在悦的读书文化行走指导老师袁幼平、张南岚带领下，依次参观国民小剧场（公余联欢社旧址)、人民大会堂、江苏省美术馆陈列馆、总统府、梅园新村纪念馆等民国建筑。5月21日举办第二期“循着灵谷寺的钟声去寻访历史遗迹”，体验者们制作旅游手账，先后游览了南京体育学院中央体育场、灵谷寺三绝碑、灵谷塔、谭延闿墓、无梁殿等景点。

【旅游安全检查】 2017年，对6家A级以上景区、90余家旅行社(分社、网点)、20余家星级饭店开展各类安全检查百余次，排查企业安全隐患10条，全部督查整改到位。完成全区5家A级景区年度“平安景区”创建工作，有效预防和杜绝各类旅游责任事故发生。全力保障江苏发展大会、全国京剧艺术节、十九大以及法定长假期间辖区旅游安全。积极抓好文明城市创建工作，每日检查报送各星级饭店、旅行社文明城市创建达标情况共计50余家(次)，辖区旅游行业创建工作稳步推进。组织开展各类培训活动。组织区内星级饭店管理人员130余人，开展饭店职业英语应用能力、星级饭店应急演练培训。组织辖区旅游企业参加南京市导游大赛参赛工作，获市优秀组织奖。利用现有各类旅游统计数据平台，结合日常检查、走访等工作，定期形成旅游行业分析报告，创建文明城市旅游安全环境。

(韩会贤)

·1912街区·

【概况】 南京1912街区于2004年创建，地处南京市中心地带的长江路与太平北路交汇处。南京1912街区呈“L”型环绕在“总统府”花园西侧，街区建筑面积42000平方米，由共和、博爱、太平、新世纪4个文化休闲广场组成，分布着21栋民国初年建筑风格楼宇，其中4幢是原有的民国建筑，这些建筑群均为青砖墙体，具有深厚的历史文化底蕴，毫无修饰。南京1912街区有机兼容历史文脉和时代风尚，2017年，经过14年精心培育，已成为具有示范和标志性意义的文化休闲商业街区，形成"上海有新天地，南京有1912"广泛影响。

【街区建设】 南京1912街区主导业态为：主题酒吧、商务餐饮、品牌娱乐、休闲等现代服务业。通过街区建设和集约化经营，各业态已布局合理、融合一体，形成了综合服务型的、富有文化气息的商业名街。至2017年12月，街区由68家商户组成，其中主题酒吧18家、各类餐饮29家，各占总经营商户总数约26.5%和42.6%；休闲业21家，约占30.9%。街区日平均客流量稳定在约1.8万人/晚，节假日和周末客流量可达到约5万人/晚，2017年，街区年营业额约4.5亿元。

【吃货星人巡展系列活动】 4月至6月，南京1912街区举办"吃货星人"动漫艺术美陈巡展，吃货星人是香港新锐设计师LVY最新原创力作，为商场、购物中心、主题公园等提供一个全新的艺术展览题材和形式。活动以促进街区商户营销为目的，开展一系列落地及线上活动，营造街区整体主题活动氛围，有效的将线上活动的热点在线下体现，并引导人流进入商户内消费，实现营销活动的闭环。

【导视系统添加手机域名】 2017年下半年，南京1912街区导视信息增添商户手机域名，通过手机可以清楚的了解到每一家商户的特色和详细图片，实现线上线下联动导视。

【民国诗歌体验月】 11月，以南京1912街区作为首届中国·南京玄武国际城市休闲旅游节分会场的契机，推广1912品牌民国、复古与时尚的基因，突出强调1912"城市客厅、文化名片"的商业定位，策划1912民国诗歌体验月活动。活动以民国诗歌为主题，通过在南京1912旗舰街区设置具有互动性的装置艺术、103.5明星主持人现身进行民国诗歌朗诵快闪活动，让普通大众耳目一新。联合江苏省朗诵协会在南京1912街区民国餐厅民都荟开展民国诗歌分享沙龙活动，与民国诗人近距离接触，塑造1912文化格调，增强街区文化底蕴。

【1912"东西会"创意市集活动】 1912"东西会"创意市集暨微型民国建筑景观花车，创意来源于南京100多处民国时期的老建筑物，最终挑选出20个代表性的民国建筑，将其标志性的特色融入花车中。在花车的设计制作方面，整体参考这20处民国建筑的外观，用铁艺金属勾勒其边缘，即保证花车的通透性，又保存民国建筑外形特征，意在还原民国建筑的美感，将现代商业与民国元素完美融合。 （孙树敏）

·中山陵园风景区·

【概况】 2017年，中山陵园风景区接待国内外游客1122万人次，比上年增长9%，景区再次被评为"全国文明单位"；音乐台列入"中国20世纪建筑遗产"；邓演达纪念设施被授牌"首批江苏省统一战线传统教育基地"；中山陵博爱公益项目被评为"江苏省十佳青年志愿服务项目"；成功创建"全国青年文明号"；紫金山绿色长廊被评为"首批江苏省旅游风景道"；成功创建"江苏省科普教育基地"。

以项目为抓手推进五项重点任务。完成总规修编并上报。《钟山风景名胜区总体规划(2017—2035年)》通过市规委会审议，完成省住建厅组织的专家评审，修改完善后上报国务院审批。水环境治理成效明显。完成友谊河紫金山山洪防治应急抢险工程；首次编制紫金山范围内水体、水系图文档案资料。紫金山索道和山顶公园以全新形象对外开放。完成太平门植物园路、博爱路等主干道改造出新。内部交通进一步优化。首次开通观光车环

11月，1912民国诗歌体验月活动

线，改造提升苜蓿园、下马坊两大主入口的驳载中心；编制风景区交通优化工作方案。加强保护治理与规划建设，提升旅游品质。完成3条登山道的生态治理和设施修复；完成石象路以及景区各主入口区域景观提升；完成紫岚里等3个区域污水设施改造；核心景点范围全面实行“禁烟”；主要道路全面实行“机扫”。全年植树造林4.4万株，播种草花8万多平方米；强化森林消防、森林执法和有害生物监测防控，切实保护好紫金山生态环境。完成航空烈士公墓、大金门等文物修缮；完成“南京小地名、大历史”陈列布展；完成《明孝陵遗产监测体系》方案设计；《中山陵碑亭抢险修缮方案》获批。参加国家首个“文化和自然遗产日”系列活动；开展文化活动80余次；征集珍贵史料260多件套；出版图书6本；配合举办“12·13”抗日航空烈士公祭等活动。与玄武区签订战略合作协议；举办第22届中国南京国际梅花节和第19届灵谷桂花节，配合举办第三届南京森林音乐会和“丹桂飘香”假日音乐会；建成紫金山索道、白马“时光岛”游乐园，开发一批旅游新产品，票务收入稳步增长。联合市科协开通科普旅游专线，举办系列科普教育活动；持续开展“我爱紫金山”“古树童音”等公益活动；策划开展“钟山抗战遗址巡礼”活动5期；核心景区增挂植物科普说明牌600余块；制定科普工作实施意见，完成紫金山森林科普馆建设方案编制。完成五棵松至东入口绿道建设，完成水电智能化管理系统建设，完成四方城1号区域环境整治和景观提升，更新改造配电房4处；大力推进厕所革命，改造公厕9座；推进智慧交通、智慧票务、智慧消防建设，为游客提供更为便捷化、人性化的休闲配套。

2月17日至3月17日，第22届中国·南京国际梅花节开幕式在明孝陵景区举行

【南京国际梅花节】 2月17日至3月17日，第22届中国·南京国际梅花节开幕式在明孝陵景区举行。本届梅花节主会场活动以“文化休闲”为主线，通过赏梅品梅、艺术展览、创意市集、美食娱乐、文化宣传、新媒体线上线下互动等多种方式，不断创新梅花节的活动内容，营造闲适愉悦的节庆氛围，进一步提升梅花节的品牌内涵，打造符合市民游客需求的新春旅游盛宴。梅花节期间，举办了梅花主题书画展、雨花石展梅盆景观赏、插花表演“文心梅韵”书法作品展、“历代名人与梅”图片展、“凤舞醉梅”专题画展、钟山文创市集等主题节庆活动。

【南京灵谷桂花节】 9月20日至10月20日，南京灵谷桂花节在钟山风景区灵谷景区举行。本次桂花节以“走进城市森林　感悟人与自然”为主题。举办“听大树讲故事”自然课堂活动、“古树童音”童声讲解古树名木活动、灵谷桂花美食品鉴等系列活动，打造了以景点游览赏桂休闲、文化娱乐为主，集游、购、娱一体化为特色的南京金秋旅游节庆品牌。

【公祭抗日烈士诵诗会】 12月13日上午，“珍爱和平　开创未来”江苏省暨南京市各界人士公祭抗日烈士诵诗会，在南京抗日航空烈士纪念馆“抗日航空烈士纪念碑”广场举行，来自南京市政协，省市民革、台盟、台联，南京市侨联及工商界、中山陵园管理局、江南水泥厂、南京航空联谊会等相关人士以及抗日航空烈士亲属参加公祭活动。南京抗日航空烈士纪念馆举办“风雨如磐——抗战中的江南水泥厂》和“全面抗战中的南京记忆”巡回图片展。

【南京钟山假日音乐会】 4月15日至5月14日，10月21日至11月11日，南京钟山假日音乐会在中山陵音乐台举行，共举办各类演出20场，囊括了古典乐、民谣、爵士、民乐、合唱团等多种音乐形式。音乐会演出采取全免费形式，是南京市又一项文化惠民工程，旨在通

过丰富多彩的音乐演出，让文化惠民项目惠及更多群众，打造城市假日休闲文化的新名片。（程　岩）

·玄武湖公园·

【概况】 2017 年，玄武湖公园以“短期出形象、中期出品质、远期出活力”为目标，坚持目标导向、问题导向，持续推动景区的转型升级、提质增效，年接待游客 1872 万人次，被评为江苏最美水地标——水景观、江苏“旅游百佳”品牌单位，入选江苏省中华文化海外交流基地，获得“2016 最美南京十大胜景”，被评为 2016 年度南京市“平安景区”示范单位和 2016 年度全市城市治理标准化工作“先进集体”。旅游服务部接待中心获 2015~2016 年度旅游行业江苏省青年文明号称号，景区“我爱玄武湖”志愿服务队获 2017 年南京市“优秀志愿服务组织(团队)”称号。推进环境整治，完成樱洲苗木移植、主园路路基、新建桥梁基础、服务房主体、赏樱亭基础及周边地形调整施工，完成芳桥、樱桥、姊妹桥加固出新。优化景区环境，完成万象更新、米芾拜石、解放门、花卉大道中轴线景观改造、种植柳树约 300 株，花坛花境换花近 22 万盆；完成蔓园门建筑改造、花卉大道门游客服务中心建设，完成白苑、玄圃、西式教堂、鸽子广场出新，基础设施零星维修 1224 处。增强创收能力，新购电动船 120 条、环湖法式火车 1 列和新型电瓶观光车 4 辆等。优化经营业态，完成白苑招租，将白苑打造集展览馆、民博文化研究交流中心、民博文创产品研发制作中心、拍卖交易中心和销售旅游中心于一体的“一馆四中心”，实现了白苑由传统旅游餐厅向文博产业的转型发展。

【园区生态建设】 2017 年落实“河长制”，景区积极推进水环境整治：完成情侣园及环湖路碧莲桥区域水系清淤工作，清淤总量约 3.5 万立方米；情侣园水系湖石驳岸改造 550 吨，新增蔓园蓄水坝；完成玄武门、太平门两处污水提升泵站及管网建设，建成提升泵站 2 座，铺设污水管道 1000 余米，建成后，景区所有厕所污水全部进入市政管网体系。推进东南湖泄洪沟口区域疏浚工程，完成东南湖太阳宫码头至菱洲旭桥大船航道以东清淤 3 万立方米。完成《2017—2021 年玄武湖水生态构建与修复规划》编制，对东南湖岸线进行生态化景观改造，种植水生植物。

【菱洲儿童乐园项目】 项目方案审批：2017 年 3 月，项目方案通过南京市规委办组织的两次专家咨询会评审，5 月初通过市规委会办公室专题会审议，6 月通过市规委会专题会议评审，7 月通过市文广新局、省文物局评审，11 月 30 日国家文物局正式批复同意。前期建设准备情况：3 月完成项目场地内 200 多株大树的修剪以及沿湖区域绿化覆盖工作，4 月基本完成项目整体地勘工作，7 月经市国土部门审批完成菱洲永久性土地使用权登记工作；8 月经省发改委审批完成项目立项延期工作，完成原有的熊猫馆及水族馆两处仿古建筑修缮工作。

【首届“醉美樱花季、春满玄武湖——2017 玄武湖樱花节”】 1 月 5 日，玄武湖景区采用“一线两点”方法进行樱花栽植，“一线”指解放门—菱洲—樱洲—环洲—梁州沿线，“两点”指樱洲和情侣园六号圩，截至 1 月 17 日共完成 776 株樱花苗木种植，品种以 10~18 厘米干径的“染井吉野”淡粉色早樱为主。3 月 10 日上午，由南京市旅游委员会主办，南京市玄武湖管理处承办，玄武区旅游局、江苏省广电总台 FM99.7 金陵之声、龙虎网等单位协办，为期一个月的“醉美樱花季、春满玄武湖——2017 玄武湖樱花节”在玄武湖樱洲拉开帷幕。市旅游委副主任吴震到场致辞，并与玄武区旅游局、景区领导和协办单位负责人共同启动开幕仪式。玄武区旅游局局长魏超和玄武湖管理处

3 月 10 日，2017’玄武湖樱花节开幕式在玄武湖樱洲举行

主任王忠共同发布手绘版《玄武区樱花旅游推荐指南》,景区志愿者代表发出文明旅游倡议。

【玄武湖夜景亮化二期工程完工】 2017年12月31日，玄武湖夜景亮化二期工程竣工,2018年1月1日正式亮灯。亮化工程由南京市路灯管理处负责、玄武湖管理处配合,主要包括环湖区域绿植、园内桥梁、主要建筑和景观节点的亮化打造，累计安装各类灯具25000余套,各类电缆150000米。经过2016~2017年连续两年的打造，玄武湖夜景照明亮化设施已覆盖环湖路、环洲、梁洲、樱洲、翠洲,形成动静结合的夜景面貌。

【"春天的阅读·阅读的春天"江苏全民阅读日活动】 4月23日,由江苏省全民阅读办指导,南京市玄武湖管理处、江苏交通广播网、金陵之声、《现代快报》联合主办的"春天的阅读·阅读的春天"江苏全民阅读日活动,在玄武湖景区樱洲举行。同时,徐州云龙湖、扬州瘦西湖、无锡太湖也同步举行同主题的江苏全民阅读日活动,共同宣扬"水韵江苏""诗韵江苏""文韵江苏"。

【2017世界Byte帆船大奖赛在玄武湖举行】 8月6日—10日，2017世界Byte帆船大奖赛在玄武湖举行,2017世界Byte帆船大奖赛是世界帆船联合会Byte帆船协会的最顶级品牌赛事之一,是青奥会帆船项目的传承和延续。此次赛事设男子Byte CII、女子Byte CII 2个单项比赛,来自4个国家和地区的61名byte级别帆船选手参加了比赛。这是继2014年青奥会铁人三项赛后玄武湖景区承办的又一项国际性重大赛事。本次大奖赛由世界帆船联合会Byte帆船协会授权并主办,中国帆船帆板运动协会、江苏省体育局水上运动管理中心、江苏省体育竞赛管理中心指导,由玄武区人民政府、南京市体育产业联合会、南京体育产业集团共同承办,由江苏海事职业技术学院、南京市旅游委和南京玄武湖管理处等单位协办。

【国家AAAAA级景区创建】 2017年，进行国家AAAAA级旅游景区创建申报。搜集、整理、补充景观质量基础资料，建立国家AAAAA级旅游景区各类创建台账。完善景区标识系统更新改造方案，完成玄武门等4处一级标识和解放门等3处电子宣传大屏的建设，完成玄武湖北岸近3000平方米停车场工程，新增停车位80多个。加快推进智慧景区建设,完成游乐场、观光车和游船电子支付系统开发工作，完成现有34座基站整合工作。 （胡　凯）

·红山森林动物园·

【概况】 南京市红山森林动物园是集物种保护、科学研究、保护教育、文化休闲四大职能为一体的专类园。园内展示着世界各地珍稀动物280多种，共3000余只(头)动物。以独特的森林景观、丰富的动物资源、多彩的主题活动成为国内最具特色的动物园之一。动物园工作核心目标是引导公众树立科学、理性、正确的动物保护和环境保护意识。2017年接待游客530万余人次。举办"生肖文化节""爱鸟周""大熊猫文化艺术节"等各类教育活动26项、近300场，其中公益教育活动14项200余场。围绕各项主题活动,对园区内的动物场馆丰容、动物治疗、动物繁育、引进、救护等及时进行宣传报道，全年新闻发布51次,获得省、市主流媒体各项报道1000余篇次，自媒体发布微信156条、微博345条。其中丹顶鹤3D钛合金假喙安装得到了CCTV7、《北京青年报》、中国新闻网的主动报道。2017年,红山动物园走进浦口实验小学、长江路小学、新城小学、力学小学等学校，授课30余场,近万名师生参与讲座,受到认可与好评。

【江苏省暨南京市"爱鸟周"活动】 4月20日,由江苏省林业局、南京市绿化园林局、南京市旅游委员

4月20日,2017年江苏省暨南京市"爱鸟周"启动仪式在红山动物园举行

会主办，南京市红山森林动物园、江苏省野生动物保护协会、江苏省动物学会、南京林学会承办的2017年江苏省暨南京市“爱鸟周”活动在红山动物园正式启动。本届“爱鸟周”以“依法保护候鸟、守护绿色家园”为主题，共组织包括首届“震旦杯”候鸟摄影故事大赛、南京城市观鸟邀请赛、生态讲坛，以及爱鸟周系列科普活动宣传活动、鸟类公益课堂进校园5大项12子项活动。旨在让更多公众了解鸟类生活习性，了解鸟类对人类生存的重要性，增强关爱鸟类和保护鸟类的自觉性，使更多市民自觉加入保护鸟类的行列，真正形成全社会关心、爱护鸟类的良好氛围。本次活动得到朱雀会、江苏观鸟会、金陵图书馆、河海大学、红山小学大力支持。

【首届大熊猫文化艺术节】 9月16日至10月22日，动物园结合2017年全国科普日举办首届“大熊猫文化艺术节”活动。活动共设六大项十二子项，主要以展览、游戏互动、参与体验等形式，向游客普及大熊猫科普知识，深化公众保护野生动物及其栖息地的认知。通过“熊猫快闪”“大熊猫守护者训练营”等系列宣传活动将绿色环保理念和行动融入日常生活，倡导公众节约资源，共同保护野生动物及人类的共同家园。此次活动参与人数达到10万余人，覆盖面较为广泛，活动反响热烈，受到省、市多家媒体的报道与关注，起到良好的科普宣传效果。

【熊猫馆改造升级】 9月22日，历时4个月改造升级的动物园熊猫馆接受中国大熊猫研究中心考核小组审核，考核小组认为：改造后的熊猫馆在展区设计、饲养管理、公众教育、医疗防疫等方面细微之处表现出对动物保护的尊重与责任。新熊猫馆占地约3000平方米，主要分为3套卧室区域、3个运动场、2间展厅以及科普互动区。室内运动场安装中央空调，配备自动喷雾装置，温度、湿度按需调控。为提高动物福利，模仿大熊猫野外生存环境，此次将外运动场改造为生态运动场，除绿化植物外，并设置形态各异的假山居石和攀爬栖架等。新熊猫馆9月30日重新开放，更名为“金陵中华大熊猫苑”。

【售检票系统升级】 5月10日，动物园启动票务系统升级改造项目，6月1日起，所有网络线上购票的用户均可持身份证或二维码扫码入园，取消网购取票环节。同时，改造景区北门到东门网络工程和窗口售票系统，引进窗口银联Pos设备，7月1日起全面实现窗口手机支付功能。9月底，采购并安装自助售取票机，形成线上、线下，现金、手机支付的智能化购票入园闭环，真正实现“快捷购票，快速入园”，提升游客满意度和游园体验。

【动物救助】 红山动物园作为省、市两级野生动物救助中心，在做好园内野生动物保育工作基础上，同时担负江苏地区野生动物收容救护工作，发挥本土野生动物综合保护重要职能。2017年，收容救助猛禽、獐子、龟类、蛇类等野生动物130余种共2660只(头)。其中由执法部门查处罚没后送至中心收容动物2369只(头)，来自市民救护送养动物209只(头)，经上级部门批准外出救护动物只82（头）。与2016年相比，救助动物总数增长84.59%。所有救助动物均得到专业治疗和妥善安置，获得社会认可。 （公　正）

·南京中国近代史遗址博物馆(总统府)·

【概况】 2017年，南京中国近代史遗址博物馆(总统府)共接待观众433.6万人次，免费提供行李物品寄存6.5万件，实施医疗救护777次。接待来自美、英、德等10多个国家的友人，台湾新党主席郁慕明带领的“长江抗战缅怀之旅参访团”，南京、青海、伊宁三地“手拉手”夏令营等参观团体。结合建军90周年、全面抗战爆发80周年，举办了多场展览；在桐音馆新设曾国藩下围棋蜡像；整理出版《居正文物文献典藏图录》。配合南京市文广新局组织“可移动文物普查成果展”，挑选“民国时期蒋中正致居正函”等23件馆藏文物送展，有8件(套)文物入选。接收香港大学生到馆实习，协助中央电视台拍摄《从胜利走向胜利》《筑梦路上》《孙中山先生》等影视片，举办“寻找祖父孙中山的足迹”孙穗芳签名售书活动。更新馆区部分引导标识牌；全面升级Wi-Fi系统，增加多种认证链接方式；积极响应“厕所革命”号召，做好景区卫生厕所保洁工作，启动中山堂AAA级厕所改建工程。按照“弘扬工匠精神、打造精品工程”要求，对子超楼和大堂、穿堂屋面体系进行维护修缮，很好地再现建筑历史原貌。被南京市平安景区创建工作领导小组授予“南京市平安景区”先进单位称号；被南京市爱委会评为“健康单位”，食堂被评为“健康食堂”；被同程网评为“人气最旺、最受欢迎”景区；在南京导游员大赛中获得最佳组织奖。

【"实名制"购票】 经过探索论证，在南京地区率先实行"实名制"购票，确保馆内观众总量控制在瞬时最大承载量之内。实践表明，采取"实名制"购票，既有利于加强对观众购票管理、维护正常票务秩序，又有效遏制"黄牛"倒票等不法行为。

【参观路线优化】 针对观众逐年增加的实际情况，多次与南京市、玄武区有关部门沟通协调，组织进行客流调整的调研论证，研究制定网上预约、客流调整的具体办法。充分利用现有条件，采取参观线路单向流动、增设团队通道和团队临时购票点、电视大屏幕实时显示观众在园数、制作发放节日参观线路图等措施，有效调节和疏导观众，进一步缓解售票厅、检票口以及观众易集聚区的拥堵压力。

【安全保障工作】 把安全工作的着力点放在常态化管理上，在加强平时巡查的同时，重点抓好恶劣天气、节假日、关键部位的检查。先后更换了部分灭火器、消防水带和锈损的灭火器箱，设立了微型消防站，增加了反恐、安保装备。加强与公安、城管、旅游、文化等部门的合作，建立安全管理协调机制，协调辖区警力、景区警务室共同做好安全保卫和反恐维稳工作，门前综合治理效果明显。

【图片史料展】 5月1日，联合上海宋庆龄故居纪念馆举办的"国之瑰宝——宋庆龄史迹图片展"在中国近代史遗址博物馆东花园展出，展览通过100多张珍贵照片及文字说明，展现宋庆龄伟大而光辉一生。博物馆作为孙中山先生宣誓就任中华民国临时大总统之地，举办宋庆龄史迹图片展更有意义。6月11日，联合浙江大学蒋介石与近代中国研究中心主办的"南京国民政府行政院图片史料展"在浙江溪口武岭学校大礼堂开展。该展作为第四届"蒋介石与近代中国"国际学术研讨会重要组成部分，受到来自美国、加拿大、意大利、日本、韩国等国及我国港澳台地区80多位学者的好评。为纪念中国人民解放军建军90周年和中国人民抗日战争全面爆发80周年，7月1日，联合重庆红岩革命历史博物馆举办"光辉历程　不朽丰碑——中共中央南方局致力抗日民族统一战线的伟大实践"图片展，展览在中国近代史遗址博物馆西厢房展出。展览分为八个部分，通过100多幅鲜活的历史图片，真实展现中国共产党在维护抗日民族统一战线、凝聚全民抗战中的中流砥柱作用。

4月25日，台湾新党主席郁慕明(前排中)带领的"长江抗战缅怀之旅参访团"参观南京中国近代史遗址博物馆

链接

大　堂

硬山顶单层双檐，与二堂以穿堂相连。原址为太平天国金龙殿，又称"荣光大殿"，相传洪秀全病逝后即葬于殿中，清兵攻占天京后，大殿被毁。两江总督曾国藩于同治九年(1870)重建。大堂东西长33.19米，南北宽19.3米，两边各有一间耳房和砖门。1912年1月1日孙中山就任中华民国临时大总统的典礼，就在此举行。1927年国民政府定都南京后，作为国民政府的大堂。1929年国民政府部分改建时，在大堂正中横梁上先后悬挂蒋介石和孙中山手书的"天下为公"匾额。以后，大堂一直被国民政府和总统府沿用，至今保存完好。　(任维波)

·南京博物院·

【概况】 南京博物院是中央与地方共建的国家一级博物馆。被评为"全国公共文化设施管理先进单位""全国爱国主义教育示范基地"。南京博物院机构设置为"一院六馆"格局，即历史馆、特展馆、数字馆、艺术馆、非遗馆、民国馆。另全院设"六所"，即考古研究所、文

物保护研究所、古代建筑研究所、陈列艺术研究所、民族民俗研究所、古代艺术研究所。截至2017年底，全院在编人员230人，具备中级以上专业技术职称146人(其中正高23人，副高43人)，编外合同工用工495人。2017年，南京博物院在国家文物局2016年度中央地方共建国家级博物馆专项资金使用绩效评价中名列第一；“法老·王——古埃及文明和中国汉代文明的故事”展获中国博物馆协会第十四届全国博物馆十大陈列展览精品推介精品奖。2017年，南京博物院被江苏省科技厅纳入科研事业单位序列。全年接待国内外观众超过329.5889万人次，新办展览25个，举办各类公众活动758场。开放服务。全年继续实行免费开放，免费讲解5540场次，举办社会教育活动538场次。智慧服务，年内建成“公众服务后台管理系统”、“智慧导览系统”和“网络直播平台”三大信息化管理平台并投入使用。社会教育，两项原创教育活动入选“江苏省博物馆青少年教育示范项目”。继2016年“5·18国际博物馆日”南博首次夜间开放后，2017年5月18日，南京博物院以“讲述一座博物馆”为题开展夜游南博活动。活动当晚6454名观众亲临现场，通过朗诵、舞蹈、戏曲、小品等精彩演出，感受丰富的文化大餐，共享优质的公共文化，同时60万网民通过网络直播分享“博物馆之夜”。陈列展览。全年打造

2017年南京博物院举办展览一览表

展览时间	展览名称	展览地点
1月6日—4月12日	锦绣鸡——南京博物院藏鸡文物展	特展馆12号展厅
1月24日—4月23日	禧春——南京博物院丁酉贺岁特展	特展馆11号展厅
4月28日—12月31日	江山安定了——明永乐青花寿山福海纹香炉	特展馆9号展厅
4月29日—7月28日	浪漫苏格兰·诗意江南展	特展馆8号展厅
4月29日—9月15日	不辨泉声抑雨声——傅抱石笔下的泉瀑雨声	艺术馆19号展厅
4月29日—9月15日	娄东艺脉——南京博物院藏娄东画派特展	艺术馆21号展厅
4月29日—9月15日	春暖花又开——陈之佛春天题材绘画展	艺术馆22号展厅
4月29日—9月15日	湖山有约——苏天赐油画风景展	艺术馆27号展厅
4月29日—9月15日	胡小石隶书作品展	艺术馆28号展厅
5月10日—9月15日	汲古开新——近现代书法名家作品展	艺术馆25号展厅
5月16日—8月18日	缀白裘——南京博物院藏品征集十年	艺术馆20号展厅
6月10日—7月10日	江苏省首届文博单位文创产品联展	艺术馆长廊
6月10日—7月10日	江苏省文化遗产保护利用成果展	特展馆12号展厅
6月10日—9月10日	帝国盛世——沙俄与大清的黄金时代	特展馆11号展厅
8月20日—10月20日	闲墨澄怀——嵇亚林绘画展	艺术馆20号展厅
8月29日—11月28日	青藤白阳——徐渭、陈淳书画艺术特展	特展馆8号展厅
9月7日—11月15日	百年邮票王国——列支敦士登	特展馆12号展厅
9月18日—9月26日	家国天下——江苏优秀家风家训特展	非遗馆大厅
10月1日—2018年1月20日	翰逸神飞——胡小石行、草书法精品展	艺术馆28号展厅
10月1日—2018年4月20日	无边诗境入画来——傅抱石古人诗意画展	艺术馆19号展厅
10月1日—2018年4月20日	傲霜冷趣——陈之佛秋冬题材绘画展	艺术馆22号展厅
10月27日—12月27日	心·境——王贤仲书法暨教学成果展	艺术馆20号展厅
11月3日—2018年3月31日	海上画派绘画艺术特展	艺术馆21号展厅
11月3日—2018年3月31日	江左流韵——明代中期书法作品展	艺术馆25号展厅
12月22日—2018年3月22日	走进养心殿——大清的家国天下	特展馆11号展厅

25个精品展览，力求覆盖更多公众,共享文化发展成果。其中原创性临时展览14个，艺术馆季节性换展11个。“帝国盛世——沙俄与大清的黄金时代”是继2016年“法老·王”展览后,南博推出又一大型文明对比展;“青藤白阳——徐渭、陈淳书画艺术特展”是展览营销新尝试,一流的展品、一流的环境、一流的解读,为观众提供一个直面书画珍品、领略大师风采、品赏艺术情致机缘,同时为学者搭建一个研究的平台;“走进养心殿——大清的家国天下”展览,以逼真的场景复原、精美的文物展示、先进的VR技术和智慧导览系统运用,向观众梳理从康雍乾盛世到清帝退位近200年间大清朝的悲喜哀乐。

学术与出版。组织召开“全省文化文物单位文化创意产品开发工作座谈会”等11个学术会议,院内研究人员在各类期刊、杂志上发表论文158篇，主持科研项目30项，参加学术交流活动130场,获得奖项43项。全年出版图书15本,包含展览图录6本,学术研究成果8本;杂志出版8期,包含《东南文化》6期和《东南文化》增刊2期以及回顾和总结南京博物院一年工作成绩的《南京博物院2017》。考古发掘与研究。考古发掘工作主要围绕配合基本建设考古和地域文明探索开展工作,年度发掘面积9478平方米，发掘墓葬数量273个。川东港工程6处文物点的抢救性考古发掘全部顺利完成,265省道文物保护工程基本结束。金坛立夫路土墩墓抢救性考古发掘不仅在专业领域内拓展创新,还开展多项公众考古活动。本次土墩墓抢救性考古发掘工作新发现“土椁式”埋葬方式,主墓由墓道和墓室组成,主墓建筑保存较好,呈明显“人字形”架构,另外台型(祭台)遗迹现象的发现,丰富了土墩墓的营造方式,充实了土墩墓的基础资料,为研究宁镇丘陵地区土墩墓的形制、营造方式以及文化属性提供更多样的科学信息。考古探勘、调查以及考古资料整理均取得新进展:在盐城9个区县实施开展的工程建筑类水文化遗产调查,共发现296处工程建筑类遗产点,涉及河道、闸站、水井、遗址、堤坝、桥梁、灌区、渡口、塔、鱼道、古树、治水名人故居等12类工程建筑文化遗产,包含全国重点文物保护单位1处(海春轩塔),省级文物保护单位3处,三普文物点97处;在仪征庙山汉墓考古调查勘探,发现一处保存墓葬数量众多的汉代墓葬群;深入推进考古资料学术研究,就兴化蒋庄遗址与日本金泽大学研究团队合作,尝试对新石器时代长江下游地区古环境和稻作农业进行更深入的探索。大遗址与古建保护。年内,南博完成句容春城土墩墓保护规划、草鞋山遗址保护规划并报国家局审批,继续推进东海县尹湾汉墓保护规划和仪征庙山汉墓保护规划的编制工作。2017年5月,南博古建所赴遗址现场对本体及环境现状进行勘查评估,针对墓葬早期考古资料缺失、墓葬本体范围认定不清等情况,结合考古勘探结果进一步确定墓葬位置及范围。仪征庙山汉墓位于扬州仪征市新集镇庙山村,是西汉时期的诸侯王陵区,2014年完成立项报告并通过国家文物局审批。2017年7月至10月，古建所三次赴现场进行调研,对相关考古资料和规划资料进行了核准，结合最新考古勘探结果,对墓群现状做出评估。保护规划尚在编制中。不可移动文物数字化数据采集,2017年以徐州和连云港作为主要采集地，完成两地15处不可移动文物数据采集并对采据进行后期处理，包括CAD制图、建立点云数据模型、生成点云全景浏览图以及点云动画视频等。2017年7~9月，古建所派员对南通、盐城两市18个区县的工程建筑类遗产进行实地调查,参与文物基础信息采集、录入与现场照片拍摄等工作，累计遗产点380余处。非遗保护。全年南博策划及组织口头表演类非遗项目（传统戏曲、曲艺、传统音乐)475场,其中小剧场大型晚场演出76场，老茶馆下午场演出380场,文渊广场节庆户外演出19场,“国际博物馆日”和“文化遗产日”分别举办非遗综合展演1场。年内有“梅花戏剧节”“锡剧联盟”“杖头木偶戏”等延续往年特色的专题演出，也有“青年花旦系列专场”、“童年记忆主题周”、“梨园京韵·桃李相袭”——纪念京剧表演艺术家黄孝慈系列展演”、“笑迎新年相声大会”等新主题演出。南博非遗馆年内持续展示项目有:南通面塑、徐州香包、常州梨膏糖、常州乱针绣、秦淮灯彩、金陵金箔等。年内由南京博物院编辑《苏韵流芳》一书出版，集中展示江苏流传至今的非物质文化遗产代表项目。《苏韵流芳》全书分为巧手匠心、玲珑精绝、清音雅韵、锦绣霓裳、水乡饮馔、百里异俗6个篇章,涵盖技艺、雕刻、音乐、曲艺、戏剧、织绣、饮食、民俗等类别,遴选最具代表性的非物质文化遗产项目。文化交流。举办各种形式的文物外展,是传播中华优秀传统文化最为有效的方法和手段。年内,南博举办境内交流展27个，引进外展4个,引进境外展览3个。“浪漫苏格兰·诗意江南”展为公众搭建一座东西方文化与艺术的桥梁;“走进邮票王国——列支敦士登邮票”展通过珍稀车模、精致邮票向观众徐徐讲述一部精彩的西洋艺术史及欧洲皇廷的动人故事；“帝国盛世——沙俄与大清的黄金时代”以500余件文物展现同一历史时期中俄两国的文治武功和璀璨夺目的皇家艺术。“王陵瑰宝：中国汉代考古新发现”、“秦汉文明——中国秦汉艺术展”2个展览分别在美国旧金山和纽约展出。2017年，南博接受加拿大皇家不列颠哥伦比亚博物馆首席执行官杰克·洛曼(Jack Lohman)教授对南博捐赠的民国时期报纸、杂志等资料63件；组织与韩国国立古宫博物馆的学术交流和人员互访；南京博物院副院长刘文涛会见匈牙利总领馆文化与教育领事辛莉薇女士，探讨共同举办展览等事宜，谋求贯彻“一代一路”发展倡议。文物典藏。完成一普工作，并在江苏省第一次全国可移动文物普查工作总结表彰会上获“先进集体”奖。院典藏部为一普中新开箱编号的18万件文物纳入库房管理，开展大量细致繁琐的工作。按照国家文物局要求，针对馆藏1062件一级文物开展“双随机一公开”管理和检查工作。截至2017年底，院藏品数达到431923件(套)，比上一年度增加1635件(套)。2017年10月，南博等11家单位收藏的甲骨文入选联合国教科文组织“世界记忆名录”，这也是继南京大屠杀档案之后，江苏第二项入选世界记忆名录的项目。南博可移动文物修复取得新进展，17年完成约1503件(套)文物的修复工作，工作成果直接应用于院内外多项展览。文物保护修复。2017年，南博承担国家科技支撑项目“近现代文献脱酸关键技术研究及集成应用示范”等省部级以上文保科研课题17项，其中，结项6项，新立项4项；受中国科学院南京古生物地质研究所等单位委托编制文物保护方案18个，均已完成；清理修复文物600余件（套）；“一种纸质文献脱酸装置及脱酸方法”、“一种纸质文献自动翻页机”和“水性高分子材料在瓷器文物修复作旧粘结材料中的应用”获国家专利局发明专利授权完成中国第一部书画文物修复专业工具书《中国书画文物修复导则》(以下简称《导则》)的出版发行工作。《导则》是中国第一部书画文物修复专业工具书，建立起中国书画文物修复的工作指导体系，提供可供参考的书画文物修复技术规范，为修复人员提供一套基础的工作程序及操作指南，为学习修复的学生提供一本理论与实践相结合的参考书。文物保护实现“两个转变”，一是由注重抢救性保护向抢救性与预防性保护并重转变，二是由注重文物本体保护向文物本体与周边环境、文物生态的整体保护转变。2017年，完成艺术馆微环境改造，升级调整了监测系统软件，增加恒湿机远程监测与调控功能，方便实时了解恒湿机的运行状态。依托在纸质文物保护方面取得的科研成果与国内领先的技术力量，南博推出“纸载千秋——传统记忆与保护技艺”展和首个配套线上展览。展览采用多元化策展方式，用161件展品从纸张演变的角度向观众展示了珍贵的书画、古籍，同时为公众揭开了博物馆纸质文物保护技艺的神秘面纱。同步推出的“纸载千秋——传统记忆与保护技艺”线上展览，摆脱时间地域限制，补充视频音频资料，增添互动延展内容，实现临展效能最大化。作为南博首例线上展览，对推进博物馆多元办展、高质量办展具有典型探索和示范意义。文物征集鉴定。年内院征集部先后赴多地广泛收集线索、调查走访，在搜集的上万余条征集线索中，经专家鉴定、评估，报院内讨论批准，共征集文物900件(套)。接受陈之佛先生家属向南京博物院捐赠陈之佛先生作品画稿粉本100张，小稿85张，素材57张，墨稿小品3张，手稿2篇及生前所用部分绘画工具和生活用品。此次捐赠是继1996年后陈之佛家属的再次无偿捐赠，进一步丰富南博对陈之佛作品的收藏。接受加拿大皇家不列颠哥伦比亚博物馆首席执行官杰克·洛曼教授向南博捐赠的有关日本占领中国东北三省后在伪满洲国发行的报纸、杂志等资料63件和一批紫砂壶捐赠。国家文物进出境审核江苏管理处受国家文物局委托，全年对824件(套)文物进行进出境审核，其中查验出禁止出境文物2件（套）。全年审核文物拍卖64场，审核标的5万余件。院文物征集部作为国家文物局指定的涉案文物鉴定评估机构，受理23起相关案件，鉴定涉案文物270件(套)并出具鉴定意见书。图书信息建设。配合作好展览拍摄的“缀白裘”“帝国盛世”和“青藤白阳”等10余部展览宣传短片在馆区电子屏幕进行不间断播放，进一步加强展览宣传和信息辐射。开展“胶片档案数字化及影像资源管理”项目，从影像文件数字化着手加强博物馆数字化体系建设，将博物院内保存的胶片和录像带、光盘介质影像素材转化为数字信息资源。加强“中国博物馆建筑影像资源库”完善与整理工作，“中国博物馆建筑影像资料库”所收录的博物馆有105家，采集范围覆盖全国26个省市自治区。全年交换图书40余种，接受出版物捐赠50余种，购买图书1700余册。完成员工“你读书我买单”活动的图书购买，计200余册。完成与“知网”数字期刊平台的购买协议，截至2017年12月，利用该平台检索数字图书资源341097次，下载数字图书资源14350篇。文创产业。全年开发文创衍生产品1300余种，参加文创展会5次，完成科研项目2项，获得1项产品外观设计专利和两项创意设计奖。“竹林七贤茶具套装”在第二届丝绸之路（敦煌）国际文化博览会“经典与未来——博物馆典藏精品及衍生品展”中荣获最佳设计奖；“‘大雅斋’系列文创产品”在第十届海峡两岸（厦门）文化产业博览交易会“文化文物单位创意产品展”中荣获最佳创意文创产品奖；由南博文创部主导并参与设计的“夜光盆栽冰箱贴”获国家知识产权局颁发的外观设计专利。

【南京博物院藏甲骨文被列入“世界记忆名录”】 10月30日，南京博物院获联联合国教科文组织颁发证书，院藏甲骨文被列入“世界记忆名录”。这是继南京大屠杀档案之后，江苏第二项入选世界记忆名录的项目。甲骨刻辞是南京博物院的重要收藏，数量近3000件，其中一级文物19件，二级文物35件。最主要来源为解放初期接收自杨宪益先生转交的原由加拿大传教士明义士收藏的甲骨2369件，占到全部收藏的83%左右；其次为胡小石先生1962年捐赠的共300件；第三批来源为1959年进入馆藏曾经为刘铁云、罗振玉收藏的甲骨90件；此外还有少量接收自前中央研究院历史语言研究所以及私家收藏等。虽来源辗转反复曲折，但均为商代国都安阳出土等。仅部分在《甲骨文合集》《殷墟卜辞》等书著录，是整个中国甲骨收藏的重要有机组成部分。

【“南京博物馆智慧导览系统”启用】 2017年，南京博物院开放服务预约管理系统全面升级，与江苏正蓝信息科技有限公司合作开发的“博物馆智慧导览系统”取得中华人民共和国国家版权局“计算机软件著作权登记证”，建立基于微信、PC网页以及APP的公众管理平台，包括公众活动管理、志愿者管理和讲解管理三个部分。公共后台管理系统改进预约方式，流程简单方便，提供短信提醒，有效提高活动到场率。志愿者管理系统自动生成服务排班表，通过微信扫描二维码签到签退，自动计算服务时长，便于统计梳理。团队讲解可在官网自主预约，方便快捷；公派和定时讲解安排合理，分类明确；讲解员拥有个人APP，可实时接收任务，自动记录讲解场次时长，减少管理工作量。针对高品质收费特展，南博使用智慧导览系统，购票后即可免费领用。智慧导览器借助平板电脑，利用低功耗蓝牙技术，向观众提供文物语音介绍、文物原始高清细节图、文物相关视频和互动内容等信息。同时搭建的终端网络管理平台，不仅可随时监控平板电脑的分发与归还，还能及时收集并整理海量的观众数据，为观众调查、文创开发等事业提供数据基础。年内还完成了历史馆的智慧导览铺设以及VR技术在展览应用中的初探，项目正式上线应用，旨在将传统文化注入现代元素和当代表达，让更多人爱上博物馆。

【网络传媒助推南博社会服务】 为顺应“互联网+”时代潮流，南博利用新媒体、新平台、新技术的优势，采用观众喜爱的手段与方式通过官方网站、官微和网络直播，对热点展览和活动进行实时播报，进一步丰富文化供给。2017年，通过南博官方网站发布新闻讯息175条，年访问量达1306279人次；通过官方微信推送信息214条，粉丝数增至294179人，初步实现整体服务线上化和特展微信系列化。开辟网络直播新渠道，围绕“专家带你看展览”“我们一起去考古”“品牌化教育活动”分别开展了实时网络直播，单次最高收视45.4万人次，累积覆盖148万人次。网络直播以高度还原的实况呈现，突破地域的限制，加强人际交流互动，创新观众参与模式，扩大教育普及面，提高教育传播效果。

【“5·18”国际博物馆日南博夜间开放】 继2016年“5·18国际博物馆日”南博首次夜间开放，2017年，南京博物院加强与交广网合作，以“讲述一座博物馆”为题，提前介入报道，连续13天推出“讲述博物馆人的故事”系列专题节目，为博物馆“5·18”日活动预热。活动当晚，广场上，100余名小学生现场临摹书法；小剧场内，文化名人讲述他们与博物馆的故事；老茶馆里，交广知名主持人轮番表演精彩相声；艺术馆沁园内，戏校学子和电台主播深情朗诵《假如给我三天光明》；特展馆内，名角上演新概念昆剧；历史馆和艺术馆内，精彩的打击乐和古典舞次第上演；江苏交通广播电台在广场搭建透明直播室，现场广播节目动态，以扩大活动知名度。晚6~9点，有6454名观众亲临现场，感受活动丰富的文化大餐。同时，

5 月 18 日,“5·18 国际博物馆日”活动中精彩的打击乐表演

南博通过网络直播和参与网易全国联动直播向 60 万在线网民同步分享博物馆之夜的精彩，让更多观众共享博物馆发展的成果，共享优质的公共文化。（衣雨涵）

·梅园新村纪念馆·

【概况】 2017 年，经南京市发改委立项批准，被列为市政府重点文化建设工程的梅园新村纪念馆基本陈列提升改造工程完工。本项工程将国共南京谈判史料陈列厅、周恩来图书馆及临展厅进行全面升级改造，对中共代表团三处办公旧址的展陈进行了维护。为保证施工安全，纪念馆于 8 月 18 日开始部分闭馆施工，10 月 10 日起全面闭馆，持续至年底。2017 年度共接待观众约 41 万人次，组织观众讲解 3836 场，外出送教宣讲 24 场，全年累计培训义务讲解员 292 人。结合周恩来诞辰及逝世纪念日、抗战胜利 80 周年、“5·18”国际博物馆日及重大纪念日，举办多个展览或社教活动，与多家单位共建思想政治教育基地、爱国主义教育基地，为多个学校班级命名“周恩来班”。纪念馆被江苏省纪委、省委宣传部、省级机关工委、省教育厅等 9 个部门（委）联合评定为“江苏省廉政教育基地”。

【基本陈列提升改造】 8 月 18 日，经过四年多筹备，梅园新村纪念馆基本陈列提升改造工程启动，国共南京谈判史料陈列厅和周恩来图书馆先行闭馆拆除，中共代表团办事处旧址仍向观众开放。10 月 10 日起，纪念馆全面闭馆施工。本次陈列提升改造工程将国共南京史料陈列厅、周恩来图书馆及中共代表团办事处旧址统筹规划，全面升级。基本陈列“梅园风范——中共代表团在南京”大纲文本经中共中央宣传部审定，主要内容分为“为了和平，进行重庆谈判”“进驻梅园，开启南京续谈”“审时度势，力控严峻局势”“扩大统战，开辟第二条战线”“竭力奔走，各方斡旋调解”“抵制‘国大’，中共赢得人心”等六大部分，运用现代多种展示手段，全景式、全方位、多维度的方式，展现 70 年前中国命运转折交汇点上国共谈判的历史和赢得人心的角逐。陈列展出 300 多件（套）珍贵文物、文献档案、历史照片及珍贵历史影像资料，充分展现周恩来以及中共代表团和中共中央南京局全体同志勇于担当、忠诚奉献、团结自律、不畏艰险的高尚品格，充分体现中国共产党人为了国家前途、人民利益，坚韧不拔、无私忘我的崇高革命精神。

【周恩来诞辰 119 周年纪念活动】 3 月 5 日，纪念馆组织南京市玄武高级中学、南京航空航天大学金城学院、长江路小学、东南大学、江苏宁沪高速公路股份有限公司南京收费站、三江学院和钟山学院 7 家学校、企业的“周恩来班”“周恩来班组”的 100 多名师生和员工，隆重举办“永远的怀念——纪念敬爱的周恩来同志诞辰 119 周年诗歌朗诵会”，表达对人民公仆周恩来的深切缅怀之情。为办好此次活动，梅园新村纪念馆官方微博自 2 月中旬开始推送话题“周爷爷，我想对您说”，号召网友们参与话题讨论，留下想对周恩来说的话，活动得到广大网友的积极响应。

【专题展览】 为深入贯彻中央统战工作会议精神，展现周恩来对国家统一战线工作做出的杰出贡献，纪念馆与天津周恩来邓颖超纪念馆合作，制作“海纳百川——周恩来与党外朋友”专题展览，于元旦前夕开展。展览全面展现周恩来在长期的革命和建设中，与宋庆龄、李济深等著名党外人士真诚交往，并与他们结下伟大友谊的感人事例，体现了一代伟人崇高的人格魅力。2 月 21 日，为纪念周恩来同志诞辰 119 周年，纪念馆原创的“人民公仆周恩来”专题展，在中共一大会址纪念馆专题展厅展出。展览以丰富的图片资料展现周恩来同志甘做人民公仆的一生，引导广大党员群众以周恩来为榜样，为实现中华民族伟大复兴的中国梦作出应有的贡献。为纪念抗战全面爆发80周年，让观众更好了解二战期间援华美军飞虎队与中国军民并肩抗日的历史事实，珍惜来之不易的胜利，纪念馆与广东东江纵队纪念馆合作举办“飞虎群英——二战美军飞虎队援华抗日纪实图片展”。展览的展品主要选自陈灿培博士收藏的美军飞虎队援华抗日的相关照片，以及美联社、顶尖新闻社和其他多家新闻机构的丰富图片档案资料，较全面展示二战中美军飞虎队援华抗日的史实，弘扬世界和平和国际友谊的主旋律。

【社教活动】 梅园新村纪念馆充分发挥基地教育优势，联合梅园社区、龙虎网及市属各学校举办“传统文化在身边·幸福新春喜盈门”主题活动、《永不消逝的电波》摩尔斯电码特色课程、“梅园知识大比拼”知识问答主题活动、“印里梅园”活动、“我心中的梅园”绘画活动及“文明小义工”活动等一系列主题鲜明、形式新颖有趣的社教活动，深受学生们喜爱。为深入宣传周恩来精神，纪念馆还为社区、高校党员开设《向中共代表团学习党性修养》的特色微党课。

【“文博之夏”系列活动】 为丰富学生们的暑期生活，发挥纪念馆第二课堂的教育优势，梅园新村纪念馆策划组织第15届“文博之夏”系列活动。6月，“‘梅园杯’我最喜爱的博物（纪念）馆”征文活动启动，全市大、中、小院校积极响应，收到征文稿件500余篇。8月底，经评委组评选，最终选出70篇优秀文章，按大、中、小学生组评选出等级奖次，并向作者们颁发获奖证书。7月25日，纪念馆组织“周恩来班”学生代表，开展“暑期夏令营活动——走进博物馆”活动，走进南京市的5家博物馆参观学习。暑期，纪念馆策划组织爱心夏令营，为来自江苏省泗阳县贫困家庭的孩子们细致讲解革命文物背后的感人故事，使孩子们受到一次良好的革命传统教育。 （林建英）

·六朝博物馆·

【概况】 六朝博物馆位于玄武区长江路302号，在原六朝建康城遗址上修建而成，于2014年8月11日正式对公众开放。2017年，六朝博物馆接待观众52万余人次，较上一年增长约23%。全年讲解1141场次，重要接待58场。招募、培训志愿者142名，其中社会志愿者46名，与6所高等院校合作招募大学生志愿者96名，建立志愿者服务团队“六朝青”。举办“六朝风韵——南大师生迎春书画提名展”“邮说三国展”“曹操宗族墓群文字砖拓片全国巡展（南京站）”等17场临时展览，比上一年增加6场。临展举办场地扩大到场馆之外，有在地铁站举办的油画写生展，也有送往日本、斯里兰卡的六朝文化展，展览覆盖受众范围大大扩展。六朝博物馆展陈在新华通讯社旗下《收藏投资导刊》杂志社主办的第二届艺术品市场价值建设奖评选活动中，荣获“最具关注度艺术展”奖。全年举办“六朝茶韵”“回望六朝”等112场社会教育活动，举办“兰亭雅集”古琴表演活动、“翻转吧，小六！”——第二届六朝魔方小达人评选大赛、江苏省第三届“六朝小茶人”邀请赛等社会文化活动。与南京多所中学合作开设“小石榴课堂”，将博物馆引入学校历史课程。

【六朝风韵——南大师生迎春书画提名展】 1月12日，“六朝风韵——南大师生迎春书画提名展”在六朝博物馆开展。展览得到来自南京大学美术研究院的吴为山、言恭达、聂危谷、嵇亚林等8位艺术家的支持，共展示艺术家们近40幅题材丰富、风格鲜明的近年新作。在观众感受书画魅力的同时，留存一份在博物馆里过新年的美好回忆。

【春季特展——“邮说三国展”】 3月17日，六朝博物馆推出春季特展——“邮说三国展”。《三国演义》系列邮票、小型张一共五组，于1988至1998年间陆续发行，是迄今为止同一题材发行时间最广、枚数最多的系列主题邮票之一。展览以全套邮票为载体，结合丰富的史实介绍和图片内容，向观众展示三国历史、普及邮票知识。邮展期间配套展示“邮说三国”原创笔记本等精美文创产品，还举办华容道体验游戏和“三国争霸”主题活动，让低年龄段观众在趣味十足的游戏过程中加深对六朝文化的了解。

【六朝文化主题图片展】 2017年是中日邦交正常化45周年和中斯建交60周年，江苏省人民对外友好协会于3月组织代表团访问日本和斯里兰卡。六朝博物馆参与其中，积极推介南京六朝文化。

3月24日，省友协与六朝博物馆共同主办的“梦回六朝——六朝文化走进日本”主题图片展暨文化讲座在日本东京亮相，3月27日，“梦回六朝——六朝文化走进斯里兰卡”图片展在斯里兰卡科伦坡举办，又将六朝文化带到了斯里兰卡。“梦回六朝”主题图片展走进日本和斯里兰卡，向两国国民讲述了源远流长的南京故事，展示了灿烂辉煌的中华文化。

【曹操宗族墓群文字砖拓片展暨全国巡展(南京站)】 12月8日，“曹操宗族墓群文字砖拓片展暨全国巡展(南京站)”在六朝博物馆开展。展览共展出亳州博物馆馆藏珍贵汉文字砖拓片、画像砖拓片160余幅，展品为出土文字砖中最具代表性的精品，真实反映了三国曹魏时期的社会生活，以及书法、绘画艺术的神韵。南京站又新增安徽蒙城、利辛等地的碑文拓片12幅，展出内容更加丰富。年内，接待大学生等不同群体参观。

【“虚拟博物馆”上线】 8月，六朝博物馆推出微信小程序。观众可在小程序中聆听文物介绍、留言评论、了解文创产品等。参观时，可直接通过展厅文物前的微信小程序二维码扫一扫进入页面，便捷高效。这一语音导览方式与时俱进，给观众带来更加丰富的参观体验。11月，六朝博物馆“虚拟博物馆”导览服务正式上线。观众只要动动手指就能“穿越”到博物馆，在虚拟世界中畅游展厅、触摸文物。这也是南京市文博场馆首个集展厅游览、文物鉴赏、语音讲解等功能于一体的虚拟博物馆导览系统。

【馆校合作】 2017年，六朝博物馆联合南京市历史教研室，与来自南京外国语学校、南师附中新城中学等学校的初中历史教师组成项目组，共同进行课程开发。六朝博物馆在南京市外国语学校开设“小石榴课堂”，以人教版初中历史教材为切入口，将六朝博物馆馆藏融入初中历史课程，展现南京深厚的六朝历史文化底蕴和乡土历史资源。暑假期间，通过“小石榴课堂”期末考核的同学，接受培训后再次走进六朝博物馆，以“文明小义工”身份向八方来客介绍自己家乡南京，展示六朝古都、十朝都会的精彩。 (吕晓萌　朱晓雪)

12月8日，大学生群体参观“曹操宗族墓群文字砖拓片全国巡展(南京站)”

·江宁织造博物馆·

【概况】 江宁织造博物馆位于大行宫地区，北临长江路文化一条街，南临中山东路与大行宫的十字路口，占地面积1.87万平方米。“江宁织造”清代是专门生产御用和官用锻匹的官办机构。江宁织造博物馆是由著名建筑学家、两院院士吴良镛担纲设计，以“核桃模式”和“盆景模式”为设计理念，融合“历史世界”、“艺术世界”、“建筑世界”，致力营造“三山半落青天外，二水中分白鹭洲”意象。建筑内复建了织造署中原有的西池、楝亭、萱瑞堂、西堂等建筑，从南望北叠叠高起，如同一幅江南山水画，是现代建筑语言和传统园林建筑结合的经典之作。博物馆常设展览有四大主题，为《江宁织造》、《云锦天衣》、《红楼梦曲》、《中国旗袍》。

2017年，江宁织造博物馆参观人数为39万人次，未成年人8.7万人次。全年讲解1199批次、免费语音导览使用2608次、志愿者讲解接待1637场次。在保证基本陈列展览正常开放下，先后推出9个临时展览，重要的有：“金鸡贺岁展”“锦行天下——中国织锦文化展”“香韵红楼——红楼香学两岸文创展”；以及策划“5·18国际博物馆日”“红楼课堂——《红楼梦》主题公益课程”“织染小学堂”和文博夏令营等26场社教活动，招收400多名学生和家长共同参与，得到社会各界一致好评。

【“锦行天下——中国织锦文化展”巡展】 5月18日，“锦行天下——中国织锦文化展”在江宁织造博物馆进行巡展，展览汇集了江宁织造博物馆、广西民族博物馆、蜀锦织绣博物馆和苏州丝绸博物馆馆藏精品文物近200件，以织锦的发展脉络为经，以蜀锦、宋锦、云锦、壮锦为纬，从锦的源流发展、技艺演变、功能应用等方面呈现了中国织锦文化的深厚底蕴。展览是中国织锦文化展示的首创，也是新时代博物馆探索互利共赢新思路体现。为配合巡展，博物馆举办了2场讲座，分别是“锦行天下——四大锦的结构之别和技艺特征”“江宁织造与南京云锦”。

【“国际博物馆日”活动】 5月18日是“国际博物馆日”，织造博物馆作为主会场精心策划活动方案，积极营造宣传日氛围，除免费参观外，还举办了“2013—2016年度南京市博物馆(纪念馆)优秀青少年教育项目获奖单位颁奖”等活动。同时创新开展“织染小学堂”社教活动，活动以锦的制作工艺为主线，策划“蚕宝宝日记”“妈妈带我学织布”“蚕茧上的奇思妙想”“大自然中的草木染”四门精品课程。除此之外，博物馆还尝试“走出展厅、走进校园”，与长江路小学合作开展专题型校本课程——“奇妙的云锦织机”，更好发挥博物馆“第二课堂”作用。

【“文博之夏”主题活动】 7月17日，江宁织造博物馆特别策划“红楼·织染”暑期游学营，游学营包括两部分活动内容：“红楼课堂”和“织染小学堂”。活动围绕传世名著《红楼梦》和“织·染”这两个主题。课程包括《大自然中的草木染》、《蚕茧上的奇思妙想》、《学画云锦意匠稿》、《妈妈带我学织布》等，免费招募了7岁至55岁不同年龄段的160名观众走进博物馆课堂，参与暑期游学营，体验化蚕

6月2日，江宁织造博物馆举办“锦行天下——四大锦的结构之别与技艺特征”讲座

成茧、绘制意匠稿、丝线织布、布匹染色的织染工序。在这些课程中，不管是透过一颗颗小小的茧子，充分发挥自己的奇思妙想，让蚕茧生花，重塑生命；还是点笔勾勒绘制传统织锦工艺中不可或缺的意匠，用画笔将传承跃然纸上；或是一梭一线，亲子互动，穿云裂帛，让声音赋予色彩；抑是“扎缝缚夹”，色染天成，染出最美的锦绣华章。参与其中的观众，徜徉在历史与现时的交相融汇之中，通过不同的方式方法，近距离地感知织造乐趣，重温工匠传承精神。

【志愿者活动】 2017年，江宁织造博物馆共有志愿者74人，其中社会志愿者16人，大学生志愿者58人，志愿者共讲解1637场，举办6次志愿者培训活动，并定时进行讲解考核，保证讲解质量。目前志愿者团队主要来自南大金陵学院、南京理工大学青年志愿者协会、南师大教师教育学院等6所院校。同时，为推进江宁织造博物馆志愿者团队建设，坚定文化自信，推动文化繁荣，今年首次策划举办了“2017江宁织造博物馆‘志愿者风采展示活动’”。活动从74人中遴选出10位优秀志愿者参加现场展示，邀请了来自东南大学土木工程学院团委副书记李忠伟，太平天国历史博物馆综合业务部副主任黄郁萱和江宁织造博物馆综合业务部副主任杨海静作评委。通过规定命题讲解和知识问答两个环节的比试，评选出一、二、三等奖，并邀请了大学生志愿者和社会志愿者现场分享了他们的志愿经历。

【宣传工作】 2017年，江宁织造博物馆官方发布微博624条，结合临时展览推出“新展探班”“新展巡礼”两个话题，第一时间介绍展览特色，有效助力博物馆临展宣传推广；日常持续发布“探宝织造府”、“江宁织造历史上的今天”等话题，分别介绍馆藏精品文物及与江宁织造相关历史事件，受到观众广泛关注。截至2017年11月，官方微博粉丝数56000，较去年增长近3万人。官方微信发布原创文章79篇，微信粉丝量达7199人次，扩大了大众对江宁织造博物馆的关注度。 （杨海静）

户的企业，已将上述核实结果以确认函的形式反馈给区市场监督管理部门。强化信息交换，做好信息核查，推进国际税收管理。全年完成34户企业的国际信息交换；对17户“走出去”“一带一路”企业和12个自然人设置台账并做好信息核实；完成中韩情报交换核查1户，补征税款5.6万元。多项措施推进企业所得税汇算清缴，截至汇缴申报期结束，完成5423户（其中查账征收户5023户、核定征收户有1400户，核定征收面21.8%）的企业所得税汇算清缴，申报率100%，汇算入库税款1.96亿元。确保税收优惠落实到位，共有1213户实际享受“小微企业”所得税优惠政策，减免企业所得税约1316万元。对符合非营利组织资格但未办理手续的企业进行辅导，完成9户的审核上报。做好个税风险识别和股权转让工作，全年共发现个税风险企业1321户，查补税款2.53亿元；完成1000户的股权转让个税核查工作，入库税款0.23亿元。区局办税服务厅荣获2015—2016年度全国青年文明号先进集体表彰，税政法规科荣获2017年“南京市工人先锋号”集体表彰。

（李明明）

【税收入库】 2017年，围绕组织收入中心工作，全面盘查税源，加强税收征管，克服区域税源增长乏力、行业税收发展不均衡、结构性减税不断深化等因素的影响，落实各项组织收入措施，通过加强收入监控预测、做好风险应对、强化清欠工作等有力举措，组织收入实现税收收入目标。累计组织入库各项税收收入469935万元，较2016年同期（581484万元）减收111549万元，减幅19.18%。入库市县级公共预算302726万元，同比减收39852万元，减幅11.63%，完成市局年度计划的99.91%；入库区级公共预算3690142万元（含教育费附加及地方教育费附加），较2016年同期减收34996万元，减幅11.51%，完成区政府人代会目标的116.15%，必成目标的114.02%，期成目标的111.96%。入库工会经费入库1552万元，残保金入库2978万元。

【简政放权工作】 2017年，全面落实上级机关简政放权相关要求，全面梳理税源管理事项，对其中37个事项予以取消，42个事项予以整合，取消大部分行政审批事项和所有非行政许可审批事项，保留3项税务行政许可事项。在继续落实国家关于工商营业执照、组织机构代码证、税务登记证的“三证合一”工作的基础上，将个体工商户税务登记证、统计证纳入“一照一码”工作范围，实现“五证合一”。同时联合工商、国税等多部门共同研究措施方案，并派出2名工作人员日常进驻区政务服务中心，设立地税服务窗口，与区国税、区工商、区住建局等窗口协同办公，加强部门间的协作和信息交互，为纳税人简化涉税业务办理事项，减少纳税人等候时间。同时为“五证合一”工作顺利开展提供保障。

（翁懋懋）

【税收风险应对】 2017年，加强风险应对任务统筹，完善环节控制，及时收集基层反映的问题，及时研究反馈。围绕省局、市局应对办法及金三系统操作中需明确的问题，汇总并且补充，指导基层实际操作。指导风评人员加强对指标应对指引的学习，掌握疑点分析规则。在日常工作中留心注意典型案例和有借鉴推广效用的风评事项，编写中等风险应对案例报告。探索多角度分析检查发现的问题，对不同部门、不同人员风险应对的实际工作形成具体详细的分类和总结。通过案例形式反应风险应对中的经验与技巧，通过案例交流提升风险应对实际水平。强化日常推进率的监控，截至

3月8日，玄武地税深入企业开展“便民春风办税行动”。图为在赛德广场为手机店销售人员普及税收知识

2017年底，共推送风险应对任务1321户，累计完成应对户数1210户，入库税款24987.72万元，贡献率5.39%。开展税收风险识别模型(指标)的整合优化工作，成立模型整合和优化任务项目组，参考省内其他市县模型，进一步细化和优化现有的风评模板，建立适合南京实际情况的土地增值税风险模型。开展"千户集团风评"工作，完成中山大厦等3户企业风评工作。（戴　娜）

【国税地税合作】 2017年，进一步落实《深化国税地税征管体制改革方案》，定期召开国税地税征管联席会议；联合召开推进会，落实国税地税干部交流互派机制，完善国税地税合作工作制度，明确职责分工及工作要求，强化合作事项落实；加强联合办税服务，在办税服务大厅、区政务中心设立联合办税窗口，国税地税互派干部、统筹协作办理涉税事项，提高办税效率；全面实行"三证合一、一照一码"登记模式，实现与市场监督管理局、国税局登记信息的实时交换和应用；联合事项核实，完成对640户国税地税状态不一致税户的核实，判定税户状态，及时反馈调整；持续推进国税地税共同委托代征和地税委托国税代征工作，实现个体、市场、重大工程全覆盖与7家单位重新签订委托代征协议，实现个体、市场、重大工程国税地税共同委托代征全覆盖。每月与玄武区国家税务局联合开展新办纳税人培训，全年累计培训504户次。此外，还联合完成辖区内35000余户企业2016年度纳税信用评定工作，并根据纳税人申请启动复评、补评动态管理，按月汇总信息和审核调整，2017年完成纳税信用等级复评54户，补评6户。

【税户基础管理】 落实登记制度改革，落实企业"五证合一"，推进个体"两证合一"，提高税户管理水平。截至2017年底，管辖税户52067户，其中单位纳税人35749户、个体纳税人16318户。单位纳税人中正常户29177户，非正常户3077户，其他3495户；个体纳税人中正常户15583户，非正常户734户，停业1户。共受理新办户4785户，受理新证注销471户。完成国税地税共管户6738户信息比对匹配；完成456户组织机构代码的信息比对及修改。加强税源源头控管，发挥综合治税效能，联合区市场监督局对本区长期停业未经营企业开展清理，共清理出非正常户576户；加强欠税管理，陈欠清理率93.17%，清欠税款728万元。强化信息交换，做好信息核查，推进国际税收管理。全年共完成34户企业的国际信息交换；对17户"走出去""一带一路"企业和12个自然人设置台账并做好信息核实；完成中韩情报交换核查1户，补征税款5.6万元。

【征管质量指标管理】 持续夯实征管根基，征管机制顺畅运行，征管效能稳步提升。明确绩效目标管理要求，注重规范操作引导，不断提升征管质量。结合"金税三期"上线进一步完善税源与征管状况监控平台，优化考核评价机制，坚持按月通报、按季考核，取得明显成效，进一步提升了征管效能。在日常重管工作中，注重征管指标跟踪应对，确立征管指标监控分析"四环节"工作法，即：数据分析查问题—剖析问题找原因—针对问题定措施—督促落实抓成效，按月分析税源与征管状况监控，明确指标管理和责任主体，通过"思想上引、方法上清、过程中盯"等措施，激发主动监管的源动力，在全局形成"人人关注指标、主动落实指标"的良好氛围。立足"四条路径"，国税地税合作有序推进。国税税地税合作任务"具体化"，服务深度融合"常态化"，执法适度整合实效化，落实信息高度融合"制式化"。全年获得一个季度税源和征管监控质量指标第一并在绩效中加分，陈欠清理位列全市第一。（翁懋懋）

【依法治税】 依据《国家税务总局关于全面推进依法治税的指导意见》和《"十三五"时期税务系统全面推进依法治税工作规划》，以依法行政工作为中心，牢固树立税收支持和服务于地方经济发展的大局观念，坚持在法定职权范围内，规范税收行政行为，加强税收执法，不断加强行政执法队伍建设，严格、公正、文明执法，提高执法能力和水平规范税收执法行为，强化内部流程控制，推进监督检查常态化，有效防止执法风险。2017年全局开展税收执法培训十余次，召开业务例会30余次。根据省、市局《税务行政处罚自由裁量基准操作标准》等文件规定，进一步规范基层所行政处罚自由裁量权，全年办理全部行政处罚案件中，未发生一起自由裁量权或引用条款错误。

【企业所得税汇算清缴】 为全面做好2016年度企业所得税汇算清缴工作，进一步提升企业所得税汇算清缴工作质效，早部署、早安排，多举措做好企业所得税汇

8月，江苏地税正式上线支付宝“刷脸”查询个税、缴纳多处所得等功能。图为玄武地税办税服务厅引导纳税人体验刷脸办税

算清缴准备工作，根据上级对企业所得税汇算清缴工作要求，加强组织领导，制定切实可行的工作方案，明确工作职责。要求各部门领导高度重视，税政部门统筹协调，税务管理员责任到人，形成上下联动、齐抓共管的工作局面。为保证做好企业所得税汇算清缴工作，针对基层税务机关、纳税人在汇算清缴过程中普遍关注的热点问题，分级、分类对税务干部和纳税人做好培训辅导。工作中实时跟踪、定期通报汇算清缴工作进度，要求企业按时进行网上申报，及时组织税款入库，运用金税三期系统进行实时跟踪，有效落实企业所得税精细化管理，全面提升汇算清缴水平，2016年汇算清缴及时申报率达到100%，数据差错率为零。（于　婧）

【股权转让税收征管】　加强自然人股权转让个人所得税税收征管。针对个人股权转让具有偶发性和隐蔽性的特点，找准短板，精准发力，通过与工商部门密切协作，强化数据信息的交互，实现股权转让全过程的动态测评和实时监控。严格执行《股权转让所得个人所得税管理办法（试行）》，健全股权转让所得个人所得税核查机制，建立股权转让个人所得税台账，同时将自然人股权转让个人所得税征管融入税收风险工作之中，综合分析个人转让股权价格的真实性与合理性防范税收风险，调查摸清真实的计税依据，防止税收流失，同时做好相关税收法规的宣传工作，不断提高纳税人对政策的认知度和纳税遵从度。2017年玄武局共完成1023户企业股权转让个人所得税核查工作，入库税款2300万元。

（丁　君）

【税收执法督察】　探索完善在营改增及金税三期系统上线后新征管模式下的督察内审工作的领导体制和工作机制，强化执法督察、税收风险应对质量检查力度，着力防范执法风险，推动区局依法治税工作再上台阶。全年完成涉税资金银行账户管理、单机版POS机管理、风险应对管理等三项税收执法大督察重点内容日常执法督察项目；完成房地产行业管理、股权转让所得和股权投资收益管理、纳税人注销清税管理、企业所得税复审等四个必选项目和分类项目督察；完成退税管理、土地增值税管理等两个自选项目督察。坚持督察内审联席会议制度和联合督察制度，有效发挥督察内审部门在业务事项管理过程中的重要作用。全年共发布4次执法督察、风险应对质量检查问题通报和工作建议，累计通报15类51个问题，提出工作建议19个。做好系统第三板块年度税收执法督察牵头工作，积极协调板块内分工、研究板块内互查方案、培训督察指引、统一督察口径等，及时督促各组工作进度，与溧水局、栖霞局、高新局、化工园局共同配合顺利完成板块工作，形成企业所得税复审系列执法督察指引，各局按照分工完成互查报告和4篇专项报告。扎实推进风险应对质量检查均衡开展，对已完成风险应对进行数据加人工方式筛选，扩大检查覆盖面，提升组织管理、工作流程、结果运用等方面质效，在二级绩效考核中根据综合案卷评分实施问题扣分和分档加分考核，开展质量检查问题通报及工作建议，为职能科室进一步规范税收风险应对管理提出建议。

（戚宁炫）

【税务行政执法案卷评查】　2017年度玄武地税局积极组织开展全局税收执法案卷评查工作，通过开展全面自查和集中评查，及时排查纠正行政处罚过程中的问题，有效规避税收执法风险，进一步规范行政处罚行为，为实现全面依法治税奠定基础。组织开展全面自查。各基层单位全面自查

过程中，严格对照法律法规和省市局的各项要求，涉及各基层单位共自查案卷240份，发现问题17项，及时进行相应整改。集中人力开展集中评查。区局抽调业务骨干组成案卷评查小组，对随机抽取的12份案卷进行现场评查，从执法主体、事实证据、法律适用、执法程序、文书制作等方面进行集体评议。总结通报评查结果。评查活动结束后，区局将评查结果及时反馈给各基层单位，对存在问题的案卷，要求各单位按照规定要求认真进行整改，并将整改情况上报。（丁　君）

8月25日，玄武地税局税务干部走进珠江路地铁站进行税法宣传

【纳税服务】　推进国税地税合作。加强国税地税联合窗口建设，整合国税地税办税资源，共同开展纳税服务工作，联合开展普法宣传、政策辅导等多项纳税工作，降低纳税人办税成本；完成2017年度纳税信用评定工作。启动纳税信用等级复评、补评动态管理工作，通过专业化推行和专岗位管理，完善纳税信用等级管理工作的各项细节，建立完善纳税人遵从评价机制；开展满意度调查迎查工作。将满意度调查工作与纳税人需求管理工作相结合，多渠道收集了解纳税人关注的热点、难点，持续改进和优化服务，提升纳税人满意度；拓展纳税服务方式，开创信息化纳税服务，利用现代化网络通信技术实现移动办税服务，进行个性化纳税服务；优化举报投诉处理，畅通投诉维权渠道，规范投诉处理流程，强化跟踪督办，及时细化应对措施，建立回访反馈机制。截至2017年底，共受理投诉152起，全部办结，满意率100%，受理举报22起。（汤婷婷）

【税收基层建设】　进一步拓展“阳光团队”文化品牌内涵，全面融入基层建设，线上线下并行构建互动式“阳光驿站”。运用新媒体技术拓宽展示媒介，丰富原生态“微系列”文化作品库，拍摄《我的青春“税月”》，记录喜迎十九大党日活动，全面更新部门科所园地，不断深化“卓越同行　共享阳光”文化理念。以“阳光团队”文化为引领，深入开展“三型”党组织建设，带动工青妇建设，联合开展党员先锋行动、阳光家园活动、巾帼建功活动和青年文明示范活动，推动“雷锋服务队”“先锋服务队”“康乃馨服务队”三大志愿服务品牌建设。定期开展“牵手行动”结对帮扶和城乡共建，慰问近70户社区困难户；积极组织“慈善一日捐”和义务献血活动；组织税收志愿者开展普法活动；成立突击队凌晨扫雪除冰，保障南京市民出行，发扬“忠诚担当”税务精神。2017年，玄武地税办税服务厅荣获2015—2016年度全国青年文明号，区局被评定为江苏省第五批“法治文化教育示范基地”，税政法规科荣获“南京市工人先锋号”，全局更是涌现出“南京好人”“南京好税官”等一批先锋模范。（邹　群）

【税收行政管理】　结合经济热点、行业特点和社会关注点，抓好信息、宣传和科调研工作工作，抓好省级以上媒体、刊物的组稿撰写工作，全年共完成各类稿件400余篇，省级以上采用各类稿件40余篇。积极做好省局新档案系统的学习与运用，做好2016、2017年度档案归档和2013年度档案移交工作。严格执行财经纪律，准确做好2017年经费预算的编制、上报工作，确保经费支出有渠道；增强预算执行力，关注预算执行进度，跟踪经费使用情况，定期通报项目预算落实情况，严格按照序时进度执行好年度预算。做好公车改革、环境清理、值班安全等方面的制度梳理和定期巡查，全方位做好安全保障；规范招标、安全施工，顺利推进中央空调、电梯等零星工程改建；严格落实“八项规定”，规范接待管理；严抓食堂卫生安全管理，及时收集干部服务需求，全面做优后勤服务。（何　晋）

经济管理与监督

Economic Management and Supervision

责任编辑　顾　坚

◎ 综述

◎ 国有资产管理

◎ 金融管理

◎ 价格管理

◎ 审计管理

◎ 统计管理

◎ 安全生产监督

◎ 市场监督管理

综　述

【经济运行情况】 2017年，全区积极应对复杂严峻的国内外经济形势，不断调整应对措施，促进经济提质增效升级，各项主要经济指标均完成全年计划。全年地区生产总值完成745.16亿元，可比增长9.1%，其中服务业增加值完成737.41亿元，可比增长10.9%。一般公共预算收入59.95亿元，直比增长22.6%，同口径增长10.8%。社会消费品零售总额完成523.6亿元，同比增长10.2%。全社会固定资产投资完成158.24亿元，同比增长18.2%。服务贸易进出口总额完成3.18亿美元。外贸出口总额完成222.87亿元。

项目推进成效显著。全年市、区重大项目固定资产投资达超序时进度。省技术产权交易市场一期、市众创空间展示中心等有影响力的项目建成运营，星河领创天下、瑞安与阿里巴巴创新中心、缤奇林综合体等特色项目落地建设，百子亭、钟岚里、中央路224号、双拜巷、刘军师桥、珠江饭店地块等多个项目取得突破性进展，苏宁易购、赛特斯等行业龙头入选瞪羚企业，重大项目投资增幅位居全市前列。

产业升级步伐加快。文化产业增加值占GDP比重达13.4%；软件和信息服务业销售收入630亿元，同比增长18.9%，增幅位列全市第一。优质企业稳步增多。新增新三板挂牌企业2家；21家企业通过省民营科技企业认定，新增高新技术企业21家。

科技创新充满活力。新集聚国家“千人计划”人才12人、国家“万人计划”人才1人、省“双创计划”人才6人、“创业南京”英才计划人才61人。众创空间新增国家级1家、省级6家，全区拥有市级以上众创空间25家、5.7万平方米，集聚在孵团队超过300个。

【项目工作】 2017年，玄武区历史性取得市对区考核一等奖。区发改局紧扣市对区考核任务、玄武区发展实际等方面，兼顾可行性和奋斗性，牵头研究制定2017年区国民经济和社会发展计划目标。对照目标，做到每项目标任务明确分管区领导，分解到相关责任单位并且落实到具体责任人。牵头全区民生工作。广泛征集为民办实事项目，区部门上报和网络群众征集双管齐下，围绕困扰群众生活的热点难点问题，编排28项为民办实事项目，涉及教育、卫生、民政、建设、城管等多个方面。牵头全区公共服务均等化工作，确保为区内居民提供基本的、与经济社会发展水平相适应的公共产品和服务。牵头全区富民增收工作，通过全力促进就业创业、深化社保制度改革等举措，促进城乡居民收入持续较快增长。加强指标预测预警。针对市对玄武区综合考核目标的征求意见稿，从考核办法的变化、指标的完成情况及计分办法做好一一分析。全面掌握所有指标运行动态，对主要指标完成情况进行预测，组织召开季度经济形势分析会，研判形势，加强落后指标的推进力度。及时和市发改委沟通，明确赶超标杆，力争争先进位。坚持考核刚性。制订2017年全区现代化建设目标考核办法，考核内容实行差异化，根据街道、园区、部门各自工作实际，进行分类差异化考核。从各单位基础工作、重点工作和奖励加分进行考核。改变以往年度考核为季度、年度考核相结合，坚持考核公平性的同时，对工作主动性强并取得实效的单位给予加分奖励。（韩雨芳）

【体制改革工作】 2017年，区委改革工作要点安排经济体制和生态文明体制改革领域12大项38子项改革任务，重点改革任务完成情况为：政务服务水平不断提升。完善全区“互联网+政务服务”运行管理体系，出台《玄武区“互联网+政务服务”工作推进方案》，实现区街政务服务事项集中在“南京市政务服务综合管理系统”运行，并定期对街道便民服务中心运行情况开展业务考评。组织全区33家部门实现661项行政审批（服务）事项全部上网入库。完善区投资建设代办服务中心，明确各街道（园区）专职代办员12名、相关职能部门代办服务联络员24名，开展代办项目31个，涉及资金263.4亿元。行政审批改革不断深化。推进“放管服”改革，加强权力动态管理。印发《关于全区深化行政审批制度改革加快简政放权激发市场活力重点任务分解的通知》《玄武区“放管服”改革工作方案》，集成15项改革任务，并力推各项任务落地见效。编制完成随机抽查事项清单，公布公共服务事项目录清单，整合全区153项抽查事项及181项公共服务事项。深入推进市场监管各项制度改革，在全市率先打造“一窗受理、全程代办、一日办结”平台，率先建立企业“证照联办”模式。国企改革持续推进。推进企业法人治理，印发《深化区管企业负责人薪酬制度改革实施意见》等9个文件。积极开展“三供一业”分离移交工作，完成约1万户数据现场核查工作。规范全区公房管理，规范固定资产处置管理。推进国有企业资产整合，初步形成科技、投资、建设、商贸、企业管理5大二级平台。财政金融改革深入展开。建设现代财政制度，将政府债务支出纳入预算管理。完善政府债务风险管控，出台《玄武区政府性债务应急处置预案》等系列文件。全面采用综合预算、零基预算办法，深化部门预算改革。集中开展金融创新，先后组建人才基金和产业发展引导资金。开展非法集资整顿，摸排企业近500家，全区涉嫌非法集资企业下降75%。城市治理再上台阶。深入开展城市治理体制改革，拓宽社会化参与渠道，7个街道全部建成数字城管平台。开展数字城管考核，初步拟定考核办法。引进第三方外部监督，中标企业为成都众智合能信息技术服务有限公司。推进建管分离，以下任务单给玄武城投、圣祺代建形式，构建国有代建平台。开放创新形成新局面。拟定《玄武区关于促进科技创新的若干政策》，科技服务收入增幅全市第一。珠江路创业大街通过首批省级众创社区试点备案，徐庄软件园获苏南国家自主创新示范区优秀科技园区、省级高新区（筹）、第五批省级科技产业园。新增苏宁青创园、南京优客工场、U次方等8家市级备案众创空间。落实贸易流通标准化试点要求，组织孩子王等3家企业完成标准化建设。创建外贸综合服务平台——投天下，进入调试阶段，进行试运行。借鉴市级“退税资金池”，着手筹备设立玄武“退税资金池”。生态文明取得新成效。编制《2017年玄武区大气环境整治工程计划》等系列文件，大气环境质量显著提升，空气质量优良率为76.7%，位列全市首位。扎实推进水环境监督管理，绘制《玄武区河道水质断面监测点位图》。按省市统一部署，配合实施环保垂直管理改革。 （梁哲斌）

国有资产管理

【概况】 2017年，全区国资以“管资本为主推进职能转变”和“落实国有资产保值增值责任”为重点，转变思想观念，创新工作方式，紧抓国资改革主线，突出深化改革，突出资本运营，突出效益提升，稳步推进区属国有企业集团化整合，全面加强国资国企监管，扎实推进“三供一业”（国有企业职工家属区供水供电供气及物业管理统称）分离移交等工作。国资监管效能显著提升，各项工作顺利推进。9月8日，举办玄武区2017年国资管理工作培训班。

【国资国企改革】 2017年，区国资办紧扣“五个围绕”，稳步推进国资国企改革。围绕“集团化”整合，积极推进116家区属国有企业与科技、投资、建设、商贸及企业管理五大功能板块的融合；围绕“政企分开”改革，牵头研究园区（街区）、国资办、集团及平台企业的权责关系，对园区（街区）和平台公司的职能进行剥离，厘清职能边界，明确权责分工；围绕“金控平台”打造，全力推进混合所有制改革，集团与民营资本合作，92%控股江苏长三角技术产权交易中心、75%控股融资租赁公司、10%参股途牛科技小贷公司；围绕“瘦身健体”改革，区国资办与集团一起采取清算注销、产权转让、重组整合等多种方式对“僵尸企业”进行清理，全年注销（含吊销）企业16家；围绕“企业党建”提升，严格落实将国企党建写入公司章程的要求，出台《关于在深化国有企业改革中坚持党的领导加强党的建设的实施意见》，对在深化区属国有企业改革中坚持党的领导、加强党的建设提出要求、作出部署。

【国资国企监管】 2017年，区国资办立足“五个强化”，全面加强国资国企监管。强化制度建设。从薪酬制度、责任追究、监事会建设等方面出台9个监管文件，另草

9月8日，玄武区举办2017年国资管理工作培训班

拟完成投资监督管理办法、履职事项清单等，基本达到国资监管有章可循。强化法人治理。推进董事会建设，完善董事会考核评价和运行机制，对企业经营班子建设进行加强，成立钟山集团监事会，向集团委派专职监事。强化执行落实。在集团股东变更、民用股权收购、国有股权和国有资产转让等专项上坚持“依法合规”原则，多次提出建设性意见，严格落实文件规定，开展2017年度监事会专项检查。强化企业债务风险防控。每季度对企业债务情况进行汇总、分析，形成融资内参，报区委、区政府主要领导、分管领导审阅，同时抄送相关业务部门，对企业债务情况提出建议，对资产负债率超过70%的情况提出预警，加强风险管控，确保不发生系统性债务风险。强化集团“三重一大”事项监管。督促企业制订《区属国有企业“三重一大”决策制度实施办法》，明确党委会、董事会、班子会等各级会议召开规则和议事范围，规范“三重一大”事项决策机制，同时通过集团财务中心实现企业内部财务制度监督。

【国有资产保值增值】 2017年，区国资办通过“五大举措”，全面提高国有资产保值增值能力。严把重大项目合规经营保值增值关，在玄武区板仓街9号文化产业园项目、未来城A座升级改造、百子亭项目合作、玄武老年公寓地块养老项目、刘军师桥地块置换、农贸市场划转等集团重大项目投资上为集团建言献策，在确保企业控制风险同时提高资产运营能力。拓宽融资渠道、降本增效。在全市范围内较早采用政府购买服务方式运作公益性项目，通过政策性银行、城市发展基金等方式，以远低于市场平均价格水平获得各金融机构融资授信。在全市范围内较早推出公房集中公开招租。通过“公开、公平、公正”原则，完成308处35104.5平方米公房公开招租，年租金3784万元，溢价1621万元。全力开展债权追讨。年内清收债权1023笔8.76亿元，占比约16.09%。严格资产处置审批，审核完成52家单位97批次固定资产报废、捐赠、调拨处置，价值2842.77万元。

【“三供一业”分离移交】 2017年，区国资办坚持“五个到位”，扎实推进“三供一业”分离移交工作。思想认识到位。根据中央、省市相关规定，玄武区出台工作方案，制定“三供一业”分离移交工作推进计划表，建立“三供一业”工作联络群、月度工作情况上报和台账制度，召开动员大会，统一思想认识。文件学习到位。邀请市国资委、市房产局领导及法律顾问，针对“三供一业”分离移交相关文件、法律规定等进行专门授课，明确移交流程和标准。基数核查到位。按照“摸底—核查—测算—试点—签约”工作思路，全面启动基础数据摸底、核查工作，完成12627户约90万平方米现场核查盖章确认工作，基本完成基数核查工作。问题梳理到位。在核查基础上，全市范围内首先采取部门联动的方式，开展费用测算，梳理问题清单，明确移交范围，完成铁路、新工集团约30万平方米移交物业的费用测算。目标落实到位。根据费用测算时梳理的问题清单，坚持“先易后难”原则，先行先试、以点带面，通过选择成熟小区作为试点，逐步推进，完成5家正式协议签订，提前完成年度目标任务。（周鹏升）

·钟山集团·

【概况】 南京钟山资产经营管理集团有限公司(以下简称“钟山集团”)是由玄武区政府根据国家、省、市、区关于国企改革文件精神以及相关要求批准设立的一家多元化控股集团，主要功能是经营管理全区国有企业。注册资本46980万元，下设综合管理部、投资部、财务部(财务结算中心)、资产运营部(商业地产运营中心)、企业管理部、监督办公室、党群部、计划发展部、招标合约部和工程管理部10个部门，总资产约156亿元，净资产约13亿元。钟山集团致力于打造科技、投资、建设、企管和商贸五大功能板块。2017年运营项目主要包括养老项目、百子亭项目、月苑项目、兰园集贸市场项目等。

【制度建设】 制定“三重一大”、投资决策、绩效考核、财务管理等22项工作规范，完善合同审核、项目招投标等程序，加强成本控制、内部审批流程管理，规避企业经营风险。优化薪酬分配机制，建立考核评价体系，推进市场化招聘，加大人才引进力度。打造职业发展通道，促进人才梯队建设，形成干事创业的良好氛围。引入移动办公系统，严格人员考勤、日志，提升管理效率。建立档案信息系统，为档案梳理和事件溯源提供便捷平台。改变手工记账、代账形式，采用NC电子会计核算系统，有49家企业上线该系统，并设置标准账套，规范会计核算科目，做到数据实时采集和统计。

【资产整合】 根据区委区政府要求，近两年对全区116家公有（全

6月30日，钟山集团党委组织全员到爱国主义教育基地渡江胜利纪念馆开展迎“七一”主题党日活动

民、集体)企业启动划转和管理权移交工作,与全区19家原主管单位进行多次沟通与协调，签署主管单位变更协议10份。原区属企业中,整体产权已划转企业38家,管理权移交企业44家,参股企业1家,移交前吊销或注销企业20家,未移交企业13家。出具可行性论证报告39份,清产核资报告42份,律师调查文书26份。资产负债划转方面,接收移交企业房产46.2万平方米,截至审计基准日（2017年3月31日),总负债约91亿元。人员方面,正常经营的企业中，管理人员540人,一线工人1350人(主要包括玄环公司环卫工人、黄埔厂技术工人、房产经营公司维修工人等);停产企业有下岗职工131人，每年人员供养支出约445万元。变更32家企业法人和股东,补报17家企业工商年报及移除异常经营名录，办理工商三证合一30余次。

【资产运营】　对月苑大厦屋顶、老年公寓楼顶楼面、墨香路门面房、九华山88号等多处国有资产进行维修与保养,实施老年公寓消防整改等工作。严格按要求对自管房产进行招租,提高租金效益,严格把关合同细节、前置条件、业态等。协助下属企业出租房屋525处,钟山集团及下属企业年租金约6700万元。对国有资产进行提档升级。运营板仓街9号文化产业园项目,改造升级未来城B座等,初期投入资金约1亿元,增加载体面积近7万平方米。推动卫岗奶业集团产业园二期、未来城A座、碑亭巷商业街、江苏工艺美术大楼等项目实施,项目载体面积约14万平方米,需投入租购资金约4亿元,成功实施后,是未来集团重要的经济增长点。推动农贸市场综合改革。成立农贸市场管理总公司,统一管理下属各农贸市场;实施农贸市场改造升级三年行动计划，投入1500万元用于提档升级;引入市场化竞争比选机制确定市场一楼运营商,实现年收入翻番。年内,兰园集贸市场二楼基本实现开业。

【投融资平台】　通过政策性银行及商业银行贷款、城市发展基金等方式，钟山集团获各金融机构授信逾百亿元，以远低于市场平均价格水平获得40亿元资金,全力保障区政府城建城管项目资金需求。成功发行非公开定向债务融资工具(PPN）人民币5亿元和2017非公开发行公司债券(17玄武债)人民币9亿元，并以政府购买服务方式办理政策性银行贷款，设立玄武城市发展基金，规模人民币10亿元，年内发行人民币5亿元。截至2017年12月底,除PPN、17玄武债和城市发展基金外，集团新增银行贷款55.04亿元，债务余额为97.65亿元。借助设立玄武区产业引导基金的机会，筹划申领私募基金管理人牌照，与深创投签订子基金合作协议。推进混合所有制改革,以投资参股等方式对集团资源进行整合。投资3000万元,撬动近2亿元民营资本共同开发玄武区4个养老项目。与途牛科技以互相参股的方式合作,获取融资租赁、互联网科技小贷等稀缺金融牌照，其中互联网科技小贷牌照股权市值已实现翻番。

【重大项目】　百子亭项目。作为区重点项目之一,钟山集团与上海瑞安集团达成合作协议,拟将百子亭项目打造成玄武新城市名片。年内百子亭6栋民国建筑(证载建筑面积1437.69平方米、土地面积1603.53平方米）权证按原用途办理到钟山集团名下,年内项目上市长办公会并完成土地挂牌工作。月苑地块项目,由城投公司与市城建集团下属中北公司共同开发该地块,体育休闲广场地块新建地下3层总建筑面积约26000平方米人防工程。仙鹤门新天地北侧地块项目,由钟山集团与中南集团共同开发,拟引入电影院、健身馆、大型宴会餐饮等知名品牌,弥补仙鹤门片区生活、休闲等配套设施的不足。该项目正在施工建设中,2018年10月实现开业。养老项目。钟山集团通过积极推进聚宝山公园地块、原市儿童福利院地块、仙鹤门社区地块、玄武老年公寓地块的养老项目建设，打造环紫金山养老产业链。年内实施完成1000张养老床位投资前期决策工作，2018年开业600张床位；完成与银城集团合作开发原市儿童福利院地块养老项目协议的签订。医疗项目。完成牙防所民营资本置换，实现当年营收突破1000万元，比同期增长40%；设立玄武钟山口腔医院作为全新的市场化运作主体，进一步做大做强玄武口腔医院品牌。

【国企党建】 2017年4月，钟山集团成立党委，下辖4个支部。钟山集团党委按照区委统一部署，全面推进“两学一做”“三会一课”“党员大走访”等工作，组织开展参观渡江胜利纪念馆、上专题党课、集中收看中共十九大等主题活动，开辟支部活动场地，每月开展读书活动，每季度进行评优。把加强国有企业党建工作要求写入公司章程，涉及“三重一大”等事项均需先经过集团党委会研究通过。全面落实党风廉政工作要求，公司党员均亮明身份，自觉接受群众监督。钟山集团董事长、党委书记刘青在公司各层级的会议上多次强调反腐倡廉、拒腐防变的重要性，对敏感岗位的主要负责人经常谈话提醒。

（雷　洁）

金融管理

【概况】 区金融办于2016年2月正式组建，成为单列的政府组成部门；5月，根据区“三定方案”，玄武区金融发展办公室编制9人，设综合科、金融服务科、金融监管科。区金融办承担督促落实金融政策执行，加强对类金融机构的监管，承担处置非法集资工作领导小组办公室职责，建立金融稳定协调机制，防范和化解金融风险。统筹区域金融发展，推进金融发展环境和服务体系建设，引导金融要素市场集聚，加大培育新兴金融业态，建立引导金融机构支持地方经济发展的激励机制；推动全区中小企业融资服务体系和平台建设，引导和培育企业多渠道多形式直接融资，整合各类资源满足中小企业融资需求。

【项目融资】 设计科学合理的融资计划和方案，组织各类金融机构与重点项目对接，在充分考虑融资渠道、融资规模、融资成本、风险控制、实施可行性等因素的基础上，为重点项目出具融资解决方案。制定完善玄武区城市发展基金管理办法和实施细则，组建首批玄武城市发展基金。2月7日，区政府与华融资产江苏公司签署全面战略合作协议。区长穆耕林，华融资产江苏分公司总经理闵捷参加；常务副区长滕涛与华融资产江苏分公司副总经理刘辉代表双方签约。

【高峰论坛】 2017年9月，以“金洽会”为契机，成功举办南京首届金融科技高峰论坛。论坛邀请国内著名专家学者及业内领军人物，围绕“新科技、新金融、新监管”的主题，分别从不同维度探讨金融科技和金融监管领域的发展趋势。通过本次活动，玄武区与国家开发银行等12家银行签订战略合作协议，并启动“南京金融科技产业联盟”筹建工作。该论坛作为“金洽会”玄武专场活动的重要组成部分，是南京市首次举办金融科技方面的高规格大型活动。

【金融服务】 区金融办不断提升金融服务工作水平，加大对拟上市（挂牌）企业的培育力度，为上市（挂牌）企业开辟绿色通道，解决企业上市（挂牌）过程中遇到的困难。至2017年底，玄武区上市企业6家，新三板挂牌19家。全年双创企业获天使轮以上投资额17.85亿元。

【引导基金】 2017年，发挥区级财政资金杠杆放大作用，引导社会各类资本投资玄武区经济社会发展的重点领域和薄弱环节。区政府

2月7日，玄武区政府与华融资产江苏公司签署全面战略合作协议。区长穆耕林，华融资产江苏分公司总经理闵捷参加，常务副区长滕涛与华融资产江苏分公司副总经理刘辉代表双方签约

出台《玄武区产业发展引导基金管理暂行办法》。组建总规模3亿元产业发展母基金,促进玄武区产业结构的调整升级。与深圳市创新投资集团有限公司合作组建首支总规模5亿元的现代服务业子基金。

【金融培训】 为大力提升全区经济干部的业务能力和工作水平,服务好全区经济发展,2017年11月,区金融办面向各街道、园区、公安玄武分局等相关职能部门的分管领导和科室负责人举办为期3天"玄武区金融创新和金融监管专题培训班"。

【金融监管】 区金融办始终坚持兼顾"金融发展"与"金融稳定"大局,全面贯彻国家和省市区关于非法集资风险处置和互联网金融清理整顿工作的安排。全区上下高度重视防范和处置非法集资工作,年内区主要领导及分管领导召开动员部署及相关专题会议10余次,协调安排防范和处置非法集资工作。开展由区金融办牵头,各街道、园区、公安分局、区市场监管局、区地税局、区人社局、区建设局等多部门配合的联合执法行动100余次,全年投入执法力量逾千人次,摸底排查企业近1000家次,实地核查或约谈企业800多家次,其中下发整改通知书210份,联合第三方审计机构审计92家次。公安机关立案19起,抓获和打击涉案嫌疑人21人。制作各类宣传品90000多份(套),利用"3·15"消费者权益日、"4·2"国家安全日,组织3次大型广场宣教活动。深入全区18个社区开展金融风险防范互动式教育活动,节假日期间在景区大屏滚动播放防范非法集资宣传视频,悬挂宣传标语,借助公安部门警务信息平台,发送防范非法集资短信10000余条提醒辖区群众。全区涉嫌非法集资企业数量较上年同期下降75%以上。2017年7月,区金融办被评为全市防范和处置非法集资工作先进集体,2017年11月,玄武区互联网金融风险专项整治工作得到国家整治办督导组充分肯定。 (占秋君)

价格管理

【概况】 2017年,全区物价工作强化稳定价格和治乱减负目标责任落实,调整区稳定价格和治乱减负目标责任制领导小组,将23条目标责任细化分解到25个目标责任单位。完成对全区行政事业性收费单位收费目录和政府定价的经营服务性目录梳理和公示工作,完成全区89家行政事业性收费单位2016年度收费情况报告工作。做好网络交易价格监管,优化内部运行机制,创新线上价格监管模式,做好重点企业网络交易价格监管。提升平价店惠民工作力度,加强培训和服务,强化日常监管,开展"平价惠民社区行"活动。深入推进长江路文化旅游省级价格诚信街区创建工作,发展区级价格诚信单位。规范监测点数据的上报,建立考核评优机制。办理好各类价格投诉举报工单。开展商品房价格监管服务。优化价格认定服务,组织召开公安办案人员培训会,规范收集价格认定依据资料的环节,合理界定双方工作职责。开展廉政风险排查工作,层层签订年度《党风廉政建设责任书暨作风建设责任书》。与非公企业南京赛格数码广场开展结对共建活动。

【稳定价格和治乱减负目标任务】 2017年,区稳定价格和治乱减负目标责任制领导小组调整,年度23条目标责任细化分解到25个目标责任单位。落实行政事业性收费日常报告工作,完成全区89家行政事业性收费单位2016年度收费情况报告工作,并对列入全国动态收费监管系统的48家行政事业性单位的收费情况进行统计分析。2016年度玄武区行政事业性收费总额14659.8万元,比2015年度的12170.3万元增加2489.5万元,增长20.46%,主要是区法院办理案件数量及标的额上升导致诉讼费的增加。对照省市行政事业收费目录,对公布取消、停征和免征的收费项目进行核对和清理,在政府网站对全区行政事业性收费单位收费目录和政府定价的经营服务性目录进行公示,确保"所有收费进清单,清单之外无收费"。2016年度玄武区行政事业性一级收费项目25个,末级项目87个。

【网络交易价格监管】 2017年,区物价局受理网络交易价格投诉举报案件325件。在任务量大的情况下,完善内部运行机制,通过强化与苏宁易购的对接、启动省市区三级联动机制以及建立三级审议小组等形式,规范案件办理流程,提高办案效率。同时,通过召开政策提醒会、签订价格信用承诺书、及时在"玄武电商价格服务"微信平台提醒告诫等形式,强化对商家的事中监管。在事后监管方面,加大对重大案件的惩处力度,完成对苏宁易购2016年6月15日至2017年4月30日举报案件价格违法行为案件的办理,做出30.3万元的行政处罚决定。行政复议、诉讼等各类涉诉涉访事项显著增加,全年共收到49件,其中行政诉讼4件、行政复议7件、政府信息公开 17 件、其他信访事项 21 件。为降低法律风险，专门建立法律咨询委员会，在办理各类法治事项过程中会同法律顾问进行审核把关。

【价格诚信】 3 月，成立长江路文化旅游价格诚信街区创建领导小组，从区级层面统筹推进街区创建工作。年内开展三次对街区 100 余家企业拉网式排查，做好动员、指导和检查等各项工作。对长江路重点单位组织培训 15 次，深化街区企业对价格诚信的认识，逐步健全内部价格管理制度，创建台账不断完善。在检查指导的近 100 家单位（企业）中，有 31 家企事业单位加入到创建区级价格诚信单位行列中，街区整体价格环境得到提升。经省物价局考核组检查验收，长江路文化旅游街区被评为 2016—2017 年度省级价格诚信街区。同时，中山路国际名品街区通过省局考核组复查，继续保留省级价格诚信街区称号。

【平价店管理】 按照稳价惠民的要求，不断强化平价店日常巡查和考核，并通过定期培训、现场观摩学习等形式，督促问题的整改落实，提升全区平价店整体水平。全区 21 家平价商店全年销售平价蔬菜 458.45 万公斤，销售金额2192.84 万元，平均优惠幅度 22%，为民节约 631.35 万元。为让更多居民享受到惠民便民措施，区物价局依托平价店，举办 5 场“平价惠民社区行”活动，销售蔬菜 1 万余公斤，平均优惠幅度 33%，为民节约 2.5 万元，活动信息被新华网和市委办公厅内部刊物《南京快报》第 115 期采用。

【商品房价格监管】 2017 年，区物价局主动履行调控主体责任，上门走访房产开发企业进行价格服务指导，引导企业合理确定商品房和车位价格，并与其签订价格承诺书。对 8 家房产开发企业 17 栋 781 套 14.3 万平方米商品房、3 家房产开发企业 873 个车位进行价格备案，申报销售价格与上年 10 月相比均略有下降。开展商品房价格专项检查，对标价不规范的企业进行提醒告诫。

【价格举报投诉】 全年受理12345 和 12358 两个平台价格投诉举报 1117 件。其中，12345 工单 657 件，工单办理综合考核和单项考核排名均位居全区第一方阵；12358 工单 460 件，同比案件增长数量得到有效控制。强化节假日市场巡查。在重大节假日前夕，重点对电商企业、旅游景点和汽车客运站等窗口地区进行巡查，发放政策提醒函 2300 余份。节日期间，启动价格突发事件应急处置机制，检查人员 24 小时值班，快速处理举报投诉，维护消费者合法权益。

5 月 2 日，长江路文化旅游省级价格诚信街区广场宣传活动举行

【价格监测】 年内，组织召开全区价格监测员业务培训会，进一步规范监测数据的上报，通过建立考核评优机制和走访巡查机制，提高各监测点上报数据的准确性和规范性。全年完成 8 大类 509 项商品和服务价格以及电子产品、部分医疗价格等 9 万余条数据的上报，撰写监测信息和调研文章 30 篇。利用“玄武物价”微博发布市场价格监测信息，有效引导市场价格预期，全年发布微博近 700 条。

【价格认证服务】 2017 年，为进一步服务好公安机关涉案财物的价格认定工作，组织认定工作人员加强法规学习，在提高业务能力的同时加强对案卷的整理归档；组织召开公安办案人员培训会，发放《玄武区刑事案件价格认定提出方应知事项指南》100 余份，进一步规范认定工作各个环节，合理界定双方工作职责。全年受理价格认定案件 350 件，标的金额 267.48 万元。

【与非公企业结对共建】 2017 年，在全区率先开展与非公企业结对共建活动，与南京赛格数码广场达成结对共建协议，将价格工作与企业管理有机结合，在强化日常监管、组织共同学习的同时，开展“党员示范岗”“优秀党员”评选等共建活动。通过宣传党的方针政策和价格法律法规，达到优化企业政治生态和转变机关工作作风双赢目的，以焕发“双结对双促进”老品牌的生机和活力。10月，邀请市物价局有关专家以“价格合规，诚信经营”为主题，举办一场专题培训会。

（王　华）

审计管理

【概况】　2017年，实际开展审计项目108项，其中36项由主管部门自行开展审计；完成上报省厅计划项目16项。促进上缴财政1.32亿元，核减工程投资8657万元，提出审计建议60多条并得到积极落实，促进10项制度出台。2017年，玄武区审计局在全市审计系统考核中获先进单位称号，并获评优秀主审和优秀审计组；两个审计项目获市优秀审计项目和优秀计算机审计项目。组织好审计干部参加冬训、夏训及各类业务培训。成立党组，制定党风廉政责任制工作计划，层层签订责任书，明确16项具体任务，在获2013—2015年市、区两级文明单位称号基础上，继续创建2016—2018年文明单位。

10月9日，玄武区审计局传达市局会议精神进一步改进经济责任审计

【审计人财物管理改革】　2017年是全区审计人财物管理改革推进年。年内区主要领导、分管领导多次听取改革推进情况汇报，并就改革工作作出4项重要批示，要求区审计局全面落实改革各项任务。区委、区政府联合发文成立人财物改革工作领导小组，在人员配备、经费保障等方面给予支持。区委办、区政府办联合下发《玄武区审计全覆盖实施意见》，通过《2017年经济责任审计分类管理办法》；调整经济责任审计领导小组，建立经济责任审计工作联席会议制度。配合全区审计工作改革，区审计局出台行政会议制度、党组议事规则、考勤管理暂行规定、请销假管理制度、审计整改督查管理办法5项制度，并编制审计人财物管理改革文件汇编、财务审计文件汇编、工程审计文件汇编、审计相关法律法规文件汇编、玄武区审计局制度汇编5类制度汇编，促进用制度管人、用制度管事。

【审计全覆盖有序推进】　2017年，区审计局向区人大常委会汇报审计工作报告，首次向区人大常委会报告审计覆盖推进情况，区人大高度肯定。注重创新开展财政审计，区审计局连续三年在全市率先深化联网审计应用，创新审计方法310个，实现财政三本预算、部门预算、数据分析三个全覆盖，专项资金核查率、一级预算单位核查率分别达到29.2%、13.3%。首次开展财政数据动态分析，审计监督向动态监测转变。结合经济责任审计，首次探索自然资源资产离任审计试点工作，促进出台自然资源资产离任审计方案。强化中介机构管理，开始全面使用市中介机构库，对重大审计项目进行公开招标。提出“概算必审”成为新常态要求，邀请市级专家对政府投资建设项目概算审计进行专题培训。加大内审培训力度，发挥内审工作职能，开展全区范围的内审业务培训和教育系统内审人员培训。

【审计整改切实强化】　2017年，按照区委、区政府、区人大审计整改要求，首次推进政府层面审计整改。区政府办印发整改通知，按项逐条形成整改任务清单；结合规范使用财政资金培训，召开全区范围的审计整改布置会；制定《审计整改督查管理办法》，建立整改清单和挂销号制度；会同人大开展审计整改跟踪督查；首次向区人大常委会报告审计整改工作。

（魏林玲）

统计管理

【概况】 2017年，全区经济环境复杂多变，统计改革不断深化，统计系统围绕全区中心工作，落实省统计局“四三要求”和市统计局“五为”工作取向。聚焦数据质量，提升政府统计公信力。严格落实“双随机、一公开”监管制度，精心构建“重点企业监测、走访与服务一体化平台”。统计法治建设“规定动作”做到位、“自选动作”有特色，扎实开展触犯“四条红线”(坚持“先进库、再有数”，绝不自行修改名录库；坚持由企业独立报送真实的统计数据，绝不干预企业独立报送真实数据；坚持由企业自己上报联网直报数据，绝不代填代报企业数据；坚持由企业修改差错或补填不完整报表的原始数据，绝不自行修改企业任何数据）专项整治工作。聚神统计服务，提优统计产品质量。着力做好对重点指标、重点行业和短板行业的跟踪监测预警。完成编写《统计月报》，为党政领导、各街道和部门提供全面的统计信息服务。深入开展专题分析和课题研究，为新常态下经济转型升级、提质增效提供全面、科学的决策参谋。结合网站、微博、广场宣传、座谈会、统计进社区等多种形式服务好社会公众。聚光统计效能，提速方法制度创新。以“五证合一”为契机，改革创新“四上”企业新增工作机制。积极推进“房地产专业统计一体化”改革。精心构建基本单位名录库更新维护新格局。聚力保障能力，提高统计工作水平。严格按照区委巡察组要求做好整改，从党建工作、内部管理和业务工作三个方面，大力加强制度体系建设。健全常态化业务学习培训机制，切实加强统计规范化建设。开展“大走访”活动，作为服务企业、服务群众、改进作风、加强党的建设重要抓手，实地走访企业373户、居民200户。

【统计监测评价】 2017年，区统计局围绕党政领导科学决策的需求侧，开展政院合作，联系实际学深悟透，切实提升“统计供给侧”产品质量。密切关注当前宏观经济的发展动态和全区发展实际，着力做好对重点指标、重点行业和短板行业的跟踪监测预警，牢牢把控各项指标推进情况。与南京市社科院经济发展研究所共建课题研究合作机制，深度剖析地区发展的亮点和问题，开展专题分析和课题研究，撰写《玄武区民营经济现状分析及发展建议》《新常态下玄武经济转型发展现状及对策分析》《聚焦富民增收，切实让经济发展增速与居民收入增长同步》等分析报告，为新常态下经济转型升级、提质增效提供全面、科学的决策参考。

【依法治统】 2017年，区统计局与区司法局、街道、社区共建统计法治宣传协作机制，推动统计法治宣传的触角不断向外延伸，全年成功举办7场普法宣传活动，取得良好的社会反响。大力营造学习统计法律法规的浓厚氛围，组织全区统计系统《统计法实施条例》知识竞赛，推动全体干部职工学习贯彻《统计法实施条例》。扎实开展触犯“四条红线”专项整治工作，坚持“严”字当头，围绕整治目标和整治内容，压实责任、深入查摆，全区统计系统未发生一起违反“四条红线”事件，联网直报企业上报率、直报率均为100%。

【第八届中国统计开放日活动】 9月22日，区统计局在唱经楼社区举办第八届中国统计开放日活动，国家统计局南京调查队相关领导、住户调查辅调员、社区主任、记账户代表等共同参与，以“聊聊‘记账’那些事”为主题，聚焦备受社会关注的人均可支配收入统计情况。辅调员代表介绍住户调查和样本轮换工作相关业务知识，以及从事住户调查辅调工作感悟和体会；记

4月19日，区统计局与红山街道统计干部联合举办统计普法宣传咨询活动

账户代表则以其亲身经历讲述“记账”给他们生活所带来的改变和乐趣。活动有效增进群众对住户调查和样本轮换工作的了解和支持，对政府收集真实有效的收支数据，精研制定富民增收政策具有良好的促进作用。

【统计规范化建设】 区统计局通过不定期开展调研指导、经验交流，有力推动区、街统计规范化建设齐头并进，加快提升全区统计工作整体水平。6月，区统计局配合市局对梅园新村街道和玄武湖街道进行统计规范化建设“回头看”，街道相关工作得到市局检查组的高度肯定。10月13日，区统计局迎接省局开展的统计规范化建设“回头看”检查，省局检查组领导对玄武区统计规范化建设工作，主要是近几年规范管理和创新工作给予肯定，为玄武区进一步加强统计基层基础建设指明方向。

（张 昊）

安全生产监督管理

【概况】 2017年，区安委会组织指导，各街道（园区）、各部门通力合作，根据市安全生产年度工作要点和全区工作重点，始终把做好安全生产工作作为维护好、实现好、发展好最广大人民群众根本利益的头等大事抓紧抓好，坚持以强化安全是第一民生理念为核心，以贯彻落实《中华人民共和国安全生产法》为主线，深化隐患排查治理，深化重点行业领域安全专项整治和打非治违专项行动，夯实安全生产基层基础，保障全区安全生产形势平稳可控，有力保障江苏发展峰会、“十九大”、“12·13”国家公祭日等重要时间节点以及南京马拉松、世界全项目轮滑锦标赛等重要赛事。

【安全生产责任压实】 全面落实安全生产工作例会制度。2017年，区委召开5次常委会听取安全生产大排查大整治情况汇报，对街道安监机构建设、专职安全员进行专题研究布置；区政府召开8次常务会对全区安全生产情况、隐患排查治理、燃气报警器安装、专职安全员招聘进行专题研究布置。副区长马千山定期组织召开全区安委会会议、燃气报警器安装协调会、事故专题会部署安全生产工作。在全区安全生产工作会议上，区政府与街道、相关部门签订安全生产目标责任状26份。各街道、系统及有关部门与重点企业分别签订安全生产责任书2万余份，进一步明确职责、细化责权，把安全生产责任分解落实到基层和生产第一线。严格执行考核奖惩办法。进一步加大考核力度和权重，月度进行跟踪考核、半年度进行督查考核、年度进行综合考核，根据考核结果给予奖励。严格实行“一票否决”制，并将督查考核的结果抄报组织和纪检部门备案，作为考核考察评先评优的依据之一。

【安全生产隐患大排查大整治】 2017年，区政府成立以区长穆耕林为组长、副区长马千山为副组长、区相关部门主要负责人为成员的安全生产大排查大整治工作领导小组。按照全市工作部署，召开全区大排查大整治专题工作会，进行动员部署，制定下发《玄武区安委会关于开展全区安全生产大检查的通知》。全区各街道、园区、部门按照区委、区政府统一部署，认真落实“党政同责、一岗双责”和“三必须”（管行业必须管安全、管业务必须管安全、管生产经营必须管安全）要求，结合自身实际，分别成立以主要领导为组长的安全生产大检查工作领导小组，细化具体工作方案。在全区范围内开展大排查大整治工作，排查范围包括道路交通、建筑施工、危险化学品、特种设备、人员密集场所、医院学校养老机构等重点行业、领域。全年全区检查企业5241家，其中危化企业162家，建筑施工企业225家，商场、市场、餐饮行业等人员密集场所2351家，道路运输企业21家，医院学校养老机构等225家，其他企事业单位2257家，排查并整治隐患5709处。

【重点行业领域安全监管】 加强部门联动，开展联合执法。2017年，区安委会协调组织区安监局、公安分局、消防大队、交警大队、区市场监管局、区城市管理局、区住建局、区商务局等职能单位联合执法。突出“全面落实企业安全生产主体责任”主题活动，以“隐患排查治理”为主要抓手，加强部门联动，强化安全风险管控和隐患排查治理，坚决遏制重特大事故发生。突出重点加强监管。在全领域、拉网式排查的基础上，结合主城区的特点，突出在建筑工地的安全、人员密集场所的安全、公共娱乐场所的安全、高层楼宇的安全以及雨季防汛等重要事项的人员力量强化、工作力度强化、整改效果强化和预期目标强化。要求各街道、各部门坚持做到每周汇总信息数据、每周分析工作状态、每周梳理隐患情况、每周研判安全形势，做到第一时间发现问题，第一时间掌握情况，第一时间提出对策，第一时间解决矛盾。探索建立燃气长效管理机制。根据市安委办《关于在全市推广使用燃气自动报警系统的通知》精神，8月15日，区政府专门召开专题会议，研究全区加装燃气自动报警装置事宜，明确由分管副区长具体负责，区安监局牵头，相关部门配合做好此项工作。10月12日，经过江苏省国际招标公司完成招投标工作，区政府下拨145万元，用于保障燃气自动报警安装工作。全区安装2510台燃气报警系统，全部投入使用。

【行政处罚力度加大】 全区各街道、部门强化监管责任，督促生产经营单位提升法治意识，严格履行法定责任，依法严厉打击惩处违法违规行为，彻底治理事故隐患。全年监管部门约谈企业负责人116人，通报企业1个，停产整顿28家，行政处罚142家企业共罚款269.57万元。通过加大行政执法处罚力度倒逼企业主体责任的落实。建筑施工执法检查中发出责令限期改正通知书40份、停工整改通知书1份；对9家施工单位进行通报批评，对4家单位及其项目经理进行挂红、黄牌60天警示；对1家施工单位和1家监理单位进行不良行为记录；给予行政处罚2家（1家监理单位、1家施工单位），处罚金额2万元。电气火灾和人员密集场所消防下发责令改正通知书534份，行政处罚38起，临时查封23处，责令“三停”6家，罚款159.75万元。对监管企业（危险化学品和工贸企业）下达责令限期整改指令书22份，下达现场处理措施决定书2份。安全生产行政执法累计立案21件。其中，事前立案20件，完成事前处罚罚款20.63万元；事故处罚罚款87.23万元，计107.86万元。公安部门在涉危单位大检查中，对违法违规的10家单位予以行政处罚9600元。

【基层基础建设】 区委常委会专题研究决定各街道（园区）成立安全生产监督管理办公室并明确全区招聘专职安全员40名，区政府明确专职安全员工资标准。年内全区专职安全员招聘工作全部完成，2018年1月底，分配至各街道园区。各街道（园区）实现安监机构、人员、经费、装备“四落实”。

【安全宣传培训】 2017年，对全区安管干部开展教育培训，培训130余人；对全区生产单位法人进行3期培训，培训600余人；对玄武区环境整治施工工程施工单位法人、项目负责人进行培训，培训100余人。玄武安监微信公众平台全年发布135篇推送图文，其中工作动态21篇、安全规定18篇、安全知识76篇、热点新闻4篇，安全新闻12篇、玄武介绍4篇。平均阅读人数242人、994次，单月最高阅读总数为1853次。拓宽宣传教育渠道。以宣贯省、市、区党代会精神为主线，大力推进企业安全文化建设，帮助企业开展基本教育，着力强化企业安全生产主体意识，推动企业安全发展。以安全生产月为抓手，结合安全宣传栏、安全宣传画廊、开设安全课和发放宣传册等形式，把安全知识普及到基层、普及到家庭，使安全理念、安全意识逐步深入人心。围绕“全面落实企业安全生产主体责任”主题，大力开展安全文化进企业、进社区、进家庭、进学校活动，在社区组织安全知识讲座，发放安全宣传册1万余份，组织观看电教片10场次，进一步强化全民安全意识，增强自救能力，有效提升安全宣传覆盖面和普及率。玄武区在全省率先建成500平方米的全民安全科普感受体验中心，模拟事故场景、演练应急措施，不断提高居民安全意识和应急技能。（戴　倜）

市场监督管理

【概况】 2017年，区市场监管局深化改革、履职尽责，各项工作取得良好成绩。获省文化厅“第八届中国京剧艺术节”组织工作先进集体称号。在全省商事制度改革工作中，由于成绩显著，受到省工商局嘉奖表彰；2个科室先后被评

6月16日，玄武区“安全生产月”宣传咨询日活动启动仪式在锁金村街道举行

为江苏省巾帼文明岗、全省工商和市场监管局先进集体。玄武区被市政府评为2016年度质量强区工作优秀区；区市场监管局被区政府评为2017年度安全生产工作先进单位。

【服务经济发展】 2017年，全区新设企业2902户，同比增长10.77%。其中，注册资本100万~500万元(含)682户，500万~1000万元（含)324户，1000万元以上197户。通过股权出质、动产抵押等渠道，助企融资近40亿元。为各级政府的重点项目和引进企业开通绿色通道，帮助钟山集团下属100余户企业改制，辅导其律师团队对首批企业进行材料规范，为展银中兴投资基金管理有限公司等309户区重点项目企业和异地税源企业开通绿色通道。加强行政指导，为南京鱼跃软件技术有限公司等38户企业开具信用证明，方便企业进行上市申请、招投标、奖项申报等。推广运用市场监管信息平台，近7000户企业列入企业经营异常名录，1300余户企业申请办理异常名录移出业务。

【“放管服”改革工作】 以全程电子化登记为支撑，引导申请人通过网络办理名称预先核准登记，实现企业名称预先核准登记与设立登记的合并审查。与建设银行、工商银行、中国银行合作，运用EID银行卡、U盾银行卡等网络身份认证方式，解决企业全程电子化登记中网络身份认证和电子签名问题。9月，在新街口市场监管分局开始试点个体工商户全程电子化登记。在全市率先打造“一窗受理、全程代办、一日办结”平台，联合区国税、公安分局和中国人民银行等部门，让冠以“江苏”名称的企业在一个窗口就能完成名称核准、注册登记、刻章备案、银行开户、税务领票等公司开办流程，申请材料由原来的16份精简至最少4份，审批所用工作日大大压缩。在全市率先建立企业“证照联办”模式，将企业营业执照、代理记账许可证、旅馆业特种行业许可证等证照纳入首批“证照联办”范围，实现营业执照和许可证同时提交材料、同时办理。10月，玄武区成为企业营业执照与旅行社业务经营许可证“证照联办”改革的试点区之一。与中国邮政速递物流股份有限公司南京市分公司签署合作协议，推行审批结果EMS快递送达服务，打通“不见面”审批最后节点，全年有4201户企业通过政务专递“足不出户”领取执照。

【质量强区推进】 年初，根据出台《玄武区关于进一步深化质量强区工作的意见》，及时调整质量强区领导小组成员名单，确保各项工作有序有力推进。围绕区域经济建设，重新修订完善《关于对荣获名牌产品和著名商标企业奖励的意见》。推动设立玄武区区长质量奖，制定规范性文件《玄武区区长质量奖评定管理办法》，发挥政策引导作用，安排200万元专项资金进行重奖，努力构建从区到市、省乃至国家级的“金字塔”型创建梯队。组织3家企业参加市第六期首席质量官培训班、7家企业参加市长质量奖及江苏省AA级以上工业企业质量信用培训班，积极开展“质量月”宣传活动。全年培育、申报省质量奖2个，市长质量奖组织奖4个、个人奖2个；省名牌8个，市名牌11个；江苏省质量信用A企业3个、AA企业1个；新申报省著名商标12件、市著名商标14件，完成马德里国际商标注册2件。举办“企业知识产权管理标准化”培训班，培育7家市级知识产权示范企业，组织21家企业开展知识产权贯标创建工作。8月，锁金村街道“社会管理中心化建设标准”试点项目通过国标委考核验收；12月底，江苏奥科瑞丰新能源有限公司、南京东屹讯多媒体科技有限公司2个省级标准试点项目通过省质监局组织的专家评估验收。在全市率先制定市级认证的育婴标准项目《母婴童零售场所服务规范》，用标准规范母婴童消费市场，守护下一代健康成长。

【国家食品安全示范城市创建】 全力创建国家食品安全示范城市暨省级食品安全示范区，制定《玄武区创建省级食品安全区实施方案》《玄武区创建国家食品安全城市考核评价细则》等多项文件，将创建任务细分为39大项、105小项考核指标。制定公布《玄武区食品生产小作坊食品品种目录》。主城区首家农贸市场快检中心进香河快检中心正式投入运营，检测范围覆盖周边东箭道、香铺营、后宰门等3个农贸市场，可实现年均3万批次检测目标，孝陵卫等5家农贸市场快检室及锁金村分局快检中心建成。在区内5处餐饮聚集区新建食品安全工作站，其中“隐食纪”平台管理模式作为江苏省网络订餐食品安全监管创新代表，被央视《新闻联播》重点报道。玄武区餐饮监管“互联网+工作站”平台、“1个检测中心+N个托管”检测体系、“宣传+实践”科普基地的模式，得到副省长马秋林批示肯定。10月26日，在荔枝广场举办玄武区创建省级食品安全示范区广场宣传活动，活动现场采取现场咨询、展板宣传、发放科普读物等方式，向市民宣传食品安全相关知识，全面展示玄武区的创建举措和工作成果。

【省级网络市场监管与服务示范区创建】 3月，省工商局在全国率先启动省级示范区创建试点，玄武区成为全省首批两个创建城区之一。7月28日，玄武区举行网络市场监管与服务示范区创建工作启动仪式，省市工商局、市政府及有关部门、玄武区领导及各职能部门、企业代表、媒体记者约200人参加活动。启动仪式上，区长穆耕林宣读玄武区创建网络市场监管与服务示范区2017年行动计划。根据行动计划，玄武区重点围绕“构建网络经济发展新生态”的核心目标，落实“互联网+”国家战略，重点实施“互联网+政务服务”“互联网+品牌战略”“互联网+市场监管”“互联网+社会共治”四个方面行动，全力打造“玄武样本”，推动网络市场监管与服务双提升，为全省乃至全国提供可参考、可推广的经验做法。

【食品安全民生工作】 全年发放食品经营许可证2891份，对419家保健食品经营许可进行现场审查，完成74件药品零售企业行政许可事项、2家药品零售企业GSP认证检查。组织开展“利剑行动”、鲜活水产品、隐形眼镜、互联网医疗器械经营、保健食品会销行为等多项专项检查，完成年度食品质量抽检1540批次、药品质量抽检140批次、保健食品抽检60批次；督促企业上报药品不良反应339例、医疗器械不良事件222例。制定规范性文件《玄武区既有住宅增设电梯安全管理办法》，约谈相关电梯制造商及安装企业，保障玄武区既有住宅增梯工程稳妥有序推进。加强民生计量监管，对6家汽车4S店在用计量器具、51家餐饮单位燃气测报仪开展专项检查；为全区18家集贸市场1800多台电子秤提供免费检定。推进诚信体系建设，汉府饭店、仙鹤门社区卫生服务中心、四明眼镜等9家企业被评为省级诚信计量示范单位，新申报省级诚信计量示范单位10家。10月19日，联合区卫计局、新街口社区卫生服务中心、南京华东医药有限责任公司开展玄武区首次药品安全事故应急预案演练；11月17日，联合省质监局在南京红山森林动物园开展特种设备（摩天轮）事故应急救援演练，全省13个地级市质监局分管领导现场观摩，提高保障公共安全和防范处置突发事件的能力。

【市场秩序规范管理】 采用张贴公告、群发短信、电话通知、推广APP等多种方式督促市场主体履行年报义务，2017年有19702户企业按时完成年报，年报率81%，同比增长5.40%；22243户个体工商户按时完成年报，年报率92%，同比增长55.70%。全局立案查处各类案件500余件，罚没款近400万元，涵盖无照经营、商标侵权、不正当竞争、产品质量、食品药品安全、违法广告等多个领域。3月10日，以“网络诚信、消费无忧”为主题，联合区物价、旅游、金融办等部门举办玄武区“3·15”国际消费者权益日主题活动，现场宣读2016年度消费投诉情况报告、食品药品抽检质量报告、消费领域十大典型案例及消费警示，全年处理各类消费投诉举报3.8万件，申报江苏省品牌消费集聚区1个、江苏省放心消费示范街区1个、江苏省放心消费创建先进和示范单位3家。作为全市承接重大活动餐饮服务食品安全保障任务最多的单位，年内为省市两会、南京国际马拉松、“12·13”国家公祭活动等20余次重大活动提供驻场保障，保持食品安全事故“零记录”。

【依法行政】 2017年聘任法律顾问1名，制定《案审委员会规则》《谁执法、谁普法责任制施行细则》《行政争议案件办理规定》等系列规章制度，建立疑难问题定期研讨制度，切实解决基层执法实践中的难题。编写《一般程序案件执法手册》，内容涵盖一般程序案件的常规要点，打造基层市场监管行政处罚的“入门手册”。全年处理行政复议63件，维持原具体行政行为50件；行政诉讼35件，全部胜诉。 （史明静）

9月5日，区市场监管局新街口分局工作人员对鲍师傅糕点店商标被侵权进行现场调查

城建城管·环境保护

Urban Construction and Management · Environmental Protection

责任编辑　苏　成

◎ 城市建设

◎ 城市管理

◎ 环境保护

城市建设

·城市规划·

【概况】 2017年,区建设局牵头开展《玄武区发展规划大纲(2017—2035)》草案编制工作,取得阶段性成果;配合市规划部门完善全市相关规划设计、方案。全年完成2个建设工程规划许可证的审批颁发工作;完成600余处房屋建筑规划许可的查档工作;组织8次规委办会议、4次规委会会议,完成31个设计方案评审。

【玄武区发展规划大纲(2017—2035)编制】 2017年,南京市启动城市总体规划修编,玄武区同步启动《玄武区发展规划大纲(2017—2035)》编制工作。该发展规划大纲是南京市城市总体规划“1+4”成果体系的重要组成部分,是玄武区充分表达自身的发展情况、现状问题、实际诉求、发展设想和空间布局、建设重点等内容的重要平台和自上而下传导约束全市总体规划发展战略、发展指标、底线管控等核心内容的重要手段。为推进《玄武区发展规划大纲(2017—2035)》编制,区政府印发《玄武区发展规划大纲编制工作方案》,明确大纲的规划期限、规划范围、工作成果、工作进度安排、组织领导及职责分工、工作要求等内容。区主要领导3次召开专题讨论会,研究讨论区战略定位、产业发展等重点问题。8月,区建设局确定委托南京东南大学城市规划设计研究院有限公司开展此次规划设计工作。为确保大纲充分反映各部门发展要求,按照“开门规划、共同规划”的原则,9月,区建设局在全区广泛开展前期调研,组织相关工作人员、东南大学设计工作团队分别到区财政局、教育局、卫计局、旅游局等18个部门和7个街道、14个大单位,以及各社区开展调研工作,全面掌握玄武区发展现状与存在问题,听取各单位对于大纲编制的建议与诉求;组织各部门及各街道(园区)召开意见征询会议,与市规划局总规组就玄武区人、地、经济规模、空间等内容进行充分对接,为大纲编制奠定坚实的基础。2017年底,玄武区完成《玄武区发展规划大纲(2017—2035)》(草案),草案包括7部分内容:现状概况和发展条件、发展目标和战略、底线约束和管控要求、空间格局和功能布局、要素配置和特色引导、2025行动计划、分街道(平台)指引。

【规划许可】 全年完成2个建设工程规划许可证的审批颁发工作;完成600余处房屋建筑规划许可的查档工作;组织8次规委办会议、4次规委会会议,完成31个设计方案评审。

·环境综合整治·

【概况】 2017年,玄武区在认真落实全市城市精细化建设管理10项行动任务的基础上,增加9项特色工作和重点项目,形成玄武城市精细化建设管理“10+9”行动方案。为确保区城市精细化建设管理“10+9”行动有序推进,玄武区成立环境综合整治指挥部,区委书记任总指挥,区委副书记、区长任执行总指挥,区委、区政府分管领导及区法院、检察院主要领导任副总指挥,区委办、区政府办、区纪委、区委宣传部、区发改局、建设局、财政局、环保局、安监局、市场监管局、城管局、水务局、商务局、文化局、体育局、交警一大队、玄武消防大队负责人及各街道党政主要领导为成员。指挥部下设办公室及13个专业组,分别是道路环境综合整治组、水环境治理组、住宅小区环境综合整治组、棚户区改造及河道岸线整治组、市政设施及绿化养护组、既有住宅增设电梯组(后根据任务需要改为既有住宅增设电梯指挥部)、兰家庄合围片区综合整治组、明城墙周边环境整治一组、明城墙周边环境整治二组、城市治理组、协调保障组、宣传组、考核督察组。从区多个部门抽调工作人员20余人实施集中办公,具体承担各组日常工作。全区共计实施城市建设、城市管理、水务建设等235个项目。其中纳入市计划道路综合整治12条,占全市55%;小区整治64个,占全市27%;黑臭河整治任务19条,占全市18%;既有住宅增设电梯任务700部,占全市70%。市计划之外,玄武区增加29个小区及明城墙项目整治等任务。

【主次干道综合整治】 2017年,玄武区实施12条主次干道环境综合整治,分别是:玄武大道、北京东路、珠江路、高楼门、安仁街、丹凤街、北门桥、龙宫路、紫金东路、东苑路、后标营2号路、宁栖路。此次道路综合整治更加注重道路特质的体现和视觉效果的提升,在实施地下管网、道路病害治理的同时,实施杆管线下地、绿化景观提升等施工内容,累计整治道路14千米35万平方米,完成

环境综合整治后的北京东路

雨水、污水改造9千米，强弱电改造30千米，减少立杆700余根，占全市道路整治任务总量的55%。玄武大道、北京东路、珠江路同步推进立面整治，累计整治建筑立面22.7万平方米，形成道路环境一体化整治模式。

【老旧小区整治】 2017年，玄武区在市政府下达的64个老旧小区整治任务的基础上，把整治任务拓展为100个小区，总面积约为112万平方米，总投资约6.6亿元。为确保整治工作的高标准、高品质，切实把老旧小区整治工作打造为玄武区服务民生工作品牌，区建设局坚持标准先行，围绕老旧小区环境面貌和居住功能双提升为目标，制订《玄武区老旧小区整治工作标准》，提出"便利化、适老化、安全化、环保化、美观化、特色化"的"六化"要求，区建设局在列入年度整治的100个老旧小区中，选择其中12个示范小区（片区），按照突出特色、彰显品位、优化功能的要求，进行高起点规划、高标准建设、高水平打造。在完成小区道路平整、立面整治、景观绿化提升等常规项目的基础上，挖掘小区历史文化内涵，增加文化长廊、拓展健身休闲场所，增设小区门卫房卫生间，电动车充电桩，加装内楼道老年折叠休息椅，统一快递云柜，阳台加固及阳台专设洗衣机污水管等8项整改内容，把整治项目由21项拓展到29项。该标准在全市推广。全年老旧小区整治，累计完成违章拆除4.3万平方米，摊铺小区道路108512平方米、新增及整修小区停车位1465个、补植和新增小区绿化56659平方米、绿化修剪1187株、新增监控系统16套探头886个、新增改造小区大门115个、安装单元智能防盗门1176樘、楼道节能灯7430只、增设路灯440盏、更换防盗窗39036平方米、更换真空隔热窗户60016平方米、空调移机15578台、安装空调罩16267个、更换和新增雨棚34584个、晾衣架7777个、新建自行车车棚61处、新增电动车自行车充电箱277个、充电桩插座2433个、垃圾桶942个、果皮分类箱119个、广场休闲椅88座、屋顶渗漏整治117898平方米、屋顶太阳能序化2347台、强弱电序化263861米、更换房屋立面雨污水立管2346根4.2万米、新增11个物业管理点、物业管理用房28处，计585平方米，新增小区门卫室卫生间17个、改造整治小区内公共厕所8个，新增快递云柜20组、小区健身器材106套，新设楼道老人休息座椅1424个、新增整治特色文化展示栏12个、燃气管改造42个小区、自来水地下管网改造51个小区、自来水二次供水改造1个小区、阳台加固20个单元、电梯井地下管线迁移172处、21个小区实施强弱电管线下地。

【河道岸线整治】 内秦淮河北段河道岸线环境综合整治工程，西

红山路190号小区整治后健身小广场

起中山路，东至竺桥，全长2150米，工程投资约7000万元，于3月10日开始进场，至6月底完成。该项目在设计、施工过程中，始终坚持树标杆、创精品、建百年工程这一标准。在整治理念上，着力突出"成片规划、整体打造"的理念，以内秦淮河北段为中心轴线向河两岸延伸辐射，实行黑臭河道整治与道路整治一体化、与产业调整一体化、与老旧小区整治一体化、与历史文化挖掘一体化。在项目设计上，注重以桥为引，彰显悠久历史；以水为脉，打造生态景观；以石为肌，塑造不同风貌，在点滴间体现古今融合、传承创新。在项目组织上，精细化动迁拆违，精细化组织施工，累计完成河道两侧人行步道整治5000米，拆违1600平方米，征收1300平方米，条石铺设5000平方米，绿化景观建设5000平方米，照明亮化管线布设8000米，栏杆装设3000米，天然洞石围墙建设2000米，建筑立面整治3600平方米，强电下地2800米，弱电下地800米，并同步完成河道两侧太平桥南、一枝园等老旧小区标准化综合整治。为有效巩固整治成果，区政府及时召开专题会，研究长效管理机制；整治工程一经完成，立即实施验收、接管，实现了河道岸线建设、管理无缝衔接，整治成果得到有效保护。

【绿化景观提升项目】 2017年，完成鼓楼广场(东)改造工程，拓展城市生态空间，打造城市花园特色的市民广场。完成和平公园(西园)、梅庵游园等7个游园绿地的建设工作，区域生态环境得到进一步改善。在环陵路、龙蟠路、中央路等重要路段新增花镜节点24处1356平方米。结合明城墙环境综合整治，对沿线6个游园绿地实施整治、亮化。全年新增公共绿地19万平方米。

【九华山公园综合整治项目】 为提高市民的生活质量，方便市民休闲、娱乐、健身，九华山公园于10月1日起实行免费开放。9月底，完成九华山公园进行整体维修，更换南大门、重建南围墙、立面青砖贴面出新；贯通公园内部，修整园内道路1800米、停车场3个，安装停车道闸2处；出新园内厕所和配电房。新建两座亭子及木栈道，新增一批座椅、垃圾箱、文明标识牌等；加装公园安保监控系统和微型消防基站，保障园内安全稳定；新建游客中心，为游客提供规范服务；提升公园整体绿化景观，对九华山南门周边绿化进行修复；为突出公园特色，实施十二生肖场地、玄奘寺周边等重要区域绿化景观提升工程；新增梁武帝雕像心经碑景观；对山体北坡实施复绿，种植大树、花灌木、爬藤植物。

【棚户区改造与征收】 2017年，征收拆迁共涉及棚户区改造项目10个、环境综合整治项目2个、市交通基础设施建设项目3个、结转项目3个，征收涉及占地面积38.06万平方米，拆除建筑面积30.05万平方米，征收居民住宅692户，工企单位88家。

富贵山24号及对面地块项目：占地面积0.43万平方米，建筑面积0.35万平方米，住宅50户，工企4家。至12月底，全部搬迁。

富贵山25–28号及对面地块项目：占地面积1.03万平方米，建筑面积1.12万平方米，住宅85户，工企6家。至12月底，剩余2户居民。

前半山园3–8号地块项目：占地面积0.52万平方米，建筑面积0.58万平方米，住宅113户，工企4家。至12月底，剩余6户居民。

兰家庄合围片区项目：占地面积0.73万平方米，建筑面积0.69万平方米，住宅95户，工企4家。至12月底，剩余18户居民。

小顾家营地块项目：占地面积4万平方米，建筑面积3.83万平方米，住宅40户，工企5家。至12月底，剩余3户居民。

珠江饭店地块项目：占地面积0.9万平方米，建筑面积1.7万平方

综合整治后免费开放的九华山公园

米,住宅 84 户,工企 7 家。至 12 月底,剩余 1 户居民、工企 7 家。

黑墨营地块项目:占地面积 20.46 万平方米,建筑面积 5.6 万平方米,住宅 44 户,工企 16 家。至 12 月底,剩余工企单位 15 家。

中央路 224 号及大树根 50 号、52 号地块项目:占地面积 20.46 万平方米,建筑面积 5.6 万平方米,住宅 44 户,工企 16 家。中央路 224 号地块下达征收决定,大树根 50 号、52 号地块拟定征收补偿方案。

刘军师桥地块项目:占地面积 0.57 万平方米,建筑面积 0.87 万平方米,住宅 98 户,工企 19 家。虽未下达征收决定,但居民签约交房已达 80%,实际拆房 30%。

环境综合整治项目:至 12 月底,南京烟厂地块达成意向协议;内秦淮河北段岸线整治项目完成搬迁。

市交通基础设施建设项目:至 12 月底,红山路快速化项目上报下达征收决定,征收人员进场工作、中央北路拓宽项目、南京火车站南北地下通道项目办理征收手续。

结转项目:至 12 月底,钟岚里(军区总院)完成搬迁,省肿瘤医院剩余 1 户居民;藤子村地块剩余 1 户居民。

【为民办实事项目】 针对群众反映强烈的"停车难"问题,坚持多措并举、挖潜增效,结合老旧小区整治、地下空间开发等,全年新增机动车泊位 1459 个。完成 2 处公共自行车综合服务中心选址,分别在森林摩尔和顾家营 18 号。结合小区整治实施屋顶治漏 12 万平方米,对锁金村街道锁金一村小区、锁金村 3 号、玄武湖街道启明园小区等 15 幢房屋 1.15 万平方米楼顶实施漏雨专项整治,解决困扰居民多年大问题。完成 63 个小区出行便道平整化整治,打通居民出行的"最后一百米"。

绿化景观提升后的鼓楼广场

【市政设施养护】 全年摊铺沥青 66800 平方米,维修人行道板 17855 平方米,砌筑路牙、路沿 4440 米;开展桥梁巡查 6000 余次、维修桥栏杆 4 米,桥面人行道 12 平方米,桥面沥青 23 平方米;增设桥名牌 33 座,维修路名牌 15 块;完成 35 座市政管养桥梁常规检测。

【园林设施养护】 全年补植行道树 135 株、灌木 30897 株、草坪地被 1030 平方米。完成绿地除草和打草 76.85 万平方米,修剪绿篱、色块共 38.71 万平方米,浇水总量 8684 吨,清运垃圾等 2801 吨,喷洒农药合计 212.5 千克,对绿岛观花植物进行施肥 6000 千克,各主次干道行道树剥芽 21200 余株等。

·项目监管·

【概况】 坚持安全第一、预防为主、综合治理的工作思路,组织落实春节后复工、施工现场扬尘集中整治、起重机械专项整治、增设电梯专项检查、区属环境综合整治、"安全生产执法百日行动"专项行动、建筑市场综合执法、中央环保督查、南京马拉松保障专项行动等 9 项专项检查,2017 年安全生产零事故,形势持续稳定。切实抓好绿色建筑暨建筑节能工作,推进可再生能源建筑应用示范工作及节能减排。

【招投标管理】 全年受理工程建设项目(100 万元以上)共 60 个,项目初步发包备案 60 个,招标公告、文件备案 262 个,开标评标现场监管 124 场,开标定标的施工、监理标段共 94 个合计 47223.23 万元。非国有资金(民营)施工直接发包及邀请招标 5 个标段 5046.6 万元。施工许可发放审批 10 个,完成既有住宅电梯施工许可手续 297 个。

【施工工地管理】 通过现场巡查、突击抽查、远程视频监控等方式对施工现场扬尘管控监管共检查58次、出动116人次。对存在问题的项目发出整改通知单21份、抽查记录12份。房屋建筑、市政工程等规模以上工地围挡率100%，场内主要道路硬化率100%，场内安排专人负责保洁率100%，扬尘污染控制公示牌设置100%，房屋建筑、市政工程等规模以上工地文明施工达标率达到90%以上。全年开展6项工程的施工现场安全达标验收，完成14台起重机的登记挂牌，发送质安监短信1700余条。组织9项专项检查，发出整改通知书90余份，通报批评4家单位，亮牌处理2家单位和2个项目经理，行政处罚4家单位。开展160余次工程质量监督巡查（抽查），提出整改意见400余条，下发整改通知书40余份，监督抽测30余次，签发局部停工通知11份，对相关责任人进行6次约谈，对3个工程的施工项目部进行了通报批评。严格落实项目负责人质量终身责任承诺制，保证施工合同备案率100%。

【“双清”工作】 2017年受理建设领域拖欠农民工工资的投诉举报68件，其中调解65件，立案3件，处理10人以上农民工群体性讨薪事件12起，解决农民工工资款1800万元，涉及人员约600人次，通过市住建平台对拖欠农民工工资严重产生恶劣影响的2单位记入“黑名单”。对存在逐级分包、转包导致拖欠农民工工资的4家单位给予通报批评记录。

·土地管理·

【概况】 2017年，玄武区范围内批而未供地块共有7个批次8幅地块，总面积约为26.8公顷；闲置土地5宗；城镇低效用地再开发计划共8宗，总面积约12.35公顷；在库地块14宗。围绕“一城两街三片区”的产业布局，强化国土资源管理，完善土地综合利用，为盘活发展空间提供保障。

【批而未供地块管理】 玄武区批而未供地块包括：麒麟科技园3幅地块，约5.1公顷（行政管辖权在麒麟科技园）；徐庄高新区二期2幅地块，约10.7公顷；铁北管委会涉红山路以西、曹后四组和红山南路东延项目3幅地块，约10.54公顷。至12月31日，徐庄高新区二期地块依据概算评估结果进行多轮补偿谈判，争取早日供地；麒麟科创园2-2D地块及红山南路东延项目在办理供地手续，完成年度批而未供任务的38.8%。

【列入督办清单闲置土地管理】 列入督察局督办清单的闲置土地2宗（行政管辖权在麒麟科技园），地面建筑物拆迁（迁移）完毕，1宗开工，1宗做开工前期手续；其他闲置土地3宗，忠林坊（刘军师桥）正在办理前期手续；上乘庵西侧地块根据市委、市政府打造南京中央商务区核心区的规划要求与青石街地块统一规划建设，青石街地块文物勘探工作结束，新的规划设计文本在报批中，托底协议拟定，其他挂牌手续正同时办理；北京东路57号（原南空干休所）还未达到部队要求的90%的居民同意征收率。

【低效用地监管】 2017年玄武区城镇低效用地涉及低效产业用地3宗、低效商业2宗、旧城改造项目3宗。至12月31日，2016年结余王家湾地块进入供地流程；新庄54号（中铁二十四集团）项目实施方案市政府审批通过，转入供地前期流程，中央路300号（苏欣农机）在办理实施方案；前半山园地块、富贵山24号地块的旧城用地改造项目已完成征收；中央路224号地块、南京卷烟厂地块均启动前期征收手续。

【土地储备工作】 因调整收储范围，1宗地块退出2017年储备，1宗地块调整进入2018年储备，其余12宗正在按序推进工作。

（李　鹏　冯淳梅　陈立君）

·铁北红山新城建设·

【概况】 自2014年4月铁北红山新城管委会成立以来，围绕“融、拆、招、建、研”，获融资50亿元，拆迁征收50万平方米，广泛接洽各类客商，开工建设红山南路东延重点工程，完成城市设计、市政设计、控制性详规、产业发展及道路可行性研究等。2017年，在区委、区政府领导下，管委会坚持践行三大理念，注重四个坚持，继续向着建设“产城融合的典范、科技创新的引领”奋力前行。

【藤子村环境综合整治项目】 该项目是区2015年重点项目，占地28.7公顷，其中居民284户，工企18家，总建筑面积26.7万平方米，项目融资18.2亿元。项目于

2015年3月25日进场开展前期调查。至2017年年底,拆迁居民户284户,工企17家,尚余凯南公司一家(因涉及冷库搬家)。

【黑墨营环境综合整治项目】 项目有居民户45户,房屋建筑面积2768.58平方米;工企单位16家(实际权属3家),房屋建筑面积53198.08平方米。该项目自2017年5月中旬开始启动,10月12日正式取得征收决定书。至2017年年底,拆除全部居民户房屋,后期相关手续基本完善。工企单位完成大部分的房屋拆除和协议签订,拆除房屋42637.71平方米,仅剩花卉公园管理处和园林科学研究院2家单位,因土地权属纠纷、补偿费用等问题未能达成一致。

【红山支路改造工程】 该项目是区2017年重大项目,要求2017年3月开工,6月完工。项目总投资4220万元,全部为建设资金。该工程2016年3月24日立项,2017年3月12日正式开工,6月22日正式通车。

【恒嘉路南延工程】 该项目是区2017年重大项目,要求2017年6月开工,11月完工。项目总投资13100万元,其中建设资金5100万元,项目拆迁8000万元。该工程2016年12月16日立项,道路部分于2017年5月25日正式开工,7月1日试通车,11月28日正式通车。

【恒嘉路以西A、B地块建设】 该项目是市2017—2018年重大项目。至2017年年底,完成2个地块挂牌立项,并完成国土、文物、环评、市政等意见征询。

(唐鼎全)

城市管理

·城市综合管理·

【概况】 2017年,区城管局围绕市、区任务目标,紧扣精细化建设管理要求,以城市治理标准化为抓手,开展环境综合整治、公厕升级改造,持续提升垃圾分类、渣土、拆违控违管理水平,创新升级停车、门前三包、城市治理第三方考核管理办法,推进城市管理各项工作,区域环境提升。

【门前三包管理】 为创新门前三包管理,区城管局在珠江路、北京东路创新开展绿色联盟“3+X”新模式。新模式以“联盟、共管、自治”为主要形式,通过组建城市治理绿色联盟队伍,建立城市治理绿色联盟微信群,常态开展城市治理绿色联盟巡查、护学、门前三包活动,实现将传统城市治理与店家同盟相结合,变管理为同盟、以同盟促管理,节约管理成本,提升管理成效,提高城市管理参与者对城市管理工作的参与度和认可度。

【户外广告管理】 对道路整治后依然存在的户外广告、门头店招、张贴悬挑等违规现象开展菜单收集整理,建立广告案件查处档案。对全区户外广告进行集中整治,拆除大型户外广告127块,面积4898.49平方米。

【道路精细化管理】 突出重点道路精细化管理,以北京东路为示范点,逐步向玄武大道、太平北路、珠江路、长江路等重点道路延伸,实行分色、分时、分级管理。将沿线店家按照经营类别及管理难度分为红、黄、绿三色,逐户登记拍照,建档造册,上传至玄武智慧城管系统,执法人员可随时查询,对易出现违章行为的红色类店家每45分钟至少巡查一次,偶有违章行为的黄色类店家不少于每2小时巡查一次,基本无违章行为、不影响市容环境的绿色类店家不少于每半天巡查一次。实行分时上岗,对非工作时段频发的违章类别开展专项执法,明确错时时段责任人,加大节假日定岗管理力度。实行分级保障,形成保洁员、停车收费员和协管员第一级、执法队员第二级、街道城管中心第三级的分级保障体系。

【违建管控】 依托城市治理全覆盖模式,发挥网格化巡查执法效能,及时发现、制止各类新增违建。加强属地违建管控力度,重点完成台城、明城墙、紫金山等重要视觉廊道和交通要道周边楼顶违建的拆除工作。运用无人机对楼顶违建进行普查,定期、定点对重点区域进行监控、拍摄。针对重大违建问题,整合相关职能部门力量,齐抓共管、合力攻坚,存量违建治理成效明显。全年完成违建治理379155.59平方米,完成年度治理任务102.61%。

【渣土治理】 建立远程监控系统,将辖区各工地内的实时监控连接至区渣土办监管平台,通过平台实时监管工地开工及渣土运输情况;在启迪大街、玄武大道东杨坊立交旁等重点区域设卡检

3月25日，市委书记吴政隆检查玄武区城市环境综合整治工作

查，全年查扣违规渣土车和“黑车”99台次。

【环境综合整治】 联合新街口、梅园新村、玄武门、玄武湖街道积极开展北京东路示范路、板仓街社区示范社区创建工作。开展小红山路市容环境精细化管理试点，完成70条背街小巷整治任务。

【“雷霆行动”】 为规范道路秩序，严格机动车占道经营管理。在区委区政府高位统筹下，区城管局牵头，交警、巡特警、属地公安派出所等多部门协同，常态开展机动车违停和占道经营集中联合整治“雷霆行动”。全年出动人员30954人次，车辆3818台次，查处违法行为327处，暂扣卡车17辆、面包车9辆、电动三轮车88辆。通过整治，区域范围内的机动车违停和占道经营现象基本杜绝，城市交通秩序向好，市容市貌提升。

【环卫机械保洁】 落实机械化清扫保洁作业标准，加大机械化作业力度，购买手推式清扫车100台，确保全区道路每天洗扫2次、冲洗1次、洒水4次，环卫道路机械化保洁作业率达到90.98%。

【垃圾分类管理】 全面启动垃圾分类市场化运作，委托有资质的代理机构通过政府采购向企业购买社会化服务，对2015年、2016年创建的32个示范小区和2017年申报的31个示范小区划分两个标段组织公开招投标，引进两家专业服务企业开展垃圾分类日常运作。全年开展垃圾分类积分换物专项活动1940场、参加积分兑换居民达56540人次，回收可回收物165.33吨、定时定点收集厨余垃圾290.23吨，发放垃圾分类指导手册、宣传册24475份。完成长江路垃圾分类示范道路的创建，设置20个智能细分类回收箱；完成20个新增示范小区创建目标任务。

【公厕升级改造】 为解决部分公厕卫生器具落后、基础设施陈旧老化等问题，根据市宁政办发〔2017〕33号文总体部署要求，将市政管养60座公厕列入全区目标改造任务。为确保公厕升级改造有序推进，区城管局成立公厕改造领导小组，安排专人负责，严格落实建设项目招投标相关程序，60座公厕改造于12月底前全部竣工。建成后的公厕外观新颖、色彩协调，内部适用方便、节水卫生。

四牌楼公厕改造后新貌

【停车管理】 2017年，在全区施划非机动车停车示范点100处248块，近1.2万平方米，其中在市政府门前路、鸡鸣寺路、北京东路、鼓楼广场等重点区域施划50处"绿毯子"非机动车停车示范点。规范停车收费工作，加大街巷违停执法力度，通过第三方监管暗查和区级自查，查处各类违规行为为67起，全区街巷违停贴单71834张，同比增加3320张。科技创新，设置道路停车自助缴费机58台。按"共享、共管、共治，形成合力"的管理理念，安排各街道（园区）专人与共享单车公司对接，实现共享单车共管共治。

【城市治理标准化工作】 2017年，组织各街道、部门、社会各单位按照宣传、自建、自检、初检、复检程序超额完成市下达标准化创建任务，全年超额完成1个示范片区、7个示范单元、5个达标单元创建。

【城市治理第三方考核】 2017年7月正式启动第三方考核工作。18名巡查员每天在全区范围内开展不间断巡查，月采集信息近万条，信息数量比改革前提升一倍以上，问题种类涵盖市容、环卫、停车、广告、工地等。第三方按月公正客观出具数据分析报告。7月起，区数字城管成绩始终保持全市前列。

【城市治理督察考评】 2017年，区城管局对全区城市治理开展常态化、规范化巡查，坚持日常督察考核和"12345""12319"热线受理工作一起抓，随时发现问题、下发菜单、督促整改。全年累计受理"12345"工单1250条，办结1250条，办结率100%，满意率94%。"12319"工单1961条，办结1961条，办结率100%，满意率99.09%。

（刘　斌）

·房产管理·

【房屋租赁管理】 2017年完成全区个人房产租赁税收2735多万元，其中公房租金收入约476万元。房屋租赁共计登记备案9980户，合同登记面积约3万平方米。全区84家在经营的房地产经纪机构无一违规。强化流动人口管理，开展出租房隐患集中整治，排查出租房16857处，其中已办理房屋租赁登记备案15457处，排查并整改安全隐患出租屋70户。

【低收入住房保障】 2017年受理住房保障申请432户，其中公示符合条件的公租房家庭307户，共有产权房家庭69户，租赁补贴家庭36户，完成已选公租房家庭1055户的年审。完成公共租赁住房307户、共有产权房56户的选房安置工作。对352户的双困家庭进行资格复审，对符合条件的54户家庭进行选房，完成经济适用房选房扫尾工作，彻底解决遗留问题。发放租赁补贴75户，累计金额约56万元。配合完成《人才安居办法》的制订、实施，前三季度发放补贴4.4万元。

【物业管理】 2017年，全区市场化物业管理项目345个，总建筑面积2761万平方米。其中市场化住宅项目155个、大厦等商业项目146个、工厂、学校等其他项目44个。在玄武区注册经营的物业企业有116家，其中区内注册的物业企业有112家（一级资质企业的6家，二级资质企业的17家，三级资质企业的58家，三级暂定资质企业31家），外地在宁企业4家。2017年完成全区所有住宅物业区域GIS划界定位工作。巡查161个小区，发放专项整改通知书29份，整改率100%，全区物业管理矛盾纠纷有所下降。全年共受理住宅专项维修资金申请214件，结案211件，共划拨资金845.8万元。

【直管公房管理】 2017年管理的直管公房892栋4763户约29万平方米，严格依法依规开展工作，矛盾纠纷明显下降。完成房改售房资料审核251户13375.8平方米。利用小区整治等机会将位于整治范围区直管公房的修缮一并带入，最大限度地节省费用，完成对老旧房屋翻瓦换席、平屋面漏雨防水等中修10264.49平方米，完成疏通下水道6336米，清掏窨井1001个，更换窨井盖14个，修水修电638处，瓦屋面拾漏79处，平屋面拾漏248处，修门窗75扇。

【既有住宅增设电梯】 市、区政府工作报告将既有住宅增设电梯列为2017年度重点民生实事项目。按照市委、市政府统一部署，2017年全市范围内增设电梯1000部，其中玄武承担700部。为有效推进该项工作，区政府专门成立了既有住宅增设电梯指挥部，各街道均安排2—3名专办员，搭建完善的工作平台。制订出台《关于明确既有住宅增设电梯相关费用分摊方案的意见》《关于对既有住宅增设电梯工作总牵头单位的管理意见》《关于加强对既有住宅增设电梯电梯安全管理的意见》等15部配套措施，为增梯工作有序实施提供规范。着眼部分市民对既有住宅增设电梯是否存在安全隐患、是否违背《物权法》相关规定等问题，通过召开安全影响评估论证会、邀请专家对设计方案进行集中论证、邀请法律权威对相关法律进行解读等方式，破除市民的认知藩篱。在具体工作实践中，落实“工程任务一单清、紧扣节点不含糊、风险管控全过程、破解难题有担当”工作要求，把服务保障工作体现在、贯穿于电梯增设工程的各个环节、各个流程，为市民提供一条龙服务。对上下楼层存在意见不一致的，协助业主开展沟通协调工作，建立居民自我协商、自我管理的机制，为既有住宅增设电梯清除障碍。至12月31日，全区既有住宅增设电梯共收到签约委托953宗，其中完成方案初审855宗，公示796宗，取得规划许可证596个，完成施工许可手续458个，施工304部，建成81部。在开展建设工作的同时，玄武区注重强化电梯运行后续管理，制定《玄武区既有住宅增设电梯安全运行管理办法》，对增设电梯实行统一监管，确保增设的电梯维保及时、状态良好。

（李　鹏　冯淳梅　陈立君）

·玄武湖周边地区综合管理·

【概况】 2017年，南京市玄武湖周边地区综合管理办公室（简称“环湖办”）按照“精致精细、品质品位；联动联治，常态长效”的管理理念，开展环湖地区综合管理工作，完成党的十九大、江苏发展大会、马拉松赛、文明城市创建、春运、国庆等各项保障工作，在窗口地区考核中总成绩排名全市第二，“12345”工单办理项目考核排名全区前列，获得市春运工作先进集体、市城市治理优胜单位、市迎接国家卫生城市复审先进单位等称号。

7月13日，市委副书记龙翔一行在区委书记徐曙海陪同下现场检查南京火车站地区排查整治情况

【大排查大整治行动】 开展大排查大整治专项行动，营造安全稳定的社会环境，确保“三个不发生”（不发生重大公共安全事件、确保不发生重特大安全生产事故、确保不发生重大群体性上访事件）。健全机制，深入排查。成立由主要领导任组长的领导小组，明确工作机制和责任分工，周密制定工作方案，明确综治、生产安全两个方面，和五个领域：细化治安工作、用房管理、车辆使用、设施管养、协管人员管理，以及18项安全隐患必查内容，针对问题隐患逐一制定整治措施。扎实整改，确保落实。在工作措施上求“细”，细化责任清单、问题清单和整改清单等3个清单，及时发现和解决问题，推进问题整改实效化；在检查自查上求“实”，采取自查自改、抽查整改、重点排查整改等3个层次滚动排查问题，跟踪整治效果，办领导对各工作单元全覆盖检查，处以上领导每天对挂钩区片进行督导检查，确保排查整治常态化；在责任落实上求“严”，层层签订稳定和安全生产责任书，严格执行绩效考核机制，检查发现的问题全部整改到位。严格履责，守护平安。落实24小时值守和领导带班制度，加强一线管理力量配置。协管员、保洁员全部佩戴“平安志愿者”红袖标，结合日常工作加强路面巡查巡防，配合公安部门做好反恐维稳工作。安保任务期间，组织平安志愿者对区域内14个重点目标加强巡防守护，累计值勤992班次、2108小时，确保工作落到末端、取得实效。7月，市区领导重点对南京火车站等地区排查整治情况实地检查。

【环玄武湖综合管理】 2017年，针对共享单车乱停放问题，主动联系相关主管部门，协调各家单车公司召开多次联席会议，并针对性提出“共享共管共治，划片包干管理”的管理办法，提高管理效率、节约管理成本。针对玄武门地段景区机动车的通行压力,与交管部门进行多方联系,对玄武门地段道路交通情况进行调研商讨,制作机动车辆临时性物理隔离栏,并在节假日对部分道路实行临时性封控管理,确保片区内的交通秩序井然有序。5月底,针对游客投诉的夜间玄武门非机动车停车难、行路难问题,与玄武湖管理处沟通协调,商定晚间开放小广场、凌晨恢复正常秩序的措施,并利用相关物理办法进行管控,确保玄武门(玄武湖公园)门口停车方便、行路通畅。6月中旬,将影响玄武门地区环境秩序的3个便民报刊亭成功迁移出景区周边,并对部分损坏的绿化植被、市政设施进行修复补种,大力提升景区周边的综合环境。10月,针对南京马拉松赛事,对接交管部门提前制定预案,拆除神武路120米的交通护栏,确保赛事圆满顺利。

【设施管理养护】 2017年,完成火车站南广场地下出租车道出新改造。重点对老化线路、灯光照明、大厅顶地等进行改造,并对出租车道墙顶面、护栏、站点管理办公室等部位出新以及更换灯箱、增设LED显示屏等。改造后的出租车道整体通透敞亮、焕然一新。开展公厕革命建设。根据市关于公厕革命建设的要求,对玄武湖湖边公厕以及地下出租车道公厕进行标准化改造。重点对通风、亮化、下水等进行改造。地下出租车道公厕改造全部完成,湖边公厕改造确定各参建单位,11月底全部完工。养护站前广场设施。对火车站南广场大理石大面积下沉问题进行持续3个月的修复以及大面积更换广场道板。对南广场二层平台护栏进行打磨刷漆出新,对南广场东西大门进行更换。完成南广场亲水平台木栈桥维修出新工作。

【城市管理综合执法】 有效推进城市治理标准化工作提档升级,所辖管理单元全部通过标准化验收。组织召开标准化工作部署会,编写整理标准化工作台账,指导和督促各示范单元迎检和整改。2017年重点创建的示范单元(神武路、韶山路)和示范片区(南、北广场片区),全部通过市城治办检查验收。落实"263"专项行动工作任务,深化"河长制",落实"河长"职责,强化辖区7条河道的巡查管理。密切关注工地渣土扬尘管控和环卫保洁作业,发现问题及时上报处理,配合环保局完成小餐饮整治和挥发性有机物治理。规范停车管理工作,加强收费员管理,引导车辆有序停放,熟练业务处理,严管POS机操作,收费流程规范,两条道路被列为市级规范道路。

【重大活动保障】 全力组织开展江苏发展大会、文明城市创建、马拉松赛、春运、国庆等重大活动、节日保障工作,保障新庄国展中心各类展会148场次。南京火车站、南京汽车客运站春节期间分别发送旅客44.69万人次、4.32万人次,国庆期间分别发送旅客66.3万人次、22万人次。完成冬季扫雪防冻和夏季防汛应急工作,成立抢险队伍、储备抢险物资,保障市民旅客的生命财产安全。国庆期间设置灯笼、中国结、彩旗、横幅和主题绿化,营造热烈节日氛围。接受区十八届人大常委会第5次主任会议参会人大代表对环湖地区综合执法工作的现场检查,吸纳有关意见建议,改进和创新各项工作。配合相关部门,在站前广场开展"学雷锋"活动、"绿水青山就是金山银山"公益宣传等多项公益活动,获得南京市慈善义工服务基地授牌。9月初做好高校开学季接新生保障工作,保障24所大专院校安全有序接新生,运送学生和家长5万余人次。

【监管考核】 按照拓展监管范围的要求,加大对机动车违停、出租车违章拉客、黄牛拉客和设施破损等问题的巡查督查,第一时间发现问题,以督办单、书面形式或QQ提醒方式转至片区,督促第一时间整改落实。共享单车等新生交通工具的涌现,给城市管理工作带来新的挑战,下半年,针对停车管理类案件显著增多的情况,主动与停车中心协调沟通,掌握停车管理考核规定,有效规范车辆停放秩序,尽量减少停车管理考核扣分率。面对投诉举报的多样化、群众要求越来越高的需求及考核变化和民意"110"的启动,第一时间内接收和流转案件,及时与各片区对接,督促片区快速处置,争取案件满意办结,提高考核得分。全年发送《环湖办督办通知单》786件,处理市数字平台案件851件、区数字平台案件227件、"12345"案件163件、"12319"案件21件;办理网络问政5件,书记信箱3件,政协委员提案2件,均满意办结。 (许韦国)

·水务管理·

【概况】 2017年,区水务局按照区委、区政府组建水务局的战略部署和工作要求,坚持问题导向、坚持机制创新、统筹谋划、系统治理,全面有序推进水务建设

2016年12月31日，玄武区水务局成立仪式

管理目标任务。完成19条黑臭河道整治任务；完成5个积淹水片区改造工程；完成124个片区8.38平方千米雨污分流工程；完成43个片区二次供水改造工程；防汛体系不断完善，河长制工作有效落实，长效管养措施不断强化；全面开展水环境整治提升专项行动，玄武湖、国考河道水质稳步提升。

【黑臭河道整治】 2017年完成19条黑臭河道整治任务，总长34.7千米。清淤约16.43万立方米，整治大小排口231个，临时挂管截污排口79个，开展边坡护底修复4条，安装曝气装置26个，办理排水许可54家，建设生态浮岛592平方米、护岸景观17734平方米，增添动力打捞船2艘，安装拦污带、隔污栅8处，拆除河道违建7处1830平方米，河道蓝线范围得到有效保护，河道岸坡、水面环境提升，黑臭水体基本消除，水质监测均显示为非黑臭，民意测评满意率达到90%以上，达到初见成效目标。

【二次供水设施改造】 二次供水全市三年改造计划在2017年完成，市下达玄武区任务数94个片区，实际完成115个片区（2017年改造43个片区），超额完成任务数位于主城区第一。在二次供水设施改造过程中，针对群众关心的重点、难点，深入社区点对点召开居民议事会，充分听取居民对改造的意见和建议，并及时反馈整改。召开居民议事会43场，征求意见建议72条，解决仙居雅苑、成贤小区等泵房择址难题6个。

【雨污分流建设】 全面推进雨污分流建设工程，完成雨污分流建设124个片区8.38平方千米，新建雨污水管网约100千米，解决了诸多部队、院校、居民小区管道多年淤积、局部积水和污水不能有效收集等问题，汇水区域内污水得到有效收集，区域水环境质量提升。

【积淹水片区改造】 2017年实施江苏省文化产业园、九华山18号、板仓街茶城、兰家庄小区、韶山路102号铁路涵洞5个积淹水点和银城东苑积淹水片区（此项目为2016年项目，2017年实施）改造项目。抢在汛前全面完成积淹水片区改造任务，铺设雨水管1772米，清疏605米，污水管道200米，拦沙坝5座，小型泵站3座。

【防汛排涝】 按照往年的汛期特点，结合积淹水片区改造工程，坚持问需于民，突出重点，提前部署，制定了防汛工作、应急抢险预

北苑之星二次供水施工后机房一角

案，开展河道、排水管网安全隐患排查，定期清淤疏浚，提高管网运行能力，保障汛期安全。汛期共调动区内力量1.5万余人次，投入抽水泵550台套，出动巡查应急车辆1000余台次，电源移动泵车12台次，设置警示标志600余处，处理倒伏树木30余株，排除各类积水点50余处，使用黄沙100余吨。

【河长制工作】 区委、区政府主要领导任总河长，建立区、街道（园区）、社区、志愿者四级河长责任体系，同步设立区、街道（园区）两级河长制办公室。制定《玄武区河长制工作手册》，以及督导检查、巡查督办、会议、信息通报、监测、考核等一系列配套制度。区各级河长严格按照各项制度履职尽责，深入河道一线及时协调解决工作推进中的矛盾和问题，倒逼工作落实出成效。全年，区级河长共巡河164次，街道（园区）、社区级河长、党员河长平均每天巡河1次，召开各类会议176次，协调解决各类问题256个。 （张万春）

环境保护

【概况】 2017年，区环保局全面落实国家、省、市、区关于加强生态文明建设的决策部署，坚持人与自然和谐共生的基本方略，牢固树立和践行“绿水青山就是金山银山”的理念，围绕区长生态环保工作目标这一龙头，适应环境监管新常态，落实各项环保法律法规，持续推进环保执法监管体制改革，以江苏省环保督察、“263”专项行动为抓手，着力解决制约全区生态环境质量的短板弱项，全年PM2.5浓度均值39微克/立方米，下降29.6%；环境空气质量二级以上天数达270天，优良率为74%，环境空气质量位列全市前列。区域环境噪声均值52.4分贝，达到年度目标要求。

【污染防治与减排】 2017年，完成35家企业环境信用评价审核、7家工业企业初始排污权核定和2家企业清洁生产审核，督促14家重点排污单位对企业环境信息进行公开。工业源主要大气污染物排放总量和规模以上企业煤炭消耗总量均控制在考核标准以内。积极优化产业机构，调高环境准入门槛，严守生态红线，对不符合国家产业政策、不符合玄武区产业定位的项目一律不予审批。全年审批（备案）建设项目环评审批21件，验收17家。建设项目环评执行率、“三同时”验收合格率均为100%，从源头遏制新污染源的产生。

【大气污染防控】 落实新《中华人民共和国大气污染防治法》，编制《2017年玄武区大气环境整治工程计划》《玄武区大气污染防治行动计划2017年度实施方案》《玄武区有效缓解臭氧污染提升环境空气质量实施方案》《玄武区大气污染预警与应急工作方案》等一系列计划、方案。深化挥发性有机物治理，完成10家汽修单位13套烤漆房和3家印刷单位胶印车间挥发性有机物（VOCs）专项治理，15家汽修店和2家印刷企业搬迁停业。全面实施加油站监督管理，落实《玄武区加油站、储油库和油罐车办理年度油气排放合格证程序》，为10家地方汽油加油站点发放油气排放合格证，每季度进行现场监督检查，确保油气回收装置运行正常。抓扬尘污染防控，以房屋建设、市政设施、排水达标区建设和街巷出新等工程项目为重点，组织开展建设工地扬尘防治集中整治行动，对全区建设工地进行拉网式排查，全区在建工地控尘措施抽查合格率到达90%以上。牵头实施重污染天气应急，建立玄武区污染天气应急预案，积极响应市污染天气

内秦淮河北段水环境污染防治后新貌

应急预警，严格实施重污染天气应急响应管控措施，为空气环境质量达标提供有力保障。

【水环境监管】 制订《玄武区水环境污染防治行动计划2017年度实施方案》；完成内秦淮河、玉带河、南十里长沟、北十里长沟(玄武段)4条河道6个断面水体达标整治方案编制；对友谊河、唐家山沟、内秦淮河北段3条2016年整治河道进行评估，对2017年19条黑臭河道进行效果评估。做好水质监测工作，按标准对前湖、紫霞湖2个城市水体，全区入河、入湖排口和近两年整治的24条黑臭河道79个断面实施高频水质监测与评价，累计提供监测数据17000余个，为河道治理管理提供技术支撑。持续开展餐饮废水控源截污，制定《玄武区小餐饮企业污水排放专项整治工作实施方案》，牵头相关部门、街道办事处联合推进餐饮废水预处理设施规范工作，完成整治2235家。

【餐饮企业污染整治】 实施餐饮油烟扰民问题整治，落实玄武区《关于行政执法部门处置餐饮服务企业油烟扰民问题的会议纪要》，牵头梳理问题餐饮服务企业名录，组织各相关单位联合实施治理工作，整治问题餐饮企业94家，完成君临紫金商业街区餐饮污染控制示范街创建工作。

【固废处置和辐射安全管理】 召开固体废物(核与辐射)管理工作会议，明确管理标准，规范处置程序。以医疗单位为重点，开展危险废物规范化管理工作。完成危险废物申报225家，转移危险废物总计3699吨，危险废物规范化管理抽查合格率、医疗废物无害化集中处置率均为100%。开展辐射专项执法检查，检查辐射单位55家次，检查覆盖率100%。结合环环境安全专项检查等工作，对全区产废企业、医疗单位、科研院所、放射源应用单位进行高频次检查，消除潜在的环境安全隐患，有力保障辖区的环境安全。

【环境监管执法】 强化建设工地扬尘防控，在区环保联合执法指挥中心统一调度下，联合城管、住建、街道等相关单位开展建设工地联合执法20余次。落实网格化环境监管执法，督查、巡查各类工地400余家次，向51家工地下达限期整改通知书，立案查处违法施工工地15家。查处各类环境违法案件36件，处罚金额52.13万元。

【环境信访投诉处置】 践行环保服务民生这一理念，转变工作作风，完善环境信访投诉首接负责制、领导接访包案制、工作例会制等制度，继续坚持环保24小时值班执勤制度，完成5件突出环境问题整治，妥善处理“12345”“12369”等群众环境信访投诉2535件，环境信访办理满意率达88%、按期办结率100%，综合办结率90%，群众环境权益得到有效维护。

【生态环保宣传】 结合新《中华人民共和国大气污染防治法》实施，组织开展新《中华人民共和国环境保护法》轮训、宣讲工作。持续开展绿色学校创建工作，紫东实验学校成功创建为省级绿色学校。以“6·5”环境日为契机，联合区委宣传部、文明办、教育局、团区委、妇联，在全区开展“六五”环境宣传周活动。组织首届玄武区少儿环保绘画比赛，全区800余名学生参加比赛。

【重大任务保障】 做好省环保督察各项保障工作，制定《玄武区迎接江苏省环保督察工作方案》和局内部工作计划，全局所有人员取消节假日，全天候在岗待命；建立24小时应急值班工作机制，落实环保联合执法指挥机制，与市协调联络组保持顺畅沟通，调度全区各相关部门履职尽责；做好69件交办件查办工作。大力推进“263”专项行动，牵头制定区“263”专项行动计划，成立专项行动办公室并实体化运作；坚持每周实施督察，在区政府门户网对发现的问题进行曝光，督促相关单位按要求实施整改。积极参与江苏发展大会、首届全项目轮滑世锦赛、南京马拉松比赛等重大活动环境保障工作，联合相关部门实施大气环境质量临时管控，为重大活动期间全市环境空气质量达标做出努力。 (沈中平)

教　育

Education

责任编辑　卢永晨

◎ 综述
◎ 学前教育
◎ 初等教育
◎ 中等教育
◎ 高等教育
◎ 社区教育

综 述

【概况】 2017年，玄武教育围绕区委、区政府“强富美高”新玄武战略，深入践行“爱的教育”，被表彰为“2017年国家义务教育质量监测县级优秀组织单位”；创建成“江苏省平安校园建设示范区”；连续第五年获“全国全民终身学习活动周优秀组织奖”；玄武区学生资助管理中心被授予南京市区级唯一的“江苏省百佳学生资助中心”称号。中考连续14年均分位居南京市第一；高考本一达线率南京市第一，连续三年获南京市高考质量评估四大奖项；在省学业质量监测中，小学学业水平全市第一。

2017年，玄武区中小学、幼儿园（教育系统）、直属单位在职教职工3552人，其中专任教师3431人，具有高级职称744人，中级职称1723人。2017年，招聘中学新教师43名、小学新教师84名、幼儿园新教师24名，其中研究生学历43名。小学教师本科以上学历达91.84%，大专以上学历达99.6%，初中教师本科以上学历达97.86%，研究生学历（含教育硕士）达26.19%，高中教师本科以上学历达100%，研究生学历（含教育硕士）达35.64%。

【教育发展抓改革】 2017年，修订完善《玄武区中小学校现代化办学水平综合评估方案》，充分发挥科学评价对学校办学质量提升的引导与激励作用。出台《玄武区中小学教师政府专项奖励实施办法》，进一步调动广大教师提升自身专业素养、着力提升教学质量的工作积极性。11月25日，成立玄武区教育发展促进会，在十三中召开成立暨第一次会员大会，51位会员代表参会。

12月19日召开玄武区教科研大会，会议主题“科研引领，创优创新，建设玄武特色高位均衡的现代教育”，300余人参会。出席会议有省教育科学研究院副院长王国强、省教育厅基教处处长马斌、市教育局副局长张利明、市教育局初教处处长戴兴海、江苏教育报刊总社社长孙其华、上海市教育科学研究院普通教育研究所副所长徐士强、省教育科学研究院中小学教研室主任董洪亮、省教科院教育发展研究中心副主任张晓东、省科院基教所副所长倪娟、省教育科学研究院幼儿教育与特殊教育研究所副所长张晖、原国家督学、原江苏省教育科学研究所所长成尚荣、南京师范大学教授吴永军、省教育科学研究院中小学教研室课题管理中心主任朱纷、南京市教研室主任严必友、南京市教科所所长左坤、南京市电教馆馆长陈平、南京市教师培训中心主任陈旭辉、南京市教研室副主任陆静、南京市教科所副所长沈曙虹、朱小琥、何炳均、南京市教研室课题管理中心主任徐志伟等。秦淮、建邺、鼓楼、栖霞、雨花台、江宁、浦口、六合、江北新区、溧水、高淳等区教师发展中心主任、科研处（所）主任也应邀出席活动。回顾总结“十二五”期间玄武区教育科研取得的突出成绩，明确“十三五”期间教育科研发展的新目标、新任务、新要求。

【素质教育抓育人】 2017年，坚持德育为先。新增市德育工作优秀青年教师18人，8所学校开发实施的德育课程在市德育课程评比中获一等奖，7位班主任获市班主任演讲比赛一等奖，140位教师积极参与首届中小学德育个人课题申报。成立“玄武区家长学校总校”，通过多种形式，引导家长在学生成长中发挥积极作用。提升综合素养。年内，玄武区教育局承办“江苏省首届STEM教育大会暨省基础教育前瞻性教学改革重大项目推进会”；组织召开区中小学生阳光体育运动会及足球联赛、乒乓球赛等赛事，强身健体；组织召开庆“六一”活动，玄武区小学生合唱节、“阳光·星火·印象玄武”青少年艺术节等文艺活动；承办市“风信子”碰头会，组织南京市定向寻花、风信子种植成果评比等观花活动；开展形式多样的国防教育活动，增强学生的国防意识和国防精神。2017年，7所学校被评为“全国青少年计算机科技创新实践教育示范基地”，6所学校被评为“省青少年科学调查体验活动优秀组织单位”，3所学校被评为“省金钥匙竞赛先进学校”，玄武区少年宫被评为“省金钥匙科技竞赛青少年科技教育先进单位”，6所中小学、幼儿园被命名为“省STEM教育试点校”，6所中小学被认定为市“星光计划”特色示范项目学校，区域“科技创新课程”获省科技创新成果奖。新增全国校园足球特色学校3所，第一批全国青少年校园篮球特色学校4所，市校园足球特色学校15所，2所小学被确定为南京市校园足球区级精英训练营。新增市城乡艺术教育帮扶学校1所，3所学校通过市中小学生艺术团承办学校的重新评估。新增全国国防教育特色学校1所，市国防教育特色学校3所。新增区素质教育特色学校15所。学生在各类竞赛中成绩突出：体育竞赛获4个国际冠军，5个全国冠军，4个省级冠军，7个市级冠军；艺术竞赛获1个市级特等奖，2个市级金奖，6个一等奖；信息技术竞赛获1个全国冠军、1个市级冠军。2017年，组织127名新教师完成心理健康教师培训，玄武区有197名教师取得各类心理健康教育教师培训结业证书。区中小学心理宣讲组开设心理讲座93场。陶老师工作站玄武分站在寒暑假、开学、期中期末考试等关键时段，坚持为学生提供心理援助服务。2017—2021年计划新增南京市中小学示范心理健康教育中心学校3所。

2017年，组织30名教师赴芬兰、美国、加拿大、台湾学习交流；26名教师参加省市教育主管部门组织的国(境)外培训；14所中小学校组织767名学生、81名教师参加境外修学旅行活动；新增与境外学校建立友好合作关系的学校7所，选派2名小学优秀教师赴驻外使领馆阳光学校为随居子女提供教育教学服务。4所学校"外教进课堂"活动得到学生、家长普遍认可；玄武区有8所学校聘用26名外籍教师。年内，4739名学生接受外籍教师授课；13所学校接待473名国(境)外师生来访交流；31所中小学、幼儿园接纳外籍学生和港澳台学生就读148人。

【教育协调发展抓公平】启动民办幼儿园联盟建设，促进区域幼教优质资源的共享。建立学前教育视导日制度，加强对幼儿园日常保教工作的指导及监督力度。2017年，新增江苏省优质幼儿园1所，20所幼儿园顺利通过省优质幼儿园第二批复审，7所幼儿园被评为首批南京市幼儿园课程基地。

2017年，玄武区获2016—2017学年度南京市初中教育发展性评估"教育质量奖""队伍建设奖""优质均衡奖""改革创新奖"四大奖项，7所小学和5所初中422个空余学额进行电脑派位招生，成立新优质初中共同体，推进新优质初中发展，在2016—2017学年度"新优质初中"市级考核中，孝陵卫初级中学、紫东实验学校获"综合发展奖"一等奖，其中孝陵卫初级中学囊括新优质初中考核评估三大奖项，玄武区获"质量建设推进奖""质量建设贡献奖"。2017年，立项省前瞻性教学改革项目2项，市前瞻性教学改革项目4项；新增全国中华优秀传统文化协作体学校，南京市中央路小学，全国中小学中华优秀文化艺术传承学校1所；新增市第二批小学特色文化建设示范学校，小营小学、洪武北路小学；新增5所市语言文字示范校，南京市科利华中学、南京市宇花小学、南京市洪武北路小学、南京市珠江路小学附属幼儿园、南京市北京东路小学附属幼儿园。玄武区获2016—2017学年南京市普通高中教育发展性评估一等奖，4所高中获综合奖、教学质量优秀奖、学校教学管理奖，2所高中获教学质量突出贡献奖。新增省课程基地1个，市课程基地项目1个。九中被评为2017年"省普通高中课程基地建设示范学校"，十三中摘得"省基础教育课程基地建设优秀成果"特等奖。玄武高级中学两位同学凭借FIRST科技挑战赛中国总决赛暨国际邀请赛上的优异表现，直接被中国教育部认证的美国密尔沃基工程学院和西新英格兰大学录取。通过青年教师"读书日"、校本研修、多领域专业培训等途径修炼特殊教育教师内功，成功立项省"十三五"规划重点课题2项、市级课题3项、市前瞻性课题1项，"区域特殊教育资源建设"项目通过省级发展项目评审。

2017年职业学校在全省技能大赛中获9金5银4铜成绩；信息技术专业群被认定为省现代化专业群，信息技术实训基地被认定为省级实训基地。在全省技能大赛中，职业学校在4个类别9个项目比赛中获10金、3银、4铜的优异成绩。玄武开放大学与江苏动铁集团合作办学，新办旅游管理专业，为铁路营运和服务培养专门人才。2017年，开放大学超额完成市下达招生任务。社区教育合作发展，参加江苏3D社区教育发展合作联盟，持续推进东、西部社区教育机构联盟合作发展。10月，玄武老年大学正式挂牌。

【教学质量提升抓科研】2017年，立项教育部重点课题2项，省教育科学"十三五"规划课题46项，省教育科学规划第四批精品课题3项；市"十三五"首批精品课题5项，市教育科学"十三五"规划课题70项，市区教师个人课题800余项；获省教学成果奖6项，数量位居全市第一。制定《玄武区新优质初中教学建议》，提高

6 月 19 日，玄武区举办省教育科学规划课题开题会

命题科学规范性，加大质量监测及数据分析力度。

【师资师能加强抓队伍】 2017 年，新招聘教师 152 名，校医 4 名，会计 10 名，引进资深教师 6 名，区内调动 14 人。认定 3204 人具备小学教师资格；3 人通过正高级教师职称评审，49 人通过高级教师职称评审，56 人通过一级教师评审。落实省级培训项目 44 个，市级培训项目 55 个，参加国家、省、市高级别培训的教师达 1526 人。依托“张齐华名师工作室”、青年骨干教师研训团队对 152 名中小幼新教师岗前培训、117 名新教师见习期考核、301 名专业技术人员职称公共课培训，4600 名专任教师信息技术网络在线研修培训等，人均区级培训 26 学时。全面实行教师培训学时网络化认定和登记制度。第三批国家“万人计划”领军人才 1 名；“省人民教育家培养对象”1 人；5 位校长获评首届南京市“陶行知奖”；市第三批名师工作室 5 个，“市优秀青年教师”31 人，“市优秀德育青年教师”18 人；区级骨干教师(区学带)109 人。

【教学条件与服务保障抓民生】 智慧校园试点学校增加至 7 所。完成人民中学等 6 所学校 7 个相关教学楼、宿舍、食堂新建重建和抗震加固基础建设工程。逸仙小学等 5 所学校的异地复建、教学楼改扩建和抗震加固基础建设工程项目按时序进度实施。对家庭经济困难的适龄儿童、少年、青年提供资助或减免，完成资助贫困学生1310 人，总金额 151.71 万元。设立玄武区中小学励志奖学金，首批励志奖学金获得者 20 人。持续推进流动人口子女入学公办学校“全接纳”。全面推进区域融合教育，将随班就读纳入义务教育均衡发展整体规划，市融合教育实验学校增至 5 所。全区 22 所中小学接收随班就读特殊儿童少年 167 人，有就学能力的残疾儿童少年义务教育入学率 100%，学前三年残疾幼儿入园率达 100%。全区所有小学全面推行按批次接、随到随接、特殊情况延迟接的“弹性离校”方式，解决家长接孩子难的问题。重视食品安全管理，食堂瓶装液化气转换管道天然气工作，实现燃气报警系统全覆盖。创建成省平安校园建设示范区；1 所学校被评为南京市交通安全教育示范校。全区中小学生“学宪法 讲宪法”演讲比赛，获省一等奖一项、市特等奖一项、市一等奖二项，区教育局获市“优秀组织奖”。全区中小学生“快乐成长 法伴我行”书画比赛、地震知识手抄报比赛，获市地震知识手抄报比赛获特等奖一项。

【教育环境优化抓规范】 2017 年，区人大对《江苏省学前教育条例》实施情况进行的执法检查，3 所幼儿园接受现场抽样检查。推进教育局行政权力清单标准化工作和“双随机一公开”工作，制定并公开区教育局随机抽查事项清单、执法检查人员名录库、检查对象名录库、随机抽查工作细则，分批对审批的民办幼儿园、民办非学历培训机构进行抽查。组织对民办学校、民办幼儿园、民办非学历教育机构的办学质量督导评估，2 所民办中小学、13 所民办幼儿园均为合格单位；民办非学历教育机构，合格单位 60 家，基本合格单位 10 家，限期整改单位 4 家，不合格单位 4 家。通过第三方会计事务所对 8 所学校的校级领导进行离任经济责任审计，先后接受市、区财政、审计部门专项督查、专项审计 3 次，总体反馈较好。区教育局被表彰为“南京市内部审计工作先进集体”。区教育局以及 3 所学校被表彰为 2016 年度玄武区部门决算工作先进单位。对 5 所小学进行教学视导；对 3 所小学、2 所中学进行综合督导；完成 1 所中学、1 所小学的综合督导回访。通过教学视导与综合督导，以督促建、变督导为导督、以督促改，促进学校规范办学与创新发展更上新台阶。接受国家督导局对玄武区进行的全国中小学校责任督学挂牌督导创新区实地核查。

【教育信息化推进抓智慧校园建设】 区教育主干网升级与优化，推进各级各类学校带宽提速扩容。全区37所中小学、幼儿园接入教育专网；35所中小学、幼儿园接入玄武区教育监控专网，26所中小学接入全区教育系统的高清视频会议系统。区教育信息化公共服务平台建设完成，实现市区统一身份认证系统的对接。全区46所中小学、幼儿园完成接入，教师、家长关注达到3.4万人。

链接

教学成果及获奖情况

2016年8月，玄武区特殊教育学校获南京市教育局评为南京市中小学心理健康教育特色学校

2016年10月，南京市科利华中学获南京市体育局、南京市教育局评为南京市阳光体育学校一等奖

2016年12月，南京玄武外国语学校获南京市教育局评为南京市依法治校示范校

2016年12月，南京市第九初级中学获南京市教育局评为南京市首届中小学生小器乐比赛特等奖

2016年12月，南京市小营小学获江苏省教育厅、江苏省体育局评为江苏省教育青少年足球特色学校体育大课间评比一等奖

2016年12月，南京市北京东路小学获江苏省教育厅、江苏省体育局评为江苏省第三届中小学生跳绳踢毽锦标赛花样表演赛一等奖

2016年12月，南京市洪武北路小学获南京市教育局评为南京市小学特色文化建设示范校

2016年12月，南京理工大学实验小学获省体育局、省测绘地理信息局、省教育厅、省科协、共青团江苏省委评为荣获2016年第十四届“测绘杯”江苏省定向锦标赛W30A成年女子组接力赛第一名

2016年12月，南京理工大学实验小学获省体育局、省测绘地理信息局、省教育厅、省科协、共青团江苏省委评为2016年第十四届“测绘杯”江苏省定向锦标赛M12小学男子组接力赛第一名

2016年12月，南京理工大学实验小学获省体育局、省测绘地理信息局、省教育厅、省科协、共青团江苏省委评为2016年第十四届“测绘杯”江苏省定向锦标赛M12小学男子组短距离团体赛第一名

2016年12月，南京理工大学实验小学获江苏省档案局评为江苏省AAAA级数字档案室

2016年12月，南京市成贤街小学获南京市教育局评为十三五首批课程基地

2016年12月，南京市立贤小学获南京市教育科学研究所评为南京市第二届校本德育课程优秀成果评选一等奖

2016年12月，南京市第九中学获中共南京市委宣传部南京市教育局评为南京市第十届金陵合唱节合唱比赛银奖

2016年12月，南京市科利华中学获南京市教育局评为南京市首届中小学生小乐器比赛一等奖

2016年12月，南京市第十三中学锁金分校获南京市教育局评为南京市首届中小学生小乐器比赛最佳表演奖

2016年12月，南京市玄武高级中学获南京市中小学卫保所评为2016年度南京市中小学校食堂管理工作先进集体

2017年1月，南京市紫东实验学校获江苏省教育厅评为江苏省绿色学校

2017年1月，南京市成贤街小学获南京市精神文明指导委员会办公室、南京市教育局、共青团南京市委员会、南京市关心下一代工作委员会、南京市广播电视台评为南京市优秀少儿节目选拔赛表演一等奖、优秀组织奖、优秀辅导奖

2017年1月，南京市小营小学获南京市教育局、南京市体育局评为2016“市长杯”校园足球联赛一等奖

2017年1月，南京市同仁小学获南京市体育局评为南京市“市长杯”校园足球联赛一等奖

2017年1月，南京市弘光中学获南京市教育局、南京市体育局评为2016年南京市市长杯校园足球联赛一等奖

2017年1月，南京理工大学实验小学获南京市教育局、南京市体育局评为2016年南京市“市长杯”校园足球联赛（小学组）一等奖

2017年2月，南京市洪武北路小学获南京市教育局、南京市体育局评为2017—2019南京市阳光体育学校（乒乓球）

2017年2月，南京理工大学实验小学获南京市教育局、南京市体育局评为南京市阳光体育学校2017—2019（排球、跳水）

2017年3月，玄武区教育局获江苏省档案局评为江苏数字AAAA档案室

2017年4月，南京市成贤街小学获南京市校园联盟办公室评

为南京市阳光体育节第二届校园篮球联赛小学组第一名

2017 年 4 月，南师大附小获江苏省体育局、江苏省教育厅、江苏省科学技术协会评为第二十二届“驾驭未来”全国青少年车辆模型教育竞赛小学男子组单项团体第二名

2017 年 4 月，南师大附小获江苏省体育局、江苏省教育厅、江苏省科学技术协会评为第二十二届“驾驭未来”全国青少年车辆模型教育竞赛小学男子组单项团体第一名

2017 年 4 月，玄武区代表队获南京市语言文字工作委员会、南京市教育局评为 2017 年南京市初中生“汉语活动周”中荣获“汉语之星”大会团体特等奖

2017 年 4 月，玄武区代表队获南京市语言文字工作委员会、南京市教育局评为 2017 年南京市初中生“汉语活动周”中荣获团体特等奖

2017 年 4 月，南京玄武外国语学校获南京市教育局、南京市校园篮球联盟办公室评为 2017 年南京青少年阳光体育节校园篮球联赛初中女子组一等奖

2017 年 5 月，南京玄武外国语学校获南京市教育局评为 2017 年南京市青少年阳光体育节校园田径比赛初中乙组一等奖

2017 年 5 月，南京市第九初级中学获江苏省教育厅、江苏省科技厅评为中国青少年机器人竞赛江苏赛区团体一等奖

2017 年 5 月，南京市玄武中等专业学校获江苏省教育厅、江苏省体育局评为 2017 年江苏省职业学校第八届啦啦操锦标赛团体一等奖

2017 年 5 月，南师大附小获江苏省体育局、江苏省教育厅、江苏省科学技术协会评为第十八届“我爱祖国海疆”全国青少年航海模型教育竞赛小学男子组单项团体第二名

2017 年 5 月，南京市科利华中学获南京市教育局评为 2017 年市青少年阳光体育节校园田径初中乙组一等奖

2017 年 5 月，南京理工大学实验小学获南京市教育局评为 2017 年南京市青少年阳光体育节校园田径比赛小学组一等奖

2017 年 5 月，南京理工大学实验小学获南京市体育局、南京市教育局评为南京市少年儿童阳光体育运动联赛 2017 年南京市少年儿童排球(少年乙组)比赛团体总分第一名

2017 年 5 月，南京市中央路小学获南京市精神文明建设指导委员会、南京市妇女联合会、南京市教育局、南京广播电视集团、南京市建邺区人民政府评为选送的朗诵节目《中国话》在 2017 年“我的中国梦”南京市少儿优秀节目评选中荣获少儿组金奖

2017 年 5 月，南京市同仁小学获南京市体育局评为南京市少年儿童体育舞蹈比赛团体一等奖

2017 年 5 月，南京市同仁小学获南京市体育局评为南京市少年儿童体育舞蹈一等奖

2017 年 5 月，孝陵卫中心小学获南京市教育局评为南京市小学特色文化建设示范学校

2017 年 6 月，南京理工大学实验小学获国家体育总局体操运动管理中心、全国啦啦操比赛组织委员会评为 2017 中国(镇江)超级杯少儿啦啦操比赛暨“中国啦啦宝贝”大赛公开儿童丁组集体技巧中级(1—2)级自选动作混合亚军

2017 年 6 月，南京理工大学实验小学获南京市教育局、南京市校园排球联盟评为 2017 年南京市青少年阳光体育节校园排球联赛小学女子组一等奖

2017 年 6 月，玄武区教育局获江苏省教育厅评为南京市玄武区教育局被表彰为全省社会教育宣传报道 2016 年先进集体

2017 年 6 月，玄武区教育局获江苏省教育厅评为玄武区学生资助管理中心被授予“全省百佳学生资助工作单位典型”

2017 年 7 月，玄武区教育局获江苏省教育厅、江苏省综治办、江苏省公安厅评为授予南京市玄武区“江苏省平安校园建设示范县(市、区)

2017 年 7 月，南京市洪武北路小学获南京市教育局评为 2017 年南京市青少年阳光体育节校园乒乓球比赛(小学组)一等奖

2017 年 7 月，南京市科利华小学获国家体育总局评为 2016—2017 全国啦啦操联赛总决赛公开儿童乙组技巧 0 级规定动作冠军

2017 年 7 月，南京市成贤街小学获江苏省体育局、江苏省教育局评为 2017 年江苏省青少年篮球锦标赛暨校园篮球小学生集训营第一名

2017 年 7 月，南京市玄武高级中学获南京市教育局评为南京市中小学创意车模大赛优秀团体奖

2017 年 7 月，南京市玄武高级中学获南京市教育局评为南京市青少年阳光体育节攀岩联盟联赛团体一等奖

2017 年 7 月，南京市北京东路小学获南京市教育局评为南京市青少年阳光体育节校园攀岩比赛速度团体赛第一名

2017 年 8 月，南京市第九中学获江苏省教育厅、江苏省体育

局评为第二十四届江苏省中学生篮球锦标赛第一名

2017年8月，南京市人民中学获江苏省教育厅、江苏省体育局评为江苏省青少年篮球赛初中女子组冠军

2017年9月，南京市第九中学获教育部、体育总局、共青团中央评为第十三届全国学生运动会中学组男篮亚军

2017年9月，南京市第十三中学获江苏省教育厅评为201709江苏省教学成果奖（基础教育类）一等奖

2017年9月，南京市北京东路小学获江苏省政府评为江苏省教学成果奖特等奖

2017年9月，南京市中央路小学的“汉字魔方课程的创意建构”被江苏省教育厅评为2017年江苏省教学成果奖（基础教育类）二等奖

2017年9月，南京市弘光中学获南京市教育局评为网络与数字化环境下的教学实验项目先进单位

2017年9月，十三中获南京市教育局评为南京市“普通高中整体发展优异综合奖”

2017年9月，北京东路小学阳光分校获南京市语言文字工作委员会、南京市教育局评为南京市第二届小学生“汉字文化节”节目展评一等奖

2017年9月，南京市中央路小学获南京市语言文字工作委员会、南京市教育局评为在第五届南京市校园广播剧展演活动中《试胆量》作品荣获最佳演播奖

2017年9月，玄武区教育局获南京市教育局评为区级教学管理奖一等奖

2017年9月，玄武区教育局获江苏省教育厅评为江苏教育现代化建设监测第一名

2017年10月，南京市北京东路小学获南京市教学研究室评为第七届南京市小学生英语短剧比赛一等奖

2017年10月，南师大附小获江苏省体育局、江苏省教育厅、江苏省科学技术协会评为2017年“共筑家园”全国青少年建筑模型教育竞赛小学男子组单项团体第一名

2017年10月，南京市弘光中学获江苏省体育局、江苏省测绘地理信息局评为第十五届“江苏测绘杯”江苏省定向锦标赛M14初中男子组中距离团体赛第一名

2017年10月，南京玄武外国语学校获南京市委评为全市践行“两学一做”好典型事迹（集体）

2017年10月，南京理工大学实验小学获南京市教育局评为2017年南京市阳光体育节校园武术（龙狮会）、跆拳道联赛龙狮会展示一等奖

2017年10月，南京理工大学实验小学获南京市教学研究室评为南京市第七届小学生英语短剧比赛一等奖

2017年10月，南京市玄武门幼儿园获南京市教育局评为南京市幼儿园优秀自制玩教具作品一等奖（作品名称《水车转转转》）

2017年11月，南京市第十三中学获江苏省教育厅、江苏省体育局评为江苏省第十一届学校体育舞蹈锦标赛高中组金奖

2017年11月，南京市弘光中学获江苏省体育局、江苏省学生体育协会评为江苏省第十一届学校舞蹈锦标赛《恰恰舞》二套初中组一等奖

2017年11月，南京市长江路小学获国家体育总局体操管理中心、全国啦啦操委员会评为2016—2017年全国啦啦操联赛冠军

2017年11月，南京市第九中学获共青团江苏省委评为江苏省优秀学生会

2017年11月，南京市孝陵卫初级中学获南京市教育局评为南京市新优质初中2016—2017学年考核综合发展奖一等奖

2017年11月，南京市红山初级中学获南京市教育局评为“2017年南京市青少年阳光体育节校园啦啦操联赛”初中组团体赛一等奖

（潘菊芬）

学前教育

【概况】 2017年，玄武区学前教育工作按照区教育局统一部署，推进学前教育发展，提升学校内涵品质，深化优质均衡教育改革，加强规范管理，圆满完成各项教育教学管理工作及年度目标任务。2017年，创建1所省优园和2所市优园；20所省优园通过复审；创建2所市语言文字示范园；7所幼儿园被认定为首批南京市幼儿园课程基地，8所学校幼儿园被命名为“江苏省STEM教育试点校”。区幼儿园优秀自制玩教具比赛中8件优秀作品获市级奖，其中2个一等奖、5个二等奖、1个三等奖。

至2017年底，全区幼儿园总数为47所。其中，省优质园37所，市优质园6所，省市优质率91.5%。幼儿园占地面积197600平方米、园舍建筑面积137192.56平方米；幼儿园教职工总数1953人，其中专任教师992人，专科以上学历979人；在园班数414个、在园幼儿12647人，其中2017年入园人数4403人、离园人数4104人。

2017年幼儿园招生工作遵循玄武户籍优先、相对就近入园的原则，加强园际合作、细化招生环节，区、园联合共同化解各类招生矛盾。

【学前教育视导日制度】 2017年，区教育局联合区教师发展中心，组织25次区级视导，加强对幼儿园日常保教工作的指导监管力度。针对"北京红黄蓝幼儿园事件"，配合督导室开展规范幼儿园办园行为专项督导。开展集体幼儿园安全促进及办园条件提升工程；完成民办惠民幼儿园的重新认定；调整学前教育生均公用经费拨款标准。

【市级机关第一幼儿园获第十二届DI创新思维中国区总决赛"明日之星奖"】 第十二届DI创新思维中国区总决赛于12月1—10日在中信国安天下第一城举行。来自22个省市、欧洲国家的近800支参赛队伍，总计4600余名青少年创意精英参加这场创意思维盛会。市级机关第一幼儿园"乐乐美美队"参赛，并摘得第十二届DI创新思维中国总决赛"明日之星奖"。参赛师生还参加徽章交换、DI快闪等活动，与来自全国各地的少年儿童进行互动交流。

【何宜静小朋友获"第八届亚洲机器人锦标赛中国选拔赛"一等奖】 2017年11月2—5日，长江路小学附属银城双语幼儿园大二班何宜静同学在珠海举行的"2017第八届亚洲机器人锦标赛中国选拔赛"上获一等奖。本赛事是中国最高级别的VEX系列机器人竞赛，汇聚华南、华西、华东、华北4个赛区，有来自美国、阿联酋、新加坡等国家，国内各地区和港澳大、中、小学代表队，总计517支队伍，逾3000人参加。玄武区智能机器人学前教育走在江苏省前列。

（潘 舒）

初等教育

【概况】 2017年，玄武区初等教育面对新形势、新问题、新诉求，扎实推进学前和小学教育发展，着力提升学校内涵品质，全面深化优质均衡教育改革，不断加强规范管理，圆满完成各项教育教学管理工作及年度目标任务。

至2017年底，全区小学总数为24所。占地面积271237.03平方米，校舍建筑面积174037.59平方米；教职工总数1592人，其中专任教师1547人，专科以上学历1539人，有中学高级教师职称66人、小学高级教师职称881人；在校班级数634个，毕业学生数3681人，在校学生数23433人。

【市"做中学"教师工作坊和儿童活动坊揭牌仪式在区少年宫举行】 1月14日，玄武区"小创客"新年欢乐汇暨南京市"做中学"教师工作坊和儿童活动坊揭牌仪式在玄武区少年宫举行。市教育局副巡视员杨林国、区教育局局长陈发山为南京市"做中学"教师工作坊揭牌；南京市教育局初教处处长戴兴海、体卫艺处处长张萍副为"做中学"儿童活动坊揭牌。创设全市"做中学"教育品牌，倾力打造具有玄武教育特质的"坊文化"。

【成贤街小学篮球队蝉联市阳光体育节篮球赛冠军】 4月25日，在南京市第九中学举行的南京市阳光体育节篮球比赛中，成贤街小学篮球队蝉联冠军。（蒋林稼）

【"畅享童年·幸福玄武"暨2017年玄武区庆"六一"表彰大会】 5月27日下午，玄武区在洪武北路1913国民小剧场召开"畅享童年·幸福玄武"暨2017年玄武区庆"六一"表彰大会。区委常委、宣传部长陈乙华，副区长戴航，区人大副主任李辉等领导出席。会议宣读表彰决定，表彰玄武区优秀辅导员代表、玄武区十佳少年、玄武区三好学生代表、玄武区优秀少先队员代表，以及玄武区小学生合唱节特等奖获奖学校和玄武区中小学"励志奖学金"获得者。（杨芳莹）

【长江路小学合唱团赴港比赛获金奖】 7月17—22日，香港回

7月17—22日，长江路小学在香港举行的2017世界青少年国际合唱节上获金奖

归20周年之际，南京市长江路小学合唱团60名学生应邀参加在香港举行的2017年世界青少年国际合唱节比赛，取得A1组金奖。（李　莉）

【全市中小学校“开学第一课”在北京东路小学开课】 8月31日下午，由市委宣传部、市文明办、市教育局、市关工委、南京报业传媒集团主办，区委宣传部、区文明办、区教育局、区关工委、北京东路小学、东方卫报社承办的“弘扬抗战精神，共筑强国梦想”2017年南京市中小学校“开学第一课”主题活动，在北京东路小学多媒体教室开课。市委常委、宣传部长曹路宝，市关工委常务副主任汪正生，以及市、区有关部门领导和各区中小学校长代表，共同旁听并观摩本次课程。“开学第一课”由江苏省特级教师、北京东路小学党总支书记唐隽菁授课。

【江苏首届STEM教育大会分会场设在北京东路小学】 9月24—25日，由江苏省教育科学研究院主办的“江苏省首届STEM教育大会暨省基础教育前瞻性教学改革重大项目推进会”在南京召开，大会北京东路小学分会场有300多名代表参会，玄武区关于《区域推进中小学STEM教育的思考与实践》文章作大会发言。大会幼儿园分会场在玄武区逸仙小学附属幼儿园进行。玄武区有8所学校幼儿园(玄武高级中学、科利华中学、第十三中学红山校区、北京东路小学、南京师范大学附属小学、长江路小学、成贤街小学、逸仙小学附属幼儿园）被命名为“江苏省STEM教育试点校”。

（柳　滨）

【北京东路小学获市英语短剧比赛一等奖】 9月28日，2017年南京市第七届小学英语短剧比赛在南京市双塘小学举行。北京东路小学演出的短剧The Magical Reversal Lollipop《神奇反转棒棒糖》获市一等奖，蝉联十二年（六届）南京市一等奖。（唐晨倩）

【同仁小学举办“心手相牵，炫舞同仁”国际文化交流活动】 10月30日上午，南京市同仁小学与来自俄罗斯第一体育学校、第三学校的老师和同学们以及香港体育舞蹈协会的老师共同参加“心手相牵，炫舞同仁”第二届国际文化交流活动。开展学科互动、特色交流、群体联欢，开阔同仁师生的眼界，拓宽学校办学思路，宣传学校的特色，为提高师生综合素质开辟新途径。

【中央路小学成为全国首批中华优秀传统文化协作体学校】 11月10日，中国教育报刊社人民教育编辑部组织来自全国教育系统的众多学校以及专家学者汇聚江阴市江苏省南菁高级中学，发起成立中华优秀传统文化教育学校协作体，南京市中央路小学成为全国首批10所中华优秀传统文化协作体学校。（袁　野）

【锁金二小获评全国青少年计算机科技创新实践教育示范基地】 12月18日，中国少年儿童发展服务中心正式授牌。锁金二小成为全国青少年计算机科技创新实践教育示范基地。中国少年儿童发展服务中心领导听取锁金二小领导“关于学校计算机科技创新实践教育的工作”汇报。同时，锁金二小组织学生参与南京市首届蝴蝶观测大赛、南京市“五小”科技评比、江苏省金钥匙知识竞赛、全国模拟飞行锦标赛、首届创客大赛等各级各类的科技比赛，并获较好的团队成绩。（张婵娟）

【“12岁以前的语文”两岸和香港教育研讨会在北京东路小学召开】 12月18日上午，“12岁以前的语文”两岸和香港教育研讨会在北京东路小学召开。《中国教育报》主编杨桂青到会并致贺信，市教育局局长孙百军、区委书记徐曙海出席开幕式并讲话。副区长戴航，省市教育部门有关负责人等参加研讨会。

【南京理工大学实验小学被授予市青少年现代农业文明校外实践基地共建单位】 12月22日上午，由南京市农业委员会、南京市教育局、共青团南京市委员会、南京市少先队工作委员会联合主办，南京市休闲农业协会具体承办的以“美丽乡村，田园课堂”为主题的南京市青少年现代农业文明校外实践基地（简称“学农基地”）创建启动仪式在八卦洲陌上花渡园区开幕。市农委、市教育局、市团市委、市少工委四家主办单位领导、栖霞区领导、首批18家南京市青少年学农基地共建学校、青少年宫代表，首批25家学农基地创建单位负责人，专家顾问、媒体代表和相关休闲农业园区、企业代表等参加启动仪式。南京理工大学实验小学被授予南京市青少年现代农业文明校外实践基地共建单位。（姚盛锋）

【樱花小学举行“文泽江苏”青少年美育公开课暨“文泽江苏艺术直播”开播仪式】 12月22日上

午,"文泽江苏" 青少年美育公开课暨"文泽江苏　艺术直播"开播仪式活动在南京市樱花小学举行,团省委书记、省青联副主席蒋敏,团省委统战部部长、省青联副秘书长刘雯,团省委统战部副部长、省青联副秘书长茅晓嵩,团省委统战部副调研员、省青联副秘书长徐龙,在宁的全国、省青联委员以及13个省辖市的团委统战部部长出席活动。(周　洁)

中等教育

【概况】 以南京市新优质初中项目工程为抓手,进一步推进义务教育高位优质均衡发展。积极探索两个初中教育集团、九年一贯制、名校办分校、委托管理等办学模式和运行方式,不断深化教育改革,实现优质资源全体共享。

2017年全区中考成绩连续14年保持南京市第一。高考成绩全区1818名文化类考生,本二以上达线1568人,达线率86.2%,获2016—2017学年南京市普通高中教育发展性评估一等奖,4所高中获综合奖、教学质量优秀奖、学校教学管理奖,2所高中获教学质量突出贡献奖。新增省课程基地1个,市课程基地项目1个。市九中被评为2017年"江苏省普通高中课程基地建设示范学校"(全市仅两家,全省共12家)。9月13日晚,在第十三届全国中学生运动会上南京九中男篮获亚军。市十三中摘得"省基础教育课程基地建设优秀成果"特等奖。9月7日,第13届全国学生运动会中学组田径比赛中,第十三中学组队参赛的江苏省中学组田径队获11金5银5铜,同时名列全国中学组田径赛金牌榜、奖牌榜、团体总分三项榜首。

至2017年底,玄武区有9所公办初级中学,1所民办初级中学,4所普通高中(独立高中2所、完全中学2所),1所国家级重点职业学校。普通中学及中等专业学校总占地面积41399平方米,校舍建筑面积300414.65平方米。教职工总数1778人,专任教师1683人。其中初中专任教师中研究生学历124人、本科学历785人;有中学高级教师职称226。高中专任教师中研究生学历154人、本科学历426人、专科学历7人,有中学高级教师职称298人。在校班级总数406个,其中初中256个、高中150个。初中毕业学生数3590人、招生数3633人、在校生数9861人;高中毕业学生数1970人、招生数2131人、在校生数6409人。

【玄武中专教工团组织获全国五四红旗团支部称号】 2月23日下午,共青团玄武区第十七届二次全委会(扩大)会在区政府会议室召开。区委副书记易兵,副区长马千山,团区委委员、候补委员,直属团组织分管领导及负责人,社区团支部负责人等参加此次会议。会议表彰2016年度全区共青团工作先进集体和个人。玄武中专教工团支部因极具特色的志愿活动等出色的表现获全国五四红旗团支部称号。学校团委因品牌活动"你的成长有我陪伴"在全省共青团工作中表现突出,获江苏省五四红旗团委称号。

【十三中学入选市中小学科技创新"星光计划"特色示范项目学校】 2月28日,十三中凭借"基于物联网的创客空间建设项目"成功入选南京市中小学科技创新"星光计划"特色示范项校。十三中成功构建专有的乐高机器实验室、数字化实验室,以及科普活动室等;形成机器人、激光雕刻技术、3D打印技术、安卓编程、Arduino开源硬件、STEM课程等特色鲜明的课程;打造专业科技教师团队与学生团队;建立以科技教育为核心的联盟体。同时借助市教育局、市团委、市装备办、市星光特色学校等,积极发挥辐射效应。(张　洁)

【科利华中学获评首批江苏省阅读领航学校】 6月23日,科利华中学在"全省百所阅读领航学校和百位校园阅读领航者"评选活动中被评为首批全省校园阅读领航学校(南京市仅2所初中获此殊荣),王跃平老师被评为首批江苏省校园阅读领航者(南京市仅3名中学老师获此称号)。(肖莉萍)

【科利华中学获第15届"全国中小学信息技术创新与实践活动"决赛网络团队教研初中组一等奖】 7月11—13日,第15届"全国中小学信息技术创新与实践活动"在青岛市举行,科利华中学网络教研团队获初中英语组一等奖。

【大贺·赛思奖教奖学金启动仪式在十三中红山分校举行】 9月8日下午,大贺·赛思奖教奖学金启动仪式在十三中红山分校举行。玄武区教育局局长陈发山、红山街道党工委书记唐承武、红山街道党工委副书记徐锴、红山街道人大工委主任刘立青、南京大贺·赛思集团董事长陈晓吉、立贤小学、红山小学、月苑小学各校校长及十三中红山分校部分师生参加启动仪式。

【人民中学(汇文女子中学)举办130周年庆典】 11月12日,南京市人民中学(南京市汇文女子中学)130周年庆典暨感动校园十佳师生颁奖仪式在学校举行。南京市人民中学从1887年建校,历经晚清、民国、新中国成立,走过130年历程。南京市教育局局长孙百军,玄武区区长穆耕林,区委常委、宣传部部长陈乙华等领导出席,近两千名学生和校友参加学校130周年庆典活动。 (钱 敏)

【九中获评省"课程基地建设示范学校"】 11月24—27日,江苏省基础教育课程基地建设指导中心在江苏省常州高级中学召开基础教育前瞻性教学改革重大项目"促进育人模式转型"优秀成果交流会。南京九中成为12所"课程基地建设示范学校"之一。江苏省教育厅、江苏省教科院基础教育研究所的领导和专家以及全省324所课程基地学校的400多名代表出席会议。大会由江苏省教科院基础教育研究所所长倪娟主持。江苏省教育厅副厅长朱卫国在会上做发言。 (徐晓燕)

【全国青少年计算机科技创新实践教育示范基地在十三中授牌】 12月18日下午,由中国青少年发展服务中心、中国少年科学院等单位组织的"全国青少年计算机科技创新实践教育基地"授牌仪式在南京十三中信息楼三楼会议室举行。中国少年科学院两位专家,十三中校长助理汪源、技术教研组组长张玉芳及其成员出席活动。

【十三中获评省普通高中课程基地促进育人模式转型研究特等奖】 11月25—27日,江苏省教科院基础教育研究所主办2017年江苏省普通高中课程基地促进育人模式转型成果交流会,南京市第十三中学提交研究报告《从反思到行动:语文课程基地育人模式的转型探索》获特等奖。

【澳大利亚昆士兰州Mac Gregor州立中学访问五十四中】 9月21日,以Ms Gaetana Nastasi为首的外宾代表团一行抵达五十四中进行正式访问。双方交流教学理念、管理思路、办学特色及课程设置,互赠学校特色礼物。这次国际交流活动为以后海外合作打下坚实基础。

【紫东实验学校获市"新优质初中"考核评估一等奖】 11月21日下午,由南京市教育局中学教育处、南京市教研室召开的南京市初中教学工作会在栖霞区(海门)实验初级中学大礼堂举行,紫东实验学校在2016—2017学年度南京市"新优质初中"创建学校考核评估中获综合发展一等奖。

(潘菊芬)

高等教育

·东南大学·

【概况】 2017年,学校设有30个院(系),拥有76个本科专业,30个博士学位一级学科授权点,49个硕士学位一级学科授权点,5个国家一级重点学科(涵盖15个二级学科),5个国家二级重点学科,1个国家重点(培育)学科,13个江苏高校优势学科建设工程二期项目立项学科(群),1个江苏省重点序列学科,17个"十三五"江苏省重点学科,30个博士后科研流动站。有3个国家重点实验室,3个国家工程研究中心,2个国家工程技术研究中心,11个教育部重点实验室,5个教育部工程研究中心。全日制在校生31470人,其中研究生15614人。专任教师2832人,具有博士学位的教师2314余人,占教师总数的比例为80%,正、副高级职称1935人,博士生指导教师925人,硕士生指导教师2151人,两院院士12人,欧洲科学院院士1人,国务院学位委员第七届学科评议组成员13人,入选国家"万人计划"专家16人,入选国家"千人计划"专家23人,青年千人计划26人,"长江学者奖励计划"特聘教授、讲座教授45人,长江学者青年学者项目10人,国家级教学名师奖获得者5人,"万人计划"教学名师3人,国家杰出青年科学基金获得者43人,国家"十二五"863计划主题专家3人、国家科技计划专项专家1人、国家重大专项专家2人,人事部"百千万人才工程"国家级人选24人,全国十大青年法学家2人。

【学科建设】 2017年学校入选国家"双一流"建设A类高校,并有11个学科入选一流学科建设名单,入选学科数位列全国第8位,"双一流"建设方案正式公布。在全国第四轮学科评估中,5个学科评估结果为A+,1个学科评估结果为A,6个学科评估结果为A-,获评A+学科数位列全国高校第8位。进入ESI世界前1%的学科增至11个，其中工程学位列第32位、计算机科学位列第35位，继工程学后，计算机科学首次进入前1‰。在2017年国家学位授权审核工作中，新增马克思主义理论、力学、基础医学3个一级学科博士学位授权点，新增临床医学为博士专业学位授权点（已公示）。入选国家首批“一流网络安全学院建设示范项目高校”。学校入选2017年度全国创新创业典型经验高校。获2017年江苏省教育教学成果奖特等奖4项、一等奖6项、二等奖6项，获奖总数并列全省高校第一。申报设立“网络空间安全”新专业，获教育部首批新工科建设专业和新工科研究项目6项。获批国家精品在线开放课程2门，江苏省首批在线开放课程建设立项21门（已上线20门），获批数位列全省第一。获第三届中国“互联网”大学生创新创业大赛季军和第十五届“挑战杯”全国大学生课外学术科技作品竞赛总分第三，全国大学生数学建模竞赛和全国大学生电子设计竞赛一等奖获奖数均并列全国第一。获江苏省优秀博士学位论文14篇、优秀硕士学位论文33篇，获全国一级学会优秀学位论文3篇。中国研究生数模竞赛一等奖获奖数并列全国第一，获全国研究生集成电路设计竞赛一等奖4项、中国研究生电子设计竞赛一等奖1项和二等奖2项、世界智能驾驶挑战赛第2和第3名、中国汽车设计大赛“最佳用户界面设计奖”、首届江苏省研究生英语翻译大赛一等奖3名等优异成绩。

【教学科研项目和成果】 牵头获自然科学奖二等奖1项、技术发明奖二等奖2项、科技进步奖二等奖1项，获奖数位列全国高校第六。4位教授获首届“全国创新争先奖”奖状表彰，获奖人数并列全国高校第二。以第一完成单位获高等学校科学研究优秀成果奖（科学技术）10项，获奖总数位列全国第五。申报国家自然科学基金各类基金项目1314项，获批276项，获资助总经费达1.57亿元；获批国家社科基金项目38项，其中3项重大项目和4项重点项目，申报数、立项数和重大项目获批数创历史新高。获批国防科工局特色学科6个，军委科技委科技卓越人才1人，军工科研项目合同总经费首次超过2亿元。科研总经费达到23.1亿元。申请国内发明专利2556项，授权1545项。3人入选全球2017年“高被引科学家”。

【师资队伍】 2017年新增“长江学者”特聘教授1人，“长江学者”青年学者5人；新增“千人计划”青年项目6人；新增优秀青年科学基金项目3人；新增“万人计划”科技领军人才4人，哲学社会科学领军人才1人，教学名师1人，青年拔尖人才2人（已公示）；新增百千万工程国家级人选2人，并被授予“有突出贡献中青年专家”荣誉称号；新增享受国务院政府特殊津贴5人；新增江苏特聘教授3人；新增江苏省“双创团队”1个，“双创人才”6人；新增江苏省高校青蓝工程优秀教学团队1个，中青年学术带头人2人，优秀青年骨干教师3人；新增江苏“六大人才高峰”创新人才团队项目3个、高层次人才项目23个。曹进德教授当选巴基斯坦科学院外籍院士，崔铁军教授团队入选“全国高校黄大年式教师团队”，宋爱国教授获宝钢优秀教师特等奖，邱海波教授荣获“白求恩奖章”，刘加平教授荣获全国杰出工程师奖，滕皋军教授荣获美国介入放射学会金奖。

【国际化办学】 东南大学建筑国际化示范学院获国家外国专家局与教育部正式批准并揭牌运行。东南大学—雷恩研究生学院正式获教育部批复设立，成为获批的第二个中外合作办学机构。作为中方牵头高校组建中英大学工程教育与研究联盟，并纳入中英高级别人文交流机制。“现代城市智能交通技术学科创新引智基地”获批教育部和国家外国专家局“111引智计划”。东南大学道德发展研究院与耶鲁大学全球正义研究中心签署合作协议，共建社会公正与人类道德发展研究中心。客座教授、麻省理工学院建筑与城市规划学院前院长桑托斯教授荣获2017年国家政府友谊奖。外国留学生人数达到1947人，其中学位生1492人，学位留学生比例达到76.6%。东南大学合作办学的3所海外孔子学院在学汉语生人数达7000多人。

【教育部本科教学工作审核评估专家组对东南大学进行审核评估】 10月31日至11月3日，受教育部高等教育教学评估中心委托，本科教学工作审核评估专家组对东南大学进行为期4天的审核评估工作。专家组认为：改革开放后，东南大学从提出以工为主、理工结合，到推动从工科大学向综合性大学转型发展，再到目前学校提出强势工科、优势理科、精品文科、特色医

10月31日至11月3日，受教育部高等教育教学评估中心委托，本科教学工作审核评估专家组对东南大学进行为期4天审核评估工作

科的发展思路。一代又一代的东大人不懈努力，在既定的目标上取得可喜成绩。

【科研团队在国际顶尖学术杂志《科学》(Science) 上发表文章】 东南大学熊仁根教授团队、游雨蒙教授课题组与合作者在分子铁电、压电材料领域取得重要研究进展。相关研究结果以《一种具有巨大压电响应的有机—无机钙钛矿铁电体》)为题于美国东部时间7月21日发表在国际顶尖学术杂志《科学》(Science)上。该成果的发表，不但解决130年来制约分子材料发展的世纪难题、为材料研究带来新的思路和方向，同时也标志着我国在分子材料领域又一次走在世界前列。

【建校115周年纪念大会及系列文化活动】 6月3日，东南大学举行庆祝建校115周年纪念大会。下午，东南大学校史馆在四牌楼校区原工艺实习场正式开馆。校史馆的开馆，体现东南大学对大学文化追求的使命担当，对充分发挥文化示范育人功能的不懈追索。校庆期间，先后举行“纪念中大西迁80周年—重走西迁路再启新征程”“郭秉文与现代大学教育思想研讨会”等系列文化活动。 (孔琪蕾)

·南京理工大学·

【概况】 2017年，学校设有15个专业学院，全日制在校生3万余人。本年度招收本科生4071人、硕士生4080人(含留学生)，毕业本科生3897人、硕士生2696人。拥有1个国家级重点实验室，1个国家级工程技术研究中心，1个国家级国际联合研究中心，1个国家级技术研究推广中心，1个国家级技术转移示范机构，1个国家级质检中心，17个部省级重点实验室，5个省级哲学社会科学研究基地。有本科专业69个、硕士一级学科授权点117个、博士一级学科授权点50个、博士后流动站16个。国家重点学科9个，江苏省优势学科6个，江苏省一级重点学科7个，工信部重点学科7个，工程学、化学、材料科学、计算机科学四个学科进入ESI国际学科领域全球排名前1%。有教职工3200余人，其中专任教师1900余人。专任教师中，高级职称1147人，博士生导师480人，院士13人，“千人计划”10人，“万人计划”14人，“长江学者”15人，杰出青年基金获得者8人，全国教学名师3人，“国家级有突出贡献中青年专家”8人，享受国务院政府特殊津贴196人。

【获2016年度国家科学技术奖励2项】 1月9日上午，2016年度国家科学技术奖励大会在北京人民大会堂隆重召开。学校王泽山院士主持的“某发射能源”项目获国家技术发明奖一等奖。陈光教授领衔主持的“新型合金材料受控非平衡凝固技术及应用”项目获国家技术发明奖二等奖。

【承研的立方星“凯盾一号”成功升空】 1月9日，学校受委托，与北京凯盾环宇科技有限公司联合研制的首颗商用海事立方星“凯盾一号”成功升空。是学校研制发射的第三颗立方星，也是学校首次承接的商业卫星业务。

【与江宁区签订全面战略合作协议】 1月15日，南京理工大学与江宁区签订全面战略合作协议。双方领导以及相关部门共同参加和见证双方合作协议的签约。

【江苏省首家版权研究中心揭牌成立】 4月18日，江苏省版权研究中心揭牌仪式在学校举行。江苏省新闻出版广电局(版权局)局长焦建俊、学校副校长廖文和江苏省文化产权交易所等江苏省版权贸易联盟成员单位的代表参加揭牌仪式。

【省领导调研考察学校发展】 5月2日，江苏省委书记、省人大常委会主任李强和省常委、组织部部长王炯等省领导，在学校党委书记尹群、校长付梦印等陪同下，调研考察学校建设发展情况并参加在学校举行的首届江苏青年创新创业项目对接洽谈会等活动。

【入选国家“千人计划”青年项目】 5月11日，第十三批国家“千人计划”青年项目入选名单正式公布，学校5名优秀青年学者，电光学院李骏教授、计算机学院闫焱教授、能动学院陈雪梅教授、自动化学院陈志强教授、理学院金成教授入选。

【获首届江苏省创新争先奖两项】 5月25日，以“投身创新争先，融入‘两聚一高’”为主题的2017年全国科技工作者日、全国科技活动周暨江苏省第29届科普宣传周主场活动在宁举行。由王泽山院士领衔的团队获首届江苏省创新争先奖牌。

【获首届“全国创新争先奖”】 5月27日，庆祝全国科技工作者日暨创新争先奖励大会在北京召开，学校三位教授付梦印、芮筱亭、陈光获“全国创新争先奖状”。

【医工结合创新研究院揭牌仪式】 6月19日下午，学校与南京市中西医结合医院举行全面战略合作协议签约暨南京理工大学医工结合创新研究院揭牌仪式。南京市卫生和计划生育委员会主任孙家兴、南京市中西医结合医院院长刘万里，学校党委书记尹群、校长付梦印等共同参加签约和揭牌仪式。

【第二批国家双创示范基地】 6月21日，南理工大学成功入选国家第二批“大众创业万众创新示范基地”名单。

【陆明教授论文在国际顶尖期刊《自然》上发表】 8月28日，国际顶尖学术杂志《自然》(Nature)主刊发表学校化工学院陆明教授课题组的研究论文:A series of energetic metal pentazolate hydrates，该论文为我国含能材料研究领域首次在《自然》(Nature)发表基础科学论文，标志我国含能材料基础研究的某些研究方向处于国际前沿。

【江苏省军民融合发展研究院成立】 8月31日，江苏省军民融合发展研究院成立大会在学校举行。江苏省军区、江苏省发展和改革委员会、江苏省科学技术厅以及学校等相关单位领导出席会议。

【学校入选世界一流建设学科与建设高校】 9月20日，教育部、财政部、国家发展改革委印发《关于公布世界一流大学和一流学科建设高校及建设学科名单的通知》，学校入选世界一流学科建设高校，兵器科学与技术入选“双一流”建设学科。

【市领导一行到校督查安全工作】 9月29日下午，由南京市政府带队，市委政法委、市委宣传部、市公安局、市安监局、市委督查室、市政府督查室等单位组成的安全检查组，到校督查安全大排查大整治工作。学校党委书记尹群等陪同检查。安全检查组检查学校化学药品、学生宿舍等。

【江苏首家钱学森学院成立】 10月16日，江苏高校中首家以我国著名“两弹一星”功勋科学家“钱学森”先生冠名的荣誉学院—南京理工大学“钱学森学院”在学校揭牌成立。江苏省教育厅副厅长苏春海和工信部人教司副司长闫为革分别致辞，希

10月16日，南京理工大学举行钱学森学院揭牌仪式

望学校能以“钱学森学院”的成立为契机，继续发挥国防建设的重要支撑作用，为我国的国防事业发展贡献力量。

【芮筱亭研究员当选中国科学院院士】 11月28日，中学校芮筱亭研究员当选为2017年中国科学院院士。芮筱亭，发射动力学家，南京理工大学研究员，现任学校发射动力学研究所所长，长期从事发射动力学和多体系统动力学研究，曾获国家技术发明奖二等奖2项、国家科技进步奖二等奖2项、国防科技工业杰出人才奖、全国创新争先奖及“全国优秀科技工作者”称号。 （杨春梅）

·南京农业大学·

【概况】 2017年，学校录取本科生4274人、硕士生2710名、博士生490名。实施大类招生培养试点，卓越农林人才教育培养计划改革试点取得阶段性进展。全面启动课程（群）教学团队建设工作，设立“卓越教学”课堂教学改革实践项目。农学、植物保护专业通过国家第三级专业认证。设立大学生创业种子基金，首获江苏省大学生创新创业示范基地。作物学、农业资源与环境入选国家“双一流”一流学科建设名单。第四轮学科评估中，学校7个学科进入A类，其中作物学、农业资源与环境、植物保护、农林经济管理4个学科获评A+，位列全国高校第11位。植物与动物科学成为南京农业大学校第2个进入ESI前1‰的学科，微生物学、分子生物与遗传学进入ESI学科，ESI学科总数增至7个。在《美国新闻与世界报道》“全球最佳农业科学大学”中，学校首次进入全球排名前十位。

陈发棣教授入选国家“百千万人才工程”。朱艳、吴俊两位教授获国家杰出青年基金，王恬教授被评为国家教学名师。20余人次入选青年千人、青年长江、江苏省特聘教授等各类人才项目。引进高层次人才12人，其中“千人计划”专家2人。招聘教学科研岗教师48人，招录师资博士后57人。

获批国家重点研发计划项目5项、国家社科基金重大项目1项、国家自然科学基金项目155项。发表SCI论文1578篇、SSCI论文22篇。获省(部)级以上奖励16项，获授权专利、品种权、软件著作权等300余件。《园艺研究》被SCI收录，影响因子4.554，位居JCR园艺领域首位。作物遗传与种质创新国家重点实验室评估获优秀。大学农技推广政策建议获得全国政协主席俞正声批示，并被农业部、教育部采纳，作为国家相关政策举措出台。创新推动产业扶贫，《“四位一体”助力产业扶贫精准落地》入选教育部精准扶贫十大典型项目。

【发现病原菌全新致病机制“诱饵模式”】 1月13日，《科学》杂志Science在线发表南京农业大学王源超教授团队关于作物疫病发生机制的突破性成果，该成果揭示病原菌攻击宿主的全新致病机制“诱饵模式”(DECOY)，为改良作物的持久抗病性提供重要的新方向。

【农学、植物保护专业通过教育部本科专业认证(第三级)试点】 4月27日，南京农业大学农学、植物保护专业认证(第三级)专家组考察意见反馈会在南京举行。农学专业、植物保护专业通过专业认证。

【植物与动物科学进入ESI全球排名前千分之一】 5月11日，据ESI (Essential Science Indicators，基本科学指标)统计显示，南京农业大学植物与动物科学领域达到国际顶尖水平，进入全球排名前1‰的行列。这是南京农业大学继农业科学领域后第2个进入ESI全球前1‰的学科领域。

【作物遗传与种质创新国家重点实验室评估获优秀】 6月26日，科技部公布2016年生物和医学领域国家重点实验室每5年一次的评估结果，本轮评估共有20个实验室获评“优秀”，其中农业领域优秀类实验室6个，学校作物遗传与种质创新国家重点实验室获得“优秀”。

【学校进入ARWU世界前500位】 8月15日，2017年世界大学学术排名（ARWU，Shanghai Ranking's Academic Ranking of World Universities)第15版正式发布，学校首次跻身世界五百强。ARWU是世界范围内首个综合性的全球大学排名，2003年首次发布。

【学校入选“双一流”一流学科建设高校】 9月21日，教育部、财政部、国家发展改革委印发《关于公布世界一流大学和一流学科建设高校及建设学科名单的通知》(教研函〔2017〕2号)，公布世界一流大学和一流学科(简称“双一流”)建设高校及建设学科名单。南京农业大学进入一流学科建设高校名单，作物学、农业资源与环境入选“双一流”建设学科名单。

【《园艺研究》影响因子居SCI园艺分区第一】 美国时间2017年9月25日，科睿唯安公布2017年度的修订版期刊引证报告(Journal Citation Reports，JCR)，南京农业大学与自然出版集团合作的英文期刊Horticulture Research(《园艺研究》)数据有所变动，现正式影响因子为4.554，在JCR园艺领域中排名第一，位于Q1区。

【精准扶贫项目入选部属高校“十大典型”】 10月13日，南京农业大学报送的《“四位一体”助力定点扶贫“精准”落地》项目，从教育部42所直属高校申报的47个项目中脱颖而出，成功入选第二届教育部直属高校精准扶贫精准脱贫十大典型项目。

【学校首次入选“全球最佳农业科学大学”前10位】 10月24日，《美国新闻与世界报道》(U.S. News & World Report，简称U.S. News)在其网站usnews.com上发2018全球最佳大学排行榜(Best Global Universities)及其分国家、区域、学科领域排行榜。在其“全球最佳农业科学大学”(Best Global Universities for Agricultural Sciences)排名中，南京农业大学居第9位，首次进入全球前10位。

【南京农业大学—密西根州立大学“亚洲农业研究中心”成立】 11月28—30日，南京农业大学—密西根州立大学“亚洲农业研究中心”成立大会在南京举行，美国密西根州立大学常务副校长June Youatt等率团参会。亚洲农业研究中心是以南京农业大学和密西根州立大学的科研优势为基础，整合东盟、非洲和其他“一带一路”沿线国家的教育和研究力量，开展国际科研合作的多边国际合作平台。

12月6日，南京农业大学盖钧镒院士被授予第十届世界大豆研究大会奖终身成就奖

【盖钧镒院士获世界大豆研究大会奖终身成就奖】 12月6日，世界大豆研究大会奖终身成就奖颁奖仪式在南京农业大学举行。学校盖钧镒院士被授予第十届世界大豆研究大会奖终身成就奖。

【科研成果入选全国2017高校十大科技进展】 12月，2017年度“中国高等学校十大科技进展”在北京揭晓，南京农业大学作物疫病团队研究成果《诱饵模式——病原菌致病的全新机制》成功入选。 (吴　玥)

·南京林业大学·

【概况】 2017年，有22个学院(部)，74个本科专业，在校生26563人(含淮安校区，不含公有民办南方学院)，其中本科生18899人，研究生4461人，成人教育学生3203人。本年度招生9164人，毕业6765人。有8个博士后流动站、7个一级学科博士学位授权点、39个二级学科博士学位授权点、22个一级学科硕士学位授权点、93个二级学科硕士学位授权点和27个专业学位授权领域。有林业工程、生态学2个一级学科国家重点学科，林木遗传育种、林产化学加工工程、木材科学与技术、森林保护学等4个二级学科国家重点学科，1个江苏省一级学科国家重点学科培育点，4个江苏省高校优势学科，7个一级学科国家林业局重点学科，2个二级学科国家林业局重点(培育)学科，4个一级学科江苏省重点学科，2个一级学科江苏省重点(培育)学科，4个二级学科江苏省重点学科。有国家级特色专业建设点6个，国家级人才培养模式创新实验区1个，国家级实验教学示范中心2个。有教职工1957人，其中专任教师1346人，专任教师中，高级职称733人，博士生导师209人，中国工程院院士2人，长江学者特聘教授1人，国家杰出青年基金获得者1人，国家青年千人计划人选2人。

2017年，江苏省委对南京林业大学党委进行巡视，南京林业大学领导班子调整，入选国家“双一流”建设高校名单，林业工程、林学、风景园林学3个学科全国第四轮学科评估进入A类，南京林业大学淮安校区成立揭牌，接受教育部本科教学工作审核评估，开展综合评价录取改革试点工作。曹福亮院士获2017年海峡两岸林业敬业奖，施季森教授获江苏省创新争先奖章，金永灿教授增选为国际木材科学院院士，周晓燕教授、田如男教授获全国林业教学名师称号。叶建仁教授等完成的“中国松材线虫病流行动态与防控新技术”项目获国家科技进步二等奖，翟华敏教授等完成的“木质纤维生物质生物炼制关键技术及应用”项目获教育部技术发明奖二等奖，戴红旗教授等完成的“造纸节水与清洁生产关键技术及应用”、李海涛副教授等完成的“新型竹集成材结构构件制造关键技术及其设计计算方法”、左宋林教授等完成的“磷酸法活性炭高效绿色生产关键技术”获教育部科技进步奖二等奖，王良桂教授等完成的“桂花种质资源收集评价创新与产业化关键技术”、翟华敏教授等完成的“农林废弃生物质生物炼制关键科学问题的研究”、李海涛副教授等完成的“高性能竹集成材结构创新与产业化”、祝遵凌教授等完成的“观赏鹅耳枥良种选育与培育关键技术”获梁希林业科学技术二等奖。与江苏省中国科学院植物研究所、上海市绿化和市容管理局、南京白马国家农业科技园区等签订有关合作协议，南京林业大学技术转移中心武进分中心成立，承办中日木结构技术和规范研讨会、全国农林生物质资源化学利用研究生学术创新论坛、全国农林高校学工部长论坛、全国林业学科发展协作网成立会议、城市景观规划与可持续发展培训班等，总建筑面积46600平方米的图书馆竣工启用。

1月8日，南京林业大学叶建仁教授主持完成的“中国松材线虫病流行动态与防控新技术”项目获2017年度国家科技进步二等奖

【淮安校区成立】 1月17日，南京林业大学与淮安市人民政府在淮安市举行合作办学签约仪式，曹福亮校长与惠建林市长代表双方签署《淮安市人民政府、南京林业大学合作建设南京林业大学淮安校区的协议》。江苏省教育厅厅长沈健、副厅长王成斌，南京林业大学党委书记封超年、校长曹福亮，校领导赵茂程、王培君、王浩，淮安市委书记姚晓东、市长惠建林，市领导唐道伦、李森参加签约仪式。2017年，在江苏省政府优化高校布局和支持苏北发展的新形势新要求下，将南京林业大学南方学院淮安校区转型建设为南京林业大学淮安校区，办学性质为公办本科，学制四年，目标培养应用型人才，逐步发展研究生教育，在校生规模为6000人左右。6月10日，南京林业大学校长曹福亮和淮安市代市长蔡丽新共同为南京林业大学淮安校区揭牌。9月11日，南京林业大学淮安校区开学，首批新同学1113名。

【获国家科技进步二等奖1项】 2017，由南京林业大学叶建仁教授主持完成的“中国松材线虫病流行动态与防控新技术”项目，获2017年度国家科技进步二等奖。首创松材线虫病系列防控新技术，解决我国松材线虫病防控中的一系列难题。该成果在全国17个省份进行推广，建立56个检测中心，培训技术人员1823名，显著遏制病害在我国的快速蔓延，减少直接损失9.6亿元,间接损失31.8亿元。

【张齐生院士逝世】 9月25日,中国和世界竹材加工利用领域开拓者、中国工程院院士、南京林业大学教授张齐生,因突发心肌梗塞医治无效,在南京逝世,享年78岁。张齐生,1939年1月18日出生于浙江省淳安县,1961年毕业于南京林学院,后任南京林业大学教授,1997年当选中国工程院院士,2000年至2008年被聘为浙江林学院院长。张齐生院士长期从事木材加工与人造板工艺以及生物质能源多联产技术的研究工作,在国内外学术界享有盛誉。发表学术论文300余篇,出版专(译)著9本,获发明专利30余项。获国家科技进步一等奖1项,二等奖4项,国家技术发明奖二等奖1项,国家发明三等奖1项,中国发明专利创造金奖1项,中国优秀专利奖3项,何梁何利基金科学与技术进步奖1项,林业部科技进步一等奖1项等。

【全国林业学科发展协作网成立会议暨首届学术交流会在南京林业大学举行】 9月16日,会议由中国学位与研究生教育学会农林学科工作委员会主办,南京林业大学作为全国林业学科发展协作网第一届主任委员单位和秘书处挂靠单位承办本次会议。会议宣读关于成立全国林业学科发展协作网第一届委员会的决定,聘任南京林业大学研究生院院长杨平为第一届委员会主任委员,四川农业大学刘应高,北华大学王文祥,浙江农林大学黄坚钦等为副主任委员。欧百钢在会上做特邀报告,北京林业大学、南京林业大学等6所高校做专题报告,本次会议有来自全国27个开展涉林学科(林业工程、林学、林业硕士等)研究生培养单位的90多名代表出席。

【首届木本油料产业发展高峰论坛】 9月27日,由中国老科技工作者协会、中国林业产业联合会和江苏省科学技术协会主办的首届木本油料产业发展高峰论坛在南京林业大学召开,中国老科学技术工作者协会会长陈至立,中国老科技林业分会会长杨继平,中国林业产业联合会副会长封加平等出席论坛。与会代表参观南京绿宙薄壳山核桃科技有限公司和南京林业大学薄壳山核桃试验基地。来自山东、安徽、江西、湖南等14个省的老科协工作者以及浙江大学、中南林业科技大学、浙江农林大学、中国林科院亚林所等高校科研机构的专家学者170余人出席论坛。

【中日木结构技术和规范研讨会】 3月8日,由南京林业大学和日本木材出口协会联合主办"中日木结构技术和规范研讨会"在南京林业大学举行。来自日本森林综合研究所、东京大学,以及南京大学、东南大学等数十所高校和科研院所的80余位专家学者参加会议,并就"装配式木结构建筑与框架剪力墙木结构技术"的主题进行交流。主题报告7场,涵盖装配式木结构建筑与框架剪力墙的技术与规范等研究领域。南京林业大学阙泽利教授介绍在中国黔东南地区传统木构民居研究中取得的最新研究成果,剖析该地区传统木构民居的现状,并对其未来发展提出建议。木结构建筑有节能、环保、低成本、高舒适度等特点,被称为"绿色建筑"。

【学校与上海市绿化和市容管理局签订合作协议】 4月18日,与上海市绿化和市容管理局战略合作协议签订仪式在上海市园林科学规划研究院举行。南京林业大学校长曹福亮院士、副校长王浩教授、张红教授,上海市绿化和市容管理局(上海市林业局)局长陆月星、副局长顾晓君、上海市科委副主任秦文波等出席签约仪式。南京林业大学副校长王浩与上海市绿化和市容管理局有关负责人签署战略合作协议,副校长张红为上海市林业科学研究所揭牌。

【城市景观规划与可持续发展培训班】 5月17日,由南京市委组织部主办、南京林业大学承办的"城市景观规划与可持续发展"专题培训班开班。南京林业大学副校长张红出席开班典礼。南京市机关企事业单位76名领导干部参加培训。

【玄武区区长穆耕林一行访问学校】 11月2日,南京市玄武区委副书记、区长穆耕林一行到南京林业大学访问,就推进双方战略合作及有关事项进行座谈交流。南京林业大学党委书记蒋建清、校长王浩接待穆耕林一行。

【破译石榴全基因组】 12月,南京林业大学苑兆和教授主持的研究团队成功破译石榴全基因组,并组装出高质量基因组草图,成果在国际植物学科权威期刊Plant Biotechnology Journal发表。首次通过比较基因组分析,从分子层面确立石榴分类学地位，支持石榴属划归为千屈菜科。通过古基因组学研究，发现石榴与近缘物种巨桉共有一次古四倍化事件和双子叶植物共有的古六倍化事件，系统阐释石榴基因组重复序列的进化和功能，结合转录组学分析阐明石榴果实品质形成机理和胚珠发育生物学等科学问题，为石榴遗传与育种研究提供参考基因组资源。（钱一群）

·南京体育学院·

【概况】 2017年是十三届全运会决战之年，是教育部本科教学工作审核评估迎评之年，也是完成“十三五”发展规划各项任务的关键之年，学校在省委、省政府和省体育局、省教育厅正确领导下，教学、训练、科研等各项事业稳步前进，为实现“优势突出、特色鲜明、国内一流、国际知名”高水平体育大学发展目标奠定坚实基础。

2017年获准江苏省大学生实践创新创业项目立项46项，其中国家级项目10项，省级一般项目15项，省级立项项目15项，创业项目6项，校级项目20项。在全国第十三届学生运动会上获得“校长杯”。选派5名本科生暑期分别赴圣路易斯大学、爱丁堡大学、多伦多大学学习，4名本科生赴台湾体育运动大学学习交流。开展大学生医保、体质测试和心理健康教育系列活动，建设“一站式”学生事务与发展中心。承办34个项目的全国青少年运动员赛前文化测试工作，做好部分项目国家队网络课程试点；完成成人高等教育集中面授学习、国家冬季项目青少年运动员体能测试组织等工作。

【国家体育总局冬运中心领导一行到校指导工作】 5月11日，国家体育总局冬季项目国家队、江苏省夏季项目队伍教练交流座谈会在学校举行。国家体育总局冬运中心副主任刘成亮、姜世才，校党委书记陈国祥、校长杨国庆、副校长肖爱华出席座谈会。国家体育总局冬季运动管理中心各部、处负责同志、冬季项目国家队教练员，江苏省体育局有关部门负责同志，南京体育学院有关部门负责同志、体操队、蹦床队、技巧队教练员代表参加座谈会。

【《2022战略合作框架协议》签订】 5月12日，国家体育总局冬季运动管理中心、江苏省体育局、南京体育学院《2022战略合作框架协议》签约仪式在学校图书馆报告厅举行。省体育局副局长刘彤主持仪式。国家体育总局副局长高志丹，国家体育总局冬季运动管理中心副主任刘成亮、副主任姜世才，江苏省体育局局长陈刚、副局长王伟中，校党委书记陈国祥、校长杨国庆出席签约仪式。

【国家体育总局训练局、体能康复中心领导到学校调研】 9月12日，国家体育总局训练局副局长曲爱慧、体能康复中心主任李强一行到学校调研，参观学校体能康复中心并座谈，史国生副校长、运动康复医院副院长王家祥、科研处副处长戴剑松陪同参观座谈。

【获十三届全运会奖项】 十三届全运会设有33个竞技比赛项目（含417个小项），首次增加19个群众比赛项目（含126个小项），计543个小项。在传统竞技体育项目竞赛中，有170名运动员（含解放军2人）参加106个小项决赛，学校运动员获43枚奖牌，16枚金牌，按全国同类项目对比，位列奖牌榜第一位，金牌榜第二位。击剑、羽毛球、游泳、网球男队、体操男队5个队获“体育道德风尚奖运动队”。张择、史婧琳、冉俐等24名运动员获“体育道德风尚奖运动员”。

【获国际大赛奖项】 学校花样游泳队运动员冉俐、梁馨枰在第17

11月12日，蹦床队运动员张阔在第32届世界蹦床锦标赛上夺得男子单跳冠军

届世界游泳锦标赛上夺得集体项目冠军。蹦床队运动员张阔在第32届世界蹦床锦标赛上夺得男子单跳冠军，至此学校世界冠军数增加到99人。

【获全国一类赛（全运会项目）奖牌】 学校运动队在2017年全国一类比赛中取得18枚金牌，其中体操1枚，击剑3枚，自行车1枚，网球1枚，游泳4枚，技巧（非全运会项目）8枚。另取得银牌16.5枚、铜牌17枚。

【教学科研成果】 2017年，获批"博士授予单位立项建设单位"。获得"优秀本科生免试攻读硕士学位"资格。南京体育学院足球学院和江苏省校园足球研究中心正式挂牌成立。制定《学科建设管理办法》《学科发展十三五规划》，完成全校12个本科专业评估工作，完成康复治疗学、数字媒体艺术、英语3个专业学士学位申报工作，组织本科教学新一轮培养方案和教学大纲论证、修订。聘任7名客座教授，与20家专业实习基地签约，学生就业率90%以上。继续推进全校公选课修读模式改革，实施"自主选择+网络修读+统一考核"的课程修读模式，开设网络课程3门；完善本科教学质量监控体系，建立二级教学督导机制和学生信息员制度，开展本科教学质量学生满意度调查，满意和比较满意率为70.04%。

2017年南京体育学院获国家社科基金一般项目和青年项目各1项；获教育部、国家体育总局、省科技厅、省哲学社会科学规划办等省部级项目14项，省教育厅、省教育科学规划办、省体育局等市厅级项目21项，其中首次获教育部人文社会基金项目1项。国家体育总局奥运攻关科技服务项目立项1项，江苏省科技支撑重点研发计划（社会发展）1项，江苏省哲学社会科学基金项目重点项目1项。全年教师发表C刊论文17篇，外文被SCIE收录1篇，CSCD 1篇，北大核心期刊20篇，出版专著4部，编著2部，知识产权授权5项。修订完善各类科研管理制度，成立新一届管委会。"江苏体育产业经济与管理研究"获省优秀创新团队立项。聘任5位校学术带头人，13位校研究方向带头人。

【教师队伍建设】 按照学校高层次人才引进暂行办法，引进教授2人、副教授1人、优秀博士3人。2名教师入选青蓝工程学术带头人培养对象，3名教师入选青蓝工程骨干教师培养对象，3名导师入选江苏省第五批产业教授公示名单。全年招聘新职工39人，成立教师教练员发展中心，起草《教师教练员发展中心规程》，积极组织新职工岗前培训。

（吴文婷）

·玄武开放大学·

【概况】 2017年，学校继续以"博雅教育"为办学思想，深入践行"爱的教育"，持续推动"博雅学校"建设，以"博"文化核心理念为引领，以"立德树人"为根本任务，以提高质量为核心，以开放大学建设为重点，以改革创新为动力，全面推进依法治教，不断丰富学校的特色内涵发展，促进学校高等职业教育、成人教育、社区教育三位一体融合发展，促进学生全面而有个性地发展，不断提高人民群众对学校的满意度，把学校逐步打造成一所内涵丰富、品位高雅、和谐有序的"博雅"学校。

2017年学校招收新生784人，其中五年制高职新生180人、专接本125人，开放本专科279人，网络教育200人。现在校学生2058人，其中五年制高职班21个，学生802人；专接本班6个，学生256人；开放专本科专业7个，在籍学生650人；网络学院学生350人。学校采用合作办学形式，开展社区居民培训和青少年特色素质培训，全年累计培训社区居民3500人次以上，培训社区工作者1500人次以上，与社会力量办学单位联合办学，丰富社区学院办学内容，青少年素质培训12000人次以上，进行会计证、计算机等级证书、英语四六级、英语应用能力B级、ERP应用、书法等证书培训4000人次以上。

2017年学校获南京开放大学"先进办学单位""社区教育先进单位""教学管理先进单位""南财专接本工作先进集体"等称号。

【博雅教育】 学校文化以践行"爱的教育"为主线，以"博"为文化核心理念，以"三风一训"（"博学"校风、"博爱"教风、"博习"学风、"博雅"校训）的营造为出发点，着力构建"博学、博爱、博习"的行为文化和"博雅"的终极目标。积极探索"博雅教育"为学校特色的内涵，培养"包容、互融、共荣"的学校精神，践行"三精"（精心、精细、精致）的管理理念，用"三心"（用心、尽心、精心）服务理念，将"博雅润心智"的核心价值观转为全体教职工的教育教学实践和追求。本学年，开展第四届“博雅”青年教师、班主任、党员、管理人员评比活动，开展第五届“博雅杯”青年教师赛课活动，凝练教师自己教育教学主张，激励教师工作热情，营造“爱的教育”情怀。

【课程设置】 学校依据专业特点和育人目标，在课程改革中体现“目标整体，结构多元，尊重选择，差异发展”的要素，整合基础、实践、网络、社团、人文、德育等六大课程板块，完善“智慧和儒雅，让青春更精彩”课程方案，以“智慧课堂”（“构建动场，唤醒智慧”“自主学习，启迪智慧”“合作探究，实践智慧”“反馈迁移，内化智慧”），“兴趣课堂”（“文化陶冶”“艺术涵养”“科技运用”“运动休闲”），“网络课堂”（“互联网+”、卓越智慧课、尔雅通识课）和“博雅课堂”（“雅言雅行、雅仪雅礼、雅尚雅趣、雅量雅情、雅风雅德”），提升教育教学质量，为学生提供多元发展，促进学生全面发展，提升学生人文素养，努力培养“四博四雅”的博识之人、儒雅之士。

【“专接本”教学探索】 学校把“专接本”工作纳入学校发展的统一规划和品牌建设中，优化五年高职与专接本课程安排和招生衔接。自2009年该项目办学以来，8年来取得显著成果，2016级、2017级会计和市场营销专业“专接本”130名学生参加10月份自学考试，课程整体通过率达到82.75%，在“专接本”系统考试中名列前茅。学校“专接本”有6个班级，在校生256人。本年度15级77名学生顺利毕业，毕业率80.2%，其中65名学生取得本科学士学位。2017年12月总毕业率97.5%，有73%以上学生顺利获得南京财经大学学士学位。学校连续五年获“南京财经大学专接本先进集体”。

【校企合作】 2017年，学校继续与北大青鸟Aptech联合办学（TC精英教育），新开设五年制电子商务（网络营销方向）专业，采取“学历+技能”教育为核心的职业教育新模式，是学校为部分在校第五年的学生提前入职专门开设的平台。学生入学时与北大青鸟Aptech签订技能教育协议书，按期缴纳技能教育费用，获得相关证书，由北大青鸟Aptech负责推荐至阿里巴巴、淘宝网、腾讯科技、联想集团、北大方正、苏宁云商、清华同方、宏图高科等多家知名企业就业。

2017年，学校与江苏动铁集团联合办学，新开设五年制旅游管理（铁路客运服务方向）专业，采取“校企合一”的高技能人才订单式培养模式，实现就读即就业的“无缝接轨”。学生入学时与江苏动铁集团签订技能培训入学协议，按期缴纳技能培训费用，获得相关证书，由江苏动铁集团负责推荐学生在高铁乘务、乘服、高铁站台安检、实名制验票、客运员、配送、地铁安检、铁路旅游、铁路会议中心等与铁路相关的岗位就业。

【探索海外研修合作途径】 为做好与台湾建国科技大学和台湾东南科技大学海外研修项目。9月选拨4名四年级学生赴台湾建国科技大学、8名学生赴台湾东南科技大学进行为期一个学期的研修学习，可取得国际通用职业资格证书，拓展毕业生海外就业和留学深造渠道。9月初，学校“会计专业产学结合学习交流团”赴台研修交流，跟进和深化与境外高校的合作办学相关事宜，进一步拓宽学校与台湾高校的交流合作。

【玄武老年开放大学成立】 经市教育局批准，玄武老年开放大学于2017年10月27日在玄武开

10月27日，玄武老年开放大学正式揭牌成立

放大学正式揭牌成立。成立后的玄武老年大学根据老年人的生理、心理特点，注重“老有所学、老有所乐、老有所为、老有所教”相结合，本着“增长知识、丰富生活、陶冶情操、服务社会”的宗旨，尽最大努力满足老年居民求知、求乐的愿望和兴趣爱好，丰富老年居民的晚年文化生活。开设声乐班、舞蹈班、葫芦丝班、服饰班等老年居民学习班，学习人数超过250人。（张　然）

社区教育

【概况】 2017年，玄武区连续第五年获全国全民终身学习活动周优秀组织奖；连续第六年获江苏省社会教育宣传先进集体；区社区进修学院被评为江苏省优秀成人继续教育院校（培训结构）。年内，开展市、区、街道三级92项社区教育项目实验，培育社区教育品牌。

【特色活动】 全年开展各类特色活动，有玄武区社区教育工作者培训活动、玄武区社区教育阅读节启动仪式专场活动，以及2017年暑期中小学生进社区接纳仪式暨“红星闪闪照我心”系列夏令营开营仪式专场活动和暑期社区青少年教育活动、2017年全民终身学习活动周启动仪式及活动周活动等。产生7个玄武区终身学习活动品牌，新街口街道“成贤诗词歌赋社”获2017年度南京市百姓喜爱的终身学习活动品牌称号，向居民推送《博学玄武学习地图》及“博学玄武”社区教育系列读本之七——《玄武历史楹联》。建立玄武老年开放大学，强化老年教育。建设社区教育共同体，推广梅园新村街道文化场馆合作联盟。在省内，提升“江苏三D”（南京玄武区社区进修学院、常州武进社区学院、张家港锦丰镇社区教育中心和金港镇社区教育中心）社区教育发展合作联盟工作；在省外，发展与四川省成都市都江堰市社区教育学院的社区教育联盟。

【走访交流】 5月6日上午，省、市教育部门领导到玄武区开展社会教育工作“大走访”，主要走访玄武区社区进修学院、玄武湖街道社区教育中心和南京艺之行艺术培训学校（新街口校区），重点调研玄武区老年大学及老年教育工作、民办非学历培训机构办学情况、江苏开放大学和玄武开放大学学习苑——玄武湖街道社区教育中心的社区教育工作等。同时开展省教科院立项课题《全场景学习：区域推进社区教育学习生态建设的实践研究》，构建全方位、立体式、多元化的学习环境，形成可持续发展的社区教育学习新生态，推进全民终身学习。6月12—14日，由教育部社区教育研究培训中心、中国成人教育协会终身教育与学习研究中心、中国成协社区教育专业委员会联合举办的“2017年东、西部地区社区学院院长论坛”在贵阳市召开，来自全国各地的社区教育机构的180余名负责人参加论坛，玄武区应邀作大会经验介绍。7月14日下午，由黄富顺理事长率领的台湾成人教育与终身教育专家及学会成员一行24人，在江苏省成人教育协会副会长马良生、副秘书长郑青及南京市成人教育协会副秘书长刘茂泉等领导的陪同下到玄武区社区进修学院考察，区社教办副主任王信芳及区社区进修学院全体同仁接待。9月19日，南京市社区教育目标管理考核视导玄武区，视导组专家采用听取汇报、实地查看、查阅资料区、访谈询问等形式进行考核。10月27日下午，玄武区举办2017年全民终身学习活动周启动暨玄武老年开放大学揭牌仪式活动。来自市、区教育局、社教办，南京开放大学的相关领导，各街道工委分管书记、社区居民学校校长及社区居民代表、玄武开放大学师生等800多人参加活动。活动中，“博学玄武”社区教育乐龄培训系列老年教育课程班的学员们以模特服饰秀《夕阳风采》、手杖操《快乐男生》、太极剑《养生太极》、舞蹈《珠穆朗玛》等展演形式汇报学习成果，诠释终身学习的快乐。

（王信芳）

科学技术

Science and Technology

责任编辑　卢永晨

◎ 科技管理

◎ 科学普及

◎ 科研院所

科技管理

【"两落地一融合"工程推进】 2017年，玄武区与东南大学、南京理工大学等十余所高校院所深入开展校地合作，推进南理工军民融合等合作项目，促成一批科技成果实现校企转化。百家汇获省重大新型研发机构建设项目，落地南京人工智能研究院、南京智能装备产业技术研究院、上海交大医学智能研发转化中心3家新型研发机构，分别参加市第一、二批签约，积极储备新建项目，促进创新平台早落地、早见效。

【徐庄高新区整合运作完成】 2017年，徐庄软件园获省级高新区(筹)，园区获苏南国家自主创新示范区优秀科技园区、第五批省级科技产业园。围绕管理机构、支持政策、园区品牌、考核体系"四个统一"，做到空间整合、机构设置、平台运作、工作机制、功能布局"五个到位"，实质化完成"一区多园"整合运作，明确"孵化在街区、加速在园区、产业化在核心区"的创新布局，促进各功能园区经济、科技、产业协调联动发展。

【"双创"工作开展】 2017年，玄武区梳理盘整双创载体，推动未来城B座等低效楼宇提档升级，联合各街道园区打造创业社区、创客空间、众创空间等形式多样的双创载体，珠江路创业大街成功入选首批省级众创社区试点，百家汇入选生物医药国家专业化众创空间，新增梦想家等1家国家级众创空间、苏宁青创园等6家省级众创空间、南京理工大学能创空间等8家市级众创空间。积极服务创客，主办协办中美创客大赛、中德青年创新创业合作交流会等双创活动100余场次，推动双创工作蓬勃发展。

【服务企业创新发展】 2017年，玄武区赴芬兰、以色列及广州、深圳等国内外先进地区广泛开展科技创新招商活动，帮助太库南京企业孵化器管理有限公司、江苏智道工程技术有限公司等企业与国内外优质企业机构开展合作，新增高新技术企业、省级民营科技型企业各21家，南京苏宁易购电子商务有限公司、赛特斯信息科技股份有限公司入选瞪羚企业，中科院南京天文仪器有限公司、南京誉葆科技有限公司分获国家、省级重大成果专项，江苏猎宝网络科技股份有限公司等4家企业获得市工程技术研究中心资质，江苏苏美达机电有限公司、南京矽力杰半导体技术有限公司获市海外研发机构资质，协助区内科技型企业申请科技银行政策性贷款达超12亿元，各类服务工作成效显著。 (张凯斌)

·知识产权·

【概况】 2017年，玄武区实施知识产权强区战略，提升全区知识产权创造、运用、保护和管理能力。全年专利申请总量8471件，发明专利申请量6360件，专利授权总量3542件，发明专利授权量2119件，有效发明专利8581件，万人发明专利拥有量在全市排名第一。

【专利资助与奖励】 2017年，玄武区坚持"量质并举，以质为主"工作方针，推动知识产权创造产出。面向全区高校、科研院所、企业及个人发放授权专利资助342.5万元，发放专利大户奖励104万元。6项专利获国家第十九届中国专利优秀奖，3家高校院所专利获第十届江苏省专利金奖。

【知识产权管理】 2017年，组织18家企业开展"江苏省企业知识产权管理标准化示范创建"工作，5家企业通过第三方认证，2家企业通过贯标绩效评价，11家企业被确定为南京市知识产权示范培育企业。宏图三胞高科技术有限公司获江苏省电子商务平台知识产权保护项目和南京市正版正货示范创建项目，3家企业获市自主知识产权开发计划项目。4项专利获南京市优秀专利奖。

【知识产权项目申报】 2017年，引导和组织企业申报江苏省、南京市知识产权项目，7家企业获项目经费支持累计109万元。其中江苏鸿信系统集成有限公司等3家企业各获南京市20万元项目经费；南京理工大学获南京市知识产权战略专项经费25万元；江苏先声药物研究有限公司获资助10万元；宏图三胞高科技术有限公司获江苏省级电子商务平台保护项目10万元经费；江苏瑞德信息产业有限公司获南京市知识产权贯标企业奖励4万元。

【知识产权宣传培训】 2017年，受南京市知识产权局委托，承办省、市知识产权政策解读宣讲活动，对辖区企业和知识产权从业人员开展知识产权贯标培训、"正版正货"宣讲、电商企业知识产权保护辅导等活动，累计培训人数500余人。11人获江苏省知识产权工程师资格结业证书，6人获专利代理人业务能力提升结业证书。“4·26”期间开展保护知识产权宣传周活动，参与人数300余人。

【知识产权保护】 2017年，配合省市开展专利执法检查2起，针对壹号家信息科技有限公司和丹凤眼国际眼部理疗美容连锁机构进行相关信息核查。7月、9月对辖区先声再康江苏药业有限公司岗子村仓储药店和苏果超市马标连锁店开展专利商品执法检查，累计查处200余件药品、医药器械和日用品，对其中53件涉嫌假冒专利商品立案调查。（祁淑芹）

·科技人才及成果转化·

【概况】 全年培育“创新型企业家”4名，申报高端人才团队引进计划2家。指导1家企业获得省科技成果转化专项资金项目，2家企业获市成果转化专项，获批省企业研究生工作站4家、省工程技术研究中心2家、市工程技术研究中心4家。

【创新型企业家培育】 2017年，申请创新型企业家贷款贴息扶持资金10.0825万元。南京三加三电子商务有限公司杨宗义、南京沃旭通讯科技有限公司林权威、南京睿肯信息技术有限公司侯庆刚、江苏弘景医药投资有限公司成俊4人入选南京创新型企业家培育计划。

【省市成果转化指导】 2017年，指导南京誉葆科技有限公司申报省科技成果转化专项资金项目，项目获资助资金合计600万元。指导江苏先声药业有限公司、南京埃森环境技术股份有限公司申报市成果转化专项，获项目资助资金各80万元。

【省市科技研发机构建设推荐】 2017年，推荐东大智能化系统有限公司、江苏苏美达工程技术有限公司、江苏兰德数码科技有限公司、江苏速度信息科技股份有限公司4家企业获省企业研究生工作站认定。推荐南京矽力杰半导体技术有限公司、江苏猎宝网络科技股份有限公司、江苏省建筑工程质量检测中心有限公司、南京登博生态科技股份有限公司4家企业获市工程技术研究中心资质。推荐赛特斯信息科技股份有限公司申报海外研发机构，绩效考评为优秀。推荐南京中科水治理股份有限公司、江苏速度信息科技股份有限公司2家企业获省级工程技术研究中心资质。

（陈 鹏）

科学普及

【概况】 2017年科普周活动期间，推荐科普作品《趣味力学现象》，入选科技部2017年全国优秀科普作品名单。科普日开展的“优质科普资源进地铁”活动获2017年全国科普日优秀活动。玄武区科技局获江苏省防震减灾知识网络竞赛活动优秀组织单位、第三届社区地震科普员演讲比赛优秀组织单位，玄武区科协获南京市科协系统争先创优先进集体、市“金桥工程”优秀组织单位。撰写科普信息刊发在市级网站58篇、市级报刊杂志5篇、省级网站16篇、省级报刊3篇、国家级网站3篇。

【服务科技工作者】 整合现有数据资源，加强横向联系沟通，完善中青年人才举荐方法程序，顺畅科技人才举荐社会通道。2017年，南京途牛科技有限公司于敦德入选第十五届中国青年科技奖候选人江苏省推荐人选公示名单。推荐张绍铃、方继朝、卢光明入选南京市“十大科技之星”。“南京理工大学含能材料科研团队”获2017年江苏省创新争先奖牌，冯伟民等6人获江苏省创新争先奖章，南京农业大学张绍铃等5人获江苏省创新争先奖状；中科院南京土壤研究所王芳等11人获2017年度“江苏省青年科技人才托举工程”资助。

【创新创业服务】 2017年，加强“海智计划”项目建设，举办各类海智活动16场次，引进海智项目5个，2个项目落地转化成功，玄东科技园与华美半导体、中美创新等7家海外知名的学协会签订合作协议，14名海外人才落地创业，引进“中美创新协会”等人才中介组织在玄武设立南京工作站。神桥医疗公司与巴基斯坦合作开发创新型康复类医疗器械项目，参加省科协的海智成果展。玄东科技园获市科协“海智计划”项目海智引导资金扶持3万元。

【科学文化公共服务】 2017年，组织开展科普周、科普日系列科普宣传活动；召开科普基地座谈会，推进优质科普资源共建共享；承办“南京科协大讲堂”2场，举办科技拥军活动2次、“趣味科普”36场次；开展“留住江豚的微笑”

科普绘画比赛，全市32所小学约130名小学生参加比赛。依托现有的23所市级社区科普大学，发挥辖区科普资源优势，全年申办科普大学教学活动62场次、经费资助3.6万元。

【科普中国落地应用】 2017年，根据《科普中国·百城千校万村行动计划南京试点方案》要求，按"五有一统"标准命名14家社区为玄武区首批科普中国·社区e站。推进社区全媒体科普益民系统建设，新增科普大屏8台（全区共48台），增设科普频道，实现科普宣传面对面，培育公众科学健康文明生活方式。

【科普青少年品牌建设】 2017年，设立南京市首家区级青少年科技创新区长奖，8月30日，印发《玄武区青少年科技创新区长奖实施方案（试行）》。通过"宣传贯彻、作品征集、奖项评审"三个阶段，最终殷泽桓等28名同学获区长奖。举办第十四届"紫金杯"信息编程竞赛、科技创新大赛等活动。邀请中科院南京分院专家走进校园，开展科普报告进校园活动6场次。北京东路小学获"十三五"第二批省科学教育综合示范学校。

【科普基础设施建设】 以"科普益民"为核心内容，实施"社区科普益民计划"，共建社区科普教育阵地，以社区科普基地为中心，向学校、单位、家庭辐射和延伸。在全区7个街道遴选不同的科普主题，建设科普宣传阵地，如玄武门街道的三新科技广场、梅园新村街道的人防科普馆、红山街道的无线电应用培训基地等；红山小学、花园路社区建成市级防震减灾示范点。指导台城花园社区成功申报省科普益民计划，并获10万元奖补资金。

【防震减灾系列活动】 在全省2017年防震减灾知识网络竞赛活动中，区科技局获全省防震减灾知识网络竞赛组织奖。2017年在十三中开展的防震减灾演练中，使用业余无线电台做灾情速报，该项活动在《南京日报》及南京电视台进行宣传报导。修订《玄武区地震应急预案》，开展地震应急工作演练活动237场次。全年市区参加演练3次，街道社区演练次数66次，区内中小学校组织疏散演练368次。发放防震减灾宣传用品12000余份、应急包60个。

（刘小刚）

科研院所

·中国科学院南京地质古生物研究所·

【概况】 2017年，中国科学院南京地质古生物所现有在职职工163人，包括中国科学院院士4人、研究员及正高级工程技术人员43人、副研究员及高级工程技术人员44人。有中国科学院"百人计划"入选者6人，国家杰出青年科学基金获得者7人，优秀青年科学基金获得者2人，国家"万人计划"入选者2人。南京古生物所设有"古生物学与地层学""地球生物学""地质工程"和"矿物学、岩石学、矿床学"四个专业二级学科硕士研究生培养点，"古生物学与地层学"、"地球生物学"和"矿物学、岩石学、矿床学"三个博士研究生培养点，并设有博士后流动站。2016年底有在学研究生91人（其中硕士生47人、博士生44人）、在站博士后9人。

【科研项目】 2017年，南京古生物所共有在研项目175项，包括新增项目36项。其中，主持国家重点基础研究发展计划（973）项目1项、课题5个，其他单位负责的973项目课题2个，承担国家科技基础性工作专项课题2个，承担国家重大科技专项课题3个（新增3个），参加其他单位负责的国家科技基础性工作专项课题1个，参加国家重点研发计划1项；主持国家自然科学基金重点项目5项（新增1项）、国际合作项目3项、面上项目36项（新增7项）、重大项目2项（新增1项）、创新研究群体科学基金项目1项、国家重大科研仪器设备研制专项1项、杰出青年科学基金项目1项（新增1项）、优秀青年科学基金项目1项、青年科学基金项目29项（新增9项）、联合基金2项，参加外单位基础科学中心课题1个（新增1个）、重大研究计划课题2个、地区科学基金1项、青年科学基金1项；承担院战略性先导科技专项培育项目1项（新增1项），承担中国科学院战略性先导科技专项课题15个，承担院创新国际团队项目1项，院"百人计划"D类入选者项目1项，院率先行动"百人计划"项目1项（新增1项），院青年创新促进会项目8项（新增3项），承担院前沿科学重点研究项目2项（新增1项），承担中科院其他项目1项；承担英国皇家学会牛顿高级基金1项；参加中国地质科学院课题4

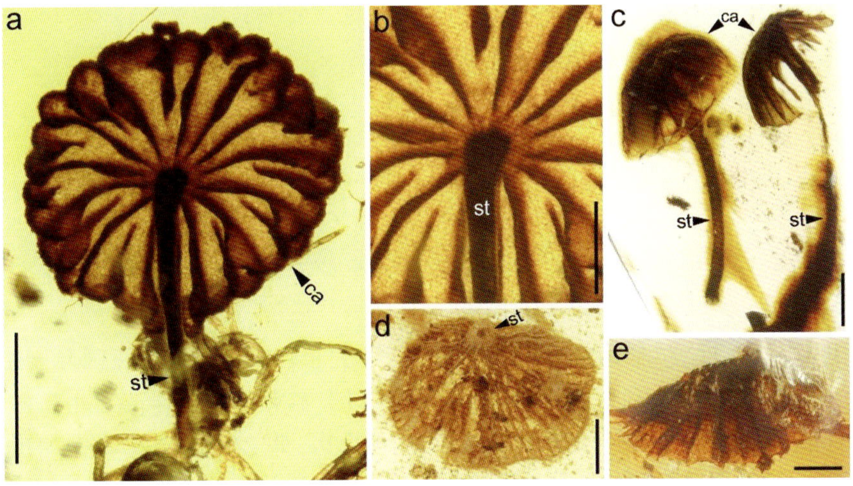

亿年前缅甸琥珀中多样化的蘑菇

个；主持江苏省自然科学基金项目7项(新增2项)；承担地方政府委托项目1项；承担大中型企业委托项目6项(新增5项)。

【科研成果】 2017年发表学术论文355篇，其中SCI论文273篇，出版专著11本，获发明专利授权1项。基于新疆塔城3.8亿年中泥盆世最早的硅化木材料，首次识别出作为地球上最古老树木的枝蕨类植物的加粗生长机制，揭示最早森林形成机制，相关成果发表在《美国科学院院报》。在缅甸白垩纪琥珀发现世界上最早的蘑菇化石，并论证白垩纪蘑菇多样性，相关成果发表在《自然—通讯》。出版英文版专著《中国显生宙腕足动物属志》，是现阶段对中国显生宙腕足动物的一次全面而系统的总结。有3项成果入选“2017年度中国古生物学十大进展”。

【合作交流】 2017年，获批中国科学院“国际访问学者计划”13项。有157人次先后出访参加国际学术会议或进行合作研究，接待131人次外宾来访合作或讲学。主办“国际地学计划IGCP653项目2017年度国际学术研讨会”和“第二届中德古生物学国际会议”。南京古生物所有20余位专家担任30多个国际学术组织的主席、副主席、选举委员等职务。

（陈孝政）

·中国科学院国家天文台南京天文光学技术研究所·

【概况】 中国科学院国家天文台南京天文光学技术研究所（简称“南京天光所”）是我国专业天文仪器研制及天文技术研究和发展的重要基地，下设望远镜新技术研究室、天文光谱和高分辨成像技术研究室、太阳仪器研究室、镜面技术实验室、大口径光学技术研究室、望远镜工程中心和南极天文技术中心等7个科研部门，拥有中国科学院天文光学技术重点实验室，是江苏省先进光学制造技术高技能人才培养基地。2017年作为唯一的中科院科研机构成功入选江苏省外国专家工作室。

至2017年底，南京天光所有在职职工166人。其中科技人员108人、科技支撑人员39人，包括两院院士3人、发展中国家科学院院士1人、研究员及正高级工程技术人员19人、副研究员及高级工程技术人员47人。共有中国科学院“百人计划”入选者3人。

现设有“天文学”“光学工程”等2个一级学科和“天体物理”“天文技术与方法”“精密仪器及机械”等3个二级学科博士、硕士研究生培养点，1个“仪器仪表工程”全日制专业学位的培养点，并设有“天文学”“光学工程”等2个专业一级学科博士后流动站，共有在学研究生68人(其中硕士生41人、博士生27人)、在站博士后2人。

【科研项目】 2017年，南京天光所在研项目150余项，包括新增项目66项。其中，主持国家自然科学基金重点项目3项、面上项目21项(新增4项)；承担国家重点基础研究发展计划(973)课题2项，主持国家高技术研究发展计划(863)项目1项；主持国家自然科学基金委重大仪器研制项目1项，参与国家自然科学基金委重大科研仪器1项(新增)；承担中国科学院战略性先导科技专项课题3项；主持重点国际合作项目4项(新增2项)；承担大科学装置运行与改造1项；承担院地合作项目50项(新增33项)。由朱永田研究员领导的系外行星探测及地外生命搜寻团队成功入选2017年度中国科学院创新交叉团队项目。

作为“十二五”国家重大科技基础设施中国南极昆仑站天文台项目共建单位，承担建设南极最大口径的光学望远镜2.5米KDUST，建议书报发改委。南南极巡天望远镜AST3-2首次实现无人值守条件下的越冬观测，观测

南极巡天望远镜AST3-2探测引力波光学对应体作为《Science Bulletin》封面故事介绍

超过200多个系外行星候选体。AST3-2成功探测到首个双中子星并合引力波GW170817的光学对应体和光变信号，标志着多信使天文观测时代正在开始，是天文学发展史上一个重要里程碑。国家自然科学基金重大国际合作研究项目高对比度成像关键技术与太阳系外行星实测研究，完成升级之后的Extreme AO系统，采用277单元可变形镜，系统开环校正频率提高至2000Hz。空间无缝光谱仪完成巡天模块初步方案的设计评审，2018年6月转入初样阶段。

作为先进天基太阳天文台(ASO-S)三大载荷之一——全日面矢量磁像仪(FMG)主任设计单位，承担自背景型号、立项论证及先期启动工作。LAMOST运维为巡天观测提供重要保障，完成37块MB、6块MA子镜和光谱仪部分光学元件的重新镀膜、安装和调试，及光学系统的检查和调试，LAMOST激光信标系统通过出所验收，成功镀制采用增强型金反射膜系的准直镜。12月31日，LAMOST DR5数据集正式向全世界公开发布。在国家某专项工程部套研制、空间天文光学镜面研制和技术发展等方面也取得重要进展。

【科研成果与知识产权】 2017年，授权专利18件，其中发明专利授权17件，包括国际专利授权2件，实用新型专利授权1件。软件著作权登记1件。公开发表文章23篇，其中SCI收录4篇，EI收录3篇。《实践中培养创新型高层次天文技术与方法研究及应用人才》荣获中国科学院教育教学成果奖二等奖。南京天光所科研人员张思炯独立撰写的英文专著《Understanding Optical Systems through Theory and Case Studies》由美国SPIE(光学工程协会)出版社出版，被列为中国科学院大学指定教材。

链接

《Understanding Optical Systems through Theory and Case Studies》

南京天光所张思炯研究员应SPIE出版社邀请撰写，全书共294页，分光学理论和光学实践两部分，详细介绍如何通过光学理论和光学实例，理解和分析光学系统。其中，理论部分主要集中介绍经典光学(几何光学和波动光学)，以及统计光学和量子光学的一些概念；实践部分包括基本的光学元件(光源、透镜、棱镜、光栅、分束片、滤波片、光纤及光电探测器等)的特点和三个实际光学系统(共焦显微镜、在线共相系统，以及自适应光学系统)的剖析。该书以图像和物理本质的深刻理解为特色，全书公式不多，特别注重用浅显的语言和实例辅助理解深奥的光学概念和理论，非常适合作为大学光学或物理学专业的教材，也可作为光学工程师和光学科研人员的参考书。

【交流合作】 积极开展国际、地区间学术交流与合作。全年出访14批次、共24人次，主要参加国际学术会议和进行研究合作等，涉及美国、印度、澳大利亚、西班牙、瑞士、智利、乌兹别克斯坦等国家，以及中国台湾和香港地区。接待来访来自于南非、埃及、澳大利亚、英国、美国等相关天文研究机构15批次，共36人次。

成功研制Φ1.35米超薄非球面改正镜助美国ZTF项目初光，开展美国30米望远镜TMT全尺寸子镜部套集成试验和试验镜预应力环抛工装。与西班牙GTC合作高分辨率超稳定光谱仪项目，概念方案通过国内评审，提交外方团队。与美国MSE合作10米光谱巡天望远镜项目，完成多目标高分辨率光谱仪概念设计，进入初步设计阶段。与美国TMT-WFOS组一直开展宽视场光学光谱仪的光机设计，完成概念设计。

(郑　健)

·中国科学院南京地理与湖泊研究所·

【概况】 至2017年底，南京地理与湖泊研究所有在职职工282人。其中科技人员184人、科技支撑人员25人，研究员及正高级工程技术人员48人、副研究员及高级工程技术人员80人。国家"青年千人计划"入选2人；"万人计划"

入选2人(新增1人);中国科学院“百人计划”入选10人(新增1人);国家杰出青年科学基金获得者4人,国家优秀青年基金获得者3人(新增1人)。

南京地理与湖泊研究所现设有地理学、环境科学与工程2个专业一级学科博士研究生培养点,自然地理学、人文地理学、地图学与地理信息系统、环境科学4个专业二级学科博士研究生培养点,自然地理学、人文地理学、地图学与地理信息系统和环境科学4个专业二级学科硕士研究生培养点以及工程硕士(环境工程、建筑与土木工程领域)全日制专业学位培养点,并设有地理学专业一级学科博士后流动站。共有在学研究生202人,其中硕士77人,博士125人(含留学生6人);在站博士后26人。设有湖泊与环境国家重点实验室、中国科学院流域地理学重点实验室、湖泊生态与环境工程研究中心、区域发展与规划研究中心、湖泊野外观测与数据中心(含太湖湖泊生态系统国家野外观测研究站、鄱阳湖湖泊湿地观测研究站、抚仙湖高原深水湖泊研究站、呼伦湖生态系统定位观测研究站、天目湖流域观测研究站、东非大湖与城市生态研究站和湖泊—流域数据集成与模拟中心)。拥有30万元以上的大型仪器设备100余台套。图书馆馆藏图书期刊12万多册,各种地形图63000多幅,航卫片77000多张。此外,还馆藏地方志4262种44000多册,其中善本近百种,孤本10余种。

【科研项目】 2017年,南京地理与湖泊研究所有在研项目382项(包括新增项目193项)。其中,主持国家自然科学基金委创新研究群体项目1项,新增国家自然科学基金委重大项目课题1项、主持国家自然科学基金重点项目6项(新增1项)、面上项目51项(新增22项)、国家杰出青年科学基金项目1项、国家优秀青年科学基金项目1项(新增1项);新增国家重大科技专项项目2项、课题5项;新增国家重点研发计划项目1项、课题2项,在研国家重点研发计划课题3项;新增科技基础资源调查专项1项、课题2项;主持科技支撑计划项目1项、课题两项;主持基础性工作专项1项;主持中科院海外基地专项1项;主持院重点部署项目1项、重点国际合作项目2项。

天目湖流域生态观测研究站

【科研成果】 2017年,全所发表论文390篇,其中SCI论文收录257篇,一区和二区高质量论文115篇,高质量论文同比增长10.6%。出版专著9部,申请和授权专利87件,软件著作权登记28项。

2017年,承担的“十二五”水专项巢湖项目和太湖课题研发出的水生态修复与保护成套技术方法,开发的水生植被构建、湖泊清水稳态构建与维持、蓝藻水华模拟与处置等关键技术,入选“十八大”以来中国科学院创新成果展,支撑国内主要淡水湖泊富营养化治理。咨询建议《关于继续加大太湖蓝藻水华治理力度的建议》被国务院办公厅采用,获国家领导人批示。咨询报告《泰州在扬子江城市群中的定位与发展思路研究》《关于泰州在扬子江城市群建设中定位与发展思路的初步思考》关于全力争取在南京设立国家科学中心的对策建议》《关于大力强化港口物流协同发展。参与编制《常州市天目湖保护条例》于2017年12月2日在江苏省第十二届人民代表大会常务委员会第三十三次会议上批准通过,为天目湖的保护和管理提供有力支持。

2017年,太湖湖泊生态系统研究站科研样地建设项目顺利通过验收。抚仙湖站有序开展基础平台建设和野外常规监测,完成第二批仪器验收和深水区水环境观测平台建设。鄱阳湖湖泊湿地综合研究站对园区基础设施进行全面改造。溧阳市政府共建的天目湖流域生态观测研究站正式揭牌运行。国家林业局共建的呼伦湖湿地生态系统定位观测研究站进行湖泊生态系统综合调查和鸟类迁徙状况监测。东非大湖与城市生态研究站(EAGLUE)顺利揭牌运行，并在当地发布"Water Quality Investigation in Major Cities of Tanzania—Rivers, Lakes and Drinking Water Sources"这一合作研究的重要成果。所级公共技术服务中心持续获中科院所级中心年度择优经费的支持。

研究所投资公司2个，分别为中科健康产业集团股份有限公司和南京中科水治理有限公司，从事科技开发人员数61人，年产值3.38亿元，研究所参股效益2026.92万元。

【学术交流与合作】 2017年，南京地理与湖泊研究所深入推进国内外学术交流合作，派出140人次赴美国、英国、德国、澳大利亚、新西兰等27个国家和地区进行交流，接待来自英国、美国、日本、德国等10多个国家和地区近78人次。举办“人类淡水社会—生态系统弹性变化国际研讨会”“流域水资源管理与综合治理国际学术研讨会”等重大国内国际会议，提升研究所的国际影响力和学术声誉。

研究所是江苏省海洋湖沼学会、江苏省地理学会、江苏省遥感与地理信息系统学会、中国地理学会长江分会、中国地理学会湖泊与湿地分会、中国海洋湖沼学会湖泊分会、中国第四纪科学研究会生态环境演化分会、中国环境科学学会沉积物环境专业委员会挂靠单位。主办《湖泊科学》学术期刊。 (孙 昊 陈亚芬)

·中国科学院南京土壤研究所·

【概况】 中国科学院南京土壤研究所 拥有土壤与农业可持续发展国家重点实验室、土壤养分管理国家工程实验室、农田土壤污染防控与修复技术国家工程实验室、中国科学院土壤环境与污染修复重点实验室、农业部耕地保育综合性重点实验室等重要研究平台；土壤资源与遥感应用研究室、土壤-植物营养与肥料研究室、土壤化学与环境保护研究室、土壤物理与盐渍土研究室、土壤生物与生化研究室、土壤与环境生物修复研究中心、土壤利用与环境变化研究中心等研究单元。拥有中国科学院生态系统研究网络土壤分中心、河南封丘农田生态系统国家野外科学观测研究站、江西鹰潭农田生态系统国家野外科学观测研究站、江苏常熟农田生态系统国家野外科学观测研究站、中国科学院三峡工程生态环境湖北秭归实验站。拥有联合国粮农组织的特约图书馆和亚洲最大土壤标本馆。土壤与环境分析测试中心获国家实验室认可和国家计量认证。

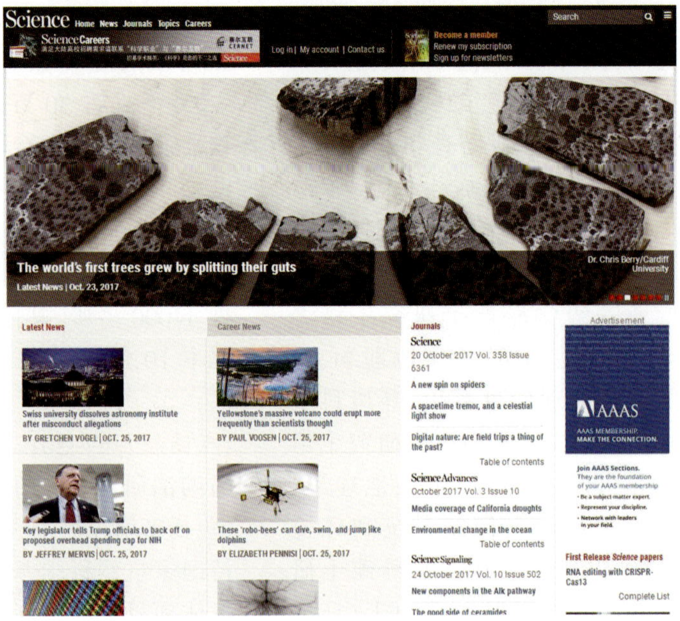

新疆硅化木研究揭示最古老树木的生长模式

至2017年底，南京土壤研究所有在职职工300人。其中科技人员220人、科技支撑人员58人，包括中国科学院院士2人、研究员及正高级工程技术人员67人、副研究员及高级工程技术人员95人。有国家海外高层次人才引进计划(“千人计划”)入选者1人；中国科学院“百人计划”入选者16人(新增2人)；国家杰出青年科学基金获得者9人(新增1人)，万人计划1人，百千万人才6人，优青3人，中国科学院青促会会员19人，中国青年科技奖获得者2人，中国科协青年人才托举计划2人，江苏省“333”高层次人才二层次入选4人，三层次9人。

设有农业资源与环境、环境科学与工程、生态学等3个一级学科博士研究生培养点，土壤学、植物营养学、环境科学等11个专业二级学科硕士研究生培养点，并设有农业资源与环境、环境科学与工程2个一级学科博士后流动站，共有在学研究生346人(其中硕士生144人、博士生187人，含15名留学生)，在站博士后34人。

【科研项目】 2017年，国家重点研发计划项目、课题13项，国家自然科学基金面上项目18项，国家自然科学基金青年项目11项，国家自然科学基金重点项目、国家自然科学基金重大项目课题、国家自然科学基金外国青年学者项目各 1 项，中科院装备项目、中国科学院前沿科学重点研究项目、中科院 STS 双创引导项目等多项重要任务。

【科研成果】 全年发表科研论文 600 余篇，其中 SCI 论文 325 篇；新获授权专利 30 件；出版专著 6 部；申请获批软件著作权 10 项。建立全国首个土壤修复产业园以及离岸孵化器、生态高值农业示范基地等多个农业与环保产业的研发示范平台，在 20 多个省（市）开展卓有成效工作。在促进农业现代化建设和治理土壤环境污染中解决一批实际问题；土壤与环境分析测试中心被评为中科院优秀所级公共技术服务中心。《PEDOSPHERE》成为我国农业科学领域国际影响力指数最高的杂志。2017 年，张佳宝研究员领衔的团队经过十多年的攻关，破解新垦耕地无优质耕作层的难题，研发以有机天然材料为核心的优质耕作层快速构建工程技术，形成不同类型土地整治优质耕作层构建和土地利用模式。该技术在全国 7 个省进行中试和示范，取得明显效果。赵永存研究员等利用自主建立的土壤资源评估方法体系，基于系统数据分析并明确我国农田近 30 年来土壤有机碳的变化速率及其影响因素，相关成果为我国农田土壤固碳提供直接证据，同时为正在经历相似经济和社会发展进程的发展中国家提供经验和借鉴，研究成果发表在美国科学院院刊（PNAS）上，得到国际同行高度认可。 （秦江涛）

·江苏省中国科学院植物研究所·

【概况】 江苏省中国科学院植物研究所暨南京中山植物园是江苏省政府与中国科学院“双管共建”的公益科研机构，是我国亚热带植物研究中心之一，担负着植物资源保护与利用、植物科技创新与服务、植物文化传播与教育的核心任务。至 2017 年底，在职职工 259 人，其中高级职称 88 人。设有“生物学”一级学科硕士研究生培养点，在学研究生 48 人。研究所设有植物多样性、药用植物、观赏植物、植物生态等研究中心 6 个，拥有江苏省植物资源研究与利用重点实验室、草坪种质改良与繁育工程技术研究中心、药用植物资源圃等省级科技平台 7 个，以及华东地区最大、馆藏 70 余万份标本的植物标本馆。植物园收集保存植物资源 8000 余种（含品种），建成专类植物园（区）20 余个，是国家、江苏省和南京市科普教育基地及青少年科技教育基地。

【科学项目】 2017 年，新增科研项目 113 项（其中纵向项目 74 项、横向课题 39 项），到账经费 3257 万元；发表论文 220 篇（其中 SCI 收录论文 73 篇），著作 17 部，新品种（审定、保护权、国际登录）14 个；申请专利 64 项，授权专利 36 项；获省级农业技术推广奖 1 项。

【科普教育】 植物博物馆建成开放。主要展示包括植物系统演化、植物与人类、奇妙的植物世界和植物与生态文明四个部分，采用传统与现代相结合的展陈方式，结合实景还原、幻影成像、触摸互动等现代多媒体技术，融科学性、趣味性、互动性于一体，向参观者展示宏大而奇妙的植物世界。还配套植物园之友、陈列室、科普实验室、多功能报告厅和科技成果展厅等内容。年内举办“生肖植物”“植物园与生物多样性保护”“植物寻宝”等主题活动 24 次，以及“科技夏令营”“观花”等特色环境教育活动；新开办“科普大讲堂”活动，邀请著名专家学者主讲，扩大社会影响力。通过撰写科

7 月 12 日，举办“植物王国之旅”科技夏令营活动

普文章、联合市科协拍摄科普视频、参加电视访谈、加大新媒体在线交流互动等，加强科普宣传效果。相关科普作品获2017年度“中科院南京分院科普创作大赛”一等奖、江苏省优秀科普作品三等奖。

【合作交流】 坚持需求导向，先后选派5人到县、乡、村挂职、帮扶，推进科技成果转化。扩大中山杉继续沿长江流域推广；力推草坪草在运动场草坪、南海岛礁建设等发挥优势作用；推进蓝莓新品种在湖北、浙江等地的应用；完善板栗、薄壳山核桃、樵李、猕猴桃等优良经济植物的栽培和产品加工技术。通过帮扶发展芡实等“水八仙”产业，使泗阳庄圩乡脱贫。参加中组部牵头组织的贵州省“精准扶贫院士专家行”咨询服务活动中，1人被聘为“贵州省脱贫攻坚特聘专家”。

2017年开办“钟山学术大讲堂”，邀请国内外知名科学家20余人来访，通过学术报告、学术研讨交流等形式，拓展科研人员视野和思路，建立深入合作关系。相关学科23人次分别赴英国、荷兰、瑞士、美国、瑞典、丹麦、芬兰等国家和地区开展合作交流。承办第19届国际植物学大会“植物园与耐盐植物开发”专题研讨会，2017中国草学会年会“国际草坪专题研讨会”，中国环境学会“植物环境与多样性专题研讨会”，全国“中山杉种苗繁育及推广应用技术交流会”，第三届荷花栽培育种及国际登录学术研讨会等重要学术会议。举办江苏省植物学会第九届会员代表大会暨2017年学术年会。 （耿茂林）

·中国林业科学研究院林产化学工业研究所·

【概况】 中国林业科学研究院林产化学工业研究所(简称“林化所”)是全国专业从事木质和非木质林产品化学加工与利用，集基础研究、应用研究、产品开发及工程设计为一体的国家级综合性研究开发机构。至2017年底，在职职工195人，其中科技人员179人，包括研究员24人，副高级人员48人；中国工程院院士2人，国际木材科学院院士4人，国家杰出青年基金获得者1人，国家优秀青年基金获得者2人，全国劳动模范1人，国家级突出贡献专家3人，部省级突出贡献专家4人，享受国家级特殊津贴20人；博士生导师14人，硕士生导师41人。现设有2个博士、3个硕士学位培养点和1个博士后流动站，与法国普鲁旺斯大学联合培养微生物学硕士学位研究生。2017年，蒋剑春研究员入选中国工程院院士，获首届全国创新争先奖状。林化所荣获江苏省“五一劳动奖状”。

【科研项目】 2017年，林化所承担在研项目128项（包括新增51项)。其中，主持国家重点研发计划项目2项，承担课题8项，承担国家科技支撑计划课题9项，主持国际合作项目1项，主持林业行业科研专项资金项目6项；主持国家自然科学基金委项目25项，其中重点项目1项、优秀青年项目2项、面上项目11项、区域项目1项、青年项目10项；承担国家林业局项目18项，其中引进先进国家林业技术项目6项、国家级林业科技成果推广项目4项、林业专利产业化推广工程项目1项、标准项目6项；主持江苏省科技项目13项。

11月，举行“中国林科院—美国田纳西大学生物质科学与工程研究中心”揭牌仪式暨2017中美林业生物质科学与工程研讨会

【科研成果与转化】 2017年，林化所“木本生物质绿色全量转化关键技术创新与应用”“农林废弃生物质资源化综合利用技术开发与研究”“油橄榄提取物高效加工及清洁循环利用关键技术”等成果获湖南省科技进步一等奖、吉林省科学技术二等奖、梁希林业科学技术奖三等奖各1项。发布行业标准7项，申请专利102件，其中国家发明专利99件、国际专利1件；授权专利52件，其中国家发明48件、国际专利4件，软件著作权1项。

2017年，合同签订登记34项(增长36%)、合作协议签订备案9项，合同签订金额955.20万元(增长52.8%)，预计到账260万元。

【学术交流与合作】 2017年，林化所科技人员赴美国、加拿大、爱沙尼亚等国访问交流19人次，接待海外专家及学者访问交流代表团35人次。来自国内外高校、科研院所及企业的专家、学者共开展学术报告及讲座17场；承办召开50余人的中美学术研讨会。完成与美国田纳西大学对接工作。2017年11月在南京召开"2017中美林业生物质科学与工程研讨会"，举行中国林科院—美国田纳西大学合作协议签约和中国林科院—美国田纳西大学生物质科学与工程研究中心成立揭牌仪式。

（刘玉鹏）

6月5日，江苏省国际环保新技术大会在南京国际博览中心举办。图为环保部及省市领导观看流域水环境污染防治与预警系统模型

·环境保护部南京环境科学研究所·

【概况】 环境保护部南京环境科学研究所成立于1978年，是环境保护部直属公益性科研机构，也是我国最早开展环境保护科研的院所之一。自成立以来，一直以生态保护与农村环境为主要研究方向，科研范围涵盖生态保护与修复、自然与生物多样性、农村环境管理、有毒有害化学品生态效应与污染控制、土壤污染防治以及流域生态保护与水污染防治等6个领域。建成"国家环境保护农药环境评价与污染控制、生物安全、土壤环境管理与污染控制"等三个部级重点实验室，装备国内一流的仪器设备千余台（套）。至2017年底，有在职职工432人，其中科技人员314人、中国工程院院士1名、高级职称142人、博士140人、享受政府特贴14人以及国家"百千万人才"、"国家环境保护专业技术领军人才"、江苏省333人才工程等高端人才库26人。此外，博士后科研工作站12人，兼职博士和硕士生导师26人，在所研究生80余人。

【科研项目】 2017年，全所新增各类纵向科研项目71项，落实经费1.3亿元。其中国家重点研发计划项目1项，参与项目课题、任务11项；国家重大科技专项1项、专项课题6项；国家及江苏省自然科学基金项目14项；其它国家财政资金项目36项。

【科研成果】 2017年，全所获各类奖项9项，其中，环境保护科学技术奖二等奖5项（第一单位4项）；国家优秀工程咨询成果奖二等奖2项、中国专利优秀奖1项、产学研创新成果一等奖1项。全年共发表各类文章281篇，其中SCI文章86篇，出版专著4部。申报专利158项，获专利授权110项，其中发明专利24项。

【人才团队】 2017年，14人获高级专业技术职务任职资格，其中研究员7人，副研究员7人。1名同志获"优秀援疆干部"称号。2名同志分别获部党校处级干部进修班优秀学员和优秀论文奖。3位同志在环境保护部锻炼受到相关司局表扬。15位同志分别受到中共中央办公厅督察室、国家环境保护督察办公室、环境保护部环监局和自然生态司表扬。

【科技服务】 积极开展国家生态文明建设示范区规划、生态红线划定、自然保护区生态修复规划、山水林田湖保护方案、污染场地调查与修复评估、流域水质达标方案与水污染综合治理、有机产品咨询与认证、环境损害评估司法鉴定和危险废物鉴别评估、化学物质监测及农药风险评估等技术咨询服务。全年承担项目330多项，累积合同额度1.9亿元。荣获"科技咨询服务领域百强机构"(科技咨询 "十强"机构)的称号。

（张孝飞）

·江苏省农业科学院·

【概况】 江苏省农业科学院建有17个专业所（中心）、11个农区所和1个试验站，在职一线科研人员1458人，其中院士1人；享受国务院特殊津贴专家44人；省级以上有突出贡献的专家59人；入选国家"万人计划"科技创新领军人才1人；3位专家入选江苏省"六大人才高峰”高层次人才。博士后工作站在站博士后人数达到95人,为全国省级农科院规模最大的工作站。全院具有高级技术职称人员904人、博士学位人员541人;研究生导师149名,其中博导18名。建有58个基础性研究和公共服务平台,其中国家级创新平台1个(国家兽用生物制品工程技术研究中心),部省级创新平台57个。

【科研项目】 新上科研项目1060项,新增合同经费5亿元。主持申报“中缅泰特色豆类作物绿色增产增效”“长江中下游冬麦区高产优质抗病小麦新品种培育”2个项目获国家重点研发计划重点专项立项支持。获国家自然科学基金资助62项,立项数与经费总额连续五年领跑全国省级农科院,在全国2248家申报国家自然科学基金项目的科研教学单位中位居第169位。

【科研成果】 “南方水网区农田氮磷流失治理4R集成技术”被列为2017年度农业部十大引领性农业技术模式。获部省级以上科技成果奖励18项,主持完成的“宁麦系列弱筋小麦品种选育及配套技术研究与应用”“农产品中农药残留快速免疫检测技术与产品”获省科学技术一等奖;“农产品中农药与重金属快速免疫检测技术创建及应用”获中华农业科技一等奖。

【知识产权】 全年发表论文1251篇,其中SCI(EI、ISTP)收录291篇;授权专利273项,其中发明专利159项;授权植物新品种权51个。59个作物品种通过省级以上品种审(鉴)定,其中“苏科糯11”“镇稻21号”等11个品种通过国家审(鉴)定(苏科糯11、苏豆18号、徐麦35、镇稻21号、荃优1393、苏啤8号、苏啤7号、苏啤6号、苏啤3号、苏豌7号、苏雨糯1508)。“兔出血症病毒杆状病毒载体灭活疫苗”获得国家一类新兽药证书,填补兔用基因工程疫苗空白;优质高产抗逆新品种“苏山猪”通过国家新品种审定;18项成果通过省级以上成果鉴定。农业知识产权创造指数在全国教学科研单位中位列第七;植物新品种授权总数居全国教学科研单位之首;种植业发明专利授权总量排名全国第五、农化领域发明专利授权总量在全国排名第六,各项指标均位居省级农科院首位。

【人才团队】 2017年,引进优秀拔尖人才9人,公开招聘录用58人。加强以“领军人才、中青年学术骨干和青年拔尖人才”为核心的三级重点人才体系建设。启动领军人才短期出国访学,选派第7批共29人赴国外知名大学开展为期一年的学习研究。招收博士后38人,博士后工作站在站博士后人数达到95人,成为全国省级农科院规模最大的工作站;在国外联合培养博士后达到21人,获得中国博士后基金特别资助、博新计划、国际交流计划各1项。

【成果转化】 加强自主创新成果熟化转化,全院知识产权和技术服务到账收益达到1.74亿元。

【科技服务】 打造“即研即推”科技服务产业新模式,与农业龙头企业、地方政府合作共建“尚田六次产业研究院”“西兰花产业研究院”等一批新型研发机构,打造政研企创新共同体,发挥各自优势、服务产业发展。聚焦区域农业主导产业发展需求,整合优势资源,大力实施示范基地亮点提升和精准扶贫科技行动计划,依托综合示范基地和特色示范基地实施科技项目15项,对接江苏省六大扶贫片区、盱眙黄花塘等革命老区实施精准科技扶贫项目10项,应时鲜果新品种及配套技术、鲜食大豆高效种植模式、设施瓜菜高效绿色栽培等一批四新成果大面积集成示范应用,助力地方农业增效、农民增收致富。

(邹　轶)

12月1日,省委书记娄勤俭、省长吴政隆参观现代农业科技大会江苏省农科院展区

文 化

Culture

责任编辑　卢永晨

◎ 文化

◎ 档案

◎ 地方志

文　化

·概　　述·

【概况】 2017年，区文化局坚持以人民为中心的发展思想，用文化凝聚力量，传递真情，描绘美好,全面完成各项工作目标。落实市2017年民生项目建设,15个社区综合文化服务中心建设通过检查验收。至2017年底,全区社区综合性公共文化服务中心建成40家。全区开展各类阅读活动200余场，在全省2017年全民阅读率第三方测评中，玄武区居民综合阅读率在全省96个区县中名列前茅。《南京审判》广播剧获江苏省“五个一”工程奖,《南京审判》话剧入选国家公祭日系列文化活动。文化市场执法监管水平不断提高，获评全市文化行政执法案卷评查组织奖。成立“玄武区街巷文化研究”中心,将文化研究纳入环境综合整治治理工作。加强文化遗产保护工作，获南京市第一次全国可移动文物普查先进单位。

【政府采购公共文化服务工作】全年,采购省演艺集团60场文化惠民精品演出,并列入2017年玄武区28件为民办实事项目。60场演出贯穿全年，四季主题分别是“春之歌、夏之舞、秋之韵、冬之恋”。节日和纪念日都有专题演出,如情人节推出爵士乐;消费者权益日推出“3·15”晚会;“六一”儿童剧专场;“七一”迎接建党96周年专场;“庆祝十九大胜利闭幕”专场等。全年演出类型11种，有交响音乐会、有现代性的中国戏曲,以及输送正能量的话剧、经典的器乐专场、自由而感性的爵士音乐会和舞蹈专场等，以及儿童木偶剧、杂技、合唱等形式。为网上看到的群众和现场的观众带来不一样的观赏体验。在收到的500余份有效测评问卷中，群众满意率高达99.25%。玄武群众对文化工作的幸福感受增加8分，增幅绝对值在全区各项测评中位居首位。

【街巷文化研究中心成立】 2017年,按照“城市建设到哪里、文化研究跟到哪”的思路,围绕全区老城改造、河道治理等重点任务,开展民国建筑、历史街巷、特色地名、古河道古桥梁等方面的资源普查、文化溯源和价值研究。完成内秦淮河北支、珍珠河、成贤街等“三河两街”研究,以及11个示范小区出新、35条整治街巷的历史文化研究任务,为全区城市更新、历史风貌区打造提供文化内涵支撑。　(许张琼)

·群众文化·

【概况】 2017年，全区开展各类文化惠民活动1265场。举办玄武区2017年文化惠民活动启动仪式暨“聆听春天”新年音乐会、第二十一届“玄武之春——2017新春诗会”、第十一届“金陵五月风”南京文学艺术节、玄武文化讲坛、第十五届文博之夏、“书香玄武”“世界文化遗产日”“喜迎十九大，展望新玄武”玄武区第十四届长江路文化艺术节等品牌系列文化活动。开展第二十二届南京读书节和“书香玄武”阅读活动。举办“书香玄武　悦享机关”玄武区2017年全民阅读系列活动启动仪式，授予南京悦的读书会等6家单位为书香玄武建设优秀阅读组织称号；授予区检察院读书驿站等5个阅读阵地为书香玄武建设优秀阅读阵地。区少儿图书馆亲子阅读获区妇联颁发的优秀服务项目称号。区文化馆培训活动,面向居民开设2017春秋两季文化艺术公益培训班。年内,完成第八届京剧艺术节33场演出的保障任务和1场广场戏曲活动。采取微信组织观众方式，受到群众欢迎，获江苏省文化厅颁发的中国第八届京剧艺术节先进集体奖。

【文化惠民活动启动仪式暨“聆听春天”新年音乐会】 1月8日晚，由玄武区委、区政府主办的玄武区2017年文化惠民活动启动仪式暨“聆听春天”新年音乐会在1913园区小剧场举行。省委宣传部副部长徐宁,以及省演艺集团、南京图书馆、省美术馆、市委宣传部、市文广新局和区四套班子领导出席,以及在国内具有极高影响力的艺术家、文化学者和非遗传承人、各行各业代表和先进人物以及社区群众约230人参加启动仪式。区委书记徐曙海致辞。区长穆耕林为艺术家、文化学者和非遗传承人代表颁发玄武区文化使者聘书;区人大常委会主任杨乐华为文化单位代表颁发文化使者聘书。省委宣传部副部长徐宁、省演艺集团董事长、党委书记郑泽云、区委书记徐曙海和区长穆耕林共同开启新年文化惠民大幕。

【区少年儿童图书馆亲子阅览获评最佳妇女儿童服务项目】 3月6日下午,区妇联在区政府416会议室举办“三八”主题纪念活动暨表彰大会。区少儿图书馆亲子阅览项目获玄武区“最佳妇女儿童服务项目”称号，成为低幼儿童和家长的快乐阅读阵地。

【第八届中国京剧艺术节保障服务工作】 由文化部、省政府、市政府主办，文化部艺术司、省文化厅、市文广新局承办的第八届中国京剧节5月11—29日在南京市举办。首场演出和京剧节闭幕式均在玄武区，辖区内南京人民大会堂、南京文化艺术中心、前线大剧院、南京理工大学学术交流中心等4家场馆承办33场演出，同时主办1场广场文化活动。在观众组织上，创新“互联网+”模式，依托微信抢票系统，发布京剧节演出信息，有1100名戏迷参与抢票，微信公众号新增粉丝近800名。区文化局获江苏省文化厅颁发的中国第八届京剧艺术节先进集体奖。

【“六一”儿童系列惠民演出】 “六一”儿童节，区文化局为孩子们精心策划精品演出，有江苏省演艺集团儿童剧《大嘴哈奇遇记》、上海木偶剧团人偶剧《三毛流浪记》。

【舞蹈大赛暨第16届社区文化艺术节举行】 为促进文明的生活方式和良好的行为习惯。7月18日下午，由区文化局主办，各街道和区文化馆承办的“舞动玄武”——2017玄武区舞蹈大赛暨第16届社区文化艺术节，在南京市玄武中等专业学校举行。邀请江苏舞蹈家协会副主席、南京市舞蹈家协会执行主席张俊，国家一级编导、硕士研究生导师、南师大舞蹈系主任吴凝和市文化馆文艺部主任李飙等做大赛的评委。29支参赛团队精心准备，舞蹈编排、道具选择、头饰挑选、服装搭配一丝不苟。优美的旋律、跳动的音符、多彩的演出展示玄武群众热爱生活、热爱玄武的家国情怀和热爱艺术、追求美好的幸福人生，赢得观众掌声和评委高度评价。3位评委分别对29支参赛团队的表演进行讲评，新街口街道东方艺术团等3支团队获一等奖，玄武湖街道秋韵艺术团等4支团队获二等奖。舞蹈大赛为玄武区选拔储备一批优秀团队和优秀作品。

【第14届长江路文化艺术节开幕】 9月20日，由区委宣传部主办、区文化局承办，“喜迎十九大，展望新玄武”玄武区第14届长江路文化艺术节开幕式在1913园区小剧场举行。艺术节期间推出“艺韵、书韵、乐韵”三大系列活动。举办“红色的传承，不灭的记忆”5场专题活动，以及“缅怀先烈”的航空烈士墓、“旗帜飘扬—解放南京总统府”2场文化行和“伟人足迹—走进梅园走近周恩来”“丰碑永驻—总统府那些不为人知的解放故事”等3场专家学者讲座。 （杨　明）

·文化市场管理·

【概况】 2017年，区文化市场管理围绕“抓安全，保稳定，促发展”年度工作目标任务，组织落实“两会”“两节”“十九大”“文明创建”等各项文化安全保障工作，开展文化市场日常巡查、专项整治，不断净化区域社会文化环境。开展扫黄打非“2017·清源”“2017·护苗”等系列专项整治行动，突出重点区域专项整治和打击取缔行动。年内，开展文化行政执法日常检查850余件次，专项检查102件次，双随机抽查48件次。牵头并联合区公安、消防、街道开展抽查160余件次，查处违规经营行为27次，行政处罚5件。

【“两会”期间文化市场安全工作】 为确保2017年“两会”期间区域文化市场安全稳定和繁荣有序，2月，区文化局组织开展对全区在册广电卫星接收单位、出版物经营企业、歌舞娱乐等人员聚集文化娱乐场所专项执法检查。2月20日，召开区域文化市场安全保障工作会议，部署落实具体检查工作。“两会”期间，出动检查人员

9月20日，玄武区举办第十四届长江路文化艺术节

20余人次，车辆5台次。对21家卫星接收单位和32家出版物零售单位进行行政执法检查。同时定人、定岗、定责，24小时值守，确保区域文化环境和谐有序。

【广电新闻出版系统安全大检查】 3月29日，区文化局主要负责人率文化执法人员对珠江壹号酒店、中山大厦卫星接收机房和达美影院、UME影院进行突击检查。检查中严格核对卫星接收信号源、有线电视传播系统安全技术配置和机房管理情况，对影院安全生产落实制度建设，人员及器材使用情况作重点检查。

【召开包装装潢企业VOCs治理推进会】 5月15日，区文化局会同区环保局召开辖区包装装潢企业江苏发展大会期间保障暨VOCs治理推进工作会。会议传达市政府办公厅关于做好江苏发展大会环境空气质量保障工作的会议精神，就玄武区9家包装装潢企业VOCs治理工作的前期筹备和相关推进工作做通报，对会议期间非水性油墨的印刷工段停产提出明确要求，并对下阶段VOCs治理工作进行部署。

【文化系统安全生产专题会议】 12月11日上午，区文化局召开专题会议，学习传达和贯彻落实省市区安全生产工作会议精神。会议对继续开展安全生产大排查大整治进行工作部署，明确检查时间和检查标准，明确任务分工，及安全责任。一是要深刻吸取连云港"12·9"爆炸事故教训，结合辖区文化工作实际，认真查找文化市场及文物的火灾风险点，落实好上级决策部署。二是对于"老、破、小"场所要联合检查，对重点单位加强沟通协调，对新增场所审批时明确安全责任。三是检查要细化新年度目标计划书，签订好目标责任书，加强安全检查及培训，确保火灾防控工作落到实处。 （许张琼）

·文物与非物质文化遗产保护·

【概况】 2017年，组建玄武区街巷文化研究中心，完成内秦淮河北支、珍珠河、成贤街等"三河两街"研究，以及11个示范小区出新、35条整治街巷的历史文化研究任务。按照"属地管理、分级负责"原则，建立健全区、街道、社区三级文物保护网络和城墙防汛工作网络，制定防汛工作应急预案。加大文物保护修缮力度，完成大树根13号民国建筑、伊村饭店、雍园29-1号等文物建筑修缮方案审批和百子亭风貌区内3栋不可移动文物建筑竣工验收。协调区重大项目地下文物勘探工作，协助推进大行宫地下空间利用、毗卢寺西侧"鼓楼项目"考古勘探工作。全面总结第一次全国可移动文物普查工作，玄武区获南京市可移动文物普查先进集体称号。开展非遗申报工作，8人成功申报第三批南京市非物质文化遗产代表性传承人，5个项目入选第二批玄武区区级非物质文化遗产保护项目，张方林等7人入选江苏省首批乡土人才"三带"名人和"三带"能手称号。

【文物保护工作会议】 4月1日上午召开，副区长马千山及市文广新局文物处相关领导出席。区各街道、房管经营公司和中山陵园管理局、玄武湖公园管理处、总统府等文保单位负责人及社区文保志愿者参加会议。会议表彰2016年度优秀文保志愿者，各街道递交文物保护责任状，区文化局负责人就全区2017年文物保护工作任务进行解读，并邀请市文物保护和修缮方面的两位专家，就文物保护规划及工程管理等方面进行专题培训。

【国家级非物质文化遗产项目——"南京剪纸"展示及教学活动】 7月6日和13日两个下午，区少年儿童图书馆开展国家级非物质文化遗产项目——"南京剪纸"展示及教学活动。邀请"南京剪纸"项目市级非遗传承人——剪纸艺术大师张方林之子张钧来馆指导。张钧以图文并茂方式给大家介绍南京剪纸的历史和发展，剪纸的生活运用和分类，同大家一起欣赏精美的剪纸艺术作品。张钧讲解剪纸艺术的基本操作技法，并手把手地教每一个孩子剪纸。一张张红纸经过孩子们的巧思巧手变成一个个妙趣横生的作品，有窗花、蝴蝶、青蛙、熊猫等各种造型，非遗展示及教学活动增进孩子们对中国传统文化和非遗项目的了解和热爱，为传承和发扬中华传统文化起到积极作用。

【文物火灾防控部署】 根据国家、省、市文物局《关于做好今冬明春文物消防工作》通知要求，区文化局发文通知各单位，部署在全区范围内开展今冬明春文物火灾防控工作。全面开展排查整改，制定本单位突发事件应急防范预案，杜绝安全隐患，确保各级文保单位万无一失。 （刘英茹 王 珊）

·文化产业·

【概况】 2017年，区文化产业工作围绕区党代会提出优化产业结构，构造“4+4”产业体系。做强文化旅游等四大主导产业，文化产业增加值占GDP比重13.4%，连续多年居全市第一。采集上报新增规上文化企业12家、规下文化企业1227家。定期走访途牛科技、幸福蓝海等重点文化企业，及时掌握文化产业增加值情况。建立文化产业统计季度监测制度，完成《人才是发展文化产业的核心要素》《全区文化产业存在的问题分析》等一系列调查报告，为产业发展提供科学依据。

【文化产业项目建设】 2017年，重点打造长江路文化旅游大街。完成烟厂地块征收、长江路文化客厅项目载体改造等，省美术陈列馆、德基美术馆、新星星美术馆建成开放。国展中心改扩建工程一期、南师大文化创意产业园、百子亭历史风貌区、1913主题街区、T80文化科技国际社区等10个项目入选南京市“七个一批”重点文化产业项目。培育一批成长型新增项目，如苏宁青创园、耘家文创园、地铁四号线创意走廊、阿紫咖啡馆、发现APP等。

【文化产业创新成果】 2017年，徐庄高新区获省级重点文化产业园称号，西祠获省级重点文化科技企业称号，深丝路获市重点文化科技企业称号。途牛科技、名城文化、一九一二文化传播、音韵文化获第五届金梧桐奖，文火传媒获最具投资价值文化企业奖。推出一批文艺精品，《南京审判》获

9月26日，玄武文化产业联盟开展“文化企业统计一站式服务”主题活动

省五个一工程奖。举办文化人才及金融相关政策宣讲解读会、职场形象提升、创业技能培训等月度主题活动12场，服务覆盖超过1000人次。

【助推文化产业发展】 2017年，开办文创研修班，组织会员赴上海杭州深度游学；利用企业家私董会，帮助企业解决痛点问题，提升企业家眼界和能力；随身课堂在线播出《两小时的营销大局观》《分离式生态绩效管理》《如何做一场精彩绝伦的项目路演》等7场讲座录音，成为全市文化产业人知识充电宝。先后走访易橱生活、斯帕奇文化、西家大塘创意园、宣和国艺、樱洲书房、丝路数码、柴门雅集、南京文博文创大观园等24家文化园区及企业，为企业送去统计业务指导、专项资金申报辅导、文化产业专项贷款扶持、活动资源对接、市场资源配置、新闻发布会组织等丰富高效的个性化服务和帮助。全年区内文化企业争取省市专项资金1180万元，争取文化贷款3.91亿元，位列全市第二。龚军、丁翔、陈阳3人获评南京市百名优秀文化人才。组织区内文化企业参与省市重大文化活动，获第九届南京市文交会最佳组织奖。 （夏星草）

·文　联·

【概况】 2017年，区文联完成文联各协会换届工作，与市作家协会、市文艺评论家协会、区党史办共同举办“大家一起来读书·中国传统文化与经典阅读”名家导师进校园活动，与《扬子晚报》联办“南京非遗手工金陵小巧手”评选活动。玄武区委、区政府与江苏省演艺集团共同合作打造话剧《南京审判》获江苏省艺术资金资助，被省委宣传部列入2017年国家公祭日演出项目。

【玄武文化讲坛——昆曲欣赏讲座】 5月11日下午，“金陵五月风”第11届南京文学艺术节系列活动之一，由区文联与区机关

工会联合举办的玄武文化讲坛——昆曲欣赏讲座在区机关三楼电教室开讲，主题为“昆曲在南京是怎样成为国剧的”。邀请主讲嘉宾罗拉拉女士、助唱嘉宾彭林刚先生为大家解析昆曲的魅力。罗拉拉是知名媒体人、资深昆迷、南京市文联签约作家。彭林刚是江苏省演艺集团京剧院书记、国家一级演员、中国戏剧家协会会员，擅长京剧程派唱腔，亦习昆曲。罗拉拉从“朱元璋的一声赞，让昆曲火了”“一度全民痴迷，连贩夫走卒都能哼唱几曲”“秦淮八艳均为名伶，有的还能编剧兼导演”“昆曲三大经典传奇均与南京有关”四个部分把昆曲的发展脉络向现场观众进行清晰的展现，在讲述过程中彭林刚为大家表演《牡丹亭》《玉簪记》《锁麟囊》中的精彩选段，赢得观众阵阵掌声。

【书法家协会第一次会员代表大会】 5月18日下午召开。区书法家协会会员代表40余名参加，中国书法院院长管峻给玄武区书协亲笔题词。会议通过《玄武区书法家协会章程》（草案），并根据区书法家协会第一届理事会理事建议名单和区书法家协会第一届主席团成员正副秘书长建议名单。选举产生第一届主席团成员，吴勇当选为主席，朱凯、陈翔、陈泓凌、杨发勇、林宁、魏晋当选为副主席，王根平为秘书长，林虹、熊继平为副秘书长。区文联有关领导为他们颁发证书。新一届区书协主席吴勇发表讲话，区文联领导介绍玄武区总体情况，给书协发展提出希望。会后第一次会员代表合影留念，并举行第一次笔会。

【名家导师进校园活动】 5月23日下午，由市作家协会、市文艺评论家协会与区文联、区党史办共同举办“大家一起来读书·中国传统文化与经典阅读”——名家导师进校园活动，来到南京市第九中学。活动邀请著名作家薛冰与学生们面对面谈中国传统文化，分享、解读传世经典。该活动也是市文联“金陵五月风·第11届南京文学艺术节”导师辅导制的重要内容。市文联带来近些年南京代表作家、南京签约作家、重点文艺资助项目以及获奖作家的出版作品，区文联与区党史办也带来近些年新发行、新编撰的作品。市文联巡视员李海荣、市评论家协会秘书长毛敏、区党史办主任钱钦民、区文化局局长、区文联常务副主席陈静，区作家协会名誉主席薛冰现场赠书，并为学生们讲述《红楼梦》与南京的关系。近900名学生参与活动。

【“南京非遗手工金陵小巧手”评选活动】 6月1日下午，由市民间文艺家协会、区文联主办，金陵工坊承办，南京正人少儿艺术学院协办的金陵五月风“2017南京非遗手工金陵小巧手”评选活动在南京正人少儿艺术学院举办。南京师范大学附属小学100多名学生在“六一”节日里，一起学习泥塑、剪纸、面人等金陵民俗文化。（许张琼）

档　案

【概况】 2017年，玄武区档案局（馆）深入学习贯彻习近平总书记系列讲话和党的十九大精神，认真落实《档案法》和省、市档案管理条例，围绕全区中心工作，紧扣年度目标任务，推进“两学一做”学习教育常态化制度化，以创建省级中小学档案教育社会实践基地，开展案信息化建设，档案接收进馆和档案开发利用。坚持依法治档，全面提升档案精细化管理服务能力，加快推进档案工作转型升级、提质增效。年内，完成接待中小学生近千人次，创建省AAAA级数字档案室11家，接收进馆37家，接待查档2850人次，调阅和利用档案1417卷、877件，出具查档证明2525份，跨馆出证20份。

【档案信息化建设】 5月2日，召开全区档案信息化建设工作推进

5月2日，玄武区召开档案信息化建设推进会

会，总结回顾近年来区档案信息化建设工作情况，部署下一步目标任务，并以政府办发文形式出台《玄武区"十三五"档案信息化工作实施意见》，固化全区档案信息化建设工作目标、步骤和具体要求。在全区原有数字档案室16家基础上（其中省AAAAA级1家、省AAAA级11家、省AAA级4家），2017年创成AAAA级数字档案室11家(AAA级升AAAA级1家)，一年内增加68%，数字档案室覆盖面快速扩大。

【依法治档】 以档案业务、档案信息化为重点，面向全区机关、街道、宗教场所举办9场培训，有效普及档案法律法规、各类档案整理、档案工作规范化管理、"三重"档案、数字档案室建设等知识，提升全区档案员业务素质。举办多种形式教育活动。扎实推进"6·9"国际档案日系列活动，积极组织全区900余人参加"宝葫芦"杯档案法律法规知识有奖竞赛，大力宣传"档案——我们共同的记忆"主题征文，扎实开展名人档案展板进校园、社区巡展等系列活动，举行家庭建档宣传咨询活动，推荐10户家庭成功当选为市档案局家庭建档示范户。强化执法检查。加大"双随机一公开"工作力度，进一步校对、修改政务网上的行政权力事项和办事指南录入信息，梳理、编制本部门随机抽查事项清单，并结合档案年度检查，在普遍检查的基础上，加强对区各部门、街道档案法执行情况抽查。

【创建省中小学档案教育社会实践基地】 12月14日，区档案馆被省教育厅、省档案局联合评为省中小学档案教育社会实践基地。从基础资源、场所、设施等强化基地建设条件保障，整合硬件设施，购置设施设备，采取讲座、培训演示、动手实践、制作家庭档案以及"走近档案，认识玄武"档案夏令营等形式，组织策划32场次1000余人次中小学生参加档案教育实践活动，取得很好社会效果。

【档案接收进馆】 全区机关部门档案资料接收进馆工作于2016年底新馆落成后启动，全区50家单位列入接收计划，实行纸质档案和数字化加工的数字化副本"双套制"进馆模式。2017年，完成34家单位加工数据的检查，接收进馆27家、173卷、114021件，照片49册2523张和数据硬盘36盘，实物283件。新进馆档案及时进行实体清点检查、档案消毒和入库上架工作，并制作存放标识和标签，做好全宗卷和检索工具的补充完善装订，以及多套备份工作。

【档案开发利用】 充分发挥档案资源爱国主义教育作用，在纪念抗战80周年和南京大屠杀80周年期间，在区机关和学校、社区组织开展"全面抗战中的南京记忆"和"抗战中的江南水泥厂"2个巡回展。始终坚持档案为民服务宗旨，严格落实"四零"服务承诺，全年接待查档2850人次，档案查准率和查全率达100%。

【档案安全体系建设】 新馆投入使用以来，坚持"安全第一、预防为主"安全工作方针，成立以局长为组长的局馆安全管理领导小组，做到制度到岗、责任到人、措施到位。建立健全规范管理制度和工作程序，采取定期培训和组织演练方式，增强全局干部和物业管理人员安全意识，提高安全防范和应对突发事件能力。强化档案安全保障，对档案库房及相关设备、设施经常进行全面细致安全检查。2017年，对全区档案室档案数据进行异地异质备份，确保档案安全。 （刘成仓）

地方志

【概况】 2017年，在《玄武年鉴》编纂中区地方志工作紧贴时代发展，其框架结构、编纂方式、编校手段等方面不断创新，出版质量明显提升。7月，《玄武年鉴(2016)》获第四届江苏省地方综合年鉴综合优秀一等奖及视觉设计单项优秀奖。8月，《玄武年鉴(2016)》获全国地方志优秀成果(年鉴类)一等奖。11月，《玄武年鉴(2017)》正式出版发行。12月，"钟灵玄武"和"美丽新玄武"地情展通过省教育厅、省档案局专家组成的考评组评审验收，成功创成省级中小学教育社会实践基地。开展方志文化进社区活动，丰富方志馆藏，全年通过市方志办两次捐赠和自身收集置换等途径，收集整理年鉴、志书和地情资料书籍近万册，为方志事业持续发展打下扎实基础。

【《玄武年鉴(2016)》获全国地方志优秀成果（年鉴类）一等奖】 《玄武年鉴(2016)》根据玄武区情况和特点，科学进行框架设计，涵盖玄武区2015年度基本情况，设21个类目71个分目1450余条目，配图144幅。类目、分目、条目层次清晰、准确、规范。在继承玄武年鉴传统特色基础上，突出时代特征和玄武地方特色。年鉴资料全面，内容涵盖玄武区域内自然、政治、经济、文化、社会发展等方面基本情况、重大事件。《玄武年鉴(2016)》装帧设计以玄武地方文化为特色，封面用纸采用米色艺术纸——宣揉，封面图案为玄武辖区地图版块的外形，取自世界非物质文化遗产——南京剪纸意象。剪纸内容为玄武区境内玄武湖、紫金山、明城墙、明孝陵、总统府等重要地方元素，以白描艺术形式刻画玄武区山水城林、人文荟萃地域特征，全面打造体现玄武文化大区文气雅致的年度综合性地方年鉴。7月，《玄武年鉴(2016)》获第四届江苏省地方综合年鉴综合优秀一等奖和视觉设计单项优秀奖。8月，被中国地方志指导小组、中国地方志学会评为全国地方志优秀成果(年鉴类)一等年鉴，并通报表扬。

3月10日，市志办主任闫文献(右一)调研玄武区地方志工作

【《玄武年鉴(2017)》出版发行】 11月，《玄武年鉴(2017)》正式出版发行。《玄武年鉴(2017)》共设21个类目，编有67个分目、1020余条目，配有图片147幅，全书约78万字。《玄武年鉴(2017)》坚持与时俱进，合理设置年鉴框架结构，反映时代变迁印记，跟上时代发展步伐。内容编目设置上，突出全区重点工作，反映全区“一城两街三片区”重要工作和主要成就。条目选择中，突出基层一线，全区7个街道，59个社区都至少有一个条目，年鉴记述要素齐全。装帧设计上，将编纂理念和图文内容以优美设计形式精彩呈现。发行方式上采取与各组稿单位撰稿人“面对面”，及时获取组稿单位提出建议和想法，第一时间了解《玄武年鉴(2018)》撰稿人队伍变化情况，并与新接手撰稿人员直接对接，实行发行与指导交流并举。

【方志文化活动】 2017年，突出地情馆文化陈列建设，在地情馆打造“钟灵玄武”区史展和“美丽新玄武”两个专题基本陈列，发掘玄武历史文化魅力，展示玄武发展新成就。两个展览被区委组织部、区人社局列入全区新进人员必学内容和系列教育示范点，延伸方志文化影响力。全面抗战中的南京记忆和抗战中的江南水泥厂2个巡回展分别在抗馆和区机关及校园巡展，取得极大反响。开展方志文化进社区活动，为结对社区老党员家庭发放《钟灵玄武》和《玄武风骚——历代玄武诗词选集》近百册，让老百姓真实感受到文化玄武、幸福玄武品质。

【年鉴编撰培训】 1月13日，组织《玄武年鉴(2017)》新撰稿人培训，参加培训有区机关、街道及驻区院校、科研单位和景区景点16家单位。培训内容主要是解析年鉴撰稿过程中普遍存在的一些问题，授课采用PPT形式，同时列举地方综合年鉴撰稿中出现的常见问题，分析讲解。培训中开展座谈和学习交流，为《玄武年鉴》供稿的驻区单位提出一些编写方面建议，通过年鉴撰稿人培训班这种形式进行双向交流，答疑解惑，为编纂高质量《玄武年鉴》打下好基础。 (卢永晨)

卫生·体育

Health, Sports

责任编辑　卢永晨

◎ 卫生

◎ 体育

卫　生

·概　述·

【概况】 2017年1月，成立中共玄武区卫生和计划生育局党组。3月，成立中共玄武区卫生和计划生育局党总支。2017年，区财政对卫计事业拨款2.1亿元，占年度财政支出的5.97%。新增20万元以上医疗设备4台，总价值136.5万元。全区有各级各类医疗卫生机构197个，床位3442张，卫生人员7273人。其中，卫技人员5700人，执业医生2192人，注册护士2361人。区属医疗卫生机构10个，公共卫生机构4个，在岗人员1046人，在编人员637人，其中专业技术人员556人，高级职称以上109人。完成社会抚养费征收3例，征收社会抚养费23.1539万元；依据政策出具大月份引产证明52份。2017年，新街口社区卫生服务中心获“国家优质服务示范社区卫生服务中心”称号；红山社区卫生服务中心被评为江苏省健康单位；后宰门社区卫生服务中心获“江苏省巾帼文明岗”称号；区妇幼保健所被评为江苏省妇女儿童先进集体。8月，国家卫计委副主任、国家中医药管理局王国强局长到玄武区调研中医药工作。

【爱国卫生】 2017年，调整充实区爱国卫生运动委员会成员，由区政府常务副区长滕涛任主任，在新一届区爱卫会全委扩大会议上，滕涛部署全区爱国卫生工作，推进江苏省健康促进区和慢性病综合防控达标区建设。年内，完成健康支持性环境建设任务，建成省级健康单位4个、省级健康社区1个，市级健康社区20个、市级健康单位6个、市级健康家庭51户、健康小屋8个、健康步道4个、健康食堂6个、健康餐厅2个，健康主题公园1个，健康科普展示体验中心1个。通过“全国除四害先进城区”省级复查。

【基层建设】 2017年，区卫计局工委制定卫计局对基层单位、卫计局对基层单位领导班子、基层单位对职工的“三级绩效考核”制度，加强医务工作者职业道德、法制观念和廉洁意识。局机关48名党员干部全部参与“大走访”活动，走访社区困难群众169户、社区企业8户、基层站所14家，利用特有医疗资源，为群众排难解忧，送去健康服务。根据区委巡察区卫生和计划生育局提出的11条问题，落实整改措施，规范单位内部管理。 （杨　勇）

·社区卫生·

【基本公共卫生服务】 为确保年度国家基本公共卫生服务项目任务指标全面完成，制定《2017年玄武区基本公共卫生服务项目实施方案》，聘请市社区卫生协会对全区各社区卫生服务中心开展基本公共卫生服务项目及服务满意度第三方考核评估工作。全区累计建立居民健康档案建立485490份，电子健康档案建档率76.54%。发放健康教育印刷资料163种，341590份，播放音像资料128种，3761次、31471小时。健康教育宣传栏47块，更新120次，举办各类健康教育讲座129余场次，参加人数4719人，举办健康咨询114场，咨询人数7591人。建立预防接种证4680人，接种计划免疫疫苗85535针次，建证率和接种率都达到100%。儿童健康管理28755人，健康管理率99.92%。新生儿访视4687人，访视率97.69%。65岁以上老年人接受健康管理44523人，健康管理率67.21%。高血压患者接受规范管理38171人，规范管理率86.1%；2型糖尿病患者接受规范管理13191人，规范管理率86.45%。严重精神障碍患者规范管理1324人，规范管理率94.44%。管理肺结核患者89人，管理率98.89%。

【妇幼保健】 全区早孕建册率97.39%，孕妇健康管理率97.39%，产后访视率98.96%。出生缺陷发生率3.79‰，孕产妇死亡率0。妇女病普查人数54093人，妇女病普查率94.98%。7岁以下儿童保健覆盖率99.92%，新生儿访视率97.69%；3岁以下儿童系统管理率95.45%；5岁以下儿童死亡9人，死亡率1.88‰，婴儿死亡6人，死亡率1.25‰。

婚前医学检查2960对，婚前医学检查率88.65%，检出疾病204人，检出疾病率3.45%。孕前检查1575对，覆盖率达100%，。全年为4439名孕妇部分减免费用进行艾滋病、梅毒、乙肝筛查，筛查出梅毒阳性6例，乙肝表面抗原阳性152例，全年对6例梅毒感染产妇所生儿童进行随访，排除梅毒感染4例。完成两癌筛查5000人，通过病理室反馈及跟踪随访，宫颈检查发现癌前病变CINⅠ级11例，CINⅡ级7例，乳腺筛查发现乳腺癌1例。

【计生药具管理】 2017年，玄武区发放男用避孕套233120副，栓剂70盒，凝胶90只，膜440本，智能药具箱领取男用避孕套信息1934条。

【家庭医生签约服务】 全区范围内实行家庭医生责任制服务，开展以网格化管理、团队服务为支撑的全科医生签约服务，全科医生、社区护士和公共卫生医生分工协作、防治结合，对重点人群签约对象实施全程健康管理。全区重点人群累计签约13万人，重点人群签约率72%。

【基层医疗卫生机构特色科室建设】 针对基层医疗卫生机构的特色优势，主动与帮扶医院对接，以技术、管理、服务为纽带，组建特色科室服务指导团队，重点帮扶。玄武区累计创建特色科室11个，其中2017年新申报成功4个，分别为新街口社区卫生服务中心的糖尿病专科、兰园社区卫生服务中心的骨伤科、同仁街社区卫生服务中心的推拿科、锁金村社区卫生服务中心的儿科。

【母婴设施建设】 2017年，根据南京市《市政府办公厅印发关于加强母婴设施建设实施意见的通知》文件精神，制定《玄武区加强母婴设施建设实施方案》，下发《公共场所母婴设施配置标准》《玄武区2017年标准化母婴设施建设任务分配表》。按照国家标准，制定统一的母婴室标识，要求各建设单位进行规范张贴，并设立醒目的导向标志。统一印发一系列关于母乳喂养的健康教育宣传海报、宣传画、宣传资料等。2017年新扩建母婴室12家，其中示范母婴室5家，标准化母婴室7家。 （张　纯）

·医政管理·

【医疗机构管理】 2017年，按照医疗机构准入制度，加强人员执业、设备管理、核心制度落实、医院感染控制等方面监管。依法做好社区卫生机构、诊所、卫生室的行政许可和备案工作。全年受理机构校验、机构变更等132余件，及时办结率100%。其中医疗机构执业许可证换证49余件，变更登记31件，注册登记22件，医疗机构年度校验100件。

【药事管理】 基本药物采购、配送、使用、结算和监管进一步规范。2017年省药品采购平台采购8938.30万元，市代购63种，178.77万元。短缺药品监测预警全面落实，网上报送覆盖率100%，药品网上采购率100%，配送到位率95%以上，验收率95%以上。医用耗材及试剂网上采购覆盖率100%，优先使用国产医用耗材。

【中医药工作】 2017年，以“中医药服务能力提升工程”为抓手，加强中药饮片采购与管理，推进中医特色科室建设。至年底，拥有6个市级中医特色科室，新设置审批7家中医医疗机构。完成锁金村社区卫生服务中心中医馆建设。

【献血工作】 2017年，全区组织参加应急献血800人，成功献血595人，采集血液130800毫升，超额完成市政府下达玄武区无偿应急献血400人任务指标，被市政府评为“无偿献血先进集体”。 （周　平）

·卫生监督·

【卫生监管与处罚】 2017年，新办公共场所卫生许可证78户，复核180户，机构变更46户，机构延续84户。全年实施行政处罚37件，其中公共场所20件，医疗机

兰园社区卫生服务中心家庭医生签约宣传资料

构17件。罚款金额89000元,没收非法所得13528.72元，合计102528.72元。处理各类投诉举报97件,其中公共场所32件,医疗机构63件,学校卫生2件。调查处理与及时反馈率100%。注重日常卫生监管，对辖区内经营性公共场所、医疗机构、二次供水单位进行监督巡查1300余家次,下达卫生监督意见书1102份。

【生活饮用水及学校直饮水卫生监督检查】 2017年,对全区涉水产品经营市场进行卫生监督专项检查，采集相关产品数据上传市卫生监督所。5—6月,对全区40家中小学进行卫生综合评价工作并采样检测直饮水水样40件,对检查中发现问题逐一下达卫生监督意见书，督促各校建立健全学校卫生工作组织,落实责任,限期整改。7—9月,对全区二次供水单位进行卫生监督全覆盖，对有问题单位都下达卫生监督意见书,要求其整改落实到位。

【卫生执法】 2017年，组织开展两次打击非法行医专项整治活动,出动执法人员70人次,出动车辆24台次,用时6天,排查辖区内7个街道，留存照片500多张,发现无证行医窝点1个,建立全区非法行医诊所的新本底。结合拉网排查后的新本底,5—7月,科室组织2次专项行动,取缔“黑诊所”1户次，对1家无证行医单位的当事人进行处罚，处罚金额30000元。 (刘志陆)

·疾病预防与控制·

【急性传染病防控】 2017年,全区报告法定甲乙类传染病10种521例。与上年同期相比,报告发病数上升6.98%。报告法定丙类传染病4种704例，无死亡病例报告,与上年同期相比,报告发病数下降36.29%。其中发病数上升病种为其他感染性腹泻、流行性腮腺炎、流行性感冒;发病数下降的病种为手足口病。10种传染病中发病数排列为：淋病、梅毒、肺结核、肝炎、痢疾、艾滋病、疟疾、麻疹、布病、百日咳。全区报告法定丙类传染病4种704例,无死亡病例报告,与上年同期相比，报告发病数下降36.29%,其中发病数上升的病种为其他感染性腹泻、流行性腮腺炎、流行性感冒;发病数下降的病种为手足口病。发病排序由高到低分别为:手足口病、流行性感冒、其他感染性腹泻、流行性腮腺炎。其中手足口病占总报告病例数的70.45%,与上年同期相比,报告病例数下降47.35%。玄武区共报告手足口病例496例,其中幼托儿童215例，散居儿童217例,学生64例。

【计划免疫】 通过加强督导,规范一般预防接种单位、狂犬病暴露预防处置门诊、成人预防接种单位、医院产科预防接种室、集体预防接种室的设置要求。做好脊灰相关病毒封存销毁和Ⅱ型脊髓灰质炎疫苗相关病毒登记清册工作，继续推进预防接种异常反应补偿。2017年度建证建卡4573人，接种一类疫苗106776针次。收到麻疹报告卡1例,调查1例,流调率100%,完成麻疹疫苗应急接种3人。收到乙肝新发急性病例报告7例，完成流调、确诊7例,录入及上传工作。AFP报告5例，排除4例,1例诊断为周围神经性病变,已对该病例进行60天后病后随访。报告疑似接种副反应52例，其中一般反应46例,6例过敏反应。

【结核病防制】 2017年，全区累计收治管肺结核病人105人,其中涂阳病人34例,涂阴病人693例,结核性胸膜炎2例,全部按要求治管。治管率100%;各社区卫生服务中心开展疑似肺结核患者筛查2764例。年内落实省市学校结核病疫情处置相关要求，处置学校疫情23例，密切接触者筛查677例，未发现可疑肺结核病患者。

【艾滋病防制】 2017年，辖区各医疗机构报告艾滋病病人和感染者111例(包括删除卡),有效报告数88例,全部按要求首次随访并录入。与上年同期相比报告数下降22.8%。年内,新增本区HIV感染者/病人38例,玄武区现管理存活HIV感染者/病人272例。艾滋病免费咨询检测（VCT)，完成908人的免费咨询检测工作,完成全年目标任务103%。对现有约51家娱乐场所高危人群进行行为干预,月平均暗娼干预数424人,月干预覆盖率90%以上。动员检测人数487人,梅毒阳性3例,未发现HIV感染者，动员检测率达75.6%。

【严重精神障碍患者管理】 2017年，全区登记在册严重精神障碍患者数为1388人,其中签署知情同意书愿意接受医学管理的1325人,检出率2.20‰,检出患者管理率95.5%,规范管理率91.5%。“以奖代补”政策从2017年8月起执行,每人每月200元。年底,给符合条件的295名患者监护人发放29.5万元。在长期与市脑科医院实现点对点技术支持基础上，2017年7月在全市率先与三级医院中大医院合作，正式签署《玄武区严重精神障碍患者管理点对点技术支持与双向转诊协议》，对5家社区卫生服务中心开展17次点对点技术指导工作，社区覆盖率50%。

【慢性病防制】 2017年，用时近9个月，完成调查方案的设计，社区动员，调查员培训，并对1.1万名居民开展调查，调度社区力量近100人，组织安排调查表双份录入2万余份。在前期建成的15个慢病自我管理小组的基础上，2017年全区建成20个慢病自我管理小组，其中高血压小组10个，小组人数123人；糖尿病小组10个，小组人数135人。完成2015、2016年全人群死因监测综合分析、居民死因监测漏报调查、心脑血管事件发病死亡监测分析、恶性肿瘤发病死亡监测分析等8个报告的撰写工作，以及2017年慢病危险因素监测报告。参与完成系统软件的设计开发，实现全区高危人群早期发现与管理信息化，通过健康体检筛查出慢性病高危人群，开展强化干预、随访管理。尝试在糖尿病人群中开展免疫干预，选取2家社区卫生服务中心作为试点，探索将免疫接种作为慢性病管理适宜技术，在慢性病防控中予以实践。

【体检工作】 自2017年6月10日起，执行为从业人员免费体检政策。至年底，体检人数37151人。

（邵益飞）

·卫生应急·

【突发公共卫生事件应急处置中心大楼主体封顶】 2017年，区突发公共卫生事件应急处置中心大楼建设列入2017年玄武区奋斗目标，8月完成主体封顶目标任务。

【重大活动保障】 2017年参加重大活动医疗卫生应急保障16次，区卫计局抽调新街口、孝陵卫、后宰门、同仁街、玄武湖、锁金村社区卫生服务中心等单位医务人员150多人次参加医疗保障，主要有第二届南京玄武紫金山城市山地马拉松赛、首届玄武春季运动会、江苏发展大会、高考、中考、世界全项目滑轮锦标赛、吉兆营清真寺“古尔邦节”、省环保督查、南京森林音乐节、南京国际马拉松比赛、2017苏宁易购南京善行者公益徒步活动、全国新年登高健身大会江苏南京分会场、新年寺庙撞钟活动以及拆迁等医疗保障。

【承办省AED设置暨捐赠投放仪式】 9月9日世界急救日，玄武区在南京火车站南广场成功承办江苏省全民自救互救素养提升工程、江苏省公共场所AED(自动除颤仪)设置暨捐赠投放仪式活动。省卫计委副主任汪华、市卫计委副主任许民生、玄武区人民政府副区长马千山等领导出席。12月，区卫计局分别在南京市政府大院、玄武区政务中心、南京中山陵风景区、总统府、全民健康中心共投放8台AED。

【自救互救】 按照市卫计委要求，2017年医疗卫生单位接受自救互救培训人员应占本单位总人数40%，居民培训为辖区内总人数3%。全年卫计系统干部、职工培训421人，占医疗卫生单位总人数66%；为辖区居民培训11712人；同时，与区红十字会联合开展救护培训，进学校、进机关、进社区、进企业培训7500人。全年总计培训19633人，占辖区总人数的3.1%。

【消毒杀虫】 按照市疾控下发的2017年有害生物密度监测方案，延续国家监测点工作任务，开展病媒生物生态学监测及蚊、蝇及蟑螂抗药性监测。截至年底，完成两个街道蝇密度监测18次，蚊密度监测24次、鼠密度监测10次、蟑螂密度监测10次。所有数据经江苏疾控病媒生物监测网络直报系统平台上报至省市疾控。

【学校卫生】 2017年，全区97所中小学及托幼机构发生75起相关病例聚集性事件，涉及45所学校及幼托机构，相关病例600余例。其中疑似诺如病毒疫情12起、流感疫情30起(其中科利华小学流感疫情达到暴发疫情标准，区疾控中心及时规范上报，在结案中按照上级指示完整规范的整理所有资料)。肺结核疫情4起，手足口疫情20起，水痘及其他疫情10起。区疾控中心出动200余人次参与晨检防控工作，期间共流调800余人。参与或指导消毒场所30000余平米。

【H7N9禽流感防治】 全年处理3起H7N9禽流感疑似事件，其中3月3日，南京军区总医院一例就诊患者被确诊为H7N9禽流感病例。针对此突发情况,区疾控中心派出专业人员前往医院了解其就诊期间情况,并及时进行流调、采样工作。在区疾控中心指导下,该院将患者隔离至单独区域,医治过程中所有医护人员均佩戴N95口罩、医用一次性防护服进行救治。

【突发公共卫生事件】 2017年玄武区处理2起突发公共卫生事件,系"南京农业大学食堂湘浓厅食物中毒事件""南京市玄武区丹凤新寓1幢2408室一起亚硝酸盐中毒事件"。两起事件共涉及30名患者,区疾控中心对该事件采取流行病学调查、采样、检测等工作,前后出动中心相关人员20余人次,流行病学调查100余人次,采集样品30余份。

【食品安全风险监测】 2017年按相关监测计划完成食源性疾病监测(哨点医院)省级监测点:病例报告数121;样本采集61份,其中1份阳性。病毒样本送样3份。市级监测点(南京市中西医结合医院已监测并上报病例1份、南京市中心医院已监测并上报病例23份),完成全年监测计划。并于12月底前完成食源性监测HIS系统对接工作。食品化学污染物及有害因素常规监测46份;食品微生物及其致病因子常规监测18份。举办食品安全专题宣传活动3次。处理食源性疾病暴发流行病学调查和信息报告3起。小龙虾相关横纹肌溶解综合征1起。 (邵益飞)

·计划生育·

【计划生育家庭奖励扶助】 全年为5113名失业人员发放独生子女父母奖励金31.278万元;为1046名特扶对象发放扶助金723.355万元;为2838名企业退休职工发放一次性奖励1021.68万元;为99名符合条件的计划生育家庭申请计划生育公益金21万元。将530名特别扶助对象优先纳入基层医疗服务机构家庭医生签约服务。在全区范围实施计生特殊家庭帮扶项目,利用春节、中秋等重大节日,对计划生育特殊家庭进行走访慰问。

【0—3岁婴幼儿早期发展】 2017年,开展知识讲座100多场。免费发放科学育儿报5000份、备孕二宝50问2000册、疾病预防健康生活手册2000册。邀请多位专家及行业人士为全区33家0—3岁婴幼儿保育机构负责人进行培训。培育1个区级示范指导服务中心(站),2个优质育儿园。0—3岁婴幼儿早期发展知识普及率96%。

【计划生育家庭生育关怀服务】 开展计生家庭生育关怀服务活动,联合中国人寿保险公司南京分公司,为计划生育家庭独生子女和计划生育特殊家庭人员办理意外伤害和重大疾病保险服务,全区动员2128名计划生育家庭独生子女参加保险,政府出资为177名计划生育困难家庭办理独生子女"两全"平安保险,为414名失去独生子女家庭父母办理重大疾病及住院护工险。

【幸福家庭创建活动】 2017年,区卫计局联合街道、社区打造梅园新村街道富贵山社区和红山街道北苑社区2个人口文化广场(园)。结合"5·15"国际家庭日,在全区开展幸福家庭建设和幸福家庭建设示范街道评选活动,曹新玉等9个家庭被评选为"2017年度南京市幸福家庭"称号,红山街道获评"南京市幸福家庭建设示范街道"。

【基层计划生育协会工作】 2017年,各基层计生协会开展各类协会宣传服务活动240多场次,驻区高校大学生开展"青春健康同伴教育"活动200多场。组织各类基层协会骨干业务培训24场,培训人数300多人次,全面提升基层计生协会会长、秘书长工作能力。结合南京市计划生育协会成立30周年纪念活动,玄武门街道计生协会等8个基层协会组织被评为市计生协会先进集体,贺文霞等8名基层计生协会工作者被评为市计生协会工作先进个人。

【计划生育特殊家庭维稳】 按照区委、区政府统一部署和具体维稳工作方案,对独生子女伤残死亡家庭和上(信)访老户进行全面摸排,排查出重点人群14人,了解其家庭信息、思想动态和目前生活状况,并分类登记造册,对思想波动较大、生活特别困难的,给予特别关注,解决实际生活困难。

【计划生育目标管理】 制定下发《关于"十三五"期间落实计划生育目标管理责任制的实施意见》《玄武区关于开展创建"十三五"省人口协调发展先进区的工作方案》等文件,起草《玄武区实施全面两孩政策改革完善计划生育服务管理工作方案》,为基层开展好计划生育工作明确方向。

【实施全面两孩政策】 2017年,全区共办理生育登记服务3935

5月13日，玄武区举办“活力玄武、幸福玄武”为主题首届玄武春季运动会

例，再生育审批52例。完成2017年全国生育状况抽样调查和流动人口动态监测任务。玄武区在全国流动人口动态监测中排名全市第二。

【计划生育“一票否决”制】 2017年，下发《关于进一步规范计划生育“一票否决”审核程序的通知》，严格落实计划生育一票否决制，全年区级办理计划生育“一票否决”54批次，计818名个人，否决2名。

【计划生育基层基础建设】 2017年，抓好基层基础建设，举办各类培训班。玄武门街道、梅园新村街道北安门社区、锁金村街道锁五社区、玄武门街道大树根社区分别被评为南京市计划生育示范街道和示范社区。玄武门街道王莹被评为省“百佳计生专干”。

【流动人口服务管理】 2017年完成新增录入流动人口个案信息12694条。接收省内协查1774条、省外协查2518条，发送省内协查236条、省外协查313条。办理各类婚育证明420份。实现流动人口与户籍人口基本公共卫生计生“同城待遇”。（江秀萍 马新华）

体 育

【概况】 2017年，广泛开展全民健身活动，不断完善体育基础设施，提高竞技体育水平，适应经济社会发展新常态，全面推进玄武体育工作协调、有序、可持续发展。8月，玄武区被国家体育总局评为“2013—2016年度全国群众体育先进单位”。

【首届玄武春季运动会】 5月13日，玄武区首届“活力玄武、幸福玄武”春季运动会在钟山体育公园和南京体育学院举行，驻区部队、高校、科研院所、省市机关、企事业单位等50家单位参加。区长穆耕林主持开幕式，区委书记徐曙海到会致辞，省国资委副主任王宁生代表驻区单位致辞，市委常委统战部部长陈勇、副市长储永宏等出席开幕式。近2000名运动员参加7个项目角逐，产生单项比赛前10名，各单位分获“活力玄武”“激情玄武”“共享玄武”“共建玄武”和“幸福玄武”集体奖项。

【玄武区第12届运动会】 第12届运动会分为社区部、机关部、青少年部、残联部和老年人部5个部，设有足球、篮球、田径、乒乓球、羽毛球、游泳、跆拳道、广场舞、排舞、拔河、柔力球、腰鼓、空竹、趣味运动、广播体操、登山、健步走、自行车慢骑、啦啦操、棋类、投篮、飞镖、扑克、门球、健身气功、健身秧歌、手杖操、垂钓等28个比赛项目。全区各街道、党建服务片区14个代表团1500多人参加。

10月19日，玄武区第十二届运动会。图为玄武区老年人体育节闭幕式暨太极拳（剑）交流展示活动

【2017南京聚宝山四小时山地自行车耐力赛】 9月17日，不止骑·2017南京聚宝山四小时山地自行车耐力赛在玄武区聚宝山公园举行。该项比赛由玄武区政府与南京市城市建设投资控股(集团)有限责任公司联合主办，区体育局与南京东部园林绿化建设发展有限公司联合承办，南京骑酷体育文化推广有限公司执行，不止骑认证中心特别支持。近600名骑行爱好者参加比赛，经过四小时的激烈角逐，来自南京的熊建斌获个人组第一名，袁琛、缪礼龙分获第二、三名。本届赛事奖金最高的团体公开组冠军是爱骑意-Gloria队，南京捷安特斯帕客车队获团体公开组第二名，老表中国队获团体公开组第三名。安徽联队获长青团体组第一名，老表中国—捷安特斯帕客联队获大学生团体组第一名，无名队获女子团体组第一名。

【群众性体育竞赛活动】 全年举办元旦长跑、新年登高、"8·8"全民健身日、"9·29"世界步行日，以及区运动会、区老年人体育节、"我要溜"轮滑赛、"玄武杯"乒乓球与门球赛等特色品牌竞赛活动，年内持续激发街道、社区开展群众性体育竞赛活动的组织与参与，全区群众性体育竞赛活动共举办157场次。

【国民体质监测】 2017年，玄武区国民体质监测工作为南京市体育类重点民生实事项目工作，全年计划完成4000人次的监测目标任务。为圆满完成此项工作，经过认真研究，制定周密、可行的实施方案，由区体育局局长直接抓此项工作，从各街道抽调业务骨干，进行上岗培训，并对测试器材进行调试、检修，做好各项筹备工作。全年完成对街道、社区、学校、企业等单位的不同人群4108人次的体质测试任务。同时完成800人有效样本数据的体质测试省测任务。

【全民健身工程点】 2017年，玄武区进一步优化升级城市社区"10分钟体育健身圈"，加大器材巡修检修，积极参与老旧小区改造中体育场地与设施配套建设。4月，为玄武湖街道樱驼花园社区更换安装一套全民健身器材。9月，在红山路192号与童卫街7号分别新建2个全民健身工程点，配套安装2套全民健身器材。现有123个全民健身路径，配备125套全民健身器材。

【青少年体育后备人才储备】 2017年，按照市阳光体育学校评选办法，组织新周期辖区阳光体育学校申报工作，区内南京师范大学附属小学、北京东路小学、科利华中学、玄武外国语学校等24所中小学校，被市教育局、体育局联合发文命名为"南京市阳光体育学校(2017—2019)"，继续发挥区青少年业余体校青少年体育发展的"龙头"作用。玄武业余体校开设艺术体操、花样游泳和羽毛球等8个学校布点训练项目，2017年输送3人到省队、5人到省少体校，在省级以上比赛中，区艺术体操、花样游泳和羽毛球3个市队区办项目共摘取24金、14银、9铜的优异成绩。2017年，在花样游泳世界锦标赛中，玄武区输送运动员顾笑、呙俐取得历史性突破，获1金2银。

【轮滑锦标赛聚宝山公园分赛场保障服务】 2017年世界全项目轮滑锦标赛，是南京继2016年世界速度轮滑锦标赛之后第二次举办轮滑国际赛事。本次全项目轮滑世锦赛聚宝山公园分赛场承担高山速降、轮滑回转2大项比赛，有来自21个国家92名运动员参加11个小项的比赛。玄武区完成聚宝山公园场馆属地服务保障任务，区机关抽调10名机关干部加入辖区场馆运行团队，主动对接场馆运行团队和场馆业主，协调解决相关属地服务保障工作，为南京世界轮滑锦标赛的圆满完成做出贡献。

【老年人体育节系列健身活动】 3月至10月，全区开展主题为"健康中国，共建共享"老年人体育节系列健身活动。有40000人次老年人参加健步走、骑游、球类、棋类、操舞等活动。10月19日，玄武区举行老年人体育节闭幕式暨太极拳(剑)交流展示活动，来自7个街道、区退教协9个代表队的100多名中老年太极拳爱好者进行规定项目24式太极拳，以及自选、集体和个人项目的展演。

【区老年体协获评为品牌社会组织】 2017年，玄武区实施社会组织品牌培塑"310"计划，重点打造一批品牌社会组织、社会组织品牌服务项目、社会组织优秀公益人才。由区民政局与区社会组织发展促进会组织评选活动。玄武区老年体协参加品牌社会组织评选，经过自荐申报，初审，网上评选投票，评选结果公示等程序，玄武区老年人体育协会被评为"2017年玄武区品牌社会组织"。

(董长春)

人民生活

People’s Life

责任编辑　顾　坚

◎ 人力资源和社会保障

◎ 民政工作

◎ 老龄工作

◎ 残疾人扶助

◎ 红十字会

◎ 民族·宗教

人力资源和社会保障

【概况】 2017年，全区人力资源和社会保障工作立足“民生为本、人才优先”主线，不断改革创新，履职尽责，主要目标任务全部完成。年内编发《玄武人社》3期，对人社工作宣传起到积极作用。4月17日，区人社局扎实推进“走千企入万户、助发展促富民”党员干部大走访活动。在第一轮集中走访中，局领导班子成员充分发挥示范引领作用，带领相关业务科室人员先后走访帝豪电力有限责任公司等26家企业和单位，解决企业在就业招工、社保缴费、特殊工时申报等方面存在的实际困难。联系困难群众10余户，梳理并解决即知即办问题40余条。6月21日，区人社局领导班子与市人社局相关处室一同走访徐庄软件园部分企业，并与企业代表座谈市区人才引进与培训情况，新员工入职备案及筹办人力资源市场等情况，现场答复企业代表提出的送服务进企业等要求，指定专人跟踪对接。7月1日，区人社局党总支组织党员赴革命老区淮安进行主题为“弘扬革命先烈精神，做‘四讲四有’合格党员”的党日活动。建军90周年前，区人社局慰问玄武区自主择业军转干部杰出代表赛佳环保有限公司总经理汤捷（全国优秀军转干部）、和谐集团（江苏省自主择业军转干部就业创业示范基地）董事长周仁权、被评为“南京好人”的最美女兵罗宇晴和部分患病自主择业军转干部代表，听取意见并为他们排忧解难。区人社局获2017年度玄武区“党的十九大安保维稳和国家公祭活动执行保障工作先进单位”、区“巾帼文明岗”等称号；获南京市流动人口管理服务工作先进集体。3月6日，玄武区人才工作动员部署大会召开。

【就业创业】 2017年，以“高校毕业生、就业困难人员、外来务工人员”三大群体为重点，实施精准服务，稳定全区就业形势。开展“春风行动”“天天有岗位、周周有招聘”“百企校园招聘行”“就业援助月”“真情相助失业人”等活动，帮扶就业困难人员再就业。落实各项惠民政策，促进就业创业。以大学生创业园为载体，整合集聚区域资源，发挥就业创业联盟作用，提升创业实效。对有培训意愿人员积极推广“四单式”培训新模式，重点对高校毕业生、就业困难人员、被征地农民等实行订单式、定向式、定岗式就业导向性培训，储备职业技能人才，切实解决企业“招工难”和劳动者“就业难”问题。2017年，全区新增城镇就业22045人，实现再就业10665人，帮扶困难人员就业1718人，培育自主创业6508人，创业带动就业28680人，大学生创业650人；组织各类职业培训、指导、鉴定20955人次，其中高技能人才培养606人。

3月6日，玄武区人才工作动员部署大会召开

【社会保障体系推进】 全力推进社会保险参保扩面，深入开展全民参保计划，加大依法扩面征缴力度，促进和引导各类单位和符合条件的人员长期持续参保。稳妥推进机关事业单位养老保险制度改革，全面实施机关事业单位年金制度。把群众满意作为唯一标准，做好做实“一库一网一号”社保惠民工程，为服务对象提供精益化、精细化、精准化的服务和管理。提升企退人员社会化管理服务，通过举办健康讲座、组织参观游览、开展诗词创作、筹划“敬老月”活动等，进一步丰富企业退休人员生活。2017年，全区企业职工基本养老保险净增缴费9111人，社会保险中断缴费人员续保1913人，五项社会保险征收总额26.62亿元，城镇居民基本医疗保险缴费人数64445人，城乡居民基本养老保险参保缴费人数1015

人，组织42807名企业退休人员参加第五轮免费健康体检。

【人才引进服务】 2017年，实施"凤栖玄梧"引才与质效提升计划，加强高层次创业人才引进工作。年内293人申报玄武高层次创业人才，人数创近年来新高，项目方向与玄武区"4+4"产业导向契合。组织参加第十届南京留交会、第十九届广州科技交流会等重点人才交流活动，举办"中德创新合作之旅"和"海外人才玄武行"主题活动。结合"大走访"活动，走访高层次领军型人才企业40余家。2017年，全区引进区级高层次创业人才56人，21人入选市级高层次创业人才，入选人数较上年增长62%，超额完成全年任务，在主城区排名第一。第3至9批领军型人才企业和高层次人才企业初创成活率90.86%，优质孵化率5.14%。

【人事管理工作】 年内，完成38名公务员的招录工作，稳妥、慎重处理2名有争议招录人员，递补8名。稳步推进公务员职务职级并行制度改革，有效调动街道干部工作积极性。稳妥完成年度军转安置任务，切实落实政治责任。规范开展事业单位公开招聘和职称管理工作，全年组织教育、卫生、定向类（随军家属）及公共类185个岗位的公开招聘。深入贯彻落实《南京市人才安居办法》精神，做好区级E、F类人才认定工作，2017年，审核40名人才提交的安居申请。核定新进人员、新参公事业单位人员工资，到法定退休年龄正常办理退休手续人员临时养老金（未正式进养老保险参保系统清算，模拟核算的退休金，正式清算后多退少补）共计470人。完成机关事业单位2017年工资调标、住房公积金及补贴调标，涉及机关在职1800余人，事业在职4500余人，机关事业离休干部100余人。

【劳动关系监管】 建立劳动纠纷"超前预防""应急处置""沟通调解"三大机制，打造和谐劳动关系。整合推广以街道、社区为单位的劳动维权网格化管理平台，指导街道劳动保障综合执法建设和培训，充分发挥基层劳动争议调解中心和投诉举报平台的作用，在全区形成多层次、全方位、广覆盖的劳动维权体系。全年全区集体合同审查1438份，劳动保障书面审查6523户，全区受理职工举报投诉立案236件、简易快速化解劳资矛盾1020件，为职工讨回工资、经济补偿金等200余万元；开展"治欠保支"专项行动，为农民工讨回欠薪60余万元；受理劳动争议案件483件，涉案金额2300余万元，结案率100%。

【机关离退休干部迎新春联欢会】 1月17日，由区委组织部、区人力资源和社会保障局、区委老干部局、区文化局共同举办的2016年玄武区机关离退休干部迎新春联欢会在区机关大楼409会议室举行，全区近200名离退休人员参加。区委组织部副部长丁锴通报全区经济建设和社会发展情况及各项重点工作，并祝愿大家身体健康，阖家幸福。区人社局等部门选送的节目，机关退休干部的精彩演出以及老同志们自娱自乐的游戏节目，将联欢会不断推向高潮，联欢会在《我和我的祖国》歌声中圆满结束。

【服务农民工"春风行动"首场活动】 2月4日，省、市、区人社部门在南京火车站南广场，联合举办2017年"春风行动"全省首场招聘、咨询和维权活动，20家单位带来800多个适合外来务工人员的工作岗位。现场开展职业介绍服务，并设立劳动维权、养老保险、劳动争议仲裁等咨询处，为外来务工人员提供咨询和维权服务。整场活动吸引上百名外来务工人员，其中有20多名外来务工人员在现场与招聘单位达成就业意向。整个"春风行动"到3月底结束。

【创业担保贷款经办人员业务培训班】 2月24日，区人社局举办创业担保贷款业务知识培训班，市劳动就业服务管理中心相关科室人员进行授课，梳理讲解相关政策依据、申报条件、经办流程、财政贴息、系统操作，详细分析创业资金风险评估、申报使用、日常监管情况。区人社局就业促进科科长就经办人员在日常工作中遇到的难点、热点问题进行互动交流和现场解答。全区7个街道和东南大学、南京理工大学等6个"绿色通道"单位经办人员参加培训。

【社会保险缴费基数申报培训会】 3月7日下午，区人社局在全市率先举办2017年度社会保险缴费基数申报培训会。培训人员就征缴业务、CA认证、企业年金、基数申报、公积金政策等进行讲解。为提高服务质效，区人社局结合本次培训，把网上基数申报作为建设"一库一网一号"社保惠民工程一个重要项目。市劳动保障学会会长江萍、秘书长马连章，市社保中心相关领导，区人社局局长袁芳等出席，区内42家单位参加培训会。

【人才政策宣讲会】 3月16日下午，区人社局专项办在未来城（太库孵化器)开展“创业南京”人才新政宣讲，南京太库组织近20名人才现场参会，北京和武汉太库同时组织参会，另有近20名人才通过视频连线网上同步参会。区人社局工作人员介绍玄武区情区况，着重从申报对象、行业领域、扶持政策、申报流程、评审要点等方面详细解读高层次创业人才引进计划，并结合以往案例进行分析。现场互动环节十分热烈，参会人员就申报资格、注册资金等方面提出不少问题，武汉太库也有人员通过视频实时提问，均得到专业化准确答复，收到良好效果。

【海外人才玄武行系列活动】 4月26日，玄武区在徐庄软件园举办“圆梦玄武　创赢未来——海外人才玄武行”活动，近80名留学人员应邀参加。与会人员实地考察徐庄软件园苏宁青创园、精准医疗百家汇和途牛旅游网等项目，给留学人员留下深刻印象。座谈会上，区委组织部进行玄武创业创新环境及人才政策推介，徐庄软件园和铁北红山新城先后作园区推介。南京沃旭通讯科技有限公司总经理林权威作为创业人才代表发言，交流在玄武创业感受。留学人员对玄武区创业创新环境给予高度评价。

【工资业务培训会】 7月28日，区人社局组织召开全区机关部门工资职能归位及业务培训会议。区人社局副局长、区公务员局局长张训宝就工资职能转移归位作动员布置。区人社局工资福利科科长组织各单位业务经办人员对机关工资相关政策和工资业务办理流程进行全面、系统学习。全区机关部门、街道(园区)、法院、检察院等62家单位130余人参加。

【市人社局领导走访街道劳保所及大学生创业园】 9月7日上午，区人社局局长袁芳陪同市人社局局长刘莅、副局长孙淼走访玄武门街道劳动保障所及大学生创业园。刘莅听取玄武门街道关于职业培训、就业创业等方面汇报，并与前来办事群众亲切交谈。随后参观玄武门大学生创业园，重点走访南京圈圈网络科技有限公司等3家代表性企业，与企业负责人就公司发展、人才建设、以及企业发展面临哪些困难进行深入沟通交流。袁芳表示，区人社局就走访中企业反映的困难问题做好对接，加大政策宣传力度，重点在创业场地租金补贴、高校毕业生住房租赁补贴、人才安居办法、企业创业担保贷款以及人才招聘方面为企业提供切实有效的帮助，助推企业发展。

【市就业创业工作推进会参会人员观摩玄武门街道人社基层平台】 9月18日下午，全市就业创业工作推进会召开。市人社局就业促进处和就管中心领导，全市各区人社局分管局长、就管中心主任等到玄武区参观玄武门就业创业基层平台建设情况，区人社局副局长苏勤、玄武门街道副主任卞雨华陪同参观。玄武门街道人力资源和社会保障所所长潘海燕就街道创业就业基层平台的基本情况、发展状况和就业创业举措等作详细介绍。玄武门街道在就业创业平台建设方面比较成熟，特别是街道“众创空间”等创业孵化培育中心带动更多人员有效就业创业，值得借鉴和学习。

【人力资源保障协理员培训班】 区人社局组织开展全区人力资源保障协理员业务培训，全区7个街道300余名协理员参加。市人社局机关党委书记周建平和有关专家等围绕政策细则解读，结合实际就新人社系统应用、工作流程规范等进行授课，内容涵盖十九大文件精神学习、就业政策解读、社会保险热点及难点问题、和谐劳动关系实务、新形势下基层人力资源保障工作发展趋势、特点及实务操作等。参训协理员较好了解新形势下基层人力资源保障工作发展情况，掌握基层人力资源保障工作基本方法及实务技巧，提升玄武区人力资源保障基层服务平台工作人员工作能力和业务水平，为人社工作“重心下移、服务前移”打下基础。

【市人社局调研玄武区基层劳动人事争议调解中心规范化建设】 11月17日下午，市人力资源和社会保障局副局长王正平、仲裁处处长李大林，仲裁院院长雷宝根、副处长沈洁一行，到玄武区调研基层劳动人事争议调解中心规范化建设情况，区人社局副局长崔雯鸿陪同调研。调研组参观玄武门街道劳动争议调解接待窗口、劳动争议调解接待大厅、劳动争议调解室等，并详细了解调解中心运行情况；召开调研会，广泛听取各街道劳动保障所所长、仲裁院负责人关于基层调解中心规范化建设中存在的问题和难点，以及下一步工作打算。调研会上，王正平对玄武区基层调解中心工作开展情况、调裁衔接方面的积极做法给予肯定，指出基层调解中心规范化建设水平有待提高，同时存在调解员流动性大以及培养力度不够等问题。

【区政府召开投资工程项目农民工工资支付工作会】 11月28日下

午，区人社局组织召开全区 2017 年度政府投资工程项目治理拖欠农民工工资专题会议，区住建局、区城管局、区水务局、街道等 16 个单位分管领导参加会议。会上，区人社局督查室通报 2017 年度玄武区政府投资工程项目中出现的关于农民工工资支付争议的典型案件；劳动保障监察大队负责人组织与会单位学习国务院、省、市关于全面治理拖欠农民工工资问题的实施意见，明确政府职能部门主要职责；区人社局分管领导就下阶段有关工作提出相关要求，确保 2018 年 1 月底前在建工地劳动者工资支付全部到位。

【组织参加 2017 中国海外人才交流大会】 12 月 18—21 日，玄武区一行 13 人赴广州参加 2017 中国海外人才交流大会暨第 19 届中国留学人员广州科技交流会。区人才办、人社局、徐庄高新区及部分街道人才工作者参加。玄武区组团人员先后参加"春晖杯"中国留学人员创新创业大赛、南京海外人才创业大赛广州赛区决赛、"红棉天使"暨 2017 海交会"智创未来"海外创新创业大赛等系列活动，并在留交会南京展区参展对接。通过与人才洽谈对接，向人才推介玄武创业创新环境和系列扶持政策，吸引人才到玄武落地并申报"创业南京"英才计划。活动累计对接海外人才超过 100 人，30 人达成初步合作意向，10 余人拟申报"创业南京"英才计划。（金 翎）

民政工作

【概况】 2017 年，玄武区民政工作以"现代民政"为导向，认真履行"维护民利，解决民生，落实民权"的职责，坚持依法行政，注重玄武特色，全力推动全区民政工作转型升级。区民政局落实从严治党新常态、新要求。集中观看《周恩来的党性之光》《榜样》《知心法官》《廖俊波先进事迹》等专题教育片，到横山新四军红色教育基地探访革命先辈足迹，召开"旗帜鲜明讲政治""我为创新、富民做什么"专题讨论会，开展"两学一做"学习教育常态化制度化专题党课。全年组织专题党课辅导 8 次，集中理论学习 26 次，专题研讨交流 5 次，基层专题调研 4 次，"大走访"活动 1617 户，组织基层支部巡查 2 轮，开展主题活动、观看主题演出、接收警示教育 6 次；完成心得体会 80 余篇；制定《玄武区民政局党组工作规则(试行)》《玄武区民政局党工委"三重一大"议事制度》等。在接受区委组织部、区委巡察组和区纪委 8 次检查督导中均得到肯定。

【"社区治理和服务体制改革"推进】 在街道"中心化"改革、社区"去行政化"改革获得成功基础上，玄武区进一步打破行政壁垒，扎实开展"放管服"改革，基本实现政府职能在公共领域的全覆盖。同时注重"社区自理"工作，重塑社区形象，培植社区意识，再造社区流程。全力推进"玄武区社区治理和服务体制改革"，重新界定社区"人、财、事"三个核心要素，厘清社区各相关主体之间的职能边界、完善社区功能定位、培育社区社会组织、发展专业社会工作。2017 年试点工作，初步建立以绩效考核为核心的社区效能提升机制。全年投入 200 余万元，支持 32 个为民服务项目，切实提升社区服务效能。

【"1+2+2"社会组织支持发展模式探索】 玄武区在"1+7+X"区街联动基础上，进一步探索"1+2+2"(一园、两会、两型)社会组织支持发展模式。按照"需求主导、政府扶持、市场运作、自负盈亏"思路，重点领域通过市场化手段产业化运营，引入和成立养老、儿保等类型基金会，优化配置社会力量、有效凝聚资源效益。2017 年，全区有注册社会组织 1018 家（专业社工机构 35 家），其中民办非企业单位 954 家、社会团体 62 家、基金会 2 家，万人拥有社会组织数 15.4。统一社会信用代码赋码率、换证率达 100%。自 2014 年起，玄武区获中央财政支持项目 4 个，省级公益创投项目 15 个，市、区公益创投项目 141 个，获中央及省、市资助资金近 300 万元，区级配套资金近 1000 万元，项目直接服务约 20.8 万人次。

【"互联网+社区治理"路径探索】 出台《玄武区社区治理和服务体制改革试点实施方案》《玄武区关于全面推进社会治理一体化改革的实施意见》《玄武区社会治理一体化网格工作管理办法》等一系列文件，为改革探索、创新实践奠定良好制度基础。按照"一张网、全覆盖、无死角"原则，全区重新划分为 516 个网格，社工、流动人口协管员、消防警辅人员等条口人员全部"入网"，变"多网多员"为"一网多员"，极大提升政府服务效能。建立开放共享"大数据"平台，打破条块分割，实现公安、民政、人社、市场监管等各方面数据融合共享，破冰"信息孤岛"。2017 年，全年全区通过平台办理各类证件 1.8 万件，出具各类证明 3.5 万件。出租屋、地下室、车库、

7月12日，区民政局慰问驻区部队

桥梁涵洞等区域全面纳入管控，有效消除社会治理“盲点”。

【社区公益服务项目组织实施】 2017年，玄武区组织实施公益创投，通过多轮评比、筛选，31个项目成功入选区级公益创投项目，11个项目成功入选市级公益创投项目，8个项目成功入选市级薪火计划，涉及公益创投项目资金392万元。

【社会组织“310”培塑计划实施】 2017年，组织举办“品牌社会组织”“社会组织品牌服务项目”，以及“社会组织优秀公益人才”评选活动，在全区范围内重点打造一批品牌社会组织、品牌公益项目和优秀公益人物。经过自荐或推荐、初审、复审等程序，综合专家评审成绩及网络投票活动结果，评选出品牌社会组织10个，社会组织品牌服务项目10个，社会组织优秀公益人才10名。

【双拥模范区争创活动】 根据部队改革及时调整双拥工作领域和范围，推进双拥工作向基层深化、向社区覆盖、向社会组织延伸，深度推进教育拥军、文化拥军、科技拥军等常态化活动。强化为军服务力度，把为部队和各类优抚对象办实事作为工作的落脚点，支持拥护新一轮的国防和军队改革。2017年，区长参加东部空军某部成立大会，为部队改革调整做好服务保障工作。在2017年社区专职工作者招聘中，拿出20个社区专职工作者岗位，专门面向驻区部队现役军人家属招聘。推动两新组织拥军，广泛动员社会力量开展拥军优属活动，培育成立玄武长城驿站拥军公益发展中心。该中心成立以来组织开展全区烈属情况调查以及部分需要帮抚烈属的跟进服务、“英雄故事会”进社区等活动，反响良好。协调熊猫集团和新组建的空军某部开展双拥共建活动，为国有企业搭建双拥共建平台，有效地促进社会化拥军工作。完善双拥网络建设，依托街道、社区平台，在全区7个街道和59个社区全面成立拥军优属服务站。全面落实各项优抚安置政策，城乡优抚对象抚恤补助标准一体化率100%，全年发放各类优抚经费1300多万元。在全市首家探索成立老兵创业基地，帮扶曾在军队服役并参加过作战的老兵创业，成立红色养老服务中心，提供多个项目服务，为做好涉军稳控工作和创新老兵就业模式提供借鉴。

【未成年人保护工作联动体系形成】 建立与完善横向到边、纵向到底的市—区—街道—社区四级困境儿童救助与保护体系，设立三级未成年人保护社工专员，明确政府在政策与资源供给方面的责任，引导社会力量积极参与儿童救助与保护工作。2017年，联合民政部、最高法、联合国儿童发展基金会等，举办儿童福利和儿童保护实践与制度建设研讨会。“呵护童心——博爱童行号地铁专列”活动，获中央、省、市媒体持续报道。与江苏电视台合作举办未成年人保护慈善晚会，女中音歌唱家德德玛助阵。“为爱行走”南京站大型徒步公益活动募集善款数百万元。困境儿童保护与服务标准化试点项目在江苏省质监局立项。《南京市玄武区困境未成年人调研报告》获民政部政策理论研究二等奖、江苏民政政策理论研究一等奖，《守护小武监护之缺》困境儿童个案荣获江苏省社会工作优秀案例一等奖，儿童保护法治微电影《爸爸，你在哪儿？》获省政法部门嘉奖。

【困境儿童个案分析和分类保障实施】 推行儿童保护个案处理，尝试为低收入家庭、单亲家庭、父母残疾等困境儿童的救助与保护进行个案分析和服务，增加困境儿童家庭的资助种类和数量，确保困境儿童的物质生活得到基本满足。扎根社区，总结优秀个案经验，并积极构建未成年人保护综合服务平台，完善个案处理的法律规范流程，走出一条政府主导、社会组织辅助，政社联合保护困境儿童的示范模式。至年底，为1名弃婴提供专业评估并成功助其回归家庭，2名困境儿童安置寄养家庭，为20名困境儿童提供教育援助，为20名困境儿童提供法律援助服务，为25名困境儿童及家长提供心理疏导，落实辖区内有帮扶需求的127名困境未成年人一对一结对帮扶。全年对全区156名困境未成年人进行分类保障。

【引导社会多元主体参与未成年人保护】 通过公益创投形式，引导社会组织、专业社会工作者和志愿者参与未成年人社会保护。在"1+N"的多元团队模式的基础上，发挥专业社工协同社科、法学等专家学者、志愿者、社区工作人员多元优势。突出困境儿童保护工作质量，推进困境未成年人行为矫正、心理辅导、亲子关系改善、监护能力提升和社会融合支持等专业的社会组织服务网络建设。区未成年人保护中心挂牌运行，6月26日，玄武区特邀台湾现代妇女基金会工作站主任、著名儿童保护专家吴淑美老师给大家授课。成立南京市玄武区简凡未成年人心理咨询服务与研究中心、南京市玄武区立德未成年人成长与服务中心、南京乐行法律援助中心3家社会组织，在高楼门社区和红山街道设立服务站，开展就近服务。区级儿童发展基金会募集社会资金331.9万元，惠及区内外困境儿童773人。

【社会保障多线托底】 最低保障严格把关。2017年，全区新增低保135户、164人；退出低保260户、377人；至年底，全区有低保家庭1993户、2844人。累计保障低保家庭24797户次、35926人次，发放最低生活保障金2420.79万元；为全区城乡困难居民实施医疗救助17042人次，救助金额774.93万元；为全区困难家庭中因病、残疾、就学、突发灾害等原因而导致生活困难的2358人次办理临时救助，发放救助金168.49万元；实施"3+X"特色救助，支出救助金140.03万元，惠及困难群众24878户次、37295人次。全区累计募集慈善款物427.8万元，发放救助款物396.55万元，救助困难群众近6500人次。发放两项补贴1142.5万元，惠及重度和困难残疾人4.01万人次。

6月26日，玄武区特邀台湾现代妇女基金会工作站主任、著名儿童保护专家吴淑美老师给大家授课

【优抚安置政策落实】 2017年，全面落实各项政策，及时足额发放各类抚恤补助金。完成对各类优抚对象春节、五一、端午节慰问工作，发放慰问金及物品计260余万元；认真落实伤残人员的调评残、换证、补证工作，年内为500多名伤残人员发放残疾抚恤金920余万元；组织不同形式的送岗位进军营和军嫂就业专场招聘活动，拿出20个社区工作者岗位专门针对军嫂进行招聘，全年安置军嫂30多人，审核通过发放随军家属无工作补贴20人；认真贯彻落实《江苏省实施〈军人抚恤优待条例〉办法》，发放各类退役士兵安置经费1300余万元；稳步推进退役士兵安置改革，鼓励147名退役士兵报名参加学历教育、驾驶、计算机、室内装潢设计等培训，组织退役士兵专场招聘会2场。

【社团、民办非企业及婚姻、收养登记】 2017年，新增社会组织65家，全区注册登记社会组织1018个，其中社会团体62个、民办非企业单位954个、基金会2个。全年办理结婚登记6636对、离婚登记4116对，补领婚姻登记证1808对，登记合格率100%；办理收养44件，收养登记合格率100%。

【福利彩票】 2017年，福利彩票区域性销售额2.02亿元，募集福利彩票公益金近6000万元。

老龄工作

【概况】 2017年，玄武区60岁以上老年人口10.34万人，约占户籍人口的22.25%。其中，65岁以上老年人口7.25万人，70至79岁老年人口2.93万人，80至89岁老年人口1.66万人，90至99岁老年人口0.2万人，100岁以上老年人口44人。80岁以上老年人口达18667人。10月13日，区民政局聘请国防大学王宝付教授为全区离退休老干部讲课。

10月13日，区民政局聘请国防大学王宝付教授为全区离退休老干部讲课

【区级虚拟养老院建成】 引进专业社会力量，建成区级虚拟养老院。全区老人基础数据和15家社会组织纳入智慧养老服务综合管理系统。开通养老服务热线833-12349，为全区老人提供居家养老咨询服务。政府购买居家养老服务实施上门刷卡监督和事后回访，全年服务19615次，满意率99.95%。为970名老人提供网上定位和紧急呼叫服务。对全区34家养老组织安装监控探头101个，实现养老服务现场监控全覆盖。

【居家养老服务网建成】 全区59个社区办公用房用于养老面积普遍达到40%。2017年，建成助餐中心和助餐点56个，AAA级以上居家养老服务中心24个（AAA级17个、AAAA级6个、AAAAA级1个），老年人日间照料中心6个。全区基本建成十分钟居家养老服务圈。

【居家养老服务内容拓展】 2017年，大力开展助餐服务，全年助餐52万人次。启动玄武区高龄老人助浴服务拓展计划，为老人免费提供3000人次助浴服务，实现全区60周岁以上老人有需求助浴全覆盖。为75周岁以上独居老人安装紧急呼叫终端2196个。政府每年出资50万元，为90岁以上高龄老人每月提供3小时上门照护服务。完成1717户失能半失能老年人家庭适老化改造，完成19503位失能半失能老年人能力评估工作。全区为老服务涵盖14100人、服务102万人次。在全市建成首家AAAAA级综合护理中心、第一个红色养老基地。 （卢 菲）

残疾人扶助

【概况】 2017年，区残联扎实推进残疾人“两个体系”建设，加快实施残疾人民生实事工程，创新和改进残联工作，较好完成全年目标任务。6月16日，玄武区举办残疾人基本服务状况和需求信息数据动态更新工作培训班。

【残疾人民生保障】 2017年，区残联强化兜底保障，加大残疾人社会救助力度。年内为581名“重残、孤残、老养残、一户多残”特困残疾人发放救助金57.92万元；为8户残疾人家庭发放0.8万元的临时救助资金；为10名困难残疾儿童申请郭氏爱心助学金项目；元旦和春节期间走访慰问困难残疾人720户，发放慰问金57.6万元，在全市率先实现残疾人意外伤害保险全覆盖，政府出资61.73万元，为全区4425名符合参保条件的残疾人办理意外伤害保险。

【残疾人教育就业】 2017年，区残联以残疾人创业就业为突破口，帮助有劳动能力的残疾人实现就业。区残联联合区人社局对57名残疾人进行面点师、微电商等职业培训，有5人开办微店；组织街道和残疾人托养机构对51名残疾人进行手工制作、编织等庇护性劳动培训。发挥区残联众创空间作用，积极孵化残疾人创业项目，孵化企业玄武九洲文创产品“民族风情”获2017年南京文化创意产业交易会优秀文化创意产品奖；设计制作“云锦天章”南京云锦面料获南京非遗文创大赛铜奖。组织90名残疾人参加各项专场招聘会,全年帮助45名残疾人实现创业就业。为29人发放教育专项补贴4.1万元,为9名残疾学生发放助学补助2.4万元,为6名残疾人发放助学奖励1.6万元;为35名在校非残疾学生发放教育专项补助金2.68万元。

【残疾人康复服务】 2017年,区残联围绕残疾人的康复需求,不断完善康复服务保障体系,提高康复服务能力。全年组织184名残儿和康复机构签订委托训练协议书,并制定个人康复训练档案;为7名儿童适配矫正鞋;"六一"儿童节组织慰问区2家康复机构残疾儿童157名;为3名贫困白内障患者进行免费复明手术;为2名成年贫困肢体残疾人免费安装假肢或矫型器,为584名残疾人适配辅具;为24名残疾人进行无障碍改造;在全市首家为667名有需求的3、4级残疾人进行免费体检;完成1900多人的康复服务工作,精准康复率90%以上;利用"爱耳日""爱眼日"等时机,开展系列宣传教育及咨询活动,宣传残疾人康复科普知识;举办玄武区"推进残疾预防,健康成就小康"大型扶困助残公益宣传、义卖广场活动。

【组联和维权工作】 2017年,区残联充分发挥区残疾人维权服务中心作用,维护残疾人合法权益,全年办理残疾人法律救助案件2件,未发生重大集访事件。对街道、社区两级残疾人专职委员实行目标考核激励制度,进一步夯实基层残联工作基础。注重加强残疾人事业宣传,利用"全国助残日"等重要节日,广泛开展形式多样的帮扶助残活动,倡导助残风尚。"全国助残日"期间,联合孝陵卫街道、交通银行江苏分行、南京博爱勤善中心、南京外国语学校起航博爱公益活动小组开展向社会公众倡议活动,并组织义卖,多家媒体给予宣传报道。

【残疾人文体活动】 2017年,玄武九洲残疾人文化艺术中心组织举办多场文体和艺术活动,排演的话剧《妈妈再爱我一次》获江苏团省委、江苏省民政厅举办的江苏省青年创意项目大赛银奖。

(全丽娟)

6月16日,玄武区举办残疾人基本服务状况和需求信息数据动态更新工作培训班

红十字会

【概况】 2017年,玄武区有红十字基层组织58个,团体会员23个,会员12627名,志愿者2969名,红十字志愿服务基地5个,玄武区红十字救护培训基地1个,红十字博爱家园2个,红十字青少年教育基地1个,红十字服务队伍78支(其中应急救援志愿服务分队70支),红十字博爱养老院1所,红十字冠名医院1所。组织编写《玄武区红十字会工作规范制度汇编》,收纳红十字法等法律法规及相关规定23篇。年初召开街道红十字工作会议,区委常委、宣传部部长陈乙华对新时期基层红会工作提出要求。召开全区教育系统红十字工作会议,布置推进青少年红十字工作。

【区红十字第九次会员代表大会】 7月28日召开,区长穆耕林,市红十字会党组书记、常务副会长张敏等市、区领导以及来自全区基层红十字组织的130余名代表参加大会。会议审议通过《玄武区红十字会第八届理事会工作报告》和《玄武区红十字事业"十三五"(2016—2020)年发展规划》,选举产生玄武区红十字会第九届理事会理事及领导班子,聘请区委书记徐曙海、区长穆耕林为区红十字会名誉会长。会上还对2011年以来在全区基层红十字工作中取得突出成绩的单位和个人进行表彰。

【救助活动】 春节期间在全区开展“博爱送万家”活动。活动发放救助款物169924元，受救助群众267户。发扬人道主义精神，拨出50床毛毯分发给辖区范围流浪乞讨人员，确保他们能够安全过冬。从玄武区卫生系统大病救助专项资金中拿出7.43万元，给予符合条件的卫生系统12名大病职工进行救助。继续开展博爱助医——为失地农民送温暖活动，为仙鹤门、康定里社区250余名身患高血压的失地农民长期提供免费送医送药服务。开展“博爱助学”活动，向中山陵园管理局、省血液中心等15家爱心单位及个人筹集资金5万元，向来自全区14所中小学校的50名困难家庭学生进行一对一帮扶资助。落实“江苏省公益性应急救护百万培训项目”，深入社区、学校、军工企业等单位广泛开展应急救护知识持证及普及培训40余场。全年完成初级救护员培训750人，普及培训8081人，圆满完成全年培训任务。玄武区代表队荣获南京市职工职业技能大赛应急救护技能竞赛团体一等奖及个人第一名。在全区范围内开展推广“白金十分钟”广场舞活动，以大众喜闻乐见的形式宣传应急救护知识技能，并于“世界急救日”期间在红山街道举行“白金十分钟”广场舞大赛。

【红十字服务项目】 上半年全省首家“志友之家”在锁金五村社区落成启用。“志友之家”面积近60平方米，配有办公区、会议区、室外活动区等多个设计合理、功能完善的分区。与北安门社区结对共建，合力打造“志友加油站”品牌项目。玄武区志友1122名，实现遗体捐赠250名。全年完成社区宣传27场，举办培训15场。“博爱家园”已经初步建成。“博爱家园”融社区救护培训、无偿捐献服务及博爱超市为一体，以关爱生命健康、关爱老年人、关爱城市弱势群体的生存尊严为主要服务内容，打造了成贤微课堂、康乐驿站、“好孩子”服务队、成贤万家暖等服务队伍和品牌。拥有注册红十字志愿者100余人，参加服务人员近400人，累计开展各类红十字志愿服务20000小时以上，受益群体达1000人以上。积极支持“南京红十字衣物捐赠中心”工作，召开专题会议部署“红十字闲置衣物捐赠箱”的网点投放，定点到位，落实到人，完成全区50个捐赠箱的安置。2人参加养老照护师资培训并取得红十字养老照护师资证。以师资为核心，依托成贤街“博爱家园”养老服务项目，组建养老照护服务志愿服务团队，为社区居家养老人员开展志愿服务，完成普及培训500人，开展志愿服务20次，上门50户的年度任务。

10月16日，香港红十字会参访月苑一小红十字青少年生命健康安全体验教室

【红十字活动】 组织600多名机关干部、社区人员参加无偿献血活动，共献血15万多毫升；实现造血干细胞入库60例。组织36所大中小学校参加全国红十字青少年自救互救知识竞赛，征订试题1.6万份，积极宣传青少年防灾减灾、自救互救知识，其中区红十字会获组织一等奖，玄武中专获竞赛一等奖，月苑一小等7所学校分获二、三等奖。玄武外国语学校完成创建省级红十字师范校工作并通过验收。接待香港红会耆英团、台湾新竹红会到月苑一小参访红十字青少年生命健康安全体验教室，接待广西南宁红会系统代表团参观小霞驿站、志友之家项目，增进红会组织交流。志友许文花获得区“最美志愿者”称号，成贤街微课堂及小霞驿站分获区十佳志愿者组织及十佳志愿服务项目称号。 （陈劲松）

民族·宗教

【概况】 2017年，玄武区有少数民族人口9017人，有27个少数民族。其中回族8232人、满族357人、蒙古族110人、壮族79人、苗族39人、土家族54人、维吾尔族

9人、朝鲜族58人、白族4人、藏族3人、黎族3人、侗族6人、锡伯族6人、彝族7人、畲族3人、布依族8人、羌族12人、哈萨克族2人、高山族3人、达斡尔族8人、毛南族1人、阿昌族4人、仫佬族2人、瑶族3人、纳西族2人、撒拉族1人、鄂伦春族1人。少数民族流动人口1000余户、3000余人。

2017年，全区有宗教活动场所9处，各类信教群众2万余人，宗教教职人员82人。

【全区民族宗教工作会议】 1月20日上午，区民宗局召开全区民宗工作例会，对2017年重点工作进行部署。会议强调：一要充分领会省委、省政府《关于加强和改进新形势下宗教工作的实施意见》的精神实质，并结合2017年重点工作贯彻和落实；二要认真对待对部分重点宗教活动场所安全工作进行督查情况的通报，并查缺补漏、整改落实；三要完善应急预案，加强各级信息情况的沟通和反馈，确保全区民族和睦、宗教和顺、社会和谐。各街道、园区分管领导、辖区各宗教场所负责人参加会议。

【全区民族宗教工作领导小组会议】 7月3日和8月31日，两次召开全区民族宗教工作领导小组会议。区委统战部副部长、区民宗局局长胡圆圆总结分析2017年玄武区民族宗教工作形势，部署下一步重点工作，并对市委、市政府《关于加强和改进新形势下宗教工作的实施意见》玄武区工作分解方案、区民宗领导小组议事规则、区民宗领导小组专项工作协调机制等进行研究和征求意见。区委常委、统战部长朱天龙传达市委民宗领导小组会议上市委常委陈勇、副市长胡万进讲话精神，对做好近期民宗工作提出“三个进一步”的要求：进一步提高认识，维护区内民族宗教领域的和谐稳定局面；进一步强化工作措施，全面落实“大排查大整治”的工作要求；进一步加强部门间的协作，形成主动有为的工作氛围和工作合力。

【权力清单标准化推进】 2017年，重新梳理本单位行政权力事项，行政许可事项3项（子项3条）、行政处罚事项25项（2017年新增1项）、行政确认事项4项、其他权力事项5项，为每项权力事项编制办事指南并录入江苏省政务服务信息系统，实现省、市、区三级权力名称、类型、依据、编码相统一。全年办理行政确认事项7件。充分发挥区民宗工作领导小组和5个专项工作组的统筹协调作用，加强与公安、城管、建设等部门的横向联系和配合，解决部分执法难问题。参与全区综合执法平台，下放3项执法权的检查权到街道，一定程度上缓解执法力量薄弱的状况。

7月3日，玄武区召开全区民族宗教工作领导小组会议。区委常委、统战部部长朱天龙讲话，副区长戴航主持。

·民　族·

【少数民族合法权益保障】 全面完善社区层面民族基础信息和政策性工作制度，按要求做好10个少数民族牛羊肉补贴统计、审核、发放工作。扎实推进少数民族考生民族成分审核工作，全年审核少数民族考生中考加分材料163件。协调解决少数民族流动人口来宁务工人员子女就学3人，审核并通过公民变更民族成分申请7人。通过“大走访”活动，深入全区7个街道、14家社区，走访慰问少数民族困难家庭24户，累计发放慰问金1万元。

【民族纠纷协调与处理】 配合市、区两级相关行政执法单位，对少数民族经营中有关扰民投诉问题进行协调处理，个别违法经营行为依法予以取缔，经协商转变经营项目，指导其完善经营手续。注重保护少数民族群众合法权益，避免少数民族矛盾事件的发生。全年协助依法规范管理、调解少数民族经营户矛盾纠纷7起。做好与少数民族群众的沟通协调，避免3起群体性上访和网络舆情，维护民族领域的和谐稳定。

【基层民族工作品牌创建】 开展少数民族特色服务项目化申报，给予资金支持，全区有11个社区申报社区民族工作特色项目，累计资助项目资金5.8万元。各项目立足社区开展有亮点有特色的社区民族团结共建工作，并委托第三方进行审核、监督和满意度评价，有效提升“一社一特”少数民族示范社区创建活力。

【民族团结进步创建活动】 11月27日，区民宗局对辖区内民族工作示范社区进行验收考核，经听取汇报、查看台账、实地检查、座谈讨论后，月苑社区、紫鑫城社区、孝陵卫社区、太平门社区、成贤街社区、花园路社区6个社区在贯彻落实党的民族方针政策、铸牢城市民族工作基础、推进和谐社区建设方面成效突出，被评为民族工作示范社区。11月16日，对上述社区在全区进行表彰，并发放“民族工作示范社区”铜牌。

·宗　　教·

【重大节点宗教活动场所安全稳定工作】 元旦、春节等重大节日，佛教观音法会以及穆斯林斋月、开斋节、古尔邦节期间，坚持区级职能部门横向联动机制，区民宗局组织区公安、消防、属地街道等部门召开安保协调专项会议，落实保障措施，圆满完成安全保障工作。围绕迎接十九大和“国家公祭日”召开专题会议分析安全形势，制订完善应急处置方案预案，按照“三个确保”要求全面开展安全隐患大排查、大整治工作。与街道、场所层层签订安全稳定工作责任书，进一步明确领导责任和主体责任。全年先后开展“夏季安全生产百日行动”“宗教场所安全隐患专项排查”“场所安全隐患工作回头看”“安全隐患排查50看”“电气、火灾综合治理”等工作。年内组织各宗教场所自查，联合街道5次实地对区内所有宗教场所拉网式、全覆盖检查，排查隐患52处，制定整改计划，重点隐患市区联动协调解决，督促整改49处，另有3处隐患交由主管单位处理。

【社会信用代码赋码和宗教活动场所登记证换发】 5月9日，区民宗局组织召开二季度宗教工作例会暨社会信用代码赋码和宗教活动场所登记证换发工作培训会，辖区各宗教活动场所负责人和档案工作人员参加。会议强调要精心做好统一社会信用代码赋码和宗教活动场所登记证换发工作，明确赋码换证时间节点和工作步骤，以问题为导向严格把关，确保信息准确性。9月底，全区9家宗教活动场所完成登记证换发、统一社会信用代码赋码和82名教职人员重新登记备案工作。

【宗教场所星级创建】 制定区域内宗教场所创建规划，引导宗教活动场所加强自律，建立健全规章制度，搞好自我管理，依法开展活动，在宗教事务管理中发挥协同自律作用，实现政府宗教事务部门依法管理与宗教界自我管理的有效衔接和良性互动，促进宗教活动场所发展的规范化和标准化。全年评定南京玄奘寺、基督教仙鹤门聚会点2家市级三星级宗教活动场所，吉兆营清真寺创建五星级场所待查。区民宗局被市局评为2017年星级场所创建先进单位。　　（史慧芳）

南京博物院(2017)展览之“走进养心殿——大清的家国天下”一角

街　道

Sub-district

责任编辑　顾　坚

梅园新村街道

·街道工作·

【概况】 街道位于玄武区东南部，东起中山门向北城墙，西至太平北路，南至中山东路，北至北京东路，东西分别与孝陵卫和新街口两街道毗邻，内秦淮河蜿蜒穿过境内，明城墙横亘于街道东北部，面积6.35平方公里。辖大行宫、东南大学、梅园新村、大影壁、兰园、明故宫、太平门、北安门、富贵山9个社区居委会，常住户34193户，常住人口11.52万人。街道处南京市腹地，街区曾是太平天国和民国时期的政治和文化中心，历史文化底蕴深厚。有中国近代史遗址博物馆(总统府)、梅园新村、明故宫等名胜，有毗卢寺、香林寺等古刹，有南京博物院、南京图书馆、江苏省美术馆等被列为江苏省十大文化工程的场馆，有包括南京外国语学校、玄武外国语学校等名校在内的中小学校12所，有珠江路创业大街、长江路旅游文化街、“1912”民国风情街等名街，有人保财险、宏图三胞、五星控股、中科集团、南京圣和府邸豪华精选酒店、柯菲平等名企。整个街区荟萃古都灵秀，交融古今风情，处处充满浓郁的历史人文气息。2017年，街道按照区委、区政府建设“强富美高”新玄武的目标要求，积极落实五大发展理念，紧紧围绕建设“创新梅园、品质梅园和博爱梅园” 的发展思路，在玄武区“一城两街三片区”的产业布局中，充分发挥梅园新村街道科技街区、文化街区、教育街区和双拥街区的优势，推进地区经济社会事业全面发展，完成年初确定各项目标任务。2017年，街道被市委统战部授予2016年度统战宣传工作先进基层单位，获玄武区实施“十二五”妇女儿童发展规划先进集体等称号。“梅园生活”手作工坊被评为玄武区百姓喜爱的终身学习活动品牌。9月12日，区政法委书记许恺调研梅园新村街道一体化建设情况。

【经济发展】 全年完成地方口径税收8.04亿元，同比增幅29.1%。全年引进企业680家，其中注册1000万元以上有58家。固定资产投资完成7.802亿元，社会消费品零售总额90.7亿元，服务外包执行额2.945亿美元，其中离岸执行额0.89亿元，外贸出口23.4亿元，外资4080万美元，服务贸易额1942万美元。申报并获得南京市创新型街道，新培育高新技术企业4家。对金融科技园进行试点，完成3000平方米的载体转型，引进南京网元通信技术有限公司、江苏巨楷科技发展有限公司、南京鼎丰诚信息技术有限公司、南京三宝投资集团有限公司等一批成长性较好的企业，新增税收400多万元。重点项目按序推进。熊猫中央广场A地块内部和外墙装修完成70%，D地块主体建筑竣工验收，内部精装修完成90%；梅园地块钟岚里住户全部搬迁完毕；精艺印刷厂地块改造规划方案完成，施工队伍进场并进行改造；南京儿童福利院地块项目上，钟山集团与银城地产集团合作协议签署，双方合作平台组建，建设改造方案完成待批。

9月12日，区政法委书记许恺(左二)调研梅园新村街道一体化建设情况

【城建城管】 全年拆除违建359处，约40396.18平方米。基本完成富贵山24号及对面地块、富贵山18、19号地块、富贵山25至28号及对面地块、兰园片区(兰园14–17号)地块、前半山园3–8号地块的征收工作。开展珠江路650、652小区等3个示范精品小区和太平北路126号等6个非示范小区的整治工作。完成太平北路108号华能城市花园小区二次供水设施改造工程。按要求成立街道大气污染防治工作领导小组，建立以街道负责人、社区负责人、志愿者为成员

的三级河长制。全年巡查在建工地300余人次，及时上报问题菜单。针对辖区重难点问题，开展清理卫生死角、整治占道经营、整治倚门出摊、整治乱堆乱放、整治乱批乱挂、整治户外广告等市容环境专项整治行动600余次，清理卫生死角1920处、整治违规店招广告562处、清理流动摊点5102处、规范倚门出摊占道经营5624处、张贴违停告知单13604张。成立8个小区管理委员会。年内应急维修217起。老旧小区电梯加装规划初审受理103个单元、完成规划初审97个单元、已公示93个单元、报规划许可78个单元、取得规划许可证76个单元、取得施工许可证58个单元，施工43个单元，基本完工13个单元。

【民生服务】 强化民政托底保障职能，做好特殊人群服务工作及社会保障等服务工作。2017年，养老服务助餐点建成运营7家，全年服务118084人次；办理老年优待证1081张；安装75岁以上独居老人紧急呼叫终端122部；高温季节，看望慰问高龄独居老人72名；发放80周岁以上老人尊老金49757人次；评议、推荐8户老人家庭为“敬老之家”。为223户失能和半失能老人家庭进行适老化改装。各类救助资金及时按规足额发放。开展助残活动29场，服务残疾人1800人次。开展文化体育活动280余场，参加人数3700人，获奖20余项。开展科普活动102场，参加人数5200人。新增城镇就业人数982人，实现再就业人数726人，培育自主创业人数1313人，创业带动就业人数6387人，免费体检人数8822人，新办市民卡人数1969人，为城镇居民办理基本医疗保险缴费人数9126人，为失业人员开展职业培训人数528人，劳动争议案件调解数206件，其他劳动和保障服务项目服务6326人次。成立街道及社区层面的拥军优属服务站，引进5家社会组织参与无军籍职工服务。全年发放“光荣人家”牌1000余块，代表玄武区接受省双拥模范区“八连冠”考核验收，军地上下反映良好。

【平安法治】 2017年，开展为期半年的“社会矛盾和安全隐患大排查大整治行动”，查找社会治安、重点人头管理、重点地区部位、安全生产四个方面薄弱环节和隐患。排查调处矛盾纠纷和不稳定因素1703批次，调解成功1694件，调解成功率99.4%。做好十九大、国家公祭日等重点敏感时期的维稳工作。发动平安志愿者参加社区巡逻，登记在册各类平安志愿者5000多人，群众安全感满意率达96.5%。进行群租房清理整顿，排查出租屋3502套（间），地下室10间，车库18间，临街门面房169套（间）。检查各类单位、企业590家。所有隐患督促整改，年内大部分整改到位。

【基层党建】 街道有党员4278名，党的基层组织152个。全面梳理和核查区域内党组织和党员基本信息。开展“两新”组织党建提质增效“百日攻坚行动”，摸排非公企业2952家，社会组织75家。街道探索楼宇联合党支部建设，成立黄埔科技大厦党支部，“两新”党员归属感增强。组建“红梅讲师团”，建成“小红梅讲坛”，分众分类开展“两学一做”主题教育活动。开展“走千企入万户、助发展促富民”大走访活动。全年走访居民36435户、企业4685个，解决问题3000多个。完成年度为民服务项目64个，其中环境类项目44个，活动类14个，管理类3个，公益类3个。创设“赵大姐工作室”品牌。探索基层自治新常态。成立区域党建联盟，以驻区单位共同参与为基础，打造互帮互助“朋友圈”，实现优势互补，资源共享。街道与16家驻区大企业、大单位形成“1（街道工委）+9（社区党委）+16（共建单位）”工作联动体系，确定39个互助共建项目。进一步拓展小红梅品牌内涵。线上部分开辟“小红梅讲坛”版块，通过“空中课堂”对党章等党的重要指导性文件进行解读和宣传。加强小区环境综合整治、老旧小区加装电梯等重点工作的政策宣传。小红梅线下体验站的改造升级工作稳步筹办。

【人才工作】 全年申报人才11人，通过资格评审6人，4人通过区级综合评审并获得区级资助，全部由街道人才办自主引进。

【“赵大姐工作室”成立】 北安门社区依托党委书记赵卫等一批社区党员骨干，成立“赵大姐工作室”，发挥党建联动、服务民生、工作解难、示范带动作用。依托“亲亲减压团”“求知抱抱团”“跑腿帮帮团”“民声合唱团”等特色组织，在社区开展各类主题式服务。所辖“小草俱乐部”先后组建残疾人爱心服务社、老妈妈网吧监督队、小草编制社等7个群众性志愿者服务组织，在社区开展环保宣传、健康义诊、法律咨询等便民服务。工作室开办“社区书记沙龙”，每季度组织一次主题活动，将各社区党组织书记聚在一起，围绕一个主题或案例进行研讨、会诊,分享经验、交流困惑,形成"金点子",开出"良药方",群策群力解决社区难题。2017年"赵大姐工作室"被评为省级党支部书记工作室。

【区域党建联盟成立】 2017年,结合文馆资源多、企业资源多、院校资源多的特点,街道按照"条块结合、资源共享、优势互补、共助共建"的原则,建立功能健全、运转有序的区域党建联盟组织体系。根本宗旨是打造街道社区党建、各单位党建、行业党建串联的多方协作平台。基本形成"1+9+16"的工作体系(1个街道党工委,9个社区党委,16个联盟单位),确定39个互助共建项目。年内集中开展学习十九大精神演讲比赛等主题活动。各联盟成员单位主动参与地区服务,为区域经济和社会民生的发展提供助力。

·社　　区·

【梅园新村社区】 东起龙蟠中路,西至东箭道,南延中山东路,北至珠江路,占地面积约0.38平方公里,总计人口3031户,8037人。辖区有六朝古都博物馆、梅园新村纪念馆、毗卢寺、逸仙小学等单位100余家。社区党委下设7个党支部,有党员315名,其中配备党委书记1名,党委副书记3名,楼栋支部书记7名。社区有60座楼栋,分为32个社区居民小组。2017年,社区成立梅园新村社区博爱梅园公益服务联盟,组织提供常态化服务项目。全年走访居民住户3031户,企业682家,解决实际困难、解答问题诉求208例。社区各支部广泛开展以党的理论、政策法规、廉政教育、典型示范等为内容的党员学习教育活动。2017年,社区获南京市廉政文化建设示范点,玄武区最美志愿服务社区称号。

【东南大学社区】 社区居委会地址文昌街2号9舍,是相对封闭的东南大学教职工宿舍区。北沿北京东路、南至太平北路122号、东到兰园28号、西至太平北路,社区面积约0.5平方公里。社区现有专职社工9名,办公用房面积为150平方米,居民小组数31组,居民总户数2300户,总人数5950人。社区内有东南大学学生宿舍9幢,居住有5000多名大学生。社区党组织为党委建制,下设4个党支部,有党员133名。2017年,社区开展"领导干部立家规、共产党员正家风"主题活动并制成征文集;走访居民2300户,企业57家,问题解决率100%。社区党建特色项目"院士专家服务站"全年开展活动23次,其中全国两会宣讲等各类讲座6次,端午、中秋等传统佳节活动8次,义诊咨询类活动3次,文化、健身类活动6次,产生良好的项目效果,获江苏省第二届志愿者交流会项目银奖。

【大行宫社区】 位于总统府东部,南至中山东路,北至太平北路120号,东至花红园路,与梅园新村社区、大影壁社区毗邻,西至太平北路1912街区,面积约0.45平方公里,总人口9943人,户籍人口3794户,有常住户2800余户,常住人口7061人。社区内有60座楼栋,分为42个社区居民小组,社区党委下设9个楼栋党支部,有党员359人。社区内有中国近代史遗址博物馆(总统府)、南京图书馆新馆、江苏美术馆新馆等大型场馆;有玄武区政府、区检察院、梅园新村派出所等党政机关;有雄狮国际电子商城、华海数码广场及宏图三胞等大型商务楼宇;有成贤街小学和花红园幼儿园;有各种五小行业及企事业单位1000多家。2017年,社区走访居民3653户、企业1030家,收集意见674条,现场回复82条,解决480余条。

【大影壁社区】 位于珠江路北侧,龙蟠中路西侧,南至珠江路,东至龙蟠中路,西至花红园路,北至荷包套路,社区面积约0.07平方公里,居民常住户3341户,常住人口7432人,流动人口485人。社区居委会地址东大影壁6幢—1号,社区党委下辖9个党支部,有党员329人,社区内有东大影壁小区、西大影壁小区、佰仕园小区、花红园小区、红旗新村小区、华山饭店小区和杨家胡同小区。主要单位有华山饭店、金鹏饭店、东方商城、雄狮商城、玄武外校、太平洋国际商城等。2017年,社区党委与南京玄武外国语学校、中国银行南京黄埔支行三方共同签订"共建备忘录",开展学习交流、党员教育、走访关怀等共建活动,党员在活动中得到教育,群众在共建中得到帮助。社区成立"365+党员义工工作室",365天全天候、全过程为社区居民提供民生保障、文化素养提升、应急技能培训、居家养老、法律普及五大类的"零距离"服务。工作室在册义工60人,为社区年老体弱党员家庭和伤残、鳏寡孤独家庭约80户提供清洁、巡诊、精神陪护等服务。

【兰园社区】 东起龙蟠中路、西至兰园路,南自红旗新村,北到北京东路,居民常住户3261户,常住人口 9523 人，社区范围有北京东路、兰园、演武新村、小营北路、红旗新村 5 个小区，社区面积约 0.43 平方公里，分为 65 个居民小组，居民住宅楼 99 栋。社区居委会地址演武新村 58 号。社区党委下设 8 个楼栋党支部，25 个楼道党小组，有党员 384 名。社区内有南京市教育局、玄武区党校、南京市外国语学校及小营小学等单位。2017 年，社区党委新成立由军转党员组成的小营北路综合党支部，有党员 59 人。全年大走访工作中，社区走访居民 3000 余户，企业 90 余家。

【明故宫社区】 东起前半山园路与北安门社区相邻，西至龙蟠中路与梅园社区相邻，南起中山东路与秦淮区相邻，北到珠江路、后宰门街与太平门社区、北安门社区相邻，社区面积约 1.3 平方公里，户籍居民 5640 户、12768 人，纳入社区管理的企业退休人员有 2502 名。党委下辖 25 个党支部，有党员 780 人。社区内有中国第二历史档案馆、南京博物院、总参第 60 研究所、南京军区南京总医院、五星控股集团有限公司、维景国际大酒店、钟山宾馆等单位。2017 年，社区深化特色项目“慢病健康自我管理俱乐部”“社区环保课堂”、“红梅德育学堂”内涵，并结合人防教育体验馆优势，在做好日常开放基础上，积极对接专业社会组织开展人防夏令营活动，全年接待参观 1500 人次。发挥在职党员骨干力量，新成立“青风志愿中心”社会组织，做好贫困山区助学活动。延伸“幸福小饭桌”项目功能，成立“熊猫居家养老服务中心”，提升老年居民幸福感。2017 年，社区获玄武区社区治理一体化信息平台应用竞赛（第一阶段）三等奖。社区平安志愿者工作站被市委政法委员会评为 2017 年度“最佳平安志愿者组织”。

【太平门社区】 东起北安门街（富贵山隧道），西至龙蟠中路，南至珠江路，北至龙蟠路（太平门街以南），居民常住户 6429 户，常住人口 17906 人，社区范围内有太平门街、太平门东街、太平新村、农场巷、富贵山、佛心桥、后宰门西村。有党员 583 人，16 个楼栋支部。社区内有市物价局、南京市玄武区高级中学、玄武区教师进修学校、江苏省青年干部管理学院等单位 400 多家。社区建有全民健身点 4 处，有精英艺术团、情缘艺术团、夕阳红老年艺术团、腰鼓队、舞蹈队、合唱队等多支民间组织队伍。2017 年，社区注重项目化管理，以“橄榄绿拥军工作服务中心”为基础，引入“长城驿站”为社区双拥特色服务两大支柱，开展健康守护、个案服务、互动分享三大主题活动 12 次，服务 1035 人。引进“悦心居家养老服务中心”，开设老年助餐点、开展尊老助老活动，提升居民幸福感。年内社区走访居民 6234 户，走访单位 448 家，收集群众反映问题 234 件，成功协调解决 213 件。2017 年，社区获 2017 年度南京市健康社区、十九大信访维稳工作有功单位等称号；获区社区治理一体化信息平台应用竞赛（第一阶段）二等奖。

【北安门社区】 东起明陵路，西临北安门街，南及后宰门街，北至富贵巷，社区面积约 1.2 平方公里，住户 5112 户，总人口 15100 人。社区办公地点设在后宰门西村13 号。社区党委下辖 17 个楼栋党支部，有党员 606 名。社区内有金融科技园、江苏柯菲平医药有限公司、五十四中学等单位 20 余家。2017 年，社区成立“赵大姐工作室”，履行党建联动、服务民生、工作解难、带教培养的工作职责。搭建“亲亲减压团”服务平台，“手拉手”互助社、邻里“话吧”等项目开展兴趣小组、志愿服务、情感沟通等融洽社区氛围的活动；搭建“求知抱抱团”培养平台，依托书记沙龙、党务助理岗为基层治理难题探讨解决路径，为社区人才成长提供实践指导；搭建“跑腿帮帮团”联系平台，依托创新实验室，研究、探索、实验社区治理的新举措；搭建“民声合唱团”宣传平台，依托小草俱乐部等项目，发挥草根文艺达人作用，讲好社区故事，唱好社区和谐主旋律。运用“一家亲工作法”，使党建品牌从“建起来”向“活起来”转变。2017 年，“赵大姐工作室”入选省级支部书记工作室。

【富贵山社区】 西至北安门大街，南至富贵巷，北依富贵山，社区面积约 0.1 平方公里，居民总户数 3871 户，总人口 8972 人，有楼幢 113 座。社区办公地点设在富贵山4 号。社区党委下设 17 个楼栋党支部，有党员 515 名。社区内有海英小学、陆军指挥学院第一干休所、金陵竹刻、佛心桥高层物业等单位。2017 年，社区组建一支多元化志愿者队伍，成立“睦邻家园——邻里守望驿站”。全年开展“爱与陪伴——关爱社区独居老人”“燕之家——网格巡查服务”系列活动 56 场。举办“爱心腊八粥大派送”“我们的元宵节”“超级主妇厨艺大比拼”“粽香飘香一家亲”等传统文化活动 15 场。通过活动开展密切党群关系，优化服务效能，提升群众的归属感和党委的凝聚力。打造“廉心亭”“文化广场”等景观带，满足居民的实际需求。2017年，社区获“江苏省优秀志愿者服务社区”称号。

·驻街园区·

【珠江路都市经济园】 位于玄武区龙蟠中路29号，与珠江路和北京东路两条交通干道相邻，都市中心地理位置，区域交通便捷，园区占地面积10000平方米，建筑面积约12500平方米，园内建筑造型时尚、绿化优美、环境优雅。园区入驻企业54家。其中知名企业有：南京世格软件有限公司。2017年，园区纳税1950万元。被列为南京市大学生创业园，南京玄武区劳动创业园。

【南京科技金融园】 位于后宰门西村95号，总面积13000平方米，为市级金融园。是江苏首个由政府引导、市场化运作的综合性多层次科技金融服务专业机构，实行“平台+园区+基金”(中小企业科技金融服务平台+知识产权投融平台+科技金融园+基金）的新型商业模式。入驻企业71家，其中科技服务类企业代表有江苏长三角技术产权交易有限公司；金融服务类企业代表有中国建设银行、南京玄武投资有限公司；科技类企业代表有江苏先安科技有限公司、江苏巨楷科技发展有限公司、南京鼎丰诚信息技术有限公司、酷飞在线信息科技南京有限公司、南京先正电子股份有限公司。另外，南京网元通信技术有限公司也在积极地进行申报；中介服务类企业代表有南京润道知识产权代理有限公司。2017年园区引进新企业10家，税收统计为1600多万元。

【东南大学国家大学科技园长江后街创业园】 位于玄武区长江后街6号，毗邻珠江路，是东南大学国家大学科技园的孵化载体，总面积18000平方米，2017年在园企业总数达121家，其中新引进企业20家(包括3家学生创业企业)。园区与24家企业签订孵化服务协议，实现服务收入74.2万元。园区优质企业主要有江苏澳格姆生物科技有限公司、南京宜热纵联节能科技有限公司、南京商周纵联软件科技有限公司。全年税收为2200多万元。2017年园区积极寻求合作伙伴，探索开创“园中园”建设模式，全面整理园区企业用房情况，为众创空间建设提供载体支撑，与优客工场、迪克星球2家校友企业以及园内企业西祠科技开展有特色的众创空间建设。强化企业服务工作，全年园区企业项目申报12项，各类企业资质申报18项、知识产权申请92项，授权64项、融资800万元。推进园区信息化建设，根据“互联网+科技园”的整体战略部署，推进园区O2O企业孵化服务平台的建设，并在园区组织展开测试。以评促建，积极争取优惠政策和政府项目，成功获批大学科技园2014年免税资格、参与省级创业示范基地项目、江苏省互联网产业园与众创园项目、省工业和信息产业转型省级专项资金项目等长江后街园区部分的撰写，以及新建大学科技园项目长江后街园区结题材料撰写，并争取到40万元高企培育奖励。

【玄东科技园】 处于珠江路科技街核心区域，毗邻东大科技园长江后街园区，总建筑面积10800平方米。2017年南京玄东科技园主动适应经济发展新常态，有效整合资源，集成落实政策，完善服务模式，全面完成区国资办下达的6大项、11小项的目标考核任务。与创业市集公益发展中心联合打造的“创业市集(珠江路众创空间)”通过江苏省科技厅评审，被认定为首批省级众创空间，科技园通过省级科技企业孵化器认定。入园企业中12家拥有自主知识产权，其中发明专利45项，软件著作权40项，新增4名南京市领军新科技创业人才，2名海归博士。园区培育了众多的优质企业，4家企业孵化毕业进入加速器发展，3家企业筹备挂牌，累计4家企业获得“高企”资质认定，主要优质企业有江苏轩途电子科技有限公司、南京中科水治理股份有限公司、南京普信环保股份有限公司。2017年引进新企业10家，其中，优质企业南京四快网络科技有限公司成长较好。2017年，入园企业累计注册资金1.6亿元，产值2.2亿元，上缴税费1600多万元。玄东科技园秉持“创业无忧、全程服务；创新无障，专业服务”的服务理念，通过创业创新服务平台聚集全社会各类创新资源，大幅降低创业创新成本，同时通过政府和公益机构支持、企业帮扶援助等多种方式，共助小微企业和创业者成长，成功“债转股”投资9个项目，引进1.5亿元资本，企业走上快速发展之路。 (邹　欣)

新街口街道

·街道工作·

【概况】 新街口街道位于玄武区西南部，是南京市最繁华的中心地段。区域范围为太平北路以西，中山路以东，中山东路以北，北京东路以南，域内面积2.6平方公里，街道办事处地址大石桥19号。现辖北门桥、唱经楼、成贤街、大石桥、香铺营、长江路6个社区居委会，在籍居民33885户，95400人。辖区内有3所小学、2所中学和1所大学，有德基广场、南京银行总行、汉府饭店等单位500余家，商业发达、交通便利，街道处于南京市最繁华的中心地段，资源更集中，优势更明显，实力更强劲，潜力更巨大。2017以来，新街口街道工委、办事处在区委、区政府的正确领导下，紧紧围绕玄武区2017年现代化建设目标任务，突出经济发展、民生保障、环境整治、安全稳定、社会治理等重点工作，保持经济社会良好发展态势，街道主要指标、各项重点工作稳步推进，各项目标基本完成。

【经济发展】 全年累计完成财政收入（全口径）33.58亿元，完成公共财政预算收入14.86亿元，完成期成指标，超进度0.3%；固定投资额、社会零售额、服务外包、服务贸易均完成任务指标，且列全区街道园区前列。全年街道辖区企业专利申请量完成2550件；发明专利申请量完成2162件。全年新注册企业885户。其中注册资金1000万元以上企业124家，南京大慧新兴产业创业投资基金合伙企业（有限合伙）、江苏国信燃料物资有限公司注册资金均在1亿元以上。2017年，协助2家单位申报文化产业专项资金，南京出版传媒集团，其申报项目“南京大屠杀档案”“《青春》文学品牌拓展和载体创新平台”；南京华文实业有限公司，其申报项目“平面艺术品复制与商业化应用”。5月，同区旅游局和物价局共同创建长江路价格诚信街区。2017年9个重点产业项目均按序时进度推进。在建项目有：德基二期丽思卡尔顿酒店、长江路历史文化旅游大街、建设达明大厦；待建项目有：麦哲理二期项目、青石街地块、刘军师桥地块、烟厂地块、珠江饭店地块；商务改造项目：完成1000平米低效楼宇转型。街道严格按照省、市、区各级要求，努力从源头上遏制非法集资，维护社会经济金融秩序和人民群众利益，认真做好防范。防范和处置非法集资工作分为摸底排查、清理整治、宣传引导三个阶段开展。

【城建城管】 2017年，街道对辖区内28个老旧小区开展环境整治，其中珠江路小区、鱼市街小区、居安里小区、一枝园小区被列为示范小区。2017年，街道城建城管中心拆除示范小区违建10444平方米，非示范小区违建4687.5平方米，其中楼顶违建5388平方米。城建城管中心按照区委、区政府以及街道办事处的工作要求继续开展雷霆行动整治工作，加大整治力度，通过取缔占道经营非机动车和机动车，整治和规范沿街店家，取缔大量违章，年内暂扣电动三轮车38辆，取缔流动摊点280余个，处罚超出店门经营的店家60余个。城建城管中心下属城管中队全年查处、办理简易程序行政执法案件1560余件，一般程序行政执法案件250余件。为探索执法检查工作的新模式，提升检查执法的工作效率，街道于9月16日率先成立玄武区首家综合行政检查执法大队。按照黑臭河整治工作要求，中心对辖区内秦淮河沿线老旧违建进行了拆除。配合住建部门、供电部门对河道两岸景观设施、杆线下地工作予以推进，配合水务部门查处河道两侧单位、店家污水排放，推进排水许可证的办理工作。全年拆除河道违建38处、面积1797平方米。城建城管中心联合多部门查处环保督察组重点督查的街道辖区违反环境保护法规经营的店家，配合环保部门督促、协调餐饮店家设置隔油池，更换排烟管道，安装排油烟净化设备；督促在建工地做好防污、控尘措施，督促工地施工单位设置冲洗台，配合区城管部门查处违规运输渣土车辆，查处夜间收购、运输餐厨废弃物车辆。

【民生服务】 各项服务全面保障到位，综合救助应救尽救。全年为各类人群办理住房保障、低保及低保边缘户办理大病医疗救助、临时救助等各类救助合计2000余人次，各类救助资金及时足额发放。在春节、端午、中秋等传统节日对辖区优抚对象、“三无”老人、困境未成年人、困难家庭学生等群体开展全方位慰问帮扶，做到困难帮扶面面俱到。2017年，街道民生服务中心累计开展大型活动20余场。结合传统节日开展“浓浓端午情　欢乐庆端午”慰问系列活动；结合中国人民解放军建军90周年，开展征文比赛，举办“军民鱼水情　共筑中国梦”文艺演出进军营活动；在“敬老月”组织开展系列敬老爱老活动；在中华慈善日开展“慈善实施不放松　脱贫攻坚再发力”慈善法普法宣传暨慈善义卖活动；在全国减灾日组织开展“减轻社区灾害风险　提升基层减灾能力”主题系列宣传活动；组织参加区文化局、区体育局乒乓球比赛、全民健身日登山活动等各项比赛10余次。年内完成对北门桥和大石桥2个社区的办公用房和硬件设施的升级改造工程，按照AAAAA级居家养老综合护理中心的建设标准，在大石桥社区打造集居家养老、医疗护理、文化娱乐三大类功能于一体南京市首家居家养老综合服务中心；采取置换和结构改造的方式，在北门桥社区办公用房升级改造中的功能布局上重点突出社区老年大学堂的为老特色。结合玄武区社区治理和服务体制改革试点工作要求，2017年唱经楼和长江路2个社区作为试点社区开展新的探索。在街道赋予社区两委人事自由权、事务调配权、财务使用权三项权力基础上，唱经楼社区按照“简员增效”的原则，对“人、财、事”重新整合、优化配置，将工作人员减少至17人，同时采用“1+M”(即“网格信息社工+其他身份”)的主角+配角模式；长江路社区则按照区域面积和地域关系，把居民区、商务楼宇、辖区单位包括路段划分成4个自然网格区，由2名网格社工匹配组合成AB角负责1个自然网格区，并通过半年理论培训和实战训练，达到全员全科的服务水平。2个社区的试点方案、考核方案等均已明确，试点工作步入正轨。

【平安法治】 2017年，街道综治工作中心抓住“基层基础”工作这个重点，抓具体措施的落实，重点信访积案化解率80%，完成十九大召开期间信访维稳任务，实现十九大召开期间零进京，得到区委区政府充分肯定；对刑满释放人员129名、社区矫正人员36人、涉毒人员337名、肇事肇祸精神病重点人员66人等全部纳入管控视线，未发生漏管失控问题；深入开展大排查大整治行动，组织相关部门查处、整改消防安全隐患325处，其中群租房117家、处罚17家。借助社区治理一体化平台，进一步加强重点人员、重点场所、群租房等信息的多次排查，确保掌握信息的准确性，在准确信息的基础上，联合派出所等相关职能部门，有针对性地做好防范整改工作。2017年3月，沿街报刊亭移位，多次调解无果，多位报刊亭经营户到市信访集访，获知信息后，综治工作中心及时向领导进行汇报，一方面加大沟通力度，另一方面争取市职能部门最大支持，达成补偿协议，化解这一群体性事件。至2017年底，各社区均成立治安保卫和矛盾调处专业委员会，吸收各方力量做好社区的矛盾调解工作。街道成立33个调解委员会，聘请各类调解员195人。街道主要领导主动参与信访接待，针对信访难点问题，会同区信访等职能部门先后牵头召开18次协调会议，研究疑难信访问题。围绕2017年度全区综治和平安建设工作检查考核细则，综治工作中心进行项目化运作、项目化分解，并根据时间节点，进行督查考核。结合校园安全、重大隐患排查等重要任务和敏感时期，深入群众、深入一线，采取调查、暗访、问卷等动态考核。

【基层党建】 全面履行基层党建工作责任。2017年，街道领导班子成员开展专题学习研讨4次，建立联系点19个，街道党工委书记上党课4次，走访居民家庭和企业115户。微信公众号“新街口发布”关注人数近1200人，推送信息508条。在非公企业和社会组织中进一步推进党的组织覆盖，新成立企业党支部2家，整建制转入3家。新发展党员12人，转正23人。深入推进“两学一做”学习教育常态化制度化，同时突出打造基层党建特色项目。在区委组织部和交通集团的大力支持下，打造“红领·汇杰”党建空间，创新楼宇党建工作方式，进一步扩大非公企业党建覆盖面和影响力。“红领·汇杰”建站6个多月，秉承“以需求为根，以服务为本”的理念，线上线下同步推进。引进11家社会组织进行专业服务；市政设计院、交通集团党委等18家党组织在此开展党组织生活会，参与人数500余人；开展十九大报告学习讲座共10场，知识竞赛1场，参与人数300余人次；开展各类活动103场，播放红色电影22场，播放专题教育片8场，参与人数1300余人次；先后有2位省委常委前往“红领·汇杰”参观考察。街道党工委充分发挥“红领·汇杰”党建引领作用，坚持党建工作推进到哪里，统战群团工作就同步推进到哪里，其中，“新领空间”入选全国“新的社会阶层人士统战工作实践创新基地第一批重点项目”，中央统战部八局2次前来调研座谈，对街道统战工作给予充分肯定。

【人才工作】 2017年人才引进完成“创业南京”高层次创业人才引进计划区级人才3名，1人获市级创新型企业家评审资格。完成创新型企业家入选市级1名，申报2名，摸排4名。

【“心飞扬”微宣讲团成立】 2017年7月19日，街道成立“心飞扬”微宣讲团，在“红领·汇杰”举行“喜

迎十九大 理论有温度”主题宣讲暨“心飞扬”理论微宣讲团成立仪式活动，区委宣传部副部长、文明办主任高洁，新街口街道工委副书记马义兵等参加。旨在“身边人讲述身边事，小故事讲述大道理”、志当“新思想的传播者、新时代的说书人”的心飞扬”微宣讲团围绕学习宣传贯彻习近平新时代中国特色社会主义思想和党的十九大精神，年内开展理论宣讲30余场，受到基层群众的欢迎和好评。举办“草根名嘴”微宣讲员选拔赛，张林文等20多位选手脱颖而出。张林文创作宣讲的快板《十九大新辉煌》获得广泛好评。同时开展宣讲文艺作品征集，征集的作品经反复打磨、多次修改，把理论政策转化为群众喜爱的文艺作品，老百姓一听就懂，一看就明白。微宣讲员黄滢等人创作的三句半《十九大精神放光芒》，以轻松活泼的形式传播党的最新科学理论；微宣讲员陶惠风等人创作的《迈进新时代 争做文明人》，通过情景剧方式，让宣讲内容潜移默化、深入人心。“心飞扬”微宣讲团“小宣讲”激发“大能量”，深入社区、辖区企业等开展宣讲，并针对不同人群，搭配不一样的宣讲“菜单”，使微宣讲内容更具针对性和时效性。

·社 区·

【长江路社区】 长江路社区成立于2006年，东起太平北路，南临中山东路，西至中山路，北依长江路，社区面积约0.36平方公里。社区居委会办公室地址位于邓府巷18-4号，分为上下两层，面积约500平方米。辖区内政府机关、企事业单位较多，其中有南京市体育局、南京市总工会2家机关单位，有德基广场、江苏省人保大厦、长江贸易大楼、置地广场等大型综合商场和写字楼，有南京市文化艺术中心、江宁织造博物馆、大行宫会堂等文化活动资源，有南京市第九中学高中部、南京市长江路小学幼儿园2家学校，以及中国银行、工商银行、建设银行、民生银行、招商银行、江苏银行、交通银行、平安保险、新华保险等众多金融机构。2017年，长江路社区对社区网格重新分配，建立一名班子成员带一名社工的网格AB角组团模式；同时在各类重大事项中，建立主任带事项负责人的工作模式，让社工在实践中提升处理复杂事项的能力。社区除了对辖区居民和单位做好入户走访以外，针对人户分离的社区低保困难户、重点户等做到重点走访不遗漏。在大走访中切实做到问民需，解民忧，梳理并解决各类问题76条。长江路社区将既有住宅增梯工作列入2017年社区民生工作之首，并扎实稳步推进符合加装条件的7个单元。2017年，长江路社区是玄武区第一批“社区治理一体化平台”竞赛社区。该工作自五月启动，按照先传统小区，再高端住宅，最后企事业单位的工作步骤，至8月底，社区对辖区居民和企业入户率达到93%。竞赛结束后，作为全区社区治理改革试点社区，社区两委就现状制定了社区治理改革方案，并按照“全员网格”“全科社工”和“值班主任”的模式，稳步推进此次试点工作。社区紧紧围绕“文化”和“公益”两大特色，继续深化长江路社区公益伙伴联盟这一共建共享社区治理品牌。今年该品牌的创新案例“充分挖掘各类资源 打造精品文化社区”通过层层评选，最终获得“南京市社会建设创新优秀案例”称号，在全国社会治理创新年会上进行宣传交流。

7月19日，新街口街道举办微宣讲团成立仪式

【香铺营社区】 地处市中心，北临珠江路科技街，南接长江路文化街，东至太平北路，西靠洪武北路，社区面积约0.36平方公里，社区居委会办公室地址位于玄武区相府营26号，位于宁静的香铺营小区中心处。社区坚持以“方便群众、服务群众”为宗旨，不断扩展社区服务、美化社区环境、加强综合治理，开展各项创建工作。2017年，

香铺营社区完成大走访、全国文明城市测评、江苏发展大会和十九大的安保维稳等任务，开展党员基本信息采集、既有住宅加装电梯、现有小区群租房摸排、民政“一张网”、公安“一体化”等信息统计录入工作，配合完成幸福玄武群众满意度测评、第三方老龄人口能力评估、疾控中心健康素养等问卷调查。年内，社区接待中组部党建研究所、山东济宁市委，湖北荆门市掇刀区等参观调研。2017年，社区有6个小区形成自治管理(包含成立自管会、停车管理、安保监控、绿化修补等)、1个小区依法成立正规的业主委员会、2个小区引入正规物业。配合相关部门做好珠江路330号地块征收，鸡鹅巷8号、20号功能性小区出新，一枝园示范小区出新等工作。社区共处理12345工单731件。社区的四面文化墙彩绘，分别为“碑亭印记”彩绘、“家立方”彩绘、“核心价值观”彩绘、“青少年道德教育”彩绘，共同构筑起香铺营独有的古今相映、老少皆宜的街景。社区综合性图书馆接受了南图、金斯利喜来登等多家单位的赠书，“阅读日”“学习周”“书友会”“主题文化交流”等活动全年不定期举办。社区积极与派出所、流动人口管理办公室、司法所对接，以创建“平安社区”为抓手，全年走访排查沿街餐饮点、群租客，以社区议事会的形式化解了社区各类矛盾，尤其是群体性的矛盾。全年召开各类协调议事会8场，调处各类纠纷180次。社区在文明交通志愿岗、文明城市国查、公祭日等重大活动期间巡查执勤有序开展，及时汇报维稳情况，有效确保了辖区的安全稳定。社区在社会公益服务方面有阳光论坛和七色花工作室；在为老助老服务方面，与社会组织“颐天居家养老”“爱松树”社会工作服务中心合作为辖区内的孤寡、独居、空巢老人提供老人助餐、应急援助服务，与玄武医院联合开展“医养融合”项目，为辖区老人们建立个人健康档案、提供中医养生保健咨询、用药安全教育及就诊预约服务；在关心下一代为小服务方面，“启智机器人工作室”“齐家义塾”继续为社区青少年在双休日、寒暑假、科普周、学习节以及阅读日期间提供科普、传统文化主题活动等服务，如意亲子园继续面向辖区0~3岁的婴幼儿开展学前早期教育，并由原来的半天扩展为日托全天，2017年，社区引进2个全新的为小服务项目、立足于小学生放学后托管、课后辅导、看护照料于一体的“小草莓课后来吧”；立足于中学生专业考前培训、课程知识巩固、成绩提优的“罗老师课堂”。2017年，社区获省和谐建设及市文明社区(2016~2018)，区最美志愿服务社区等称号。

【成贤街社区】 成立于2006年，由大纱帽巷社区、虹板桥社区、成贤街社区调整而成。社区位于南京市玄武区中西部，南京市人民政府南侧，是一个集商贸、文化、科教及良好人居环境为一体的综合性大社区，社区范围东起太平北路，西至进香河路，南临珠江路，北接北京东路，社区面积约0.8平方公里。社区办公地址老虎桥18号-1。社区内有东南大学，市妇联、73610部队，以及各民主党派社会团体等26家单位。2017年，社区一体化工作得分在全区名列前茅，网格巡查工作100%完成。既有住宅加装电梯工作，取得规划许可证7个，施工许可证5个。2017年社区低保迎查工作得到上级的认可，并作为范本。社区有低保户66户，六类区边缘户、街道边缘户60余户。社区对独居老人开展志愿者结对服务，邻居结对，老人亲属信息备份“三保险”，增加对独居老人安全的管控，每个传统节日都对老人开展关爱服务或活动。社区有60岁以上老年人4020人，其中80岁以上632人。社区经过反复现场考察，选择环境整洁、食品丰富、服务周到的味芳庭作为敬老助餐点，敬老助餐点已经开卡200余张。2017年，社区计生被评为“计划生育示范社区”，并参加全国生育状况抽样调查，得到上级好评。微课堂服务服务模式逐渐成熟，服务成效更加突出，许多志愿者需要排队等待进入微课堂服务，且中央媒体中新网对微课堂进行了详细的报道。成贤街社区的成贤诗词歌赋社举办大型活动4次，服务群众达2000余人。获南京市群众喜爱的终生学习品牌、江苏省先进诗词活动团体等奖励。社区通过融合社会资源、借助多方力量，开展500人以上的服务2次，开展200人以上的大型活动4次。

【北门桥社区】 北门桥社区位于新街口区域东北角，东起洪武北路，南靠长江路，西至中山路，北临珠江路，社区面积约0.46平方公里，属混合型社区。社区总户数3711户，常住户数3175户，常住人口9882人，户籍人口8975人，民政对象330人。社区办公地址估衣廊38号，专职社工9人，居民小组31个。北门桥社区设党委，下设13个党支部，有党员373人。社区内有中山大厦、新世界中心、凯润金城，以及人民中学、洪武北路小学、尚美学院等单位。社区志愿者队伍有星光艺术团、腰鼓队、武术队等28支基层民间组织；有消防之友俱乐部等9家社会组织。2017年，社区完成4000余户居民“大走访”，以及对2000余家单位成立党组织情况进行排查，并完成对370多名社区党员情况摸排工作，加强与驻地单位党组织联系，发挥社区党支部作用。推行网格化管理，进一步完善社区服务网络，试行全科社工工作模式，实现日常事务与网格走访统筹兼顾，使社工深入居民小区、百姓家中，为民办实事。秉承“以人为本、服务居民”的宗旨，在履行社区居委会职责的基础上，不断完善和扩大社区服务功能，扩大对困难居民的关心与帮扶力度。全年对全社区低保户全部走访到位，尤其是对三无老人、孤寡独居老人等重点人头多次走访和关心；协助社会组织对75岁以上的老人进行能力评估，建立健康档案；整合部门资源和社会力量广泛开展助残济困、扶老扶弱为主的送温暖活动，年内开展在职党员进社区志愿服务活动16场，各类帮扶慰问及义卖活动12场；联合中山大厦、金盛百货、百姓药房、港华燃气等单位定期开展便民利民服务活动6场；全力推进居民自治工作，还权于民，全年召开各类民生服务圆桌会议近30场。十九大召开和国家公祭日期间，社区圆满完成维稳工作，没有发生一起重大刑事案件、集体和个人上访事件，以及安全事故。全年开展妇女儿童以及青少年活动30余场，防震减灾安全知识讲座及活动15场，各类科普知识讲座20余场等。2017年，社区获区统战工作先进社区称号。协助推进既有住宅加装电梯工作，年内签约19部，投入使用1部，施工4部。11月，全区满意度调查社区获全区排名第二。年内完成二次供水改造12栋高层以及北门桥3号小区出新整治工作。

【唱经楼社区】 社区位于珠江路北侧，东起进香河路、西至中山路，南起珠江路、北至大石桥，社区面积约0.26平方公里。社区邻里中心位于珠江路185号佳汇大厦二楼，面积约466平方米。社区范围内有就医便捷的医疗服务中心，两所幼儿园，一所小学，一座清真寺。有87幢楼宇，14幢高层，3幢小高层，70幢多层，11个居民小区，10个物业管理公司。社区内有多家银行，有江苏省较大的手机批发零售市场、虹飞电信城、越时空通信广场，信泰证券公司、地铁大厦、金鹰国际天地购物中心、华利国际高档写字楼等，有南京市交通局、新街口街道办事处等单位。是一个集管理机构、金融、商贸、科技、文化教育、医疗卫生和居住为一体的多元化、多功能的综合性大社区。2017年，社区3个出新整治项目(居安里老旧小区、珠江路老旧小区、鱼市街老旧小区)均为南京市重点示范项目，3个老旧小区有31幢居民楼，1600多户居民，9.36万多平米。全年社区处理12345工单1448件。唱经楼社区作为社区治理一体化信息平台试点社区，形成信息采集围绕居民、工作围绕居民、服务围绕居民，整合信息资源、整合队伍、整合室站职能的工作模式，社区实现网格服务管理与警务工作“一体化”，一体化工作平台得到市区及中央政法委等有关部门关注和认可，并接待省市区到中央政法委参观调研，平台工作在全市各个街道推广。推进既有住宅加装电梯工作，取得规划许可17个，施工许可12个。2017年2月7日，社区与中国银行珠江路支行结对共建，共建项目涵盖惠保障、惠健康、惠教育、惠缴费等众多便民服务，重点打造常青树老年金融品牌，联合开展各类活动5场。2017年10月21日，社区与台湾新北市永和区水源社区结为友好社区，并签订结对友好协议书，双方就联谊互访制度、搭建合作交流平台、促成行业对口协作和开展双方宽领域合作等方面达成约定。推进居民自治，成立居安里片区管委会，协助引进物业公司开标、评估，最终银贡物业成功进驻管理服务居安里片区；成立唱经楼小区业主委员会，监督物业管理公司管理运作；木马公寓小区更换物业公司，由原来的江苏爱涛物业更换为南京东来物业，实行酬金制管理；同仁新寓小区物业、管委会、社区经多次协商，安装了门禁，利于维护小区秩序，为居民提供更加安全的居住环境；协调汇杰公寓露天停车收费与华友物业的矛盾。

【大石桥社区】 大石桥社区居委会坐落在新街口北侧，东至东南大学，西至中信银行，北至江苏广播电视总台，南至学府路。社区面积约0.42平方公里，是一个融经济、文化、商业、居住人口密集的综合性社区。社区内单位有江苏省广播电视总台、江苏省物理勘探院、南京银行、南京市审计局、南京市邮政局等。社区结对支部玄武区地税分局；共建部队南京市武警国旗班。2017年，大石桥社区领导班子结合每个人员特点，重新分配工作岗位，并定期组织各条口进行政策培训。年内街道拿出近1000平方米打造社区办公环境，引进悦心居家养老服务中心，填补社区居家养老服务空白，为40多位独居、孤寡老人申请免费早餐项目。社区在大走访活动中，为居民解决石婆婆巷小区楼顶、墙外立面大面积渗水，尖角营小区路面坑洼不平下雨积水问题，维修好石婆婆巷双号小区被损坏的路灯，恢复大石桥32号2单元楼道灯照明功能。做好民政低保、劳动保障、计划生育及其他社会性事务工作。实施民生工程，改善居民生活环境。强化社会管理综合治理，扎实推进平安创建工作。发挥共建共驻优势，联合开展各项便民服务活动。每月开展社区道德讲堂活动与社区教育活动，发挥资源优势，春节前夕和驻区单位南京市审计局共同开展欢庆春节活动，端午节和烟草公司二分局带领未成年人一同包粽子庆佳节，暑假期间联合优漫卡通开展明星主持人见面会，驻区单位为社区捐赠图书300本，丰富社区的文化活动角。（成　蓉）

玄武门街道

·街道工作·

【概况】　街道位于玄武区西北部，域内以鼓楼广场为轴心，纵轴沿中央路向北至中央门立交桥、护城河、神策门公园，横轴沿北京东路向东至太平门，内含玄武湖、太平门至神策门段明城墙和北极阁山，呈环湖抱墙之势。东北沿玄武湖与锁金村接壤，西以中央路为界与鼓楼区相望，南以北京东路为界与新街口街道、梅园街道毗邻。域内面积6.54平方公里（含玄武湖4.44平方公里）。街道办事处地址百子亭8号。辖台城花园、公教一村、天山路、高楼门、百子亭、大树根、廖家巷7个社区居委会，户籍人口9.6万人。辖区有玄武湖公园、明城墙、古台城、古鸡鸣寺、玄奘寺、北极阁山、九华山公园等风景名胜；有南京明城垣史博物馆、中科院南京古生物博物馆；有傅抱石故居、徐悲鸿纪念馆、宋子文公馆等人文景观；有国家审计署驻南京特派员办事处、财政部驻江苏省财政监察专员办事处、中科院南京古生物研究所、中国科学院土壤研究所、中国科学院地理和湖泊研究所等国家级单位；有省气象局、科技厅、卫生厅、商务厅，市规划建设展览馆，省肿瘤医院、市口腔医院、南京市第十三中学、科利华中学、北京东路小学等省市机关事业单位。是南京市委市政府所在地。2017年，街道经济发展稳中求进，一般预算收入创历史新高，重点项目推进展现“玄武速度”；城市建设全面破旧出新，老旧小区整治、动迁拆违、电梯加装、街巷和岸线整治等克难推进，地区宜居指数不断攀升；民生事业办实事解民忧，助困扶弱、富民惠民政策落实到位，社区改造升级、社会组织发展等再添佳绩；地区持续安全稳定，重点人员稳控和积案化解到位，保洁员住处用电、地下室群租、楼宇消防隐患等顽疾得到根除，十九大保障任务圆满完成。

【经济发展】　完成一般预算收入37658.8万元，达成进度100.6%，增幅18.1%。引入外区股权转让个人所得税全口径3963万元、地方口径1585万元。转户17户，实现地方口径税收5000万余元。关注辖区内“四小税”动态进展，加强属地征缴，做到应缴尽缴，无一漏缴；服务外包执行额完成18722万美元，占年计划106.1%，全区第一。服务贸易完成3025.1万美元，占年计划154.3%，全区第一。全社会固定资产投资完成5.39亿元，占年计划154.1%，全区第一。外贸出口完成18448万美元，占年计划115.3%，全区第四。社会消费品零售总额完成32.4亿元，占年计划109.1%，全区第三。实际利用外资完成404万美元，占年计划101%，全区第五。街道4个重点建设项目全部完成序时进度。南京金谷耘家文创园于3月完成建设并投入使用，提前完成全年目标。玄武湖菱洲儿童生态乐园项目已顺利通过市规委会审议，完成固定资产投资入统手续，国家文物局于12月8日完成文物保护方案审批，正在积极办理规划许可证。规划建设中央路224号地块项目，一个月内完成立项、规划、土地“三大件”手续，现已制定完成征收补偿方案并公示，8月21日红星美凯龙近300户小商户全部撤场，小商户清理完成100%，企业自拆完成100%，9月底征收工作小组进场，已完成中央路228号及中央路232号的征收。挂牌前期手续已完成，待征收工作全部完成后，可挂牌上市。中央路300号地块低效用地再开发项目，再开发实施方案6月初已上报市规划局审核，将于近期上报市局用地处办公会审议。在完成实施方案编制的基础上，街道继续推动项目进展，寻找意向合作方与苏欣农机合作开发。

【城建城管】　2017年，市、区下达街道老旧示范小区整治任务21个、152栋、39.5万平方米，涉及居民6000余户，占街道居民总数的1/3，示范小区占全区2/3。开展小

区整治中，拆除违建813处，接待处理各类建议、意见、投诉2300余次。公教一村小区已基本完成屋面整治、屋顶治漏、墙面治漏、楼道墙面和楼道照明。立面整治已完成，雨篷安装完成92%，院落围墙整治已全面完成，道路整治已完成，绿化工程进入最后收尾阶段；推进电梯加装工程，街道签委托数129个，其中完成规划初审103个，规划同意公示96个，公示96个，报规划许可92个，取得规划许可证86个，通过图审82个，取得施工许可证76个，施工39个，竣工10部。2017年，街道按照整体任务分解的必成指标和期成指标，必成指标全部完成。期成指标规划许可100个，施工许可100个，开工80%，计划于2018年上半年完成。

【平安法治】 2017年，落实平安主体责任，和驻区52家成员单位签订综治、禁毒责任书，与所属7个社区分别签订防范和处置邪教工作责任书、信访维稳工作责任书，与2家成员单位签订大屏幕防插播责任书。开展平安创建宣传，在街道辖区范围内设置宣传点18个，悬挂横幅标语64条、展出展板板报96块、发放宣传资料1万余份，参与群众2100多人次，机关干部180余人次，提供法律咨询860人次。全年排查出地区内较大的矛盾纠纷284件，成功调解273件，调解率100%，调解成功率96%。受理群众信访件68件，接待上访人员136起560余人。街道辖区内有21名信访重点稳控人员，其中有4人事发地不在玄武区；刑满释放人员97名、社区矫正人员10人、涉毒人员175名、肇事肇祸精神病重点人员59人，“法轮功”等邪教人员92人。辖区内有沿街的餐饮店160家，早餐摊点16家；宾馆31家，与公安、消防部门共同查处消防安全隐患72处，出租房屋2974家。街道干部参与车站值班近190人次，社区治安志愿者参与一、二级防控点值班2000余人次。针对21名信访重点稳控人员，区分不同类型，分层次采取针对性的“五方包一”稳控措施，大力排查安全生产方面的隐患，发放餐饮店、早餐点安全隐患防范、整改告知书1845份，每份都由店主签字，做到100%全覆盖；与小区整治、电梯加装施工方签订安全生产目标责任书100%；与55家物业单位建立消防台账；联合派出所、消防对辖区内的娱乐场所、宾馆的消防设施、安全通道进行检查，对不符合要求的发出整改告知书，完成十九大安全稳定保障工作。

【民生服务】 2017年，街道有低保户193户、263人，累计发放低保金243.77万元。其中，新增14户，15人；调整29户，64人；停发33户，55人。临时救助24人，共发放救助金2.3696万元。办理省老年证409张，为2783名老人发放尊老金142万元。新增老年助餐点7个，无忧乐园居家养老服务中心、轩辕悦心社区养老服务中心分别申报AAA和AAAA居家养老服务中心。完成特色广场文化活动25场，完成全民健身活动15场、完成“国民体质监测”人数600余名，完成强化城市社区“10分钟体育健身圈”建设目标任务，完成公教一村、百子亭社区创建“南京市综合文化示范社区”等目标任务。累计发放低保残疾人生活补贴316426元，累计发放“四类定补”8.75万元，发放护理补贴308480元，促进残疾人就业7人，完成江苏省残疾人基本服务状况和需求信息数据专项调查595人。引进8家社会组织，宜幼社区少儿发展中心的“守护天使”儿童关爱计划项目、朗诗常青藤居家养老服务中心的“让晚霞更美好——老年文化生活建设”项目成功申报玄武区公益创投项目。初步完成建设省级创业型街道任务指标，培育创业孵化基地和创业园3个，开展主题宣传活动10起，完成新增就业岗位2650个、登记失业人员1028人、推荐就业1080人。发放困难群体社会保险补贴669人、失业金申领341人次、大龄延长失业金申领77人次。完成职业指导培训260人、技能培训340人。扶持辖区劳动者新增创业1296户，带动就业4751人。办理市民卡1706张。组织企业退休人员体检4441人，书面审查送达单位685家，主动巡查用人单位180户。调解劳动纠纷120件，排查餐饮和建筑工地等各类企业63家，责令改正35家，督促企业补签劳动合同81人，督促企业参保81人。

【基层党建】 2017年，街道抓总、抓好党工委的主体责任和班子成员的分管责任，打造好社区“领头雁”团队，制定社区书记抓党建职责清单，深化区域党建和非公党建，促进区域经济和民生事业发展。创新“人才+产业+党建”机制，完成全年人才工作任务。建设好“老王工作室”“V党课”智慧平台2个党建重点项目，为社区党务干部开展岗位实训5期160多人次，整合各类视频2000多部，实现依托电视、手机新媒体大数据与基层党员教育相结合的"零距离""e课堂"无缝对接，打通了党员远程教育的"最后一公里"。全年累计投入党建经费200多万元。推进"两学一做"常态化制度化不断深入。大走访工作中，全体干部查摆解决问题千余项、重点问题10多项，其中解决保洁员住处用电安全的做法被市大走访办评为经典案例。依规管党治党，修订实施办法，将5类重大决策、5类重要干部任免、5类重大项目安排、4类大额资金使用事项全部纳入工委会"三重一大"决策范围。完善财务管理和小型工程管理等制度，做到行有所循、行有所止。对照上年度查摆和巡察督查反馈的共性问题和个性问题，制定整改清单，全面落实到位。全力支持配合好区委第三巡察组，对巡察组反馈意见，扎实抓好整改，健全长效机制。牵头抓好"防隐身防变异防反弹"四个专项行动，开展6次专项督查，立案调查1件。运用好监督执纪四种形态，进行提醒谈话12人次。加强执纪审查，办理执纪审查案件8件。

【人才工作】 2017年，创新街区"人才+产业+党建"三位一体人才工作机制。成立园区（楼宇）服务团队、街道经济服务队和党群人才工作队"三支队伍"；搭建园区（楼宇）服务站、片区和功能板块服务网、街道各条口服务点"三个平台"；做好人才引荐、政策宣讲、协调发展"三项工作"。年内，召开人才政策宣讲座谈会5次，开展高层次创业和省双创人才政策辅导6场。全年摸排辖区新注册企业80多家。2017年申报高层次创业人才园区企业占申报数60%以上。与辖区创意中央、蜗牛奔奔、西家大塘、金谷创客等园区签订人才企业孵化基地相关协议。街道推出180平方米空间作为"创客空间"为创业人才服务。年度入选区高层次人才2人、市级1人，创新型企业家1人；优质孵化率25%，初创成活率100%。

4月27日，玄武门公教一村社区"老王工作室"启动仪式

【"V党课"智慧党员教育平台启动仪式】 9月20日下午，玄武门街道举行"V党课"智慧党员教育平台启动仪式。市委党建办专职副主任杨花伟，玄武区委常委、纪委书记张望，玄武区委常委、组织部部长张惠民，江苏有线南京分公司总经理丁润宝，玄武门街道党工委书记庄佳峰共同启动激光球。街道大工委、社区大党委及部分委员单位领导和街道、社区党员100余人参加活动。丁润宝、庄佳峰分别致辞。现场表演歌舞《映山红》、"共筑中国梦"等，以及情景剧"热血忠魂"和诗朗诵"把一切献给党"。通过观看"V党课"智慧党员教育宣传片，平台操作系统演示，感受到打开一本"V党课"，走进一所社区党校。"V党课"的上线，方便广大党员学习，丰富基层党员教育内容，并与传统集中学习方式互补，满足党员个性化和多元化学习需求。同时，向所有驻地单位党组织开放，为深化区域化党建提供优质共享平台。"V党课"平台已经整合组织建设、党风廉政、法治教育、文明风尚和社区故事等视频资源2000多部，将教育资源与大数据、云计算等数字化整合、智能化响应，一方面，党员可以智慧的学习：党员可以在家庭有线电视开机界面按数字"8"键进入，也可以关注微信公众号进入，实现了人人可学、时时可学和处处可学。另一方面，党组织可以智慧的管理：党组织通过管理平台，可以方便快捷地进行通知公告、数据统计、课程管理和教学评估，实现全员、全时、全域和全程的精准化管理。

·社　　区·

【台城花园社区】 紧邻市政府，东倚明城墙，外靠玄武湖，南以北京东路与新街口街道隔街相望，西至北极阁风貌区、高楼门路，北以西家大塘路为界与天山路社区毗邻，内含北极阁山、古鸡鸣寺，因台城座落其间而命名。社区面积约0.46平方公里，至2017年底，户籍人口8953人，流动人口778人，党员361人，共10个党支部。社区办公地址于台城花园3号。社区境内有明城墙古台城、鸡鸣寺及北极阁风貌区；有江苏省科技厅、对外经济贸易厅、气象台、南京古生物研究所、博物馆、南京明城垣史博物馆、南京市老干部活动中心、宋子文公馆、工艺美术大楼、泰达机电等30个机关企事业单位。2017年，台城花园小区、解放门5号、西家大塘41、43号等4个小区27幢居民楼进行沿明城墙整体环境整治，小区整治已基本完成，环境得到很大改善。申请加装电梯26部，召开居民议事会60余次，上门协调100余次，有17部获规划许可证，15部获施工许可证，10部已开工，2部已使用。全年社区义务巡逻进入新常态，社区义务巡逻队每天对辖区各小区进行巡逻，及时排查重点治安问题，以及突出急需解决问题。充分发挥警民联动的力量，做到定期巡查、及时通报、限期改正。为民情收集、分析、解决、反馈、通报做出快速反应，并把矛盾纠纷化解在萌芽状态，维护了辖区的和谐稳定。2017年获市社区人防工作先进单位、市平安示范社区，玄武区先进团支部等称号。

【公教一村社区】 东至龙蟠路(太平门随心缘大酒店)，南至北京东路，西至鸡鸣寺路，北至玄武湖明城墙。社区面积约0.4平方公里。地址：位于北京东路51号公教一村22幢综合楼。至2017年底，户籍人口8981人，流动人口31人，党员人数390人，支部10个。社区办公地址位于北京东路51号22幢综合楼。辖区驻有南京市委市政府、中科院土壤所、地理湖泊研究所、南空干休所、九华饭店、北京东路小学等大型单位和学校；和平公园、珍珠河、鸡鸣寺、九华山玄奘寺等名胜。2017年4月成立"老王工作室"。工作室是街道社区的"党校"，也成为玄武区委党校一个基层教学基地。"老王工作室"以"引领、培养、发现"为宗旨，将培养优秀社区书记、党务干部以及社区工作者作为发展己任。工作室在老王书记其人其事其法的基础上，紧紧抓住"走心工作法"这个魂，借鉴社区党校的模式建室，整合了近20名专家学者、优秀党组织书记和优秀党员，建立了顾问团、导师团、跟班团和实训团，为学员成长提供全方位、立体化的教学服务。顾问团为工作室发展献计献策，赴上海、杭州等地观摩学习，深入社区开展调研咨询等；讲师团向学员系统传授党建知识和社会工作方法等，邀请南京邮电大学人文学院社工系副教授、南京同仁社工事务所总干事周长青先后举办了党务干部基础工作法、社会工作者职业道德等专题培训班；跟班团采取"导师带徒"等方式，学员在实际工作中"跟班"学习。实训团以实战为主，向学员系统性开展党性觉悟和工作方法实训。

【天山路社区】 东以玄武湖畔明城墙为临，北与百子亭社区紧邻，西至高楼门路，南以西家大塘、峨嵋路与台城花园社区比邻。社区面积约0.26平方公里，至2017年底，户籍人口2788户，6847人，流动人口1047人，党员330人，共10个党支部。社区办公地址于天山路3-37号，办公用房面积300平方米。辖区内有3304工厂、南京市第十三中学、昆仑路小学、玄武门幼儿园、高楼门饭店、唐会、喜悦会、江苏《东方娃娃》期刊有限公司、玄武门街道、玄武门派出所、苏果超市、峨嵋路农贸市场、天山路卫生服务站、老年康复护理院等机关企事业单位。2017年，天山路社区结合小区出新、电梯安装、社区一体化平台采集等重点工作，为小区居民服务，采用"白加黑"、"5+2"工作模式，加班加点，调查居民需求，解决实际问题，调解居民矛盾。同时，深入贯彻落实党的群众路线教育实践活动，"两学一做"活动，"大走访"活动精神，收集居民意见2000余条，为居民群众办实事、办好事，营造和谐社区的氛围。

【高楼门社区】 东沿高楼门路，南起北京东路，西临中央路，北至傅厚岗东段。社区面积约0.173平方公里，至2017年底，户籍人口4950人，流动人口1194人，党员数156人，共6个党支部。社区办公地址位于高楼门65号。社区有院落42个，楼栋50个，总单元135个，小二楼11处，平房34处。辖区内有中国移动、中国联通、国家审计署驻宁办事处、中信证券及江苏省卫生厅、南京市口腔医院等机关、企事业单位和医疗机构，以及约5000平方米的鼓楼市民广场、大钟亭公园。2017年，社区在百企万户大走访工作和老旧小区加装电梯工作中，共走访居民家庭1417家，重点企业15家。在走访中梳理上报问题110个，已解决问题96个。老旧小区加装电梯工作是热点的民生话题，高楼门社区2017年已完成初审数9部，公示9部，公示完成9部，拿到规划许可证的7部，拿到施工许可证4部，已竣工等待验收1部。保障民生需求，用好为民服务专项资金。按项目计划，完成自行车棚改造整修5个，小区内树木修剪3处，小区环境整治地面改造、围墙加固3处，楼道灯安装12个单元，小区内太阳能路灯安装7个，宣传栏安装2处，水箱清洗1个，在社区设立便民微型消防站1个。项目得到居民的广泛认可和赞誉。

【百子亭社区】 东靠明城墙玄武门段，南至傅厚岗路2-16号，西连中央路，北到玄武门路。社区面积约0.23平方公里。至2017年底，户籍人口2448户，6665人，流动人口740人，党员243人，共8个党支部。社区办公地址于百子亭后49号。辖区内有技术力量雄厚，医疗设备先进的江苏省肿瘤医院、玄武门社区卫生服务中心、江苏省凤凰传媒出版股份有限公司、江苏省气象局、江苏省首家中国健康促进金奖学校——南京市中央路小学等单位。2017年，在"大走访"活动中，社区党委积极参与，协调港华燃气设计院、市场部及小区整治施工方等在社区召开协调会，对昆仑路楼顶影响燃气通风问题实施了改造，为昆仑路18~30号91户居民解决燃气入户问题，困扰多年难题终于在春节前得到解决。此项惠民工程得到昆仑路片区居民的高度称赞及认可，赢得了民心。积极开展老旧小区电梯加装工作，逐门逐户走访调查，切实摸清掌握每户居民的意见。通过不断努力，最终百子亭后58号、60号、62号、74号、百子亭18号2单元取得两证，3个单元在施工。社区老旧小区增设电梯工作正在稳步推进。

【大树根社区】 东靠明城墙，西连中央路，北与玄武湖隧道接壤，南至玄武门路。社区面积约0.47平方公里。至2017年底，社区户籍人口4010，流动人口685，党员人数254人，9个党支部。社区办公地址于大树根11号。驻区单位有江苏省海事局、南京市城市建设规划展览馆、玄武湖公园管理处、南京港华燃气有限公司、红星家具城、金陵药业股份有限公司、南京公交总公司、南京城建集团、南京农垦集团等。2017年，为老旧小区申请加装电梯已公示12部，取得两证5部、一证1部(其中已开工一部)。完成小区车棚隔离栏加高6个，更换单元门刷卡系统8个，安装楼道窗户30个。大树根社区以老旧小区居多，物业管理的小区只有1个，社区居民王年恩带着袖章和小喇叭每天晚上6点在社区里巡逻，提醒大家关好门窗，防火防盗，无论刮风下雨从不间断，已坚持3年之久。6月为后大树根2号小区成立了管委会，为下一步小区引进物业做准备。2017年10月，成立了志愿者服务站，在玄武湖景区的外围为来往的游客提供免费茶水，每天上午2小时。志愿服务已成为社区的一大特色工作。

【廖家巷社区】 东倚明城墙，外临玄武湖，西沿中央路，南起玄武湖隧道口，北至中央门护城河、神策门公园。社区面积约0.36平方公里，居民住宅楼52幢，至2017年底，户籍人口6285人，流动人口884人，党员数402人，共11个党支部。社区民间组织17个。共11个党支部，党员384人。社区办公地址于中央路298号。有居民住宅楼52幢。辖区内有江苏电信大厦、城市休闲酒店、新立基大厦、南汽大全、金陵威孚有限公司、南京市科利华中学等企事业单位。2017年，社区开启"党建+"模式(即：一个增添——增添老百姓幸福感、获得感、安全感；二个服务——服务政治、服务群众；三个结合——结合社区中心工作、结合居民关心问题、结合城市文明创建；四个强化——强化组织建设、强化思想建设、强化作风建设、强化制度建设；五个落实——落实社区民主自治、落实网格化优质服务、落实安全维稳工作、落实专项资金使用、落实精神文明创建)发展民间组织，开展"节前慰问送温暖、情真意切暖人心"活动，邀请鳏寡孤独老人共度腊八节，"粽叶飘香过端午、幸福和谐邻里情"活动，九九重阳为70、80岁老人集体过生日。召开社区环卫工座谈会、志愿者总结会，开展义诊进社区、养老护理知识等10多场讲座。关心下一代健康成长，举办青少年进社区接纳仪式，联手邮电大学志愿者开办辅导班，开展"迎新年、送福联寒假活动""学雷锋志愿服务活动""剪纸"'"捏面人""学街舞""绘脸谱""手绘油伞""折衍纸""生活小创意""旧物大改造""3D打印体验"等青少年喜闻乐见的活动。为提高老年人健康生活质量，社区搭建文体活动平台，用专项活动资金扶持文体活动团队，组织了多场传统节庆文艺演出，蓝色梦想艺术团获青春炫舞奖，在幸福生活广场舞比赛中获最佳人气奖。彩云艺术团连续多年获南京市老年艺术节和广场舞比赛优胜奖，社区合唱队在"南京市17届夕阳红红歌会"中获优胜奖，在"筑福玄武——幸福进行时活动"进行朗诵表演，为社区群众奉上一道视党大餐。用好为民服务专项资金，解决群众最关心、最迫切、最直接的民生问题。2017年为中央路282号、286号、廖家巷1号、2号、3号、15号共23个单元安装了防盗门和138盏楼道灯，在社区和主要路口、单元门口装了80个监控探头。建立社区微型消防站、为老人服务助餐点、健康小屋，和久久公益组织开展义卖活动。2017年，社区获市健康社区、市青春健康教育示范基地等称号；获区社区治理一人体化信息平台应用竞赛一等奖。（王　莹）

锁金村街道

·街道工作·

【概况】 锁金村街道位于玄武区东北部，东靠紫金山，西临玄武湖，北接南京火车站，依山傍水，风光秀丽，集中体现了南京山水城林的地理优势。玄武湖隧道、九华山隧道，玄武大道、龙蟠路，地铁1、3、4号线，及宁栖路穿境而过，交通便利。域内面积7平方公里，街道办事处地址锁金村67号，辖锁一、锁二、锁三、锁四、锁五、新庄、紫鑫城7个社区居民委员会，户籍人口约7万人。辖区内有金思维科技大楼、林产化学工业研究所、江苏省科学技术情报研究所、南京林业大学、南京师范大学紫金校区、南京邮电大学锁金村校区、上海铁路分局南京办事处、南京商厦、南京太阳谷文化发展有限公司、南京南泰国际展览中心等单位70余家。2017年街道以打造“幸福锁金”为目标，以深化“两学一做”学习教育为抓手，努力激发干部工作潜能，提升工作标杆，增强工作效能，各项工作取得新进展。街道经济工作紧紧围绕年度经济指标任务中心工作，突出服务，构建新型政商关系。街道始终将提供一流服务做为关键举措，扎实做好兴商、助商工作，以最佳服务，打造发展的高地。深化“大走访”制度，解企业难题。扎实开展各项工作，夯实街道经济发展基础，致力于营造积极、宽松、和谐的发展氛围。始终把项目作为经济工作的重要抓手，全力以赴加以推进，重点项目取得明显进展。建立和完善安全生产责任体系，扎实推进安全生产责任落实，加强基层基础建设，严密组织隐患排查，开展安全生产专项整治行动，为地区经济发展创造良好的安全生产环境。城市环境工作以建设“强富美高”的新玄武为目标，借助老旧小区环境整治、雷霆行动等城建城管项目，抓好辖区内的城市建设和改造工程，将城市管理全覆盖深入推进，全面完成各项城市基础建设工作。按照“三年行动计划”的要求，制定老旧小区改造计划。逐步拆除小区存量违建，实现新违建零增长。完成《2017年南京市城市精细化建设管理十项行动方案》中背街小巷整治任务。按照2017年全市道路综合整治的要求，实行“街长、巷长”负责制度，依托网格化巡查，结合片区整治，对锁南路、锁北路、锁东路、诚意路街巷周边进行全面整治。全面落实防汛扫雪责任制，成立防汛、扫雪工作领导小组，建立健全防汛扫雪组织网络，加强防汛扫雪值班，将责任落实到位，任务落实到人。街道社会事业社区服务质量有明显提升。组织以“幸福锁金　民创民享文化盛宴”为主线的社区文化艺术节活动等20余场，锁三、新庄社区创建南京市社区综合文化服务中心。成立日间照料中心1家，AAA级标准居家养老服务中心3个，实现街道社区助餐点和养老服务全覆盖，制作双拥优抚墙绘、“双拥亭”标识，完成新庄社区省级创业型社区创建验收工作，成立全省首家“志友之家”。社区和谐稳定，坚持“领导干部包案和全体干部包片的信访稳控化解和稳控”机制，落实“五包一”举措，没有发生重、特大矛盾纠纷和民转刑案件，矛盾纠纷化解率达100%。街道党建工作坚持“两学一做”学习教育常态化制度化。注重落实“8+X”制度，“三会一课”活动日益规范，书面台账、电子台账逐步完善。提升党员干部能力素质。以会代训，不断强化纪律意识，组织干部培训班，增强责任意识，转变工作作风，树立机关良好形象。组织基层党支部书记业务集中培训，提升党务队伍工作能力。深入开展“大走访”“百日攻坚行动”。谋划“区域化主题党建——锁金幸福小村”党建项目。聚焦幸福的区域化、精准化、产业化和智能化，以四组幸福之链、十八项项目工程为主线进行全面改革，不断刷新群众幸福指数。街道人大、政协认真履职，深入了解选民诉求，关注热点难点问题，积极提出意见建议。持续推进“省人大民主立法联系点”工作，深入推进“协商民主在基层”“社区协商治理中法治保障与能力建设”工作，深化“侨法宣传角”品牌建设，创建“四好”商会。完成年度民兵整组，全力打造基层武装部正规化建设。2017年，街道获玄武区信访工作先进单位、平安玄武建设先进单

12月13日，锁金村街道在南京大屠杀死难者太平门丛葬地举行“12·13”国家公祭日悼念活动

位等称号；劳动保障所获“中华全国妇女联合会”颁发“巾帼文明岗”奖牌，锁一社区获“国务院防范和处理邪教问题办公室”颁发的“创建无邪教示范社区”奖牌。12月13日，锁金村街道在南京大屠杀死难者太平门丛葬地举行“12·13”国家公祭日悼念活动。

【经济发展】 2017年是经济发展转型期，街道不断创新路径方法，优化经济工作机制，从整合资源、挖掘潜力、提高服务等多方面入手，全力推进转型发展。各项指标有序推进。2017年完成税收1.95亿元，社会消费品零售总额30亿元，固定资产投资1.8亿元，服务外包1.8亿元。重点项目进展符合预期。国展中心地下商业广场一期项目进行地下主体结构封顶。高力商业综合体项目领取规划许可证，开始桩基施工。全面接管文化产业园，按“一区多园”模式推进转型升级。中铁二十四局项目完成立项和环评手续，正在办理规划许可证。优化结构，招商选资量质并行。年内街道通过强化招商选资、逐步推进产业置换和培育壮大中小型科技型企业，辖区企业产业结构不断优化，产业层次得到有效提升，第三产业对街道经济发展的支撑作用不断凸显。全面落实企业主体责任，强化安全风险管控和隐患排查治理，全年无生产安全事故。载体建设强力推进，园区品质不断提升。依托林化所，打造锁金人才库，启用人才孵化器，形成示范引领效应，新增创业创新载体面积400平方米；新引进软件和信息服务类企业3家，文化创意类企业1家。以文化产业园转型升级为契机，先后清理传统落后企业17家，精选优质成长型企业6家，使优质资源发挥优质效益。

【城建城管】 2017年，街道按时间节点推进白马山庄、新庄53号小区环境综合整治工程和锁金一村1-7栋、锁金村3号2栋屋面渗漏维修单项整治工程。对小区内存量违建进行拆除，一家一户上门做好宣传工作，动员居民积极配合环境整治工作，拆除新庄53号19处1496平方米、白马山庄49处1103平方米。完成韶山路102号铁路涵洞积淹点消险，增设自动抽水水泵，重新修建排水管道；完成板仓街茶叶城及板仓街2号居民区积淹点消险工作，重新铺设排水管150米，完成板仓街130号翠岭居居民小区二次供水改造。扎实开展玄武大道铁路沿线环境整治工作，加强铁路沿线的日常巡查管理工作，铲除菜地40余处、1500余平方米，维护铁路沿线环境面貌。对辖区内5条主干道，16条街巷开展街巷环境综合整治，采取不定期错时整治，进行重点打击，有效遏制窗口和重点地段的占道经营现象。出动人员4000余人次，清理招贴900余处，拆除规范违章广告60余处，依门出摊、占道经营现象300余处。按时间节点完成拆违任务，治理违建面积15877平方米。以“263”专项行动、江苏发展大会环境空气质量保障、玄武湖水环境整治提升专项行动，为全面履行玄武湖周边水环境治理、监管和养护职责，加大日常监管力度，增加监管力量，多措并举解决监管中存在影响水环境各类问题。推进既有住宅电梯加装工作，受到市、区好评。推进物业管理市场化进程，强化小区自管的力度，加强对辖区内物业公司监管的同时，稳步推进居民小区市场化管理工作。

【民生服务】 2017年街道社会事业以“助民、为民、惠民”为宗旨，较好地完成各项社会服务工作。建立低保对象信息公示制度，建全申请救助家庭经济状况核对机制，将救助落实到位，累计发放低保金1899582元。提高医疗救助水平，及时办理医疗救助37人，救助金额42129元，3+X免费血透工程11人,救助金额8210元。完善救助机制,目前区级街道临时救助16人、救助金额11140元,街道援助中心救助52人、救助金额18280元,实现多层次救助保障,有效解决弱势群体实际困难。完善救助工作。扎实做好保障房申请和复审,为44户家庭住房困难居民办理住房申请,对已经在保的8户家庭进行复审。宣传和解答相关政策,接待前来咨询的居民。扎实推进老龄服务。按月做好尊老金发放,金额1162550元。统筹规划老龄设施建设。成立日间照料中心1家,AAA级标准居家养老服务中心3个,实现街道7个社区助餐点和养老服务的全覆盖,服务老人1568人。全面保障残疾群体,加强就业培训。按照要求,做好救助和补贴发放。为65户特困残疾人家庭发放慰问金52000元,助残日期间为8位残疾人申请临时救助或补贴9500元。持续做好双拥优抚工作。强化组织领导,实现领导力量、思想认识、具体措施、责任落实"四到位"。开展形式多样、内容丰富双拥活动,大力营造浓厚的双拥氛围,增强双拥意识和国防观念,投入近4万元在锁东路制作双拥优抚墙绘宣传画、"双拥亭"牌匾和双拥宣传牌。落实优抚政策,确保各类补助等按标准及时兑现。组织8023人和无军籍职工24人体检。全年发放各类优抚对象补助和慰问金累计200多万元。合力抓好社保工作。联合区人社局举办"创响玄武进社区,创业分享交流会",指导新庄社区完成省级创业型社区创建验收工作。落实创业扶持政策,培育自主创业359人,创业带动就业3453人。在南京火车站广场联合开展"春风行动",为进城务工人员提供求职、技能培训、劳动维权等服务,开展"学雷锋"及"助残"专题招聘活动,送政策、送岗位;依托区、街道、社区劳动保障信息平台,每日发布岗位信息,为失业人员提供有效空岗。宣传计生政策。层层落实责任制,对辖区内居民的结婚、生育及户口信息进行查缺补漏等,核查辖区内所有居民有效信息,为省人口信息平台打牢基础,全年发放独生子女父母奖励金29880元。

【平安法治】 全力抓好地区矛盾纠纷的排查化解,确保在十九大会议期间辖区内"三个不发生",为党的十九大胜利召开营造安全稳定环境。受理矛盾纠纷657件,化解657件,化解率100%。辖区没有发生重、特大矛盾纠纷和民转刑案件。在党员干部大走访活动中,走访重点信访人员,了解其诉求,关心其困难,并针对重点信访人个案的不同,制定相应的工作措施,努力化解矛盾,做好属地稳控工作。

【基层党建】 2016年街道坚持"两学一做"学习教育常态化制度化。注重落实"8+X"制度,"三会一课"活动日益规范。定期组织民主生活会、组织生活会,坚持领导干部过双重组织生活会。完成党组织和党员基本信息采集,继续做好党费补缴工作。新发展党员4名,先后慰问帮扶困难党员75人次54000元。灵活组织党员冬训,参训率85%以上。注重党组织能力建设。对锁一社区党员活动阵地进行了出新,增加了面积,添置了新设施。用好为民办实事资金,按民意确定了73个213万元实事项目,党组织服务能力进一步提升。开展"大走访""百日攻坚行动"。15814户居民、1078个企业全部走访到位,即知即改问题480件。抓好学习教育。充分利用远教平台、党校、驻区资源等载体,多种形式组织党员干部培训,突出学习宣传贯彻党的十八届六中全会、十九大精神,7月份已经顺利组织第一期干部培训,11月组织基层党支部书记集中培训。中心组坚持带头学,成功举办中心组学习示范课堂。成立"微宣讲"团队,打造"百姓名嘴",加强核心价值观宣传教育,深化文明城市创建活动。重视意识形态领域的阵地宣传和防范工作。基层民主建设得到进一步加强。街道人大忠实履职,接待选民3680人次,收集共性问题36件,人大代表提交建议21件。街道政协积极作为,政委委员提案8件。发挥政风行风热线进社区、"12345"、居民议事会等平台作用,持续推进"省人大民主立法联系点"工作,深入推进"协商民主在基层""社区协商治理中法治保障与能力建设"工作。深化"侨法宣传角"品牌建设,创建"四好"商会,新成立1个团支部,创建1个青年之家。开展一小时轻松阳光慰老活动,服务100多人次。调查摸底1025个"两新"组织,同时,发现新增非公企业17个,成立非公党支部1个。严格落实"两个责任"。始终把党风廉政建设摆在重要议事日程,把党风廉政工作与街道主要工作同部署、同落实、同考核。坚持"党工委统一领导,党政齐抓共管,纪工委监督协调,中心、社区各负其责"的领导体制和工作机制,把党风廉政建设作为基层党的建设和干部队伍建设的重要内容,纳入目标管理,层层分解落实。

【人才工作】 2017年，招才引智有明显成效。大力实施人才战略，科技创业人才快速集聚。年内联系并接触相关人才40余人，优选其中10人申报人才奖，有2人通过区级评审，正参加市级评审。入选1名双创博士，入选1名创新性企业家。

【街道通过国家级社会管理与公共服务标准化试点终期考核评估】 2017年7月20日，受国家标准化管理委员会委托，江苏省质量技术监督局组织专家，对锁金村街道办事处承担的“街道社会管理中心化建设综合标准化试点”进行终期考核评估。终期考核评估由省质量技术监督局标准化处主任科员邹茜主持，上海市质量技术监督局标准化处处长陶城、南通市政务服务中心副主任王一明、东南大学教授周钰明、省人社厅副处长姜茹、省质量和标准化研究院科研部主任王晶5名国家标准化专家为评估组成员，市质量技术监督局副局长周黎丽、市质量技术监督局标准化处副处长董晓燕、区政府副区长马千山、区市场监管局工委书记朱海峰、锁金村街道党工委书记郭建军和办事处主任左斌以及街道5个中心主任出席。专家组听取锁金村街道党工委书记郭建军对标准化试点工作情况汇报，观看标准化工作宣传视频，察看现场，查阅资料，进行质询。专家组认为，试点单位按照既定目标，加大标准的制定、实施、改进、完善和推广力度，简化办事流程，优化服务程序，提高办事效率，规范服务行为，服务事项办理时限在原有基础上再次缩短，整体服务环境优化，为基层社会管理创新和标准化的发展探索了新思路，同意通过该项目的考核评估。江苏省质监局领导对街道标准化工作建设成效用“科学成果的凝结，实践经验的总结”两句话概括总结并给予充分肯定。专家组希望试点单位在以后的工作中，一要按照标准化推进基本公共服务均等化的要求，提高标准体系的适用性，不断提高街道社会管理的服务水平，实现服务的无差别化；二要完善标准化相关记录，保证资料的连续性、真实性和完整性。做好标准的实施和监督检查，确保将街道社会管理服务标准化落到实处；三要以服务标准化试点工作为起点，不断持续改进，不断提高街道社会管理水平。锁金村街道将以标准化工作为依托，继续助推各中心特色工作的品牌创新，提升特色品牌的核心竞争力，争取在更高层面、更多领域参与国家和地方标准化活动，做精管理，优化服务，提升辖区群众的幸福感和满意度，努力树立锁金样本在标准化管理的新标杆。

【台湾新北市中和区里长团参访锁金村街道】 2017年6月24日下午，台湾新北市议员邱烽尧率中和区里长团一行48人到街道参访，先后参访街道民生服务中心及锁金五村、锁金三村社区，双方就社区建设、社区营造等方面工作进行细致的交流与探讨，区委统战部副部长、侨台办主任钟文舟，锁金村街道党工委书记郭建军等陪同。参访团一行在街道民生服务中心，实地了解街道为民服务大厅工作流程，基层党建工作开展情况，对“智慧锁金”工程给予高度评价。参访团成员观看锁金“京剧票友社”节目演出，即兴点唱京剧“苏三起解”唱段，锁金村京剧票友现场表演，赢得喝彩。参访团在锁五社区实地察看社区侨之家各类功能活动室，详细询问社区组织建设、社区服务及侨台活动开展情况。社区主任达敏详细介绍锁五社区“侨文化广场”“侨法宣传角”运行情况，就“打造专业化社区工作者队伍，形成社区工作规范”“依托网格化管理，完善服务机制”等议题进行汇报。居住在锁五社区的街道书画协会老师为参访团现场题写“两岸一家亲，共圆中国梦”并合影留念。参访团一行在锁三社区座谈交流。邱烽尧以“两岸一家亲，共圆中国梦”为主题座谈交流，街道副主任宋兴平介绍锁金村街道社区建设、社区服务及社区管理情况，台湾新北市议员秘书张铭魁、新北市中和区里长联谊会会长、顶南里里长谢森儒分别介绍新北市中和区社区建设与社区营造情况，并就老旧小区汽车停车管理、电动自行车停车管理以及小区一楼居民的花草种植管理等问题进行征询，宋兴平逐一解答，重点介绍参访团关心话题——“银发互助公社”社区养老服务模式，通过互助服务形式，以“服务换时间、以时间换服务、以服务换服务”，提升社区老人生活质量。参访团赞扬街道行政管理体制下社区建设与管理高效性，并邀请玄武区适时到台湾交流访问，共商海峡两岸社区建设与营造。

【伊宁市外派党政干部到街道学习交流】 2017年5月，新疆自治区伊宁市外派赴宁学习党政干部20人，分别在锁金村和玄武湖两街道相关岗位学习锻炼，主要学习交流社区建设好的经验做法，为期

1个月。5月9日,在锁金村街道新庄社区,集中组织1场交流会,双方就如何开展社区党建工作进行讨论。由锁一社区和新庄社区党委书记张琪、周会娟分别进行社区工作介绍,主要有社区党建品牌"北斗星在行动"创建过程;以党建带社建,依托"互联网+"平台,开展"暖心年夜饭" 众筹行动所取得的成效;创新思路,以网格化服务为手段,创设网格服务"立体服务"标准化工作方法,落实好"人在网中走事在格中办"的工作机制。汇报中讲案例讲做法,说身边人说身边事,紧贴群众诉求,用真心做事用真情感人,切实把自己融入社区融入居民群众中,拉近与群众间距离,与群众做亲人。伊宁市一位社区女学员表示,街道社区把"三无老人"王洪福当亲人、做好"临终关怀"、带王老骨灰从中山码头乘船在长江上为老人进行江葬的事例非常感人,回去后要好好学习,改进工作。伊宁市的社区工作者纷纷发言,介绍他们的工作经验。伊宁市喀赞其社区一位小伙子,还用电脑和大屏,展示他们每周一在社区升国旗的图片资料,展现他们在为民族团结、民族融合、各民族共同发展等方面所作出的努力与贡献。伊宁市相关社区党建工作和锁金村街道社区党建工作,存在地域、人群等差异,工作的侧重点也因此有较大不同,但是在"增进人民的福祉"这一主题上是共通的。双方通过交流,提高彼此眼界,增进彼此友谊,激发为人民服务的热情。

·社　　区·

【锁一社区】 东临玄武湖,南至南京师范大学紫金校区,西靠南京市第十三中学锁金校区,北依紫金山,社区办公地址锁金六村17幢旁。社区面积约0.4平方公里,人口7600人。社区辖区有一个街道大工委单位,6个社区大党委单位,7家单位象征锁一社区的七颗明星,2017年社区围绕"北斗星"综合党建品牌,开展一系列活动。4月27日,"北斗星在行动——紫金绿水环保行"行动在紫金山一沟锁金段开展。此次活动目的是打扫紫金山一沟锁一社区段的河道周边环境,清除各类垃圾,清理河道内的杂物以及无序生长植物。锁一社区"北斗星"志愿者、社区工作人员、社区保洁人员、锁金执法中队的队员、宏腾建设施工单位的工人、河道养护人员70余人参加。10月25日,社区联合"好享购物"举行"北斗星幸福行动——党员先锋岗　橙益达人"表彰宣讲大会。宣讲会上,社区党委书记、主任张琪介绍北斗星幸福行动项目的具体内容,优秀志愿者代表讲述志愿服务故事,向大家传递"我奉献,我光荣"志愿服务理念。11月14日上午,社区在锁金六村小广场举办"民族团结一家亲——锁一社区少数民族邻里节"活动。社区通过开展少数民族邻里节,促进社区汉族居民与少数民族居民的相互沟通和交流,进一步拉近居民之间的距离,增强各民族间的团结意识。2017年,社区获全国创建无邪教示范社区,市人防先进社区等称号。"北斗星在行动"独居老人一对一结对服务获2017年"南京市优秀青年志愿者服务项目"。

【锁二社区】 东至锁金中路,南临锁金南路,西接玄武湖公园,北靠锁金北路。社区面积约0.3平方公里,人口5500人。社区办公地址于锁金二村12幢旁。小区内建有集休闲、娱乐、学习为一体的科普广场,面积约为1000平方米。辖区内有南京邮电大学锁金村校区、江苏省科技情报所、江苏省金思维信息技术有限公司、金陵之星大酒店等单位。2017年社区围绕开展"两学一做"专题学习,运用社区党建网、智慧党建幸福锁金平台开展理论宣讲、纪念建党95周年综合知识培训、学习十九大精神等活动,加强党员教育,严明党的纪律。组织"两学一做"知识竞赛、党章党规知识考核、组织各支部党员认真撰写学习十九大精神心得体会、上网参加百万党员考法的活动。2月17日,在锁金二村64余位党员在社区党建活动室参加了锁金村街道2017年度党员冬训"党课微课堂"活动。组织党员开展观看远教专题片42场,累计1400人次。5月10日上午带领社区40名党员到镇江烈士陵园缅怀革命先烈,表达崇高敬意。在烈士陵园里党员们分享了各自在社区"两学一做"实践活动的心得。通过瞻仰活动,增强了社区党员的政治意识、大局意识、核心意识和看齐意识。在纪念碑前重温誓言,激发了党员们弘扬烈士精神的意识,时刻以一名共产党员严格要求自己。深入开展为民办实事工作,增设15个单元楼道灯、增设小区监控及路灯。完成锁金一村七栋楼的楼顶改造工作,协助锁金二村业委会引进市场化物业。社区党委还在积极参与指导锁金一村业委会成立,严把业委会人员构成格局,确保业委会成员有公益心、有工作能力,着力解决老旧小区管理主体缺位的问题。社区党建打造的"乐学拓展大课堂"由党员支持的舞蹈队、合唱团、编织组、少儿乒乓球等团体开展丰富多彩的活动,带领社区文体骨干共同推进群众性文体活动，在喜迎十九大演讲活动中获玄武区一等奖。

【锁三社区】 锁三社区东靠林产化学工业研究所，南临锁金北路，西倚龙蟠路和新庄立交桥，北接312国道。社区面积约1.5平方公里，人口7200人。社区分为锁金三村和锁金村80号、84号三个大院及林业大学校区。社区办公地址锁金三村14幢旁。辖区内有南京林业大学、玄武区军队干部休养一所、南京市政工程管理处、金卡大厦和锁金二小幼儿园等单位。2017年采取为民办实事项目居民公投的方式，将投票箱放在社区大小门，每户选出一名代表参与公投，可以选前期征集项目，居民如有新项目可自行填到表格中参与公投，把为民服务专项资金用到实处，给居民带来最大的实惠。完成对坑洼路面的维修、三村监控的安装、楼道灯的安装等等。持续开展银发互助公社工作，社区将有需求的独居老人互助结对，做到每日有活动："每日一见""邻里守望"。每月组织一次主题活动，锁三社区红十字的志愿服务得益于志愿者的帮忙，志愿者也在帮忙的同时收获了自己的感恩回报，互助社的志愿服务工作会做的越来越完善。与南林大红十字会学生分会对接，组织大学生学习简单的民俗文化，7月13日上午，锁三社区关工委携手南京林业大学关工委组织社区青少年在十月军校开展亲子"一日学军"活动，参观雷锋文化馆，通过一张张照片，一件件实物，看到雷锋从小积极向上的人生历程，使大家的心灵深受启迪和教育。组织"重走长征路"活动中，同学们模拟长征场景，爬山路，上铁索桥，通过这段难忘的军训体验。韩先林志愿者工作室长期为居民提供日常服务，对于有需要的居民提供上门服务。推进民俗文化艺术社区品牌建设，做好锁三墙面文化宣传，丰富民俗楼、民族楼等楼道的文化内容，征集优秀的居民文化作品，在宣传区展示。

【锁四社区】 东临锁中路，南与锁金一村相接，西靠锁金二村，北临锁北路。社区面积约0.2平方公里，人口4000人。社区办公地址于锁金四村12幢-1。2017年社区抓队伍建设，提升战斗力，对167名党员基础信息进行核查，认真梳理，将党员电子身份信息并录入系统。对党员进行分类管理。全年收缴党费11555元，补交党费956元。加强党员的学习教育管理，共开展党员教育学习活动20余次。做好困难党员的关心帮扶，慰问金额为19364元。发现和培养入党积极分子，为组织发展注入新鲜血液。发动党员积极参与社区公益事业，繁荣社区文化、加强小区平安巡防、水表出户、电梯加装工作、为民办实事，积极开展大走访，了解民情民意，解决民生服务类问题58件；社会治理类问题19件。社区党委以"幸福家园"创建活动为主线，通过举办各类活动来凝聚民心，年内共举办广场文艺活动、专题活动15次，推选出社区明星60人(文艺、环保、志愿、敬老、好人)。真情服务。3月1日社区开展德孝文化节活动，街道领导、社区人大代表、共建单位领导参加了活动，表彰社区志愿服务之星、为社区明星人物过集体生日：参加过解放南京和大西南剿匪、修建康藏公路的84岁老战士时挺，敌后武工队的抗日英雄、中国首艘驱逐舰抚顺舰政委95岁的王刚，澳门归来、一生献给南京供水事业的92岁工程师郑兆平，《扬子晚报》等媒体、居民参与活动。走访每户低保户、残疾人家庭，重点青少年家庭，失业家庭、失独家庭、独居、空巢家庭。为他们提供慰问、就业、志愿服务、器具发放等服务。关心优抚对象，为社区的退役及现役军人45人，另还有伤残军人1人，烈士遗属4人，都发放了"光荣人家"光荣牌。为1014名纳入社会化管理的退休人员提供各类体检、发清凉用品、慰问服务。为25名失业人员提供失业培训、办理大龄延长、就业困难认定，申办社保补贴，监察周边企业合法、安全用工。签订区域性集体合同。帮6位失业人员走上工作岗位。2017年，社区获市健康社区、市物业服务项目老旧小区组先进集体，区平安示范社区、区老年人体育工作先进集体等称号。

【锁五社区】 东与玄武湖街道相邻，南至宁栖路，西以锁东路与锁四、锁一社区相临，北至南京林业大学。社区面积约0.4平方公里，人口5400人。社区办公地址锁金五村4号。社区有锁金五村南院、北院、翠岭居、板仓街130号、板仓街78号、锁金村200号、林化所7个院落和南京师范大学紫金校区、锁金二小、中国林产化工研究所、总参炮兵干休所等单位。2017年社区围绕党委年度重点，扎实做好"大走访""两学一做"学习教育为扎实推进党员干部"走千企入万户、助发展促富民"大走访活动，社区"两委"班子成员及分管干部、社工全力参与，将走访与网格化体系捆绑，全面融合，通过织密网格实现一网覆盖。全年已摸底走访1650户群众，包括一所小学、6户低保户、1户烈军属，梳理出防盗门系统失效、老旧小区加装电梯、老人助餐等各项服务类问题90个。以“引领带动”为目标，将辖区内基层党组织、文体队伍、志愿服务队等统一管理，形成合力。5月11日，社区党委与“大党委”林化所合作开展党组织生活会，进一步加强区域党建的互联互补互动，充分利用各自在党课的教育资源优势，促进教育资源共享。解放军某部干休所作为社区大党委成员，为社区老人、优抚对象每周提供助医、助游、助餐及居家养老试点服务，7月12日并与社区携手成立中小学生红色教育基地，搭建德育教育平台。全年通过基地共开展爱国主题教育4次。依托“侨法宣传角”，打造“五位一体”侨文化广场，以“玄武统战·同心汇”为阵地。通过运用“五位一体”侨文化，营造“学侨法、知侨法、爱侨务、护侨谊”的社区氛围。以两岸交流活动为平台。为进一步扩大南京与新北市社区的交流互动，本着“两岸一家亲”的理念，6月23日，社区与新北市三重区签订交流合作书，双方将通过组织联谊互访、搭建交流平台等方式开展合作计划。6月25日下午，新北市邱烽尧议员及中和区里长团来到社区参访社区社会组织培育发展、参与社区建设治理的做法。加强社区普法教育，社区开展安全知识讲座6次，并且组织社区志愿者坚持用小喇叭广播在小区内进行宣传，提醒广大居民节日期间用电安全，抓好防火，防盗等工作。开展应急消防演练3次，开展禁毒、反邪教、国家安全宣传教育共34次，开展综治宣传月活动2次，增强广大居民的安全保护意识。

【新庄社区】 东靠紫溪湖桥，南临玄武湖，西倚白宫大酒店，北接红山铁道口。社区面积约1.5平方公里，人口9500人。社区办公地址新庄39号综合楼。社区内有南京南泰国展中心、园林实业总公司、铁路办事处、中铁24局江苏公司、新世纪大酒店、南京火车站、邮政枢纽、曙光国际大酒店、军转站、南京商厦等十多家企事业单位。2017年社区为扎实推进“两学一做”学习教育活动常态化，进一步提高社区党员党性修养，5月20日新庄社区党委组织社区党员、志愿者50余人，参观镇江革命烈士纪念馆，接受红色教育，瞻仰革命烈士纪念碑，在纪念馆一楼大厅重温入党誓词。2017年，社区有志愿服务队伍6支，学雷锋志愿服务流动站和居家养老站颇受居民欢迎的。学雷锋流动站每周周三上午在各个小区流动开设，居民的家电维修、寻求家政等诉求内容都在一定时间内解决，“站员”也从业余到专业，修起小家电来顶的上半个专家。进一步改进社区作风，增强窗口服务意识，提高社区队伍整体素质。以“党员教育启民智、社区活动促融合、社区建设现新意”为出发点，形成“学习、活动、勤改、提升”为一体的模式，调动社区党员特别是年轻党员参与的积极性，创新社会组织激发社区党建工作新活力。

【紫鑫城社区】 东靠紫金山，西临玄武湖，南面毗邻白马公园与北安门大街，北接宁栖路。社区面积约0.5平方公里，人口6100人。社区办公地址位于板仓街49号14幢旁。辖区内有南京电影机械厂、江苏文化产业园、白马公园、紫金山索道等单位。2017年社区整合共建单位资源和社会资源，加强与共建单位联系，进一步加强新时期社区工作。明确“资源共享、阵地共建、活动联办”的工作思路，开展认领志愿者服务岗位，包括捐资助学、扶贫济困、关爱独居老人、志愿者活动，服务社区群众。南京市先达桥隧维护公司党支部结合“两学一做”学习教育，组建一支“党员清洁队”，义务帮助社区居民清理楼院的车棚顶、绿化带内的污染物等，向社区居民展示党员“创先争优”作表率的先锋精神。南京市机关综合服务中心党总支在努力做好结对帮扶工作的同时，充分发挥党员志愿者的作用，积极参加社区活动，支持社区建设。扎实推进“走基层访千户暖民心”活动。社区老旧小区多，有居民2365户。收集居民建议、困难等62条(个)。问题集中在小区路面不平、楼道里有杂物、困难家庭救助、自来水表申请出户等。对于居民的困难和需求，社区及时跟踪落实，尽最大努力予以协调解决。对于因客观等原因一时不能解决的，向居民做好解释工作，争取居民的理解支持。走访2146户，解决居民生活困难及文化诉求62件，“大走访”落到实处、取得实效。社区的党建品牌，“小霞癌友康复驿站”在社区党委、社会各界和驿站志愿者的共同努力下，继续秉持“爱心奉献、有心呵护、用心沟通，让爱驻满人间”志愿服务口号，为广大癌友和居民服务，实现志愿服务和社区资源互补，为社区服务营造良好的健康氛围。年内驿站开展丰富多彩活动，志愿者们做义工、行善举服务社区、服务社会，将爱传递他人。3月3日，“小霞癌友康复驿站”成立7周年庆暨学雷锋广场志愿服务活动在街道中心科技广场举行，进一步弘扬"奉献、友爱、互助、进步"的志愿服务精神。5月5日，为鼓励孩子多读书、读好书，在第22届世界读书日，"小霞驿站"向幕府云谷社区"希望来吧"的"留守儿童"捐赠电脑知识读本、世界名著、书法读本、少儿读本等百册书籍。2017年，社区获"民族工作示范社区"称号。

·驻街园区·

【玄武科技金融园】 位于板仓街9号，是锁金村街道最大的商业载体，园区占地面积约100亩，可供营业及办公的房屋面积约38000平方米，园区分A、B、C三区，A区临街约60米长，面积约8100平方米，B区位于园区中央位置，由7栋小楼组成，面积约20840平方米，C区位于园区东南部，紧邻紫金山，由3栋建筑组成，面积约9060平方米。园区内江苏润港石化有限公司成立于2014年10月，主要业务涉及石化、煤炭等能源销售，是中石油、中石化长期合作伙伴，年销售额达100多亿元。金东康信息系统有限公司是国内最早从事AIDC与执行管理整体解决方案研发和实施服务的专业公司，总部位于人才荟萃的古都南京。1999年起，金东康分别在北京、上海、深圳、苏州设立了分支机构，并投资成立了比邻软件有限公司，为遍布全国的制造、物流运输、零售业及政府、公共事业等领域的客户提供高品质的服务。金东康是国际著名的AIDC厂商美国Honeywell公司、DATAMAX-O′NEIL公司、日本CASIO公司在中国的主要业务合作伙伴，同时与国内外众多知名的IT及管理咨询公司保持着紧密的合作关系。园区内还有南京TCL电器有限公司、南京金永青科技有限公司、南京讯点软件技术有限公司等100多家以科技、医药、信息技术等为主营业务企业。（孟　军）

孝陵卫街道

·街道工作·

【概况】 孝陵卫街道东起顾家营与栖霞区相接，西至中山门与秦淮区相连，南至沧波门外秦淮河与江宁区接壤，北至紫金山分水岭与玄武湖街道相连，毗邻国家AAAAA级钟山名胜风景区。沪宁、宁杭、绕城等高速公路及地铁2号线穿境而过。域内面积约27.47平方公里，辖区有小卫街、孝陵卫、铁匠营、康定里、盛和家园、晏公庙、钟灵街、农科院、理工大、南农大、银城东苑11个社区居民委员会，居住人口29700余户、132745人（含在校学生）。辖区内有南京理工大学、南京农业大学、南京体育学院、江苏省农科院、江苏省地震局、江苏省石油物探所、中山陵园管理局、南京奶业集团等单位50余家。2017年，街道围绕建设"强富美高"新玄武目标任务，突出从严治党、深化转型发展、确保和谐稳定，提升群众获得感和幸福感，努力建设和打造新时代孝陵卫。

【经济发展】 2017年，街道财政收入完成32921.7万元；全社会固定资产投资完成35.8亿元，同比增长24.6%；社会消费品零售总额完成7.4亿元，同比增长9.1%；服务外包执行额完成17920万美元，同比增长14%，离岸执行额完成7100万美元，同比增长20.1%；外贸出口总额完成4456.8万美元，同比增长24.7%。引进注册资金亿元以上规模企业2家，5000万元以上企业4家，3000万元以上企业3家，1000万元以上企业12家。加快推进在建项目，全面谋划前期项目项目，力促紫金华府、钟鼎山庄2个商业配套项目投入使用，全面推进小顾家营西侧地块、老双拜巷、原5路车站等城中村危旧房改造项目，加快推进卫岗奶业1928创意广场、钟鼎山庄名悦广场、紫金华府佳源梦想广场商业配套、生物医药园、双拜巷西侧地块的招商工作。

【城建城管】 2017年，街道完成童卫路七号等10个小区环境综合整治，其中示范小区1个，非示范小区9个，立项投入资金2400万元，整治面积11.15万平方米；完成东苑路等4条主次干道排水改造并顺利通过验收；完成街道辖区内友谊河等全部6条河道整治，所有河沟实现水质达标。提升区域综合城市面貌，打赢拆违控违持久战，全年拆违章建筑46260.13平方米，其中楼顶违建12处1073平方米，开展"雷霆行动"集中联合整治10次，出动4968人次，车辆334台次，机动车违停和占道经营整治取得阶段性成效。全年受理"12345"政府热线工单5000余件。

【民生服务】 2017年，街道民生服务工作全面贯彻落实省、市、区关于民政工作各项要求，坚持"以民为本、为民解困、为民服务"理念，确保依法行政、规范管理，坚持执行好各项财经纪律、财务制度和民政财务有关规定，及时上报灾情类及突发事件，推动完成街道民生服务工作。推进居家养老服务发展，创建市AAA级社区居家养老服务中心，重点打造盛和家园日间照料中心、晏公庙嵌入式居家养老服务中心项目，提供以居家养老服务为主综合服务，全年为3378名80岁以上老人发放尊老金186.7万元。实施玄武高危空巢及独居老人安全保障工程。借助“互联网+”技术和第三方社会组织力量，创新医养融合新模式，启动高危空巢及独居老人安全保障工程，为11个社区186名高危空巢及独居老人家庭安装探测报警器和防摔跤扶手，进行居家适老化改造。严格低保审批程序，做到应保尽保，认真梳理档案资料，积极配合上级专项检查和群众监督，做到“公开、公平、公正”。年内新增26户低保户，计31人；退保40户，计61人。做好残疾人服务基础工作，认真做好残疾人生活、医疗两项补贴审核发放工作，发放残疾人两项补贴246.87万元。做好对困难弱势群体政策解释和安抚慰问工作，结合“大走访”活动，加大困难人员帮扶力度，发放救助资金18.9万元。从组织领导、宣传教育、军民共建、群众满意四个方面，做好街道辖区部队服务工作，结合学雷锋活动和春节、八一走访慰问部队，推动街道与部队建设和谐发展。

【平安法治】 2017年，街道以党的十九大召开为切入点，扎实做好社会矛盾和安全隐患大排查大整治，围绕“三个不发生”目标要求，不断细化工作任务，落实各项工作要求，保证各项工作有效推进。在信访维稳压力大的情况下，综合施策，组合发力，确保各项重大活动和会议期间安全稳定。全年梳理信访案件46件51人，其中区下交31件37人，街道自查13件14人；组织矛盾纠纷排查102次，接待来访群众537人次，接待群众法律咨询1021人次，受理调解979起。多样化、常态化开展法治宣传教育和法律服务进社区活动，全年开展法律讲座18次、企业法律讲座2次，社区文艺宣传活动5次，发放各类法制宣传资料近6000册；运用法治文化墙、宣传专栏、横幅、板报等多种形式做好普法宣传，制作更新法治展板42块，宣传栏152块，横幅63条。规范司法行政服务站建设，推动“法律援助便民、惠民服务”，开展“法律援助便民、惠民服务”活动，做好接待法律援助来电、来信、来访咨询工作。落实安全生产和消防安全责任，与驻区各大院校、企事业单位签订安全生产责任状997份；与企事业单位、九小行业签订消防安全责任状1016份。制定安全生产和消防安全工作行动方案，结合上级要求，制定《孝陵卫街道2017年安全生产工作要点》《孝陵卫街道开展2017年度重点行业领域安全生产专项整治工作的方案》，依据要点和方案常态抓好安全生产和消防安全。全年坚持对辖区内一般企业和九小行业开展安全生产大检查，排查辖区企业和九小行业206家，排查相关问题15个，已全部解决到位。坚持有效预防和控制火灾，对辖区内酒店经营企业安全生产和消防安全大检查，检查300余家，排查安全问题65处，消防问题127处。

【基层党建】 2017年，街道贯彻落实省、市、区党代会精神，牢固树立“四个意识”，把方向、管大局、作决策、保落实，充分发挥总揽全局、协调各方的领导核心作用。先后修订完善《党工委议事规则》《街道“三重一大”决策》《街道会议制度》和监督管理制度、值班工作制度等8个规范性文件。集中组织《准则》《条例》学习培训，加强常态监管，严格落实党风廉政建设“两个责任”和“一岗双责”。突出“两学一做”主题教育和十九大精神学习，采取集中学习、专题党课、缅怀先烈、示范带头、研讨交流等形式，党工委成员主动带头学习、宣传、落实，确保扎实推进务求实效。进一步深化、细化“钟山先锋”党建品牌，立足“党建+”思维，集聚优势、整合资源，提升党建项目质量，丰富和拓展孝陵卫“钟山先锋”四区联动平台内涵。

【人才工作】 2017年，街道始终贯彻党管人才原则，进一步强化完善人才建设机制，落实工作责任链。紧跟区产业发展定位，围绕健康生命产业，扎实抓好招才引智工作，以人才引领创新，以人才带动项目建设，以创新促进转型发展。积极营造区域创新创业氛围、加大人才招引力度，赴高校及科研院所进行“创业南京”人才政策宣讲8次，会同区人才办对孝陵卫街道区域内科技企业进行“双创”政策宣讲3次。参加南京海外留学人才交流会、杭州创新创业大会、百名海外博士江苏行对接会及广州留交会，年内对接海外高层次人才60余人。全年申报“创业南京”高层次创业人才17名，其中入选区级创业南京人才1名，并做好市级创业南京人才申报工作。

·社　　区·

【盛和家园社区】 位于栖霞区、江宁区、玄武区3区交界处。社区面积约0.14平方公里，有2个小区29幢住宅，4244户，常住人口6010人，户籍人口1630户、4042人，流动人口312人。社区设有居家养老服务站、世代服务室、综治办公室、党员会议室、居民学校、宣传橱窗等。2017年，社区扎实开展大走访全覆盖活动，倾听民声、收集民意、解决民忧；利用为民服务专项资金修建休闲凉亭和长廊，铺设水泥人行道，在楼栋地下室安装充电桩解决私拉乱接充电现象，开展弘扬传统文化项目及居民广场娱乐活动；设立社区老年人助餐服务点，解决社区独居高龄、生活困难老年群体的就餐问题。社区集思广益，举办“迎春节群众文化活动”“三八维权讲座”“垃圾分类”“学雷锋志愿服务”“浓情五月粽飘香，欢乐和谐庆六一”“便民惠民免费修家电”“食品安全讲座”“欢庆十九大，幸福孝陵卫”等各类活动，受到居民广泛好评。2017年社区获“南京市人防工作先进社区”、玄武区“最美志愿服务社区”称号。

【康定里社区】 2001年成立。位于孝陵卫街道西南角，东、南、西三面与秦淮区相邻。社区面积约1.6平方公里，由康定里小区、胜利村100号、108号、紫金南苑、胜利村路50号、长巷200号、小卫街226号等7个自然小区组成，总人口7496人，常住人口6712人，专职社工8人，其中7人有社会工作者资格证书。社区内有玄武军休六所、60研究所、胜利村2号产业园、南京振华包装厂等单位。社区党总支下设3个党支部，有党员178名。社区办公地址位于康定里小区3幢，办公房面积400平方米，设文体活动中心、阅览室、居民学校、多媒体室等服务场所，另设有卫生服务中心，方便居民医疗咨询和就医治疗。2017年，社区依托为民服务专项资金，结合居民需求，完成“微改变微幸福——社区文化休闲广场”、小区监控等利民项目的建设，有效解决小区居民的生活环境、文化需求、健康医疗、安全稳定等问题。2017年，社区获“江苏省档案工作一星级标准”“南京市六好社区关工委”“南京市健康社区”“南京市和谐示范社区”“玄武区平安社区”“民主法制社区”“玄武区和谐示范社区”“玄武区未成年人零犯罪社区”“玄武区两学一做学习教育好典型”等称号。

6月22日，孝陵卫街道举办第二届钟山先锋“七一”表彰暨庆祝大会

【南京理工大学社区】 东至罗汉巷，南至光华路，西至友谊河，北至中山门大街。社区居委会办公地址孝陵卫200号，办公用房面积110平方米。居民分住在8个住宅小区内，有住宅楼114幢，总人口3278户、9251人。社区党总支辖4个支部，有党员180人，为企业退休或是民营企业工作人员。2017年，社区完成各种民事调解65起，组织居民各种文体活动10次，为老年居民提供4项公益项目：为80岁以上老人提供优惠理发；为90位独居或家庭困难的居民提供家政服务；为老人提供“惠老食堂”优惠餐券；每月两次为居民提供免费测量血糖、血压。年内，居委会对社区内所有居民进行大走访及户口核对；组织大学生义工为居民提供文明劝导、小区卫生清扫、环保宣传等志愿活动。2017年社区被评为既有住宅增设电梯先进单位。

【南京农业大学社区】 东至龙宫路，西至童卫路，南至后标营路，北至中山门大街。2017年，社区有效推进既有住宅楼加装电梯试点任务工作，全年落实加装电梯签约46部、开工22部、竣工12部。社区配合学校成功引进前期物业，使社区卫生状况和环境面貌得到有效改善，居民满意率提升；配合市政雨污分流改造工程的实施;协助与配合学校实施社区范围内道路拓宽、停车位新建等工程建设,缓解停车难出行难的矛盾;继续推动“楼道灯亮化惠民工程”等为民服务办实事项目;定期组织党员志愿者、青少年开展环境卫生清扫活动;结对帮扶南农大社区困难户、开展禁毒教育等活动。

【江苏省农科院社区】 东临南京农业机械化研究所,南临宁芜铁路,西至孝陵卫1号,北依森林摩尔商业街区。社区居委会办公地址钟灵街48号(江苏省农业科学院内)。社区有71座住宅楼宇,科研院所、幼儿园、现代农业展示中心、大学生创业园等150多家。2017年,农科院社区以服务居民、努力提高居民生活质量为目标,积极响应《南京市既有住宅增设电梯实施办法的通知》文件精神,克服重重困难,着力推进既有住宅增设电梯工作。有40个单元报规划初审,33个单元取得规划许可证,32个单元取得施工许可证,29个单元开始施工,15个单元验收合格投入使用,方便小区内高层住户,特别是老人、病人、残疾人出行。为提高居民综合素质,丰富居民文化生活,社区成立“艺之园”民乐队和舞蹈队,与院校形成共建,共享文化发展,最大限度满足社区居民的精神文化需要。社区利用“党员义工服务队”“小小志愿者”志愿服务组织开展各类服务活动,在“大走访”“文明城市建设”“垃圾分类”及困难帮扶等活动中发挥积极作用。依靠志愿者队伍,开展“关心下一代”活动,寒暑假期间开展青少年道德、法律、科学等社会教育实践活动43多场次。社区利用“博学玄武学习在线”网络教育资源,宣传鼓励社区居民参与学习,形成全民学习、终身学习良好氛围,加快全社区迈向数字化学习步伐。社区获“南京市健康社区”“南京市消防演练示范社区”“玄武区社区治理一体化信息平台应用竞赛三等奖”“既有住宅增速电梯工作先进单位”等称号。

【铁匠营社区】 2001年7月成立。由童卫路社区和铁匠营社区调整组成。位于紫金山南麓,北沿中山门大街,东与理工大学相邻,西与秦淮区相连,社区面积约0.98平方公里。社区由东郊美树苑小区、东元山庄小区、樱花苑小区等15个自然小区组成,有98幢楼宇。2017年,社区邀请江苏省纪委第七纪检监察室主任为居民上“十八大以来反腐败斗争形势与对策”党课;与江苏省钟山干部疗养院“联学联建”开展一场关于肿瘤防治与健康生活的知识讲座;组织党员志愿者在下马坊地铁站4号出口,摆放自行车、拾捡垃圾,开展为民服务活动;依托党员活动室、法制宣传栏、法律服务站等服务阵地,开展形式多样的活动;30万元为民专项资金,完成传统节日治安巡逻、老旧小区楼道杂物清理、居民活动室改造等利民项目,受到居民好评。2017年,社区获2017年度玄武区最美志愿服务社区、玄武区社区治理一体化信息平台应用竞赛(第一阶段)三等奖,孝陵卫街道先进基层党组织、孝陵卫街道既有住宅增设电梯工作先进单位等称号。

【小卫街社区】 东靠韶家山公园,南临宁杭公路,西至前线歌舞团,北达紫金山,社区面积约2.35平方公里,属拆迁安置房和商品房混合社区。社区总户数3380户,常住户数2230户,总人口9120人,常住人口4500人。社区设有金陵图书馆小卫街分馆,舞蹈室,多动能室,社会组织孵化中心等。2017年,社区“敲门大姐服务项目”打造完善专门为社区高龄独居、孤寡困难老人提供上门访视和社区照顾等方面服务,服务队已由成立初的8名志愿者,服务社区4名老人,发展到66名志愿者,服务社区33名老人;推动绿管家服务项目,社区通过开展社区环境日、垃圾整治、绿化维护、公益随手拍等系列公益活动,完善社区环境整治、绿化维护,修补小区破损公共设施,营造绿色环保的居住环境;壮大“巧线婆婆”队伍,队伍已有7名志愿者,社区为其提供免费的新毛线,主要服务社区里单亲、流动等孤寡老人和儿童,给他们提供日常关心、照料、义务缝补等工作。

【孝陵卫社区】 2009年6月成立。由原孝陵卫东段社区、孝陵卫西段社区、晏公庙西村社区、铁匠营社区部分合并而成。社区面积约2平方公里,社区内有孝陵卫街道办事处、南京孝陵卫供销实业有限公司、紫金宾馆、玄武区第二干休所等10家单位,非公有制经济组织和新社会组织15个,个体商业网点202个。2017年,社区依托居家养老服务站、劳动保障服务站、流动人口管理服务站,开展面向社区老年人、残疾人、孤儿,以及对社区贫困户、优抚对象社会救助、社会福利和优抚保障服务;面向社区居民便民利民服务;面向社区单位社会化服务;面向下岗失业人员再就业服务和社会保障社会化服务。社区成立银发乐园，为社区内老年人设计并提供其交流、保健以及其他服务的综合活动场所，以工作人员组织、志愿者参与为主体的公益性活动，分为健康服务、心灵陪伴、真人图书馆、休闲娱乐、特别服务五大服务板块。社区党组织用为民服务专项资金，完成晏公庙西村小区安装楼道灯、"我们的传统节日""孝爱传家幸福晚年"社区老人身心健康关爱服务3个项目。完成晏公庙52、53、54号小区、孝陵卫街3号小区、孝陵卫街21号、21-1号小区、孝陵卫街179号小区小区环境整治工作。开展"走千企入万户，助发展促富民"的大走访活动。社区获"江苏省充分就业社区"、玄武区人民调解工作"先进集体"、玄武区"民族工作示范社区"等荣誉。

【晏公庙社区】 位于街道以东，紫金山脚下，社区面积约1.5平方公里。有常住户3075户，常住人口7062人，流动人口1838人，社区党总支辖3个支部，有党员172名。社区内有南京市公路管理站、南京钟山生命科技园等企业，有孝陵卫初级中学，钟山幼儿园等单位。2017年，社区继续打造特色服务品牌"希望来吧"，面向社区贫困及外来务工人员子女，每周六上午在社区开课，由大学生志愿者和党员义工，为孩子们辅导作业，并开展形式多样的兴趣课程以及文明礼仪教育，让外来务工人员及子女融入到社区大家庭中。社区利用为民服务专项资金，为双拜巷散居、双拜巷100号等小区安装摄像头60个，为晏公庙新村疏通下水道6处，为双拜巷151号小区安装楼道灯156盏。在南京市既有住宅增设电梯推进工作中，社区协助双拜巷151号小区业主申请符合条件加装电梯5部。社区在开展"大走访"活动中，收集居民意见建议10条。落实救助下岗失业党员及因病致贫群众51人次。社区居民学校建立多维学习教育平台。运用手机APP"三会e课"及党员远程教育网、微信公众号钟山先锋以及微信群、QQ群等平台，拓宽居民学习途径、丰富学习内容。着力开创社区管理服务新模式，引进社会组织"索酷养老"，完善社区居家养老服务。

【银城东苑社区】 2007年10月成立。东起胜利村北路，南至光华路，西至后标营路，北至锦湖路。社区面积约0.397平方公里，有菱香园、东篱园、毓秀园、望山园、揽翠园、西华园、紫荆园、山水居、陶然居、博雅居等10个居民小区，总人口4973户、12000余人。社区有1个党支部，有党员99人。社区内有南京市第九中学弘光校区、银城东苑双语幼儿园等学校。2017年，社区继续完善代表社区服务特色的外国人服务站、社区幸福厨房。年内完成既有住宅增设电梯工作。群租房排查整治工作。

【钟灵街社区】 东至栖霞区五棵松，西连灵谷寺路，南至江苏省农科院，北邻中山门外大街，社区面积约1.5平方公里。社区居委会办公地址顾家营8号，办公用房面积50平方米。社区现有党员99名，户籍户数2516户、人口5862人。社区内有森林摩尔大型商业街区以及南京体育学院、南京农业机械化研究所等单位。社区有钟鼎山庄、宏图上逸园、紫金华府、54号小区等7个小区。2017年，社区积极推动为民服务专项资金项目、105号小区整治、二次供水改造、体育学院老旧小区加装电梯、老年助餐、一体化平台信息采集等重点工作，联合钟笑文化、益周等社会组织共同推进"我们的节日"传统活动、高龄老人促进服务、青少年爱国主义教育基地、便民服务进社区等公益类服务项目4个，成功打造老年助餐点1个，创建成为全国性防灾减灾示范社区。2017年，社区获"2017年度孝陵卫街道社区考核二等奖""加装电梯先进集体"等称号。

·驻街园区·

【森林摩尔园区】 园区系南京市玄武区重点商业项目，由北京赛博机构鼎立钜献，作为南京先锋潮流的又一时尚地标，打造中国首座森林式漫步消费场。项目位于玄武区钟灵街，背倚南京屋脊紫金山，钟山风景区，运动公园、西洼子公园等多个生态主题公园环绕周边，占地40900平米，总建面积约40000平米，拥有7000平米的休闲广场，3000平米辽阔水域。项目由9栋单体建筑组成，各建筑之间空中连廊相接，整体下沉庭院设计，融会时尚精品、时尚家居、特色餐饮、文化休闲等众多形态，总造价大约4.92亿元。园区商业规划集娱乐、休闲、购物为一体，丰富多元而极具生命力。园区已经招租200左右户品牌，如：耐克、H&M、星巴克、沙宣美发、哈根达斯、阿迪达斯、汉堡王、BHG超市、保利影院等等。

【T80科技文化国际园区】 园区位于玄武区铁匠营80号，地处南京钟山风景区下马坊遗址公园博爱路，紧邻地铁2号线下马坊站。

园区是集科研办公、文化创意于一体的产业园，占地面积7.2万平方米，建筑总面积2万平方米，总投资6千万元，入驻企业41家，注册资金达1亿元，从业人员1200多人。产业园区有37栋创业楼，单层房屋总面积7000平方米，两层房屋总面积13000平方米，适合科技企业研发、设计、文化宣传性总部办公企业之用。园区为入驻企业创造良好的软硬件投资和办公环境以及完善的技术服务体系。园区完整保留10余栋稀缺民国特色别墅型独栋办公楼，有着得天独厚的自然人文条件，环抱紫金山，与中山陵景区连成一体，坐拥20平方公里的森林绿地；园区内古树参天、绿树掩映，绿地植被环绕办公区域周围，天然的氧吧为企业带来生机勃勃的办公环境。园区功能设施配套完善，拥有文化展示中心、会议中心、茶艺书画馆、健身中心、网球篮球场、园区餐厅等服务配套设施。园区设立财务部、招商部、物业管理部，提供政策、管理、法律、财务、市场推广和培训等方面的物业服务，以降低企业成本。园区先后获南京市文化产业商会三创基地、创新项目二等奖等奖项。吸引众多大中型、成长性优质企业总部入园办公，入驻科技研发、文创类企业40余家。2017年上缴税收1000万元。（陈　罡）

玄武湖街道

·街道工作·

【概况】　玄武湖街道位于玄武区东北部，东与栖霞区马群街道和尧化门街道接壤，西与锁金村街道交界，南隔紫金山同孝陵卫街道毗邻，北临沪宁铁路与红山街道相望，玄武大道、长江二桥连接线贯穿全境。域内面积19.6平方公里，街道办事处地址板仓街98号，辖板仓、花园路、蒋王庙、樱铁村、樱驼花园、东方城、聚宝山、仙鹤门、仙居雅苑9个社区居委会。辖区总人口96428人，其中户籍人口61874人。辖区内有中科院南京天文研究中心、中国医学科学院皮肤病研究所、玄武中等专业学校等单位50余家。街道区域整体以玄武大道为轴呈哑铃型分布，东部为仙居雅苑和仙鹤门社区组成的仙鹤门经济适用房片区，西部为板仓等7个社区组成的城市化片区。街道有机关干部92名，其中公务员68名、事业24名，有社工109名。街道托底成立2家物业公司：其中，雅苑物业承担经济适用房片区物管工作，有员工86人，年经费支出400万元；洁安序物业承担辖区12个老旧小区物管工作，有员工69人，年经费支出260万元。2017年，街道获南京市作风建设先进街（镇）、南京市文明社区，玄武区工作先进集体等19项称号。

【经济发展】　2017年，街道充分认清自身的资源"短板"，从招商引企这个基础工作抓起，更加主动的工作、更加有效的措施，推动招商引资工作再上新台阶。以千秋意境文化创意中心、高信科技创业园为依托，加大对知名品牌、重大项目、创新型产品项目的招商力度。年内新登记注册380家企业，其中，注册资本1000万元以上企业13家，特别是上海米袋投资集团的米袋融资租赁（南京）有限公司成功注册落地为街道下步发展打下坚实基础。街道强化企业服务，对现有和引进重点企业实行"保姆式"服务，帮助企业解决实际困难，王家湾总部经济园完成土地价格评估，已实现开工；千秋艺境创艺园三期完成地面和地下施工，已进入馆内装饰装修，超出计划进度；南京野生植物研究所已和合作运营方"我爱我家"签约，正进行园区搬迁清理；奥克斯钟山府住宅项目完成全部建设。开展异地户清理整治工作，组织经济服务中心人员对楼宇、园区企业入驻情况进行大排查，梳理出规模不等异地户51家，协助13家税收超3万元重点户落实"转户"，街道税收工作做到应收尽收。

【城建城管】　2017年，街道围绕打造功能完善、环境优美、秩序文明、充满活力的精品街区要求，抓住源头管理、环境出新、治理创新等手段，不断做优环境品质。紧盯源头监管，突出门前三包和窗口地区管理，规范门前三包自治联盟运作，对长途东站、皮炎所南门区域实施综合管理，严格落实检查考核、红黑榜张榜公布、定期奖惩激励等手段，引导门前三包责任单位开展自治、自管、自律，确保交通通畅，环境整洁，秩序井然。坚持管理机制创新，大力推进大数据与城管工作深度融合，实行"部件管理、事件管理相结合，指挥、监督相分离"的运行机制，应用数字化技术，实时采集传输图片、数据比对，自主发现、及时反馈问题，根据具体问题菜单的复杂程度，开展实时预警，实现了时间快速响应和空间精确定位，达到城市管理工作更加精确、全面、快捷、高效的效果。全年完成市级问题菜单3943条，区级问题菜单7590条整改。全年通过运行综合行政执法检查大队模式，进行综合行政执法9次，通过整合执法力量，加大执法力度，快捷高效解决存在问题，不断提升城市综合管理水平。坚持拆建并举，全力推动城市功能、人居环境的全面提升。坚持任务导向，狠抓年度目标落实。紧扣年初制定的14类65项工作，认真进行逐条逐项对照，对未完成目标，进一步细化任务，明确责任，全力攻坚，推进目标任务落地落实。全年拆除240余处，计12000余平方米，完成年度拆违任务的107%。圆满完成6处老旧小区环境综合整治和5个小区的二次供水改造工程。全年受理城市管理类投诉2346件，办结率100%，满意率达到95%以上。全年完成14家污染扰民餐饮企业的整治工作，较好完成区里下达目标任务。2017年，街道想方设法解决停车难问题，新增停车泊位300个，创建非机动停车管理示范点2个；加大餐饮企业监管，完成14家污染扰民餐饮整治；完成地铁4号线3个站点周边环境整治并通过验收。配合区水务局开展6条黑臭河整治，做好宣传发动和协调工作，配合施工单位做好围堰排水、河道清淤、暗涵清淤和控污截源等工作。

【民生服务】 2017年，街道抓好各项民生政策的落实，强化服务举措，有效推动民生事业又好又快发展。按照“无缝覆盖、分类施救”原则，不折不扣落实各项救助政策，及时足额发放救助资金，累计发放低保金等各类救济救助金额230万余元。其中，低保130户172人，累计发放低保金1181744元；残疾人两项补贴累计发放1033380.50元；六类低保边缘户春节慰问金发放41000元。慈善“一日捐”募集资金33.5万元，街道爱心援助协会慈善捐赠99561元。围绕养老“六助”服务，有效整合社区资源，为老人提供特色、个性化服务，在玄武湖鹤鸣路52号设立丽平中式平营养餐厅，在樱铁村社区31幢旁创建樱铁村社区的火车头餐厅，在樱花路8号社区一楼后面设立樱驼花园社区助餐点，在钟麓花园100号设立板仓社区助餐点，在钟山山庄28号设立蒋王庙社区老年助餐点，在聚宝山庄红豆街区8-3设立聚宝山社区助餐点，在拂晓园3号设立东方城社区助餐点，在仙居花园26号设立仙鹤门社区助餐点，已享受优惠待遇老人6086名，计113420人次。2017年，街道尝试更加灵活的民主议事方式，开发“邻里微信公众平台”等服务，把社区内居民、驻区单位、社会组织有效地组织起来加以对接，在活动中收集民意、吸纳民智、形成共识、凝聚力量，全年召集居民议事会182场次，议题主要涉及广场舞噪音扰民、房屋漏水、污水管堵塞漫溢、院落自治、文明养犬等“12345”政府服务热线居民反映强烈的突出问题以及影响居民现实生活的实际问题，有效化解矛盾纠纷112起。通过民主自治不仅破解了社区管理难题，最大程度弥合各种矛盾，形成居民群众与社区良性互动局面。为进一步加强人力资源和社会保障基层公共服务平台建设，街道对环境差、设施陈旧的为民服务大厅进行升级改造，打造出环境宽敞明亮，功能设施齐全的便民服务中心。年内办件量3971件，综合满意率为93.7%。全年业务接待量、办件量及综合满意率在全区均位列前茅。为推动小额担保贷款工作保质保量、按标按时完成，街道召开专项会议，组织劳动保障协理员对小额担保贷款政策进行了再梳理、再领会、再学习，利用多种渠道加大宣传，通过工作网格、QQ群、微信平台等方式，为居民详细讲解申请小额贷款的对象、条件、额度、期限、贴息以及需要提交的相关材料和办理流程，解答居民对相关政策的咨询。提高居民对创业贷款政策的知晓率，提升居民的创业热情。通过各级扎实有效的工作，小额担保贷款共成功放款160万元，完成全年区目标200%。就业再就业工作是劳动保障工作重点之一，2017年，街道继续加大就业政策落实力度，完成创业培训110人，城镇失业人员职业技能培训230人，在职职工培训2000人，再就业培训535人。享受灵活就业社保补贴561人，累计发放社会保险补贴83万余元。坚持开展“天天有空岗，周周有招聘”工作和招聘服务月活动，每日在QQ群发布招聘信息，全年新增就业人数502人；实现再就业450人，其中援助困难人员就业141人；培育自主创业者356人，创业带动就业4023人，大学生创业82人；共举办招聘会4场，筹集到100多家企业的近200余个就业岗位，成功推荐就业277人次，小额担保贷款已成功放贷160万元。街道花园路社区被评为省级充分就业社区。抓好既有住宅增设电梯工作，完成规划初审109个单元，取得规划许可69个单元，竣工14个。

【平安法治】 加大对重点人员思想转化工作，成功化解积案6起，化解率85%；排查各类矛盾420余起，成功调处398起，十九大召开期间没有发生一起违规上访事件。处理省市区督办件13个，处理12345工单2469个，综合排名一直保持全区前列。进一步落实安全监管责任，全面推行企业安全责任状签订，开展各类安全生产专项检查整治11次，发放安全排查和安全告知书5000余份，发现问题13个，其中现场整改7个，限期整改6个。

【基层党建】 2017年，街道按照与区委签订的党建目标责任书，年初主持召开党建领导小组会，研究确立年度党建目标和党建工作要点，制定18项管党责任清单，并抓好责任分解。与9个社区党组织负责人签订党建责任书，使抓党建有了明确考核指标。将融合党建和流动党员管理作为工委书记抓基层党建牵头领办重点项目，以板仓社区为试点，提出组织建设融合推进、群众服务融合供给、社区治理融合开展的融合工作法；对街道81名流动党员以调查问卷、座谈会等形式，从流动党员现状、存在问题等方面进行剖析，为街道区域流动党员的管理拿出了建议和对策，便于更好地对流动党员开展服务。深刻反思党建工作中存在的队伍弱化、理念不新、标准不高等问题，提出“锻造好一位好书记，就能带出一个好班子，就能创造出一条社区发展的好路子”，先后开展党组织书记（副书记）业务培训5次，调整社区专职副书记2人，增配党务干部14人。开展以“公开承诺、实干履诺、民主评诺”为主题的“三诺”活动，1200余名党员公开承诺事项27项，惠及民生工程、困难帮扶等5个方面，营造出“比拼比干、竞相作为”的发展氛围。建立党员积分、准入审核、发展责任追究制度，制定不合格党员“负面清单”警告制度，进一步规范党员评议和退出操作程序，新发展党员17人，查处违纪党员6名，党员队伍得到进一步纯洁。积极落实“两学一做”常态化、制度化要求，注重发挥支部主体作用，抓住“做”这个关键，扭住“改”这个重点，倒逼问题整改56个。全力推进“走千企入万户、助发展促富民”大走访活动，梳理反映问题145个，即知即改142个，解决群众、企业政策咨询1647个。强化金华商会党组织的标杆作用，推动街道非公党组织齐头并进，学信学院党支部、友恒胶业党支部等6家党组织从阵地建设、制度落实、党员管理等方面入手整改，促进了街道非公党建整体提升。梳理区域党员活动资源46个，全部定期对党员开放；设立千秋意境党员服务站、先声再康职工书屋党员服务点等党员服务中心13个，党建指导员定期坐岗，为驻区党员提供形式多样的全方位服务。以基层党内民主为抓手，全面推行“民主五环”“邻里情茶坊”等议事制度，使得党员参事、议事的能动性得到充分发挥，有效解决电梯加装、老旧小区出新、物业管理等突出问题241件。以区域化党建平台为依托，为692名在职党员、流动党员提供36个义工岗位，服务842批次，使得街道党组织服务功能得到进一步提升。设立街道党建创新基金，打造“幸福@钟麓”“书记加油站”等8个党建创新项目，“幸福@钟麓”项目，向全街所有党组织叫响“一个党员擦亮一个单元，一个小组照亮一幢楼，一个支部美化一个院落”的口号，得到较好反响。开展“党旗传递”活动，通过以“党旗”与“承诺”为主题词，在党旗下，定诺——示诺——践诺，依次开展“党旗接力，承诺传递”“承诺永不忘，党旗别样红”“党旗飘飘，郑重承诺”系列活动，将驻区单位紧密联系在一起，实现文明创建联动、公益事业联办、环境整治联做、文化活动联谊、社会治安联防的街道域内党建新格局。

【人才工作】 街道紧紧围绕建设“人才强街”目标，把引进人才、留住人才作为街道的重点工作来抓。通过像抓招商引资一样抓招才引智，确立重点引进高端人才、领军人才的目标，确立了高端为主、引进为主、创业为主、使用为本的目标，重点围绕生物医药、信息服务等新兴战略产业和重点产业方向。2017年，街道坚持以服务企业为宗旨，带政策跑环科所、野生所、天文仪器研究所等科研单位，通过发放相关资料、座谈会等形式宣讲、解读，让企业更好地了解政府在引才中的政策及措施，力促企业加快自主创新步伐。按照“定人、定时、定量”的三定原则，详细制定了宣传计划，对街道各重点企业包干进行政策宣传，同时发动各板块力量，协助做好引才需求企业的服务工作，真正把政策的“利好”宣传到企业，让企业不仅接受政策，更积极参与政策。在此基础上，针对各企业对人才需求的不同的层次要求，专门下发海外领军型人才需求调查，对辖区企业引进海外领军型人才进行摸底，对几家重点企业建立了人才需求信息台账。真正做到利用高端业态平台吸引人才、集聚人才，打造服务企业的高竞争力团队。年内推荐14名人才申报高层次创业人才，7人通过区级评审，推荐申报省双创人才1人并通过资格认定。

【党建“融合”工作法探索】 2017年，街道强化党建创新理念，发挥党建引领优势，探索党建“融合”工作法。组织建设融合推进。设立“三缘型”党组织，打破单位和地域限制，根据党员职业和兴趣等情况，设立地缘型、趣缘型、业缘型党组织。开展“3+3”共建活动，每个季度，社区党总支邀请共建单位党组织“进社区”，上一次党课，做一次服务，办一次活动；社区党总支组织党员“走出去”，进一家单位，作一次交流，办一次公益，使党组织活动更加丰富。搭建党建资源共享平台，在社区打造党建服务中心，同时与有条件的共建单位共同打造8个党建阵地，为区域化党建活动提供场地和资源。在此基础上，利用互联网技术，开通“红色板仓”党建微播报、“智慧板仓”学习微课堂、“幸福板仓”党员微论坛等线上资源共享平台。建立联席、联职、联评“三联”工作机制，共同研究和解决区域化党建和社区治理中遇到的问题。群众服务融合供给。为使服务更加贴近群众，更具针对性和操作性，一方面多渠道摸底需求，线下采取网格员入户走访制、楼幢长定期巡访制、党代表联系挂钩制、支部书记碰头会等形式；线上通过留言窗、回音壁、微信群等渠道广泛收集民情民意，在此基础上，建立服务需求库，将群众需求分类登记入库。另一方面分项目开展服务，每年初，社区党总支汇总服务需求，根据具体情况，分为重大项目、常规项目和零散项目。对于重大项目，由共建单位认领或为民办实事资金解决；对于常规项目，设立党员服务岗，为到社区报到的在职党员设立政策宣讲岗、企业服务岗、爱心助困岗，为退休党员设立设立矛盾调解岗、社情民意岗、健康生活岗，为无职党员、流动党员设立社区发展参谋岗、治安巡逻岗、卫生保洁等；对于零散项目，板仓社区设立“回音壁”平台，居民可以随时在平台上反映服务需求，由党员义工进行认领。社区党总支组建“幸福板仓”服务考评团，跟踪服务项目，听取居民意见，认定服务质量。对于质量合格的项目，采取幸福银行积分制，为提供服务的党员累计志愿服务分数；根据共建单位提供服务的效果评选优秀服务单位。对于服务质量不合格的、服务水平有待提高的项目，考评团将相关考评意见和整改意见反馈至个人和单位，促进服务水平提升。社区治理融合开展。社区党总支通过民主议事委员会、社区合议庭、邻里情茶坊三个议事平台，探索出“民主五环”矛盾纠纷化解制度和民主协调议事制度，通过“争议、动议、评议、群议、决议”五个环节，凝聚区域共建单位各方力量，共同推动社区治理。

·社　　区·

【板仓社区】 板仓社区位于南京市区的东北角，南临紫金山，东接蒋王庙社区，西接玄武湖畔，和锁金村街道接壤，风景秀丽、地理位置优越，社区面积约2.7平方公里，地带狭长。社区有居民小区17个，住宅楼91幢，总人口数6795人。社区党总支下设5个党支部，有党员174人。社区内有中科院南京天文研制中心、南京市疾病预防控制中心金山医院、玄武区法院锁金村法庭等数十家中型企事业单位。深入学习宣传贯彻党的十九大精神，社区党总支组织社区党员通过收看电视、网络视频等各种形式收看开幕式，组织全体党员专题学习十九大报告4次，领导干部为党员讲专题党课3次，开展“学报告、谈体会、当先锋”等主题党日活动2次，

12月25日，区委常委、组织部部长张惠民（右二）调研板仓社区“融合”党建工作

党员积极谈感想、说体会、做承诺。同时要求每一位党员要结合专题学习，撰写一篇心得体会文章。党总支以学习十九大精神为契机，破解“党组织核心作用不强”“党员缺乏荣誉感、责任感”等难题。2017年，社区进一步深化居民自治，积极推进基层民主建设，充分调动社区居民参与管理和监督社区事务的积极性、主动性，为群众更好地开展服务。通过民主议事会，解决了老旧小区加装电梯、板仓街192号精品示范小区改造和板仓街290、292号老旧小区改造出新项目中遇到的各类问题，同时有效化解各类矛盾。严格按程序确定并陆续实施“板仓是我家”居民自助互助项目、“书香童年”四点钟书屋、“开心大家跳”广场舞舞蹈队居民自治互助项目、“爱在钟麓邻里情”、老旧小区安装电子门项目、板仓社区环境整治项目、社区宣传栏改造等八个为民服务项目。按照“活动特色品牌化、品牌活动项目化”思路，“钟麓好声音”品牌项目持续开展。围绕特色品牌，特邀辖区单位参与了主题为“袅袅天籁钟麓声　月圆中秋侨台情”的第四届“钟麓好声音”歌唱比赛，体现全社区的幸福欢唱之声；为了充分发挥社区党总支“融合党建“的工作特色，在社区党总支原有的楼栋党支部的基础上，根据党员的不同兴趣爱好和从事不同的职业，分成“业缘”型党支部和“趣缘”型党支部。社区党总支通过“开心大学跳”广场舞大妈党支部开展活动的同时，让广大居民群众进一步了解基层党建工作，在党员和群众之间建起了一座沟通交流的桥梁，进一步促进了社区治理稳定、和谐的发展。为弘扬互帮互助、志愿服务的正能量，社区组织志愿者和党员义工开展平安巡逻、高龄老人结对帮扶、卫生单元承包等公益服务，谱写板仓人的小善大爱之声。

【花园路社区】 花园路主干道横贯其中，东临华新西路，西临南京林业大学，南至花园路5号（省经干院住宅楼）、8号（南京环保创业园），北至玄武大道（东北至花园路39号加油站、西南至花园路78号）。社区面积约1平方公里，社区共有居民楼96幢，总人口8759人。南京长途汽车东站、先声再康江苏药业有限公司、花园路8号创业园等均坐落于此。社区党总支下设6个党支部，有党员201名。社区内有企事业单位34家，人员密集场所23家，危化品单位1家，五小行业170家。2017年，社区开展“两学一做”活动，推进服务型党组织建设，社区党建、社区治理、社区服务水平得到提升。党建工作坚持以居民群众为中心，大走访活动中，摸清困难情况，做好扶困工作；引进社会组织，开设社区智慧课堂；开展邻里益“+”共沐夕阳——花园社区独居、空巢老人心灵守望互助项目，定期组织党员志愿者上门走访；开展南京市防灾减灾创建工作。结合小区出新，协调成立花园路26号小区管委会，小区管理和面貌焕然一新；协调解决花园路16号小区管道燃气问题。利用为民服务专项资金，针对花园路19号小区平台无路灯情况，安装了22个太阳能路灯，解决居民出行难问题；对花园路7号小区破损道路约700余平方米路面进行沥清翻新；为花园路22号小区购置6套休闲桌椅。做好花园路16号、20号、26号、78号小区出新有关工作。做好老旧小区加装电梯政策宣传和服务工作，其中施工6台，完工3台。2017年，社区获“南京市五四红旗团支部”“玄武区平安社区”等称号和“119消防宣传日微型消防站比武竞赛”第三名。

【蒋王庙社区】 建于1992年6月。地处紫金山下、玄武湖畔，南靠宁栖路，西临312国道，北与华新西路连接，地理位置优越，交通便利。社区内辖区单位，包括中国医学科学院皮肤病研究所、国家环保总局南京环科所、野生植物研究院、博爱老年公寓、淘淘幼儿园及省级文物保护单位明朝朱元璋外甥李文忠墓等，社区面积约0.85平方公里。社区由钟山山庄、宁栖园、园丁园、南空四站、皮研所、环科所等9个小区组成，住宅楼60幢，总户数2183户，人口6183人，有60岁以上1185人，80岁以上149人，90岁以上16人，空巢68名，是一个典型的老龄化小区。社区党建通过慈孝文化，以文明、生态、康乐、和谐为主旋律，打造“聚焦钟山”特色品牌。2017年，社区以“聚焦钟山·同心家园”少数民族活动项目为载体带动多民族共同融合，民族和谐的人际关系，搭建社区工作新平台，社区通过大力弘扬团结友爱、邻里相亲、家庭美德，互帮互助的社会风尚，带动社区和谐，通过多渠道揽资源、惠民生，创造性地开展党建“幸福钟山”系列活动。

【樱铁村社区】 东与经五立交相邻，南至樱驼花园路社区，西到长途汽车东站，北至玄武大道，紧邻312国道。社区面积约0.6平方公里，居民1710户，人口5236人。社区内有上海铁路局南京办事处党校、铁路职校、铁路体育馆等9家单位。社区党总支下设7个支部，有党员182人。2017年，社区加强居民自治建设，做好社区综合治理、文化教育、计划生育、环境卫生、社会保障等方面工作。秉承“以人为本、服务居民”的工作理念，高标准建设社区，高水平整合社区，高质量服务社区，高效能管理社区，以党建为龙头，服务为重点，以文化为载体，借力借资开拓，合心合力进取。社区以和谐为宗旨，改善民生，以樱铁文化促进社区文化延伸，以共建共创为抓手，不断丰富社区居民业余文化生活，使得月月有讲座，季季有活动，为社区居民带给丰富的精神食粮。2017年，社区获区“平安社区”称号。

【樱驼花园社区】 位于紫金山北麓，东临经五立交桥西南角，南邻宁栖公路，西有华新西路，北毗312国道。社区有13个小区，社区面积约0.32平方公里，常住人口7890人。社区党委下属8个党支部，有党员255名。2017年，社区党委开展“两学一做”常态化学习教育、服务型党组织建设、党建品牌打造等工作，不断夯实党建工作基础，开展“金樱微心愿”党员义工行动2500多人次；“乐活樱驼”社区党员微信群84人，智慧社区公众号全年发布各类信息35篇。2017年，老旧小区加装电梯工作，有6台电梯竣工。年内社区银发助餐点办理助老卡1100张，助餐22100人次。完成小区内路灯安装5个，老旧小区车棚改造600平方米，安置公共道路垃圾桶20个，架设晾衣架160米，建成电动车充电桩3个；配合街道物业办完成辖区承乐园、华侨新村、采菊东篱、思立园10号、华康苑1-4号的业(管)委会换届工作。社区依托金樱居家养老社会服务中心、乐仁乐助、派菲特文化中心3家社会组织开展为老少服务3000多人次。“乐活樱驼”品牌得到提升，全年举办大小文体活动30余场次，组织社区文体团队参与市、区举办各类文体活动8次，获奖牌4枚。2017年，社区获区优秀党支部称号。

【东方城社区】 东方城社区位于风景秀丽的紫金山下，南依紫金山，北靠312国道，东邻岔路口，西沿宁栖路至经纬立交桥。社区面积约1.3平方公里，有居民小区5个，社区总户数3328户，总人口8664人。社区党总支下设6个支部，有党员164人。2017年，社区以党建带社建，社建促党建，社区工作项目化，项目目标化的理念，由社区党总支牵头，先后组织策划了针对社区独居、空巢老人的幸福合唱队、关爱流动儿童和高龄老人的“爱在东方”项目，通过项目化的运作提升社区公益服务水平，提高居民的满意度。年内社区党总支牵头，组织辖区单位和党员义工开展“便民服务日”活动，将服务送进小区。社区党总支还充分利用为民服务专项资金，开展环境类、活动类、公益类9个服务项目。针对紫金山脚下的坑洼不平的泥路，社区征集各方意见后，修建一条石阶小路，方便居民登山锻炼。2017年，社区获区平安示范社区、“区关心下一代先进集体”，玄武湖街道先进集体等称号。

【聚宝山社区】 2010年1月11日成立。东面以绕城公路为界，南面以紫金山为界与栖霞马群接壤，西面以刘王井为界，北面与红山街道、栖霞尧化门街道接壤。社区面积约3.5平方公里，涵盖聚宝山庄、臻园、帝豪花园、高尔夫别墅等商品房小区和水田村1号、东杨坊130号、蒋王庙267号等老小区，社区总户数3558户，总人口8009人、户籍人口5618人，其中残疾人12名，60岁以上老人375名。社区内单位有204家，其中有索菲特大酒店、新华日报社、南京邮区中心局、北京东路小学阳光分校等单位。社区办公面积620平方米，社工10人，其中取得助理社会工作师证5人，中级社会工作师证2人。2010年10月社区成立党支部，2015年9月改设党总支，下设3个党支部，有党员153人。2017年，社区始终以“汇聚幸福、共创和谐”为理念，以“换位思考、真心真意为民服务”为宗旨，提高社区服务水平。同时打造一支素质高、同心协力的“足尖上的平安”党员志愿服务队伍。社区以用好为民办实事专项服务资金为契机，形成以动员居民、服务居民为过程，完成“聚宝山庄室外篮球场塑胶地坪翻新工程”“聚宝山庄室外网球场塑胶地坪翻新工程”等7个为民服务项目，对居民关心的各项事务及时解决，提高社区居民的生活质量。2017年，社区获市健康社区、区妇女儿童工作先进集体等称号。

【仙居雅苑社区】 位于紫金山东郊风景区，是典型的以被征地农民为主体的经济适用房小区，东至紫东实验学校，南至仙鹤门3号路，西临宁芜铁路，北至百亩渔塘，社区面积约2.1平方公里，属经济适用房小区型社区。社区总户数3734户，常住户2730户，总人口 9763 人,常住人口 5678 人。社区办公地址仙居华庭 63 号,办公用房面积 980 平方米,专职社工 11 人,其中获社会工作师证 3 人,助理社会工作师证 4 人。社区由仙居雅苑小区和仙居华庭小区组成,现有楼栋 116 幢,居民小组 116 个。仙居雅苑社区设党委,下设 5 个支部,有党员 176 人。社区把创建和谐社区作为目标,坚持以服务居民为宗旨,以"热心办实事、真心换民心"为工作出发点和落脚点,打造以老年人参与为主的"老管家志愿服务队"特色服务项目.并以校外护导、巡逻、绿色环保等多形式开展社区志愿服务。2014 年 2 月雅苑禾苗耘作园成立,志愿者均是南京师范大学地科院"心韵"协会的志愿者。南京师范大学学生志愿者每周固定前往仙居雅苑做义务家教的志愿服务,开展暑期夏令营活动。2016 年 8 月,仙居雅苑社区"雅苑禾苗耘作园希望来吧"在全市"希望来吧"考评中成绩优秀,被市共青团评为"三等奖"。2017 年,社区在管理上求突破,在服务上求创新,较好建立以社区为平台、社工为核心、社会组织为依托的"三社联动"机制,充分发挥社区在和谐社区建设上的基础性作用。2017 年,社区获省和谐社区建设示范社区,区平安社区、区文明创建工作先进集体、区为老服务"最佳服务团队"等称号。

【仙鹤门社区】 为经济适用房小区。地处街道最东面,东与仙林街道接壤,南邻仙林大道,西接徐庄软件园,北与仙居雅苑社区相邻,社区由仙居花园和仙鹤茗苑两个小区组成,社区面积约 2.7 平方公里,社区总人口 6720 人,其中60 周岁以上老人 830 人、80~89 周岁 75 人,90~99 周岁 6 人,社区现有社工 10 人。2017 年,社区以十九大精神为指导,坚持"以人为本",扎实开展"大走访",通过与广大群众零距离接触、面对面交流等方式,广泛搜集群众工作、生活中的问题和建议。每月对社区内 301 家驻地单位、人员密集场所、九小场所等进行安全生产大排查,通过摸底排查有效遏制事故发生。年内投入为民办实事资金 30 万元,其中仙鹤茗苑北侧围墙、仙鹤茗苑步行街改造、仙居花园小区便民广场改造项目已完成。"仙鹤邻里一家亲"项目全年为社区居民放映露天电影 40 场次,开展广场活动 8 次。

·驻街园区·

【南京环保科技创业中心】 2007 年 11 月,在南京市经济委员会、玄武区发改局、玄武湖街道的大力支持下,高信环保公司开始投资改造江苏省新华书店集团有限公司位于玄武区花园路 8 号的发行和物流中心,建设一个集软件开发、环保检测系统设计、研发、环境评价咨询、相关软硬件服务和支持、物业管理、房屋租赁相关配套服务于一体的都市产业园。园区占地面积 10276.8 平方米,建筑物总面积 3 万平方米,总投资 3300 万元,入驻企业 75 家,注册资金达 3 亿元,从业人员 1327 人。创业中心共四幢创业楼:一号楼,五层,半地下一层,总面积 15000 平方米,分层面积 2500 平方米,作为专业环保类科技企业研发、设计、环保类产品检测平台、企业产品展示、环保知识宣传等办公用;二号楼,楼高六层,总面积 9000 平方米,作为餐饮、娱乐、办公场所;三号楼,楼高五层,总面积 4500 平方米,分层面积 900 平方米,作为入驻企业商务洽谈、商务宾馆、员工食堂等公共配套设施;四号楼,总面积 1000 平方米,分层面积 250 平方米,作为风险投资公司(种子基金)、法律事务所、会计师事务所、质量认证咨询管理、物业管理公司办公使用,整体规划充分体现生态、科技、健康三大特色。经过几年努力,创业中心先后被评为江苏省科技创业孵化器、南京市都市产业园、南京市现代服务业集聚园区等荣誉称号。2017 年,创业中心按照"有就业、有税收、有环保、有形象的现代绿色产业"的经营思路,为入驻企业创造良好的软硬件投资和办公环境以及完善的技术服务体系。园区设立专家技术委员会、南京市环保产品检测服务窗口、科技服务平台、专家技术委员会、综合管理部、技术服务平台部、财务部、招商部、物业管理部,提供政策、管理、法律、财务、融资、市场推广和培训等方面的服务,以降低企业的创业成本和创业风险,提高企业的成活率、成功率、竞争力,为社会培养成功的科技企业和新型科技企业人才。2017 年,创业中心上缴税收 987 万元。

【南京千秋艺境文创园】 位于玄武区花园路 11 号(原南京森林警察学院),2013 年 10 月开始打造,2014 年 10 月对外招租。园区占地面积约 30000 平方米,总建筑面积 43000 平方米。园区分为 1 号楼和 2 号楼,1 号楼建筑面积 19000 平方米,办公面积 100—3000 平方米不等,园区有咖啡馆、小剧场、青年公寓、足球场等个性配套。2号楼总建筑面积24000平方米，主要用于商务办公、培训、创意展示等，期望通过园区这个富有活力和互动成长的平台，将千秋艺境打造成为集生态商务、时尚休闲、艺术内涵于一体的文创产业园区。园区的优势主要体现在四个方面：一是“南京制造”转向“南京智造”，文化创意产业提档升级。南京已确立“创意产业化、产业创意化”的发展理念，透过文化创意产业的“整合、渗透、提升”功能，助推“南京制造”向“南京智造”转变。同时，南京深厚的历史文化积淀，以及丰富的高校资源将成为支撑产业发展的重要基础。二是文创新名片，资源“富氧区”开枝散叶、厚积薄发。园区的主体单位千秋艺境与各相关行业和企业、高等院校以及设计大师的友好关系，与有志于传统手工传承的媒体和机构的深度合作交流，有利于吸引同好汇聚交流，迸发源源创意。三是踞中富甲全城畅达，地铁4号线贯通南京艺术学院、南京林业大学等十多所院校；周边拥有十多条公交线路；城市快速通道使商务出行，以及到新街口商业中心极其便捷。四是森林办公主城难再有，财富与健康顶级盛宴。千秋艺境园区位于玄武湖东畔，紫金山北麓，园区内大树参天，绿草如茵，更拥有足球场、篮球场等高校校区的健康配套。设计者、学习者如同在森林里办公，坐拥内外双景，更为健康、舒适的工作环境，绿色而富有活力的园区的确是催生创意灵感的最佳场所。2017年，园区完成三期装修改造，新增办公场所16000平方米，引进企业38家，年税收900余万元。（唐杰祥）

红山街道

·街道工作·

【概况】 街道位于玄武区北部，东靠南京长江二桥，西含红山森林动物园，南望紫金山，北抵栖霞和燕路。区域面积6.9平方公里。现辖10个社区居民委员会。常住人口31386户、90164人，流动人口38543人。辖区内有玄武公安分局、区司法局、省建材检测中心、依维柯公司、中北巴士公司、红山森林动物园等单位11家。2017年，街道经济发展服务中心牵头推进的市、区重点产业项目分别为：市重点产业项目2个（在建类1个，新开工类1个），区重点产业项目9个(在建类4个，新开工类4个，前期类1个)，均按进度快速推进。南京·红山创智天地项目已完成主体建设，提前竣工，超前完成年度目标。月苑地区社区配套建设项目已提前完成市目标。中海玄武公馆、恒大翡翠华庭两个房地产项目顺利推进，累计固投和施工进度双双超前。东华红山汽车生活广场园区改造稳步推进，有6家品牌汽车4S店入驻。东华红山文化科教产业中心完成主体楼宇改造，引进蒙特梭利知名教育品牌。星河房地产、莱蒙·缤奇林项目，企业提前进场开展施工工作。

【经济发展】 2017年街道完成一般预算收入2.34亿元，完成必成指标79.8%。全社会固定资产投资完成36.06亿元，完成全年目标。社会消费品零售总额完成10.83亿元，同比增长超过11%；实际利用外资完成1400万美元，完成进度为93%；外贸出口完成4750万元，完成进度为95%；服务外包执行额完成13690万美元，离岸执行额完成4520万美元。全年服务贸易完成1440万美元。

【城建城管】 高标准、高质量完成红山路190号、170号、107号小区环境综合整治。红山路190号小区二次供水改造已经完成，韵致居、北苑之星、阳光嘉园小区二次供水改造已组织进场施工。配合区城管局对兴贤家园、月苑、北苑社区、体育馆、动物园等5个公厕进行主体结构改造、水电线路预埋、墙面粉刷等施工。制定红山街道门头店招制作标准，统一规范门头店招设置外延及标牌尺寸、颜色、字体，全面落实户外广告规范管理。扎实开展区域环境整治。完成10个社区、10条道路街巷的“门前三包”责任制工作，查处360余处“门前三包”责任不落实问题。继续深入开展“雷霆行动”，全年暂扣机动车24辆、查处违规占道经营车辆300余辆、查处占道经营电动三轮车（手推车)75辆、清除僵尸车19辆、破旧无主非机动车400余辆。“12345”平台共接收1547件工单，及时办结率达到100%，在全区排名争先进位。做好食品安全、环境保护等其他工作。进一步扩大垃圾分类推行区域，在原有基础上新增5个垃圾分类示范小区。认真落实“河长制”，处理水质和水体问题18件，组织对唐家山沟北支河道沿线的菜地、粪坑和工棚进行整治，共清理菜地约600平方米、工棚15处、粪坑30多个。组织开展12场食品安全“进社区、进学校、进企业、进工地”活动，10次食品安全知识培训，16次专项整治和联合执法。

【民生服务】 2017年，加强组织领导，成立"红山街道既有住宅增设电梯指挥部"，制定《红山街道既有住宅增设电梯实施方案》和《既有住宅增设电梯办理基本流程》。加大宣传和责任分解，建立工作机制，全力以赴推进。全年完成初审124个，公示119个，取得规划许可证86个，通过图审54个，取得施工许可54个，开工25个，已竣工6个。不断深化养老服务。在"五个维度建设"上全力推进街道社区居家养老服务工作。切实加强以南京市城市老年服务中心和南京市玄武区中鼎紫金养老服务中心为代表的专业化服务组织建设。街道中心厨房已助餐19000人次；城市养老助餐在北苑点5559人次、曹后点10733人次、营苑点5320人次；2017年新引进的中鼎紫金养老服务中心在紫金小营点助餐2643人次。街道结合重阳节开展关爱老年人主题活动，自筹资金达6万元，向1380位80岁以上的老人发放慰问品。大力开展社会救助。全年街道累计向低保家庭和六类边缘户发放救助金3176516元；大屠杀幸存者1人，救助金额1400元。生命健康工程发放苏果卡155200元，牛奶卡214人次，残疾人生活补贴209人，补贴金额104672元。残疾人护理补贴280人，补贴金额36400元。申请住房保障32户，其中公租房29户。因病支出型贫困家庭救助32人，救助金额73116元，免费血透工程救助22人次，救助金额23648元。街道临时救助134户，259人，救助金额79800元。大重病同步结算救助2219人次，计583363.65元。

【平安法治】 2017年，街道综治办按照区政法委、街道工委、办事处要求，利用综治宣传月和禁毒宣传日在社区广场、区体育中心广场开展系列平安创建宣传活动，组织宣传活动12场，发放各类平安创建、禁毒、法制宣传品20000余份，并通过喜闻乐见的形式向辖区居民群众宣传防范知识，提高居民自防意识，受到群众好评，群众的知晓率和参与率得到提高。街道禁毒办继续完善涉毒人员登记制度，细化对涉毒人员的帮扶帮教措施。重点打造和提升"尚大姐"工作室服务管理水平，加强对社区戒毒康复人员的心理疏导、跟踪帮教帮扶工作，鼓励他们树立信心、重新做人。全街道现有社区戒毒康复人员24名，全年街道还没有出现社区戒毒康复人员再次违法犯罪。街道高度重视涉稳"排查整治"工作，完善机制、明确职责。街道坚持青奥会期间的"四项排查"工作方法和机制，在"全国两会""一带一路峰会""江苏发展大会"等敏感时期，开展"排查整治"专项行动。排查各类商铺、市场、企业等56间次，消除安全隐患6处；排查信访重点人员6名，一般人员360多名；排查整改基层基础薄弱环节2处；成功处理"68路公交站建加气站"群众集访事件，"311路公交改线"群众集访事件，"红山路192号违规施工"群众集访事件等一批重大不稳定事件，涉及人数10000余人，有力维护地区和谐稳定。

【基层党建】 全面完成区域内居民、企业大走访，走访居民21545户，企业700家，收集意见建议205条，全部整改到位。推进"两学一做"学习教育常态化制度化，探索建立网格化党建，梳理驻区单位党建资源，推进区域化党建。申报为民服务项目67个，研究制定《关于为民服务专项资金使用和管理的补充规定》，加强项目管理。加强社区规范化建设，打造社区党建工作室，北苑、墨香、月苑、阳光嘉园党建工作室打造完毕，北苑社区"丛融工作室"在施工建设中。完成全街道73个党组织、2080名党员的信息采集工作。加强舆论引导和宣传。加强和改进中心组理论学习，制定全年中心组理论学习专题计划，组织全体工委委员专项学习贯彻习近平总书记"7·26"重要讲话精神。开设"红山街道政府党建信息"微信公众号，组建红山街道舆情信息员队伍。年内累计在各类媒体发稿近40篇(次)。深化文明创建工作，打造红山路190号十字街小区百米大型"社会主义核心价值观花墙"。在党的"十九大"盛会召开期间，辖区党员接受记者访问，盛赞党的十八大以来党风、政风新变化的采访视频在中央电视台新闻联播中播出。做好人大、政协等其他工作。制定街道人大工委组织人大代表向选民述职制度等11项制度，并编印成册。组织人大代表开展对街道预算的审查工作，经验做法在市人大相关会议上作书面交流。大力加强党风廉政建设，建立责任清单，开展扶贫帮困资金、为民服务专项资金使用等专项检查，查办违纪党员9人。完成2017年度民兵整组、民兵集训等人武阶段性任务，完成了6名适龄青年应征入伍的目标任务。推进常发广场楼宇商会建设，与致公党玄武总支结对共建，开展"社区捐书""义诊送药"等活动。

【人才工作】 街道辖区内无高校、无科技园区、无大型科技型企业，鉴于如此现状，街道人才办积极探索，不断调整工作思路，创新人才引进的方式和途径。全员参与。举全街道之力，人人参与人才工作，

10月6日，区委副书记易兵(左二)在红山街道指导、检查增梯工作，街道书记唐承武、主任徐锴陪同

每名街道机关干部有义务为街道人才办宣传人才政策，提供人才信息；主动对接。突破人才资源短缺的局限，主动走出去，到人才聚集的园区、高校及众创空间进行人才政策宣传，吸引人才申报；整合资源。通过与部分风投机构交流，了解到他们掌握不少优质高科技企业信息资源，以此为突破口，我们积极与风投机构合作，发布人才需求信息，寻找合适的人才；以才引才。通过发动已入选的人才动员其身边的同学、朋友来申报各类人才项目， 2017年，街道完成人才网上申报数16人，通过区级综合评审4人。引进1名意大利专家，申报科技顶尖专家A类；引进并申报国家“外专千人”3人。

·社　　区·

【紫金小营社区】 紫金墨香苑于2013年5月30日竣工，地处京沪城际铁路北侧(月香路6号)，社区面积约0.15平方公里，建设面积289490.22平方米，社区有各类楼房18幢，总住户3079户，分别安置沪宁城际铁路、华电路、北广场、红山商贸地块、小营地块、小营南侧、北站房、中南里、明城墙项目拆迁户。社区办公地址紫金墨香苑4幢，社区党支部于2014年7月成立，有党员56名。2017年，社区携手玄武区法院打造青少年法制教育基地——“向阳花”工作室，同时，社区还打造了信访调解室、0~3岁幼儿功能室、电教室、多功能活动室，科普活动室。社区将依托各功能室，通过引进社会组织来为居民提供专业化、常态化和长效化服务。通过各类活动将社区、社会组织、专业社工有机结合起来，将高校大学生资源、社会资源力量集中在一起，为社区有需求的特定人群提供及时帮助，解决实际困难，在助人自助的过程中加深邻里感情，营造社区浓厚的幸福和谐氛围。紫金小营社区在青奥会期间，接受江苏省无线电协会授牌成为“业余青奥特设电台活动基地”，通过紫金小营社区青奥特设电台与国内外的电台进行通联。

【红山社区】 成立于1994年，由原沈阳村居委会合并到红山村。社区地处红山街道西南部，东起南汽黑墨营厂区，西临鼓楼区黄家圩，南及南京火车站，北至十字街十里长沟，环抱红山森林动物园，社区面积约4.53平方公里。经过历年数次拆迁只有黄家圩1个片区，社区户籍人口住户1404户，总人口2120人，有党员78人，60岁以上老人421人(其中80岁以上老人57人)，在册残疾人34人，低保户5户、9人。社区有在册工作人员12人，社工7名，原村工作人员5名。2017年，社区以特色活动为载体，搭建社区工作新平台。社区在寒暑假及节假日期间组织青少年开展敬老爱老、环保宣传、主题教育等关爱活动，深受家长孩子们的欢迎。寒假组织青少年到辖区养老院看望老人，鼓励广大青少年尊敬长辈，关爱老人。暑期组织青少年开展读书活动、科技小制作、法制讲座等活动，丰富青少年的暑期生活；组织青少年及家长参观南京科技馆。

【北苑社区】 东至北苑东路，南临华飞路，西到北苑西路，北至网板路，社区面积约1.14平方公里，户籍数3448户，总人口11884人，社区党委下设7个楼幢支部，社区党员259人。其中，流动党员2人，社工党员5人，居民主要由当地拆迁失地农民及国营企业职工及家属、部分商品房居民组成，属老旧小区和商品房混合居住型社区。以社区党委为核心，以社会组织和自治组织为“两翼”，创新构建“一心两翼”多元参与社区治理服务体系，实现资源共享、优势互补、相互促进、共同发展良性运转。2017年，社区党委设立“红星闪闪”党员设岗定责园地，充分发挥党员先锋模范作用。“红星闪闪”共设立“红袖标”治安巡逻岗、文明新风示范岗、党员自治服务岗、民生项目监督岗等6个岗位，依据地缘、趣缘，由党员分别自主认领并开展为民服务活动，如民生项目监督岗，每3名党员结对1名社工，全程跟踪、监督一项为民服务项目的实施。根据岗位职责，在岗党员开展了一系列亮牌行动，传递了无私奉献的精神，在整个社区营造出浓浓的红色氛围。2017年8月16日，省公安厅指挥中心情报处处长韩军一行到社区对落实社区治理一体化平台试点工作进行调研，公安玄武分局、红山派出所等领导陪同。社区工作人员通过科普电子屏汇报社区基本情况及“一心两翼”特色工作。韩军一行同时参观社区360社工服务站、社会组织培育中心、“银龄管家工作室”、北极星早教中心、“七色花”家长工作室、南京城市老年服务中心、爱心来吧等处，韩军充分肯定社区在为民服务工作方面的努力，并称赞社区敢于创新、主动作为所取得的成绩。

【曹后社区】 建于2000年6月。社区位于南京市东北角，南以红山南路中间为界，西南均与红山社区相邻，东起红山南路路口，紧依沪宁铁路线呈东西走向，308、318、36路等多条公交车横穿境内，北与红山森林公园、红山公园社区相邻，社区面积约0.24平方公里，属城区老旧小区型社区。社区办公用房地址曹后村9号旁，面积416平方米，专职社工10人，社区有8个住宅小区，住宅楼91幢。社区总户数2631户，常住人口6856人，现有残疾人96人，低保28户43人，流动人口1229人。社区党委设有8个党支部，党员259人。2017年，结合社区实际情况，将为民服务专项资金用在无物业小区的楼道灯亮化、车棚改造、防爬刺安装、树木修剪、义务巡逻队等方面，旨在将专项资金用于满足居民共同需求的生活服务，解决群众最关心、最迫切、最直接的民生问题。社区党委将《十九大报告辅导读本》等书籍送至老党员手中，面对面讲解十九大报告主要精神，并听取老党员意见和建议。年内社区联合区物价局开展“平价菜”进社区活动。通过区物价局、社区搭台，商贩送“菜”上门的方式，让居民“菜篮子”拎得好、拎得动。社区居民不出社区，就可以买到物美价廉新鲜蔬菜及所需生活用品，给社区居民生活带来方便。

【藤子社区】 地处南京市东郊中山脚下，西邻南京火车站，东靠南京长途汽车东站，社区面积约1.5平方公里，原属村居合一的社区，2012年底撤村并居。总住户约4600户，总人口数约9584人，其中常住户数约742户，常住人口约2198人，民政对象约152人，拆迁后流出户籍人口约441户、1177人。社区原办公用房位于藤子村48号，原办公用房面积约2800平方米，因办公用房拆迁，现办公用房位于藤子村103号，面积约200平方米。专职社工7人。现由黑墨营、尚塘村、伊刘村等自然片区组成，居民小组3个。社区设党支部，下设3个党支部，现有党员61人。2017年12月21日下午，市政法委综治指导处副处长陈杰、区政法委副书记杨杰以及市公安局人口大队有关领导一行到社区检查铁路护路巡防工作。社区作为红山街道区域内唯一铁路沿线社区，专门成立铁路护路工作站，护路联防工作站人员主要由社区综治主任、民警、护路巡防志愿者等构成，并建立完善社区铁路护路工作制度，明确将铁路沿线安全防范工作作为社区管理的重要工作，要求巡查工作不留间隙、不留盲区、及时发现、及时整改，确保无隐患问题存在。社区有3名固定的铁路巡查平安志愿者，每天定时定点对铁路沿线进行巡查并严格做好巡查纪录，每天的巡查记录由社区护路工作站进行保存。

【月苑社区】 建于1988年。社区由11个自然小区组成，有83幢楼房。月苑社区东至经五路，南与藤子村、南汽厂区相邻，西至北苑东路，北至营苑南路，社区面积约1.6平方公里，属拆迁安置房、商品房型社区，月苑社区党委，下设5个党支部；有居民住户4452户，常住人口12450人，户籍人口3800户、8169人。流动人口910人。社区呈现“五多一低”的特点，即低收入人员多、老年人口多、下岗失业人员多、两劳释放人员多、残疾人多和居民文化水平低。社区办公用房1000平方米。建有文化信息共享工程室，图书室，居家养老服务站、世代服务室、何婷工作室、社区服务（志愿者服务）站、综合会议室、宣传橱窗、宣传栏、居务公开栏等。2017年，落实大走访活动。对社区内困难群众进行认真细致的调查摸底，分类梳理出老党员、低保户、独居老人和残疾人等重点群众家庭，确保在全面走访中又有所侧重，并制定走访计划安排表。做好区领导以及街道分管领导走访对接工作，提前沟通介绍受访对象的总体情况，对照走访计划，落实走访时间；社区“两委”班子成员全员参与大走访活动，走进居民家中，面对面听民声。发现问题、解决问题贯穿始终，结合加装电梯，小区环境整治、12345工单等居民关心的热点难点问题，以及困难群众在生活工作方面的问题，广泛听取建议征集意见。年内走访居民3435户，企业47家，收集梳理各类问题128条，解决66条，上报62条。

【营苑社区】 组建于1997年3月，正式挂牌于1998年3月。社区位于营苑南路以北，东以经五路、西以北苑东路为界，北与栖霞区接壤。辖区内含营苑东村、营苑西村、营苑新寓、祥和佳园4个自然小区。社区面积约0.4公里，有居民住宅楼68幢，社区办公用房面积560平方米，常住人口9562人，户籍户数2946户，户籍人口6775人，流动人口2787人，残疾人105人、低保户42户。社区党委设有5个支部，计224名党员。社区内有红山街道办事处、红山卫生院、苏果超市、大贺房地产公司、晶晶幼儿园、月苑农贸市场等驻区单位。2017年，社区和星期三童书馆进行合作联手，进行家庭阅读的指导，根据孩子的特点推荐可读书目，解答家长在阅读方面的疑惑和问题。向家长推荐一本好书，引导孩子和家长一起阅读，年内与乐伴青少年服务中心开展假期各类趣味活动，得到家长一致好评。社区常年邀请南京大学教授陈晶晶进行授课，陈晶晶多年来一直从事家庭教育、亲子关系以及青春期心理等方面的研究，辅导个案1000余例，对各种青少年成长问题、学习障碍、家庭教育、亲子沟通等方面有丰富经验，得到家长和孩子认可。社区常年坚持志愿者服务活动，由社区党员、积极分子、五老志愿者组成志愿者服务队，常年进行小区清扫，义务巡逻等活动。

【墨香山庄社区】 位于红山街道的东侧，东临农场山，南临月香路，西临墨香路，北临栖霞区兴卫村。社区面积约0.3平方公里，其中经济适用房小区36万平方米，商品房小区18万平方米。由经济适用房及商品房两类小区组成，有4个小区。经济适用房小区即兴贤佳园二期，包括修贤苑、尚贤苑、近贤苑3个小区，1个商品房小区为墨香山庄小区。墨香山庄社区116幢、7041户（其中兴贤佳园二期经济适用房小区83幢，5413户），常住人口16426人，户籍人口4549人，市内区外人户分离人口5136人，流动人口5448人。社区现有低保户103户，高龄老人216人，有证残疾人126人。社区服务项目涵盖社区党建、社区综合治理、计生服务、社区环境保护、民政事务、劳动保障等。墨香山庄社区现有党员261名，社区工作人员14名，社工党员11名。2017年，社区获全国综合减灾示范社区、市全市民族团结进步先进集体、市关心下一代工作先进集体、市健康社区等称号。

【红山公园社区】 成立于2000年4月，地处红山路中段，东至石景山山边和东华培训中心围墙，南至曹后村社区中北的士公司，西至红山动物园西大门围墙，北面至小白桥以北，十里长沟将社区与栖霞区迈皋桥街道十字街社区南北分割，从红景路东面兵工物资学校围墙往南至红山路公安玄武分局围墙属于社区，以北属栖霞区，社区面积约1.5平方公里，总户数3919户，户籍人口6032人，外来人口4356人，常住人口10388人，其中有低保户15户，有证残疾人75人，边缘户2户。居民住宅区紧靠红山森林动物园，周围绿荫环抱。2009年9月，社区党总支成立为社区党委，有党员411名。社区有工作人员10名。2017年，社区获省绿色社区、省和谐社区平安社区、市一星级青年文明社区、文明社区、和谐社区建设示范社区、市敬老文明号等称号。

【阳光嘉园社区】 东与藤子村毗邻，西以恒嘉路为界，南临沪宁城际铁路，北至依维柯公司。社区由阳光嘉园和中电颐和家园二期2个小区组成。有多层和高层住宅楼46幢，住户2229户，老人2233人，常住人口6108人。社区办公地址黑墨营98号南会所二楼。2017年，社区抓综合治理工作，全面建立矛盾纠纷排查调处的长效机制，开展矛盾纠纷排查调处工作，化解不安定因素；维护社会稳定，全年处理各类纠纷94次，其中调解邻里矛盾纠纷44次、物业与居民的矛盾纠纷38次、环境污染矛盾纠纷3起、婚姻家庭矛盾纠纷6起、消费纠纷1起，其他纠纷2起。社区全年接到“12345”工单100件，其中城管36件，行业经济33件，内部组织28件，政法司法1件，公共服务1件，社会事业1件，做到工单全回复，努力做到居民满意。社区工作人员按照网格化经常性走访入户了解老人的各类需求，针对不同的人群和需求，加大对老年人优质服务的力度，妥善处理老年人反映的各类问题，携手南京市城市老年服务中心为老人提供送餐、电话关怀等特色服务。利用寒暑假等契机，为小朋友提供丰富多样的活动，组织开展“美丽画卷献给党”“文明礼仪主题活动”“第二届夏季运动会”“放飞梦想，迎接新学期”等特色活动。 （孙晓银）

人物·荣誉

Characters, Honors

责任编辑　卢永晨

◎ 新任区领导

◎ 新任院士

◎ 全国创新争先奖状获得者

◎ 新闻人物

◎ 先进集体名录

新任区领导

李大海

2017年1月7日，在南京市玄武区第十八届人民代表大会第一次会议第三次全体会议上，当选为玄武区人民政府副区长。

男，1975年8月生，江苏建湖人，1998年10月参加工作，1998年1月加入中国共产党，大学学历，硕士学位。1998年10月，任玄武区人民法院见习书记员、书记员；2000年12月，任玄武区政府办公室科员；2002年12月，任玄武区政府办公室综合科副科长；2004年9月，任玄武区政府办公室综合科科长；2006年2月，任玄武区委组织部调研科科长；2007年12月，任玄武区政府办公室副主任；2010年10月，任玄武区政府办公室主任、区政府党组成员；2016年5月，任玄武区委办公室主任；2017年1月，任玄武区政府党组成员、副区长，铁北管委会党工委副书记(主持工作)。

薛剑春

2017年1月7日，在南京市玄武区第十八届人民代表大会第一次会议第三次全体会议上，当选为玄武区人民代表大会常务委员会副主任。

男，1969年3月生，江苏如皋人，1990年8月参加工作，无党派，大学学历。1990年8月，任南京市税务局玄武区分局见习、片管员；1992年3月，任南京市税务局玄武区分局科员；1994年7月，任南京市税务局玄武区分局管理三所副所长；1994年11月，任南京市地方税务局玄武分局第二税务所副所长；1996年5月，任南京市地方税务局玄武分局征收管理所副所长；1997年3月，任南京市地方税务局玄武分局计会科副科长；1998年4月，任南京市地方税务局玄武分局计会科科长；2000年3月，任南京市地方税务局玄武分局综合管理科、综合业务科科长；2010年7月，任玄武区投促局副局长；2014年1月，任玄武区贸促会常务副会长、投促局副局长；2014年4月，任玄武区铁北管委会副主任、产业发展部部长；2016年2月，任玄武区商务局局长；2017年1月，任玄武区人民代表大会常务委员会副主任。

新任院士

蒋剑春

中国林业科学研究院林产化学工业研究所研究员、博士生导师，2017年5月获全国创新争先奖状，11月当选为中国工程院院士。

男，汉族，1955年2月生，江苏溧阳人。1980年，毕业于华东理工大学；1982年，进入中国林业科学研究院林产化学工业研究所工作；1993年7月，获中国林业科学研究院林产化学工业研究所林产化学加工专业硕士学位；1999年8月，晋升研究员、硕士生导师；2005年，被聘南京林业大学兼职教授。主要从事农林生物质热化学转化研究工作。获国家科技进步奖4项、中国专利优秀奖1项、省部级科技奖励7项、联合国工发组织等机构联合颁发的全球可再生能源最具投资价值领先技术“蓝天奖”1项；出版编著1部，发表论文318篇（其中SCI68篇、EI65篇），授权发明专利69件。

芮筱亭

中国科学院院士、南京理工大学研究员、博士生导师、发射动力学家。2017年5月获人力资源社会保障部、科技部、中国科协、国务院国资委授予全国创新争先奖状。2017年11月当选为中国科学院院士。

男，汉族，1956年8月生，江苏镇江人。1982年毕业于苏州大学，1986年和1994年在南京理工大学分别获硕士和博士学位。现任发射动力学研究所所长、中央军委科技委委员(兼职)、装备发展部专业组等2个专业组副组长、5个国际刊物编委或特刊主编。长期从事发射动力学和多体系统动力学研究，建立了多体系统发射动力学理论与技术体系。提出了多体系统传递矩阵法，成为国际上计算速度最快的多体系统动力学方法之一；提出了弹箭高密集度设计、等起始扰动非满管密集度试验、发射安全性评估的发射动力学新原理与手段，提升了我国9项国家高新工程等13型重大装备密集度设计和试验水平与安全性水平。在欧美大学和国际会议大会作特邀主题报告50多次；牵头制定了国军标和兵器行标14部；发表论文300余篇；论著他引2300多次；以排名第一获授权发明专利82项、软件著作权13项、出版专著6部、中国图书奖等图书奖5项、国家技术发明二等奖2项、国家科技进步二等奖2项，被5部委授予“国防科技工业杰出人才奖”，获“全国优秀科技工作者”称号和“全国创新争先奖”。

全国创新争先奖状获得者

曹进德

东南大学数学学院院长、首席教授、博士生导师、欧洲科学院院士、欧洲科学与艺术院院士、巴基斯坦科学院院士、IEEE Fellow。2017年5月获人力资源社会保障部、科技部、中国科协、国务院国资委授予全国创新争先奖状。

男，汉族，1963年11月生，安徽芜湖市人。1986年获安徽师范大学理学学士学位，1989年获云南大学理学硕士学位，1989年至2000年任教于云南大学（其间，获四川大学理学博士学位），2000年5月调入东南大学。历任东南大学首席教授、特聘教授，江苏省网络群体智能重点实验室主任，校学术委员会副主任、校务委员会委员、理学部主任、数学学院院长、复杂系统与网络科学研究中心主任。现为Thomson Reuters/Clarivate Analytics全球高被引用科学家（覆盖工程学、计算机科学和数学三个领域），江苏省高校“青蓝工程”科技创新团队负责人，江苏省“333高层次培养工程”领军人才。2014年获Thomson Reuters首届中国引文桂冠奖，2010年获江苏省科学技术一等奖（排名第一），2008年获Thomson Reuters卓越研究奖（独立），2007年获教育部自然科学奖二等奖（排名第一）。长期从事复杂网络与复杂系统、神经动力学与优化、多智能体系统研究，先后主持国家自然科学基金项目7项，教育部博士点基金3项，项目成果作为国家自然科学基金项目成果巡礼写入国家自然科学基金委2009年年度报告。已在SIAM J.、IEEE Trans.、Nonlinearity、Neural Computation、Physica D、J.Diff.Equ.和Automatica等刊物发表论文数十篇，SCI引用27059次，ESI高被引论文68篇，H-指数为87，2006—2015期间6篇论文获中国百篇最具影响优秀国际学术论文。

洪　伟

东南大学信息科学与工程学院教授、博士生导师，教育部长江学者计划特聘教授，国家杰出青年基金获得者，IEEE Fellow，毫米波国家重点实验室主任，第十、十一、十二届全国政协委员。2017年5月获人力资源社会保障部、科技部、中国科协、国务院国资委授予的全国创新争先奖状。

男，回族，1962年10月生，河北张北人。1978年考入郑州解放军工程技术学院（现解放军信息工程大学）攻读学士学位。1982年分配至总参第五十七研究所工作，同时考入东南大学无线电工程系电磁场与微波技术专业攻读硕士学位。1985年东南大学无线电工程系（现信息科学与工程学院）攻读博士学位。1988年获博士学位后留无线电工程系电磁场与微波技术学科任教。1993年破格晋升为教授，2000年被聘为教育部“长江学者奖励计划”特聘教授。1996—2014年，担任无线电工程系（信息科学与工程学院）副系主任（副院长），2015~2017年担任院长。主要从事微波毫米波与太赫兹技术研究，在微波毫米波基片集成类导波结构及器件、无线通信射频与天线技术和计算电磁学方面做出了重要贡献，获国家自然科学二等奖、四等奖各1项，获省部科技进步一等奖3项。提出我国毫米波近远程超高速通信标准Q-LINKPAN和IEEE 802.11aj（45GHz）国际标准建议。在《中国科学》和IEEE系列刊物上发表学术论文160余篇，出版专著2部，在美、英、德、日、波等十多个国家召开的系列国际会议上作大会报告、特邀报告40余次，论著被他引9100多次。获授权发明专利90余项，部分专利已转让至企业并应用于产品中。

王　炜

东南大学土木建筑交通学部主任、城市交通技术协同创新中心主任，是国务院学位委员会交通运输工程学科评议组召集人、全国城市交通“畅通工程”专家组组长。2017年5月获人力资源社会保障部、科技部、中国科协、国务院国资委授予全国创新争先奖状。

男，汉族，1959年12月生，浙江绍兴人。1978年考取南京工学院（现东南大学）道路工程本科专业，1982年获学士学位，1985年获硕士学位并留校任教。1986年起在职攻读博士学位，研究方向为城市交通规划理论，1989年获博士学位，成为我国自己培养的第一位交通学科博士。1991年以高级访问学者身份赴英国Southampton大学进修；1992年破格晋升为教授，1993年被国务院学位委员会批准为博士生导师。1996年以客座教授身份赴德国Ruhr-University Bochum从事研究工作。30多年来，致力于交通工程方面的教学与科研工作，特别在城市及区域交通规划理论与方法、可持续发展的交通运输系统、智能交通运输系统基础理论、城市交通管理理论与方法等研究领域有很深造诣。曾先后负责国家973计划、863计划、国家科技支撑计划、国家自然科学基金重点项目等国家级重点研究课题20项；建立了城市交通规划定量分析技术体系、创建了城市交通管理规划理论方法、发明了城市公交主干线绿波通行技术；研究成果已在中国交通领域广泛应用，产生了显著的社会经济效益，并获国家科技进步二等奖4项(3项排名第一、1项第二)，排名第一的省部级科技进步一、二等奖13项；出版学术著作5部；以第一、二作者或通讯作者发表的论文被SCI/EI收录200多篇；第一发明人的发明专利授权40多项。先后获国家万人计划领军人才、国家杰出青年科学基金获得者、长江学者特聘教授、国家百千万人才工程入选者、全国高校教学名师、全国五一劳动奖章等荣誉称号。

刘松玉

东南大学特聘教授、博士、博士生导师，东南大学岩土工程学科负责人，江苏省高校优秀科技创新团队带头人，江苏省城市地下工程与环境安全重点实验室主任。2017年5月获人力资源社会保障部、科技部、中国科协、国务院国资委授予全国创新争先奖状。

男，汉族，1963年6月生，江苏靖江人。1983年获合肥工业大学工学学士学位；1983~1985年，合肥工业大学岩土工程教研室任教；1985~1991年，南京大学地球科学系学习，先后获得理学硕士、博士学位；1991~2011年，东南大学交通学院任教，先后担任交通学院地基基础教研室副主任、教研室主任、岩土工程研究所所长、交通学院副院长、研究生院副院长、城市地下空间研究中心主任。2012年至今，担任岩土工程重点学科首席带头人，江苏省城市地下工程与环境安全重点实验室主任，东南大学城市地下空间研究中心主任，2017年担任东南大学未来地下空间研究院常务副院长。围绕我国土木交通基础设施建设中的岩土与地下工程关键技术难题进行深入探索研究，发明了系列创新技术，解决了我国土木交通工程建设领域的重要技术难题并得到了转化应用，获国家技术发明二等奖1项，国家科技进步二等奖1项，江苏省、教育部科技进步一等奖各1项，其他部省级一、二等奖5项，主编国家级工法和规程5项；已获国家发明专利授权35项，发表SCI/EI检索论文220余篇，出版专著5部。成果已广泛应用于高速公路、高速铁路、机场、地铁等重大工程项目，产生了重大经济和社会效益。先后获全国优秀博士学位论文指导教师，“百千万人才工程”国家级人选，国家级有突出贡献的中青年专家、享受国务院特殊津贴专家，全国优秀科技工作者、茅以升土力学及岩土工程青年奖、江苏省创新创业人才奖等称号。

付梦印

南京理工大学校长，教授，教育部长江学者特聘教授，导航、制导与控制专家。2017年5月获人力资源社会保障部、科技部、中国科协、国务院国资委授予的全国创新争先奖状。

男，汉族，1964年11月生，内蒙古鄂尔多斯市人。1992年3月获北京理工大学工学硕士学位，2002年6月获中国科学院工学博士学位。长期从事导航、制导与控制领域的理论研究、技术攻关和应用工作。主持研制成功陆用激光惯导系统，填补了国内空白，居国际先进水平。已出版著作12部，发表SCI论文50余篇，获发明专利60余项；获国家科技进步一等奖1项，二等奖2项，省部级奖15项。获何梁何利科技进步奖、光华工程科技奖和全国优秀科技工作者，获兵器工业一、二等功嘉奖。是中国惯性技术学会副理事长，教育部长江学者创新团队带头人，国防科技创新团队带头人，入选“新世纪国家级百千万人才”工程、国防科工委“优秀中青年专家”。主要研究领域为组合导航与智能导航技术，承担了多项军贸、国内列装和国家基础研究任务。

陈　光

南京理工大学教授、博士生导师，先进金属与金属间化合物材料技术工业和信息化部重点实验室主任，材料评价与设计教育部工程研究中心主任，材料科学与工程学院教授委员会主任。2017年5月获人力资源社会保障部、科技部、中国科协、国务院国资委授予的全国创新争先奖状。

男，汉族，1962年4月生，河北昌黎人。1982年3月大学本科毕业于河北机电学院获工学学士学位并留校任教。长期从事材料科学与冶金工程领域的教学、科研与管理工作。1999年9月毕业于西北工业大学获工学博士学位并入职南京理工大学，历任材料科学与工程系/学院副主任（主持工作）、主任、学术委员会主任、金属与陶瓷学位评定分委会主席、教授委员会主任，江苏省高性能合金材料研究院常务副院长，南京理工大学学术委员会委员、人才队伍建设专门委员会主任委员。主要从事金属材料受控凝固/相变与制备加工及其应用研究，取得了系统的创新性研究成果，受到国际学术界的高度评价。提出在固态相变过程中利用界面各向异性调控晶体取向新理论，发明了定向凝固与定向固态相变相结合的材料制备新技术，突破了β相凝固钛铝合金片层取向无法控制的定论，实现了综合性能全面跨越提升，900℃抗蠕变强度提高1~2个数量级，通过1500K燃气氛围模拟航空发动机巡航状态考核，攻克了钛铝合金室温脆性大和服役温度低两大难题，具有原创性、突破性、引领性和基础性，对提高我国航空发动机自主创新研发能力具有特别重要的意义。发表学术论文200多篇，出版专著3部，授权发明专利60项。作为第一完成人，获得2016年度国家技术发明二等奖和发明创业奖·人物奖、先进材料国际会议杰出奖，2012年度教育部技术发明一等奖，2010年度和2013年度江苏省科技一等奖，2014年度中国产学研合作创新成果奖。2013年入选江苏省“333人才工程（中青年科技领军人才）”，2014年被评为江苏省十大优秀专利发明人，2016年被评为江苏省有突出贡献中青年专家和优秀科技工作者。

沈其荣

南京农业大学资源与环境科学学院教授，博士生导师，南京农业大学学术委员会主任。2017年5月获人力资源社会保障部、科技部、中国科协、国务院国资委授予的全国创新争先奖状。

男，汉族，1957年8月生，江苏无锡人。1978年南京农业大学学习，获学士学位。1985年获硕士学位；1987年获博士学位；1988年南京农业大学任讲师，历任副教授、教授、博士生导师，资环系系主任、资环学院院长、南京农业大学副校长等职。长期从事土壤微生物、有机肥和生物有机肥研究。提出和建立了土壤微生物区系调控的理论和技术体系，并研发出调控土壤微生物区系的有机（类）肥料系列产品（有机肥、有机无机复混肥、生物有机肥、全元生物有机肥），相关技术工艺已被全国500多家企业采用，研发的土壤熏蒸与生物有机肥联用防治与防控土传病害综合技术效果显著，为中国土壤生物肥力提升和有机（类）肥料产业发展做出了重大贡献。以第一完成人获国家技术发明二等奖1项、国家科技进步二等奖1项、国家专利金奖1项、国家教学成果二等奖1项以及省部级一等奖5项。以第一完成人获中国发明专利54件、国际PCT专利6件，其中40多件专利在企业得到转化。以第一或通讯作者发表SCI论文151篇，H指数44，入选ELSEVIER 2014年、2015年、2016年中国高被引学者榜单。

新闻人物

张 阔

11月12日，第32届世界蹦床锦标赛，南京体育学院蹦床队运动员张阔夺得金牌。

11月12日，第32届世界蹦床锦标赛，南京体育学院蹦床队运动员张阔夺得金牌

先进集体名录

国家级先进集体一览表

获奖单位	荣誉称号	授予单位	授予时间
区委、区政府	全国群众体育先进单位	国家体育总局	2017 年 8 月
区公安分局	全国优秀公安局	公安部	2017 年 5 月
区检察院	全国检察机关“文明接待示范窗口”	最高检	2017 年 10 月
区检察院	全国检察机关派驻监管场所一级规范化检察室	最高检	2017 年 12 月
区公安分局办证服务中心	全国青年文明号	共青团中央	2017 年 4 月
区工商联	全国“五好”县级工商联	全国工商联	2017 年 12 月
区委统战部	全国新的社会阶层人士统战工作实践创新重点项目(新领空间、青柠盟社区)	中共中央统战部	2017 年 5 月
锁一社区、百子亭社区	创建无邪教示范社区	国务院防范和处理邪教问题办公室	2017 年 3 月
钟灵街社区	全国综合减灾示范社区	民政部	2017 年 12 月
区科技局	全国科普日优秀活动	中国科协	2017 年 12 月
区人武部	全民国防教育万映计划优秀组织奖	国防部	2017 年 12 月
区人武部	全民国防教育万映计划年度表彰活动微电影类二等奖	国防部	2017 年 12 月
区民政局	全国民政政策理论研究二等奖	民政部	2017 年 9 月
区档案局	全国地方志优秀成果(年鉴类)一等年鉴	中国地方志指导小组办公室	2017 年 8 月
区红十字会	《中华人民共和国红十字会法》暨全国红十字应急救护知识竞赛一等奖	中国红十字会总会	2017 年 8 月
区红十字会	中国红十字会总会报刊宣传先进集体三等奖	中国红十字会总会	2017 年 9 月

省级先进集体一览表

获奖单位	荣誉称号	授予单位	授予时间
区委、区政府	江苏省平安区	省综治委	2017 年
区委、区政府	江苏省平安校园建设示范县(市、区)	省教育厅	2017 年 6 月
徐庄高新区	江苏省南京徐庄高新技术产业开发区(筹)	省政府	2017 年 8 月
区市场监管局	江苏省工商和市场监管局先进集体	省工商局	2017 年 7 月
区国安办	江苏省先进国安办	省国安厅	2017 年 12 月
区委宣传部	江苏省基层党员冬训工作示范区	省委宣传部	2017 年 7 月
区委宣传部	江苏省第十届精神文明建设“五个一工程”优秀作品奖	省委宣传部	2017 年 11 月
区委统战部	江苏省统战工作实践创新成果奖	省委统战部	2018 年 1 月

续表

获奖单位	荣誉称号	授予单位	授予时间
区公安分局梅园所	集体二等功	省公安厅	2017年1月
区公安分局经侦大队	江苏省优秀公安基层单位(记二等功)	省公安厅	2017年5月
区公安分局刑警大队"王文韬"聚众斗殴案专案组	集体嘉奖	省公安厅	2017年6月
区公安分局、区公安分局巡特警大队	集体二等功	省公安厅	2017年8月
区公安分局玄徽警办证服务窗口、区法院民事审判二庭、区市场监管局综合科、区后宰门社区卫生服务中心	江苏省巾帼文明岗	省妇联	2017年4月
区教育局	空军招飞先进单位	东部战区空军政治工作部	2017年9月
区教育局	江苏省百佳学生资助工作单位典型	省教育厅	2017年6月
区教育局	江苏省4A数字档案室	省档案局	2017年1月
徐庄高新区	省级生产性服务业集聚示范区	省发改委	2017年11月
徐庄高新区	省级科技产业园	省科技厅	2017年12月
徐庄高新区	苏南国家自主创新示范区优秀科技园区	省苏南国家自主创新示范区建设促进服务中心	2017年11月
徐庄高新区	江苏省年度电子商务示范基地	省商务厅	2017年3月
徐庄高新区	江苏省产业集群品牌培育基地	省商务厅	2017年4月
玄武门街道	省级创业型街道	省人社厅	2017年12月
台城花园社区、唱经楼社区、新庄社区、东南大学社区、聚宝山社区、孝陵卫社区、营苑社区	省级创业型社区	省人社厅	2017年12月
区民政局	江苏省服务业标准化试点项目	省质监局	2017年4月
区市场监管局	江苏省商事制度改革工作"嘉奖"奖励公务员集体	省工商局	2017年7月
区人武部	省军区安全(密码)管理工作先进单位	省军区	2018年1月
区检察院	江苏省检察机关刑事申诉案件十大精品案件	省检察院	2017年6月
区民政局	江苏省社会工作优秀案例一等奖	省民政厅	2018年1月
区法院	江苏省法院推进司法改革试点工作专项集体三等功	省法院	2017年1月
区科技局	江苏省防震减灾知识网络竞赛组织奖	省科协	2017年9月
区档案局	江苏省地方综合年鉴综合优秀一等和地方综合年鉴单项优秀视觉设计类	省地方志办公室	2017年7月
区档案局	江苏省中小学档案教育社会实践基地	省教育厅	2017年12月
区卫计局	江苏省基本公共卫生服务主题知识竞赛活动优秀组织奖	省卫计委	2017年11月
区文化局、区公安分局、区市场监管局	中国京剧艺术节先进集体奖	省文化厅	2017年6月

市级先进集体一览表

获奖单位	荣誉称号	授予单位	授予时间
区政府	南京市 12345 政务热线群众诉求办理工作先进单位	市委、市政府	2017 年 4 月
区金融办	南京市防范和处置非法集资工作先进集体	市政府	2017 年 5 月

南京博物院(2017)展览之“江山安定了——明永乐青花寿山福海纹香炉”

统计资料

Statistics

责任编辑　顾　坚

地区生产总值完成情况(2017)

计量单位:亿元

指　　标	2017 年	可比价增幅(±%)
地区生产总值	745.16	9.1
第一产业	0.00	—
第二产业	7.74	-61.8
第三产业	737.41	10.9
批发和零售业	115.67	15.3
批发业	78.93	14.1
零售业	36.74	18.0
交通运输、仓储和邮政业	3.03	1.0
住宿和餐饮业	15.94	7.0
住宿业	11.21	6.9
餐饮业	4.73	7.3
金融业	152.56	9.5
房地产业	32.44	-24.8
房地产开发经营	13.32	-48.0
物业管理	9.32	3.8
自有房地产经营活动	9.80	5.0
其他服务业	417.77	14.2
营利性服务业	281.06	17.5
信息传输、计算机服务和软件业	148.86	17.8
其它营利性服务业	132.20	17.2
非营利性服务业	136.71	8.0

注:绝对值按现行价格计算,增长速度按可比价格计算

全社会固定资产投资完成情况(2017)

计量单位:万元

指　　标	2017 年	2017 年为上年(%)
合　计	158.24	118.2
其中:项目投资	38.53	89.0
房地产开发投资	119.71	132.0

全区固定资产投资完成情况(2017)

计量单位:万元

部门名称	2017 年
合　计	1582424
梅园新村街道	78022
新街口街道	204964
玄武门街道	53923
锁金村街道	17920
铁管委、红山街道	513056
孝陵卫街道	357736
玄武湖街道	165060
徐庄管委会	62387
教育局	11858
水务局	34668
建设局	82830

房地产开发投资完成情况(2017)

指　标	计量单位	2017 年	2017 年为上年(%)
房地产开发投资额	万元	1197097	132.0
按工程用途分			
住宅	万元	809401	127.9
办公楼	万元	74530	168.4
商业用房	万元	190068	246.8
其他	万元	123098	80.8
房屋建设面积			
施工面积	平方米	2809708	92.6
其中:住宅	平方米	1338590	92.5
竣工面积	平方米	148469	26.9
其中:住宅	平方米	93032	36.8
商品房销售面积	平方米	313757	36.4
其中:住宅	平方米	226986	32.8
房屋销售额	万元	910740	38.9
其中:住宅	万元	746723	37.3
商品房待售面积	平方米	46081	60.3
其中:住宅	平方米	35340	87.1

注:商品房销售面积包括现房销售面积和期房销售面积,销售额同

社会消费品零售总额完成情况(2017)

计量单位:万元

项　　目	2017年	2016年	2017年为上年(%)
社会消费品零售总额	5236348	4751677	110.2
一、按规模分组			
(一)限额以上	3331163	3209813	103.8
其中:批发业	598557	674149	88.8
零售业	2593577	2403346	107.9
住宿业	70891	69187	102.5
餐饮业	68137	63130	107.9
(二)限额以下	1905185	1541864	124.0
二、限额以上按登记注册类型分			
(一)内资经济	2051114	2131852	96.2
(二)港澳台商投资经济	1196665	996521	120.1
(三)外商投资经济	56129	55725	100.7
(四)个体私营经济	27255	25714	106.0

注:本表数据产业活动单位按在地划分

外向型经济完成情况(2017)

	年计划	2017年	2017年为上年(%)	完成年计划%
实际利用外资	20000	20556	105.6	102.8
外贸出口额(亿元人民币)	189	222.87	119.3	117.9
服务贸易(万美元)	29000	31842.7	123.2	109.8

玄武区2017年末户籍人口

计量单位:人

	总户数(户)	总人口(人)			性别比(%)	2016年末户籍人口(人)
		合计	男	女		
总　计	150489	477468	239209	238259	100.40	478683
梅园新村街道	30645	84733	40563	44170	91.83	85350
新街口街道	25586	82655	41565	41090	101.16	84493
玄武门街道	15781	75427	40016	35411	113.00	79618
锁金村街道	13862	43900	21622	22278	97.06	43571
红山街道	20133	55407	27640	27767	99.54	53451
孝陵卫街道	26249	85874	43370	42504	102.04	84734
玄武湖街道	18233	49472	24433	25039	97.58	47466

玄武区 2017 年户籍人口变动情况

计量单位:人

			总户数(户)	人口数(人)	男(人)	女(人)
人口变动情况	增加数	出生		4886	2541	2345
		市外迁入		16618		
		市内移入		22114		
		其他		81		
		合计	13594	43699		
	减少数	死亡		2764	1536	1228
		迁往市外		11371		
		市内移出		30737		
		其他		42		
		合计	10744	44914		

2017 年高新技术、科技型企业认定情况

	新增数	全区累计数
高新技术企业(家)	20	112

2017 年科技园入驻企业情况

	新入驻企业	累计入驻企业
徐庄软件产业基地(含江苏软件园)	39	530

2016 年专利申请量完成情况

类别	2017 年(件)	2017 年为上年
发明专利	6086	121.82
实用新型	1956	101.82
外观设计	429	111.72
合计	8471	116.03

玄武区 2017/2018 学年初幼儿园学生、办学条件基本情况

学校名称	班数(个)	入园人数(人)	在园人数(人)	离园人数(人)	幼儿园占地及校舍面积(平方米)				户外活动场地(平方米)	图书(册)
					占地面积	建筑面积	教学及辅助用房	行政办公用房		
总计	419	4403	12744	4104	197600	137192.56	91261.7	8498.3	86357.15	201430
南京市北京东路小学附属幼儿园	10	122	332	92	3248	3247	1890	160	2000	2850

续表

学校名称	班数（个）	入园人数（人）	在园人数（人）	离园人数（人）	幼儿园占地及校舍面积（平方米）				户外活动场地（平方米）	图书（册）
					占地面积	建筑面积	教学及辅助用房	行政办公用房		
南京市半山园小学附属幼儿园	9	80	240	67	4528	3775	2041	357	2088	2985
南京市长江路小学幼儿园	9	78	247	89	4000	3544	2715	345	1800	4729
逸仙小学附属幼儿园	9	255	255	88	3000	2246	1398	104	1899	3000
南京市锁金新村第二小学附属幼儿园	9	94	249	85	3600	1677	1383	199	1600	4021
珠江路小学附属幼儿园	12	114	350	107	4554	5413	4274	330	2450	13232
南京市玄武门幼儿园	7	49	179	57	3670	1367	1137	99	609	4340
南京市长江路小学附属银城双语幼儿园	9	99	300	92	7000	3650	2790	120	2762	3300
南京孝陵卫中心小学附属幼儿园	9	79	262	94	3813	2656	1624	105	1500	3000
南京理工大学附属幼儿园	17	172	520	156	8038	5425	3101	267	4749	5200
东南大学总务处幼儿园	12	112	380	146	7001	4213	3594	120	2788	6107
南京体育学院附属幼儿园	6	65	197	67	3285	1805	1518	63	1355	2446
南京农业大学附属幼儿园	11	85	321	96	3078	3300	2789	199	1848	4600
南京玄武钟灵农科苑幼儿园	12	127	348	78	4200	3100	2820	100	2000	6125
海军指挥学院政治部幼儿园	9	99	276	84	5500	2800	1258	200	3300	9000
解放军73610部队香禾幼儿园	9	73	255	96	6450	4127	1873.7	1178.4	3106	4962
南京军区南京实验幼儿园	12	111	323	144	11340	5880	3869	116	5732	9050
南京前线幼儿园	7	60	219	68	4600	2687	2107	60	1750	2750
南京军区空军后勤部机关幼儿园	10	72	296	139	2146	4342	2016	202	1350	7780
南京军区空军直属机关幼儿园	13	131	416	133	7451	5183	3198	594	1665	4300
南京军区政治部小天鹅幼儿园	14	169	467	146	7500	7750	5422	615	2470	16700
解放军73681部队幼儿园	6	60	171	48	3770	2475	1392	100	1400	2400
南京市市级机关第一幼儿园	14	143	445	135	5163	4295	1552	170	2600	4180
南京熊猫公司御道街幼儿园	11	122	412	121	4800	3956	2331	104	2700	6980
南京市锁金新村第一小学附属幼儿园	9	109	311	105	2510	1010	770	30	1050	3200
南京熊猫公司后宰门幼儿园	5	60	169	74	2324	1254	912	170	1300	2158
南京市玄武区如意幼儿园	7	63	234	73	2125	2426	1805	97	964	6468
南京市玄武区花红园幼儿园	5	54	199	42	1057	640	510	30	450	1810
南京市玄武区钟山幼儿园	6	64	224	70	1563	863	657	18	700	4120
南京市玄武区锁金村第一幼儿园	6	77	216	71	3265	1921	1434	73	1285	4471
南京市行知实验幼儿园	8	113	274	66	4600	4060	2985.6	382	2037	3348
南京华星艺术幼儿园	6	27	120	56	2120	1740	850	150	1000	600
玄武区小哈佛双语幼儿园	10	128	314	99	1100	1700	970	90	700	3100
玄武区淘淘幼儿园	9	117	297	92	4500	3000	2042	110	1900	3200
南京玄武樱花双语艺术幼儿园	7	64	219	69	2644	1697	1357	30	1020	3910
南京玄武晶晶幼儿园	9	105	262	93	6048	2628.56	1229	68	2412	2986
南京玄武东方城幼儿园	6	57	157	52	2440	1923	1693	40	921	1850

续表

学校名称	班数（个）	入园人数（人）	在园人数（人）	离园人数（人）	幼儿园占地及校舍面积（平方米）				户外活动场地（平方米）	图书（册）
					占地面积	建筑面积	教学及辅助用房	行政办公用房		
南京红山幼儿园	12	125	362	123	6376	3933	2969	528	2904.15	5385
南京市北京东路小学附属幼儿园分园	9	108	284	73	4517	3049	1478	107	1553	2600
南京玄武北苑之星幼儿园	9	89	246	90	4100	1900	1295	20	2000	3000
南京玄武月苑幼儿园	6	57	160	62	1200	1268	990	35	400	1250
南京玄武墨香幼儿园	8	80	226	31	2800	2350	1025.4	39	1464	5030
南京紫金东郡幼儿园	8	71	212	34	10466	3635	3085	350	3400	2567
北京东路小学附属幼儿园月香分园	8	67	211	0	5160	3672	2082	173.9	1876	1200
南京市玄武区淘淘幼儿园十字街分园	8	59	228	101	1000	1300	1220	15	300	1700
南京市玄武区淘淘幼儿园钟山山庄分园	6	78	164	66	1750	1450	1120	15	500	1640
南京市行知实验幼儿园花园路分园	6	60	195	56	2200	860	690	20	700	1800

玄武区 2017/2018 学年初幼儿园教师基本情况

计量单位：人

	教职工	专任教师	专任教师按学历分					专任教师按职称分					
			研究生毕业	本科毕业	专科毕业	高中阶段毕业	高中阶段毕业以下	中学高级	小学高级	小学一级	小学二级	小学三级	未评职称
总　计	1953	992	12	617	350	13		3	271	265	30	0	389
南京市北京东路小学附属幼儿园	53	35	1	31	3				12	16	1		6
南京市半山园小学附属幼儿园	41	21		18	3				11	8			2
南京市长江路小学幼儿园	47	33	1	31	1				13	13			7
逸仙小学附属幼儿园	36	18	1	16	1				9	6			3
南京市锁金新村第二小学附属幼儿园	35	18		14	4				10	8			
珠江路小学附属幼儿园	55	30	1	28	1			1	17	10			2
南京市玄武门幼儿园	27	21		17	4				14	7			
南京市长江路小学附属银城双语幼儿园	36	19		17	2				3	9			7
南京孝陵卫中心小学附属幼儿园	24	18		17	1				7	11			
南京理工大学附属幼儿园	85	43		28	15				12	15			16
东南大学总务处幼儿园	79	42		28	14				11	5			26
南京体育学院附属幼儿园	24	12		2	9	1			2	2	1		7
南京农业大学附属幼儿园	48	23		15	7	1			1	10			12
南京玄武钟灵农科苑幼儿园	46	22		4	18								22
海军指挥学院政治部幼儿园	52	25		17	8				7	15			3
解放军 73610 部队香禾幼儿园	44	18		4	14				2	1	1		14

续表

	教职工	专任教师	专任教师按学历分					专任教师按职称分					
			研究生毕业	本科毕业	专科毕业	高中阶段毕业	高中阶段毕业以下	中学高级	小学高级	小学一级	小学二级	小学三级	未评职称
南京军区南京实验幼儿园	76	30		18	12				16	6			8
南京前线幼儿园	35	14		4	10					6	4		4
南京军区空军后勤部机关幼儿园	62	23	1	14	8				8	7	4		4
南京军区空军直属机关幼儿园	71	44		23	18	3			28	7	5		4
南京军区政治部小天鹅幼儿园	78	42	6	36				1	20	12	2		7
解放军73681部队幼儿园	34	14		10	4				2	6			6
南京市市级机关第一幼儿园	72	32		30	2				17	15			
南京熊猫公司御道街幼儿园	46	21		12	9				4	9			8
南京市锁金新村第一小学附属幼儿园	39	21		20	1				12	9			
南京熊猫公司后宰门幼儿园	22	10		4	6				3	3			4
南京市玄武区如意幼儿园	32	15		10	5				6	8			1
南京市玄武区花红园幼儿园	20	10		8	2				3	5	1		1
南京市玄武区钟山幼儿园	32	14			14					3			11
南京市玄武区锁金村第一幼儿园	29	14		6	8				6	2	1		5
南京市行知实验幼儿园	35	16		5	11					1			15
南京华星艺术幼儿园	26	12		2	10								12
玄武区小哈佛双语幼儿园	44	23		5	15	3			6	4	1		12
玄武区淘淘幼儿园	34	18		8	10						1		17
南京玄武樱花双语艺术幼儿园	34	17		8	7	2			2	10			5
南京玄武晶晶幼儿园	40	18		7	11					3			15
南京玄武东方城幼儿园	26	12		5	7				1	1			10
南京红山幼儿园	56	29		16	12	1			1	5	5		18
南京市北京东路小学附属幼儿园分园	33	21		21					3	17			1
南京玄武北苑之星幼儿园	35	16		4	12					2			14
南京玄武月苑幼儿园	25	13		1	12								13
南京玄武墨香幼儿园	32	16		4	12								16
南京紫金东郡幼儿园	41	20		14	6					8			12
北京东路小学附属幼儿园月香分园	35	19	1	18				1	2	12			4
南京市玄武区淘淘幼儿园十字街分园	29	16		7	8	1					2		14
南京市玄武区淘淘幼儿园钟山山庄分园	23	12		3	9								12
南京市行知实验幼儿园花园路分园	25	12		7	4	1				2	1		9

玄武区2017/2018学年初小学学校班级、学生数情况

学校名称	毕业生数	招生数	在校生数(人)							班级数(个)						
			合计	一年级	二年级	三年级	四年级	五年级	六年级	合计	一年级	二年级	三年级	四年级	五年级	六年级
总计	3681	4147	23433	4147	3910	3597	4422	3899	3458	634	109	107	101	112	107	98
南京师范大学附属小学仙鹤门分校	0	169	311	169	142	0	0	0	0	8	4	4	0	0	0	0
南京玄武外国语学校附属小学	0	164	331	164	167	0	0	0	0	8	4	4	0	0	0	0
南京市锁金新村第一小学	93	95	577	95	95	96	101	89	101	18	3	3	3	3	3	3
南京市锁金新村第二小学	92	97	620	97	86	117	106	110	104	20	3	3	3	3	4	4
南京市宇花小学	78	72	448	72	71	65	79	84	77	18	3	3	3	3	3	3
南京市小营小学	146	223	1124	223	162	189	225	184	141	33	6	5	6	6	5	5
南京市成贤街小学	176	155	1016	155	136	145	216	189	175	26	4	4	4	5	5	4
南京市逸仙小学	90	69	454	69	72	73	79	86	75	16	2	2	3	3	3	3
南京市长江路小学	296	221	1433	221	204	200	282	258	268	33	5	5	5	6	6	6
南京市洪武北路小学	74	102	647	102	98	117	142	108	80	20	3	3	4	4	3	3
南京市同仁小学	82	78	513	78	84	75	117	85	74	18	3	3	3	3	3	3
南京师范大学附属小学	357	459	2266	459	372	317	405	378	335	56	10	9	8	10	10	9
南京市中央路小学	162	161	930	161	147	188	170	163	101	30	5	5	5	5	6	4
南京市红山小学	108	158	888	158	170	141	145	158	116	24	4	4	4	4	4	4
南京市孝陵卫中心小学	172	174	1150	174	184	205	218	185	184	30	5	5	5	5	5	5
南京市海英小学	121	112	754	112	126	147	136	122	111	24	4	4	4	4	4	4
南京市北京东路小学	284	252	1600	252	225	224	326	291	282	37	6	6	6	7	6	6
南京市月苑第一小学	233	241	1622	241	285	250	353	269	224	39	6	6	6	8	7	6
南京市北京东路小学阳光分校	83	105	579	105	104	84	98	110	78	17	3	3	3	3	3	2
南京市立贤小学	144	184	1012	184	162	145	187	177	157	24	4	4	4	4	4	4
南京理工大学实验小学	329	473	2506	473	444	396	471	390	332	54	10	10	9	10	8	7
南京市樱花小学	161	190	1046	190	195	174	179	150	158	27	5	5	5	4	4	4
南京市科利华小学	65	89	495	89	78	89	97	76	66	17	3	3	3	3	3	2
南京市樱花小学(东方城校区)	160	0	190	0	0	0	79	52	59	6	0	0	0	2	2	2
南京市孝陵卫初级中学	75	104	501	104	101	62	102	81	51	19	4	4	2	4	3	2
南京市紫东实验学校	100	0	420	0	0	98	109	104	109	12	0	0	3	3	3	3

玄武区2017/2018学年初小学学校教职工基本情况

计量单位:人

学校名称	教职工数	专任教师数	专任教师按职称分						专任教师按学历分				
			中学高级	小学高级	小学一级	小学二级	小学三级	未评职称	研究生毕业	本科毕业	专科毕业	高中阶段毕业	高中阶段毕业以下
合计	1592	1547	66	881	435	1	0	164	107	1298	134	8	0
南京师范大学附属小学仙鹤门分校	18	17	1	9	4	0	0	3	3	13	1	0	0

续表

学校名称	教职工数	专任教师数	专任教师按职称分						专任教师按学历分				
			中学高级	小学高级	小学一级	小学二级	小学三级	未评职称	研究生毕业	本科毕业	专科毕业	高中阶段毕业	高中阶段毕业以下
南京玄武外国语学校附属小学	26	22	2	7	7	0	0	6	4	16	2	0	0
南京市锁金新村第一小学	46	45	1	33	10	0	0	1	1	33	11	0	0
南京市锁金新村第二小学	47	46	1	24	17	0	0	4	3	42	1	0	0
南京市宇花小学	44	42	1	24	13	0	0	4	3	38	1	0	0
南京市小营小学	69	68	5	42	16	0	0	5	2	63	3	0	0
南京市成贤街小学	71	68	3	39	23	0	0	3	2	54	12	0	0
南京市逸仙小学	47	45	4	30	9	0	0	2	2	35	8	0	0
南京市长江路小学	90	87	6	47	23	0	0	11	5	76	6	0	0
南京市洪武北路小学	54	53	1	34	8	0	0	10	2	45	5	1	0
南京市同仁小学	46	45	2	31	9	0	0	3	1	39	5	0	0
南京师范大学附属小学	144	141	8	80	42	0	0	11	22	108	11	0	0
南京市中央路小学	74	72	2	51	18	0	0	1	1	65	6	0	0
南京市红山小学	56	55	2	29	13	0	0	11	3	48	4	0	0
南京市孝陵卫中心小学	72	68	2	44	16	0	0	6	4	57	7	0	0
南京市海英小学	69	68	1	57	9	0	0	1	3	56	9	0	0
南京市北京东路小学	103	102	8	68	22	0	0	4	3	94	5	0	0
南京市月苑第一小学	94	92	2	43	34	1	0	12	5	79	7	1	0
南京市北京东路小学阳光分校	41	40	1	11	20	0	0	8	5	35	0	0	0
南京市立贤小学	57	56	2	25	18	0	0	11	7	48	1	0	0
理工大实小	138	137	4	63	43	0	0	27	8	122	7	0	0
南京市樱花小学	68	67	3	35	24	0	0	5	6	47	14	0	0
南京市科利华小学	40	39	1	16	17	0	0	5	6	32	1	0	0
南京市樱花小学（东方城校区）	16	13	0	3	4	0	0	6	0	7	1	5	0
南京市孝陵卫初级中学	37	36	2	18	13	0	0	3	4	30	2	0	0
南京市紫东实验学校	25	23	1	18	3	0	0	1	2	16	4	1	0

玄武区 2017/2018 学年初小学学校办学条件基本情况

学校名称	占地面积（平方米）	校舍建筑面积（平方米）					图书（册）	计算机（台）		运动场地面积（平方米）	固定资产总值（万元）	
		计	教学及辅助用房					计	教学用计算机		计	仪器设备
			计	体育馆	实验室	教室						
合　计	271237.03	174037.59	102806	7707	8037	76476	763356	5727	5386	105166	25920.694	9466.0724
南京师范大学附属小学仙鹤门分校	4911.5	1469	803	0	190	518	4724	126	126	200	125.39	120.14
南京玄武外国语学校附属小学	3061.03	1249	892	0	0	770	10396	40	37	1222	112.76	92.50
南京市锁金新村第一小学	6345	3459	2113	0	80	1841	25999	208	208	3471	644.19	328.94

续表

学校名称	占地面积(平方米)	校舍建筑面积(平方米)					图书(册)	计算机(台)		运动场地面积(平方米)	固定资产总值(万元)	
		计	教学及辅助用房					计	教学用计算机		计	仪器设备
			计	体育馆	实验室	教室						
南京市锁金新村第二小学	7575	3779	3135	0	135	2720	23450	172	160	3260	747.09	414.82
南京市宇花小学	9414	6239	3844	0	200	3180	15984	113	105	3500	1429.45	337.38
南京市小营小学	15200	6425	4043	0	365	3254	35376	321	246	4050	1287.34	529.07
南京市成贤街小学	9476	6453	5987	880	115	4732	33983	275	272	4486	1015.40	460.51
南京市逸仙小学	9805	6958	2554	0	89	2087	13859	108	99	2193	800.00	99.82
南京市长江路小学	11512	8350	4102	780	190	2552	43547	460	451	3852	1421.09	713.32
南京市洪武北路小学	8600	6710	5276	520	109	4406	19955	148	148	4000	602.39	230.90
南京市同仁小学	6641.5	7090	6127	993	399	4373	20501	113	108	1400	854.31	326.55
南京师范大学附属小学	23932	17309	12098	1150	340	9778	76397	495	474	9000	2498.38	864.90
南京市中央路小学	4719	7266.59	3634	0	160	2974	23965	281	271	2960	1346.41	530.05
南京市红山小学	14100	10040	3199	432	345	2009	27968	300	223	4314	1690.18	553.97
南京市孝陵卫中心小学	13872	6151	3468	0	155	2746	35180	271	201	5239	1008.47	559.93
南京市海英小学	7389	6690	5372	300	712	3960	23385	303	294	2400	1265.36	536.36
南京市北京东路小学	18820	13086	6945	360	2495	3010	62771	479	479	13730	2817.87	757.30
南京市月苑第一小学	12321	9882	3990	462	198	2928	49729	293	282	4550	962.80	384.20
南京市北京东路小学阳光分校	15000	6525	3055	570	800	1264	21178	108	106	4344	1947.00	147.00
南京市立贤小学	10907	5559	2560	340	120	1800	30361	188	179	3520	181.50	170.90
南京理工大学实验小学	24926	14960	11432	920	298	9617	86916	457	455	11079	1843.00	563.00
南京市樱花小学	17729	9562	3648	0	270	2874	32443	278	276	6827	956.69	481.11
南京市科利华小学	5500	4318	1961	0	152	1403	19235	126	122	3490	269.77	238.56
南京市樱花小学(东方城校区)	9481	4508	2568	0	120	1680	26054	64	64	2079	93.85	24.85

注:孝陵卫初级中学小学部、紫东实验学校小学部办学部分统计在初中

玄武区2017/2018学年初普通中学班级、学生数情况

学校名称	合计	班级数(个)								毕业学生数(人)		招生数(人)		在校学生数(人)								
		初中				高中				初中	高中	高中	初中	初中	合计				高中			
		计	一年级	二年级	三年级	计	一年级	二年级	三年级						计	一年级	二年级	三年级	计	一年级	二年级	三年级
总　计	406	256	90	83	83	150	50	48	52	3590	1970	2131	3633	3633	16270	9861	3221	3007	6409	2131	2083	2195
南京市梅园中学	21	21	7	6	8					286			197	197	686	686	210	279				
南京市孝陵卫初级中学	8	8	3	3	2					69			86	86	228	228	82	60				
南京市科利华中学	33	33	12	10	11					599			594	594	1463	1463	447	422				
南京市紫东实验学校	12	12	4	4	4					108			154	154	378	378	134	90				
南京市弘光中学	29	29	11	10	8					468			499	499	1254	1254	414	341				

续表

学校名称	合计	班级数(个)								毕业学生数(人)		招生数(人)		在校学生数(人)								
		初中				高中				初中	高中	高中	初中	初中	合计				高中			
		计	一年级	一年级	二年级	计	一年级	一年级	二年级						计	一年级	二年级	三年级	计	一年级	二年级	三年级
南京市第十三中学锁金分校	30	30	10	10	10					470			420	420	1186	1186	392	374				
南京市红山初级中学	33	33	12	10	11					535			499	499	1297	1297	409	389				
南京市第五十四中学	18	18	6	6	6					153			172	172	500	500	152	176				
南京玄武外国语学校	30	30	10	10	10					409			456	456	1350	1350	443	451				
南京市第九初级中学	30	30	10	10	10					443			421	421	1203	1203	420	362				
南京市玄武高级中学(太平门校区)	30					30	10	10	10		376	404			1258				1258	404	443	411
南京市人民中学	34	12	5	4	3	22	8	7	7	50	242	357	135	135	1231	316	118	63	915	357	285	273
南京市第十三中学	51					51	17	17	17		666	686			2123				2123	686	692	745
南京市第九中学	47					47	15	14	18		686	684			2113				2113	684	663	766

玄武区2017/2018学年初普通中学教职工基本情况

计量单位:人

学校名称	教职工	专任教师	初中专任教师										高中专任教师									
			按职称分					按学历分					按职称分					按学历分				
			中学高级	中学一级	中学二级	中学三级	未评职称	研究生毕业	本科毕业	专科毕业	高中阶段毕业	高中阶段毕业以下	中学高级	中学一级	中学二级	中学三级	未评职称	研究生毕业	本科毕业	专科毕业	高中阶段毕业	高中阶段毕业以下
总计	1575	1496	226	477	135	0	71	124	785	0	0	0	298	220	24	0	45	154	426	7	0	0
南京市梅园中学	90	80	20	53	5	0	2	4	76	0	0	0										
南京市孝陵卫初级中学(中学部)	36	35	9	19	3	0	4	4	31	0	0	0										
南京市科利华中学	122	114	36	49	19	0	10	22	92	0	0	0										
南京市紫东实验学校(中学部)	43	41	7	20	11	0	3	3	38	0	0	0										
南京市弘光中学	102	97	28	50	13	0	6	21	76	0	0	0										
南京市第十三中学锁金分校	118	108	27	58	13	0	10	19	89	0	0	0										
南京市红山初级中学	117	115	21	51	26	0	17	21	94	0	0	0										
南京市第五十四中学	72	67	28	35	3	0	1	4	63	0	0	0										
南京玄武外国语学校	102	97	8	53	27	0	9	5	92	0	0	0										
南京市第九初级中学	110	105	28	58	11	0	8	16	89	0	0	0										
南京市玄武高级中学(太平门校区)	142	137											81	46	8	0	2	7	126	4	0	0
南京市人民中学	143	136	14	31	4	0	1	5	45	0	0	0	48	35	3	0	0	10	76	0	0	0
南京市第十三中学	182	174											74	65	7	0	28	98	76	0	0	0
南京市第九中学	196	190											95	74	6	0	15	39	148	3	0	0

玄武区 2017/2018 学年初普通中学办学条件基本情况

学校名称	占地面积(平方米)	建筑面积(平方米)					图书(册)	计算机(台)		运动场地面积(平方米)	固定资产总值(万元)	
		计	教学及辅助用房					计	教学用计算机		计	仪器设备
			计	体育馆	实验室	教室						
合　计	380916	270113.65	119770.31	18687.46	21550	62450.26	806001	6024	5572	120199.45	34817.16	13186.97
南京市玄武高级中学(梅园校区)	15965	18534	8307	1030	1440	4637	38501	338	335	3481	2265.35	657.45
南京市孝陵卫初级中学	15840	6173	3221	0	548	2249	24351	216	210	4588	1134.89	427.39
南京市科利华中学	18031	13684	6606	0	864	4972	69478	484	480	7397	2413.70	639.91
南京市紫东实验学校	39824	9920	4750	0	1117	3013	30812	367	291	11192	1981.29	615.81
南京市弘光中学	28380	18195	14265	1320	5420	5665	54650	699	640	9280	732.10	694.70
南京市第十三中学锁金分校	19079	11505	4545	0	400	3414	52021	345	340	6400	1255.00	512.00
南京市红山初级中学	40494	24977.85	8888.31	1393.46	1773	4466.26	54760	451	322	11800	1001.62	804.34
南京市第五十四中学	16170	9541	3263	0	610	1881	21353	205	202	7004	1029.02	392.71
南京玄武外国语学校	17207	17242	7547	748	629	5916	54527	284	259	5641	2981.77	419.13
南京市第九初级中学	14164	11010	4134	224	681	2703	49395	395	390	3667.45	573.22	567.97
南京市玄武高级中学(太平门校区)	19606	22160	9065	1278	1445	4254	64221	553	484	8000	4198.73	1009.26
南京市人民中学	27105	31826	13980	7284	1963	3212	59421	406	394	9602	2454.60	1331.06
南京市第十三中学	41670	28719	15216	2800	2000	8616	113206	538	535	15700	5589.87	3023.25
南京市第九中学	67381	46626.8	15983	2610	2660	7452	119305	743	690	16447	7206.00	2092.00

玄武区 2017/2018 学年初特殊教育学校基本情况

<table>
<tr><td>学校名称</td><td>校数</td><td colspan="6">学校情况</td><td colspan="6">学生情况</td></tr>
<tr><td rowspan="9">玄武特殊教育学校</td><td rowspan="2">1</td><td colspan="2">学校类别</td><td colspan="2">学校办别</td><td colspan="2">班数</td><td colspan="3">毕业生安生</td><td colspan="3">学生数</td></tr>
<tr><td colspan="2">弱智学校</td><td colspan="2">教育部门</td><td colspan="2">5</td><td colspan="3">4</td><td colspan="3">49</td></tr>
<tr><td colspan="13">教职工情况</td></tr>
<tr><td colspan="4">按学历分</td><td colspan="9">按职称分</td></tr>
<tr><td>研究生毕业</td><td>本科毕业</td><td>专科毕业</td><td>高中阶段毕业</td><td>中学高级</td><td>小学高级</td><td>小学一级</td><td>中学二级</td><td colspan="5">未评职称</td></tr>
<tr><td>2</td><td>12</td><td>0</td><td>0</td><td>1</td><td>6</td><td>6</td><td>0</td><td colspan="5">1</td></tr>
<tr><td colspan="13">办学条件</td></tr>
<tr><td colspan="2">占地面积(平方米)</td><td colspan="2">建筑面积(平方米)</td><td colspan="2">教辅用房(平方米)</td><td colspan="2">行政用房(平方米)</td><td colspan="2">图书(册)</td><td colspan="3">数字资源(GB)</td></tr>
<tr><td colspan="2">4289</td><td colspan="2">5377</td><td colspan="2">4190</td><td colspan="2">500</td><td colspan="2">3338</td><td colspan="3">0</td></tr>
</table>

玄武区 2017/2018 学年初中等专业学校基本情况

学校名称	校数	学校情况						学生情况					
		学校类别	学校办别	高中				在校学生数(高中)					
		专业学校	教育部门	合计	一年级	二年级	三年级	毕业生数	招生数	合计	一年级	二年级	三年级
玄武中等职业学校	1			3080	1062	1042	976	907	1054	3059	1057	992	1010

学校名称	高中专任教师								
	按学历分				按职称分				
	研究生毕业	本科毕业	专科毕业	高中阶段毕业	中学高级	中学一级	中学二级	中学三级	未评职称
玄武中等职业学校	22	159	1		80	63	22		17

学校名称	办学条件										
	占地面积(平方米)	建筑面积(平方米)					图书(册)	计算机(台)	运动场地面积(平方米)	固定资产总值(万元)	
		计	教辅用房(平方米)			行政用房(平方米)				计	仪器设备
			计	普通教室	实验室						
玄武中等职业学校	30302	20718	16496	6085	10411	4222	96566	983	9556	4717	2358

城镇居民生活情况(2017)

计量单位:元

	2017 年	2017 年为上年(%)
城市居民人均可支配收入	60648.70	109.00
城市居民人均消费支出	43795.60	105.10
恩格尔系数(%)		
文教娱乐支出比重(%)		
人均住房建筑面积(含偶尔居住房平方米)		

注:其他未列数据,因国家统计局南京调查队未提供数据

附　录

Appendix

责任编辑　卢永晨

◎ 玄武区现代化建设目标

◎ 文件目录

◎ 文件选编

◎ 新闻媒体报道题录

2017年玄武区街道、社区一览表

街道办事处		社区居民委员会		备注
名　称	驻　地	个数	名　称	
新街口	大石桥19号	6	香铺营、长江路、北门桥、唱经楼、大石桥、成贤街	
玄武门	百子亭8号	7	台城花园、百子亭、大树根、高楼门、天山路、廖家巷、公教一村	
梅园新村	后宰门街23号	9	东南大学、兰园、大影壁、梅园新村、大行宫、太平门、富贵山、北安门、明故宫	
锁金村	锁金村67号	7	锁一、锁二、锁三、锁四、锁五、新庄、紫鑫城	
孝陵卫	罗汉巷119号	11	小卫街、孝陵卫、晏公庙、盛和家园、钟灵街、农科院、南农大、铁匠营、理工大、康定里、银城东苑	
玄武湖	板仓街98号	9	板仓、花园路、蒋王庙、樱驼花园、东方城、樱铁村、仙鹤门、仙居雅苑、聚宝山	
红　山	营苑南路58号	10	北苑、月苑、营苑、红山公园、曹后、藤子、墨香山庄、红山、阳光嘉园、紫金小营	

2017年玄武区地名命名表

地名名称	类　别	所在位置
汇金大厦	办公楼	邓府西侧，洪武北路东侧，中山东路北侧，青石街南侧
紫金山路	道　路	东起灵谷寺路北端，西至明孝陵(紫霞湖门)
紫金山东路	道　路	西起灵谷寺景区入口转盘，东接环陵路
上林苑路	道　路	南起红山南路(东延)，北至大壮观路
恒嘉路	道　路	南起红山南路(东延)，北至华跃路与恒嘉路相接
过街山路	道　路	南起望山路，北至华飞路
龙腾路	道　路	南起大壮观路，北至华飞路
北苑东路(南延)	道　路	南起红山南路(东延)，北至华飞路与原北苑东路相接
阅武路	道　路	南起红山南路(东延)，北至华飞路
苗木路	道　路	南起红山南路(东延)，北至领智路
易境路	道　路	南起红山南路，北至领智路
尚塘路	道　路	南起红山南路(东延)，北至寒光亭路
石景山路	道　路	西起恒嘉路，东至规划红山南路东延二期
红藤路	道　路	西起恒嘉路，东至阅武路
大壮观路	道　路	西起红山路，东至北苑东路(南延)，
寒光亭路	道　路	西起过街山路，向东至北苑东路(南延)，再折向东北至石景山路
望山路	道　路	西起红山路，东至恒嘉路再折向东南至红山南路(东延)
华跃路	道　路	西起红山路，东至恒嘉路
领智路	道　路	西起曹后村巷，东至恒嘉路再折向东北至大壮观路
红山南路(东延)	道　路	东延段位于常发广场南侧，玄武大道北侧，东西向，西起红山路，东至墨香路
仙鹤月光商务广场	商业办公楼	鹤鸣路东侧，规划道路北侧，规划道路西侧，仙鹤门三号路(工程名)南侧
麒麟荔枝广场	商业综合体	沧波门南街西侧，运粮河西路北侧，规划道路东侧，规划道路南侧
京市桥	桥　梁	北接珠江路，南临长江后街
汉府桥	桥　梁	东接龙蟠中路，西与汉府街相连
武庙桥	桥　梁	位于市政府办公区东南侧北京东路上，横跨珍珠河北端

续表

地名名称	类　别	所在位置
成贤桥	桥　梁	文昌桥南侧，东接太平北路，西临成贤街
佛心桥	桥　梁	位于原玄武区住建局门前，横跨香林寺沟
北安桥	桥　梁	位于原南京军区后门，横跨香林寺沟
厚载桥	桥　梁	位于珠江路东端，横跨香林寺沟
新翠路	道　路	西起玄武湖翠洲闸门，东至新庄立交桥下转盘西侧
板井巷	巷	位于中央花园小区门口，西起中央路，东至神武路
佛心桥巷	巷	西起香林路，东至北安门街(富贵巷路口红绿灯)
佛心桥北巷	巷	西起香林路，东至北安门街(80路车站底站)
佛心桥南巷	巷	西起香林路，东至北安门街(后宰门西村89号路口)
宁千巷	巷	位于蒋王庙街西侧，宁栖园南侧。东临蒋王庙街及地铁4号线2号出口处，西至南京野生植物综合利用研究院
福华巷	巷	九华饭店西侧，九华山南侧，部队营房东侧，南起北京东路，北至原南京军区政治部职工宿舍
伊刘路	道　路	东起铁路桥涵(临近伊刘村39号)，西至花卉市场

2017年玄武区居家养老服务中心基本情况一览表

序号	街　道	地　址	实际运营组织	服务项目
1	梅园新村街道	南京市玄武区黄埔路2号黄埔大厦15楼	南京允诺养老服务评估中心	老年人养老状况、养老服务需求评估；养老服务组织、机构和企业服务能力、服务质量评估及等级评定；养老服务政策咨询、研究及实施评估。
2	孝陵卫街道	南京市玄武区童卫路6号	南京市众善社区居家养老服务中心	居家养老五助服务，老年人日间照料、康复保健、老年人健康娱乐活动，养老技能指导。
3	锁金村街道	南京市玄武区锁金南路8号	南京苏新红围巾爱老服务中心	志愿互助服务、老年精神关爱、动态养老、老年健康、养生文化交流
4	玄武门街道	南京市玄武区大树根11号	南京乐慈居家养老服务中心	居家养老服务以及中心厨房，老年文体娱乐，老年精神关爱，老年维权服务，老年日间照料服务，临终关怀，其他便民代办服务。
5	玄武湖街道	南京市玄武大道699-1号徐庄软件园管委会8楼	南京俏乐一族老年文化交流中心	开展老年人特色文化活动；组建并指导老年文艺团队开展多种交友型文体活动，书画、摄影、集邮、手工艺编织等展览；组织两岸四地老年文化交流与合作及体育竞技活动，健康养生科普活动；提供老年艺术研究、咨询；推动老年文化产品创作和文化产业发展。
6	玄武门街道	南京市玄武区高楼门65号	南京安康通居家养老服务中心	社区和居家养老服务(助餐、助浴、助洁、助聊、助安、助急、助行、助医、助乐、助学、精神慰藉、日常起居照顾、主动关爱、日间照料等服务)；适老化设备改造；承接政府委托事项。
7	玄武门街道	南京市玄武区玄武门街道台城花园3号	南京市玄武区朗诗常青藤居家养老服务中心	提供日间照料、老年娱乐活动、餐饮服务等为老服务项目
8	梅园新村街道	南京市玄武区东箭道23号-1	南京市玄武区佑康居家养老服务中心	1.居家养老“五助”(助餐、助急、助洁、助医、助浴)服务；2.老年文化娱乐活动；3.老年精神慰藉服务；4.老年人、残疾人康复护理服务；5.老年人日间照料服务；6.志愿者服务等。

续表

序号	街道	地址	实际运营组织	服务项目
9	梅园新村街道	南京市玄武区清溪路4号	南京市玄武区熊猫居家养老服务中心	1. 为明故宫社区辖区范围内老人提供助餐服务;2.承接政府购买的各类公益服务;3.与社区合作,为社区公益活动提供场地支持等
10	红山街道	南京市玄武区营苑南路营苑东村7栋107、108、109、110	南京玄武光民居家养老服务中心	居家养老五助(助餐、助急、助洁、助医、助浴)服务;老年文化娱乐活动;老年精神慰藉服务;老年人、残疾人康复护理服务等。
11	梅园新村街道	南京市玄武区文德里68号	南京市玄武区忠泽堂居家养老服务中心	居家养老五助(助餐、助急、助洁、助医、助浴)服务;老年人文化娱乐活动;老年人精神慰藉服务;老年人、残疾人康复护理服务等
12	梅园新村街道	南京市玄武区后宰门西村13号	南京市玄武区朗诗常青藤北安门居家养老服务中心	提供助餐、日间照料、康复护理、休闲娱乐活动、精神慰藉、居家上门服务等为老服务项目。
13	梅园新村街道	南京市玄武区东大影壁6幢-1	南京市玄武区朗诗常青藤大影壁居家养老服务中心	提供助餐、日间照料、康复护理、休闲娱乐活动、精神慰藉、、居家养老上门服务等为老服务项目。
14	玄武门街道	南京市玄武区玄武门街道中央路298号廖家巷社区居委会	南京玄武久馨居家养老服务中心	1.居家养老“七助”(助餐、助洁、助浴、助急、助行、助医、助乐)服务;2.老年人日间照料服务;3.精神慰藉服务;4.老年人、残疾人康复护理服务;5.代办服务;6.社区志愿者服务。
15	孝陵卫街道	南京市玄武区柳营100号	南京玄武希望家园社会工作服务站	开展社区养老服务、青少年成长关爱,提高社区困难人群素质服务
16	玄武门街道	南京市玄武区高楼门65号	南京玄武携才居家养老服务中心	居家养老五助服务(助餐、助洁、助医、助急、助浴),老年日间照料服务,老年精神关爱服务、老年文化娱乐服务、老年康复护理服务,志愿服务、便民代办服务。
17	红山街道	南京市玄武区兴贤路6号修贤苑18-22幢1楼	南京玄武墨香山庄居家养老服务站	梳理居家养老服务项目及拥有资源;了解社区中老年居民及家庭需求;协调居家养老组织服务与居民需求进行对接;为居家养老组织协调所需的服务。
18	红山街道	南京市玄武区新苑路6号月苑社区	南京玄武月苑居家养老服务站	同上
19	红山街道	南京市玄武区曹后村144号-1	南京玄武红山居家养老服务站	同上
20	梅园新村街道	南京市玄武区演武新村58号104室	南京市玄武区兰园社区居家养老服务站	通过定期给空巢老人打电话并走访、探视,给老年人进行有效的救助和帮助,为社区老人提供日托、购物、配餐、送餐、陪护及家政服务。为老人提供精神慰藉、文体服务、心理抚慰。
21	梅园新村街道	南京市玄武区东箭道31号	南京市玄武区大行宫社区幸福夕阳居家养老服务站	建立各项管理档案及服务网络,开展多种形式的居家养老服务。
22	锁金村街道	玄武区锁金六村17幢锁一社区居委会	南京市玄武区锁一社区居家养老服务站	组织开展本辖区的居家养老服务工作;组织志愿者队伍、为养老服务机构提供服务。
23	锁金村街道	南京市玄武区锁金三村14幢旁	南京市玄武区锁三社区银发互助公社	每日一见、困难救助、邻里陪聊、紧急救护、就诊陪护、牵手偕老、电话守望、简单家务。
24	孝陵卫街道	南京市玄武区钟灵街48号	南京玄武农科院社区居家养老服务中心	为社区老人提供生活照料、康复保健、文化教育、体育健身、精神慰藉服务
25	孝陵卫街道	南京市玄武区童卫路6号	南京市玄武区南农大社区居家养老服务中心	为社区老人提供生活照料、医疗康复、精神慰藉服务
26	孝陵卫街道	南京市玄武区晏公庙西村9幢205室	南京玄武孝陵卫社区居家养老服务中心	社区老人慈善救助、帮困,维护老年人合法权益

续表

序号	街道	地址	实际运营组织	服务项目
27	孝陵卫街道	南京市玄武区康定里小区3幢	南京玄武康定里社区居家养老服务中心	对老年人进行法律、科学文化、保健知识教育，维护老年人合法权益，协助社区照料老年人。
28	孝陵卫街道	南京市玄武区小卫街218号	南京玄武铁匠营社区居家养老服务中心	开展老年教育，协助落实家庭赡养、扶养政策，提供所需照料服务。
29	孝陵卫街道	南京市玄武区东苑路1号	南京玄武银城东苑居家养老服务站	为社区行动不便老人提供购物服务，拆洗、理发、卫生协理、看病陪同、谈心聊天服务。
30	孝陵卫街道	南京市玄武区顾家营2号	南京玄武钟灵街社区居家养老服务站	建设居家养老呼叫服务联网体系，组织建立居家养老呼叫服务培训体系。
31	孝陵卫街道	南京市玄武区孝陵卫街200号	南京市玄武区理工大社区居家养老服务中心	组织志愿者提供居家养老服务，协调社会组织为居民服务。
32	孝陵卫街道	南京市玄武区盛和家园9幢1单元102室	南京玄武盛和家园社区居家养老服务站	建设居家养老呼叫服务联网体系，组织建立居家养老呼叫服务培训体系。
33	玄武湖街道	南京市玄武区樱铁村22栋旁	南京玄武樱铁村居家养老服务中心	为社区老人提供生活照料、健康医疗保健、心理疏导等服务。
34	新街口街道	玄武区丹凤街77-4号	南京市玄武区新街口街道悦心居家养老服务中心	1.居家养老“五助”(助餐、助急、助洁、助医、助浴)服务;2.老年文化娱乐活动;3.老年精神慰藉服务;4.老年人康复护理服务;5.老年人日间照料服务;6.志愿者服务等。
35	玄武门街道	玄武区中央路302号6B幢	南京轩辕悦心社区养老服务中心	同上
36	新街口街道	杨将军巷6号	南京市爱松树社会工作服务中心	同上
37	新街口街道	玄武区大纱帽巷40号	南京乐成贤养老服务中心	同上
38	孝陵卫街道	双拜巷98号-1	南京市玄武区爱孝亲和家园养老服务中心	同上
39	红山街道	南京市玄武区月香路6号4栋1楼	南京市玄武区中鼎紫金养老服务中心	同上
40	红山街道	南京市玄武区曹后二村	南京市城市老年服务中心曹后居家养老服务中心	同上
41	玄武门街道	玄武区廖家巷2号十幢102室	南京市玄武区无忧乐园居家养老服务中心	同上
42	玄武湖街道	仙鹤门社区二楼	南京市玄武区仙鹤门颐养居家养老服务中心	同上
43	玄武湖街道	玄武区玄武湖街道樱驼花园社区1号门	玄武区玄武湖街道金樱居家养老服务中心	同上
44	玄武湖街道	仙居雅苑社区仙居华庭63号	玄武区悦心居家养老服务中心	同上
45	新街口街道	珠江路185号	南京市玄武区爱松树社会工作服务中心	同上
46	锁金村街道	玄武区新庄村39号综合楼一楼	南京市玄武区绿之韵居家养老服务中心	同上
47	锁金村街道	南京市玄武区锁金三村14栋旁邻里中心二楼	玄武区万家帮居家养老服务中心	同上

续表

序号	街道	地址	实际运营组织	服务项目
48	锁金村街道	南京市玄武区锁金三村18栋	南京市玄武区乐成贤军休一所居家养老服务中心	同上
49	锁金村街道	玄武区锁金街道锁二社区19栋旁	南京市亲和家园养老服务中心	同上
50	梅园新村街道	南京市玄武区富贵山2号	玄武区太平门悦心居家养老服务中心	同上
51	梅园新村街道	明故宫路21号军休四所内	悦心军休居家养老服务中心	同上
52	梅园新村街道	玄武区裕德里12号	南京市玄武区家家乐养老服务中心	同上
53	梅园新村街道	玄武区富贵山4号	南京市玄武区梅园街道悦心居家养老服务中心	同上
54	红山街道	营苑新寓13幢综合楼2楼	南京市城市老年服务中心营苑居家养老服务中心	同上
55	红山街道	红山路157-1号	南京大慈怀居家养老服务中心	同上
56	红山街道	北苑一村10幢102室	南京玄武华飞居家养老健康服务中心	同上
57	红山街道	玄武区北苑二村十九幢一号	南京市城市老年服务中心北苑居家养老中心	同上

2017年玄武区养老机构一览表

序号	养老机构名称	地址	负责人	联系电话
1	君兆老年服务中心	玄武区樱驼花园樱花西路10号	臧小林	85472776
2	玄武区老年公寓	玄武区月苑南路9号	蒋晓燕	85363561
3	颐鹤老年公寓	玄武区鹤鸣路59号	王四新	85750599
4	玄武区梅园街道老年照料中心	玄武区演武新村60号	吴梅芝	83602749
5	南京博爱老年公寓	玄武区钟山山庄20幢-21幢	祝玉梅	85283097
6	玄武区鸿福老年公寓	珠江路667-2号	石博允	84669199
7	南京宁康老年康复护理院	玄武区天山路10号	晁东超	83359870
8	南京市快乐谷养老院	玄武区双拜巷3号	张　勇	86892685
9	玄武区锁金社区老年照料中心	玄武区锁金六村9号	陈　琪	85431486
10	南京市诺恩微堂集老龄公寓	南京市玄武区佛心桥3-1号	苏　力	13951818545
11	南京幸福颐养护理中心	红山街道营苑南路100号	刘军锋	18851173587
12	南京市玄武区九如城盛和养老护理中心	南京市玄武区孝陵卫马高路318号	周林峰	85657099

2017年玄武区尊老金发放汇总表

玄武区	80–89岁		90–94岁		95–99岁		100岁及以上		其中				合计	
	人次数	金额	人次数	金额	人次数	金额	人次数	金额	省财政	市财政	区县财政	镇财政	人次数	金额
新街口街道	33549	1677450	4220	422000	657	65700	208	124800	62400	0	2227550	0	38634	2289950
玄武门街道	30032	1501600	2773	277300	520	52000	89	53400	26700	0	1857600	0	33414	1884300
梅园新村街道	44382	2219100	4463	446300	854	85400	55	33000	16500	0	2767300	0	49754	2783800
锁金村街道	24558	1227900	2345	234500	356	35600	93	55800	27900	0	1525900	0	27352	1553800
孝陵卫街道	35600	1780000	3479	347900	657	65700	77	46200	23100	0	2216700	0	39813	2239800
玄武湖街道	13101	655050	1000	100000	181	18100	11	6600	3300	0	776450	0	14293	779750
红山街道	13658	682900	1260	126000	259	25900	20	12000	6000	0	840800	0	15197	846800
徐庄软件园管委会	92	4600	24	2400	0	0	0	0	0	0	7000	0	116	7000
合　计	194972	9748600	19564	1956400	3484	348400	553	331800	165900	0	12219300	0	218573	12385200

2017年玄武区助餐点一览表

序号	助餐点名称	地　址
1	南京市城市老年服务中心曹后居家养老服务中心	红山街道曹后二村
2	南京市城市老年服务中心北苑居家养老服务中心	红山街道北苑社区十九幢
3	天天食堂中式快餐	玄武区丹凤新寓11幢
4	康苑人力资源开发有限公司	玄武区中央路42号
5	南京轩辕悦心社区养老服务中心	玄武区中央路302号创意中央8栋103
6	柒加捌食府	玄武区高楼门22号
7	普袁快餐店	玄武区珠江路653号
8	南京市玄武区万家帮居家养老服务中心	玄武区锁金三村14幢旁
9	丽平中式营养餐厅	玄武湖街道花园路8号
10	晴敏轩快餐	营苑南路58号
11	南京市玄武区新街口街道悦心居家养老服务中心	双龙巷1号
12	味芳庭美食中心	珠江路389号珍珠饭店北侧
13	丽平中式餐厅(长江路社区助餐点)	珠江路185号
14	南京玄武携才居家养老服务中心助餐点	高楼门65号
15	南京玄武区无忧乐园居家养老服务中心助餐点	廖家巷2号10幢102室
16	玄武区太平门悦心居家养老服务中心	富贵山2号
17	玄武区家家乐养老服务中心	玄武区裕德里12号
18	南京市玄武区梅园街道北安门社区朗诗居家养老服务中心助餐点	后宰门西村13号
19	南京市玄武区明故宫社区熊猫居家养老服务中心助餐点	清溪路4号
20	梅花饮食有限公司助餐点	锁金村10号学院食堂
21	久久红老年服务中心助餐点	锁金四村1–4号平房

续表

序号	助餐点名称	地　　址
22	新庄绿之韵餐饮公司助餐点	新庄村53-1号
23	绿之韵居家养老服务中心助餐点	新庄花园39号综合楼一楼
24	万家帮居家养老服务中心锁五助餐点	锁金五村社区旁
25	丽平中式营养餐厅(金樱居家养老服务中心助餐点)	樱花路8号社区一楼
26	丽平中式营养餐厅(板仓社区助餐点)	板仓街钟麓花园100号
27	丽平中式营养餐厅(仙鹤门社区助餐点)	玄武区仙居花园26号
28	玄武湖街道樱铁村居家养老服务中心(火车头餐厅)	樱铁村21幢旁
29	爱孝亲和家园银城东苑社区助餐点	银城东苑菱香园101号
30	爱孝亲和家园康定里社区助餐点	康定里小区3栋
31	爱孝亲和家园孝陵卫社区助餐点	晏公庙西9栋205室
32	爱孝亲和家园晏公庙社区助餐点	双拜巷98-1号
33	玄武区捞渔庄饭店助餐点	小卫街218号
34	玄武区捞渔庄饭店小卫街社区助餐点	铁匠营1号
35	南京市城市老年服务中心营苑助餐点	营苑新寓13幢综合楼二楼
36	南京玄武中鼎紫金综合服务中心助餐点	月香路6号紫金墨香苑4幢1楼
37	南京乐成贤养老服务中心	大纱帽巷40号
38	玄武区新街口街道爱松树居家养老服务中心	杨将巷6号
39	玄武区新街口爱松树唱经楼社区居家养老服务中心	珠江路185号
40	瑞新华酒楼助餐点	玄武区峨眉路8号
41	玄武区悦心军休居家养老服务中心	玄武区明故宫路21号
42	玄武区军休三所悦心居家养老服务中心	太平新村2号
43	大影壁社区朗诗助餐点	红旗新村15-19幢旁
44	锁二社区亲和家园	锁二社区
45	盛和家园社区助餐点	马高路319号
46	爱孝亲和家园山水居助餐点	山水居小区10栋1楼活动室
47	丽平中式营养餐厅	鹤鸣路58号
48	丽平中式营养餐厅(聚宝山社区)	聚宝山红豆街区8-3
49	丽平中式营养餐厅(东方城社区)	拂晓园3号
50	红围巾居家养老服务中心助餐点	蒋王庙10号
51	中鼎紫金-月苑助餐点	月苑社区新苑路6号
52	中鼎紫金-墨香山庄助餐点	墨香山庄社区修贤苑22号综合楼
53	大慈怀居家养老服务中心助餐点	南京市玄武区红山路157-1号
54	南京市城市老年服务中心阳光嘉园养老服务中心	阳光嘉园小区12幢2楼
55	南京玄武携才居家养老服务中心大钟新村服务点	鼓楼区大钟新村50号
56	南京市玄武区梅园街道悦心居家养老服务中心	玄武区富贵山4号
57	南京市玄武区玄武湖街道仙居雅苑居家养老服务中(悦心)	仙居雅苑社区仙居华庭63号
58	玄武湖街道仙鹤门社区居家养老服务中心(悦心)	仙鹤门社区仙居花园26号

玄武区现代化建设目标

2017年玄武区国民经济和社会发展计划

一、主要经济指标

（一）预期性指标

1.地区生产总值可比增长8.5%，服务业增加值增长10%（责任单位：发改局）

2.一般公共预算收入同口径增长7%（责任单位：财政局）

3.全社会固定资产投资增长10%，高新技术产业投资增长12%（责任单位：发改局、科技局）

4.社会消费品零售总额增长10%（责任单位：商务局）

5.实际利用外资2.2亿美元，外贸进出口500亿元，服务外包执行额23.1亿美元、离岸服务外包执行额8.8亿美元（责任单位：商务局）

6.服务贸易额完成30000万美元（责任单位：商务局）

7.全体居民人均可支配收入完成市定目标（责任单位：发改局）

（二）约束性指标

8.万元GDP能耗下降完成市下达数（责任单位：发改局（经信局））

9.全区域基本消除黑臭水体（责任单位：水务局）

10.空气质量二级标准以上天数达到75%（责任单位：环保局）

二、重点项目

（一）新增项目

11.完成珠江路1万平方米载体的转型升级（责任单位：珠管办）

12.完成南京银行智慧金融系统建设（责任单位：玄武门街道）

13.打造特斯联江苏总部（责任单位：玄武门街道）

14.完成未来城A座项目建设（责任单位：梅园新村街道）

15.建设浦发银行总部项目（责任单位：梅园新村街道）

16.完成中石化共享中心南京总部改造工程（责任单位：锁金村街道）

17.建设基蛋生物研发中心项目（责任单位：徐管委）

18.引进柯菲平总部入驻（责任单位：徐管委）

19.引进市政设计研究院总部入驻（责任单位：徐管委）

20.引进宝冶集团总部入驻（责任单位：徐管委）

21.建设京晶亮智慧医疗总部项目（责任单位：锁金村街道）

22.完成白马商务楼改造项目（责任单位：锁金村街道）

23.建设灵谷寺路8号运动员公寓项目（责任单位：孝陵卫街道）

24.完成中石油城东加油站改扩建（责任单位：玄武湖街道）

25.建设钟山山庄东侧地块（责任单位：玄武湖街道）

26.完成皮研所科研楼装修改造（责任单位：玄武湖街道）

27.完成米袋投资南京数据中心建设（责任单位：玄武湖街道）

28.建设先声医学诊断精准医疗服务平台（责任单位：徐管委）

29.完成惠隆集团总部建设（责任单位：徐管委）

30.建设英伟达技术创新中心（责任单位：徐管委）

31.建设南京人工智能国际产业园（责任单位：徐管委）

32.建设徐庄独立研发区地块（德乐科技研发中心）（责任单位：徐管委）

33.引进哈姆雷斯中国总部项目（责任单位：商务局）

34.建设航空航天雷达系统软件无线电研发生产线（责任单位：科技局）

（二）2017年结转项目

35.提升长江路文化旅游大街（责任单位：旅游局）

36.实施南京卷烟厂（碑亭巷厂区）改造（责任单位：旅游局、新街口街道）

37.完成未来城B座innospace项目建设（责任单位：珠管办）

38.建设珠江路众创社区（责任单位：珠管办）

39.建设新街口东北角地下空间项目（责任单位：新街口街道、发改局）

40.建设达明大厦总部大楼（责任单位：新街口街道）

41.建设青石街商业酒店项目（责任单位：新街口街道）

42.完成珠江饭店地块挂牌前期手续（责任单位：新街口街道、建设局（征收办））

43.建设百子亭商业文化综合体（责任单位：钟山

集团、玄武门街道)

44.建设中央路224号地块(责任单位:玄武门街道)

45.建设中央路300号地块低效用地再开发项目(责任单位:玄武门街道)

46.完成佛心桥3号地块改造(责任单位:梅园新村街道)

47.建设熊猫中央广场(B地块商业综合体)(责任单位:梅园新村街道)

48.建设梅园片区项目(责任单位:梅园新村街道、教育局)

49.完成儿童福利院地块改造(责任单位:梅园新村街道)

50.完成国展中心地下商业广场一期(责任单位:锁金村街道)

51.建设南京六角商业广场项目(责任单位:锁金村街道)

52.推进锁金金融科技创新园转型升级(责任单位:锁金村、商务局)

53.建设中铁二十四局江苏总部(责任单位:锁金村街道)

54.完成紫金华府建设(责任单位:孝陵卫街道)

55.完成钟鼎山庄商业配套(二期)项目建设并招商(责任单位:孝陵卫街道)

56.建设孝陵卫21号总部项目(责任单位:孝陵卫街道)

57.完成南京野生植物院经济园区建设(责任单位:玄武湖街道)

58.完成仙鹤门2号地块建设(责任单位:玄武湖街道)

59.建设王家湾总部经济园(责任单位:玄武湖街道)

60.完成仙鹤门公园游客服务中心建设(责任单位:玄武湖街道)

61.完成红山创智天地建设(责任单位:红山街道、铁管委)

62.建设中海玄武公馆项目(责任单位:红山街道、铁管委)

63.建设恒大翡翠华庭项目(责任单位:红山街道、铁管委)

64.建设星河房地产项目(责任单位:红山街道、铁管委)

65.建设沈阳村地块旅游商业配套设施(责任单位:红山街道、铁管委)

66.建设东华红山汽车生活广场(责任单位:红山街道、铁管委)

67.建设东华红山文化科教产业中心(责任单位:红山街道、铁管委)

68.建设红山动物园南扩工程(责任单位:红山街道、铁管委)

69.建设百家汇项目二期(责任单位:徐管委)

70.建设紫金嘉悦精英人才公寓(责任单位:徐管委)

71.建设铁北门户商业旅游综合体(责任单位:红山街道、铁管委)

72.建设铁北智慧创新社区(责任单位:红山街道、铁管委)

73.建设铁北国际数码港(责任单位:红山街道、铁管委)

74.规划建设铁北智慧创新产业园区(责任单位:红山街道、铁管委)

75.完成20000平方米低效楼宇业态转型(责任单位:商务局)

三、重点任务

76.实施创业人才计划(责任单位:组织部人才办、科技局、人社局)

77.文化产业增加值占GDP比重达市要求(责任单位:文化局、统计局)

78.举办金洽会、软博会、创客节等玄武专场系列活动(责任单位:发改局、商务局、珠管办)

79.完成孝陵卫特色小镇规划编制(责任单位:发改局)

80.建立信用信息一体化服务平台(责任单位:发改局)

81.开展军民融合创新示范区建设(责任单位:发改局)

82.推进区基本公共服务均等化工作(责任单位:发改局)

83.创建科技金融创新示范区(责任单位:金融办)

84.防范区域性系统性金融风险(责任单位:金融办)

85.优化中小企业金融生态环境,实施精准融资服务(责任单位:金融办)

86.完成九华山片区等一批棚户区改造(9.7万平方米)(责任单位:红山街道、新街口街道、梅园新村街道、玄武门街道)

87.内秦淮河东段河道岸线综合整治(责任单位:建设局)

88.实施"双创"载体升级计划(责任单位:科技局)

89.落实"两落地、一融合"工作,推进"一区多园"

整合(责任单位:科技局、珠管办、徐管委、“两落地、一融合”领导小组)

90.建设“智慧成贤 118”科技服务集聚区(责任单位:科技局)

91.建设科创大数据精准服务平台(责任单位:科技局)

92.建设社区科普益民系统(责任单位:科技局)

93.创建素质教育特色学校15 所(责任单位:教育局)

94.持续推进义务教育巩固率,社区教育覆盖率(责任单位:教育局)

95.深化平安玄武建设,创建平安社区,群众安全感达省市要求(责任单位:综治办、国安办)

96.建设 15 家以上行业协会(责任单位:发改局)

97.社会治理一体化改革(责任单位:综治办)

98.全面推进依法治区工作,法治建设满意度达省市要求(责任单位:依法治区办)

99.完善公共法律服务平台,健全保障机制(责任单位:司法局)

100.新增城镇就业 17000 人(责任单位:人社局)

101.深化社保惠民工程(责任单位:人社局)

102.开展全国第二次污染源普查,完成全区黑臭河道整治效果评估(责任单位:环保局)

103.落实中央、省环保督查整改及“263”行动任务(责任单位:环保局)

104.开展第四次全国经济普查工作(责任单位:统计局)

105.发挥价格调节保供稳定和惠民作用,落实收费减免优惠政策(责任单位:物价局)

106.继续推进以“不见面审批”为主的商事登记制度(责任单位:市场监管局)

107.加强企业信用监管工作(责任单位:市场监管局)

108.推进质量强区活动,培育驰名商标、马德里商标注册各 1 件(责任单位:市场监管局)

109.完成省级食品安全示范区暨国家食品安全城市创建工作(责任单位:市场监管局)

110.完成农贸市场食品快速检测室建设全覆盖(责任单位:市场监管局)

111.落实安全生产责任制,确保全年无重特大安全生产责任事故(责任单位:安监局)

112.现代服务业增加值增速高于服务业增加值增速、净增规上服务业企业家数完成市下达数(不含房地产企业)(责任单位:商务局、发改局)

113.建设外贸综合服务平台(责任单位:商务局)

114. 引进跨国公司地区总部等功能性机构 1 个(责任单位:商务局)

115.制定、颁布《玄武区电子商务三年(2019—2021)行动计划》(责任单位:商务局)

116.成功举办“国际时装周”专场活动(责任单位:旅游局)

117.落实南京全域旅游示范创建工作,推进玄武全域旅游发展,配合南京开展全域旅游示范区创建工作(责任单位:旅游局)

118.每万人拥有公共文化设施面积达市要求(责任单位:文化局)

119.打造玄武文化活动品牌(责任单位:文化局)

120.加强文化遗产保护与传承(责任单位:文化局)

121.开展南京城墙玄武段文化遗产解读工程(责任单位:文化局)

122.深化医药卫生体制改革,完成智慧医疗(二期)建设(责任单位:卫计局)

123.推进新玄武医院建设(责任单位:卫计局)

124.落实计划生育责任,完成计划生育管理目标(责任单位:卫计局)

125.完成东杨坊过街通道排水改造(责任单位:水务局)

126.强化城市社区“10 分钟体育健身圈”建设(责任单位:体育局)

127.深化“互联网+政务服务”,建立全区 12345 政务热线民情民意数据库,建设街道便民服务中心智能化服务系统(责任单位:政务办)

128.实现全区残疾居民社会保险补贴全覆盖(责任单位:残联)

129.全面落实有需求的残疾儿童和持证残疾人接受基本康复服务率达 85%(责任单位:残联)

四、为民办实事

130.实施全区中小学食堂膳食营养标准化工程(责任单位:教育局)

131.启动新名校培育计划,推进 6 所以上新名校建设(责任单位:教育局)

132.新建铁北红山新城中学、小学各 1 所,新增幼儿园 2 所(责任单位:教育局)

133.为 85 周岁以上老年人提供每月 3 小时生活照料免费服务(责任单位:民政局)

134.新增养老床位 600 张(责任单位:钟山集团、民政局)

135.新增停车泊位2000个(责任单位:建设局)

136.开工建设新孝陵卫社区卫生服务中心(责任单位:卫计局)

137.完成家庭医生签约服务标准化建设,开展中医健康专题惠民宣讲100场,建成名中医工作室6个(责任单位:卫计局)

138.建成医疗机构周边环境静爱示范工程1个(责任单位:卫计局)

139. 完成农贸市场改造升级及周边环境综合整治工程5个,建成食品安全快速检验室15个,快速检测点20个(责任单位:商务局、市场监管局、钟山集团)

140.建设和提升全区平价蔬菜店,完成平价蔬菜进小区专场活动100场(责任单位:物价局)

141. 建立和完善既有住宅增设电梯常态化服务机制,推动建成一批居民住宅电梯(责任单位:建设局、市场监管局)

142.建成特色餐饮油烟整治示范街7条(责任单位:区餐环办)

143.推进住宅小区“一治理三提高”,建成社区治理示范小区14个(责任单位:各街道)

144.建成社区百姓“微幸福”服务站15个(责任单位:民政局、各街道)

145.开工建设900套保障房(责任单位:建设局、钟山集团)

146.设立一批街巷城管服务站(志愿者服务站),贴近街面管理服务(责任单位:城管局)

147.建设尧红路400吨容量垃圾中转站(责任单位:城管局)

148.完成老旧小区标准化整治66个(责任单位:各街道、建设局)

149.完成片区雨污分流改造工程141个(责任单位:水务局)

150.完成居民住宅供水低压片区设施改造15个(责任单位:水务局)

151.实施水环境提升暨13条河道劣五类水体消除工程(责任单位:水务局)

152.完成背街小巷综合整治30条,平整小区外出行道路30条(责任单位:建设局)

153.拆除楼顶违建10000平方米(责任单位:城管局)

154. 完成30000平方米老旧小区楼顶漏雨整治(责任单位:相关街道、建设局、城管局)

155.创成省级创业型街道3个、省级创业型社区21个(责任单位:人社局)

156.完成“残疾人之家”建设10个,实现街道全覆盖(责任单位:残联)

157.举办精品惠民文化专场演出52场,建成不关灯书房2个(责任单位:文化局)

158.组织群众性体育活动150场次(责任单位:体育局)

159.发行玄武旅游惠民服务套票(责任单位:旅游局)

玄武区2017年政治建设工作目标

中共南京市玄武区委

2017年2月10日

2017年全区政治建设工作要全面贯彻党的十八大和十八届二中、三中、四中、五中、六中全会精神,深入学习贯彻习近平总书记系列重要讲话精神,坚持党的领导、人民当家做主和依法治区的有机统一,认真落实全面从严治党要求,扩大人民民主、推进依法治区、强化纪律作风建设、壮大统一战线,为建设“强富美高”新玄武提供有力的政治保障。

一、全面提升党的建设科学化水平

1.深入学习宣传贯彻党的十八届六中全会、党的十九大精神,将其作为全区各级中心组学习、党员干部教育培训的必修课,开展好主体班次、专题培训、集中学习教育和基层党员冬训工作等多种形式的学习活动,引导广大党员干部准确把握全面从严治党要求,始终在思想上政治上行动上同以习近平同志为核心的党中央保持高度一致。(责任单位:区委组织部、区委宣传部、区委党校,各级党组织)

2.按照中央和省市区委要求,更加广泛深入地开展学习宣传贯彻习近平总书记系列重要讲话精神活动,认真学习党章党规,进一步巩固拓展党的群众路线教育实践活动、“三严三实”专题教育和“两学一做”学习教育成果,进一步掀起学习贯彻的热潮,引导广大党员干部切实增强“四个意识”特别是核心意识和看齐意识,坚决把党中央决策部署贯彻落实到改革发展稳定各项工作中去。(责任单位:区委组织部、区委宣传部、区委党校,各级党组织)

3.充分发挥区委总揽全局、协调各方的领导核心作用。突出把方向、管大局、做决策、保落实，认真贯彻新修订的《中国共产党地方委员会工作条例》《中国共产党党组工作条例(试行)》，完善区委全会、常委会、党组会议工作机制，有效实施党对各个领域的领导。加强对区人大、区政府、区政协、区法院、区检察院的领导，健全沟通协调机制，定期听取有关党组工作情况汇报。(责任单位：区委办公室、区人大办公室、区政府办公室、区政协办公室、区法院、区检察院)

4.严格规范党内政治生活。认真执行《关于新形势下党内政治生活的若干准则》，切实增强党内政治生活的政治性、时代性、原则性、战斗性。严格党的组织生活，认真落实"三会一课"等制度，抓好民主生活会和领导干部双重组织生活会，用好批评与自我批评有力武器，开展严肃认真、积极健康的思想斗争。畅通党员参与讨论党内事务的途径，拓宽党员表达意见渠道，完善党代表任期制，促进党内生活制度化、常态化、规范化。(责任单位：区委组织部，各党工委、党组)

5.筑牢党的基层基础。着眼城市社区区域化新特点，有效整合党建资源和工作力量，充分发挥社区为民服务专项资金作用，提升为民办实事能力，深化服务型基层党组织创建。顺应"两新"组织发展变化新特点，加强非公有制经济组织和社会组织党建工作，扎实开展"四个集中"行动，巩固扩大各领域基层党的组织覆盖和工作覆盖。选优配强基层党组织带头人，坚持举办社区书记论坛，探索设立优秀社区书记工作室，持续开展软弱涣散基层党组织整顿工作。进一步提升"小红梅""红旗飘飘"等信息化平台的功能，更好地占领产业园区、众创空间等领域，增强党建工作有效性。加强党员队伍建设，严格党员发展、教育、管理和服务工作，严把入口、畅通出口，健全流动党员双向共管制度，完善党内激励、关怀、帮扶机制。(责任单位：区委组织部，各党工委)

6.坚持党管意识形态原则。落实党(工)委、党组意识形态工作责任，及时传达贯彻上级有关精神，精心组织基层宣讲活动，加强意识形态领域情况综合分析研判，强化对各类意识形态阵地管理，维护网络意识形态安全，健全社会舆情引导机制，加大网上正面宣传力度，办好"媒体看玄武"系列活动，为政治文明建设营造良好的舆论氛围。(责任单位：区委宣传部)

7.加强和改进党对群团工作的领导。进一步强化工会、共青团、妇联等群团组织建设，聚焦重点职能，推动群团工作体制机制创新。完成区总工会换届。(责任单位：区委组织部、区总工会、团区委、区妇联，各街道)

8.健全和落实党管武装制度。积极支持部队建设和改革，推进国防动员和后备力量建设，深化双拥共建，加快军民深度融合发展，巩固和发展军政军民团结。(责任单位：区委办公室、区人武部、区民政局，各街道)

二、全面加强干部队伍和人才队伍建设

1.着力选好用好干部。坚持德才兼备、以德为先，坚持五湖四海、任人唯贤，坚持信念坚定、为民服务、勤政务实、敢于担当、清正廉洁的好干部标准，强化党组织的领导和把关作用，加强和改进对干部"德"和政绩的考核，进一步拓宽选拔视野，真正把忠诚干净担当的好干部精心培养起来、及时发现出来、合理使用起来。大力推进干部能上能下，努力树立"能者上、庸者下、劣者汰"的用人导向。深入开展选人用人工作监督，落实干部选拔任用全程纪实制度。(责任单位：区委组织部)

2.优化区管领导班子结构。加强区管领导班子配备，统筹做好年轻干部、党外干部的培养选拔，增强领导班子整体功能。加强对区管领导班子和领导干部的动态研判和日常考核，及时跟踪了解领导班子运行情况、工作实绩、整体结构、优化方向，以及领导干部的能力水平、履职成效、作风表现。(责任单位：区委组织部、区委统战部)

3.认真落实从严管理干部各项规定。严格管理标准、强化措施配套、落实管理责任，强化"一把手"和关键岗位干部的监督管理，完善科级干部的日常管理，推进干部监督进社区，确保干部监督不走过场、不留空白，建设"数说勤廉"数据库，推动干部廉洁从政。(责任单位：区纪委、区委组织部)

4.坚持党管人才原则。健全人才工作领导机构和工作格局，明确职责分工与协作机制，夯实"引育一体"责任链条。紧密结合重点产业、重点板块、重点项目，实现招商引资与招才引智互动融合。积极与高校院所开展人才战略合作，广泛吸引创投机构、专业组织全面参与人才开发服务，完善"人才+技术+资本+市场"遴选规则。明确人才企业GDP贡献率、税收贡献率、创新活力指数、投入产出比等指标年度递增要求，体现人才对区域经济社会发展的支撑作用。优化人才服务与创业助推体系，为不同创业阶段、不同产业领域的创业者及团队提供"全周期、全要素、全方位"的服务。优化引才与质效提升机制，以"产业链延展、新项目开发、科技成果转化"为先导，体现"精准引才"，助力主城区有限资源发挥最大效益。(责任单

位:区委组织部(人才办)、区科技局、区人社局,各街道、园区)

三、充分发挥人大和政协的重要作用

1. 人大及其常委会依法行使重大事项决定权、监督权和人事任免权等法定职权。围绕经济社会发展、全面深化改革的大局,突出关系人民群众切身利益、社会普遍关注的重大问题,综合运用听取和审议工作报告、执法检查、视察调研等形式,督促“一府两院”依法行政、公正司法。深化监督工作创新探索,组织人大代表对政府部门开展工作评议、满意度测评、专题询问、审议意见票决等活动。深化财政预决算审查监督,开展区、街人大工委对部门预算执行的跟踪监督。加强对人大常委会任命人员的履职监督,实行人大任命干部向宪法宣誓制度,继续开展对人大任命干部的履职评议。(责任单位:区人大及其常委会相关工作机构)

2.尊重和维护人大代表的主体地位。密切人大常委会与代表、代表与人民群众的联系,落实代表接待选民和代表向选民述职制度,继续开展定向定点视察和检查工作,丰富闭会期间代表履职方式。优化代表建议办理督办机制,加大督办力度,确保建议办结率达100%,满意率和基本满意率超过98%,建议办成率超过75%。(责任单位:区政府办公室、区人大及其常委会相关工作机构)

3. 政协充分发挥协商民主重要渠道和专门协商机构的重要作用。围绕全区政治、经济、文化、社会和生态文明建设方面的重要问题,开展协商工作,健全例会协商制度,规范专题协商,开展对口协商和界别协商。建立完善民主监督专项规定,规范民主监督程序,提高监督实效。完善民主监督的组织领导、权益保障、知情反馈、沟通协调、跟踪督查机制。加强政协提案办理工作,提升提案办理成效,确保办结率达100%,满意率和基本满意率超过98%,提案办成率超过75%。(责任单位:区政府办公室、区政协相关工作机构)

4.充分调动政协委员参政议政的积极性。尊重和保障委员的各项民主权利,完善委员联络机制,优化委员履职环境,围绕群众关心关注的热点难点问题,组织委员做好调查研究、协商议政和建言献策等工作。积极扩大民主党派、工商联和无党派人士政治参与渠道,不断提高各界群众对政协工作的参与度。发挥政协组织整体优势,加强政协街道工作委员会建设,推进协商民主工作向社区延伸。(责任单位:区政协相关工作机构)

四、大力发展基层民主

1.进一步健全基层民主机制。加强社区居委会能力建设,指导基层社区选齐配强居民小组长、楼院门栋长,推动形成社区居委会及其下属委员会、居民小组、楼院门栋上下贯通、左右联动的自治格局。做好协商民主试点工作,完善社区公开决策、民主议事制度,推进锁三和小卫街社区市级协商民主试点工作,探索“开放空间议事”“社区营造” 等社区多元参与协商议事新模式,有序引导居民参与自治事务。(责任单位:区委研究室、区民政局,各街道)

2.完善职工民主管理制度。统筹推进企事业单位民主管理制度落实,深化工资集体协商扩面提质,开展企业规章把脉服务行动,促进企业依法科学管理,维护职工合法权益。(责任单位:区人社局、区总工会)

3.做好青年和妇女儿童工作。建立团干部经常性联系团员青年、直接开展服务引导工作制度,新建9家以上非公企业团组织。坚持党建带妇建、妇建促党建,深化“七色花”家长工作室内涵,总经经验做法,形成玄武特色品牌;发布实施全区“十三五”妇女儿童发展规划;在系统或非公企业成立1~2家妇联组织。(责任单位:团区委、区妇联)

五、深入推进法治玄武建设

1.大力实施依法治区战略。把法治建设成效作为衡量各级领导班子和领导干部实绩的重要内容,纳入政绩考核指标体系。广泛开展法治系列创建活动,加大法治惠民力度,加强法治工作队伍建设,年度法治建设满意率达90%。(责任单位:区委政法委、区司法局、区法制办,各街道)

2.加快推进法治政府建设。深入推进依法行政,依法设定权力、行使权力、制约权力、监督权力,依法治理经济和社会事务。认真落实政府部门权力清单和责任清单制度,落实政府法律顾问制度,开展依法行政考核工作,组织至少3次特邀行政监督员专题检查活动。完善政府信息发布制度和监督保障制度,推进行政权力网上公开透明运行。扎实推进机构编制实名制管理,做好事业单位分类改革和登记管理工作。坚持公共财政支出导向,确保区级一般预算支出中城乡公共服务支出比重不低于70%。提高“12345”政务热线工单按时办结率、作风满意率和结果满意率。(责任单位:区政府办公室、区委政法委、区编办、区财政局、区人社局、区法制办、区政务办)

3.完善社会治理体制。推进社会治安综合治理创新发展,完善社会矛盾源头预防和调处化解综合机制，着力解决影响群众安全感的重点难点问题，年度群众安全感达到92%以上。完善大调解机制，进一步规范“公调”“诉调”“检调”等对接工作，加强人民调解员业务培训，不断提高人民调解工作水平。以“四解四促”“三个服务”活动为载体，扎实开展领导干部“接访、约访、下访”工作，加大信访积案化解力度。建立困难群体信息库，推进法律援助精准化服务。依托反邪教宣传阵地，积极开展社会面宣传警示教育，依托反邪教联席会议机制，做好教育转化和巩固工作。（责任单位：区委研究室、区委政法委、区委610办公室、区信访局、区司法局、区法制办、区法院、区检察院、公安玄武分局，各街道）

4.积极稳妥推进司法改革。进一步完善审判权运行机制，推动建立以法官为中心、以服务审判工作为重心的法院人员配置模式，加强人员分类管理，完善司法责任制。推进以审判为中心的诉讼制度改革，深化刑事案件速裁程序试点，探索检察机关提起公益诉讼实践。（责任单位：区委政法委、区法院、区检察院）

5.深入开展法治宣传教育。全面实施“七五”普法规划，依托法治讲堂等阵地，机关、社区、学校、企业、单位每季度至少开展一次法治宣讲，全年举办20场律师普法巡回课堂、100场法律咨询活动。坚持区管干部任前法律知识考试制度，增强全社会特别是公职人员尊法学法守法用法观念。（责任单位：区司法局）

六、切实加强纪律作风建设

1.始终把纪律和规矩挺在前面。严格执行党章和廉洁自律准则、纪律处分条例、党内问责条例、党内监督条例等党规党纪，用好监督执纪“四种形态”，抓早抓小、防微杜渐，充分发挥党的纪律在管党治党中的根本性作用。（责任单位：区纪委）

2.坚持思想建党和制度治党相结合。广泛开展廉政教育，推进廉政文化建设，重点强化对纪律和规矩的宣传提醒，不断增强党员干部的守纪意识和底线意识。全方位扎紧制度笼子，以“三重一大”决策、国资管理、债权债务管理等为重点，出台一系列配套管用、务实有效的制度措施。强化党内监督，认真贯彻新修订的《中国共产党党内监督条例》，完善权力运行监督制约机制。认真开展巡察工作，有效运用巡察成果，推动有关部门针对突出问题抓好整改落实。（责任单位：区委办公室、区纪委、区委巡察办）

3.认真落实党风廉政建设“两个责任”。严明党建工作责任，引导党组织书记牢固树立“抓好党建是本职、不抓党建是失职、抓不好党建是不称职”的责任意识，认真组织开展工委书记抓基层党建和履行党风廉政建设主体责任工作述职，强化书记抓党建的“第一责任”。加强对“两个责任”落实情况的日常检查，严格实施党风廉政建设责任追究，建立健全“明责—履责—督责—追责”责任链条。推进“两个责任”向基层延伸，向学校、社区、医疗卫生机构、国有企业、社会组织等基层党组织覆盖，筑牢管党治党根基。积极推进街道纪检监察机构优化调整，确保基层纪检组织切实履行监督责任。（责任单位：区委办公室、区纪委、区委组织部、区编办，各党工委、纪工委）

4.持之以恒抓好作风建设。推进优化作风“个十百千万”行动，认真落实为民办实事项目，继续开展“千人评议机关”和机关部门“一把手”信任度测评，深化在职党员到社区报到为群众服务工作，提升机关党员干部为民办实事、解难事的能力水平。认真抓好作风建设各项规定精神落实，严格执行外出请假、外出学习考察管理、区管领导干部因私护照证件管理等制度规定，严格控制因公出国（境）。稳步推进经济责任审计，严格追究违规责任。依法强化审计监督全覆盖，继续推进领导干部离任交接和离任审计，增强领导干部廉政意识。（责任单位：区委办公室、区政府办公室、区纪委、区委组织部、区级机关工委、区审计局，各党工委、纪工委）

5.持续保持惩治腐败高压态势。坚持有腐必反、有贪必肃，重点查办贪污贿赂、滥用职权、玩忽职守案件，严厉查处严重侵害群众合法权益案件，加大对教育、医疗、征地拆迁、保障性住房、生态环境、食品药品安全等民生领域和重大工程领域犯罪的查处和预防，加大对作风建设典型案件以及群众身边“四风”和腐败问题的查处力度，充分发挥惩治的综合功效。（责任单位：区纪委）

七、巩固和发展最广泛的爱国统一战线

1.切实做好新时期统战工作。贯彻中央和省、市委统战工作会议精神，全面落实党的知识分子、民族、宗教、侨务等政策。坚持民主党派政情通报制度，落实党外领导干部、党外知识分子、高校统战部长联席会制度，举办党外干部培训班，建立民主党派基层组织“党派之家”。举办侨台人士联谊活动，加强对台交流交往，做好港澳台、海外人士来宁接待组织工作。新发展工商联会员100家以上，成立1家行业商会。（责任单位：区委统战部、区工商联）

2.扎实做好民族宗教工作。加强对宗教活动场所的管理,继续开展星级宗教活动场所创建活动。发挥宗教社会功能,开展宗教慈善助学活动。创建民族社区工作品牌,提高少数民族管理服务水平。(责任单位:区委统战部、区民宗局)

玄武区 2017 年文化建设工作目标

中共玄武区委
2017 年 2 月 18 日

2017 年玄武区文化建设工作的指导思想是:深入贯彻落实党的十九大精神和省、市、区党代会精神,以习近平总书记系列重要讲话精神为指引,紧密围绕“走在最前列、争当排头兵”的要求,培育和践行社会主义核心价值观,积极创新宣传思想工作方法,加强文化建设,坚定文化自信,增强文化自觉,全面提升文化软实力,为建设“强富美高”新玄武提供强有力的思想保证、舆论支持、精神动力和文化条件。

一、强化理论学习,推动凝聚社会思想共识

1.强化理论武装工作。深入学习贯彻党的十八届六中全会、党的十九大和习近平总书记系列重要讲话精神,牢固树立“四个意识”,坚定不移维护党中央权威,与党中央保持高度一致。通过打造开放课堂、示范课堂和联组课堂,创新基层中心组理论学习形式。借助“玄武微讲堂”线上平台,积极推进中国特色社会主义、以习近平同志为核心的治国理政新理念新思想新战略、党的十九大精神的学习贯彻,以群众喜闻乐见的形式推进科学理论大众化。加强理论调研,服务科学决策。(责任单位:区委宣传部、各党(工)委)

2.抓好意识形态工作。进一步贯彻落实意识形态工作责任制和意识形态领域情况分析研判联席会议制度,强化意识形态领域问题分析研判,抓好意识形态阵地管理,推动全区党(工)委、党组意识形态管理“四种责任”的落实,牢牢掌握话语权、主动权。(责任单位:区委宣传部、各党(工)委、各党组、区意识形态领域情况分析研判联席会各成员单位)

3.推进社会科学工作。开展社科理论研究、社科普及。充分发挥区社科联作用,围绕区域发展的重大现实问题、实践问题,抓好课题研究,推出一批高质量的研究成果,服务发展决策。(责任单位:区委宣传部、区委党校、各街道)

二、强化典型引领,深入践行社会主义核心价值观

4.开展核心价值观教育实践。持续做好社会主义核心价值观、讲文明、树新风等公益广告宣传工作。充分发挥家规家训传播正能量作用,积极开展“我推荐、我评议身边好人”活动,开展“最美家庭”“玄武好人”等评选工作,加大对先进典型的选树宣传,打造“善行玄武”“美丽玄武”品牌。深化道德讲堂建设,推动道德讲堂在省市文明单位、文明社区、文明校园全面覆盖。发挥道德模范的典型示范效应,引导全社会形成崇德向善的良好风尚。(责任单位:区精神文明建设指导委员会各成员单位)

5.深化群众性精神文明创建活动。持续推进文明单位、文明校园、文明家庭创建活动,巩固文明城区创建成果,加强文明城市创建工作常态督查,确保常态长效。加强人大代表、政协委员对文明城市建设工作的监督,进一步巩固文明城市创建成果。开展春节、元宵节、中秋节、重阳节等“我们的节日”主题活动。开展城市管理示范路、示范社区创建工作。抓好景区的文明旅游宣传活动,全面落实价格信用承诺制度,精心培育“三信三优”企业,加强价格诚信建设,规范企业诚信经营。(责任单位:区精神文明建设指导委员会各成员单位)

6.推进志愿服务制度化建设。广泛开展“关爱他人、关爱社会、关爱自然”和“邻里守望”志愿服务,深入开展“文明交通”等志愿服务专项行动。推动各街道志愿服务总站成为示范站,推进驻区高校共建志愿服务活动,打造志愿服务常态化品牌。区志愿者协会结合各街道服务总站服务项目特点,在学雷锋纪念日、志愿者日共同开展推进活动。组织开展志愿服务优秀项目、优秀组织、优秀志愿者的评选工作。(责任单位:区精神文明建设指导委员会各成员单位)

7.推进未成年人思想道德建设。弘扬和推广中华优秀传统文化,抓住春节、清明、重阳等传统节日以及“六一”等重要节点,深入持续开展“我的中国梦”主题教育活动。延拓诗教、乐教新途径,推动未成年人文明礼仪逐步养成。大力开展“八礼四仪”文明礼仪养成教育实践活动,开展区“美德少年”评选活动。举办区第二十一届中小学生演讲比赛。(责任单位:区精神文明建设指导委员会各成员单位)

三、健全长效机制,加快建立舆论宣传引导新格局

8.强化舆论宣传引导。坚持正确舆论导向,大力开展主题宣传、成就宣传、典型宣传，集中宣传玄武创新发展的特色成果。组织好“媒体看玄武”活动，提高宣传谋划能力，加大对“一城两街三片区”、“4+4”产业体系发展、民生幸福、深化改革的宣传力度。强化传播能力建设，打造“玄武发布直播间”等特色栏目。利用“两微一网”平台，整合采编人员、硬件设备和专业服务，构建“三位一体”的全媒体新宣平台，为玄武发展营造良好舆论氛围。加强网络舆情研判预警机制，妥善处置各类网络舆情事件，及时回应社会关切。结合“国家公祭日”、香港回归中国20周年纪念日、抗日战争爆发80周年纪念日等重大活动，大力弘扬爱国主义精神，激发民众的爱国热情。（责任单位：区委宣传部）

9.加强宣传干部队伍建设。加强专业干部队伍培训，举办全区宣传思想文化系统干部培训班，分期分批对宣传思想文化干部队伍进行轮训。提高各级干部学网、懂网、用网水平，善于运用网络走群众路线的能力。建强网络人才队伍，加强对大V和网络舆情员队伍、红客队伍的建设，建立一支稳定的网评员队伍。整合区域文化人才，摸底辖区内文化人才，聘请玄武文化惠民使者，参与全区的公益演出和培训。（责任单位：区委宣传部）

四、坚持文化惠民，扎实推进文化事业产业全面发展

10.推动文化事业繁荣。坚持以人民为中心的创作导向，深度挖掘、创作一批反映玄武历史文化的精品力作。探索点单式的公共文化服务模式，创新惠民演出的内容和表现形式。保护城市整体格局和风貌，开展民国建筑历史溯源和各类不可移动文物的常态保护工作。推进历史文化街区保护建设，加强非物质文化遗产保护与利用，建立非物质文化遗产代表作保护名录体系。构建都市“15分钟文化圈”，建设一批社区综合文化服务中心。继续推动文化品牌建设，深入实施文化惠民“百千万行动计划”，举办第二十一届“玄武之春”、第十四届长江路文化艺术节、“金陵五月风”第十一届文化艺术节、第十五届“文博之夏”、“书香玄武”等品牌文化活动。举办第十四届邻里文化节系列活动。开展“扫黄打非”专项整治行动。（责任单位：区文化局）

11.推进文化产业发展。完成文化产业增加值占GDP比重现代化考核目标。全面完成玄武区深化文化体制改革第二阶段工作项目。推进“七个一批”重点文化产业项目，进一步完善区文化企业名录库。举办好玄武文化产业联盟主题活动。打造“1+3+N”产业发展矩阵平台，整合属地共享资源，打造文化建设四维体系，让文化成果让群众共获共享共益。参加第九届南京市文交会。（责任单位：区文化改革发展领导小组各成员单位）

五、建设幸福城区，提升群众幸福感和满意度

12.提升社会文明和谐水平。启动社区治理和服务体制改革试点，加快推进街道社区体制机制改革。深入贯彻《玄武区关于加快发展养老服务业的实施意见》，实施养老服务产业三年行动计划，至2017年底，新增养老服务设施10000平方米，社区养老服务设施每百户达到20平方米。实施“创业玄武”计划，构筑“人才+项目+资金”的发展新格局。开展雏鹰助学行动，丰富助学内容，帮助困境少年不少于3500人次。深入开展以“幸福家庭创建”为抓手的主题宣传活动，打造1个人口文化宣传基地，1个青春健康教育基地、1个生育关怀基地。规范信访事项受理办理程序，深化法治区创建，深化法治文化建设。开展法治文化阵地建设，在每个街道创建1个法治宣传阵地，完成创建3个以上省法治文化示范点目标。发挥“玄微警”平台的作用，提升群众安全感满意度。坚持“房产直通车”24小时一站式服务，打通服务居民的一百米。做好双拥、优抚、安置工作，构建和谐军地关系，促进军民融合发展。（责任单位：区精神文明建设指导委员会各成员单位）

13.倡导健康科学生活方式。提升城市社区10分钟健身圈，举办区第十二届运动会。围绕“5·8世界红十字日”“5·12防灾减灾日”“世界急救日”等重要节日纪念活动宣传红十字精神。组织开展区第十七届科技活动周、第27次全国助残日、安全文化“进校园、进企业、进社区”等活动。加强反邪教警示教育，对社区党员普遍进行一次反邪教警示教育。开展国防教育进机关、进学校、进企业、进社区活动，不断增强各级领导干部、青少年、民兵预备役以及广大市民的国防意识。开展世界环境日、环保宣传周活动，创建省级绿色学校1所。开展省级食品安全示范区创建工作。加强经营性公共场所的长效管理，各项卫生制度齐全、记录规范，卫生许可证持有率达100%，从业人员健康证达95%以上。强化签约服务管理，积极探索分级诊疗，为辖区内居民提供全生命周期的健康管理服务。推进枢纽型社会组织建设，加强幸福玄武建设的宣传教育，提高群众的满意度和幸福感。（责任单位：区精神文明建设指导委员会各成员单位）

14.推进“智慧玄武”建设。以信息惠民为切入点，按照“智慧玄武”建设三年行动计划，紧扣电子政务、城市管理、民生服务三项内容，搭建覆盖全区域的视频监控系统，推进综合指挥中心平台建设，为城市管理和突发应急指挥提供全面、直观、智能信息。进一步做好“互联网+政府服务”、“互联网+便民服务”应用平台开发工作，整合各部门智慧应用，以在线服务为突破点，打造公共信息服务平台“玄武微门户”，真正实现“信息多跑路、群众少跑腿”。在移动办公平台基础之上，进一步拓展 OA 办公平台功能，打造全新智慧工作圈模式。(责任单位：区委宣传部、区政务办、公安玄武分局)

玄武区 2017 年人才工作目标

中共玄武区委

2017 年 2 月 18 日

2017 年玄武区人才工作的指导思想是：深入贯彻落实中央、省、市、区人才工作战略部署，全面推进“创业玄武”人才计划，聚力创新引领发展，聚焦创业富民强基，在省市争当排头兵、提升首位度，为建设“强富美高”新玄武提供智力支持和人才支撑。

一、坚持“党管人才”，完善机制体系

1.强化组织领导。健全党管人才领导体系，发挥区人才工作领导小组职能作用，优化机构设置，坚持例会制度，严明议事规则，定期研究部署人才工作重大事项，协调解决关键问题，推动全区人才工作高效有序运转。(责任单位：区委组织部(人才办))

2.健全责任分工。完善“组织部门牵头抓总、专项办各司其职、系统部门密切配合、街道园区执行落实”的责任链条和管理层次，进一步明确职责分工，细化工作流程，加强信息沟通、工作衔接和资源整合，推行菜单式、项目化工作模式，确保各级人才工作方针政策全面贯彻落实。(责任单位：区人才工作领导小组各成员单位)

3.优化目标考核。通过“量化指标、综合要素、多元方式”，提高考核工作的针对性、科学性和操作性，以刚性考核确保刚性落实，以考核导向引领工作导向，调动各方抓人才工作的积极性主动性，树立“重数量更重质量、重引进更重服务、重规模更重效益”的理念意识，保障工作有序推进。(责任单位：区委组织部(人才办)、区科技局、区人社局)

二、围绕中心主线，强化服务大局

4.聚焦重点产业。围绕玄武“4+4”产业体系，瞄准主导产业、新兴产业发展需求，定点定向引进紧缺人才、实用人才，实现产业集聚人才与人才引领产业的互动循环，提高引进人才与重点产业发展的契合度，助力产业升级调整，增强发展后劲。(责任单位：区委组织部(人才办)、区科技局、区人社局，重点产业主管部门，各街道、园区)

5.聚焦重点板块。围绕玄武“一城两街三片区”产业布局，招商引资与招才引智齐力并举。珠江路创业大街重点引进和集聚电子商务、云服务、移动互联网+、智能硬件、设计咨询等领域人才；长江路历史文化大街和环湖旅游服务区重点引进和集聚文化创意、休闲商旅、影视动漫、数字出版等领域人才；南京 CBD 核心区和红山铁北新城重点引进和集聚云计算、人工智能、智慧城区、商贸商务等领域人才；依山科技创新区重点引进和集聚生物医药、软件信息、现代金融、科技服务等领域人才。(区委组织部(人才办)、区科技局、区人社局，重点板块主管部门，各街道、园区)

6.聚焦重点项目。围绕省技术产权交易市场、东华科技产业园、精准医疗百家汇创业创新平台等市、区重点项目建设，根据项目空间、业态和承载规模，个性化定制人才引进培养方案，推动项目精致开发、提质增效。(责任单位：区委组织部(人才办)、区科技局、区人社局，重点项目主管部门，相关街道、园区)

三、突出质效导向，推行“引育一体”

7.强化人才引进培育。实施“凤栖玄梧”引才与质效提升行动，着眼人才企业市场前景及发展潜力，推行“龙头企业产业链延展、规模企业新项目开发、高校院所科技成果转化、国际国内品牌赛事掐尖、战略资本合作”等八个先导，工作重心前移，精准引才，发挥主城有限资源最大效益。积极拓宽引才渠道，广泛吸引专业社会力量参与人才开发，建立“人才+技术+资本+市场”遴选规则。年度引进市高端人才团队 2 个，市高层次创业人才 14 名，培育市创新型企业家 3 人，在集聚科技顶尖专家、自主培养国家“千人计划”企业人才、国家“万人计划”企业人才、省“双创计划”企业人才及团队等方面取得明显突破和进展 (责任单位：区委组织部(人才办)、区科技局、区人社局、各街道、园区)

8.强化人才进阶发展。辅导推动境内外首发上市

或新三板挂牌，获评市以上重点科技奖项、省级重大科技成果转化项目，通过高新技术企业、双软企业、研发机构、众创空间等省级以上资质认定，进阶国家、省级主要人才计划。年度人才企业初创成活率不低于80%，优质孵化率、市场效益、自主创新成果研发转化效率、高层次人才吸纳能力、省级重点人才进阶率等指标在全市排名靠前，区域人才发展环境满意度高于80%。(责任单位：区委组织部(人才办)、区科技局、区人社局、相关职能部门、各街道、园区)

9.强化人才效益提升。建立和完善人才企业发展综合监测评估指标体系，年度人才企业GDP贡献率、税收贡献率、创新活力指数和投入产出比等核心指标形成逐年递增态势，不断提升人才企业对玄武经济社会发展的支撑力、推动力。(责任单位：区人才工作领导小组各成员单位)

四、优化氛围环境，推进创业创新

10.构建要素齐备的创业创新生态圈。对标京沪杭等创新创业先行地区，充分对接核心要素，有效集成各类资源，大力发展众创孵化、金融投资、营销策划、创业辅导、认证检测等创新服务业。完善区域高端人才信息数据库，积极利用大数据技术促进引智信息资源的深度整合和开发利用，提高引才精度。开设“院士讲坛”，建立玄武智库，吸引两院院士、业内专家及其创新团队向玄武重点行业领域集聚，帮助企业切实解决创新中的实际问题和战略发展的相关问题。弘扬创业文化。通过展览、讲座、表彰等活动，典型培育、示范引领，大力营造“敢于创新、公平竞争、开放包容”的创业氛围。(责任单位：区人才工作领导小组各成员单位)

11.构建全面覆盖的创业创新服务链。实施“领创之路”服务与创业助推行动，推出“政策、载体、技术、人力资源”等9大类23项具体服务举措，构建“全周期、全领域、全方位”的创业创新服务链。针对创业前期、起步期、发展期和腾飞期不同阶段，不同产业领域，不同创业者的不同需求，充分整合政务、市场、社会资源，依托专业知名创业服务机构，分步骤、有侧重的提供相对应的定制服务。进一步激活创新细胞、降低创业成本、加速创业进程。(责任单位：区人才工作领导小组各成员单位)

12.构建功能完善的创业创新支持体。以人才需求为导向，搭建绿色通道、简化流程步骤、汇聚各方资源，在办公居住、医疗保健、子女教育、家属安置、户籍转入、生活配套等方面提供有效服务，构建玄武吸引人才、留住人才的创业创新支持体系。(责任单位：区人才工作领导小组各成员单位)

文件目录

区委文件

1月21日　玄委发〔2017〕6号　关于印发《玄武区属国有企业领导人员任免和任期管理暂行规定》的通知

2月4日　玄委发〔2017〕8号　关于表彰2016年度全区重点工作先进单位的决定

3月11日　玄委发〔2017〕13号　关于表彰优秀企业和优秀企业家的决定

4月19日　玄委发〔2017〕17号　关于印发《玄武区“两减六治三提升”专项行动实施方案》的通知

4月22日　玄委发〔2017〕18号　关于表彰2016年优秀公务员的决定

5月23日　玄委发〔2017〕22号　关于深入推进教育现代化建设　努力办好人民满意教育的实施意见

6月3日　玄委发〔2017〕23号　关于印发《玄武区法治政府建设实施方案(2017—2020年)》的通知

7月20日　玄委发〔2017〕24号　印发《关于全面推进社会治理一体化改革的意见》的通知

9月6日　玄委发〔2017〕27号　关于表彰2017年玄武区优秀教育工作者的决定

9月24日　玄委发〔2017〕32号　关于印发《玄武区全面推行“河长制”的实施意见》的通知

10月31日　玄委发〔2017〕34号　中共玄武区委、玄武区人民政府关于聚焦富民促进居民增收的实施意见

12月22日　玄委发〔2017〕36号　中共玄武区委、玄武区人民政府、玄武区人民武装部关于加强和改进新形势下国防动员工作的意见

1月18日　玄委办〔2017〕1号　关于表彰“机动车违停和占道经营集中联合整治雷霆行动”先进单位和先进个人的决定

8月23日　玄委办〔2017〕22号　印发《关于全面落实区纪委向区一级党和国家机关派驻纪检机构

的方案》的通知

2月7日　玄委办发〔2017〕2号　关于印发《玄武区“七五”保密法治宣传教育规划》的通知

3月9日　玄委办发〔2017〕10号　印发《关于“十三五”期间落实计划生育目标管理责任制的实施意见》的通知

5月24日　玄委办发〔2017〕24号　印发《关于推进“两学一做”学习教育常态化制度化的实施方案》的通知

5月31日　玄委办发〔2017〕27号　关于印发《玄武区实行审计全覆盖的实施意见》的通知

8月21日　玄委办发〔2017〕33号　关于印发《玄武区出租房屋安全隐患集中整治工作方案》的通知

12月26日　玄委办发〔2017〕53号　关于印发《南京市玄武区深化国家监察体制改革试点工作实施方案》的通知

12月28日　玄委办发〔2017〕55号　印发《关于推行法律顾问制度和公职律师公司律师制度的贯彻实施意见》的通知

区政府文件

1月3日　玄政〔2017〕7号　关于印发南京市玄武区政府行政审批涉及中介服务事项清单的通知

5月16日　玄政〔2017〕121号　区政府关于印发玄武区土壤污染防治行动计划的通知

10月11日　玄政〔2017〕308号　关于印发《玄武区政府投资建设项目管理办法(试行)》的通知

11月20日　玄政〔2017〕351号　关于印发《玄武区国有土地上房屋征收补偿补助奖励规定》的通知

3月15日　玄政办〔2017〕21号　关于印发《玄武区落实小学“弹性离校”工作方案》的通知

6月11日　玄政办〔2017〕55号　关于印发《玄武区“不见面”审批(服务)改革实施方案》的通知

8月22日　玄政办〔2017〕82号　关于印发《玄武区投资建设项目“预审代办”实施办法(试行)》的通知

11月12日　玄政办〔2017〕122号　关于印发《玄武区自然灾害救助应急预案》的通知

11月10日　玄政办〔2017〕126号　关于印发《玄武区地震应急预案》的通知

11月27日　玄政办〔2017〕133号关于印发《玄武区防台风应急预案》《玄武区防汛应急预案》的通知

12月5日　玄政办〔2017〕134号　关于印发《玄武区价格异动应急预案》的通知

文件选编

玄武区青少年科技创新区长奖实施方案(试行)

玄政〔2017〕258号

为规范玄武区青少年科技创新区长奖(以下简称“区长奖”)评审流程，确保活动公开、公平、公正，特制定本实施方案。

一、组织领导

为统筹协调“区长奖”评审活动，成立玄武区青少年科技创新区长奖评审领导小组，区政府分管领导担任组长，区科协、区教育局负责人担任副组长，成员单位由区科技局、区财政局、区人社局、区监察局相关负责人以及行业专家组成。小组下设评审活动办公室，主任由区科协分管领导担任，负责评选活动的日常组织工作，办公室设在区科协。每期评审行业专家成员视评审主题而定，并及时公布。

二、申报条件

热爱祖国，热爱科学，德、智、体、美、劳全面发展的玄武区在校中小学生、中等职业学校学生，在科技创新上表现突出的青少年，有小课题研究及发明作品，且符合下列条件之一的均可参加申报：

(一)中国科协、教育部等八部委主办的“全国青少年科技创新大赛”中获三等奖(含三等奖)以上的项目。

(二)在INTEL国际科学与工程大奖赛、迈向未来——国际青少年科学大会、欧盟青少年科学竞赛、国际环境科研项目奥林匹克竞赛、国际青少年科学家论坛等国际科学竞赛中获奖的项目。

(三)教育部、中国科协主办的“明天小小科学家”活动三等奖(含三等奖)以上的项目。

(四)省级青少年科技创新大赛中科技创新成果竞赛二等奖以上项目。

(五)国家部委主办的其他全国性青少年科技创

新竞赛中获三等奖以上、省级以上少年科学院活动二等奖以上、南京市级青少年科技创新大赛中科技创新成果竞赛一等奖，获得国家发明专利、经专家鉴定对当地经济社会发展有一定推进作用的项目。

（六）经玄武区青少年科技创新区长奖评审领导小组一致认可，且经公示后无异议的项目。

三、评审流程

“区长奖”每年评选2次，分为小学组、初中组、高中组（含中等职业学校），具体流程分申报、审查、评审、奖励四个步骤。

（一）申报

1.符合申报条件者，填写《玄武区青少年科技创新区长奖候选申报表》（一式三份）并附获奖证书原件，由所在学校、单位提出书面推荐意见后上报评审活动办公室。

（二）审查

2. 评审活动办公室对照申报条件，查验作品实物、获奖证书原件及所在单位书面推荐意见，初步审定参赛选手资格，确定符合条件的候选人，报评审领导小组。

（三）评审

3.评审程序主要由候选人陈述、领导小组成员提问、行业专家投票三个环节组成，按照得票高低确定入围人选。

4.经评审领导小组同意后，入围人选材料在媒体公示，公示时间为5个工作日。

（四）奖励

5. 公示结束无异议后，区政府对获奖者进行表彰，授予区长签名的荣誉证书和奖牌，并按“小学组、初中组、高中组”分别给予第一作者600元、800元、1000元的奖励，获奖者名单载入当年《玄武年鉴》。对辅导获奖者的科技辅导员给予相对应的奖励。

6.对组织工作比较突出的单位及个人（非公务人员）给予奖励。

7.获奖者如有弄虚作假、涉嫌抄袭、严重违法行为，由评审领导小组批准取消其称号，并在媒体上通报。

四、经费保障

活动经费纳入区财政预算，每年不少于30万元，主要用于：

（一）举办“玄武区青少年科技创新区长奖”评选、成果展示等相关活动。

（二）奖励玄武区青少年科技创新区长奖的获奖者和科技辅导员。

（三）开展系列宣传活动，营造科技创新的良好氛围。

本实施方案解释权归评审领导小组。

玄武区国有土地上房屋征收补偿补助奖励规定

玄政〔2017〕351号

为了保障被征收人和执行政府规定租金标准的直管公房承租人（以下称直管公房承租人）合法权益，根据《南京市国有土地上房屋征收与补偿办法》（政府令第318号）、《南京市国有土地上房屋征收补偿补助奖励规定》（宁政规字〔2017〕12号）相关要求，结合玄武区社会经济发展实际，现将玄武区国有土地上房屋征收补偿补助奖励规定如下：

一、关于住宅房屋的规定

1.搬迁费。是指被征收房屋搬迁时发生的费用。按被征收房屋合法建筑面积每平方米60元计算，每个权证（不动产权证、房屋所有权证或其他合法房产凭证）不足2000元的补足至2000元。

2.设备拆移费。是指被征收房屋内相关专项使用设施的拆移费用，包括管道煤气、空调、固定电话、有线电视、热水器、宽带网等。

（1）原有管道煤气迁移，管道燃气设施工程安装补助费：2800元/户。

（2）固定电话迁移补助费：310元/部。

（3）有线电视迁移补助费：500元/户。

（4）宽带网迁移补助费：500元/端口。

（5）空调迁移补助费：500元/台。

（6）太阳能热水器拆除补助费：2500元/台。

（7）被征收房屋的使用人已电增容至8千瓦的，迁移补助费：280元/户。电增容至8千瓦（不含）以上的，迁移补助费：1000元/户。

3.临时安置补助费。是指房屋被征收后进行安置过渡的费用。按被征收房屋合法建筑面积计算，每月每平方米60元，每个权证（不动产权证、房屋所有权证或其他合法房产凭证）每月不足2000元的补足至2000元。实行货币补偿方式的，一次性发放12个月的临时安置补助费；实行征收安置或产权调换的，按照补偿与安置协议约定的临时安置期限及规定的月临时安置补助费标准发放。

4.重大疾病补助费。是指被征收人、直管公房承租人及同户籍内直系亲属,患重大疾病且符合医疗救助条件的。被征收人、直管公房承租人在规定期限内完成搬家并按规定办理房屋交接手续的,可以给予适当补助。

5.特别困难家庭补助费。是指被征收人、直管公房承租人及其家庭成员中有重度残疾,持证的一、二级肢体、精神、智力残疾和盲人,持有低保证和经民政部门认定的低保边缘家庭,家庭生活特别困难并符合救助条件的。在被征收人、直管公房承租人在规定期限内完成搬家并按规定办理房屋交接手续的,可以给予适当补助。

上述4、5两项补助每个权证户(不动产权证、房屋所有权证或其他合法房产凭证)累计不超过10万元。

6.特殊提前搬迁奖励费。是指被征收人、直管公房承租人在规定期限内提前完成搬家并按规定办理房屋交接手续的,给予一次性特殊提前搬迁奖励费,奖励费用按实际被征收房屋合法建筑面积计算。按实际被征收房屋所有权证、不动产权证或者其他合法房产凭证记载的合法建筑面积,每平方米1000元计算特殊提前搬迁奖励,每个权证(不动产权证、房屋所有权证或其他合法房产凭证)不足50000元的补足至50000元。

7.搬迁率奖励。是指在征收过程中,对征收范围内实际情况进行区域划分,根据所在区域内被征收人、直管公房承租人在规定期限内提前完成搬家并按规定办理房屋交接手续的,按相应完成率予以适当奖励。

8.特殊货币安置奖励费。是指被征收人、直管公房承租人在签约期限内搬迁,仅选择货币补偿且放弃申购征收安置房和保障性住房的,按照《南京市国有土地上房屋征收补偿补助奖励规定》给予房地产评估价格20%的货币安置奖励费外,区人民政府结合提前搬迁情况再给予不超过房地产评估价格20%的特殊货币安置奖励。

9.高龄搬迁奖励。是指被征收人、直管公房承租人在规定期限内完成搬家并按规定办理房屋交接手续的,权证户籍(不动产权证、房屋所有权证或其他合法房产凭证)内有80岁以上至90岁(不含90岁)的高龄老人,按每人2万元给予搬迁奖励;有90岁(含90岁)以上的高龄老人,按每人3万元给予搬迁奖励。

10.无未登记房奖励。是指被征收人、直管公房承租人在规定期限内完成搬家并按规定办理房屋交接手续的,无未登记房的每个权证户(不动产权证、房屋所有权证或其他合法房产凭证)可视情给予不超过5万元的奖励。

11.放弃部分安置房奖励。被征收人、直管公房承租人的房产评估价总额符合申购征收范围内两套以上(含两套)征收安置房的,但因项目房源所限,被征收人、直管公房承租人只申购一套征收安置房,并在规定期限内完成搬家并按规定办理房屋交接手续的,其房地产评估价格中剩余金额,可按一定比例给予奖励。

上述4—11项补助和奖励的规定期限和标准,由各项目视实际情况自行制定,报区政府批准。特殊情况经区政府组织相关部门召开专题会议审议办理。

二、关于非住宅房屋的规定

对被征收非住宅房屋,除对其价值的补偿外,按照《南京市国有土地上房屋征收补偿补助奖励规定》执行。非住宅房屋拆除管道煤气、空调、固定电话、有线电视、热水器、宽带网等补助费用参照征收住宅房屋标准补助。

三、其他规定

1.本规定未涵盖的项目按《南京市国有土地上房屋征收补偿补助奖励规定》及相关政策文件执行。

2.本规定由区征收办负责解释。各征收项目依据此规定制定操作细则,区征收办负责审核,经区政府批准后实施。

3.本规定自批准之日起实行,在此之前已作出征收决定的征收项目,仍按原规定执行。

玄武区教育现代化建设三年行动计划

玄政办〔2017〕45号

为深入推进教育现代化,加快"南京世界教育名城"先行区建设步伐,根据区委、区政府《关于深入推进教育现代化建设努力办好人民满意教育的实施意见》和《玄武区"十三五"教育发展规划》,制定本行动计划。

一、指导思想

以党的十八大和十八届三中、四中、五中、六中全会精神为指导,以科学发展观为统领,以立德树人为根本，坚持教育优先发展，以“办好人民满意的教育”为宗旨，在确保继续办好名校的基础上，推动优质教育资源融通整合，统筹布局规划、学校建设、师资配置，全面提升不同阶段、不同类型学校的教育质量，积极打造玄武教育优质均衡新样态，办好公平普惠、优质多样、充满活力、精致人文、特色鲜明、人民满意的一流教育。

二、建设目标

到2020年，教育现代化建设水平走在省市最前列，教育发展各项指标全面达超江苏省教育现代化监测指标。所有学校办学条件达省定标准，创成江苏省基础教育装备示范区。实现市级(含市级)及以上骨干教师覆盖全区中小学，名特优教师、名校长的生均拥有率全市最高。特色办学成效明显，“一校一品”的区域教育文化氛围浓厚。小学生综合素质发展水平及初、高中教育教学质量力争第一。

三、主要任务

(一)改善办学条件

1. 新建配套中小学、幼儿园11所，新建面积106300平方米。其中，紫金华府、玄武公馆小区配套初中2所，面积48300平方米；盛和佳园、紫金华府、玄武公馆小区配套小学3所，面积34000平方米；盛和佳园、翡翠华庭、晏山居、大发融悦、紫金华府、玄武公馆小区配套幼儿园6所，面积24000平方米，新增幼儿学位1600个。

2. 异地新建逸仙小学、中央路小学，建筑面积21000平方米。

3.改扩建学校10所，新增建筑面积146210平方米，完成九中震旦校区、人民中学、科利华中学、十三中锁金分校等4所中学，小营小学、锁金一小、立贤小学、樱花小学、孝陵卫中心小学等5所小学教学楼、体育馆扩建工程，建成玄武中等专业学校新校区。

4.完成玄武高级中学、十三中锁金分校、南师附小珠江路校区等3所学校教学楼加固工程。

5.实施厕所提升工程，完成14所学校厕所提升改造。

6.实施学校运动场地改造，改造升级10所学校20000平方米的运动场地。

7.建成区教育系统校园安全视频监控中心。

(二)加强教师队伍建设

8.鼓励、支持在职教师的学历提升。学前教育教师以本科学历提升为重点，小学教师、中学教师以硕士、博士学位提升为重点，职业学校教师以取得“双师型”资格为重点。区教育局对认定的本科、硕士、博士和“双师型”教师，分别给予一次性补贴5000元、10000元、20000元、5000元。

9.根据学校发展、教师结构、学生数量等变化情况动态调整编制配备，及时为新建并投入使用的学校核定编制。

10.合理设置中小学教师专业技术岗位，高级和中级教师岗位设置的比例按省有关规定的上限执行。

11.推动义务教育阶段学校教师、校长常态化交流轮岗，每年教师交流比例不低于符合交流条件教师总数的15%。

12.依法保证教师平均工资水平不低于国家公务员的平均工资水平，并逐步提高，健全符合教师职业特点、体现岗位绩效的工资内部分配激励约束机制。在规范实施绩效工资制度的基础上，公办中小学、相关事业单位教职员工利用双休日、节假日参与上级部门安排的各类考试服务、社会公益服务、技术服务以及相关急难险重等工作，按规定应发给教职员工的劳务收入不纳入学校绩效考核总量管理。

13.加大骨干教师队伍建设力度。制定实施骨干教师梯队培养计划，持续开展区优秀青年教师、德育工作优秀青年教师、学科教学带头人、德育工作带头人、优秀班主任评选工作，培育骨干教师队伍。实施“双名工程”，加大名特优教师、校长培训和引进力度。

14.加大优秀中小学教师奖励力度。每年安排专项资金对有突出贡献的校(园)长、优秀教师以及长期从事基础教育并做出特殊贡献的教师予以奖励。

15. 积极探索青年教师住房困难的解决办法，努力化解青年教师在住房方面的后顾之忧。

(三)提升办学质量

16.加强教育共同体建设。优化托管、联盟、教育集团等教育共同体的运行机制，发挥名校、名园在各类共同体中的指导与孵化作用，提升新建校、薄弱校及集团校的教育教学质量和办学水平。新办义务教育名校分校5所，北幼、长幼、珠幼等教办园分别举办1~2所分园。

17.加强学校特色文化建设。大力推进省特色文化项目建设、市特色文化示范学校建设，探索新形势下小班化教育新模式，全面推进素质教育示范校建设。建成4~5所省小学特色文化建设项目学校，3~4所市小学特色文化建设示范学校，评估认定60个区素质教育特色项目学校。

18.深化学校课程建设。完善落实国家核心素养的学校课程规划,加大省、市课程基地建设力度,开展“STEM”项目教学研究。新增1~2个省学科课程基地、4~5个市学科课程基地、10~12个区学科课程基地,建成8~10个“STEM课程实验室”。建成1~2个职业学校学生创业基地,建成2~3个省职业教育现代化专业群,5~6个校企共建、产教深度融合的实训平台。

19.加强教育教学研究与实践。全面推进区域“新三学”课堂教学研究与实践活动,评选出20个区课堂教学改革示范学校。推进省、市教育科学规划课题的实践研究,培育一批课改成果,推进省、市前瞻性教学改革项目建设工作。全区85%的教师有校级及以上研究课题,60%的教师独立承担或参与市级及以上课题,校级领导主持的区级及以上课题占校级领导总数的75%,每一所学校均有市级及以上教育科学规划课题。

20.完善“三段一体”教学质量发展性评估体系,提高教学管理效能,促进学生学业水平提升。每年安排专项资金,对提升教育教学质量有突出贡献的学校给予奖励。

(四)加快智慧教育建设

21.推动区教育云数据中心和教育信息化公共服务平台建设,提升互联网、移动互联网、物联网网络环境水平,实现千兆到校、百兆到班、无线网络全覆盖,12所学校建成智能一卡通系统,12所学校建成智慧教室。

22.完善数字化资源共建共享机制,90%以上教师开通实名制网络学习空间,有效利用数字化资源开展教学;70%以上学生开通实名制网络学习空间,能够应用空间自主学习。

23.推动智慧教育管理科学化、精准化。建立数据分析模型和评估指标体系,强化基于大数据的教育治理和绩效评价。

(五)推进教育国际交流

24.每年选派不少于60名优秀教师出国(境)培训交流。

25.区内80%的公办学校与国(境)外相关学校建立友好交流合作关系,60%的高中(含职业学校)与国(境)外同类学校有合作项目,区教育局与4~5个国(境)外区域教育部门有战略合作。

26.推进校本课程与国际接轨。推动学校建设国际化校本课程。加强中外基础教育课程和教师素养的比较性研究,支持2~3所有条件的学校与国(境)外友好交流校开展课程实施与教师培训项目实验,选择1~2所中小学校开展双语教学项目实验。

四、实施保障

1.组织保障。区政府成立由区长、常务副区长、分管副区长任组长、副组长,区有关部门负责同志为成员的玄武区教育现代化建设领导小组。主要负责制定玄武区教育现代化建设年度目标和实施方案,统筹推进、指导督促区教育现代化建设工作,定期召开教育工作专题会议,重点围绕关键领域和薄弱环节组织攻关,努力提高教育现代化建设整体水平。

2.政策保障。严格执行相关教育法规、政策要求保障教育优先发展。2017年,区教育局制定实施《玄武区教育发展共同体建设意见》,区教育局、财政局、人社局制定实施《玄武区中小学教师政府专项奖励实施办法》。

3.资金保障。区政府按政策保障学校基础建设和技术装备资金,每年安排1000万~1500万元专项经费,用于教师队伍建设和教育教学质量提升。

玄武区“不见面”审批(服务)改革实施方案

玄政办〔2017〕55号

为进一步提升行政审批效率,切实方便群众、企业办事,营造更优政务服务环境,根据《国务院关于加快推进“互联网+政务服务”工作的指导意见》(国发〔2016〕55号)、《省委、省政府关于深化行政审批制度改革加快简政放权激发市场活力的意见》(苏发〔2016〕42号)、《省政府关于加快推进“互联网+”行动的实施意见》(苏政发〔2016〕46号)和《南京市“互联网+政务服务”实施方案》(宁政发〔2017〕2号)等文件精神,现就推进我区“不见面”审批(服务)改革工作,制定本方案。

一、指导思想

认真落实党的十八大和十八届三中、四中、五中、六中全会精神,坚持用互联网思维推进“放管服”改革,按照全省行政审批“网上办、集中批、联合审、区域评、代办制、不见面”的改革目标,以企业、群众的需求为导向,以权责清单为边界,以信用监管为核心,以综合执法为支撑,以网格协同为基础,以“双随机一公开”为抓手，全力构建“审批清单管理、全科政务受理、网格陪办代办、信息平台支撑、综合执法保障、多种途径送达”的“不见面”审批（服务）模式，切实转变政府职能、提高行政效能，创造便利创业创新的营商环境，有效激发市场活力和社会创造力。

二、改革目标

按照“不见面是原则、见面是例外”的理念和目标，全面融入全省“一张网”建设，充分利用互联网将服务窗口、服务机制拓展延伸到PC端和移动端，建立高效便民的“不见面”审批服务平台，打造“网上政府”，让数据多走路、群众少跑腿，实现“外网受理、内网办理、集中审批、无偿代办、公开透明、快递送达”。到2017年10月底前，确保全区超过80%的审批服务事项“网上办、不见面”，实现群众、企业“一次不跑，事情办好”，将我区打造成为办事效率最高、营商环境最优，创新创业活力最强的地区。

三、基本原则

（一）试点突破，全面推广。以区市场监督管理局开发建立“市场主体不见面审批系统”，实现企业、个体工商户证照办理“不见面”审批为突破口，向部门、街道全面推广，实行网上办事。

（二）系统梳理，分步推进。优先将与群众和企业生产生活关系最紧密的事项率先实现“网上办、不见面”，系统梳理编制“不见面”审批服务清单、因地制宜、分步推进。

（三）优化流程，提升服务。实行全网在线申请、同步受理审查、证照快递送达等“不见面”审批流程，推进办事材料目录化、标准化、电子化，缩短办理时限，降低企业和群众办事成本。

（四）强化监管，稳步实施。以信用体系建设为基础，加强事中事后监管，将综合执法和部门专业执法相结合，与“不见面”审批同步衔接，确保“不见面、批得了、管得住”。

四、主要任务

（一）明确审批事项目录。对照现有区级权力事项、服务事项和办事指南，制定首批区级45项、街道114项“不见面”审批服务事项清单，除涉密和法律法规有特别规定外，将如“公司登记、社保证明打印、再生育证办理”等能够实现网上审批的事项，全部纳入事项清单，进行标准化管理。完善“不见面”审批服务事项办事指南，明确办理条件、办理材料、办理流程，取消没有法律法规依据的证明和盖章环节。（责任部门：区编办、区政务办、各街道办事处、各相关部门）

（二）优化全科政务服务。加强“全科社工”的统一招聘、系统培训和星级管理，编制全科政务服务标准，完善激励措施和考核办法，为“不见面”审批实现“前台全科受理、后台同步审批、区街联网通办、证照立等可取”的改革目标奠定基础。建立并运营区投资建设代办服务中心，完善区街两级代办员制度，将企业、群众办事的过程变成政府内部为企业、群众服务的过程，审批结果自主选择就近取件或快递投送，打通服务群众、企业最后一公里。（责任部门：区政务办、区民政局、区人社局、各街道办事处、各相关部门）

（三）完善信息平台建设。加强互联网、大数据等信息技术的集成应用，区发改局制定信用审查监管工作方案，加快“信用审查、人脸识别、虹膜识别、人证验证、人机验证、电子签名”等信息系统研发和推广应用，申请人和审批人通过登录手机APP和网页就能实现“在线提交办理、在线同步审批、材料信息共享、信用审查监管”等功能，区信息中心制定信息平台建设工作方案，确保“不见面”审批服务有效运行。加强街道便民服务中心建设，完善服务体系，实现政务服务事项就近能办、全区通办。（责任部门：区政务办、区市场监管局、区发改局、区信息中心、各街道办事处、各相关部门）

（四）加强审批监管保障。推行批管同步，加强批管衔接，发挥“不见面”审批、政务服务、综合执法、网格化治理等信息数据集成优势，打通信息壁垒，实现共用共享，为推行批管同步提供技术保障和数据支撑。按照“费随事转”的原则，区财政予以经费支持和保障。每天将新增登记审批事项同步推送信用库，并由街道落实巡查任务，现场查看、告知政策、检查承诺、结果反馈，实现有针对性的监管、更精准的服务。（责任部门：区政务办、区财政局、各街道办事处、各相关部门）

五、实施步骤

（一）试运行阶段（2017年5月—6月）

区市场监管局制定工作方案，率先推行“不见面”审批改革，建立“不见面”审批信息平台，制定首批区级“不见面”审批服务事项清单，出台“不见面”审批改革实施方案。

（二）全面推行阶段（2017年7月—10月）

复制推广“不见面”审批改革试运行经验，进一步完善“不见面”审批服务事项目录，优化信息系统建设，区信息中心制定信息平台建设工作方案，扩大“不见面”审批覆盖范围，全面推行区街两级“不见面”审批改革工作。

（三）巩固深化阶段（2017年11月—12月）

系统总结“不见面”审批改革成效，对区街两级“不见面”审批工作推进情况进行抽查和第三方评估，进一步优化“不见面”审批流程，形成完整的“不见面”审批改革玄武样本。

六、保障措施

（一）加强组织领导。“不见面”审批（服务）改革工作是一项复杂的系统工程，涉及面广、工作量大、技术要求高。为保证工作顺利推进，成立由区政府分管领导任组长，区委办、区政府办、区委改革办、区作风办、区编办、区政务办、区法制办以及有关审批职能部门、各街道负责人为成员的领导小组。各相关部门要落实分管领导和具体经办人，精心组织，周密部署，确保各项工作任务落到实处。

（二）狠抓推进落实。涉改部门和街道的主要领导作为“不见面”审批改革第一责任人，负责审核提交本部门“不见面”审批服务事项。区相关职能部门要加强指导监督，对确定的“不见面”审批服务事项要实行量化考核，区作风办须定期督促检查部门、街道“不见面”审批改革任务落实情况，确保改革举措落地见效。

（三）加强宣传引导。涉改部门和街道要及时准确发布改革信息并进行“不见面”审批服务宣传，正确引导社会预期，以打造营商环境最佳区为目标，坚持问题导向，转变工作理念，补齐审批短板，积极回应社会关切，创新社会参与机制，拓宽公众参与渠道，凝聚各方共识，营造良好氛围。

附件：1.南京市玄武区区级“不见面”审批服务事项清单

2.南京市玄武区街道“不见面”审批服务事项清单

附件1

南京市玄武区区级“不见面”审批服务事项清单

序号	事项名称	事项类型	服务对象	受理部门	服务方式	审批部门
1	招标文件备案	其他类	政府机关、企事业单位	招投标管理科	网上备案	建设局
2	招标投标情况书面报告备案	其他类	政府机关、企事业单位	招投标管理科	网上备案	建设局
3	建设工程各类合同备案	其他类	政府机关、企事业单位	招投标管理科	网上备案	建设局
4	招标人自行办理招标备案	其他类	政府机关、企事业单位	招投标管理科	网上备案	建设局
5	受灾人员救助	其他类	受灾人员	政务服务中心	网上服务	民政局
6	政府购买养老服务	服务类	老年人	街道服务中心	上门服务	民政局
7	法律援助	服务类	自然人	区法援中心	网上服务	司法局
8	社保基数申报	行政确认	企业	区社保中心	网上确认	人社局
9	个人缴费证明、积分落户证明打印	服务类	公民	区社保中心	网上服务	人社局
10	高校毕业生住房租赁补贴申请	服务类	公民	区人才交流服务中心	网上服务	人社局
11	纳入社会化管理的异地居住人员免费健康体检预约	服务类	退休人员	区社保中心	网上服务	人社局
12	公司登记	审批类	公司	政务服务中心	网上审批	市场监管局
13	企业法人登记	审批类	企业	政务服务中心	网上审批	市场监管局
14	企业集团登记	审批类	企业集团	政务服务中心	网上审批	市场监管局
15	合伙企业登记	审批类	合伙企业	政务服务中心	网上审批	市场监管局
16	个人独资企业登记	审批类	个人独资企业	政务服务中心	网上审批	市场监管局
17	企业名称核准	审批类	企业	政务服务中心	网上审批	市场监管局

续表

序号	事项名称	事项类型	服务对象	受理部门	服务方式	审批部门
18	个体工商户名称核准	审批类	个体工商户	政务服务中心	网上审批	市场监管局
19	个体工商户新设登记	审批类	个体工商户	各市场监管分局	网上审批	各市场监管分局
20	个体工商户变更登记	审批类	个体工商户	各市场监管分局	网上审批	各市场监管分局
21	个体工商户换照登记	审批类	个体工商户	各市场监管分局	网上审批	各市场监管分局
22	个体工商户补照登记	审批类	个体工商户	各市场监管分局	网上审批	各市场监管分局
23	个体工商户注销登记	审批类	个体工商户	各市场监管分局	网上审批	各市场监管分局
24	个体工商户食品经营许可设立登记	审批类	个体工商户	各市场监管分局	网上审批	各市场监管分局
25	个体工商户食品经营许可变更登记	审批类	个体工商户	各市场监管分局	网上审批	各市场监管分局
26	个体工商户食品经营许可换证登记	审批类	个体工商户	各市场监管分局	网上审批	各市场监管分局
27	个体工商户食品经营许可补证登记	审批类	个体工商户	各市场监管分局	网上审批	各市场监管分局
28	个体工商户食品经营许可注销登记	审批类	个体工商户	各市场监管分局	网上审批	各市场监管分局
29	特种设备安全管理人员资格	审批类	使用特种设备组织的相关工作人员	政务服务中心	网上审批	市场监管局
30	特种设备作业人员资格	审批类	使用特种设备组织的相关工作人员	政务服务中心	网上审批	市场监管局
31	限额以下外商投资企业设立、变更、解散、终止的备案	其他类	企业	商务局外资科	网上审批	商务局
32	对外贸易经营资格备案	其他类	企业	政务服务中心	网上审批	商务局
33	再生资源回收经营者备案	其他类	企业	商务局产业科	网上审批	商务局
34	公共场所卫生许可	审批类	公民、法人、其它组织	政务中心	网上审批	卫计局
35	放射诊疗许可	审批类	公民、法人、其它组织	政务中心	网上审批	卫计局
36	有重要保存价值的非公有制经济组织和民办非企业单位的档案的目录报送	审批类	企业	区档案局	网上审批	档案局
37	重大活动(事件)的登记	审批类	企业	区档案局	网上审批	档案局
38	重大活动档案目录的报送	审批类	企业	区档案局	网上审批	档案局
39	重点建设项目档案的备案、登记	审批类	企业	区档案局	网上审批	档案局
40	按比例安排残疾人就业年审	审批类	用人单位	区残联服务大厅	网上审批	区残联
41	办理中华人民共和国残疾人证评定	服务类	残疾人	区残联服务大厅	网上审批	区残联
42	重大危险源备案	审批类	企业	政务服务中心	网上审批	安监局
43	危险化学品安全评价报告以及整改方案的落实情况备案	审批类	企业	政务服务中心	网上审批	安监局
44	剧毒化学品和储存数量构成重大危险源的其他危险化学品有关情况备案	审批类	企业	政务服务中心	网上审批	安监局
45	危险化学品生产装置、储存设施以及废弃危险化学品处置方案备案	审批类	企业	政务服务中心	网上审批	安监局

附件 2

南京市玄武区街道"不见面"审批服务事项清单

序号	事项名称	事项类型	办理单位
1	办理享受低保待遇证明	民政服务	街道便民中心
2	办理享受低保边缘户待遇证明	民政服务	街道便民中心
3	办理南京市城乡居民最低生活保障	民政服务	街道便民中心
4	办理特殊困难残疾人生活救助	民政服务	街道便民中心
5	办理生活困难居民医疗救助	民政服务	街道便民中心
6	办理南京市低保边缘家庭认定	民政服务	街道便民中心
7	办理南京市共有产权保障房申请	民政服务	街道便民中心
8	办理南京市公共租赁住房保障	民政服务	街道便民中心
9	办理慈善救助	民政服务	街道便民中心
10	办理民政事项咨询与举报	民政服务	街道便民中心
11	办理 60 周岁农村籍退役士兵老年生活补贴	民政服务	街道便民中心
12	办理享受"三属"待遇申请	民政服务	街道便民中心
13	办理享受部分烈士子女待遇申请	民政服务	街道便民中心
14	办理享受带病回乡退伍军人待遇申请	民政服务	街道便民中心
15	办理参战退役人员待遇	民政服务	街道便民中心
16	办理伤残军人残疾关系转移	民政服务	街道便民中心
17	办理涉核退役人员待遇	民政服务	街道便民中心
18	办理补办伤残军人证件	民政服务	街道便民中心
19	办理评定残疾等级申请	民政服务	街道便民中心
20	办理调整伤残军人残疾等级申请	民政服务	街道便民中心
21	办理重点优抚对象医疗补助申领	民政服务	街道便民中心
22	办理无军籍职工、冬季退伍士兵安置有关事项	民政服务	街道便民中心
23	办理基层民间组织备案	民政服务	街道便民中心
24	办理专项救助申领	民政服务	街道便民中心
25	办理江苏省老年人优待证	民政服务	街道便民中心
26	办理尊老金	民政服务	街道便民中心
27	办理驻宁部队军官家属随军未就业生活补贴申请	民政服务	街道便民中心
28	办理残疾人机动轮椅车和燃油补贴	残疾人服务	街道便民中心
29	办理高中和高等教育阶段残疾学生教育专项补贴	残疾人服务	街道便民中心
30	办理资助和奖励接受中、高等教育残疾学生	残疾人服务	街道便民中心
31	办理 0~6 岁贫困家庭残疾儿童抢救性康复训练	残疾人服务	街道便民中心
32	办理南京市贫困精神病患者免费服药	残疾人服务	街道便民中心
33	办理南京市贫困残疾人康复器材	残疾人服务	街道便民中心
34	办理南京市残疾人免费乘坐本市车船	残疾人服务	街道便民中心
35	办理江苏省贫困白内障患者复明手术	残疾人服务	街道便民中心
36	办理独生子女父母光荣证	计划生育服务	街道便民中心

续表

序号	事项名称	事项类型	办理单位
37	补领独生子女父母光荣证	计划生育服务	街道便民中心
38	出具江苏省育龄妇女避孕节育情况报告单	计划生育服务	街道便民中心
39	办理婚育情况证明	计划生育服务	街道便民中心
40	办理报销四项手术费	计划生育服务	街道便民中心
41	办理江苏省流动人口一孩生育服务登记证明	计划生育服务	街道便民中心
42	办理批准再生育一个孩子生育证	计划生育服务	街道便民中心
43	办理申报计划生育家庭特别扶助	计划生育服务	街道便民中心
44	办理社会抚养费征收	计划生育服务	街道便民中心
45	办理生育服务登记证	计划生育服务	街道便民中心
46	退休人员纳入社会化管理	社会保障服务	街道便民中心
47	办理申请失业保险金	社会保障服务	街道便民中心
48	办理大龄延长失业保险金	社会保障服务	街道便民中心
49	办理灵活就业人员参加失业保险	社会保障服务	街道便民中心
50	办理南京劳动保障网站个人注册	社会保障服务	街道便民中心
51	办理市民卡首次制卡及换卡	社会保障服务	街道便民中心
52	办理市民卡挂失	社会保障服务	街道便民中心
53	办理市民卡解除挂失	社会保障服务	街道便民中心
54	办理市民卡补卡	社会保障服务	街道便民中心
55	办理城镇居民基本医疗保险	社会保障服务	街道便民中心
56	办理城镇居民基本医疗保险首诊医院变更	社会保障服务	街道便民中心
57	办理城镇居民基本医疗保险长期驻外	社会保障服务	街道便民中心
58	办理城镇居民基本医疗保险零星报销	社会保障服务	街道便民中心
59	办理城镇居民基本医疗保险转外就医	社会保障服务	街道便民中心
60	失业人员职业指导培训工作	社会保障服务	街道便民中心
61	办理异地居住企业离退休人员领取养老金资格认证	社会保障服务	街道便民中心
62	办理就业和失业人员登记	社会保障服务	街道便民中心
63	办理被征地劳动年龄段人员参加基本养老保险和失业保险	社会保障服务	街道便民中心
64	办理被征地养老年龄段人员纳入基本生活保障和城镇居民基本医疗保障	社会保障服务	街道便民中心
65	办理城镇居民基本医疗保险生育登记	社会保障服务	街道便民中心
66	办理出具社会保险参保缴费证明	社会保障服务	街道便民中心
67	办理劳动力资源动态维护	社会保障服务	街道便民中心
68	办理离校未就业高校毕业生实名调查登记和就业服务工作	社会保障服务	街道便民中心
69	办理灵活就业人员参加社会保险	社会保障服务	街道便民中心
70	办理人员档案新增	社会保障服务	街道便民中心
71	办理人员档案修改(基础信息修改)	社会保障服务	街道便民中心
72	办理小额担保贷款及贴息	社会保障服务	街道便民中心
73	办理退休社会化安葬费	社会保障服务	街道便民中心
74	退休人员体检工作	社会保障服务	街道便民中心

续表

序号	事项名称	事项类型	办理单位
75	退休人员重病、孤寡、70、80、90、100岁生日慰问	社会保障服务	街道便民中心
76	缴纳城乡居民养老保险	社会保障服务	街道便民中心
77	办理自由职业者创业补贴	社会保障服务	街道便民中心
78	南京市被征地农民老年生活困难补助	社会保障服务	街道便民中心
79	职业技能培训咨询服务	社会保障服务	街道便民中心
80	再就业职业技能培训	社会保障服务	街道便民中心
81	办理就业困难人员认定	社会保障服务	街道便民中心
82	办理灵活就业人员社会保险补贴申报	社会保障服务	街道便民中心
83	办理南京支援“三线”建设部分回宁定居“老军工”生活和医疗补贴	社会保障服务	街道便民中心
84	办理退休社会化供养	社会保障服务	街道便民中心
85	办理个人申报职业培训补贴	社会保障服务	街道便民中心
86	办理劳动人事争议仲裁代办远程申请	社会保障服务	街道便民中心
87	办理新南京人综合服务	社会保障服务	街道便民中心
88	办理南京原支边、插队（场）、下放人员老年生活困难补助受理及领取资格验证	社会保障服务	街道便民中心
89	工资集体协商	社会保障服务	街道便民中心
90	企业工资薪酬调查	社会保障服务	街道便民中心
91	劳动保障日常巡查	社会保障服务	街道便民中心
92	异地居住离退休人员指纹采集卡用印	办事处用印服务	街道便民中心
93	遗产过户、申请房补、公积金死亡人亲属关系证明	办事处用印服务	街道便民中心
94	征地保障余款领取协议用印	办事处用印服务	街道便民中心
95	困难学生学费减免用印	办事处用印服务	街道便民中心
96	夫妻、父子等直系亲属关系证明	办事处用印服务	街道便民中心
97	个人住房情况证明用印	办事处用印服务	街道便民中心
98	申请异地住房保障人员家庭情况调查报告用印	办事处用印服务	街道便民中心
99	直系亲属生活供养、困难补助用印	办事处用印服务	街道便民中心
100	在企业申请房帖、集资房表格用印	办事处用印服务	街道便民中心
101	异地生育表格用印	办事处用印服务	街道便民中心
102	评残报告自述证明用印	办事处用印服务	街道便民中心
103	法律援助申请人经济状况证明表用印	办事处用印服务	街道便民中心
104	民族成分认定或变更证明用印	办事处用印服务	街道便民中心
105	结婚函调报告证明用印	办事处用印服务	街道便民中心
106	户口迁出无工作证明用印	办事处用印服务	街道便民中心
107	困难学生助学贷款申请表用印	办事处用印服务	街道便民中心
108	办理社保某段时期工作证明用印	办事处用印服务	街道便民中心
109	住房保障在保家庭申请经济适用房问卷调查表用印	办事处用印服务	街道便民中心
110	申请办理中华慈善总工会药物救助个人信息证明用印	办事处用印服务	街道便民中心
111	教育部制报考教师证申请人思想鉴定表用印	办事处用印服务	街道便民中心
112	开具0~3岁私托费票据	其他服务	街道便民中心

续表

序号	事项名称	事项类型	办理单位
113	建筑工地巡查	其他服务	街道便民中心
114	路边店劳动合同签订	其他服务	街道便民中心

玄武区全民健身实施计划(2016—2020年)

玄政发〔2017〕4号

为贯彻落实全民健身国家战略，加快推进健康玄武建设，继续完善全民健身公共服务体系，努力提升人民健康水平和生活质量，根据国务院《全民健身计划(2016—2020年)》《江苏省全民健身实施计划(2016—2020年)》、《南京市全民健身实施计划》的要求，结合我区实际，制定本计划。

一、发展基础

“十二五”期间，我区体育工作以南京亚青会和青奥会的成功举办为契机，以省级公共体育服务体系示范区创建为抓手，以开展形式多样的全民健身活动为主线，为提高群众身体健康水平、建设幸福玄武做出了贡献。

——健身场地设施条件明显改善。区体育活动中心等一批功能齐全、设施完善的综合体育场馆实现社会开放，全民健身路径实现全覆盖，为市民提供了便利的健身条件。全区人均体育场地面积5.77平方米，顺利完成“十二五”全民健身场地设施建设目标。

——各级各类赛事活动蓬勃开展。每年举办全区运动会，承办省、市全民健身活动。积极开展健身长跑、万人骑行、广场舞、球类、棋类等群众性健身活动，全区经常参加体育锻炼的人数比例达44.13%，位居全市前列。

——体育社会组织建设步伐加快。现有区体育总会1个，区级体育协会16个，街道体育协会49个，会员达23187人；晨晚练健身站(点)252个；社会体育指导员1768人，每万人拥有社会体育指导员27人。体育社会组织数量和规模的稳定增长，有力支持了全民健身活动的开展。

——科学健身指导水平不断提升。区国民体质监测指导中心顺利建成，街道国民体质监测指导站实现全覆盖，每年为近4000名群众免费进行体质监测并提供运动健身指导服务，国民体质监测抽样合格率达94.5%。

——全民健身产业规模稳步增长。区体育市场活力不断增强，居民健身消费市场明显扩大。体育及其相关产业增加值占地区生产总值比重达1.93%。健身产业在全区社会经济发展中的地位和作用逐步显现。

我区全民健身事业依然存在一些“短板”。具体表现为：全民健身设施发展不均衡，利用率有待提高；全社会参与全民健身的广度和深度仍需拓展等这些问题需要在下一步工作中加以改进和完善。

二、总体要求

(一)指导思想

认真落实党的十八大和十八届三中、四中、五中、六中全会精神，深入贯彻习近平总书记系列重要讲话特别是视察江苏重要讲话精神，树立创新发展、协调发展、绿色发展、开放发展、共享发展五大理念，以倡导健康快乐生活，满足人民群众日益增长的体育健身需求为出发点，加快完善亲民、便民、惠民的全民健身服务体系，努力提高人民群众的身体素质、健康水平和生活质量，为建设“强富美高”新玄武做出积极贡献。

(二)目标任务

到2020年，全区居民体育健身意识不断增强，经常参加体育锻炼的人数逐年增长，居民身体素质水平稳步提高，进一步建成均衡发展、便捷高效的全民健身公共服务体系，充分显现和发挥全民健身在建设更高水平小康社会中的地位和作用。具体目标为：

——体育人口不断增长，居民健康水平稳步提升。每周参加一次及以上体育锻炼的人数达40万人；经常参加体育锻炼的人数达30万人(占常住人口比例约46%)。《国民体质测定标准》合格以上人数比例达95%以上，在校中小学生普遍达到《国家学生体质健康标准》。

——全民健身场地设施更加完善，建设、管理、利用水平明显加强。全区人均体育场地面积超5.8平方米以上。建成6个配建体育设施的城市社区“游园绿地”；加强完善各类公共体育设施的无障碍条件，为特殊人群参与健身提供便利。城市社区“10分钟体育健身圈”健身器材覆盖率和完好率达100%；公共体育场馆基本实现特定时段的低价或免费向社会开放。

——全民健身活动广泛开展，社会参与持续扩大。继续组织好每年一届的全区运动会，开展“全民健身日”等系列活动；引导企事业单位、体育协会开展健步走、广场舞、路跑、骑行等健身活动，打造具有影响力的群众体育活动品牌。

——全民健身组织网络更加健全，科学健身水平显著提高。进一步完善健身组织网络，新增100个晨晚练健身站(点)，每万人拥有晨晚练健身站(点)达5.5个以上；AAA级体育社团达5个。建立全民健身志愿者服务队伍，依托街道国民体质监测指导站为广大居民提供全民健身志愿服务。

——全民健身产业进一步发展壮大。推动环紫金山—玄武湖体育圈建设，逐步形成适应经济发展、大众需求、规范有序的体育健身休闲市场，群众体育健身消费意愿显著增强，体育健身服务从业人数明显增长。

三、主要任务

(一)升级完善全民健身设施

1.继续加强区、街道、社区全民健身设施网络建设。提高区体育活动中心和街道文体站的社会开放力度，提升运营效益和服务水平；对全民健身工程点进行提档升级建设，有序完成健身器材的更新工作；严格落实新建居住区配建全民健身设施要求，与住宅区主体工程同步设计、同步施工、同步验收使用。

2.合理规划利用城市空间。积极落实在玄武湖、紫金山等公园、景区、绿地、空置广场融入体育元素和功能，有序推进健身步道和骑行车道建设，在聚宝山公园新增3公里以上健身步道；按计划建成北京东路与进香河交叉口东侧梅庵游园等6个城市社区“游园绿地”。

3.提升全民健身设施管理水平。实施全民健身设施服务外包，聘用专业人员对辖区全民健身设施器材定期巡修维护，确保器材的良好使用，减少居民投诉率；加快推进全民健身设施的信息化管理，构建全民健身电子地图，实现健身设施管理维护情况便捷查询和及时处理。

4.加大全民健身设施的多元供给服务。鼓励因地制宜推广新型体育设施，在完善城市社区“10分钟体育健身圈”建设的基础上，推广笼式足球和拼装式游泳池等新型体育设施建设；引导大中型企业成为全民健身的战略合作者，通过社会冠名等方式促使社会资本参与全民健身设施建设、管理和运营。

(二)健全体育社会组织网络

5.推进落实区、街道、社区三级体育组织网络建设。创新机制聘用协管员或志愿者，及时发布健身活动信息，宣传健身常识。加强街道文体站、社区晨晚练健身站(点)的信息网络建设，基本实现站、点、人的信息互联互通，积极引导自发性健身群体转化为固定健身组织。

6.加强政策引导和资金扶持。进一步强化区体育总会的职责和功能，引导体育社团有序发展，对现有各级各类体育社团进行摸底排查和考核评估；推动区体育社会组织完成民政登记工作；规范实施政府购买服务，加强与资质好、能力强、信誉高的体育社会组织合作。

(三)大力开展全民健身活动

7.继续办好全民健身系列活动。定期开展全区运动会、玄武登山、环玄武湖健步走、元旦健身长跑、全民健身日、世界步行日等健身活动；积极开展与省、市联办的群众性体育活动；鼓励支持机关、企事业单位、园区企业等依托工会组织开展工间操、健美、瑜伽、龙舟、舞龙舞狮、趣味运动会等职工健身活动。

8.推广群众喜爱的、特色化的健身项目。鼓励以街道、社区为主开展规模化、生活化的健身活动展演，提高社区居民的健身参与度。推动“一街一品”群众体育活动，重点打造广场舞、轮滑、乒乓球、门球、空竹、腰鼓、健身气功等玄武群众体育活动品牌项目。

9.强化重点人群的体育健身活动。继续办好“老年人体育节”、“玄武区中小学生阳光体育运动会”；实施青少年体育活动促进计划，推动武术、艺术体操、啦啦操、花样游泳等体育项目进校园；建成12所“校园足球”特色学校和8所以上体育特色项目学校；扶持开展小型多样的残疾人体育活动；鼓励城市外来人口开展趣味性强的体育活动。

10.鼓励发展时尚新兴的健身运动。依托紫金山、玄武湖等地理区位优势，扶持开展登山、骑行、路跑、定向越野、水上运动等户外项目；鼓励有条件的企事业单位参与速滑、花样滑冰等冰雪项目的设施建设及活动开展。

(四)深化科学健身指导

11.继续加强体育业务技能培训。定期举办三级社会体育指导员业务技能培训，组织好社会体育指导员参加省市各级各类业务培训，力争社会体育指导员总数达2350名以上，每万人拥有社会体育指导员36人。

12.认真做好国民体质监测和指导服务工作。扎实完成第五次国家全民体质监测的抽样测试工作。加强完善区国民体质监测指导中心和街道国民体质监测指导站的服务功能，引导扶持社会力量参与科学健身指导服务，每年免费对辖区4000名以上不同人群开展体质监测，并逐年扩大服务人群规模，完成年度国民体质监测及数据上报任务。

13.开展科学健身讲座。联合辖区体育科研院所、卫生医疗、专业智库等多方力量，定期开展科学健身讲座；依托街道文体站、企事业单位、园区企业等工会组织开展以街道、社区、行业为主的健身知识竞赛活动，普及健身知识，宣传健康生活方法。

（五）发展壮大体育产业

14.加快发展健身服务产业。打造1~2家省级以上体育产业基地；支持辖区内中小型体育赛事及赛事运营企业发展，培育专业的赛事运营团队；联合体育协会和俱乐部推广健身项目；争取省、市体育产业引导资金和健身俱乐部扶持资金项目，引导健身市场有序健康发展。

15.积极推进紫金山—玄武湖体育圈建设。利用白马城市体育休闲公园和聚宝山公园的体育设施优势，引导企业全力打造集互动娱乐、冒险游戏、体育休闲体验、青少年体育培训等为主的品牌体育休闲项目。

四、实施保障

（一）法制保障

严格遵守《中华人民共和国体育法》、《全民健身条例》等法律法规，积极落实国家《全民健身计划》、省、市《全民健身实施计划》，进一步规范各部门职责，依法行政，切实维护好群众参与体育健身的权益，加强监督检查和责任落实。

（二）组织保障

加强领导，提高认识，切实将全民健身事业纳入我区政府工作报告、纳入社会发展规划。各相关部门要加强组织和实施，将全民健身作为部门的一项重要工作内容，结合自身特点和优势，各尽其能，各司其职，共同做好全民健身工作。

（三）机制保障

区政府牵头成立全民健身工作领导小组，统筹领导协调本计划的实施。将全民健身工作内容纳入街道、部门目标考核内容。区体育主管部门要会同有关部门对落实本实施计划定期监督检查，重大事项及时向区政府报告，并采取自我评估和第三方评估相结合的方式，实施中期和终期评估。

（四）资金保障

将全民健身事业经费纳入政府财政预算。发挥政府专项资金的杠杆效应，创新融资方式，鼓励引导社会力量和社会资本参与全民健身设施建设、管理运营和活动承办。

南京市玄武区儿童发展规划（2016–2020年）

玄政发〔2017〕7号

儿童是人类的未来和希望，促进儿童全面发展，对于全面提高中华民族人口素质，建设人力资源强国具有重要战略意义。根据《江苏省儿童发展规划（2016–2020年）》《南京市儿童发展规划（2016–2020年）》和《玄武区国民经济和社会发展第十三个五年规划纲要》总体要求，特制定《南京市玄武区儿童发展规划（2016–2020年）》（以下简称《儿童规划》，本规划儿童年龄范围为0–18岁）。

一、“十二五”儿童发展规划执行情况

“十二五”以来，区委、区政府坚持儿童优先原则，各有关部门强化责任意识，加大经费投入，关注儿童现实需求，在卫生、教育、法律保护等各领域的发展指标进步明显，儿童的生存发展环境得到显著改善，儿童的整体素质不断提高，全区儿童事业与经济社会同步协调发展，整体水平继续保持在全市前列。

——政府对儿童事业发展投入持续增加。五年来，国家财政性教育经费累计投入38.67亿元，医疗卫生经费累计投入7.05亿元，人口与计划生育经费累计投入9999万元，防治防疫经费累计投入3786万元。

——儿童生命质量明显提升。出生缺陷发生率为4.66‰，新生儿遗传代谢性疾病筛查率分别达到99.33%、99.19%，分别提升了1.06.1.04个百分点；婴儿死亡率、5岁以下儿童死亡率下降显著，2015年两项指标均为1.91‰，分别比2010年下降了65.40%、75.80%，处于全国领先水平；国家免疫规划疫苗接种率、7岁以下儿童保健管理率持续领先国家及省目标，稳定保持在99.95%以上。

——儿童教育文化水平不断提高。学前教育普惠优质发展，占全区幼儿园总数比例达70.50%的31所公办幼儿园，均为标准化、规范化的成型园所，其中省级优质园的比率达93.60%且逐年提高。优质的学前教育资源不仅满足了社区居民需求,还吸引了大量外区生源,学前三年毛入园率连年100%。建立起低收入家庭、困难家庭子女和“三残”学生入学救助帮困机制,确保该类家庭子女和“三残”学生100%接受义务教育。制定了《进一步做好玄武区流动人口子女义务教育工作的意见》,确保义务教育阶段进城务工人员子女100%就学。对适龄幼儿每人每年发放2000元助学券,实行学前一年基本免费教育制度。义务教育优质均衡发展,推进义务教育阶段学校招生制度改革,小学适龄女童净入学率、九年义务教育巩固率均稳定保持在100%。普通高中创新多样发展,教育质量明显提升,办学水平不断提高,高中阶段毛入学率保持在99%。

——儿童权利得到切实保护。儿童法治宣传教育持续深化,以贯彻执行《未成年人保护法》、《预防未成年人犯罪法》、《江苏省未成年人保护条例》和《江苏省预防青少年违法犯罪工作条例》为抓手,在全区各中、小学100%配备了来自区公、检、法、司专业的法制副校长并建立健全以法制副校长为首的法制教育师资队伍,把法治教育贯穿于素质教育之中。儿童司法保护日趋完善,区法院成立未成年人及家事案件审判庭,对没有聘请律师辩护的未成年人刑事案件被告人,给予法律援助,最大限度保护儿童利益。未成年人犯罪人数占同期犯罪人数的比例、未成年人刑事作案成员占刑事作案成员比例较“十一五”末大幅下降。

——儿童福利保障进一步提高。儿童基本医疗保障水平不断提高,儿童医保补助和筹资水平逐年上升。残疾儿童公共服务保障不断完善,0—6岁残疾儿童康复服务率达100%。成立未成年人保护委员会,建立1个社会儿童求助保护中心和1个区级“未成年人保护中心”、7个街道未成年人服务中心,每个街道配备专兼职儿童社会工作者,形成困境未成年人保护专业化社会化氛围。我区的基层组织中持有证书的专业社会工作者人数逐年上升,从2010年142人增加到215年的565人,增长率298%。

——儿童成长环境进一步优化。建成区绿化覆盖率61.73%,全区19所中小学校被命名绿色学校,创建省市级环境教育基地2个。区、街妇女儿童活动中心建有率达100%,社区妇女儿童之家实现全覆盖。全区146家家长学校,每年的家长学校培训都达到21.32万人次。儿童食品、儿童玩具及用品抽查合格率、大型游乐设施定期检验合格率均达100%。2015年建成独立的区级儿童图书馆、少儿图书阅读活动部3所,儿童图书馆少儿文献数量逐年增长,2015年比2011年增长17.80%。

总体看来,我区“十二五”儿童事业发展良好,但还存在以下亟待解决问题:儿童发展指标监测体系不健全,出生性别指标没达到目标要求,儿童文化娱乐市场还需进一步净化,儿童心理健康问题还需进一步解决,未成年人保护提升空间较大。

二、“十三五”儿童发展规划指导思想、总体目标和基本原则

(一)指导思想

全面贯彻党的十八大和历次全会精神,以习总书记系列重要讲话特别是视察江苏重要讲话精神为指引,紧紧围绕“四个全面”战略布局,坚守“走在最前列、争当排头兵”的奋斗追求,依法保护儿童生存、发展、受保护和参与权利,切实提高儿童工作社会化、专业化、科学化水平,切实提高儿童社会福利水平、儿童整体素质,在建设“强富美高”新玄武,基本实现现代化新征程中,促进儿童全面发展、健康发展、优先发展。

(二)总体目标

将儿童发展融入玄武经济社会发展总体目标,完善覆盖儿童基本医疗卫生制度,健全基本医疗和公共卫生保健服务体系,提高儿童身心健康水平;促进基本公共教育服务均等化,保障儿童享有更高质量、更加公平的教育;发展儿童文化艺术事业,满足儿童精神生活与健康成长的需求;完善保护儿童的法规政策体系和工作机制,依法保护儿童合法权益;建立适度普惠儿童福利体系,扩大儿童福利范围;预防和控制儿童伤害,创建儿童友好型社会环境,保障儿童安全健康成长。到2020年,继续保持玄武儿童发展水平在省、市领先地位,儿童发展主要指标达到世界发达国家和地区儿童发展的平均水平。

(三)基本原则

1.依法保护原则。在儿童身心发展的全过程,依法保障儿童合法权利,促进儿童全面健康成长。

2.儿童优先原则。在制定法规政策和公共资源配置等方面优先考虑儿童的利益和需求。

3.儿童最大利益原则。从儿童身心发展特点和利益出发,处理与儿童相关事务,保障儿童利益最大化。

4.儿童平等发展原则。为儿童创造公平的社会环境,保障所有儿童享有平等的权利和机会。

5.儿童参与原则。创造有利于儿童参与的社会环境,鼓励、支持儿童参与家庭、文化和社会生活。

三、"十三五"儿童发展重点领域、主要目标和策略措施

(一)儿童与健康

主要目标:

1.出生缺陷发生率稳定在5‰以下;巨大儿发生率控制在10%以下;新生儿疾病筛查率稳定在95%以上。

2.婴儿和5岁以下儿童死亡率分别稳定在4‰、5‰以下;降低流动人口中婴儿和5岁以下儿童死亡率。

3.区妇幼保健机构建设标准化,街道社区卫生服务中心妇幼健康规范化门诊建成率达60%;托幼机构卫生保健合格率达到100%。

4. 适龄儿童国家免疫规划疫苗接种率以街道为单位保持在98%以上。

5.0~6个月婴儿纯母乳喂养率达到50%以上。

6.5岁以下儿童生长迟缓率控制在5%以下,低体重率降低到5%以下;7岁以下儿童保健管理率达到95%以上。

7.儿童常见疾病和艾滋病、梅毒、结核病、乙肝等重大传染性疾病得到有效控制。

8.适龄儿童的性与生殖健康知识普及率进一步提高;儿童心理行为问题发生率和儿童精神疾病患病率进一步降低。在校生心理健康核心知识知晓率达到80%。

9.控制中小学生视力不良、龋齿、超重/肥胖、营养不良发生率,建立健全区域性学生体质健康监测机构,中小学生每年免费体检1次。

策略措施:

1.加大妇幼健康经费投入。逐年提高妇幼健康经费在卫生总经费中的比例,优化卫生资源配置,增加东部妇幼卫生经费投入,将婚前检查、孕前艾滋病母婴传播阻断等妇幼保健服务经费纳入财政预算。

2.健全妇幼卫生服务体系。承担区域医疗中心任务的二级综合医院应当提供急诊服务。将中小学卫生机构纳入公共卫生服务体系,采取学校自办、部门联办、社会力量参与等多种形式加强学校卫生机构建设。

3.加强妇幼卫生服务能力建设。加大推进儿科分级诊疗制度,引导形成基层首诊、双向转诊,急慢分治、上下联动的就医秩序。加大儿科医生、儿童保健医生的培养力度,加强全科医生儿科常见病、多发病诊治技能培训。推动每个家庭拥有一名合格的家庭医生,每个儿童有1份动态管理的电子健康档案和1张功能完善的健康卡。

4.依法实施妇幼健康全行业管理。加强对母婴保健专项技术服务机构、人员以及技术的准入与动态监管,规范执业行为,全面实行持证上岗制度,杜绝无证执业和超范围执业现象,严厉打击违法行为。加强对托幼机构、中小学卫生保健工作的指导和监督检查。

5.加强儿童保健管理和服务。加强0~6岁儿童健康管理,全面落实基本公共服务中定期免费健康体检项目。增加流动儿童公共卫生服务投入,将流动儿童纳入流入地社区儿童保健管理体系。

6.完善出生缺陷防治体系。加强出生缺陷三级预防,推进免费婚前医学检查、孕前优生健康检查和产前筛查工作,提高婚前医学检查率和孕期出生缺陷发现率。加强新生儿疾病筛查、诊断和治疗工作,鼓励扩大新生儿疾病筛查项目,提高确诊病例治疗率和康复率。加强孕产期合理营养与膳食指导,加大出生缺陷防治知识宣传力度,提高目标人群出生缺陷防治知识知晓率。

7.加强儿童疾病防治。加强疫苗冷链系统建设和维护,规范预防接种行为,健全预防接种异常反应报告和监测体系。以社区为重点,普及儿童健康基本知识。完善儿童用药目录,加强儿童药物安全管理。将预防艾滋病、梅毒和乙肝母婴传播服务纳入妇幼重大项目。

8.提高儿童身体素质。全面实施国家学生体质健康标准,培养学生良好的体育锻炼习惯。实施《江苏省学生体质健康促进行动计划》,全区80%的学校创成"健康促进学校"。完善中小学生体质健康监测制度,加大儿童近视、龋齿、肥胖干预力度,控制中小学生超重率、肥胖率和近视发生率。加强儿童体育锻炼、用眼和口腔卫生指导,学校保证中小学生每天至少1小时的体育锻炼时间。加强社区儿童体育活动设施的配套建设,提高儿童户外体育锻炼质量。

9.改善儿童营养状况。完善和落实支持母乳喂养的相关政策,积极推行母乳喂养,全区公共场所母婴室建成率达25%。加强婴幼儿科学喂养、合理膳食与营养素补充指导,普及辅食添加基本知识,提高婴幼儿家长科学喂养知识水平。全面落实《南京市中小学生营养午餐试行标准》。

10.构建儿童心理健康公共服务网络。条件允许时区妇幼保健所设立儿童心理科(门诊),配备专科医师,规范儿童心理和精神疾病的筛查、诊断和治疗。完善心理健康教育阵地建设,推进"陶老师工作站"创建和规范化管理。开展学校心理健康教育相关人员资格认证工作。整合学校、社会、家庭资源,形成医学专家、心理专家、社工、教师和家长共同参与的儿童心理危

机预防和干预网络。

11.加强儿童健康教育和服务。规范学校卫生基本条件建设，推行儿保医生和专科医师进学校制度，家校配合督促儿童养成良好的生活习惯。开展多种形式的儿童心理健康、青春期教育。加强中学预防艾滋病宣传教育工作，建立学校艾滋病疫情通报制度。将性与生殖健康教育纳入义务教育课程体系。

（二）儿童与教育科技

主要目标：

1.儿童早期综合发展有效促进，科学育儿知识普及率达到96%。

2.学前三年幼儿教育全面普及。学前三年教育毛入园率达到100%；省、市优质幼儿园比例达到90%以上。残疾儿童免费进入公办和普惠性民办幼儿园。所有儿童享有公平教育，教育资源均衡配置，区域差距、校际差距和群体差距进一步缩小。

3.9年义务教育高水平发展。义务教育巩固率达到100%；有学习能力的适龄残疾儿童义务教育阶段入学率、巩固率均达到100%。学校教育质量进一步提高，建立校外教育辅导站等阵地，学生综合素质和能力全面提升。

4.中等职业教育规模稳定，办学质量进一步提升，中职与普通高中规模大体相当。

5.国家课程标准全面落实，信息技术教育深入开展，儿童的信息素养进一步提高。

6.学校、幼儿园、社区100%建立家长学校或家庭教育指导服务点。中小学及幼儿园的儿童家长年接受家庭教育指导率达到100%。

7.符合条件的外来务工人员随迁子女100%在公办小学就读，100%在公办初中就读。

策略措施：

1.落实教育优先发展战略。把教育作为财政支出的重点领域予以优先保障。坚持教育公益性原则，进一步完善以政府投入为主、多渠道筹集教育经费的体制，鼓励社会力量办学，促进教育资源满足服务儿童发展的需要。加大学前教育投入，各地财政性学前教育经费占同级财政性教育经费的比例不得低于5%，按公办园同等标准安排普惠性民办园生均公用经费财政拨款。

2.进一步促进基本公共教育服务均等化。加快完善教育优质均衡发展保障机制和基本公共教育服务体系。科学规划学校布局，统筹考虑城市建设与发展、二孩政策全面放开及流动人口变化趋势，依法新建配套学校。优质教育资源重点向薄弱学校、新建学校等倾斜流动，加快缩小区域、校际办学条件、师资素质、教育质量上的差距，保障不同群体儿童享有公平优质公共教育服务。2020年全区实现优质教育资源全覆盖，2020年所有义务教育学校达到省定办学标准。

3.依法保障儿童受教育权利。义务教育阶段严格实施学区制和就近入学制度。建立健全适龄儿童信息数据库，随时监测适龄儿童就学情况。政府、儿童父母或者其他法定监护人应当依法保证适龄儿童按时入学接受并完成义务教育。学校耐心教育和帮助品行有缺点、学习有困难的学生，不得违反法律和国家规定开除或变相开除学生。

4.全面实施儿童素质教育。加强社会主义核心价值观教育，实施青少年人格培养工程，创建德育示范基地学校。积极推进课程改革和考试招生制度改革，完善学生综合素质和学业评价体系，着力减轻中小学生过重课业负担。推进小学特色文化建设工程、新优质初中提升工程，重点培育一批前瞻性、示范性、特色性较强的课程创新项目。实施普通高中多样化发展内涵提升工程，建设书香校园、科技校园和健美校园示范学校。

5.全面提升教育现代化和信息化水平。建立健全具有玄武特色的各类教育办学标准体系和质量保障体系。全面启动智慧教育基础环境提升工程、资源服务提升工程、应用融合示范工程，推进“三通两平台”建设，探索“互联网+”环境下教育、教学、管理新模式。促进各类学校宽带网络和无线网络全覆盖，推动优质数字教育资源普及与共享。

6.推进儿童科技教育。开展多种形式的科普和社会实践活动，发挥“玄武少年宫”、“玄武科普报告进校园”等载体作用，加强校内外结合的儿童科普网络建设，建立和巩固一支专兼职相结合的儿童科普队伍。继续实施“中小学科技创新星光计划”，办好全区中小学师生科技创新大赛，激发青少年爱科学、学科学、用科学的热情，提高学生的科技素养、创新意识。所有符合条件的科技场馆（设施）全面向儿童免费开放。

7.积极开展0~3岁婴幼儿早期发展指导服务。完善区、街、社0~3岁婴幼儿早期发展中心（站、室）建设，依托社会办保育机构和三级指导服务体系，为0~3岁婴幼儿及其家庭提供科学的保育和指导服务，不断提高婴幼儿早期发展服务覆盖率。

8.完善学前教育服务网络。大力发展公办幼儿园，积极扶持民办惠民幼儿园。全面实施“第二期学前教育五年行动计划”，深入实施“增量、创优、普惠”三项工程，每1万常住人口配建幼儿园(点)总量不少于12个班，保障实施全面两孩政策新增适龄儿童入园需求，逐步实现就近入园。基本普及残疾儿童学前教育，特殊教育学校举办学前班。不断提升学前教育质量，实行“学前教育强师计划”。建立家庭经济困难儿童、孤儿和残疾儿童学前教育资助制度。

9.完善受人口流动影响的儿童受教育保障机制。坚持流入地政府负责为主、公办学校接纳为主，健全外来务工人员随迁子女受教育保障机制，确保外来务工人员随迁子女平等接受义务教育。完善外来务工人员随迁子女义务教育后在当地参加升学考试政策。改善寄宿制学校学生食堂和住宿条件，满足流动儿童入学需求。

10.保障特殊群体儿童接受义务教育的权利。有效落实困境未成年人就学资助政策，加快特殊教育与普通教育、职业教育融合发展，依托玄武特殊教育学校建设区域特殊教育资源中心，推进2所普通学校特殊教育资源教室试点建设项目，对随班就读的特殊学生提供个性化教育指导。健全覆盖全体残疾学生的财政资助体系，实现残疾儿童15年免费教育。消除制度障碍，为流浪儿童、具有严重不良行为儿童和未成年犯平等接受义务教育创造条件。深入实施“春蕾计划”和“春蕾圆梦工程”，保障女童平等接受教育。

11.创新发展职业教育。优化中等职业教育管理体制，完善初中生毕业后5年贯通培养的高等职业教育制度，中职毕业生接受高等职业教育比例达80%。完善职业教育支持政策，继续实行中等职业教育免费制度，促进外来务工人员随迁子女平等接受职业教育。

12.全面优化师资队伍素质。强化师德教育，建设一批高质量的师资培训基地。完善教师全员轮训制度，提升教师学历水平和专业发展水平。加强中小学高层次创新型教师队伍建设，加大名特优教师、校长培训和引进力度。继续加大对幼儿园男教师的免费培养力度，稳步提高男教师在教师队伍中的比例。

13.建设民主、文明、和谐、平等、安全的友好型学校。建立尊师爱生的师生关系。保障学生参与学校事务和社区活动的权利。提供有利于学生身心健康的学习、生活条件和服务设施。规范学校收费行为和收费资金使用管理，禁止各种名目乱收费。

14.加强和改进家庭教育。加快家庭教育立法进程，构建政府主导、部门协作、家长参与、学校组织、社会支持的家庭教育工作格局。建立家庭教育指导机构，培育引导社会组织参与家庭教育工作。加强家庭教育队伍建设，依托智慧玄武，开展“科学家教进家庭”网上家长学校，儿童家长每年至少接受2次家庭教育指导服务，参加2次家庭教育实践活动。

(三)儿童与文化

主要目标：

1.为儿童提供丰富、健康向上的文化产品。每年组织文艺工作者创作一批有影响的能够贴近儿童，深受儿童喜爱的文艺作品。力争作品在省市各级展演、发表。

2.净化校园周边环境及儿童文化场所。儿童受网络、手机、游戏、广告和影视中不良信息的影响进一步降低。

3.加强儿童文化艺术教育，在学校教学安排中增加文化艺术课程，每年举办1次校园艺术节，举办全区性的少儿艺术活动每年不少于10场。

4.全区中小学生艺术素质测评覆盖率达到100%。

5.儿童形成阅读习惯，儿童阅读量增加。中小学图书馆达到省定标准。不断完善独立的少儿图书馆或少儿阅读区；有条件的社区设立儿童阅览室或儿童书架。

6.增加区、街、社三级儿童教育、科技、文化、体育、娱乐等课外活动设施和场所，坚持公益性，提高利用率和服务质量。全区各街道综合文化站设有儿童文化活动场所。社区综合性文化服务中心配有儿童教育、科技、文化、体育、娱乐等活动器材和一定比例少儿读物。儿童享有更多公共文化服务。

7.儿童传统文化素养进一步提高。

策略措施：

1.增加对儿童文化产品的投入。制定优惠政策，鼓励和支持优秀儿童文化产品创作和生产发行。

2.创造有益于儿童身心健康的文化环境。多部门合作共同为儿童健康成长提供优秀精神文化产品。积极组织适合儿童的文化、体育、科普活动，大力培育儿童文化品牌，开展国学讲座等特色活动，推进传统文化和民族文化艺术向儿童传播。

3.加强儿童文化市场和网络监管。保护儿童和家庭免受不良信息影响，对涉及儿童的网络网站、图书音像制品市场定期开展监督检查，大力查处损害儿童身心健康的出版物，严厉打击黑网吧。推广使用绿色上网软件，家庭和学校加强对儿童上网的引导，防止儿童沉迷网络。

4.鼓励和引导儿童阅读。推广面向儿童的出版物分级制，为不同年龄段的儿童提供适应其年龄特点的出版物，为儿童家长选择出版物提供建议和指导。增加少儿图书馆、学校、社区少儿阅览室的投入，实施区域内图书借阅“一卡通”服务。探索将阅读指导纳入义务教育阶段课程，组织开展丰富多彩的儿童阅读活动，培养儿童阅读习惯，提高儿童的阅读数量和质量。确保儿童每天不少于1小时的阅读时间。

5.加大儿童文化活动阵地建设力度。推进公共文化服务标准化，不断完善公共文化设施网络，区、街、社设有儿童文化活动场所，配备儿童活动器材。加强少儿图书馆建设，在街道妇女儿童活动中心、社区“妇女儿童之家”、基层综合性文化服务中心中配备一定数量的儿童图书，鼓励创造数字化阅读条件。

6.鼓励儿童文化艺术创作。举办儿童文化艺术创作展演和评比活动，继续办好系列玄武特色的儿童文化艺术活动。鼓励社会力量多渠道、多形式开展儿童文化艺术教育教学。组织儿童文艺团体，培养艺术新人，提升玄武儿童文化艺术创作水平和地位。

7.开展校园艺术教育和文化创建活动。全面落实中小学生才艺拓展计划，在学校教学安排中增加文化艺术课程，每年举办1次校园艺术节。提高学校艺术课教学质量，把艺术教育作为实施素质教育的重要环节，培养学生优秀的文化素养。开展多种形式健康有益的校园文化活动，营造有利于儿童快乐幸福生活的校园文化氛围。

8.发挥儿童公共文化场所教育功能。提高各类儿童活动场所的利用率，以儿童年龄而不以身高为标准向儿童实行免费开放。图书馆、体育馆、爱国主义教育基地等公共资源要经常性地开展有益学生身心健康的活动。建设适合儿童的文化、娱乐、科技设施和活动场所，并向儿童免费开放。

9.净化校园周边文化环境。落实维护校园周边治安秩序、确保校园安全的相关措施，校园周边200米以内禁设网吧、游戏厅、娱乐场所。加强对中小学周边出版物零售和租赁摊点的检查，收缴传播淫秽色情、恐怖暴力以及其他严重影响青少年健康成长的不良印刷品；对学校周边违法经营、无照经营摊点，依法进行查处取缔。

（四）儿童与法律

主要目标：

1. 保护儿童的地方法规体系和政策机制更加完善。在执法和政策服务、公共资源配置中落实儿童优先和儿童利益最大化原则。不断健全完善儿童监护体系，让儿童获得有效监护。

2.儿童100%获得出生登记和身份登记，有效打击人为控制出生人口性别比的现象。

3.中小学普遍设立法治课程，100%配备法治副校长（辅导员）。

4.禁止使用童工（未满16周岁）。儿童的合法财产权益得到有效保护，对于侵害儿童财产权益的依法打击监管。

5.司法、执法体系进一步满足儿童身心发展特殊需要，保障儿童100%依法获得及时有效的法律援助和司法救助，对符合《中华人民共和国刑事诉讼法》及其司法解释规定条件的未成年人，依法实行犯罪记录封存制度并确保封存效果及科学矫治成效。

6.未成年人违法犯罪减少，未成年人犯罪人数占同期犯罪人数的比例持续降低。未成年人的再犯罪率降低。未成年罪犯占刑事罪犯的比重降低。

7.离异家庭、夫妻分居家庭儿童探望权和抚养费得到保障。

策略措施：

1.完善保护儿童的地方法规和政策体系。建立完善儿童权利保护、学前教育、家庭教育、社会福利、人身保护等方面的政策机制。清理、修改、废止与儿童权利保护不相适应的政策。增强保护儿童相关政策的可操作性。

2.加强儿童保护的法治宣传教育。面向社会、家庭深入宣传《中华人民共和国反家庭暴力法》、《中华人民共和国未成年人保护法》、《南京市未成年人保护条例》等儿童权利保护的法律法规，广泛开展反家暴、防拐卖、预防侵害未成年人权益的法治教育，提高家庭、学校和社会各界保护儿童权利的法治意识与能力。

3.提高儿童法律素质。强化学校、家庭、社会“三位一体”的青少年法治教育格局，在中小学设置专门法治课。充分利用第二课堂和社会实践活动，广泛开展青少年法治教育。实施中小学法治教育专任教师能力提高工程，组织开展法治副校长、法治课教师、法治辅导员轮训。建立青少年法治教育基地和场馆。加强未成年人禁毒教育宣传，预防和保护未成年人远离毒品侵害。

4. 加强儿童人身权利保护。部门联动和联合执法，严厉打击性侵害、拐卖、绑架、遗弃、谩骂、殴打、虐待、照顾忽视儿童和组织儿童乞讨、卖艺、卖淫、贩毒以及教唆、胁迫、诱骗、利用儿童犯罪等严重侵害儿童身心健康和合法权益的犯罪。严厉打击组织、胁迫、诱骗儿童进行恐怖、残忍表演等违反治安管理行为。加大利用亲生子女站街乞讨等行为打击力度。建立健全儿童庇护中心,依法保护儿童的隐私权。

5.依法查处使用童工的违法行为。加大对用人单位的监督力度,禁止任何单位、个人使用或介绍未满16周岁的儿童就业。建立健全违法使用童工的监督、惩罚机制和常态化的举报系统,消除童工现象。严格执行国家对已满16周岁未满18周岁未成年工的保护规定,禁止安排未成年工从事过重、有毒、有害等劳动危险作业。

6.落实儿童登记管理制度。提高社会各界对出生登记和身份登记的认识,完善出生登记和身份登记相关制度和政策。

7.消除对女童的歧视,建立有利于女孩及其家庭的利益导向机制,严厉打击溺弃、遗弃和迫害女童的违法犯罪行为。依法加大对利用B超等进行非医学需要的胎儿性别鉴定和选择性别人工终止妊娠行为的打击力度。推动有效控制出生人口性别比的相关法规政策出台。

8.加强对儿童财产权益的保护。依法保障儿童的财产收益权和获赠权、知识产权、继承权、一定权限内独立的财产支配权,探索建立由民政、教育等部门与银行等金融组织合作的未成年人财产监管制度。

9.预防和减少未成年人犯罪。建立未成年人犯罪预警工作机制,定期发布未成年违法犯罪预警信息。对有不良行为或严重不良行为未成年人进行早期介入、有效干预和行为矫治。强化家庭监护和学校教育职责,培育引导社会力量参与预防未成年人违法犯罪工作,拓宽教育渠道。强化对未成年罪犯、犯罪嫌疑人、被告人的个别矫治和分类教育,探索开展循证矫正工作。加强未成年社区矫正非监禁刑服刑人员的教育帮扶工作,提高管理教育和矫正质量。

10.加强和完善儿童法律援助制度。加强法律援助机构和工作队伍建设,支持和鼓励社会团体、民办社会服务机构和基金会等社会组织及事业单位利用自身资源为儿童提供专业法律帮助,不断扩大儿童法律援助的覆盖面。继续保障未成年刑事案件被告人100%实施法律援助。

11.推进儿童司法保护制度。依法对被决定强制隔离戒毒、羁押、服刑的未成年人与成年人分别收戒、羁押、服刑。依法保障未成年被告人合法权益,体现双向保障。落实犯罪记录封存制度,探索前科消灭制度,确保未经合法程序和条件,不得查询未成年人的犯罪记录信息。建立和完善未成年刑事被告人救助制度,逐步提高涉罪未年人的非羁押率和非监禁率,促进其重返校园和社会。

12.推动建立和完善适合未成年人的专门司法机构。发挥区法院未成年人及家事案件审判庭的作用,加快建设公安、检察机关办理未成年人案件专门机构或落实专门人员,推动涉及未成年人案件办理的综合化、专业化。

13.完善特殊群体儿童发展扶助制度。保障解除羁押、服刑期满的未成年人复学、升学、就业不受歧视。探索专门学校教育和行为矫治的有效途径与方法,保障学生在升学、就业等方面的同等权利。

14.全面维护离异家庭、夫妻分居家庭儿童的合法权益。督促父母切实履行抚养义务,给予儿童精神关爱,营造充满温暖亲情的心理成长环境,促进儿童健康成长。

(五)儿童与福利

主要目标:

1.适度建设普惠型儿童福利制度,困境儿童分类保障制度全面落实。儿童基本医疗保障覆盖率和保障水平进一步提高。

2.经评估达到收养和寄养条件孤儿收养、寄养率达到80%。

3.残疾儿童康复服务覆盖面和康复率进一步提高。

4.受艾滋病影响的儿童和解除羁押、服刑期满的未成年人及服刑人员子女平等接受教育、医疗等权利得到保障。

5.流浪儿童数量和反复性流浪减少,区域街面未成年人流浪发现救助保护率100%。

6.流动儿童关爱保护体系更加完善。

策略措施:

1.巩固落实困境儿童分类保障制度。夯实基本生活保障,按月足额发放各类困境儿童基本生活费补助。将符合条件的困境儿童纳入城镇基本医疗保险和救助范围,通过政府购买服务等方式,向困境未成年人提供临时照料、教育辅导、心理疏导、监护指导等服务。落实困境未成年人就学资助和教育帮扶政策,加快特殊教育学校和特教班建设。开展困境未成年人家庭成员就业帮扶,鼓励符合条件的困境未成年人家庭成员自主创业。

2.完善儿童基本医疗保障和救助政策。进一步提高儿童基本医疗保险保障水平，全面落实贫困和大病儿童重大疾病慈善救助制度，对符合医疗救助条件的儿童，按照当地医疗救助比例和封顶线用足政策。

3.加强儿童福利服务体系建设。加快建设符合国家功能设施配备标准和服务管理规范化要求的儿童福利机构。依托社会福利机构重点为孤残、流动等困境儿童提供服务，将儿童福利服务延伸到社区，形成区、街、社三级联动工作机制。

4.优化孤残儿童家庭养育环境。建立和完善家庭寄养及亲属监护养育的监督、支持和评估体系，提高家庭寄养孤儿和亲属监护养育孤儿的养育质量。完善儿童收养制度，依法规范收养行为，妥善解决私自收留抚养问题。完善收养评估制度，推进收养评估专业化、规范化、制度化。

5.完善残疾儿童医疗康复。全面落实0~6岁残疾儿童抢救性康复训练和7~14岁残疾儿童巩固性康复训练制度，有需求残疾儿童基本型辅助器具适配率达80%以上。建立健全残疾儿童数据库，逐步建立妇幼保健系统的残障儿童早期筛查与康复干预服务体系，完善以专业康复机构为骨干、社区为基础、家庭为依托的残疾儿童康复服务体系。鼓励和支持社会力量兴办残疾儿童康复特教及托养服务机构。

6.加强流浪儿童和服刑人员未成年子女的救助、保护。完善流浪儿童救助保护网络体系，做好流浪儿童发现救助、教育管理、返乡和安置保障工作。探索流浪儿童早期预防干预机制，加强对受助流浪儿童的教育引导、心理疏导、行为矫治和医疗服务，鼓励并支持社会力量保护和救助流浪儿童。落实弃婴和流浪乞讨未成年疾病患者的发现、护送、救治机制。采取多元投入，为服刑人员未成年子女的生活、医疗、教育、就业提供制度保障。

7. 建立和完善受人口流动影响的儿童保护服务机制。健全16周岁以下流动儿童登记制度，促进公安、教育、卫计等部门间数据互连互通和共享，全面掌握流动儿童情况。做好16周岁以下流动儿童居住证申领工作。

8.建立儿童友好型的公共服务和社会支持体系。在区域规划、公共设施、社区建设中，体现儿童需求，推动符合儿童身心发展的公共服务设施建设。建设困境儿童庇护与发展基地。应对二孩政策落实，制定有利于儿童的社会保障和家庭支持政策，提供满足需要的卫生保健、幼儿照顾和基础教育等公共服务。

(六)儿童与安全

主要目标：

1.对儿童的歧视和伤害得到控制和消除。

2.困境儿童信息工作平台进一步健全。

3.建立多部门合作的儿童伤害干预工作体系，建立儿童伤害监测系统和分析报告制度，对儿童人身侵害案件100%查处，减少儿童伤害所致死亡和残疾，18岁以下儿童伤害死亡率以2010年为基数下降1/6。

4.加快安全校园建设，校车100%达到安全标准，中小学警务室覆盖率达到100%，幼儿园安保人员、监控配置达到100%。

5.家长的监护意识进一步提高，儿童监护制度更加完善。在"准爸妈"领取结婚证时即进行家庭教育培训。家庭、社区和社会环境更加安全。

6.儿童保护和儿童伤害康复的工作队伍进一步健全。每个街道至少配备1名专兼职儿童社会工作者，所有社区聘请1名专职或兼职儿童社会保护督导员。

7.儿童食品、药品抽查批次合格率分别达到99%以上和100%。儿童用品、玩具质量和娱乐设施抽查批次合格率达到90%以上，在用大型游乐设施检验合格率达到100%，定检率为95%以上。

策略措施：

1.营造尊重、保护儿童的社会环境。广泛开展以儿童优先和儿童权利保护为主题的宣传教育活动，强化家庭履行抚养义务和监护职责的意识和能力，综合运用社会救助、社会福利和安全保障等政策措施，形成家庭尽责、政府主导、社会参与的儿童保障工作格局，全社会共同保护和促进儿童安全、健康成长。

2.建立儿童信息监测系统。依托困境儿童信息工作平台，全程掌握风险家庭和儿童情况。加强对流动人口的信息采集，掌握流动儿童基本信息，建立儿童伤害监测点，依托疾控、学校、医院、社区，试点开展儿童意外伤害监测，逐步完善监测体系，建立健全报告制度。

3.建立部门协作联动机制，建立健全未成年人保护工作网络。建立"一门受理、协同办理"的儿童伤害应急联动和预防处置等工作机制，开通未成年人保护热线电话，发挥未成年人保护委员会和未成年人救助保护中心作用，及时办理困境儿童及其家庭社会救助、社会福利、安全保护等事务，保障儿童人身安全。

有条件的社区专设未成年人社会保护场所。建立各部门、各层级衔接配合,学校、家庭、社区三结合的儿童保护体系和工作网络。

4.建立健全儿童保护专兼职队伍。全面落实困境儿童救助保护督导制度,采取政府购买公益岗位等措施配备街道、社区专兼职儿童社会工作人员,及时发现和处理困境儿童实际困难,解决儿童保护和福利工作最后"一公里"的问题。

6.禁止暴力和伤害儿童。禁止对儿童实施身体暴力、情感暴力、性暴力、遗弃及各种形式的忽视等一切形式的伤害。强化社会保护儿童的共识,提高儿童监护人的责任意识,依法追究家庭暴力和不法侵害儿童行为的法律责任。实行儿童伤害案件处理优先受理、优先出警、优先立案、优先侦查。

7.建立、完善儿童监护监督制度。提高监护人的责任意识,完善、落实监护儿童权益的父母或其他监护人资格撤销和儿童监护权暂时转移等法律制度,逐步建立以家庭监护为主体,以社区、学校等有关单位和人员监督为保障,以国家监护为补充的监护制度。

8.实施家庭监护评估。全面开展家庭收养评估、困难儿童家庭监护能力评估、机构托养能力评估、流动儿童委托监护能力评估工作,优化家庭收养、家庭寄养、机构托养、委托监护等儿童养育安置措施,保障儿童得到安全监护和照顾。

9.减少儿童意外伤害。加强对儿童食品安全和产品质量的监督检查,加强对社区儿童游乐设施和健身器材定期检测与维护,保障未成年人食品、药品、玩具、服装、用具、设施等安全。在社区、街道、广场、商场、车站、公园等公共场所设立安全标识和提示,为儿童提供安全可靠的活动场所。开展道路交通、河道水塘等安全分析,减少儿童车祸、溺水等事故发生数。倡导安全家装和家庭安全照顾,防止儿童高楼坠落、跌、撞、烫伤、钝器伤、动物咬伤等事件发生。不满16岁儿童禁止无监护独居,不满6周岁儿童不得单独留在家中、车中以及其他可能造成危害的场所。完善中小学生校园伤害保险赔偿机制,推行学生人身意外伤害保险。

10.创造安全校园环境。建设安全校园,改善学校设施设备,加强对学校饮用水安全的监督管理,提供符合健康卫生标准的学校用餐环境,校园附近设置交通警示标志和安全设施,并安排民警或协管员维护交通秩序。深入开展"校园五进"工作,提高幼儿园和中小学校园安全保障水平。严禁教师伤害、侵害学生权利。防范、制止和处理学生校园暴力伤害。

11.广泛开展安全教育。针对家长、教师、社区工作者、儿童工作机构人员进行专题培训,增强成人的儿童保护意识。充分利用学校和社区家长学校,积极开设安全教育课程,定时开展针对火灾、地震等自然灾害以及公共突发事件的紧急疏散演练、急救技能培训,提高儿童的自护、自救、防灾和逃生能力。增强未成年人的防性侵意识和能力。增强公众对儿童暴力的认识、发现、报告和处理能力。

(七)儿童与环境

主要目标:

1.儿童生存发展的自然环境进一步改善。

2.区域供水入户率达到90%以上。城市污水处理率达到95%,城市生活垃圾无害化处理率提高到100%。

3.儿童生态文明教育得到加强,在校中小学生环保知识知晓率达到100%。

4.儿童活动场所、文化设施建成率、利用率和服务质量进一步提高,其中80%的面积或30%以上的项目用于公益服务。40%的街道妇女儿童活动中心、30%的社区妇女儿童之家建成省级示范基地。

5.探索建立区儿童心理康复(咨询)中心。

6.儿童享有闲暇和娱乐的权利得到保障。

策略措施:

1.改善儿童的生存与发展环境。加强城市公共和设施建设,推进国家生活垃圾分类示范城市建设,建立和完善城市绿地生态系统,继续扩大人均公共绿地面积和绿化覆盖率。

2.提高儿童环境保护意识和参与环保能力。全面落实《南京市环境教育促进办法》,将环境教育纳入中小学课程,发挥环境教育基地作用,提高儿童生态环保意识。支持和鼓励儿童参加环保宣传教育和实践活动,引导儿童积极参与"绿色玄武"建设。鼓励儿童和家长参与环保公益活动,增强全社会环保意识,提升家长和儿童对环境污染风险的认识。

3.严格执行相关法规政策,禁止违法母乳代用品的广告宣传。规范和限制儿童参加商业性演出和活动。不提倡利用儿童做广告,禁止有损儿童权利的广告宣传。

4.提升儿童活动设施和场所的服务能力。将儿童活动设施及场所的建设和运行纳入地方经济和社会发展总体规划，加大政府购买服务力度，鼓励社会组织、企事业单位、和个人参与儿童事务管理和公共服务。鼓励街道妇女儿童活动中心、社区妇女儿童之家、校外教育辅导站等活动基地实施服务儿童公益社工项目，满足儿童特别是困境儿童的健康成长需求。

5.激发儿童的参与意识和能力。鼓励、支持儿童参与力所能及的社会事务和社会公益活动。培养、提高儿童参与和表达的能力，畅通儿童参与和表达的渠道。保证儿童在各项事务中的参与和表达权利，定期收集儿童对相关事务的建设性意见。

6.提高儿童闲暇生活质量。尊重儿童的精神生活需求，培养儿童良好的闲暇生活方式，鼓励儿童发展多方面的兴趣爱好。引导家长树立闲暇价值观，减轻儿童学习负担，指导儿童自觉、有效、合理地安排闲暇时间和闲暇活动。家庭、学校、社区应为儿童提供合适的场地和场所，定期组织适合儿童身心发展特点的游戏、娱乐活动。

四、"十三五"儿童发展重点项目

（一）家庭教育提升行动。推动开展玄武区家庭教育工作，构建政府主导、部门协作、家长参与、学校组织、社会支持的家庭教育工作格局。建立家庭教育指导机构，培育引导社会组织参与家庭教育工作。加强家庭教育队伍建设，依托家长学校、智慧玄武平台开展"科学家教进家庭"活动，儿童家长每年至少接受2次家庭教育指导服务，参加2次家庭教育实践活动。围绕社会热点难点问题开展家庭教育理论研究，形成一批高质量家庭教育研究成果。

（二）困境儿童保护行动。明确困境儿童分类标准，建立困境儿童信息档案库。完善困境儿童分类保障制度，构建区、街、社三级联动工作机制，及时办理困境儿童及其家庭社会救助、社会福利、安全保护等事务。全面落实困境儿童救助保护督导制度，每个街道至少配备1名专兼职儿童社会工作者，所有社区聘请1名专职或兼职儿童社会保护督导员。

（三）儿童公共服务推进行动。公共交通增设儿童椅，公共厕所建有儿童坑位，全区公共场所母婴室配备率达25%。区、街妇女儿童活动中心、社区妇女儿童之家每年保障一定名额用于困境儿童接受免费校外培训，满足困境儿童的健康成长需求。

（四）儿童伤害预防和控制行动。建立儿童伤害的监测体系，试点开展儿童意外伤害监测。加强儿童食品安全和产品质量监督检查，定期检测和维护社区儿童游乐设施和健身器材。在社区、车站、公园等公共场所设立安全标识。定期组织幼儿园、中小学学生开展安全应急演练等活动，开发安全教育读本，提升儿童自护能力。

五、"十三五"儿童发展规划组织实施和监测评估

（一）组织实施

1.加强领导，明确责任。区政府负责《儿童规划》的实施，区政府妇女儿童工作委员会（以下简称妇儿工委）各成员单位、各有关部门机构和社会团体根据《儿童规划》要求，承担落实规划中相应的目标任务，制定具体实施方案和年度工作计划、措施，并逐年进行规划实施情况自我评估和监测。区政府妇儿工委负责规划实施的组织、协调、指导和督促。

2.依法履职，分级落实。区政府要结合实际制定本地区儿童发展规划，纳入区经济和社会发展的总体规划及相关专项规划，统一部署，统筹安排，同步实施，同步发展，同步推动。每年提请政府常务会议至少听取1次妇女工作专题汇报，区政府每年召开1次全区妇女儿童工作会议，总结交流实施儿童发展规划的情况与经验，研究部署下一阶段工作任务。

3.完善机制，优化环境。建立由政府主导、多部门合作、全社会参与的实施规划工作机制，进一步建立健全目标管理责任制，把制定和实施儿童发展规划纳入政府目标管理和考核体系。坚持领导责任签约、年度报告工作、考核排序公布等制度，坚持项目运作、示范带动、结对帮扶、督查指导，优化实施规划的法规政策环境。

4.经费保障，强化机构。区政府要将儿童事业发展所需经费纳入区财政预算，并适应本地区经济社会发展和儿童事业发展需要，逐步加大投入。对儿童规划重、难点实事项目要予以重点保障。区妇儿工委办公室要加强能力建设，确保人员编制到位，工作经费纳入同级财政预算、专款专用。

5.宣传培训，广泛动员。将《儿童规划》内容及相关法规政策纳入党政干部培训课程，增强领导干部、政府及各有关部门负责人和相关人员实施规划的责任意识与能力。广泛宣传《儿童规划》的目标任务、法律法规和政策文件，以及实施中的典型经验及显著成效，营造有利于儿童生存、保护、发展和参与的社会氛围。确立儿童是规划实施受益者和参与者意识，尊重儿童表达，提高儿童参与，增强儿童自我发展能力。

6.创新手段，放大效果。开展儿童发展和权益保护专题调查研究，源头推动政策制定出台和修改完善。贯彻国务院相关儿童工作意见，丰富完善针对儿童的公共服务，创造儿童发展的典型经验。增加政府购买服务，吸纳社会组织广泛参与，通过项目运作、举办实事、结对帮扶、督查指导破解儿童发展重难点问题。

(二)监测评估

1.强化工作机构和职责。区妇儿工委设立监测评估领导小组，由区妇儿工委有关部门人员组成，负责组织领导监测评估工作，审批监测评估方案和监测评估报告，监督规划执行情况，根据评估结果研究提出相应对策。下设监测组和评估组。监测组由区统计部门负责，负责制定监测统计指标体系，落实分性别统计年度报表，建立分性别统计大数据，开发分性别统计软件，收集、整理、分析数据和信息，撰写并提交监测报告。评估组由区妇儿工委办公室负责，相关部门业务人员及专家组成，负责评估工作的指导和人员培训，制定评估方案，组织开展年度评估和中期、终期评估工作，撰写并提交评估报告等。

2.建立监测和评估制度。区政府和妇儿工委各成员单位应将规划监测统计和分性别统计工作列入本地区、本系统年度常规统计制度，纳入各种专项统计调查，及时、准确反映儿童发展的状况和变化。规范并完善儿童工作统计，完善区儿童发展状况年度监测和重点目标考核制度，加强儿童数据收集、整理、分析、交流、反馈工作。坚持对实施规划情况开展年度考核、打分排序、公开发布制度，促进制定有效干预措施。

3. 坚持定期评审和督导。区妇儿工委认真开展《儿童规划》实施情况进行监测评估，各成员单位及各街道妇儿工委每年向区政府妇儿工委和区统计局报送实施《儿童规划》的年度统计报表和监测评估报告，向区妇儿工委提交年度实施规划工作报告，区妇儿工委向市妇儿工委提交评估报告。同时每年公布重点指标监测及排序情况。区、街妇儿工委将规划实施中的实事项目、重点工程纳入区政府专项督查，推动重点问题的解决。鼓励区、街妇儿工委引入第三方对规划实施情况进行不定期评估。全区2018年进行中期评估，2020年进行终期评审。

新闻媒体报道题录

新华日报

1月6日　“福粥”暖人心(万程鹏)

1月14日　他们为“一颗树”召开民主议事会(唐悦)

1月24日　南京灵谷寺、南京鸡鸣寺

2月4日　全科社工坐守街道窗口　119项服务“一口清”(唐悦)

2月28日　南京市第十三中学为高三学生举办成人仪式(刘莉)

3月4日　卫星连线“民俗课”(刘莉)

4月17日　40天打磨出“样板路”—南京北京东路实施精致整治纪实

5月12日　11日，南京公安局玄武分局一体化专业巡防正式启动(杨维斌　乐涛)

5月13日　以“活力玄武　幸福玄武”为主题的玄武首届春季运动会在南京体育学院举行(鹿琳文　陈俨　万程鹏摄)

6月2日　30多位外来务工人员在玄武分局办证中心领取了户口准入证明(杨维斌　乐涛)

6月9日　南京九中考场外，家长手机聚焦。(万程鹏)

6月29日　提升健康软实力　服务发展大目标—南京市玄武区卫计系统深化医改服务百姓纪实

7月19日　南京玄武警方上线新型服务平台(杨维斌　任松筠)

7月26日　社区民警免费发放灭火器(杨灿　乐涛摄)

8月21日　南京梅园新村纪念馆展陈改造启动(付奇)

8月29日　玄武警方破获重大跨省毒品贩销案(杨维斌　乐涛摄)

9月2日　南京一小学推迟20分钟上学(葛灵丹)

9月4日　南京玄武公安分局办证服务中心窗口工作人员利用休息时间学习礼仪(杨维斌　乐涛摄)

9月8日　徐庄软件园：打造聚力创新的“火车头

9月9日　南京徐庄软件园升级省级高新区(廖卉)

9月12日　南京市人力资源和社会保障局局长刘莅在玄武门街道调研大学生创业工作

9月13日　南京玄武擘画创新强区（张东海　薛涵）

10月16日　省城的"第一书记"琮了,村里的面貌大变了—南京玄武区选派"第一书记"帮扶淮安市淮阴区玉坝村侧记(朱军)

10月25日　成贤街小学京剧特色班的孩子们表演京剧(张军荣摄)

11月20日　老小区装电梯，玄武这样破难题不到一年居民签约已达924宗(鹿琳　顾巍钟)

11月27日　南京玄武区精确定位"国际城市休闲"新特征　区域联合发力"全域旅游"(晏培娟　薛涵　李先昭)

11月28日　社会治理一体化云平台上线　玄武区社会事务"一键参与"(鹿琳)

11月30日　"萌创"科技节让人开眼界(张燕　刘莉)

12月12日　高中生三人篮球赛在宁启动(徐宛芝)

12月20日　狠用"绣花功"实现双提升—请看南京市玄武区老旧小区整治如何"精雕细琢"

12月27日　玄武执法办案一体化(杨维斌　乐涛摄)

12月28日　首届江苏省"最美社工"评选结果—南京市锁金一村社区主任张琪

南京日报

1月1日　"惠民演出周周乐"活动昨在玄武启动　向市民奉上60场艺术盛宴(殷学兵　玄萱)

1月4日　洪武北路小学启动130周年校庆活动(张倩雯　黄隽)

1月4日　樱花小学:"小手掌爱心商品城"火了(顾萍　毛琪)

1月4日　聚焦玄武两会(殷学兵)

1月5日　"腊八"逢"小寒"吃粥保平安(吴彬)

1月10日　玄武举办"聆听春天"新年音乐会(杨明　殷学兵)

1月10日　小偷入室盗窃20多万元财物被擒(朱天璇　朱力　马道军)

1月11日　玄武启动30多个创新创业项目(玄才　殷学兵)

1月11日　西家大塘小区率先启动20部试点(吕宁丰)

1月12日　昨天，市人代会玄武区代表团继续审议政府工作报告(图片)(崔晓　姚强)

1月13日　玄武区市场监管局积极做好节前食品安全培训工作。因为执法人员与参训人员进行交流。(图片)(王小飞)

1月13日　玄武:促融合　求实效　聚合力(王小飞)

1月13日　玄武区区长穆耕林：大力度办好民生实事　增进人民获得感和幸福感(季雨)

1月13日　南京警方破获19年前抢劫杀人案(宁公宣　朱静)

1月15日　一颗树挡住了人行道,咋办？(马金)

1月15日　小卫街社区12户困难老人家庭获免费简装(马道军　孔培军)

1月16日　锁三社区举办鸡年迎春年欢会（王效军　殷学兵）

1月16日　"做中学"儿童活动坊挂牌(钱红艳)

1月17日　玄武地税局(汤婷婷)

1月17日　北门桥社区邀居民给社工测评打分(殷学兵　玄萱)

1月17日　"有了电梯,才能真正实现居家养老(马金)

1月18日　玄武引进第三方公司采集城市环境问题

1月18日　男子"发酒疯",18辆车一夜"毁容"(杨维斌　张源源)

1月18日　红榜:项目名称:北京东路环境综合整治工程

1月18日　玄武区拆除月苑南路违规悬挑广告牌(图片)

1月18日　玄武区开展绿色联盟志愿服务(图片)

1月18日　"大手拉小手",文明交通你我他(胡敬　许见梅)

1月19日　3名市民获见义勇为表彰(朱静)

1月19日　我市首个抓拍电子警察"上路"(牟霞　张建武　叶思琦)

1月19日　玄武区2017年"南京市社区志愿服务集中行动日"活动安排(12场)

1月19日　重塑五百罗汉像项目昨天正式启动(湛山)

1月20日　从对抗到合作,商户为城管点赞(马金　王晓)

1月20日　珠江路中段明起恢复双向通行(马金)

1月20日　玄武工商联选举产生新主席(玄商　殷学兵)

1月20日　民警跳河堤脚踝骨折勇抓嫌犯(杨维斌　朱静)

1月23日　玄武妇联慰问贫困单亲母亲家庭(玄萱　殷学兵)

1月24日　红山街道建立社区微型消防站(玄萱　殷学兵)

1月24日　玄武:开展节前食品专项检查(王小飞)

1月25日　中外宾客毗卢寺寻南京年味

1月25日　东南大学社区与孩子们相约“守望微笑精灵”(曹丽珍)

1月25日　张春燕“借助公益伙伴服务社区(许震宁)

1月26日　姜凯:心系社区的“片儿警”(许震宁)

1月26日　戒毒后成社区优秀志愿者(马道军)

1月27日　3名犯罪嫌疑人被检方批捕(许震宁)

2月2日　鸡鸣寺之名从何而来,乾隆刨根又问底

2月5日　金陵名刹毗卢寺祈福立春(湛山)

2月5日　玄武区推出113项城建城管目标(殷学兵　朱泉)

2月5日　玄武区推出113项城建城管目标(殷学兵　朱泉)接上

2月6日　老旧小区加装电梯要在全省推广(肖珊　吴明亮)

2月8日　心系非遗小记者传承工匠精神(黄隽毛琪)

2月9日　南京毗卢寺云集众高僧挥毫墨香(湛山)

2月10日　南京成片整治老旧小区(鹿琳)

2月13日　玄武全球顶级酒店丽思·卡尔顿落户(殷学兵　朱泉)

2月13日　昨天,南师附小三年级学生领到了新学期的课本(徐琦摄)

2月15日　北京东路精细化施工初见成效

2月17日　今年,这22条道路要建成精品(吴彬)

2月20日　玄武湖街道举办民工招聘会(玄萱殷学兵)

2月22日　聚焦主线谋发展　坚守底线保安全(王小飞)

2月23日　孝陵卫罗汉巷小区出新,环境显著改善(崔晓)

3月1日　网购飞机户外展示(崔晓)

3月2日　南京一公益组织获全国妇联表彰(马道军　殷学兵　朱泉　冯帆)

3月6日　纪念周恩来诞辰诗歌朗诵会昨举行(朱凯)

3月6日　九中举办“成人礼”(徐琦摄)

3月7日　玄武区表彰巾帼志愿者和团队(许琴)

3月9日　创办“七色花”家长工作室服务居民(许琴　施芙萱)

3月13日　好媳妇田美华:力挑家庭重担(张源源)

3月14日　玄武区推出13个棚改项目(殷学兵朱泉)

3月14日　红山地区新增一总部经济载体(殷学兵　朱泉)

3月14日　王其生:身患癌症仍坚持基层工作(张源源)

3月15日　玄武区市场监管局联合南京市计量院等多个单位开展“消费知识进社区”活动。(图片)(王小飞)

3月15日　交警曾策力:2个月为万名市民宣讲交通安全(张源源)

3月16日　玄武区“互联网+医疗“惠及3357位独居老人(殷学兵　朱泉)

3月17日　吴恒全:自创工作方法协管网吧(张源源)

3月17日　玄武区开展雷霆行动,整治占道经营

3月20日　新街口街道牵头城管进行突击整治(胡惠娟　许震宁)

3月21日　离职补税惹纠纷,玄武地税助解惑

(汤婷婷)

3月23日　小学生“治水”彰显城市主人翁精神(刘大山)

3月23日　小学生“治水”提案获市长点赞(吕宁丰　董守云　贾淑彬)

3月24日　“治水”好少年:微力笃行　追梦成长(黄隽)

3月27日　顺走单反镜头　摄影爱好者被拘(杨维斌　周潇　朱静)

3月28日　红山街道举办高层次人才交流会(殷学兵　朱泉　)

3月29日　产销假冒安宫牛黄丸团伙落网(杨维斌　吴彬)

3月30日　尖角营13处楼顶违建昨拆除(马金摄)

3月31日　“足球校园行”走进樱花小学(毛琪摄)

3月31日　徐庄建国内最大众创空间(朱泉)

4月5日　玄武建“生态浮岛”整治黑臭河道(朱泉)

4月6日　玄武法院签发表格式判决书(玄研　张源源)

4月7日　精神障碍患者扰邻,社区解忧(朱泉)

4月12日　上海男子给南京警察送两面锦旗(杨维斌　陈倩　朱静)

4月14日　樱花小学举行首届“校园康健吉尼斯“争霸赛(魏伟)

4月14日　线上办税培训(吴彬)

4月14日　“印象玄武”青少年艺术节启动(夏星草　殷学兵　朱泉)

4月17日　两所名校孝陵卫顾家营建分校(朱泉)

4月17日　北京东路43天恢复通车的背后

4月17日　北京东路43天恢复通车的背后(接A1版)

4月17日　长期晨昏颠倒,一天只吃两顿饭(朱静)

4月18日　孝陵卫街道完成示范小区出新拆违

4月18日　玄武地税局组织青年党团员成立“税收志愿服务队”(刘晓伟摄)

4月18日　北京东路早高峰不堵(叶思琦　王茸)

4月18日　民警干得好不好,群众说了算(朱晓露　姜静)(A1A2)

4月18日　玄武区精细化清理街巷卫生死角

4月19日　历时40天,看北京东路如何“华丽变身”(张恺　宁建新　陈烨)

4月20日　为创业提供个性化定制服务(赵洪颜　肖姗)

4月22日　税务专家为软件园企业送政策(吴彬摄)

4月24日　孩子反锁车内　交警设法救援(叶思琦　王茸)

4月24日　孝陵卫街道安排人员前往现场察看(许震宁　周生伟摄)

4月25日　玄武:双轮驱动为知识产权保驾护航(王小飞)

4月26日　新街口街道大走访　3个月解决300多个“微问题”(查金忠　朱泉)

4月27日　“中德创新合作之旅”开进玄武(黄乔智　张涵　查金忠　朱泉　肖姗)

4月28日　九中29日举办中招咨询会(钱红艳)

4月28日　校园足球嘉年华城市赛南京站开赛(徐琦摄)

5月2日　孕妇乘客即将生产,地铁停靠5分钟(朱静　狄公宣)

5月2日　给共享单车加“装备”存隐患(叶思琦　王茸)

5月3日　玄武区“新青年之家”揭牌(殷学兵　朱泉)

5月5日　玄武区社区治理一体化信息平台上线(杨维斌　朱静)

5月5日　50名青年民警受表彰(宁公宣　朱静)

5月7日　捐出爱心图书　写下暖暖祝福(杜文双摄)

5月8日　患者称“这里就像家里一样”

5月8日　“未满12岁请别骑共享单车”(叶思琦　王茸)

5月8日　长江路民国建筑探访团首发(李子俊)

5月8日　女大学生捡到松雀鹰(杨维斌　周潇　朱静)

5月8日　在玄武区的一家精神病患者社区康复站里,志愿者正在教患者做手工(佑康　马道军摄)

5月9日　中欧创新中心玄武项目创投对接会

召开(黄乔智 殷学兵)

5月10日 深夜“打的”运纸箱 一查里面是大麻(杨维斌 朱天璇 朱静)

5月10日 高雅艺术进校园(徐琦摄)

5月10日 校园网贷缘何“凶猛”(张源源 玄研)

5月10日 仪征出租车扎堆玄武湖边无名路(王茸摄)

5月11日 玄武：开展农资定量包装商品专项抽查(邬莉萍)

5月12日 玄武警方巡逻队伍覆盖支街背巷(杨维斌 吴彬)

5月12日 2000辆被扣共享单车处理难(桂子振 牟霞 张建武 王茸)

5月15日 首届玄武春季运动会举行(张婷 殷学兵)

5月16日 9万多平米违规广告被拆除(马金)

5月16日 拒不抚养10岁儿子,生母失去监护权(秦研 张源源)

5月17日 “筑福玄武——幸福进行时”活动启动(张婷 殷学兵)

5月17日 共享单车新规实施,有市民进“黑名单”(罗明照 郎伟超 李焱 叶思琦 王茸)

5月20日 全国公安系统英雄模范立功集体表彰大会在京举行(朱静)

5月23日 长小课堂玩转“科技嘉年华”(钱红艳)

5月23日 打造“勤廉周恩来”电子展馆等三个基地(钱竹林 程雯 许震宁)

5月24日 玄武将新建11所中小学幼儿园(钱红艳)

5月24日 玄武区科普宣传周启动(殷学兵 朱泉)

5月24日 推拿师郭继臣：早出晚归服务患者(张源源)

5月24日 “民意110”获全省公安改革一等奖(朱静 宁公宣)

5月25日 马健:工作与家庭重担一肩挑(张源源)

5月25日 天上掉下国家二级保护动物(杨维斌 陈倩 朱静)

5月25日 南京小学生获省青少年科技创新最高奖(毛庆摄)

5月26日 玄武：服务下沉 引导企业“守合同、重信用”(乔宝权 王小飞)

5月26日 教师梁伟:用心关注每一名学生(张源源)

5月26日 执法法官爬上高空查封塔吊(玄研 张源源 朱慧敏)

5月26日 修改规划,保护动迁户家传老树(殷学兵 朱泉)

5月27日 吴敏：社区书记凌晨上门化解矛盾(张源源)

5月28日 南京第十届鸡鸣端午诗会举行(许琴)

5月29日 7家企业“分片包干”,规范单车停放(马金)

5月30日 市青少年体育舞蹈锦标赛开赛(陈洪顺 崔晓摄)

6月1日 居民少两把钥匙 社区出面帮配(殷学兵 朱泉)

6月2日 “向日葵中队”授旗(殷学兵 朱泉)

6月2日 “熟人”介绍买房？300万定金打水漂(杨维斌 周潇 朱静)

6月2日 老师们脑洞大开，孩子们嗨个痛快(钱红艳)

6月5日 贷款被骗，嫌疑人依样骗得近百万(杨维斌 周潇 朱静)

6月6日 私装车位地锁社区组织清理(殷学兵 朱泉)

6月6日 为治儿童罕见病研制低价地产药(毛庆 黄乔智)

6月8日 28个考点都有“城管护考棚”(马金)

6月8日 全国妇联领导来苏调研督导妇联改革

6月9日 长江路创建诚信街区(殷学兵 朱泉)

6月11日 我市二维码地址标牌入选(苏宫新 朱静)

6月12日 玄武区一考点外，城管执法人员为考生削铅笔

6月12日 酒驾男子撞人后砸车泄愤(叶思琦 王茸)

6月14日 “感谢12345,让我领到了10年前的拆迁过渡费”(翟杨 许震宁)

6月15日　玄武　三管齐下加强事中事后监管(常凯　史明静)

6月16日　南师大附小：博览小队别样节日体验(华佳)

6月16日　老妪走丢　警方地毯式搜寻找回(朱静　杨维斌　周潇)

6月19日　锁金村街道举行“感恩父亲”故事分享会(张海霞　马道军)

6月20日　为云南贫困儿童捐赠衣物(赵昌竹　徐琦)

6月20日　徐庄软件园为企业解决30项难题(殷学兵　朱泉)

6月22日　府前路今起围档整治(马金)

6月23日　玄武区多部分整治景区周边环境　玄武湖中山陵乱停共享单车少了(殷学兵　朱泉)

6月23日　仰望星空　志远行近　南京十三中学邀您共创教育新奇迹(杨贝贝　钱红艳)

6月25日　社区志愿者帮扶戒毒人员(吴彬)

6月28日　夏令营里体验航天科技(钱红艳)

6月28日　“爱心接力”,情暖独居老人(马道军)

6月29日　励勤育儿园小托班的毕业典礼“萌萌哒“(晓亮)

6月30日　红山路192号装修拆改

7月1日　玄武启动“我的微电影党课”展播月(殷学兵　朱泉)

7月1日　近10所中小学与香港学校“联谊”(谈洁　钱红艳　李茵楠)

7月7日　符合“购房入户”条件要抓紧时间落户(杨维斌　朱静)

7月10日　男子无证驾驶改装摩托车被查(叶思琦　王茸)

7月12日　女高中生捡万元现金交派出所(杨维斌　周潇　朱静)

7月13日　“红领　汇杰”党群工作站挂牌(殷学兵　朱泉)

7月13日　用有限的生命传播无限的爱(戴欣　殷学兵　朱泉)

7月14日　套牌车改装车,一眼就识破(宁公轩　桂子振　王茸　凌志远)

7月15日　首个居家养老护理中心开业(马道军)

7月18日　玄武城管护考

7月18日　“带图”作案流窜来宁落网(杨维斌　朱天璇　朱静)

7月19日　后宰门街将启动环境综合整治(张恺　宁建新)

7月22日　张敬华在玄武区调研时强调　集国力量抓创新　探索发展新路径(吴明亮)

7月24日　车辆过检　司机称行驶证被扣收费站(叶思琦　王茸)

7月26日　社区民警免费发放灭火器(杨灿　吴彬摄)

7月26日　一体化平台处置238项“问题死角”(殷学兵　朱泉　玄新)

7月28日　游戏公司“劫持”3万手机攻击对手(朱静　杨维斌　陈倩)

8月1日　玄武:红盾队伍中的中坚力量(史明静)

8月1日　玄武:传承创新具有玄武特色的拥军之路(夏剑涛　徐军)

8月2日　警民9人沿陡峭山道抬伤者下山(杨维斌　周潇　朱静)

8月2日　红山路190号老旧小区改造亮点多(玄萱　殷学兵　朱泉)

8月3日　一当事人拖延开庭被罚2000元(陈文军　张源源)

8月5日　老旧小区换新颜(徐琦摄)

8月7日　记下偷车贼特征　辅警下班路上擒贼(杨维斌　周潇　朱静)

8月8日　玄武地税的复转军人到红十字血液中心无偿献血(李帅威摄)

8月8日　太阳能垃圾分类箱亮相街头(吴彬摄)

8月12日　玄武开展儿童绘画比赛(唐缓缓)

8月12日　玄武积极探索区域发展新路径(胡睿　许恒婧)

8月14日　玄武推进一批项目落地生根(殷学兵　朱泉)

8月15日　“高楼门—北门桥”沿线今起整治环境(殷学兵　朱泉)

8月16日　梅园新村纪念馆启动展陈改造(朱凯)

8月16日　玄武提质提速深化“放管服”改革(史明静　蔡婷)

8月16日　玄武精细化整治91个老旧小区(殷学兵　朱泉　玄宣)

8月18日　7月份全市城市治理工作考核龙虎榜(张蓉　孙琳)

8月18日　程雯:从社工"变身"组织"领头人"(许震宁)

8月18日　红山路—和燕路快速化改造本月开工(马金)

8月23日　为消费者量身定制推荐产品(邹伟)

8月25日　61条街巷256个环境问题完成整治(马金)

8月27日　邮政推出"菜蓝子"惠民超市(刘其成　吴彬)

8月28日　众多"熟手"离职　服务质量打折扣

8月29日　警方破获跨省毒品贩销案(杨维斌　周潇　朱静)

8月30日　金洽会玄武专场拟签29个项目(玄萱　朱泉)

8月30日　玄武　给学生一个放心的消费环境(王小飞　胡立娟)

8月30日　46名中小学生体验"税收文化之旅"(黄宝琴　王宇轩　邵逸凡)

8月31日　玄武区梅园街道民生中心主任张丽霞、梅园新村社区书记程雯走访中国银行黄埔支行,与行长商谈筹建爱心服务站(姚烨摄)

8月31日　梅园街道"小红梅"微矩阵为"大走访"插上智慧翅膀(姚烨　朱泉)

8月31日　玄武湖街道:在"走访"中促进基层党建(徐卫清　曹效仲　朱泉)

9月1日　玄武区丹凤街道某超市,拆除破损大型户外广告

9月1日　南京中小学迎来"开学第一课"(徐琦摄)

9月3日　从我做起,做彬彬有礼南京人(张源源)

9月4日　学礼仪提升窗口服务品质(杨维斌　吴彬摄)

9月5日　江苏地税开启个税查询"刷脸时代"

9月6日　多元参与,完善共建共享新格局

9月7日　税收专家解疑无人超市开票纳税(庄艳　吴彬摄)

9月8日　南师附小推广试行9年的"生本课程"(钱红艳)

9月8日　假币换真币4人被抓(杨维斌　周潇　朱静)

9月8日　玄武拟签约亿元项目增长近五成(朱泉)

9月9日　徐庄软件园签下15个重大项目(殷学兵　朱泉)

9月11日　癌友编广场舞,融入急救知识(马道军)

9月13日　75位贫困家庭学生获15万元捐款(殷学兵　朱泉)

9月13日　"吃喝玩乐都有,生活不寂寞(马道军)

9月14日　梅园新村街道防汛人员疏通窨井(许震宁摄)

9月14日　珠江路沿街立面整治本月完工(陈卓　殷学兵　朱泉)

9月14日　玄武:服务业转型升级助推产业迈向中高端(杨晨　朱泉)

9月18日　百名困难老人将获免费上门口腔检查(桂东侠　马道军)

9月19日　感受汉字书法之美(徐琦摄)

9月19日　玄武地税局税务人员走访红山森林动物园,宣传科普税收优惠政策(李帅威摄)

9月19日　9月11日,玄武区第十三中学开展防震减灾综合演练

9月19日　市民在玄武公安分局办证大厅办理跨区户口迁移

9月20日　玄武推出社会治理一体化云平台(殷学兵　朱泉)

9月20日　网上办信用卡　交费收到假卡(杨维斌　陈倩　朱静)

9月21日　第十四届长江路文化艺术节开幕(朱凯)

9月21日　年久失修路,一朝换新颜(宁交)

9月22日　找讨债公司暴力要钱被刑拘(杨维斌　朱天璇　朱静)

9月22日　"V党课"落在玄武门(殷学兵　朱泉)

9月26日　七月五日,两级政协委员视察玄武区河道整治现场(傅可　吕宁丰摄)

9月27日　位于玄武大道的樱铁村小区立面整治后

9月28日　以顶真碰硬的精神将"雷霆行动"进行到底—写在任克明同志牺牲一周年之际(陈青林　王晓　朱泉)

9月28日　九华山公园10月1日起免费开放(朱泉　姜静)

9月30日　玄武:为苏宁易购开展3C业务知识培训

10月1日　百子亭历史风貌区保护规划初步完成(江瑜)

10月4日　每天八千民警坚守岗位保平安（宁公宣　朱静)

10月5日　“换上统一制服,更要做好服务”(马金)

10月8日　梅园新村讲解员陆玉珠:“寻求红色文化更有创意的传播方式”(朱凯)

10月9日　曹兆岭:3名年轻人的“曹老爸”(许震宁)

10月10日　金陵名刹毗卢寺国庆期间喜迎众多中外参观者(湛山)

10月12日　全市践行“两学一做”好典型事迹(集体):玄武区梅园新村街道北安门社区党委、南京玄武外国语学校党支部

10月13日　警察救助四川轻生少年（杨维斌　周潇　朱静)

10月13日　民警走访发现爆燃隐患（杨维斌　朱静)

10月13日　南京毗卢寺两张观音照片引导进世人关注(湛山)

10月13日　全市践行“两学一做”好典型事迹(个人)从蓉:玄武区红山街道北苑社区党委书记

10月13日　以党建创新引领基层治理现代化——玄武湖街道基层党建探索之路

10月16日　新街口街道：服务为本探索创新打造基层党建特色品牌(徐桂林　殷学兵　朱泉)

10月17日　南京毗卢寺举行图片展(湛山)

10月19日　我市基层党员干部认真收听收看党的十九大开幕盛况(孙乐　高钰琼　杨长喜　杨军　吴芳芳　杨智泉)

10月20日　楼宇党员学习十九大报告(崔晓摄)

10月22日　玄武国际城市休闲旅游节开幕(李子俊)

10月23日　玄武专题研讨加装电梯法律问题(殷学兵　朱泉)

10月23日　民警帮助，好姐妹60年后喜重逢(杨维斌　朱天璇　朱静)

10月24日　梅园新村街道成立区域党建联盟(殷学兵　朱泉)

10月24日　玄武地税局机关党委组织开展主题党日活动(徐萍摄)

10月26日　南京毗卢寺万佛楼图片怀古

10月26日　丢了两万元的货　民警3小时找回(杨维斌　陈倩　朱静)

10月27日　玄武打造“建1托N”食品快检体系(王小飞　史明静　殷学兵　朱泉)

10月27日　携手城南名小吃　建起养老助餐点(马道军　殷延康)

10月27日　40岁老小区气质品质双提升(马金　何钢　环指宣)

10月28日　玄武区57个“敬老之家”受表彰(王信芳　沈青　马道军)

10月30日　民警走访企业助其换岗位(叶思琦　王茸)

10月30日　南京毗卢寺1500岁还是500岁?(湛山)

10月31日　玄武　提升发展新标杆,争当排头兵(殷学兵　朱泉)

10月31日　万名慈善义工关爱老人(马道军)

11月1日　苏宁青创园“青柠盟社区”成立(刘好华　马道军)

11月1日　理工大实小开设航天科普课（钱红艳　许小娟)

11月2日　玄武“一体化”整治19条黑臭河(殷学兵摄)

11月3日　蒋王庙街区今起道路综合整治（殷学兵　朱泉)

11月3日　毗卢寺将重现“数罗汉”传统习俗(李子俊)

11月5日　张云:真心实意为居民解难题(许震宁)

11月5日　陈惊龙：年过六旬结对帮扶九旬翁(许震宁)

11月6日　公益徒步,感受秋天(马道军　朱彦石秀)

11月6日　王敏:暴雨如注,他跳下水道关阀门(许震宁)

11月7日　姚小渊:退休后志愿为社区服务(许震宁)

11月8日　长江路小学党支部学习贯彻党的十九大精神(钱红艳)

11月9日　南朝竺桥与毗卢寺(湛山)

11月13日　汇文女子中学咋迎130周年校庆(徐琦)

11月13日　骗子冒充家教中介　25名大学生上当(杨维斌　周潇　朱静)

11月13日　玄武区委书记徐曙海:打好“三张牌”　建设新玄武(殷学兵　朱泉)

11月17日　他的改变,从信任开始(杨欣　张安琪)

11月17日　玄武区创新开展巡察分析研判工作擦亮巡察“利剑”精准发现问题(吴春峰　钱竹林)

11月18日　凌晨,10多个涉嫌传销窝点被端(赵异　邹伟)

11月21日　玄武地税局通过网络平台学习贯彻党的十九大精神，推进党建学习常态化、制度化。(李帅威摄)

11月22日　知识香烟超千条被查获(叶思琦　王茸)

11月22日　银城东苑周边道路实施整治(殷学兵　朱泉)

11月24日　母婴童零售场所有地方标准了(张艳　邹伟)

11月24日　玄武区面向1000多个党支部、两万多名党员十九大精神党员培训全覆盖(毛庆　秦珊珊)

11月27日　无证醉驾改装车　一留学生被驱逐出境(叶思琦　王茸)

11月28日　市委宣讲团走进玄武鼓楼两街道(马蓉　于洁　殷学兵)

12月1日　掉包二维码获利6000元(杨维斌　朱天璇　朱静)

12月4日　娃娃学交通(叶思琦　王茸)

12月6日　玄武机关党建创新案例获国家级表彰(殷学兵　朱泉)

12月6日　玄武警方在窝点审查传销人员(宁公宣　吴彬)

12月6日　秦淮玄武内秦淮风光带将“牵手”(何刚　李明)

12月7日　打造商务楼宇里的“红色家园”(殷学兵　朱泉)

12月11日　高中男子3*3篮球联赛在宁启动(朱彦)

12月11日　二次醉驾冒用哥哥身份证被交警当场识破(叶思琦　王茸)

12月12日　公交站台迁不迁？居民说了算(马金　王增强)

12月13日　富贵山棚刻区改造拓绿见城墙(徐琦)

12月14日　交警将患病老人背上出租车(叶思琦　王茸)

12月15日　玄武执法队员清运街巷堆积的共享单车

12月15日　玄武“厕所革命”新做法—老小区门卫室添置便民卫生间(殷学兵)

12月18日　网购“挖矿机”被骗17.5万(杨维斌　陈倩　朱静)

12月18日　毗卢寺博物馆—史料馆开馆(湛山)

12月20日　居民休闲没地方,社区筹钱建广场(玄萱　殷学兵)

12月20日　“12岁以前的语文”两岸和香港教育研讨会在北小举行(孙红雨　吴欢)

12月22日　南京毗卢寺消防演练迎接冬至民俗活动(湛山)

12月23日　民警蹲守中餐厅　寻“胃”抓嫌犯(宁公宣　朱静)

12月25日　各区、分会慈善亮点工作摘录

12月26日　宫琛:为老人开办“手机讲堂”(许震宁)

12月26日　玄武区“全托式”智慧养老将获推广(李凯)

12月27日　半山园小学附属幼儿园开展暖冬行动(王亮)

12月27日　陈志兰:义务组织小区巡逻队(许震宁)

12月27日　玄武警方启用“执法办案管理中心”(杨维斌　朱静)

12月28日　南师附小举办德育儿童剧展演(钱红艳)

12月29日　任林:玄武区梅园街道驻后宰门派出所公调对接调解员

12月29日　退款区2017年亮点—玄武：深化改革　真抓实干

扬子晚报

1月4日　北京东路(兰家庄段)明起封闭施工　工程结束8趟公交改道不再停靠兰家庄(王增强　董婉愉)

1月5日　玄武区老小区今年装700部电梯(董婉愉)

1月13日　当年抢劫杀人，如今成了富商　南京警方"不放弃"破了19年前命案(宁公宣　任国勇)

1月14日　这颗树的去留，开会听听居民意见

1月14日　建设方代表感叹居民专业会后他主动留下手机号码(陈郁)

1月20日　追铺嫌疑人跳下4米高河堤　副所长抓到坏人才发现脚踝骨折(杨维斌　罗双江)

1月20日　珠江路中段围档明晨拆除恢复车辆双向通行(陈郁)

2月10日　月底北京东路将复工修路（罗国标　陈郁)

2月14日　潜逃男当健身教练　网上直播露出马脚(杨维斌　罗双江)

2月17日　偷来手机藏花坛　民警蹲守擒窃贼(罗双江　朱天璇　杨灿)

2月27日　玄武区清理卫生死角　环卫工装配"鼓风机"(王骁　张可)

2月27日　徐庄软件园8000件工单办结97%(苏健卫　董婉愉)

2月27日　新街口打组合拳　拆违携民共治黑臭河(胡惠娟　董婉愉)

2月27日　新街口重拳疏通餐饮导致和下水管堵塞(胡惠娟　董婉愉)

2月27日　罗汉巷小区整治后变美了（侯和平　董婉愉)

3月2日　南京有6个国家级地震安全示范社区(曹天书　胡林)

3月3日　18厘米刀刃13厘米入腹　这一刀是"捅"进去的还是"撞"进去的？(罗双江)

3月5日　社区设法律服务岗　化解居民投诉纠纷(何燕)

3月7日　"让玄武更美好"志愿者行动开启(赵晨会　董婉愉)

3月24日　委托办车辆年检遇"一条龙"诈骗女子4550元换来几张废纸(杨维斌　周潇　罗双江)

3月24日　原来她才14岁，离家出走惹麻烦(杨维斌　陈倩　罗双江)

3月27日　网购二手电脑发现和描述不符（杨维斌　陈倩　罗双江)

3月28日　北京东路下月15日拆围挡恢复通车(李鹏　董婉愉)

3月30日　尖角营小区一天拆除150平方米楼顶违章建筑(吴蒙璇　陈瑞　张可)

4月2日　刚发动车，被一把刀抵到脸上　危急时刻，她猛撞前车吓跑动匪(杨维斌　朱天璇　罗双江)

4月11日　惯偷刚出狱就手痒　家都没安顿又作案(杨维斌　周潇)

4月14日　江宁小学初中招生办法出台：北京东路小学分校划定学区(胡林)

4月16日　看法官如何细查"碰擦罗生门"(罗双江)

4月17日　偷室友机器人想自已用　哪知机器人发短信通知主人(杨维斌　周潇)

4月20日　妈妈刚下车　3岁女童将自已反锁车内(郭一鹏　叶思琦)

4月26日　法学硕士当街猥亵女性　被抓竟背法条称不够处罚(杨维斌　陈倩　罗双江)

5月5日　玄武区12个社区可享上门办证服务(杨维斌　罗双江)

5月10日　中山陵偷倒渣土四人被判刑（玄研　罗双江)

5月10日　政府专项扶持资金断裂，租金难以为继(董婉愉)

5月12日　5家住户出资44万元加装电梯　南京玄武区"001号增梯项目"开工(董婉愉)

5月13日　女子去公共厕所，竟然发现了偷拍机(杨维斌　陈倩　罗双江)

5月19日　以残疾人需求为导向推进小康进程　玄武有一批残疾人明星和创新项目（金丽娟　董婉愉)

5月25日　玄武区将新建5所名校分校((胡林)

6月2日　南京首批积分落户人员可落户了(杨维斌　陈倩　罗双江)

6月5日　无门槛网上办贷款？50多人被骗(杨

维斌　周潇　罗双江)

6月5日　10万条公民信息2000元就买到了(杨维斌　陈倩　罗双江)

6月18日　三年前被拐孩子终于等来妈妈(玄法　罗双江)

6月25日　星级大酒店的保险箱保险吗?(杨维斌　周潇　罗双江)

6月30日　南京无名道路上的"豪车坟墓"(王子琦　郭一鹏)

7月6日　想"积分落户"无奈分不够　他找熟人"走捷径被骗三万五(杨维斌　朱天璇　罗双江)

7月13日　帮人网购套现赚钱,自已反被骗(杨维斌　朱天璇　罗双江)

7月14日　旋工单位掩人耳目建筑垃极偷倒路边花坛(王晓　曹金飞　孙浩)

7月14日　车窗留条"透气缝"竟引来小偷长柄伞勾走座位上的提包(杨维斌　朱天璇　罗双江)

7月19日　微信一键报警,一群警察后台"抢单"(杨维斌　罗双江　实习生:韩琪　沈沈)

8月6日　男子贩卖个人信息被抓失联　同伙一着急报警自投罗网(杨维斌　陈倩　罗双江)

8月7日　看监控记下窃贼模样　路上偶遇一举擒下(杨维斌　周潇　罗双江)

8月7日　喝多了在车上睡一觉?小心遇上"拉门盗"(杨维斌　朱天璇　罗双江)

8月8日　女子怀疑丈夫有外遇　找"私家侦探"调查被骗2000元(杨维斌　朱天璇　罗双江)

8月10日　女大学生办"无门槛"网贷被骗1600元"保证金"(杨维斌　朱天璇　罗双江)

8月10日　网格市场监管服务将有"玄武样本"(史明静　董婉愉)

8月10日　58名保洁员家庭用电安全了　玄武门街道大走访排查高温用电(邹德勇　董婉愉)

8月11日　网上冒充"90后"骗小男友10万把自已"编死"后,变身"师姐"继续骗(杨维斌　陈倩　罗双江)

8月15日　这个盗窃团伙,成员为啥都是瘦子(杨维斌　朱天璇　罗双江)

8月29日　快递"毒包裹",找快递员当"内应"(杨维斌　周潇　罗双江)

9月9日　软博会玄武专场签下200亿元项目(董婉愉)

9月16日　不同意小区增设电梯　五居民状告南京规划局(曹卢杰)

9月18日　老人去世两年多还在领低保?(杨维斌　周潇　罗双江)

9月19日　9年后,汶川女孩南京谢救命恩人(韩瑜　阿妮尔　郭一鹏)

9月21日　玄武门街道在江苏有线开设"V党课"(董婉愉)

10月10日　他们去看房,竟和中介全"失踪"了(栖公宣　任国勇)

10月13日　玄武区民政局用心用情保障民生(董婉愉)

10月31日　社区联手小吃店办老人助餐点(董婉愉)

11月13日　拆除老小区围墙,"变"出停车场(郑琳琳　陈郁)

11月28日　民警半小时寻回丢失手袋　失主儿子发到纽约华人圈"点赞"(杨维斌　朱天璇　罗双江)

12月12日　珠江路三小区打通整治变漂亮了　专业物管公司接过居民档案(朱松林　李焱　董婉愉　宋宁)

12月12日　每天为独居患病的老袁送药　社工和志愿者一送就是十几年(董婉愉)

12月14日　玄武区人社局力促农民工就业(吴安震　董婉愉)

12月26日　梅园新村街道为留住人才动真格(周红军　董婉愉)

现代快报

10月13日　南京民警千里解救四川少年(杨维斌　周潇　陶维洲)

金陵晚报

1月4日　痴迷彩票　国企报销员挪用老干部报销款(陈菲　赵艳丽)

1月4日　为"狱友情"盗窃　怎料对方却"玩心眼"(杨维斌　徐宁)

1月5日　玄武区未来五年的幸福指数都在这

里(林巧芬)

1月5日　毗卢寺免费提供两万份腊八粥(于峰)

1月6日　毗卢寺腊八施粥　市民冒雨让大家排长队(万承源)

1月6日　属鸡老少同喝腊八粥(张华)

1月6日　网购“二物票”被骗　要求退款竟遭威胁(杨维斌　徐宁)

1月6日　百米高楼成功　营救轻生女子(徐宁)

1月13日　玄武区区长穆耕林：全国首创二维码路牌、门牌　老小区今年要装700部电梯(季雨)

1月14日　北京东路环境综合整治本月启动(孙丹印)

1月18日　新装电梯超期运行　居民很得心(张彪)

1月18日　南京成立中小学无线电测向联盟

1月19日　三市民见义勇为　合力救人获表彰(徐宁)

1月20日　明日凌晨珠江路恢复双向通行（孙丹印)

1月23日　樱驼花园社区获国家级地震安全示范社区(张彪　曹天书)

2月7日　市民申请维修基金吃“闭门羹”(张彪)

2月10日　30年前的房子像新建的　北京东路大变样(李有明)

2月11日　玄武:加装电梯总量占全市七成

2月13日　元宵节：两代00后的时空对话(陈语)

2月13日　玄武区:撸起袖子干62个大项目

2月14日　开学首日　成小送五福、砸金蛋(张羽妙)

2月27日　中考体育4月启动，两项目满分标准提高(童琳　李晨)

2月28日　十三中学生为“成人树”挂牌(童琳　李晨)

3月2日　玄武开展“10+9”专项行动(玄宣)

3月3日　丢万元打火机后民警历时半月找到(徐宁)

3月3日　幼儿园带着孩子和家长“玩数学”(李晨)

3月6日　玄武区“雷锋精神永驻“服务月启动(徐军)

3月6日　诗歌朗诵纪念周总理诞辰119周年(于峰)

3月7日　“绿格子”上岗　南京设统一非机动车停放区(胥欣)

3月13日　长江路社区辅导官兵心理(陆遥)

3月16日　三件“神器”帮你远程照顾父母(谈宁)

3月20日　长小学生进军营“学规矩”(陆遥)

3月21日　楼下野蛮装修　楼上居民心慌(张彪)

3月29日　赏樱大军(段仁虎摄)

4月1日　玄武成立悦心老年文化大学(杨绍芳　林巧芳)

4月6日　九初学子参与“爱心传递”活动(郁志芸)

4月6日　玄武区“志友之家”落成(许军)

4月6日　南京市交警一大队文明交通课堂走进同仁小学(孙丽)

4月6日　不满女友提分手　男子威胁将裸照发上网(杨维斌　陈倩　徐宁)

4月7日　西家大塘本名胥家大塘　曾是“市内桃源”(邹秉南)

4月13日　不负四月春色美，共享读书好时光(陈晨　李玉欣)

4月15日　富贵山　开展“联创联建”活动

4月16日　玄外小升初招生首日1500人网报(李晨)

4月18日　北京东路台城大厦门口增设斑马线(李有明　桂子振　叶思琦)

4月18日　男子深夜接老婆下班途中突然“熊抱”美女(杨维斌　朱天璇　徐宁)

4月20日　南京一老旧小区整治中突发火灾(卢河燕　何刚)

4月21日　街道每天补助受灾居民300元（卢河燕　何刚)

4月21日　丹凤街：哼着一首《最熟悉的陌生人》(王丽华)

4月29日　孩子的自主学习能力提高了(李晨)

4月30日　南师附小“访学营”走近“金陵匠的”(孙权　李晨)

4月30日　南京九中中招咨询会吸引超千名家长(王艳飞　李晨　翟羽)

5月1日　拉电闸不让玩电脑　孙子对爷爷房门狂砍31刀(杨维斌　陈倩　徐宁)

5月2日　遇上门推销　他花4.5万买了30箱海绵擦(杨维斌　周潇　徐宁)

5月2日　两岁“熊孩子”将自已肥锁在试衣间(杨维斌　周潇　徐宁)

5月3日　一枚特殊钻戒迅速锁定嫌犯(杨维斌　陈倩　徐宁)

5月4日　“两岸童诗第一人”林焕彰走进同仁小学分享诗歌(刘蓓　郝雯嘉)

5月10日　钟山风景区内偷倒渣土　四人获刑(陈菲　玄研)

5月11日　最美五月天　悦读在玄武(陈晨　刘雨　杨珣)

5月12日　梅园街道禁毒宣传进校园(胡涛　肖雨)

5月12日　南京市十三中学:来吧,和我们一起“在大树下读书”(王娟)

5月12日　我们给你你喜欢又适合的教育(钱敏)

5月15日　创造“幸福的”幸福家庭(叶赛娥)

5月15日　公安办案绝不会提供所谓“安全帐户”(杨维斌　陈倩　徐宁)

5月18日　不给玩游戏　男孩凌晨坐在湖边哭(杨维斌　周潇　徐宁)

5月18日　拍拍婚纱照　十指相扣去散步(姜波　李花)

5月19日　社区更要建服务平台为民服务(石头城　王恩翔)

5月20日　江苏59名民警获全国表彰(苏宫新　杨维斌　徐宁)

5月23日　“网购客服”退款,钱却进了网贷平台?(杨维斌　陈倩　徐宁)

5月23日　74级楼梯和一个老人的期盼(胡睿)

5月24日　玄武区教育事业发展“放大招”北小长小科利华等都将建分校(陈曦)

5月25日　天上掉下个“猫头鹰”?原是斑头鸺鹠　(杨维斌　陈倩　徐宁　)

5月26日　孕妇偷手机不用坐牢?两年后被抓(杨维斌　周潇　徐宁)

5月27日　南京“城墙宝宝”说革命故事(陈曦)

5月28日　南京第十届鸡鸣端午诗会举办

5月28日　庆“六一”孩子各展才艺(陈曦)

5月28日　校长扮“粽子”祝学生“高中”

5月30日　雍园民国建筑内私搭违建(朱顺)

5月31日　山地车被盗牵出案中案　两女贼竟是“粉呆子”(杨维斌　陈倩　徐宁)

6月2日　“熟人“介绍买房有优惠?300万定金打水漂(杨维斌　周潇　徐宁)

6月2日　南师附小:赴东大当“小研究员”

6月2日　北小附属幼儿园:用虚拟币体验小当家

6月4日　玄外区外生面谈　内容比较简单(江勤缘)

6月4日　手机城接连失窃　警方一查全是熟人干的(杨维斌　陈倩　徐宁)

6月5日　玄武警方捣毁一非法获取公民信息窝点(杨维斌　陈倩　徐宁)

6月5日　两男子照葫芦画瓢骗50多人近百万(杨维斌　周潇　徐宁)

6月5日　苹果6S冒充苹果7,居然骗过经销商(杨维斌　陈倩　徐宁)

6月6日　价值7000多元钱包被盗　小偷竟是推婴儿车的小夫妻(杨维斌　朱天璇　徐宁)

6月6日　这个小区7年内错过2次整治(胥欣　于露　曹安东)

6月10日　高考落幕　考点外满是笑容与花香(陈曦　张华)

6月11日　协管员两次跳入窨井感动网友(倪莉　胥欣　于露　曹安东)

6月12日　高三毕业生手持《宪　法》宣誓(陈曦)

6月12日　见女网友却遭“抢劫”原是债主设套要钱(杨维斌　周潇　徐宁)

6月15日　立贤小学缤纷六月欢乐颂(陈晨　凌金园)

6月16日　老人紧握老伴手:“以后再也不松开了”(杨维斌　周潇　徐宁)

6月17日　玄武　开展消防安全检查

6月17日　南京市玄武中等专业学校国际部

6月18日　被拐三年的孩子回到母亲身边(玄研　陈菲)

6月18日　南京市玄武中等专业学校:运用信息技术　设计美好未来

6月19日　收留朋友过夜　朋友却偷了他车(杨维斌　周潇　徐宁)

6月19日　突如其来暴雨让偷手机男子落网(杨维斌　陈倩　徐宁)

6月19日　南京市玄武中等专业学校：服务创造价值,专业赢得信赖

6月20日　新藕上市价格猛涨(曹涌　何刚)

6月20日　南京市玄武中等专业学校：用艺术点亮人生,用行动实现梦想

6月22日　125名大学生陷分期购手机骗局(杨维斌　陈倩　徐宁)

6月24日　两人争着付钱　店主掉入假币团伙陷阱(杨维斌　陈倩　段仁虎)

6月25日　警察蜀黎教"六防"(段仁虎)

6月25日　禁毒志愿者对口帮扶(段仁虎)

6月25日　80万名表放酒店保险箱被盗　窃贼竟是楼层主管(杨维斌　周潇　徐宁)

6月26日　宁杭两地疯狂盗窃　被抓时有一兜首饰名表(杨维斌　陈倩　徐宁)

6月26日　耳机健身服都被偷　小泰迪也未幸免(杨维斌　周潇　徐宁)

6月26日　凌晨抢劫女大学生　自称饿极了(杨维斌　陈倩　徐宁)

6月26日　话费套餐被升级还被换购手机?原来是运营商内部工作人员干的(杨维斌　陈倩　徐宁)

6月27日　两位见义勇为市民受表彰(玄公宣　钱健芬)

6月29日　航天夏令营(段仁虎)

6月29日　孝陵卫街道举办钟山先锋"七一"表彰会(沈雅琴)

6月29日　南京市中考第一名是来自玄外的张弛(陈曦)

6月30日　下周一,后宰门街开展综合整治(胡睿)

7月3日　为社区这种"小饭桌"叫好(陆凡)

7月3日　邻居家失火　夫妻俩救人获表彰(杨维斌　周潇　徐宁)

7月4日　高考结束想放松　女生会同学遭强暴(杨维斌　陈倩　徐宁)

7月5日　嗜赌男输光100多万拆迁款后自尽(杨维斌　周潇　徐宁)

7月10日　崭新电动车插着钥匙放路边?都是醉酒闹的(杨维斌　周潇　徐宁)

7月11日　随身带地图　每偷一处就在图上标注(杨维斌　朱天璇　徐宁)

7月14日　玄武区物价局惠民活动进社区(任航　蒋丽)

7月17日　南京首家医养融合居家养老综合护理中心成立(卢君)

7月18日　4小时内给骗子汇近13000元(杨维斌　周潇　徐宁)

7月19日　劝哥哥"好好做人"他却屡屡盗窃(杨维斌　朱天璇　徐宁)

7月19日　向路人讨钱自称"为创业练胆"(徐宁　杨维斌　周潇)

7月19日　南京市公安局玄武分局"滴滴警务"平台上线(段仁虎　杨维斌)

7月20日　小偷用长柄伞钩走财物(朱天璇　杨维斌　徐宁　)

7月23日　守株待兔7小时　南京民警高温下捉拿偷车贼(南报网)

7月24日　玄武区广泛双拥迎"八一"(徐军)

7月26日　空军招飞南京录取9人　九中同桌双双入选(陈曦　周游)

7月28日　为抢生意,"劫持"3万台手机攻击竞争对手(杨维斌　陈倩　徐宁)

8月1日　紫金山客户端上线，各区宣传部长(陈乙华)发来贺电

8月1日　玄武区市场监督局邀请中学生志愿者担任创建食品安全城市宣传员(史明静)

8月1日　热心人让加装电梯坐上"快速列车"(胡睿)

8月3日　糊涂夫妻　没骑车竟然去偷(杨维斌　陈倩　徐宁)

8月3日　玄武区委书记徐曙海:走出一条主城区创新发展的新路径(胡睿)

8月7日　辅警下班路上擒蟊贼(杨维斌　周潇　徐宁)

8月8日　当心！这些"私家侦探"不靠谱(栖公宣　徐宁)

8月8日　北小三年级学生摘得小梅花金奖(王峰)

8月11日　大妈骗了"鲜肉"10万块(杨维斌　周潇　徐宁)

8月12日　玄武:打赢发展创新富民"三场仗"(殷学兵　朱泉)

8月12日　玄武区推行证照联办、一窗受理、互联网审批等便民举措(王小飞　陈新星　康琎　殷学兵　朱泉)

8月19日　梅园新村纪念馆将提升改造　增加文物展出(于峰)

8月23日　徐庄软件园：砥砺奋进　打造智慧生态的园区典范(王丽华)

8月23日　在徐庄软件园看大数据助力智慧生活(谷文俊　何刚)

8月24日　发短信诈骗一个亿？“假警察”来电骗走两万(杨维斌　陈倩　徐宁)

8月27日　南京三个区发力　城北将迎来巨变

8月28日　南京九中　三百年广兰历史红楼欢喜悲凉(蒋晓春　何静)

8月29日　直击抓捕毒贩　现场缴获冰毒300余克(杨维斌　周潇　段仁虎)

8月30日　迎接金洽会　玄武区将打造高峰论坛(徐苏宁)

8月30日　注意！不要让骗子轻易得逞(杨维斌　周潇　徐宁)

9月3日　最美家庭带头：做彬彬有礼南京人(丁媛媛)

9月3日　让孩子多睡会　推迟20分钟到校(陈曦)

9月4日　玄武区“放管服”打出多张综合牌(玄宣　胡睿)

9月8日　2017“金洽会”专场活动玄武区公布多个看点(玄宣　胡睿)

9月14日　南京市北京东路小学附属幼儿园开展入园安全教育(陈晨)

9月16日　两醉酒小伙子车顶“尬舞”蹦坏20多辆车(杨维斌　朱天璇　徐宁)

9月19日　“南京特警叔叔　终于找到你了！”(王芃)

9月27日　7辆被盗山地车等待失主认领(杨维斌　陈倩　徐宁)

9月28日　“地铁安全文明”主题教育活动走进南京市北京东路小学附属幼儿园(陈晨)

9月29日　南京被刺殉职城管任克明被授予烈士称号(胡睿)

9月30日　授予“任克明中队”荣誉称号

10月1日　孝陵卫街道对4000平米地下违建衫施拆除(胡睿)

10月1日　玄武区社区治理一体化云平台启动(胡睿)

10月10日　找人代练游戏，不想私密照泄露(杨维斌　周潇　徐宁)

10月16日　为高消费　女贼每天偷手机(杨维斌　朱天璇　徐宁)

10月17日　老华侨3年后专程来南京道谢(杨维斌　陈倩　徐宁)

10月18日　中科员工王胜等人获玄武区文明职工表彰

10月19日　梅园新村街道成立“区域党建联盟”(胡睿)

10月19日　南京理工大学实验小学扎实开展“红领巾喜迎十九大”系列活动(陈晨　许小娟　蔡琳)

10月19日　南京市北京东路小学附属幼儿园第二届读书节开幕(陈晨)

10月20日　校本课程太精彩　南京家长定闹钟抢课：南京九中　南理工实验小学(陈曦)

10月21日　玄武争做居民“消防贴心人”

10月22日　这些黑臭的古河道又美回来了(胡睿)

10月23日　首届南京玄武国际城市休闲旅游节开幕(金文)

10月23日　护士姐妹两地相隔60年　南京民警帮他们重逢(杨维斌　朱天璇　徐宁)

10月25日　2.09米“巨人”民警保南京地铁平安(段仁虎)

10月25日　南京都市圈体育舞蹈大赛　助力南京全民健身运动(李都)

10月28日　玄武讲师团开展消防培训

10月30日　九旬老人迷路　民警助其回家(杨维斌　朱天璇　徐宁)

11月1日　玄武区：提升发展标杆，争当排头兵

11月2日　南京有这样一所小学　载着学生的航天梦(陈晨　许小娟)

11月2日　南京小学生和国外高手飙舞　只因学校开了这门课！(李都　朱靖琦)

11月3日　警辅网络直播帮七旬老人找到家(杨维斌　朱天璇　徐宁)

11月3日　蒋王庙街区今起封闭施工　下个月更便捷(胡睿)

11月3日　综合整治10个月，居民幸福感显著

提升 “不说是老小区,还以为是新建的(胡睿)

11月6日 玄武:19条黑臭河只剩一条待验收

11月9日 “潜伏“酒店盗客人银行卡信息后疯狂盗刷(湛山)

11月10日 让孩子从“刷题者”变“出题者”(陈曦)

11月13日 徐曙海:跨行新思想 建设新玄武(王丽华)

11月16日 看不懂中文 留学生误把杀虫剂当感冒药吃了(杨维斌 陈倩 徐宁)

11月16日 南京市北京东路小学附属幼儿园开展消防演练活动(陈晨)

11月20日 出新后 老小区业主愿交物业费(胡睿)

11月21日 2500元买了个IPhone8+模型 梅园派出所急寻受害人(杨维斌 陈倩 徐宁)

11月24日 银城东苑周边道路开启综合整治(胡睿)

11月25日 玄武:开展消防技能培训

11月27日 玄武湖—台城风光带打包创国家5A级景区

11月28日 揭秘“骗你开门”和各种套路

11月29日 “梅园新村街道举行” 不忘初心牢记使命“演讲比赛(胡睿)

11月30日 新街口等片区居民阳台也将“雨污分流”(于飞)

11月30日 南京理工大学实验小学举行主题大队暨大队委竞选活动(陈晨 姚盛锋)

12月1日 玄武区酝酿餐饮业污染综合整治(胡睿)

12月4日 姑娘凌晨独行遭黄衣男酒瓶砸头(杨维斌 陈倩 徐宁)

12月8日 乘飞机来行窃 因顺走俩苹果被抓(杨维斌 朱天璇 徐宁)

12月8日 女子遭男网友不雅视频敲诈 (杨维斌 陈倩 徐宁)

12月9日 南京中学生征战国际龙舟大赛 玄武中专斩获2金1银(李都)

12月13日 小学体育年会(段仁虎)

12月13日 徐庄周边瘵启动雨污分流改造(于飞)

12月16日 忙碌的救援现场(郑岚月)

12月23日 消防官兵抱起体弱老人 用后背替他挡住大火(梅亮 周珊珊)

12月28日 男子找“小姐”被骗4000元 对方竟是爷们(周潇 徐宁)

12月28日 ATM机“自动”吐出万元现金(杨维斌 陈倩 徐宁)

12月29日 南师附小举办德育儿童剧展演(朱婧琦)

南京晨报

10月9日 社区医院节前“打预防针”(钱鸣)

10月9日 不妨试试中药配合仪器、手法治疗:兰园社区卫生服务中心乳腺外科主治医师赵春香(华琳月 孙苏静)

10月9日 四字方针 社区医院从细节入手促发展:红山社区卫生服务中心主任顾彦(孙苏静)

索　引

Index

责任编辑　苏　成

说明

一、索引采用主题分析索引方法，依据首字汉语拼音字母顺序排列，同音字按声调，同音同调按笔画顺序排列。

二、类目用黑体字。数字表示内容所在页码或参见页码。

三、特载、专记、大事记、统计资料、附录及概况条目不收入索引。

A

B

C

D

E

H

J

K

L

M

N

P

Q

Z